La voie d'Hermès

Pratiques rituelles et traités hermétiques

Par

Anna Van den Kerchove

BRILL

LEIDEN • BOSTON
2012

This book is printed on acid-free paper.

Library of Congress Cataloging-in-Publication Data

Kerchove, Anna Van den.
   La voie d'Hermès : pratiques rituelles et traités hermétiques / by Anna Van den Kerchove.
      p. cm. — (Nag Hammadi and Manichaean studies, ISSN 0929-2470 ; v. 77)
   Includes bibliographical references (p.   ) and index.
   ISBN 978-90-04-22345-5 (hardback : alk. paper) 1. Hermetism. I. Title.

   BF1601.K47 2012
   135'.45—dc23
                                                                                    2011046258

ISSN 0929-2470
ISBN 978 90 04 22345 5 (hardback)
ISBN 978 90 04 22365 3 (e-book)

MIX
Paper from
responsible sources
FSC
www.fsc.org   FSC® C004472

PRINTED BY DRUKKERIJ WILCO B.V. – AMERSFOORT, THE NETHERLANDS

La voie d'Hermès

Nag Hammadi and Manichaean Studies

VOLUME 77

The titles published in this series are listed at brill.nl/nhms

À Zélia et Marcel Gaussen

TABLE DES MATIÈRES

PARTIE 1

LA PRATIQUE DE L'ENSEIGNEMENT AU CŒUR DE LA « VOIE D'HERMÈS »

PARTIE 2

L'HERMÉTISTE: COMMUNIQUER AVEC LE DIVIN

PARTIE 3

L'HERMÉTISTE FACE À L'INTELLECT, LA PAROLE
ET LA CONNAISSANCE

LISTE DES TABLEAUX

REMARQUES PRÉLIMINAIRES

Les traductions des traités hermétiques grecs, coptes et latin sont les nôtres. Pour les autres, nous avons indiqué le(s) traducteur(s). Les citations en langue originale des traités hermétiques se conforment aux éditions d'A.-J. Festugière et d'A.D. Nock pour les textes grec et latin, de J.-P. Mahé pour le texte copte. Si nous adoptons une autre leçon, celle-ci est discutée au cours du texte même ou en note. Les références aux traités hermétiques sont données selon le procédé suivant: *CH* pour le *Corpus hermeticum* et *NH* pour les *codices* de Nag Hammadi, suivi du numéro du traité / codex en chiffre romain et du chapitre du traité / pages du codex en chiffre arabe; *SH* pour les fragments de Jean Stobée, suivi du numéro du fragment et du chapitre en chiffres arabes; *DH* pour les *Définitions d'Hermès Trismégiste à Asclépius* arméniennes, avec le numéro du chapitre en chiffre romain et de la définition en chiffre arabe; et *HO* pour les fragments du manuscrit d'Oxford *Clarkianus* 11, suivi du numéro de la section en chiffre romain et de l'extrait en chiffre arabe.

Nous conservons le nom latin du traité *Asclépius*, tandis que pour la figure d'Asclépios, nous donnons le nom grec. Dans les citations hermétiques, notamment quand il s'agit de dialogue, nous indiquons les protagonistes par une abréviation: H et E pour Hermès, respectivement en français / latin et en grec, T pour Tat, A pour Asclépios, P pour Poimandrès et N pour le narrateur de *CH* I.

Les références aux traités de Plotin sont données selon l'ordre chronologique: le numéro du traité est suivi du chapitre et éventuellement des numéros de ligne. Nous ajoutons entre parenthèses les références selon l'ordre systématique. Pour Jamblique, nous n'avons pas repris le titre communément connu de *Mystères de l'Égypte* mais le titre *Réponse d'Abamon à la lettre de Porphyre à Anébon*, abrégé en *Réponse d'Abamon* dans les notes, suite à la traduction due à M. Broze et C. Van Liefferinge[1]. Le premier est le titre donné par Marsile Ficin à la paraphrase qu'il a faite de ce texte en 1489, tandis que le second est

---

[1] Jamblique, *Les Mystères d'Égypte. Réponse d'Abamon à la lettre de Porphyre à Anébon*, traduction et commentaire de M. Broze et C. Van Liefferinge, Bruxelles, Ousia, 2009.

un abrégé du véritable titre du traité : *Réponse de Maître Abamon à la lettre de Porphyre à Anébon, et solutions des difficultés qu'elle contient*[2]. Pour les références aux passages précis cités ou mentionnés, les deux premiers chiffres correspondent à l'édition d'É. des Places[3], le dernier mis entre parenthèses permet de se repérer dans la traduction de M. Broze et C. Van Liefferinge. Quand nous citons ce texte, nous donnons l'édition d'É. des Places en indiquant, quand elle diffère, la leçon adoptée par M. Broze et C. Van Liefferinge.

Nous écrivons les mots grecs et coptes avec les caractères grecs et coptes.

[2] Sur ce titre : H.D. Saffrey, « Les livres IV à VII du *De Mysteriis* de Jamblique relus avec la lettre de Porphyre à Anébon », in H.D. Saffrey, *Le Néoplatonisme après Plotin*, II, Paris, Vrin, 2000, pp. 49–64 et surtout pp. 49–52. Il donne la bibliographie afférente à ce sujet.

[3] Jamblique, *Les Mystères de l'Égypte, des Chaldéens et des Assyriens*, éd. et traduction : É. des Places, Paris, Les Belles Lettres, 1996 (reprise de l'édition de 1966).

PRÉFACE

Anna Van den Kerchove a choisi une voie ambitieuse : rendre compte d'un pan de la sagesse égyptienne en tenant compte du monde de l'Antiquité tardive. Passer ainsi de la Grèce et de Rome à l'Égypte, et vice-versa, c'est l'objectif qu'elle s'est fixé en poursuivant une voie originale et peu fréquentée à propos des textes hermétiques : l'étude des pratiques rituelles des hermétistes. Dans l'histoire de la recherche sur le corpus des textes hermétiques, l'approche d'un A.-J. Festugière a longtemps encouragé des travaux sur le contexte grec du corpus[1], mais l'accent s'est progressivement déplacé vers l'ensemble du monde méditerranéen et particulièrement du côté de l'Égypte, grâce aux publications de G. Fowden[2] et de J.-P. Mahé[3]. Toutefois, A. Van den Kerchove va plus loin.

Elle traite de l'Égypte copte et remonte à l'Égypte ancienne tout en reconnaissant que les sources grecques de l'hermétisme réfractent parfois une Égypte fictive, recomposée à la grecque. La mise en valeur du patrimoine égyptien n'a pas fait l'objet de nombreuses monographies. On appréciera d'autant plus sa souplesse et sa rigueur dans sa façon de traiter des textes et des contextes qu'elle interprète, en particulier quand il s'agit de textes grecs qui soulignent la nécessaire transmission du contenu de la sagesse hermétique sans passer par une traduction en grec, ou du moins le grec de la langue commune, alors que la langue d'Hermès recèle un contenu spécifique. Anna Van den Kerchove touche là aux questions essentielles de la littérature hermétique en proposant des voies nouvelles. Attentive à la structure littéraire d'un texte et la stratégie d'écriture d'un traité, elle cherche à montrer la place que prend la pratique de l'enseignement dans une école de sagesse hermétique.

---

[1] *La Révélation d'Hermès Trismégiste*, I–IV, Paris, Les Belles Lettres, 1989–1990.

[2] *The Egyptian Hermes, A Historical Approach to the Late Pagan Mind*, Cambridge, 1986 (maintenant traduit en français par J.-M. Mandosio, *Hermès l'Égyptien. Une approche historique de l'esprit du paganisme tardif*, Paris, Les Belles Lettres, 2000).

[3] *Hermès en Haute-Égypte*, I–II, Québec/Louvain, Les presses de l'Université Laval/Peeters, 1978–1982.

La relation maître-disciple occupe ici un certain nombre de chapitres. On y découvre la place que prend Poimandrès ou Hermès dans le premier traité et par-delà la mise en place de la chaîne de transmission du savoir hermétique. On repère, ici et là, les traces des leçons hermétiques avec toutes les pratiques liées à l'écriture, à la lecture, à l'apprentissage du savoir, à la garde du secret. Avec beaucoup de détermination, Anna Van den Kerchove réussit à démontrer que les traités hermétiques servent à la formation spirituelle des apprentis hermétistes ; par-delà les traces d'un enseignement oral du maître, les traités conservent des marques de leur performativité et deviennent ainsi le support de paroles qui perdurent par-delà la parole initiale du maître. Au cœur du processus d'apprentissage, la recherche de l'efficacité de la Parole et l'intervention de l'Intellect constituent des données qui inscrivent les pratiques rituelles hermétiques dans le cadre des pratiques habituelles des scribes dans les temples égyptiens. Les traités ne sont donc pas simplement des échos d'un enseignement oral, ou des mystères à lire ; ils font corps avec les rites traditionnels de communication avec le divin. On ne s'étonnera pas de rencontrer alors un questionnement sur les images des dieux et l'animation des statues, et plus encore des pages consacrées aux sacrifices chez les hermétistes et aux sacrifices par la parole, ou les prières. Anna Van den Kerchove a tenu à exploiter les diverses sortes de prières contenues dans le corpus hermétique pour en tirer des indications sur la réalité des pratiques rituelles. Au terme du parcours, il n'est plus possible de considérer les hermétistes de manière romantique, comme s'il s'agissait d'intellectuels rompus aux exercices littéraires ou aux poètes maniant le verbe dans leur cabinet de travail. Dorénavant, les hermétistes conservent une spécificité dans leur manière de communiquer avec le divin ; ils acquièrent une consistance sociale qui les place au cœur des pratiques rituelles de la transmission du savoir ésotérique. Et parfois on côtoie les hermétistes à côté des philosophes théurges ou des scribes pratiquant la magie.

Les exercices spirituels des philosophes de l'Antiquité ont suscité de belles études, à la suite notamment des travaux de Pierre Hadot et des disciples qu'il a inspirés. À sa manière, l'ouvrage d'Anna Van den Kerchove lui rend hommage, car plusieurs chapitres sont consacrés aux traces de l'enseignement écrit et oral, conservées tout au long des traités hermétiques. Que ce soit dans la rédaction même des traités ou par la place que jouent les prières au sein des exercices spirituels des hermétistes, Anna Van den Kerchove a voulu reconstituer leur emploi du temps quotidien.

À un moment où les études sur les textes gnostiques de l'Antiquité cherchent aussi à expliciter la dimension rituelle de la vie des gnostiques, cette monographie vient à point pour redonner envie aux spécialistes des courants religieux de l'Antiquité tardive, y compris des gnostiques anciens, de s'intéresser au monde sapiential des hermétistes. Après tout, les frontières entre les exercices spirituels des néoplatoniciens, les pratiques magiques des derniers prêtres égyptiens et les sacrements des gnostiques ne sont pas aussi étanches que nos habitudes universitaires ont voulu les fixer. Et s'interroger sur le rôle de l'Intellect ou de la Parole divine dans la recherche du bonheur ou du salut n'est pas le propre du monde biblique juif ou chrétien. Anna Van den Kerchove ouvre ainsi des horizons nouveaux à qui s'intéresse aux pratiques spirituelles de l'Antiquité tardive.

Jean-Daniel Dubois
École pratique des hautes études, Paris

REMERCIEMENTS

Ce livre est issu de recherches menées dans le cadre d'une thèse de doctorat effectuée à l'École pratique des hautes études sous la direction du Professeur Jean-Daniel Dubois. Qu'il reçoive ici mes plus vifs remerciements pour m'avoir soutenue tout au long de la réalisation de ce travail et pour sa grande disponibilité. Je tiens à remercier également les membres du jury de cette thèse, Michèle Broze, Alberto Camplani, Gérard Roquet et Jean-Pierre Mahé, dont les nombreuses remarques et critiques m'ont permis de transformer le travail de thèse en livre.

La réalisation de ce travail a beaucoup profité des conseils scientifiques prodigués par de nombreux professeurs et collègues, notamment dans le cadre des séminaires de l'École pratique des hautes études et de projets EPHE – CNRS. Qu'il me soit permis de citer ici, entre autres, Philippe Hoffmann, Michel Tardieu, Michela Zago, Luciana Gabriella Soares Santoprete et Lucia Saudelli.

Cette recherche n'aurait pu être achevée dans de bonnes conditions sans le détachement au LEM – UMR 8584 (septembre 2004 – août 2006). J'adresse toute ma gratitude au Professeur Philippe Hoffmann, directeur du LEM à l'époque, pour son soutien. Je suis très reconnaissante envers l'IFAO et son directeur de l'époque, le Professeur Bernard Mathieu de m'avoir attribué, deux années de suite, une bourse, afin de pouvoir bénéficier des ressources de la bibliothèque. Je remercie aussi beaucoup le Professeur Michèle Broze pour son accueil lors de mon séjour Érasmus à l'Université Libre de Bruxelles.

Enfin, je tiens à remercier tout particulièrement ma famille et en premier lieu Jean-Michel Chauvin, dont la présence attentionnée a été d'une grande aide dans les moments difficiles.

ABRÉVIATIONS ET SIGLES

ANRW = *Aufstieg und Niedergang der römischen Welt*, Berlin-New York, W. de Gruyter, 1972–

ASAE = *Annales du Service des Antiquités de l'Égypte*, Le Caire, Institut français d'archéologie orientale, 1900–

Ascl. = *Asclépius*

ASE = *Annali di storia dell'esegesi*, Bologna, Edizioni Dehoniane, 1984–

BGU II = *Aegyptische Urkunden aus den Königlichen Museen zu Berlin, Griechische Urkunden*, Band II, Berlin, Weidmannsche Buchhandlung, 1898.

BIFAO = *Bulletin de l'Institut Français d'Archéologie Orientale*, Le Caire, Institut français d'archéologie orientale, 1901–

BSFE – *Bulletin de la Société Française d'Égyptologie*, Paris, Société française d'égyptologie, 1949–

CH = *Corpus hermeticum.*

ChrE = *Chronique d'Égypte*, Bruxelles, Fondation Égyptologique Reine Élisabeth, 1925–

CRIPEL = *Cahiers de recherches de l'Institut de papyrologie et d'égyptologie de Lille*, Lille, Université Charles de Gaulle, 1973–

DH = *Définitions d'Hermès Trismégiste à Asclépius* arméniennes.

GM = *Göttinger Miszellen*, Göttingen, Ägyptologisches Seminar der Universität Göttingen, 1972–

HO = fragments hermétiques du manuscrit d'Oxford *Clarkianus* 11.

HThR = *Harvard Theological Review*, New York, Macmillan, 1908–

IFAO = Institut français d'archéologie orientale (Le Caire).

I.Prose = A. Bernand, *La Prose sur pierre dans l'Égypte hellénistique et romaine*. Tome I: *Textes et traductions*, Paris, Éditions du CNRS, 1992.

1Jeû, 2Jeû = *Premier* et *Deuxième livre de Jeû*

JbAC = *Jahrbuch für Antike und Christentum*, Münster, Aschendorff, 1964–

JBL = *Journal of Biblical Literature*, Atlanta, the Society of Biblical Literature, 1890–

JEA = *Journal of Egyptian Archaeology*, London, Egypt Exploration Society, 1974–

JNES = *Journal of Near Eastern Studies*, Chicago, University of Chicago Press, 1942.

LÄ = W. Helck und E. Otto, *Lexikon der Ägyptologie*, I–VII, Wiesbaden, Otto Harrassowitz, 1975–1992.

LSJ = H.G. Liddell, R. Scott, *A Greek-English Lexicon*, Oxford, Clarendon Press, 1951.

NF = Hermès Trismégiste, *Corpus Hermeticum*, I–IV, texte établi par A.D. Nock et traduit par A.-J. Festugière, Paris, Les Belles Lettres, 1991–1992 (cinquième tirage de l'édition de 1945–54).

NH = *codices* de Nag Hammadi.

OgdEnn = *L'Ogdoade et l'Ennéade*, NH VI, 6.

OGIS = W. Dittenberger, *Orientis Graeci Inscriptiones Selectae*, vol. 1–2, Hildesheim, Georg Olms, 1903–1905.

OLP = *Orientalia Lovaniensia Periodica*, Leuven, Peeters, 1970–

OLZ = *Orientalistische Literaturzeitung*, Berlin, Akademie-Verlag, 1898–

PAGCopte = *La Prière d'actions de grâces copte*, NH VI, 7.

P. Amh. II = B.P. Grenfell, A.S. Hunt, *The Amherst Papyri, Being an Account of the Greek Papyri in the Collection of the Right Hon. Lord Amherst of Hackney, F.S.A. at Didlington Hall, Norfolk*, Part II: *Classical Fragments and Documents of the Ptolemaic, Roman and Byzantine Periods*, London, Oxford University Press Warehouse, 1901.

P. Flor. I = G. Vitelli, *Papiri greco-egizii. Papiri Fiorentini*, vol. 1: *Documenti pubblici e privati dell'età romana e bizantina*, Milano, Ulrico Hoepli, 1906.

P. Oxy. III = B.P. Grenfell, A.S. Hunt, *The Oxyrhynchus Papyri*. Part III: *n° 401–653*, London, Egypt Exploration Society, 1903.

P. Oxy. XI = B.P. Grenfell, A.S. Hunt, *The Oxyrhynchus Papyri*. Part XI: *n° 1351–1404*, London, Egypt Exploration Society, 1915.

P. Oxy. XVII = A.S. Hunt, *The Oxyrhynchus Papyri*. Part XVII: *n° 2065–2156*, London, Egypt Exploration Society, 1927.

P. Ryl. IV = C.H. Roberts, E.G. Turner, *Catalogue of the Greek and Latin Papyri in the John Rylands Library Manchester*. Vol. IV: *Documents of the Ptolemaic, Roman and Byzantine Periods (Nos 552–717)*, Manchester, University Press, 1952.

PG = *Patrologica Graeca*, ed. J.P. Migne, 161 volumes, Paris, 1857–1866.

PGM = K. Preisendanz, *Papyri Graecae Magicae, die griechischen Zauberpapyri*, Leipzig, Teubner, 1928.

PSBA = *Proceedings of the Society of Biblical Archaeology*, London, Society of Biblical Archaeology, 1879–1918.

PUF = Presses universitaires de France (Paris).

RAC = *Reallexikon für Antike und Christentum*, Stuttgart, Anton Hiersemann, 1941–2000.

RdE = *Revue d'Égyptologie*, Paris, E. Leroux, 1933–

REA = *Revue des études anciennes*, Bordeaux-Marseille-Paris, 1899–

REG = *Revue des études grecques*, Paris, E. Leroux, 1888–

RevSR = *Revue des sciences religieuses*, Strasbourg, Palais universitaire, 1921–

RHPhR = *Revue d'histoire et de philosophie religieuses*, Strasbourg, Faculté de théologie protestante, 1921–

RHR = *Revue de l'histoire des religions*, Paris, E. Leroux, 1880–

SB I = F. Preisigke, *Sammelbuch Griechischer Urkunden aus Ägypten*, Band I, Berlin, De Gruyter, 1974 (réimpression de l'édition de 1915)

SB III = F. Preisigke, *Sammelbuch Griechischer Urkunden aus Ägypten*, Band III, Berlin, De Gruyter, 1974 (réimpression de l'édition de 1926).

SH = fragments hermétiques de Jean Stobée.

Syr-A et *Syr-C* = collections syriaques de prophéties de philosophes antiques.

ThLZ = *Theologische Literaturzeitung*, Leipzig, Evangelische Verlags-anstalt, 1876–

VC = *Vigiliae Christianae*, Leiden, Brill, 1947–

WB = A. Erman, H. Grapow, *Wörterbuch der ägyptischen Sprache*, 5 Vol., Leipzig, J.C. Hinrichs, 1928–1931.

ZÄS = *Zeitschrift für ägyptische Sprache und Altertumskunde*, Berlin, Akademie-Verlag, 1863–

ZPE = *Zeitschrift für Papyrologie und Epigraphik*, Bonn, Rudolf Habelt Verlag, 1967–

INTRODUCTION

Les traités, attribués à Hermès Trismégiste, constituent un corpus littéraire vaste, dans le temps (de l'Antiquité jusqu'à la Renaissance[1]), dans l'espace et dans les thèmes abordés. Cette immense littérature est généralement divisée en deux sous-ensembles : d'une part, des œuvres plutôt « techniques et patriciennes », astrologiques, magiques, alchimiques et iatromathématiques ; d'autre part, des traités surtout « théoriques ou philosophiques »[2]. Ces dénominations ne sont pas vraiment adéquates[3] et ne doivent pas faire croire à une frontière imperméable ; ni les références à la magie et à l'astrologie ni les pratiques rituelles ne sont absentes des écrits philosophiques. Cependant, une telle distinction est utile du point de vue heuristique, afin de débuter la recherche avec un corpus plus réduit, avant de l'élargir à des textes d'une tonalité autre. C'est pourquoi nous nous sommes restreinte pour le moment aux textes dits « philosophiques » en prenant le qualificatif dans le sens que lui donne P. Hadot, qui insiste sur la philosophie comme mode de vie[4].

---

[1] P. Lucentini, I. Parri and V. Perrone Compagni (eds.), *Hermetism from Late Antiquity to Humanism. La tradizione ermetica dal mondo tardo-antico all'umanesimo. Atti del Convegno internazionale di studi, Napoli 20–24 novembre 2001*, Turnhout, Brepols, 2002.

[2] La dénomination est celle de J.-P. Mahé, *op. cit.*, 1982, p. 22, reprise dans G. Fowden, *op. cit.*, 2000, p. 7 et dans B.P. Copenhaver, *Hermetica. The Greek Corpus Hermeticum and the Latin Asclepius in a New English Translation with Notes and Introduction*, Cambridge, Cambridge University Press, 1992, p. xxxii. La dénomination du premier groupe remplace celle de « populaire » précédemment adoptée par A.-J. Festugière dans *La Révélation d'Hermès Trismégiste*, vol. 1 : *L'Astrologie et les sciences occultes*, Paris, les Belles Lettres, 1989 (réimpression de la seconde édition de 1950), p. vii.

[3] P. Kingsley, « An Introduction to the *Hermetica*: Approaching Ancient Esoteric Tradition », in R. van den Broek and C. van Heertum (eds.), *From Poimandres to Jacob Böhme: Gnosis, Hermetism and the Christian Tradition*, Amsterdam, In de Pelikaan, 2000, p. 33.

[4] Pour une première approche : P. Hadot, *La Philosophie comme manière de vivre. Entretiens avec J. Carlier et A.I. Davidson*, Paris, Albin Michel, 2001, p. 159–193.

I. LA LITTÉRATURE HERMÉTIQUE PHILOSOPHIQUE

Le corpus hermétique philosophique comprend dix-huit traités et un grand nombre de fragments, eux aussi d'ampleur inégale.

1. *Histoire de sa découverte en Occident*

Le plus ancien texte connu en Occident, dès le Moyen Âge, est l'*Asclépius*, transmis parmi les œuvres d'Apulée[5]. Quant au *Corpus hermeticum*, il a été redécouvert à la Renaissance, en trois temps[6]. En 1460, le moine Leonardo da Pistoia rapporta de Macédoine un manuscrit grec contenant les quatorze premiers traités (*Laurentianus* 71.33) et le remit à Cosme de Médicis. Marsile Ficin fut chargé par ce dernier d'en faire la traduction, dont la première édition parut en 1471 et qui connut un grand succès. En 1507, Ludovico Lazzarelli publia la traduction de *CH* XVI, qu'il avait découvert. La troisième étape est l'édition, en 1554, par Adrien Turnèbe des dix-sept traités grecs avec trois fragments de Stobée. Cet ensemble a été complété peu après par les autres fragments de Stobée.

Il faut attendre le milieu du XXe siècle pour découvrir d'autres textes hermétiques. La date marquante est 1945, avec la découverte près de

---

[5] A.D. Nock, « Introduction », in Hermès Trismégiste, *Corpus Hermeticum*, t. I: *Poimandrès. Traités II–XII*, texte établi par A.D. Nock et traduit par A.-J. Festugière, Paris, Les Belles Lettres, 1992 (cinquième tirage de l'édition de 1946), p. 259. Apulée pourrait être le traducteur du texte grec original: V. Hunink, « Apuleius and the *Asclépius* », *VC* 50 (1996), p. 288–308 et comparer avec M. Horsfall Scotti, « The Asclepius: Thoughts on a re-opened Debate », *VC* 54 (2000), p. 396–416; K.H. Dannenfeldt, « Hermetica philosophica », in P.O. Kristeller, *Catalogus translationum et commentariorum: Medieval and Renaissance Latin Translations and Commentaries, Annotated Lists and Guides*, Washington D.C., Catholic University of America Press, 1960, p. 144–145. À comparer avec C. Moreschini, « Per una storia dell'ermetismo latino », in C. Guiffrida e M. Mazza, *Le Trasformazioni della cultura nella tarda antichità*, vol. 1, Roma, Jouvence, 1985, p. 541. C. Gilly & C. van Heertum (eds.), *Magia, alchimia, scienza dal '400 al '700. L'influsso di Ermete Trismegisto*, vol. II, Firenze, Centro Di, 2002, p. 14–16; S. Gentile & C. Gilly, *Marsilio Ficino e il ritorno di Ermete Trismegisto. Marsilio Ficino and the Return of Hermes Trismegistus*, Firenze, Centro Di, 1999, particulièrement p. 40–43 et 128–131.

[6] A.-J. Festugière, *La Révélation d'Hermès Trismégiste*, vol. 2: *Le Dieu cosmique*, Paris, les Belles Lettres, 1990, p. 1; K.H. Dannenfeldt, *op. cit.*, p. 138–140; J.-P. Mahé, *op. cit.*, 1982, p. 3–5. Pour la liste des différentes éditions et traductions des textes grecs à la Renaissance et à l'époque moderne: A. Faivre, « La postérité de l'hermétisme alexandrin », in A. Faivre, *Présence d'Hermès Trismégiste*, Paris, Albin Michel, 1988, p. 15–16; A. Gonzalez Blanco, « Hermetism. A Bibliographical Approach », *ANRW* II 17,4, 1984, p. 2261 n. 62.

Nag Hammadi en Haute Égypte de treize *codices* (plus de cinquante traités) coptes datés du milieu du IVe siècle. Les trois derniers traités du sixième codex ont très tôt été identifiés comme hermétiques[7]: *NH VI, 6* (*L'Ogdoade et Ennéade* = *OgdEnn*) est le seul à être inédit; *NH VI, 7* (*La Prière d'action de grâces copte* = *PAGCopte*) est une prière parallèle à *Ascl.* 41 et au *PGM III* 591–611 (*P. Louvre* N. 2391); *NH VI, 8* (*Fragment du Discours parfait*)[8] est une version parallèle à *Ascl.* 21–29. Même si un seul texte est inédit, ces écrits coptes (traduits du grec selon l'opinion commune) permettent de renouveler et de relancer l'étude de la littérature hermétique, car ils sont «d'une orientation différente sur trois points essentiels: l'inspiration égyptienne, le contenu intellectuel de nos textes, leurs rapports avec les pratiques religieuses»[9]. Peu de temps auparavant, K. Stahlschmidt édita les sept fragments du P. Berol. 17 027 et elle les attribua à Philon d'Alexandrie ou à un de ses proches, tout en évoquant la possibilité que des fragments puissent être hermétiques[10]. Ces fragments sont depuis tombés dans un oubli presque total, et nous en avons proposé une nouvelle édition[11].

En 1951, H. Oellacher reconnut comme hermétiques quatre fragments des P. Vindob. G. 29 456r et 29 828r, qui datent de la fin du IIe ou du début du IIIe siècle après J.-C.[12]. J.-P. Mahé les réédita, avec des

---

[7] J. Doresse, «Hermès et la gnose. À propos de l'Asclépius copte», *Novum Testamentum* 1 (1956), p. 54–69; *idem, Les Livres secrets des gnostiques d'Égypte. 1. Introduction aux écrits gnostiques coptes découverts à Khénoboskion*, Paris, Plon, 1958. J. Doresse reconnaissait cinq écrits gnostiques: les trois habituellement reconnus comme hermétiques, auxquels il ajoute *NH VI, 3* et 4 qu'il intitule respectivement *Discours authentique d'Hermès à Tat* et *Le Sens de la compréhension, La Pensée de la Grande Puissance* (p. 256–257). À ces écrits proprement hermétiques selon lui, il en ajoute d'autres qui feraient le lien entre la gnose et l'hermétisme, comme *NH VI, 5* (p. 256 et p. 206–207). Sur les relations entre gnose et hermétisme (p. 306–310), il conclut: «l'Hermétisme ne paraît-il pas être une version philosophique de la Gnose?» (p. 308). Aujourd'hui, on ne reconnaît plus que trois traités hermétiques, *NH VI, 6, 7* et 8.

[8] Les titres de ces trois traités coptes sont modernes, excepté *OgdEnn* que nous trouvons mentionné en *NH VI* 61.21–22 et qui semble se référer à l'ensemble du texte.

[9] J.-P. Mahé, *op. cit.*, 1978, p. 28.

[10] K. Stahlschmidt, «Ein unbekannte Schrift Philons von Alexandrien (oder eines ihm nahestehenden Verfassers)», *Aegyptus* 22 (1942), p. 161–176.

[11] A. Van den Kerchove, «Redécouverte de fragments hermétiques oubliés: le P. Berol. 17 027», *Archiv für Papyrusforschung* 52 (2006), p. 162–180.

[12] H. Oellacher, «Papyrus- und Pergamentfragmente aus Wiener und Münchner Bestanden», *Miscellanea Giovanni Galbiati*, vol. II, Milan, 1951, p. 179–188.

corrections[13]. En 1956, H.H. Manandyan traduisit et publia les *Défi-nitions d'Hermès Trismégiste à Asclépius*, conservées en arménien. En les rééditant en français en 1982, J.-P. Mahé les a rendues accessibles à un large public[14]. Les dernières découvertes datent des années 1990. En 1991, J.-P. Mahé édita, avec J. Paramelle, de nouveaux fragments hermétiques provenant des folios 79–82 du manuscrit d'Oxford *Clar-kianus* 11 datant du XIIIᵉ siècle[15]. Certains sont des extraits de trai-tés déjà connus[16], d'autres sont inédits. En 1995, R. Jasnow et K.-Th. Zauzich ont mis en relation des textes démotiques avec les traités hermétiques[17].

Tous ces textes constituent un ensemble important, auxquels s'ajou-tent les citations chez les auteurs anciens[18]. La majorité est connue par des manuscrits. Cependant, les papyrus découverts permettent de remonter à une époque proche de celle de la rédaction des écrits et même à l'époque de leur rédaction, comme pour P. Vindob. G. 29 456r et 29 828r; c'est là l'un de leurs principaux intérêts, malgré leur état fragmentaire.

---

[13] J.-P. Mahé, « Fragments hermétiques », in E. Lucchesi et H.D. Saffrey, *Mémorial A.-J. Festugière. Antiquité païenne et chrétienne*, Genève, P. Cramer, 1984, p. 51–64.

[14] J.-P. Mahé, *op. cit.*, 1982, p. 355 et 405 pour le texte.

[15] J. Paramelle et J.-P. Mahé, « Extraits hermétiques inédits d'un manuscrit d'Oxford », *REG* 104 (1991), p. 108–139; *idem*, « Nouveaux parallèles grecs aux Défi-nitions hermétiques arméniennes », *Revue des études arméniennes* 22 (1990–1991), p. 115–134.

[16] On trouve des extraits de *CH* XI, XII, XIII, XIV, XVI et une version grecque des *Définitions d'Hermès Trismégiste à Asclépius* arméniennes.

[17] R. Jasnow and K.-T. Zauzich, *The Ancient Egyptian Book of Thot: A Demotic Dis-course on Knowledge and Pendant to the Classical Hermetica*. Volume 1: *Text*. Volume 2: *Plates*, Wiesbaden, Otto Harrassowitz, 2005, vol. 1, p. xx, p. 581; vol. 2, p. x, pl. 67. Voir aussi, *idem*, « A Book of Thoth? », in C.J. Eyre (ed.), *Proceedings of the seventh International Congress of Egyptologists. Cambridge, 3–9 September 1995*, Leuven, Pee-ters, 1998, p. 608–618 et J.-P. Mahé, « Preliminary Remarks on the Demotic Book of Thoth and the Greek Hermetica », *VC* 50.4 (1996), p. 353–363.

[18] Nous trouvons en premier lieu les très nombreux fragments de Stobée déjà men-tionnés, et édités dans *NF* III et IV. Il y a ensuite les citations chez plusieurs autres auteurs comme Lactance, Cyrille etc., réunis dans *NF* IV. Nous pouvons ajouter les oracles attribués à Hermès dans la *Théosophie de Tübingen* (*Theosophorum Graecorum Fragmenta*, ed. H. Erbse, Stuttgart/Leipzig, Teubner, 1995; P.F. Beatrice, *Anonymi Monophysitae Theosophia. An Attempt at Reconstruction*, Leiden, Brill, 2001) et dans des collections syriaques *Syr-A* et *Syr-C* (S. Brock, « A Syriac Collection of Prophecies of the Pagan Philosophers », *OLP* 14 [1983], p. 203–246, collection abrégée ensuite *Syr-A* suivie du numéro de l'oracle; S. Brock, « Some Syriac Excerpts from Greek Collections of Pagan Prophecies », *VC* 38 [1984], p. 77–90, pour la présentation des collections syriaques).

2. Datation et thématique des écrits hermétiques philosophiques[19]

Anonymes, les auteurs semblent avoir évité toute référence précise à leur époque. En général, les commentateurs situent ces textes entre la fin du Ier siècle et la fin du IIIe siècle après J.-C.[20], *terminus ante quem* que donnent les traductions et les citations, en particulier par les auteurs chrétiens et pour l'*Asclépius*. On peut préciser uniquement pour quelques traités. *CH* I est généralement daté de la fin du Ier siècle ou du début du IIe siècle après J.-C.[21], excepté pour J. Büchli qui donne une date qui nous semble trop basse, le milieu du IIIe siècle[22], afin surtout de faire dépendre ce traité d'influences essentiellement chrétiennes. J.-P. Mahé fait des *Définitions d'Hermès Trismégiste à Asclépius* le plus ancien texte philosophique: Ier siècle après J.-C., voire même Ier siècle avant J.-C.[23]. L'original grec de l'*Asclépius* daterait de la seconde moitié du IIIe siècle. L'ensemble serait postérieur à la littérature technique, en particulier à la littérature magique dont les origines seraient d'époque ptolémaïque[24]; ceci n'exclut pas qu'une partie remonte avant l'ère chrétienne, même si les preuves sont faibles. Écrite en grec, probablement en grande partie en Égypte, cette littérature a été en partie traduite en copte, en latin, en arménien et en syriaque, au moins dès le IIIe siècle.

L'échelonnement de la rédaction sur environ deux siècles et le fait que des idées puissent être pré-chrétiennes favorisent une diversité des points de vue et des sensibilités d'un traité à l'autre, voire au sein d'un même traité. Pourtant, trois points communs se dégagent: 1) la présence de protagonistes récurrents: Hermès Trismégiste, Tat, Asclépios

---

[19] Pour une présentation générale des textes ici étudiés, voir R. van den Broek, «Hermetic Literature I: Antiquity», in W.J. Hanegraaff (ed.), in collaboration with A. Faivre, R. van den Broek, J.-P. Brach, *Dictionary of Gnosis & Western Esotericism*, vol. 1, Leiden, Brill, 2005, p. 487–499.

[20] *NF* I, p. v; J.-P. Mahé, *op. cit.*, 1978, p. 5–6; G. Fowden, *op. cit.*, 2000, p. 29.

[21] G. Fowden, *op. cit.*, 2000, p. 29 n. 53; C.H. Dodd, *The Bible and the Greeks*, London, Hodder and Stoughton, 1954², p. 99 n. 1, p. 203 et p. 209. Quant à nous, nous proposons une datation au IIe s.: A. Van den Kerchove, «Les hermétistes et les conceptions traditionnelles des sacrifices», in N. Belayche et J.-D. Dubois (éd.), *L'Oiseau et le poisson. Cohabitations religieuses dans les mondes grec et romain*, Paris, Presses de l'Université Paris Sorbonne, 2011, p. 80.

[22] J. Büchli, *Poimandres, ein paganisiertes Evangelium: sprachliche und begriffliche Untersuchungen zum I. Traktat des Corpus Hermeticum*, Tübingen, Mohr-Siebeck, 1987, p. 207.

[23] J.-P. Mahé, *op. cit.*, 1982, p. 278.

[24] B.H. Stricker, «*The Corpus Hermeticum*», *Mnemosyne* 2 (1949), p. 79–80; G. Fowden, *op. cit.*, 2000, p. 18.

et Ammon; 2) l'effacement total des auteurs derrière ces figures et une narration quasi-absente, sauf dans *CH* I et au début et à la fin de l'*Asclépius*. Les auteurs attribuent les traités aux protagonistes, en premier lieu Hermès, ce qui relève de la «vraie pseudépigraphie religieuse»[25]; 3) un enseignement – oral ou plus rarement écrit – d'un maître, le plus souvent Hermès, à un ou plusieurs disciple(s), principalement Tat et Asclépios, enseignement qui porte sur Dieu, le salut et des thèmes adjacents. Ainsi, en dépit de la diversité, ces trois points communs font des traités hermétiques un ensemble cohérent appartenant à une même tradition, celle relative à la voie salvatrice d'Hermès; cette tradition est néanmoins constituée de plusieurs branches, en fonction de variations doctrinales selon les auteurs et les époques rédactionnelles.

II. État de l'historiographie sur la littérature hermétique philosophique

1. *De la lumière à l'ombre*

Cette littérature donna lieu à de nombreuses études, dont nous ne donnons qu'un aperçu, sans prétendre à l'exhaustivité, car cela dépasserait le cadre de cette introduction. Dès leur découverte au milieu du XVe siècle, les traités hermétiques ont exercé un attrait considérable sur les érudits. Pour la plupart d'entre eux, Hermès Trismégiste était plus ancien que Moïse et était la source de la pensée de Platon; il exerça une influence sur nombre d'écrits et sur l'iconographie[26]. Cet engouement prit fin quand le Genevois Isaac Casaubon affirma que les écrits hermétiques, de même que les oracles de la Sibylle, n'étaient pas plus anciens que les philosophes Platon et Aristote et qu'ils dateraient de l'époque chrétienne, pensant même que les traités hermétiques

---

[25] Dans cette catégorie, nous trouverions également les *Orphica* et les différents *Oracles* (sibyllins, chaldaïques, etc.). W. Speyer, «Religiöse Pseudepigraphie und literarische Fälschung im Altertum», *JbAC* 8–9 (1965–66), p. 88–125; *idem*, «Fälschung, pseudepigraphische freie Erfindung und "echte religiöse Pseudepigraphie"», *Pseudepigrapha I. Pseudopythagorica, lettres de Platon, littérature pseudépigraphique juive*, Vandoeuvres/Genève, Fondation Hardt, 1972, p. 331–366.

[26] A. Gonzalez Blanco, *op. cit.*, p. 2263; A. Faivre, «Visages d'Hermès Trismégiste (documents iconographiques)», in *idem, op. cit.*, p. 49–87; A. Roob, *Le Musée hermétique. Alchimie et mystique*, Cologne, Taschen, 1997.

auraient été forgés par des chrétiens[27]. Cette théorie d'Isaac Casaubon fit peu à peu son chemin. L'intérêt pour les traités diminua à partir de la seconde moitié du XVIIe siècle, avant de reprendre durant la seconde moitié du XIXe siècle[28], d'autant que le Genevois, loin d'avoir résolu le problème des origines en concluant à une fabrication chrétienne, avait en fait ouvert la voie à toutes les hypothèses possibles.

2. Renaissance de l'intérêt pour les traités hermétiques

En 1854, l'Allemand G. Parthey publia la première édition critique des textes grecs depuis 1630. En 1866, L. Ménard en donna une traduction française[29], avec une étude sur l'origine des traités hermétiques. Désormais, ces derniers firent partie du champ de l'histoire comparée des religions et furent au cœur d'un débat sur leur milieu culturel originel et sur les influences qu'ils auraient subies. Le premier à mener un réel travail universitaire, à une époque où les études sur les religions se multipliaient dans une perspective historiciste, fut R. Reitzenstein, avec *Poimandres Studien zur griechisch-ägyptischen und frühchristlichen Literatur* (Leipzig, 1904). Utilisant une documentation abondante et variée, il insistait sur le fonds égyptien. Cette position « égyptianisante » provoqua la réaction des hellénistes, tels T. Zielinski et J. Kroll[30]. D'autres chercheurs, comme W. Bousset et F. Bräuninger, étudièrent les liens avec les textes gnostiques[31].

---

[27] Isaac Casaubon, *Exercitationes* I 10. Cité dans J.-P. Mahé, *op. cit.*, 1982, p. 8–9.

[28] Durant cette époque, nous pouvons citer les noms de D. Tiedemann qui traduisit en allemand le *Corpus* (*Hermetis Trismegisti Poemander, aus dem Griechischen übersetzt und mit Anmerkungen*, Berlin, 1781) et de I.A. Fabricius qui fit la bibliographie des manuscrits et des traductions du *Corpus hermétique* (*Bibliotheca graeca, sive notitia scriptorum veterum graecorum*, Hambourg, 1790, vol. 1, p. 46–94). Dans le même temps, les écrits appelés techniques, qui n'ont pas subi les contrecoups de la remise en cause d'Isaac Casaubon, continuent à susciter de l'intérêt, notamment dans le monde anglo-saxon et dans les milieux ésotériques (A. Faivre, *op. cit.*, p. 19–20).

[29] L. Ménard, *Hermès Trismégiste. Traduction complète, précédée d'une étude sur l'origine des livres hermétiques*, Paris, Didier, 1866.

[30] T. Zielinski, « Hermes und die Hermetik. 2. Der Ursprung der Hermetik », *Archiv für Religionswissenschaft* 9 (1906), p. 25–60 J. Kroll, *Die Lehren des Hermes Trismegistos. Beiträge zur Geschichte der Philosophie des Mittelalters*, Münster, Aschendorff, 1914.

[31] W. Bousset, « Rezension von *Die Lehre des Hermes Trismegistos* von J. Kroll », *Göttingische Gelehrte Anzeigen* 76 (1914), p. 697–755 ; F. Bräuninger, *Untersuchungen zu den Schriften des Hermes Trismegistos*, Berlin, Schulze, 1926.

Dans le même temps, des chercheurs s'intéressèrent aux liens éventuels avec le monde biblique : C.F.G. Heinrici pour le Nouveau Testament et H. Windisch pour la Septante[32]. Toutefois, dans ce domaine,
c'est le nom de C.H. Dodd qu'il faut retenir[33]. Ce dernier relia *CH* I
au judaïsme et, avec *CH* XIII, à Jean. Il insistait sur l'idée d'un fond de
pensée commun et restait prudent quant à l'influence d'un texte sur
un autre, prudence qui a ensuite été parfois oubliée. Entre temps, W.
Scott publia une traduction anglaise, un commentaire et une édition
où il n'hésitait pas à bouleverser l'ordre des passages pour reconstruire
une progression du texte qui lui convenait mieux[34]. Une édition utili-
sable manquait donc toujours.

Le bilan de cette première période est considérable avec trois
questions mises en avant : le(s) courant(s) au(x)quel(s) rattacher les
textes hermétiques, leur origine culturelle et la présence d'éléments
cultuels. Toutes les hypothèses avaient déjà été formulées, plus ou
moins nettement. La période suivante ne fit que les reprendre, en les
développant.

3. *De nouveaux outils et de nouvelles approches*

A.-J. Festugière et ses nombreuses études consacrées aux textes hermétiques inaugurent une nouvelle étape[35]. À partir de 1938, avec la
collaboration d'A.D. Nock, il édita et traduisit les textes hermétiques,
regroupant le *Corpus hermétique*, les fragments de Stobée, l'*Asclépius*
et divers témoignages antiques[36]. Il compléta ce travail par une œuvre
monumentale, *La Révélation d'Hermès Trismégiste*[37], qui réunit une

---

[32] C.F.G Heinrici, *Die Hermes-Mystik und das Neue Testament*, Leipzig, J.C.
Hinrichs, 1918 : publication posthume (l'auteur est mort en 1915). H. Windisch,
«Urchristentum und Hermesmystik», *Theologische Tijdschrift* 52 (N.F. 10) (1918),
p. 186–240. Citons également M.E. Lyman, «Hermetic Religion and the Religion of
the Fourth Gospel», *JBL* 49 (1935), p. 265–276.

[33] Avec ses deux études publiées en 1935, *The Bible and the Greeks* (réédition en
1954), et en 1953, *The Interpretation of the Fourth Gospel*.

[34] W. Scott, *Hermetica: the Ancient Greek and Latin Writings Which Contain Religious or Philosophic Teachings Ascribed to Hermes Trismegistus*, 4 vol., London, Dawsons, 1924–1936.

[35] Pour connaître l'ensemble des études d'A.-J. Festugière sur la littérature hermétique, consulter A. Gonzalez Blanco, *op. cit.*, p. 2274–2276.

[36] Hermès Trismégiste, *Corpus Hermeticum*, t. I-IV, texte établi par A.D. Nock et
traduit par A.-J. Festugière, Paris, Les Belles Lettres, 1991–1992 (cinquième tirage de
l'édition de 1945–1954).

[37] Le premier, publié en 1944, concerne l'astrologie et les sciences occultes ; le
deuxième, en 1949, le Dieu cosmique ; le troisième, en 1953, les doctrines de l'âme ; le
quatrième, en 1954, le dieu inconnu de la gnose.

documentation grecque si vaste qu'elle noyait parfois l'analyse des textes hermétiques, dont le contexte était ainsi grec, sans éléments égyptiens. La découverte des textes coptes près de Nag Hammadi ne modifia pas son opinion, d'autant que, même s'il y eut rapidement quelques articles, la publication des *codices* fut retardée jusqu'aux années soixante-dix. Malgré l'ampleur de ce travail, beaucoup de questions restaient en suspens.

L'identification de trois textes hermétiques parmi les *codices* coptes lança la recherche sur une autre voie. Des traductions[38] et l'édition fac-similé[39] facilitèrent le travail. Cette nouvelle époque fut marquée par l'œuvre de J.-P. Mahé, *Hermès en Haute Égypte* où il édite, traduit et commente les trois traités coptes et les *Définitions d'Hermès Trismégiste à Asclépius* arméniennes. Dans son étude approfondie de l'environnement littéraire, il met l'accent sur les liens avec l'Égypte, tout en reconnaissant aussi des influences hellénistiques. Il parle ainsi de « remodelage hellénistique » pour *NH VI, 8*[40].

Cette œuvre s'inscrit dans un courant qui se focalise sur l'arrière-fond égyptien, en premier lieu P. Derchain[41]. Si certains émettent l'idée

---

[38] Entre autres, M. Krause und P. Labib, *Gnostische und hermetische Schriften aus Codex II und Codex VI*, Glückstadt, J.J. Augustin, 1971, p. 170–206 ; K.-W. Tröger, « Die sechste und siebte Schrift aus Nag Hammadi Codex VI », *ThLZ* 98 (1973), p. 495–503 ; L.S. Keizer, *The Eighth Reveals the Ninth: A new Hermetic Initiation Discourse translated and interpreted*, Seaside (California), Academy of Arts and Humanities, 1974 ; J.-P. Mahé, « La prière d'actions de grâces du codex VI de Nag-Hammadi et le *Discours parfait* », *ZPE* 13 (1974), p. 40–60.

[39] J.M. Robinson (ed.), *The Facsimile Edition of the Nag Hammadi Codices. Codex VI*, Leiden, Brill, 1972.

[40] J.-P. Mahé, *op. cit.*, 1982, p. 68.

[41] P. Derchain, « Noch einmal Hermes Trismegistos », *GM* 15 (1975), p. 7–10 ; *idem.*, « Sur l'authenticité de l'inspiration égyptienne dans le *Corpus Hermeticum* », *RHR* 161.1 (1962), p. 175–198. R. Marcus, « The Name Poimandres », *JNES* 8.1 (1949), p. 40–43 ; T.C. Skeat and E.G. Turner, « An Oracle of Hermes Trismegiste at Saqqâra », in *Mélanges J. Černy, JEA* 54 (1968), p. 199–208 ; J. Parlebas, « L'origine égyptienne de l'appellation Hermès Trismégiste », *GM* 13 (1974), p. 161–163 ; M. Krause, « Ägyptisches Gedankengut in der Apokalypse des *Asclepius* », *Zeitschrift der Deutschen Morgenländischen Gesellschaft, Supplementa I* (1969), p. 48–57 ; B. van Rinsveld, « La version copte de l'*Asclepius* et la ville de l'âge d'or : à propos de Nag Hammadi VI, 75, 22–76,1 », in P.W. Pestman (éd.), *Textes et études de papyrologie grecque, démotique et copte (P.L. Bat. 23)*, Leiden, Brill, 1985, p. 233–242 ; L. Kákosy, « Hermetic Obelisks », *Studia Aegyptiaca* 12 (1989), p. 235–239 ; *idem*, « Hermes and Egypt », in A.B. Lloyd, *Studies in Pharaonic Religion and Society in Honour of J. Gwyn Griffiths*, London, The Egypt Exploration Society, 1992, p. 258–261. T. McAllister Scott, *Egyptian Elements in Hermetic Literature*, Cambridge, Harvard University, Th. D. : Theology, Cambridge, 1987, UMI, Ann Arbor, 1991 : l'auteur se contente le plus souvent de juxtaposer les textes égyptiens, sans présenter une réelle analyse.

d'une traduction depuis l'égyptien pour les textes hermétiques grecs[42], d'autres confrontent les données égyptiennes et grecques: S. Delcomminette étudie la distorsion des idées philosophiques[43]; G. Fowden[44] envisage une influence égyptienne mêlée à d'autres, grecques et hellénistiques, et il insiste sur le milieu social, spirituel et géographique des textes hermétiques, faisant une large place à la magie, à l'astrologie et aux textes dits techniques. B.P. Copenhaver[45] s'intéresse également à l'environnement de ces écrits.

Une deuxième approche prolonge les travaux de C.H. Dodd et de H. Windisch du côté du judaïsme – avec surtout M. Philonenko[46], B.A. Pearson[47], H.L. Jansen et J. Holzhausen qui concluent tous les deux à un auteur juif pour *CH* I[48] – et du christianisme – avec F.-M. Braun[49] et W.C. Grese. Ce dernier affirme son but sans ambiguïté: «cette étude est donc une tentative pour utiliser *CH* XIII afin d'accroître notre compréhension de la littérature chrétienne primitive»[50].

---

[42] L. Motte, «La vache multicolore et les trois pierres de la régénération», *Études coptes. III. Troisième journée d'études*, Louvain/Paris, Peeters, 1989, p. 130–149.

[43] S. Delcomminette, «Vocabulaire stoïcien et pensée égyptienne dans le onzième traité du Corpus hermétique», *Revue de philosophie ancienne* 20.2 (2002), p. 11–36.

[44] G. Fowden, *op. cit.*, 2000.

[45] B.P. Copenhaver, *op. cit.*

[46] M. Philonenko, «Une utilisation du *Shema* dans le *Poimandrès*», RHPhR 59, (1979), p. 369–372; *idem*, «Le *Poimandrès* et la liturgie juive», in F. Dunand et P. Lévêque, *Les Syncrétismes dans les religions de l'Antiquité, Colloque de Besançon (22–23 octobre 1973)*, Leiden, Brill, 1975, p. 204–211; *idem*, «Une allusion de l'*Asclépius* au livre d'Hénoch», in J. Neusner (ed.), *Christianity, Judaism and other Greco-Roman Cults. Studies for Morton Smith at sixty, Part 2: Early Christianity*, Leiden, Brill, 1975, p. 161–163; *idem*, «La *Koré Kosmou* et les "Paraboles" d'Hénoch», in S. Said, *Hellénismos. Quelques jalons pour une histoire de l'identité grecque. Actes du colloque de Strasbourg 25–27 octobre 1989*, Leiden, Brill, 1991, p. 119–124.

[47] B.A. Pearson, «Jewish Elements in Corpus Hermeticum I (Poimandres)», in R. van den Broek and M.J. Vermaseren, *Studies in Gnosticism and Hellenistic Religions presented to Gilles Quispel on the Occasion of his 65th Birthday*, Leiden, Brill, 1981, p. 336–348.

[48] H.L. Jansen, «Die Frage nach Tendenz und Verfasserschaft im Poimandres», in G. Windengren (ed.), *Proceedings of the International Colloquium on Gnosticism, Stockholm, August 20–25. 1973*, Stockholm/Leiden, Almqvist & Wiksell/Brill, 1977, p. 157–163. J. Holzhausen, *Der „Mythos vom Menschen" im hellenistischen Ägypten. Eine Studie zum „Poimandres" (CH I), zu Valentin und dem gnostischen Mythos*, Bodenheim, Athenäum.Hain.Hanstein, 1994, p. 69.

[49] F.M. Braun, «Hermétisme et johannisme», *Revue thomiste* 55 (1955), p. 26–42 et p. 259–299. Et *idem*, «Essénisme et hermétisme», *Revue thomiste* 54 (1954), p. 523–558.

[50] W.C. Grese, *Corpus Hermeticum XIII and Early Christian Literature*, Leiden, Brill, 1979, p. 58; il donne une traduction anglaise de ce traité. W.C. Grese, «The Hermetica and New Testament Research», *Biblical Research* 28 (1983), p. 37–54.

S'intéressant uniquement aux parallèles chrétiens, il éclaire de manière restreinte *CH* XIII. J. Büchli se rattache à cette tendance : dans son étude philologique de *CH* I *Der Poimandres, ein paganisiertes Evangelium,* il veut démontrer que ce traité est l'œuvre d'un païen ayant subi des influences chrétiennes ; il rejette le caractère gnostique attribué par certains savants modernes, sauf s'il faut comprendre « gnose » au sens de connaissance de Dieu. Sans aller aussi loin, d'autres chercheurs s'intéressent aux références bibliques dans les traités hermétiques[51] et à l'intérêt suscité par ces textes sur les Pères de l'Église[52].

Déjà envisagée avant la seconde guerre mondiale, l'étude des liens avec les courants gnostiques s'intensifie avec les découvertes de Nag Hammadi, autour de deux tendances : classement des textes selon leur caractère gnostique ou non[53], étude des points de comparaison entre les textes gnostiques et hermétiques[54].

---

[51] A. Camplani, « Riferimenti biblici nella letteratura ermetica », *ASE* 10/2 (1993), p. 375–425.

[52] A. Wlosok, *Laktanz und die philosophische Gnosis*, Heidelberg, Winter, 1960 ; G. Sfameni Gasparro, « L'ermetismo nelle testimonianze dei padri », *Rivista di Storia e letteratura religiosa* 7 (1971), p. 215–251 ; C. Moreschini, « Brève histoire de l'hermétisme latin », in *idem* (ed.), *Dall'Asclepius al Crater Hermetis. Studi sull'ermetismo latino tardo-antico e rinascimentale*, Pisa, Giardini, 1985, p. 15–49 ; A. Löw, *Hermes Trismegistos als Zeuge der Wahrheit*, Berlin/Wien, Philo, 2002 ; J. Pépin, « Grégoire de Nazianze, lecteur de la littérature hermétique », *VC* 36 (1982), p. 251–260.

[53] H. Jonas, *The Gnostic Religion: the Message of the Alien God and the Beginnings of Christianity*, Boston, Beacon Press, 1958, p. 41 ; K. Rudolph, « Nag Hammadi und die neuere Gnosisforschung », in P. Nagel, *Von Nag Hammadi bis Zypern. Eine Aufsatzsammlung*, Berlin, Akademie-Verlag, 1972, p. 1–15 ; K.M. Fischer, « Abstrakt. The Facsimile Edition of the Nag Hammadi Codices, 1972 », *ThLZ* 98.2 (1973), p. 106–108 ; G. van Moorsel, « Die Symbolsprache in der hermetischen Gnosis », *Symbolon* I (1960), p. 128–137 ; K.-W. Tröger, *Mysterienglaube und Gnosis in Corpus Hermeticum XIII*, Berlin, Akadmie-Verlag, 1971 ; J. Shibata, *Cosmologie et gnose hermétique. Recherche sur la place de la cosmologie dans les traités hermétiques*, Strasbourg, Faculté de Théologie protestante, Th. Doct.: Théol., Strasbourg, 1978 ; R.A. Segal, *The Poimandres as Myth. Scholarly Theory and Gnostic Meaning*, Berlin, De Gruyter, 1986.

[54] E. Haenchen, « Aufbau und Theologie des *Poimandres* », *Zeitschrift für Theologie und Kirche* 53 (1956), p. 149–191 (repris dans *idem*, *Gott und Mensch. Gesammelte Aufsätze*, Band I, Tübingen, Mohr-Siebeck, 1965, p. 335–377) ; G.G. Stroumsa, « Gnostic Elements in Hermetic Traditions », in G.G. Stroumsa, *Another Seed: Studies in Gnostic Mythology*, Leiden, Brill, 1984, p. 137–143 ; R. van den Broek, « Gnosticism and Hermetism in Antiquity: two Roads to Salvation », *Studies in Gnosticism and Alexandrian Christianity*, Leiden, Brill, 1996, p. 3–21 ; J. Peste, *The Poimandres Group in Corpus Hermeticum. Myth, Mysticism and Gnosis in Late Antiquity*, Göteborg, University of Göteborg, 2002.

À ces grandes approches, s'ajoutent des études thématiques, philologiques, etc.[55] et de nombreuses traductions[56].

4. *La place des pratiques rituelles dans la recherche*

Dans cette bibliographie difficile à maîtriser, les pratiques rituelles ont une place réduite. Aucune monographie en soi ne leur est consacrée. La question est le plus souvent abordée au détour d'une conclusion, de l'étude d'un traité, voire d'un extrait. Elle rejoint celle de la piété et de l'existence d'une communauté. R. Reitzenstein a émis l'hypothèse que les textes hermétiques remplaceraient les pratiques, les qualifiant de *Lesemysterium*, « mystères à lire »[57]. G. Sfameni Gasparro releva dans les traités hermétiques ce qui ferait penser à une initiation[58]. K.-W. Tröger reprit l'idée de *Lesemysterium* et considéra la possible existence de communautés hermétistes, sans qu'il y ait pour autant un culte, avis partagé par G. Löhr[59]. J. Peste conclut lui aussi à l'existence d'une communauté à partir des seuls *CH* I et XIII en y étudiant les thèmes mythiques et les symboles. G. Fowden établit une similarité des pratiques rituelles entre les milieux gnostique et hermétique, tout en pensant que les cultes sont censés être dépassés dans le second cas[60]. F. Planchon consacra une brève enquête à l'acquisition de l'intellect dans *CH* IV,

---

[55] M. Pulver, « Die Lichterfahrung im Johannes-Evangelium, im Corpus Hermeticum, in der Gnosis und in der Ostkirche », *Eranos Jarhbuch* X (1943), p. 253–296; F.N. Klein, *Die Lichtterminologie bei Philon von Alexandrien und in den hermetischen Schriften*, Leiden, Brill, 1962. J.-P. Mahé, « Remarques d'un latiniste sur l'*Asclépius* copte de Nag Hammadi », *RevSR* 48 (1974), p. 136–155; *idem*, « La prière d'actions », *op. cit.*, 1974, p. 40–60; A. Camplani, « Alcune note sul Testo del VI codice di Nag Hammadi: la predizione di Hermes ad Asclepius », *Augustinianum* 26.3 (1986), p. 349–368; A. Camplani, « Note di filologia ermetica », *Augustinianum* 37 (1997), p. 57–76.

[56] C. Colpe und J. Holzhausen (bearb. und hrsg.), *Das Corpus Hermeticum Deutsch. Übersetzung, Darstellung und Kommentierung in drei Teilen*, Stuttgart/Bad Canstatt, Frommann/Holzboog, 1997; A. Camplani, *Scritti ermetici in copto*, Brescia, Paideia, 2000; *The Way of Hermes. The Corpus Hermeticum*, translated by C. Salaman, D. van Oyen and W.D. Wharton, *The Definitions of Hermes Trismegistus to Asclepius* translated by J.-P. Mahé, London, Duckbacks, 2001. Il existe une traduction italienne que nous n'avons pas consultée, néerlandaise, tchèque, etc.

[57] R. Reitzenstein, *Die hellenistischen Mysterienreligionen nach ihren Grundgedanken und Wirkungen*, Leipzig, Teubner, 1927³, p. 51–52, 64 et 243–245.

[58] G. Sfameni Gasparro, « La gnosi ermetica come iniziazione e mistero », *Studi e Materiali di storia delle religioni* 36 (1965), p. 43–62.

[59] G. Löhr, *Verherrlichung Gottes durch Philosophie*, Tübingen, Mohr-Siebeck, 1997, seule étude consacré à *CH* II.

[60] G. Fowden, *op. cit.*, 2000, respectivement p. 278 et p. 221.

tandis que pour les autres gestes, comme le baiser, il estimait : « point n'est besoin d'y consacrer beaucoup de place » car « il s'agit en fait de faits plus ou moins anodins »[61], jugement hâtif non argumenté. R. van den Broek étudia les pratiques dans les textes coptes[62] ; quant à J.-P. Mahé, c'est l'éthique hermétique qui retint son attention[63]. Dernièrement, J.P. Södergard étudia les traités en s'aidant de la sémiotique[64]. Il s'interrogea sur la manière dont les auteurs agissent sur l'esprit du lecteur et donna une variante de la théorie du *Lesemysterium*, tout en ne reprenant pas cette expression. Il n'étudiait pas les pratiques rituelles en tant que telles, mais les réactions du lecteur face au texte.

III. Approche proposée

À la suite de ces travaux, nous voudrions revenir sur les pratiques rituelles, en prenant en compte l'ensemble de la littérature philosophique (selon le sens et la liste donnés ci-dessus). Pour cette étude, nous reprenons la définition de J. Vidal du rite : « pratique périodique, à caractère public, assujettie à des règles précises, dont l'efficacité de facture 'extra-empirique' (…) s'exerce en particulier dans le monde de l'invisible »[65]. Tout rite a une efficacité d'ordre symbolique et suppose le consensus d'un groupe ; s'il peut être accompli individuellement, il doit respecter des schémas reconnus par le groupe. Il est porteur de diverses fonctions, en premier lieu la fonction communicative entre les humains et entre les humains et les dieux. Il a une dimension sociale et identitaire, car il instaure une séparation entre ceux qui accomplissent le rite et ceux qui ne l'ont pas accompli mais également entre ceux qui sont concernés par le rite (qu'ils l'aient déjà accompli ou vont le faire) et ceux qui ne le sont pas. À la suite de P. Bourdieu, nous pourrions dire que « tout rite tend à consacrer ou à légitimer, c'est-à-dire à faire

---

[61] F. Planchon, *Les Gnostiques et les sacrements*, Strasbourg, Université de Strasbourg 2, Th. Doct. : Sci. Relig., Strasbourg, 1988, p. 129.

[62] R. van den Broek, « Religious Practices in the Hermetic "Lodge" : New Light from Nag Hammadi », in R. van den Broek and C. van Heertum (eds.), *op. cit.*, 2000, p. 77–95.

[63] J.-P. Mahé, « Gnostic and Hermetic Ethics », in R. van den Broek and W.J. Hanegraaff, *Gnosis and Hermetism from Antiquity to Modern Times*, New York, State University of New York Press, 1998, p. 21–36.

[64] J.P. Södergard, *The Hermetic Piety of the Mind. A Semiotic and Cognitive Study of the Discourse of Hermes Trismegistos*, Stockholm, Almqvist & Wiksell, 2003.

[65] J. Vidal, « Rite », in P. Poupard, *Dictionnaire des religions*, Paris, PUF, 1993³, p. 1726.

méconnaître en tant qu'arbitraire et reconnaître en tant que légitime, naturelle *une limite arbitraire*»[66]. Le rite peut également être considéré comme un «lieu de mémoire», celui d'un événement antérieur qu'il représente et auquel il fait participer[67].

Sans aller jusqu'à parler de dichotomie, la parole est souvent considérée dans le rite comme secondaire par rapport aux actes et aux gestes[68]. Néanmoins, si le geste est lui-même langage, la parole est aussi acte; elle peut être performative[69], compléter, remplacer les gestes, assumer leur rôle, en suivant des règles aussi précises que pour ces derniers. Il existe autant une pratique de la parole qu'une pratique gestuelle dans un rite. L'idée de l'acte à accomplir est capitale, et c'est pourquoi nous parlons plutôt de «pratiques rituelles»: nous souhaitons surtout étudier leur mise en application telle qu'elle se laisse entrevoir dans les traités. Une telle étude revient à poser des questions sur la nature des pratiques rituelles dont les traités parlent, sur la place qu'ils leur accordent et sur la manière dont ils en parlent. S'agit-il de discours théoriques? D'un manuel pratique? D'un simple récit? Une autre interrogation concerne les intentions des auteurs, ce qui permettra de revenir sur le statut littéraire des mentions des pratiques rituelles. Néanmoins, saisir ces intentions est difficile car les conditions dans lesquelles les auteurs ont écrit et les destinataires ne sont que partiellement connus. L'époque à laquelle les traités ont été rédigés est une

---

[66] P. Bourdieu, «Les rites comme actes d'institution», *Actes de la recherche en sciences sociales* 43 (1982), p. 58.

[67] G. Delteil, «Rites, lieux de mémoire», *Études Théologiques et Religieuses* 70.2 (1995), p. 236. Il reprend l'expression «lieux de mémoire» à l'entreprise dirigée par P. Nora sur les lieux de mémoire de la Nation et de la République, *Les Lieux de mémoire*, 3 vol., Paris, Gallimard, 1984, 1986 et 1992.

[68] L. Voyé, «Le rite en questions», in R. Devish, C. Perrot et *alii*, *Le Rite, sources et ressources*, Bruxelles, Facultés universitaires Saint-Louis, 1995, p. 106–107.

[69] Sur cette notion, voir l'étude fondamentale de J.L. Austin, *Quand dire, c'est faire*, introduction, traduction et commentaire de G. Lane, Paris, Seuil, 1970, en particulier le chapitre «les phrases performatives». À compléter avec A. Reboul et J. Moeschler, *La Pragmatique aujourd'hui. Une nouvelle science de la communication*, Paris, Seuil, 1998, p. 25–46. Cette théorie de la performativité a été mise en œuvre dans plusieurs travaux sur l'Égypte: P. Vernus, «"Ritual" *sḏm.n.f* and some Values of the "Accompli" in the Bible and in the Koran», in S. Israelit-Groll (ed.), *Pharaonic Egypt. The Bible and Christianity*, Jerusalem, The Magnes Press/The Hebrew University, 1985, p. 307–316; F. Labrique, «Le *sḏm.n.f* "rituel" à Edfou: le sens est roi», *GM* 106 (1988), p. 53–63; P. Derchain, «À propos de performativité. Pensers anciens et articles récents», *GM* 110 (1989), p. 13–18; F. Servajean, *Les Formules des transformations du Livre des Morts à la lumière d'une théorie de la performativité*, Le Caire, IFAO, 2003.

période charnière, avec des « mutations religieuses »[70], où le sentiment religieux et des pratiques rituelles se modifient et sont débattus. Les auteurs des traités prennent-ils position, et si oui, comment ? Participent-ils aux transformations de certaines pratiques ? Cette étude a pour but d'esquisser des éléments de réponse.

En effet, les sources dont nous disposons sont essentiellement textuelles[71] et s'échelonnent sur deux siècles. Cette diversité temporelle et auctoriale favorise des divergences et des variations doctrinales que l'on ne peut nier. Les textes hermétiques ne constituent pas un système en soi, ni un corps constitué de connaissances ; nous éviterons donc l'usage de « hermétisme ». Cependant, nous pensons que, loin de se focaliser sur ces divergences, il faut prendre en compte les caractéristiques communes relevées plus haut, légitimant ainsi une étude de l'ensemble des traités. Nous remplacerons « hermétisme » par « voie d'Hermès », variante de l'expression de J.-P. Mahé, « voie d'immortalité »[77]. Ces deux expressions ont l'avantage de mettre l'accent non sur l'idée d'un système figé mais sur celles de dynamique et de voie de vie, celle-ci pouvant être envisagée de diverses façons selon les auteurs et les époques.

Dans le même ordre d'idée, nous ne chercherons pas à rattacher les traités hermétiques à tel ou tel courant de l'Antiquité. En effet, l'époque de rédaction des traités hermétiques se caractérise par un pluralisme religieux, une *paideia* toujours vivante et des écoles philosophiques où des hommes de sensibilité religieuse variée se côtoient. Cette situation favorise des interactions, des échanges dans les deux sens[73] et la constitution d'une culture avec un langage conceptuel et culturel commun ; cela s'accompagne d'adaptations, de distorsions ou

---

[70] Cette expression est reprise du titre du livre de G.G. Stroumsa, *La Fin du sacrifice. Les mutations religieuses de l'Antiquité tardive*, Paris, Odile Jacob, 2005.

[71] Pour les sources archéologiques : E. Tissot et J.-C. Goyon, « Les tables zodiacales », *Les Dossiers de l'Archéologie* 162 (Juillet–août 1991), p. 62–64 ; A. Buisson et J.-H. Abry, *Les Tablettes astrologiques de Grand (Vosges) et l'astrologie en Gaule romaine*, *Actes de la table ronde du 18 mars 1992, Université de Lyon III*, Lyon, Université de Lyon III, 1993. Sur la mosaïque tombale de Lambiridi, en Algérie : J. Carcopino, « Sur les traces de l'hermétisme africain », in *Aspects mystiques de la Rome païenne*, Paris, L'Artisan du livre, 1941, p. 208–286.

[72] J.-P. Mahé, « La voie d'immortalité à la lumière des *Hermetica* de Nag Hammadi et de découvertes plus récentes », *VC* 45 (1991), p. 347–375.

[73] Sur les interactions et les échanges bilatéraux, voir parmi de nombreuses études J. Bingen, « L'Égypte gréco-romaine et la problématique des interactions culturelles », in R.S. Bagnall, G.M. Browne and *alii*, *Proceedings of the Sixteenth International Congress of Papyrology. New York, 24–31 July 1980*, Chico (Calif.), Scholars Press,

de resémantisations selon les groupes et cercles religieux. En citant de nombreux témoignages antiques, nous ne voulons donc pas établir systématiquement un lien de dépendance ni des influences ; il s'agira avant tout de donner une idée de l'environnement dans lequel les auteurs pouvaient évoluer et où ils ont pu puiser telle idée avant de la réaménager. La qualité de l'adaptation ne relève pas de notre propos, et surtout nous ne sommes pas qualifiée pour, notamment dans le domaine philosophique.

Ceci nous amène à un dernier point. Le recours à l'expression «vraie pseudépigraphie religieuse» écarte d'emblée l'idée d'une tromperie volontaire de la part des auteurs. Ces derniers étaient convaincus de l'existence d'Hermès Trismégiste. Si pour nous, les protagonistes des traités sont fictifs, ils ne le sont pas pour les auteurs. Est-on alors en droit d'étendre ce caractère fictif à l'ensemble du contenu des textes ? Que les auteurs croyaient en l'existence d'au moins l'un des protagonistes invite à penser qu'ils croyaient également en ce qu'ils écrivaient. C'est pourquoi nous les appelons «auteurs hermétistes». Dans une certaine mesure, ces auteurs sont les seuls hermétistes dont nous pourrions attester l'existence, même si nous ne savons rien d'eux.

La stratégie d'écriture est, selon nous, basée sur cette croyance. À ce stade, il est nécessaire de donner quelques indications sur ce que nous entendons par auteur, lecteur et stratégie. Nous sommes partie du modèle d'Umberto Eco, même s'il l'a constitué surtout pour les textes narratifs[74]. U. Eco distingue deux types de lecteurs et d'auteurs : empirique et théorique. L'auteur empirique du texte imagine un lecteur théorique, et ceci détermine en partie sa stratégie d'écriture. Le lecteur empirique, quant à lui, imagine un auteur théorique. Le lecteur empirique n'équivaut pas au lecteur théorique, et il en va de même entre les deux types d'auteurs. Seul le couple formé par l'auteur empirique et le lecteur théorique nous intéresse ici. Nous avons déjà parlé de l'auteur hermétiste empirique : anonyme, il croit probablement en l'existence d'Hermès Trismégiste et son message. Qu'en est-il du lecteur ? Nous savons que ces textes ont été lus, qu'ils ont fait l'objet de

---

1981, p. 3–18 ; G. Fowden, *op. cit.*, 2000, p. 31–115 ; L. Couloubaritsis, « La religion chrétienne a-t-elle influencé la philosophie grecque ? », *Kernos* 8 (1995), p. 97–106.

[74] U. Eco, *Lector in fabula. Le rôle du lecteur ou la Coopération interprétative dans les textes narratifs*, traduction : M. Bouzaher, Paris, Grasset, 1985 (édition italienne de 1979), surtout le chapitre trois sur le lecteur modèle.

citations, de paraphrases, d'allusions, en grande majorité de la part
de chrétiens. La connaissance que ces derniers en ont est avant tout
indirecte. Leur lecture des textes ou extraits hermétiques est partielle
et déterminée en fonction de leurs conceptions et de leurs intentions.
Lecteurs empiriques, ils ne correspondent certainement pas au modèle
imaginé par les auteurs hermétistes. Beaucoup de ces chrétiens croient
en l'existence et en l'autorité d'Hermès Trismégiste, ils peuvent adhé-
rer à certaines idées (comme Lactance, très favorable vis-à-vis des
textes qu'il connaît), mais ils n'adoptent pas la « voie d'Hermès ». Or,
adhérant eux-mêmes à la « voie d'Hermès » et mettant en scène un
enseignement entre un maître et son disciple, les auteurs hermétistes
s'adresseraient avant tout à des lecteurs partageant les mêmes convic-
tions. Nous nommons ces lecteurs théoriques « destinataires ».

C'est sur la base de ces données méthodologiques que nous avons
abordé notre recherche. La liste des pratiques rituelles à étudier est
assez simple à circonscrire : acquisition de l'intellect, prières et hymnes, régénération et visions, baiser et repas, pratiques liées aux images de dieux, avec d'autres qui seront ajoutées au fur et à mesure de
la recherche. Toutes ces pratiques ne sont pas à mettre sur le même
plan. Certaines ne font l'objet que d'une ou deux mentions, comme
le baiser et le repas, tandis que d'autres sont récurrentes, comme les
prières. Nous pouvons également établir deux distinctions, l'une en
fonction de la répétition de ces pratiques pour un hermétiste, l'autre
en fonction de la manière dont l'auteur en parle, prétendant, ou non,
qu'elles sont mises en œuvre par les figures des disciples et maîtres.
Tout ceci a été à la base de notre recherche, et, pour l'organisation,
nous nous sommes fondées sur la première distinction, en terminant
par les pratiques qui sont censées n'être mises en œuvre qu'une seule
fois par l'hermétiste. En effet, nous pensons que les pratiques répétées régulièrement sont la base de ces pratiques appliquées une seule
fois ; elles permettent de mieux les comprendre et surtout de mieux
en saisir les enjeux. Nous commençons ainsi par étudier les offrandes
et les pratiques liées aux images de dieux, avant d'aborder l'acquisition de l'intellect, la régénération et les visions. Toutefois, avant tout
cela, nous aborderons l'instruction. Les pratiques rituelles mentionnées ci-dessus se déroulent en effet au cours d'un enseignement, et
nous verrons comment l'instruction peut devenir une pratique rituelle
à part entière. Cette recherche sur la pratique didactique a pris plus
d'ampleur que prévu au départ et c'est pourquoi nous lui consacrons

toute la première partie. La partie de notre thèse consacrée aux prières n'a pas été ici intégrée dans sa totalité, essentiellement pour éviter d'allonger trop l'ouvrage. Une autre étude leur sera consacrée
ultérieurement[75].

---

[75] Nous renvoyons toutefois à une première étude que nous leur avons consacrée:
A. Van den Kerchove, «Les prières hermétiques coptes. Étude lexicale», in N. Bosson
et A. Boud'hors (éds.), *Actes du Huitième Congrès international des Études coptes,
Paris 28 juin–3 juillet 2004*, Louvain, Peeters, 2007, vol. 2, p. 909–920.

PARTIE UNE

LA PRATIQUE DE L'ENSEIGNEMENT AU CŒUR DE LA
« VOIE D'HERMÈS »

«Maintenant, que tardes-tu? Ayant tout hérité, ne vas-tu pas devenir un guide pour les (hommes) dignes, afin que le genre de l'humanité, par ton entremise, soit sauvé par Dieu?»[1] : c'est par ces mots que l'être céleste Poimandrès informe sèchement le narrateur de sa nouvelle mission : transmettre aux hommes tout ce qu'ils doivent savoir pour être sauvés. Avec ces deux phrases, l'auteur de *CH* I insiste sur l'importance capitale de la transmission du savoir au cœur de la voie salvatrice d'Hermès. Il montre qu'après avoir été instruit, il faut instruire à son tour et que la mission de l'enseignement va au-delà de la stricte transmission du savoir : celle-ci n'est pas une fin en soi; le but ultime est le salut. Les protagonistes des traités hermétiques reviennent régulièrement sur la valeur de la connaissance et sur son acquisition. L'utilisation de la forme dialoguée ou du genre épistolaire paraît être en harmonie avec ce souci de la transmission. Dans cette partie, nous proposons d'étudier cette transmission comme étant plus qu'une simple fiction littéraire : nous y décelons une fonction de transformation interne du disciple et un caractère rituel. Si l'importance de la connaissance a fait l'objet de recherches, la pratique didactique est régulièrement laissée dans l'ombre, alors qu'elle est le cadre où plusieurs pratiques rituelles se déroulent et que certaines d'entre elles dépendent directement de l'enseignement. Il ne s'agit donc pas ici d'étudier le contenu du savoir hermétique, mais de comprendre quelle légitimité est accordée à la pratique didactique et comment celle-ci est censée être mise en œuvre dans l'esprit de l'auteur hermétiste.

---

[1] *CH* I 26 : λοιπόν, τί μέλλεις; οὐχ ὡς πάντα παραλαβὼν καθοδηγὸς γίνῃ τοῖς ἀξίοις, ὅπως τὸ γένος τῆς ἀνθρωπότητος διὰ σοῦ ὑπὸ θεοῦ σωθῇ;

CHAPITRE UN

DE POIMANDRÈS AUX HERMÉTISTES :
MISE EN PLACE DE LA PRATIQUE DIDACTIQUE

Dans la grande majorité des traités hermétiques, l'enseignement se fait au moyen d'un dialogue entre un maître, généralement Hermès, et un disciple – Asclépios, Tat ou, plus rarement, Ammon. Quelques traités font intervenir d'autres protagonistes : Poimandrès dans *CH* I, Isis et Horus dans plusieurs fragments transmis par Stobée, Osiris dans des fragments transmis par Cyrille d'Alexandrie, l'Intellect et le Bon Démon dans *CH* XI et XII. Trois d'entre eux – Hermès, Asclépios et Tat – sont disciples dans quelques traités et maîtres dans d'autres[1]. La plupart porte le nom de divinités égyptiennes, et, pour ceux qui ont un nom grec, comme Hermès et Asclépios, une origine égyptienne est revendiquée avec un ancêtre égyptien : celui d'Asclépios a un temple « sur le mont de Libye proche de la rive des crocodiles »[2], et celui d'Hermès est celui « qui séjourne dans sa ville éponyme »[3], c'est-à-dire Hermopolis en grec, Aschmounein en égyptien. Ce cadre égyptien, plus ou moins prononcé selon les traités, relève d'une stratégie d'écriture qui vise à légitimer la « voie d'Hermès ».

La transmission du savoir est un véritable *leitmotiv* au sein des traités, qui ne rendent compte que de scènes didactiques. Les disciples demandent parfois au maître de combler une lacune dans la somme de leurs connaissances ou de clarifier des thèmes précédemment abordés, comme en *CH* I 3, XI 1 et *SH* 4.1. Quant au maître, il débute certaines leçons en promettant qu'il va exposer en détail tel ou tel sujet, par exemple en *CH* IX 1. Plus rarement, il conclut en affirmant que le disciple est désormais instruit sur tout ce qu'il doit savoir (*CH* I 26 et XIII 22). Dans ces passages, les auteurs hermétistes ont déployé une panoplie de vocables, variations sur le thème de la transmission :

---

[1] Hermès est disciple dans *CH* XI (et également dans *CH* I s'il est identifié au narrateur) et maître dans tous les autres ; Asclépios et Tat sont maîtres respectivement dans *CH* XVI et XVII, tandis qu'ils sont disciples ailleurs.

[2] *Ascl.* 37 : *in monte Libyae circa litus crocodillorum*. Voir G. Fowden, *op. cit.*, 2000, p. 71–72.

[3] *Ascl.* 37 : *in sibi cognomine patria consistens*.

διδάσκω, μανθάνω, παράδοσις, παραλαμβάνω, auxquels on peut ajouter παραδίδωμι, γιγνώσκω, ἐπιγιγνώσκω, διεξέρχομαι, ἐξέρχομαι, ὑπομνηματίζω, ἀποφαίνομαι, ἀποδίδωμι et ἐκδίδωμι[4]. Chaque terme renvoie à diverses réalités, insistant sur le contenu du savoir, le mode de transmission ou la manière dont celle-ci se réalise, avec ou sans intermédiaire. Nous ne les étudierons pas tous de manière systématique, mais ils nous seront utiles tout au long de ce chapitre.

D'une part, cette variété lexicale confirme la place fondamentale de la pratique de l'enseignement dans la vie de l'hermétiste et dans les orientations que va prendre cette vie au cours de la transmission. D'autre part, elle indique que cette pratique perdure tout au long de la vie de l'hermétiste, qu'il soit maître ou disciple. Nous étudierons tour à tour ces deux aspects.

I. La révélation divine : Hermès et ses instructeurs divins

La figure que les auteurs hermétistes mettent le plus souvent en scène est celle d'Hermès : celui-ci apparaît dans quinze traités sur dix-huit[5] et dans vingt-quatre fragments sur les vingt-huit transmis par Stobée. Asclépios et Isis se réclament de lui, le premier en affirmant qu'Hermès est son maître, διδάσκαλος, la seconde en proclamant que son propre maître, Kaméphis, fut le disciple d'Hermès[6]. Cependant, en le présentant comme un être humain, les auteurs hermétistes n'en font pas la source même du savoir. D'autres auteurs, un peu plus tardifs, en auraient eu conscience. Dans son *Compte final* I 8, Zosime demande à Théosobie de se réfugier en Poimandrès, reportant tout l'enseignement à ce dernier et éclipsant Hermès[7]. Dans une collection syriaque de cita-

---

[4] διδάσκω : I 3, 24, 27, 29, X 1, XIII 2, 3, 16, *SH* 4.1, 3, *SH* 23.46, 67 ; μανθάνω : I 1, 3, 21, V 6, X 25, XI 1, 8, XIII 1, 22, XIV 1, 9, *SH* 2b.2, 3, *SH* 4.4, *SH* 11.5, *SH* 23.31, 56, 67, 68 ; παραδίδωμι : XIII 1 (2 fois), 15, *SH* 23.7 ; παράδοσις : XIII 22, fragment divers 18 ; παραλαμβάνω : I 26 ; γιγνώσκω : I 1, 3, 6, 31, III 3, IV 9, X 9, 10, 19, 22, XVIII 3, *SH* 23.5, 7, 12, 67 ; ἐπιγιγνώσκω : III 3, IX 4, X 8, XVIII 13, *SH* 23.22, 40, 66, 68, 70, *SH* 27.1 ; διεξέρχομαι : V 1, IX 1 ; ἐξέρχομαι : XII 5 ; ὑπομνηματίζω : XIII 13 ; ἀποφαίνομαι : IX 9 ; ἀποδίδωμι : XII 12 ; ἐκδίδωμι : XII 8.

[5] Quatorze traités grecs et le traité latin. Par doute, nous ne considérons pas qu'Hermès soit le personnage qui s'adresse aux princes dans *CH* XVIII. Sur la position des savants modernes sur le caractère hermétique de ce traité, voir B.P. Copenhaver, *op. cit.*, p. 209, et ce que nous disons p. 148.

[6] Respectivement *CH* XVI 1 et *SH* 23.32.

[7] A.-J. Festugière, *op. cit.*, 1989, p. 368 pour le texte grec et p. 281 pour la traduction.

tions de philosophes païens[8], constituée probablement à la fin du VIᵉ
ou au début du VIIᵉ siècle pour inviter les habitants de Harran à se
convertir au christianisme, le compilateur chrétien cite et christianise
des extraits de *CH* XIII 1–4 (*Syr-A* 21) et il les attribue à Poimandrès,
comme si celui-ci était l'instructeur par excellence. Le remplacement
d'Hermès par Poimandrès proviendrait soit d'une interprétation du
texte faite en fonction de *CH* XIII 15 mentionnant Poimandrès, soit,
ce qui est plus vraisemblable, d'une confusion commise par la source
grecque. Il pourrait également témoigner de la conscience que le savoir
remonte plus haut qu'Hermès, à Dieu lui-même. En effet, trois auteurs
mentionnent des instructeurs divins, intermédiaires de Dieu: le Bon
Démon (*CH* XII 8), l'Intellect divin (*CH* XI), tous les deux instructeurs
d'Hermès, et Poimandrès (*CH* I), instructeur d'un narrateur anonyme,
sur l'identité duquel il faut maintenant s'interroger.

1. *Hermès Trismégiste: le disciple anonyme de* CH I?

L'auteur de *CH* I ne donne aucune information sur l'identité du narrateur, qui devient le disciple de Poimandrès; cette absence paraît tout
à fait volontaire et aurait un rôle à jouer dans l'utilisation de ce texte,
comme nous tenterons de le montrer un peu plus loin. Un seul autre
passage hermétique mentionne Poimandrès: *CH* XIII 15, où l'auteur
le met en relation avec Hermès au cours d'un dialogue entre celui-ci
et son disciple Tat:

{T} ἐβουλόμην, ὦ πάτερ, τὴν διὰ τοῦ ὕμνου εὐλογίαν, ἣν ἔφης ἐπὶ τὴν
ὀγδοάδα γενομένου μου ἀκοῦσαι τῶν δυνάμεων.
{E} καθὼς ὀγδοάδα ὁ Ποιμάνδρης ἐθέσπισε, τέκνον, καλῶς σπεύδεις
λῦσαι τὸ σκῆνος· κεκαθαρμένος γάρ. ὁ Ποιμάνδρης, ὁ τῆς αὐθεντίας
νοῦς, πλέον μοι τῶν ἐγγεγραμμένων οὐ παρέδωκεν, εἰδὼς ὅτι ἀπ' ἐμαυτοῦ
δυνήσομαι πάντα νοεῖν καὶ ἀκούειν ὧν βούλομαι, καὶ ὁρᾶν τὰ πάντα.

{T} Je désirerai cette louange en forme d'hymne dont tu dis qu'on l'entendra des Puissances alors que je parviendrai à l'Ogdoade.
{H} Selon que Poimandrès révéla l'Ogdoade, enfant, tu (fais) bien de te
hâter de briser la tente; car tu es pur. Poimandrès, l'Intellect de la Souveraineté, ne m'a pas transmis plus que ce qui est écrit, sachant que par
moi-même, je serai capable de tout concevoir, d'entendre ce que je veux
et de voir toutes les choses.

---

[8] Pour cette collection: S. Brock, *op. cit.*, 1983, p. 203–246 et p. 203–210 pour la
présentation générale; S. Brock, *op. cit.*, 1984, p. 77–90.

Dans ce passage, si nous adoptons la leçon des manuscrits[9], Tat rappelle une promesse faite par Hermès à propos de l'hymne chanté par les Puissances[10]. Hermès approuve la démarche de son disciple; mais avant d'honorer sa promesse, il souligne que Poimandrès ne lui a pas transmis les paroles de l'hymne. L'auteur de *CH* XIII 15 fait référence à *CH* I 26 où les paroles de l'hymne chanté par les Puissances de l'Ogdoade ne sont effectivement pas transmises. La proposition ὁ Ποιμάνδρης [...] τῶν ἐγγεγραμμένων οὐ παρέδωκεν semble bien identifier Poimandrès comme l'instructeur d'Hermès et faire référence à *CH* I. Dans cette optique, l'auteur de *CH* XIII identifie le narrateur anonyme de *CH* I à Hermès Trismégiste. Nous verrons d'ailleurs, dans la deuxième partie de ce travail, que plusieurs extraits de *CH* XIII paraissent se référer à l'expérience vécue par le narrateur, renforçant l'hypothèse de cette identification. De plus, le narrateur se présente, au moins au début du traité, comme un être humain recevant une révélation divine, ce qui s'accorde avec certaines présentations d'Hermès Trismégiste comme un Égyptien d'une grande sagesse, tel que cela apparaît, en particulier, dans la *Chronique* de Jean Malalas, livre 2, 26, 5: ἐν τοῖς χρόνοις τῆς βασιλείας τοῦ προειρημένου Σώστρου ἦν Ἑρμῆς ὁ Τρισμέγιστος ὁ Αἰγύπτιος, ἀνὴρ φοβερὸς ἐν σοφίᾳ, «Aux temps du règne de Sostris, déjà mentionné, vivait Hermès Trismégiste l'Égyptien, homme admirable dans la sagesse».

Toutefois, le narrateur ne pourrait-il pas être un autre Hermès? En effet, selon plusieurs traditions, il n'y aurait pas eu un, mais deux[11], trois[12], voire cinq Hermès[13]. Selon l'auteur d'*Ascl.* 37, il y aurait deux Hermès: le maître dans la leçon et Thot, son ancêtre éponyme. Ceci rejoint le témoignage du chroniqueur Georges le Syncelle, qui affirme rapporter le témoignage de Manéthon de Sébennytos dans *Ecloga chronographica* 41:

---

[9] À la suite d'A.-J. Festugière (*La Révélation d'Hermès Trismégiste*. Vol. 4: *Le Dieu inconnu*, Paris, les Belles Lettres, 1990, p. 206) et de la traduction anglaise de C. Salaman et *alii* (*op. cit.*, p. 85). L'édition française dans *NF* II, p. 206, adopta la correction de R. Reitzenstein: γενομένου σου.

[10] Même si c'est Tat et non Hermès qui prononce la proposition καθὼς ὀγδοάδα ὁ Ποιμάνδρης ἐθέσπισε (c'est le choix d'A.-J. Festugière, *op. cit.*, vol. 4, 1990, p. 206 et n. 3), il ne ferait que rappeler une parole antérieure d'Hermès.

[11] Georges le Syncelle, *Ecloga chronographica* 41.

[12] Hermias d'Alexandrie, *Scholies au Phèdre de Platon* 94 et 168, avec Hermès Trismégiste qui aurait eu trois vies.

[13] Cicéron, *De natura deorum* III 56. Voir aussi sur la question de la généalogie d'Hermès, R. van den Broek, «Hermes Trismegistus I: Antiquity», in W.J. Hanegraaff (ed.), *op. cit.*, 2005, p. 476–477.

ἐκ τῶν [...] στηλῶν ἱερᾷ [...] διαλέκτῳ καὶ ἱερογραφικοῖς γράμμασι κεχαρακτηρισμένων ὑπὸ Θῶθ τοῦ πρώτου Ἑρμοῦ καὶ ἑρμηνευθεισῶν μετὰ τὸν κατακλυσμὸν ἐκ τῆς ἱερᾶς διαλέκτου εἰς τὴν Ἑλληνίδα φωνὴν γράμμασιν ἱερογλυφικοῖς καὶ ἀποτεθέντων ἐν βίβλοις ὑπὸ τοῦ Ἀγαθοδαίμονος υἱοῦ τοῦ δευτέρου Ἑρμοῦ, πατρὸς δὲ τοῦ Τὰτ ἐν τοῖς ἀδύτοις τῶν ἱερῶν Αἰγύπτου [...] ἱερὰ βιβλία γραφέντα ὑπὸ τοῦ προπάτορος τρισμεγίστου Ἑρμοῦ κτλ.

Les stèles gravées dans la langue sacrée et dans les caractères « hiérogra-phiques » par Thot le premier Hermès et interprétées, après le cataclysme, de la langue sacrée en du son grec dans les caractères « hiéroglyphiques » et mis, par Agathodaimon, fils du deuxième Hermès, mais père de Tat, dans des livres (= papyrus ?) (placés ?) dans les sanctuaires des temples de l'Égypte [...]. Les livres sacrés écrits par l'ancêtre Hermès Trismégiste etc.

Selon ce texte, dont la traduction n'est pas aisée, il y aurait au moins deux Hermès ; le premier est Thot et serait par ailleurs surnommé Her-mès Trismégiste, s'il faut bien traduire τοῦ προπάτορος τρισμεγίστου Ἑρμοῦ par « l'ancêtre Hermès Trismégiste » et non par « l'ancêtre d'Hermès Trismégiste » – dans ce second cas cet Hermès serait le second ou même un troisième Hermès. Si l'on adopte la traduction proposée ci-dessus pour τοῦ Ἀγαθοδαίμονος [...] τοῦ Τὰτ, la généalo-gie proposée ne correspond pas à ce que nous lisons dans les traités hermétiques où Hermès Trismégiste est instruit par le Bon Démon en *CH* XII et enseigne Tat comme son fils – ce que celui-ci est selon *SH* 23.5. Si, au contraire, nous adoptons la traduction « par le fils d'Aga-thodaimon, le deuxième Hermès, et père de Tat », l'Hermès Trismé-giste des traités correspond à ce deuxième Hermès. Dans les deux cas, si nous nous appuyons sur ce témoignage, le narrateur de *CH* I serait plutôt le premier Hermès ; avec une possible incertitude quant à la position généalogique du Trismégiste : premier, second voire troisième Hermès. Ainsi, vu la difficulté du texte de Georges le Syncelle, nous semble-t-il difficile de s'appuyer sur ce témoignage pour identifier le narrateur de *CH* I. De plus, l'Hermès mentionné dans *SH* 23, qui est Hermès Trismégiste, est décrit comme recevant la révélation – même s'il n'est pas question de Poimandrès et même si sa formation paraît autodidacte – ; et l'ancêtre d'Hermès Trismégiste dans l'*Asclépius* ne joue pas un rôle très important. Dans toute la littérature hermétique étudiée, c'est la figure d'Hermès Trismégiste qui est mise en avant, et seule la brève mention de l'*Asclépius* fait référence à la légende de plusieurs Hermès. Ainsi, rien dans cette littérature ne va en faveur de l'identification du narrateur à un Hermès autre que le Trismégiste ; et, si l'on suit *CH* XIII 15, au moins une branche de la tradition hermé-tique aurait identifié le narrateur au Trismégiste. Cependant, dans la suite de ce travail, nous continuerons à parler du «narrateur» pour ne pas occulter cet anonymat dont nous pensons qu'il joue un rôle important.

2. *Les trois intellects instructeurs divins de Hermès*

Que l'on accepte ou non cette identification, Hermès Trismégiste est le seul disciple mis en scène à avoir eu des instructeurs divins: deux au cas où il n'y a pas identification – l'Intellect de *CH* XI et le Bon démon de *CH* XII –, trois s'il y a identification – avec Poimandrès en plus. Il est ainsi le seul à pouvoir remonter à la source même de l'instruction sans intermédiaire; c'est une façon d'attester sa légitimité et son autorité à enseigner. La présence de deux ou trois instructeurs pour un seul disciple incite à se demander si les auteurs des trois traités appartiennent à la même branche hermétique et pose la question de la relation entre eux.

Poimandrès est à la fois l'Intellect et la Parole de la Souveraineté. Cette double identité s'accorde avec la fonction de Poimandrès et ses deux volets: instruire à l'aide d'une vision, que le narrateur ne peut percevoir que de manière noétique, et instruire avec la parole, pour expliquer cette vision et le reste du savoir. Elle serait également fondatrice d'une caractéristique capitale de l'enseignement hermétique: le rôle complémentaire de la parole et de l'intellect.

Aucune donnée ne permet d'identifier le Bon démon de *CH* XII à Poimandrès. Son enseignement est oral, et, selon J.-P. Mahé, il existerait une collection *Les Dits du Bon Démon*, une gnomologie qui serait une des sources possibles des écrits hermétiques[14]. Si elle existe, elle appartiendrait seulement à la tradition orale si l'on en croit l'auteur de *CH* XII 8. Cette affirmation s'opposerait-elle alors à *CH* XIII 15, comme le pense A.-J. Festugière[15]? Si l'auteur de *CH* XIII 15 semble sous-entendre qu'il ne peut pas y avoir de tradition orale indépendante de toute tradition écrite[16], il parle essentiellement de Poimandrès et de son enseignement, et «ce qui est écrit» fait sûrement référence à l'enseignement de Poimandrès de *CH* I. En l'absence d'autres indications,

---

[14] J.-P. Mahé, *op. cit.*, 1982, p. 307, 310 et 417.
[15] *NF* I, p. 173: l'auteur de *CH* XIII 15 proteste «contre l'idée qu'il existe une tradition orale (par l'affirmation même que les livres de Poimandrès contiennent *toute* la révélation antérieure à XIII) et tenant dès lors, semble-t-il, le traité XII pour apocryphe».
[16] Texte et traduction: p. 25.

il est difficile de généraliser la phrase «Poimandrès ne m'a pas transmis plus que ce qui est écrit» et de considérer que l'auteur de *CH* XIII rejette toute autre tradition, écrite ou orale. De plus, les auteurs de *CH* XII et de *CH* XIII peuvent appartenir à deux branches hermétiques, l'une mettant l'accent sur la tradition orale du Bon Démon, l'autre sur la tradition écrite venant de Poimandrès.

Dans *CH* XI, Hermès est instruit par l'Intellect, dénomination abstraite pour une entité divine indépendante d'Hermès. Cet Intellect et Poimandrès partagent la même opinion quant à l'instruction de leur disciple respectif, Hermès et le narrateur anonyme : elle doit être poursuivie de manière autonome grâce à l'usage de l'intellect, qui est sous-entendu dans le verbe νοεῖν[17]. L'emploi d'un même terme, νούς, pour une faculté humaine et pour une entité divine introduit une confusion volontaire entre l'intellect d'Hermès et les Intellects que sont Poimandrès et la figure du maître dans *CH* XI.

Tous les trois participent de l'Intellect divin. Ils n'en sont pas pour autant une partie, puisque cet Intellect divin, Dieu, est indivisible. Ils diffèrent en raison non pas de leur nature mais de leur degré d'individualisation et de personnification. Poimandrès est un aspect de l'Intellect divin, et sa venue auprès du narrateur pour l'enseigner permet à ce dernier d'acquérir l'intellect[18], qui lui sera particulier tout en participant de l'Intellect divin. Au moins pour Hermès, cet intellect particulier se manifesterait selon deux modalités, l'Intellect instructeur et l'intellect humain. L'Intellect de *CH* XI serait l'intellect en acte qui permet à Hermès de poursuivre sa propre formation et de comprendre le monde et les choses[19]. De là à considérer cet intellect en acte comme l'instructeur d'Hermès, il n'y a qu'un pas facile à franchir. Le

---

[17] En *CH* XI 22, l'Intellect conclut en disant : τὰ δὲ ἄλλα πάντα ὁμοίως κατὰ σεαυτὸν νόει, καὶ οὐ διαψευσθήσῃ, «Conçois par toi-même également le reste et tu ne seras pas trompé.» Le verbe διαψεύδεσθαι ne signifie pas exactement ici «être déçu» comme le pensent A.-J. Festugière (*NF* I, p. 157) et B.P. Copenhaver (*op. cit.*, p. 42) mais plutôt «être trompé» comme dans la traduction anglaise dans C. Salaman, D. van Oyen and W.D. Wharton, *op. cit.*, p. 72. En effet, il faut sûrement relier cette recommandation de l'Intellect à la plainte d'Hermès au début du traité sur le fait que beaucoup ne disent pas le vrai et l'égarent ; comparer avec ce que dit Hermès de l'instruction de Poimandrès en *CH* XIII 15 – qui n'a pas transmis plus que ce qui est écrit «sachant que par moi-même, je serai capable de tout concevoir, d'entendre ce que je veux et de voir toutes les choses».

[18] Voir la section «L'acquisition de l'intellect dans *CH* I» p. 316–320.

[19] On peut considérer que l'auteur a glosé la tradition, dont *CH* XIII témoigne, relative à la poursuite de l'instruction et qu'il la reprend en la mettant dans la bouche de l'Intellect.

troisième intellect, humain, serait l'intellect en puissance qui n'est pas actuellement utilisé et qui ne joue donc pas le rôle spécifique d'instructeur. Tous sont les lieux de formation des idées et des concepts[20]; ils sont donc la source de la transmission du savoir. Ils montrent que l'instruction n'est pas limitée dans le temps, mais qu'elle est un processus continu, grâce à la possession de l'intellect particulier qui prend le relais de l'instructeur. Cela pourrait aussi être un moyen de justifier également le développement, sur la durée et dans des directions diverses, de la littérature et des idées hermétiques. Pour toute la tradition, Hermès est néanmoins le seul à bénéficier d'une révélation et à être ainsi le premier maillon de la chaîne hermétique.

II. Hermès, du disciple au maître

S'il faut bien identifier le narrateur de *CH* I à Hermès Trismégiste, celui-ci est l'unique figure mise en scène pour laquelle nous assistons à son passage du statut de disciple à celui de maître, passage qui est le thème principal de *CH* I. Ce dernier explique comment le narrateur a été choisi et instruit, d'où le savoir provient et quel est le but de sa transmission; ce qui amène à se demander dans quelle mesure ce traité ne fonderait pas la légitimité d'une partie au moins des textes hermétiques. À ce traité, nous devons ajouter *SH* 23 qui mentionne également, mais brièvement, l'instruction d'Hermès. Les informations de ces deux textes ne se recoupent pas, en partie du fait de leur perspective différente: *SH* 23 se présente comme un enseignement d'Isis, se situant temporellement bien après Hermès; *CH* I, comme un récit du narrateur lui-même, lequel a pu être identifié à Hermès.

1. *Hermès, l'héritier de toute une tradition*

Dans les deux textes, le statut d'Hermès et du narrateur comme bénéficiaires de l'instruction divine résulte d'un choix divin. En *SH* 23.5, Isis affirme qu'Hermès a été choisi parce qu'il possède «le lien de sympathie avec les mystères célestes», c'est-à-dire les astres, τὴν συμπάθεια τοῖς οὐρανοῦ μυστηρίοις. L'auteur de *CH* I est beaucoup plus disert.

---

[20] Ceci est parallèle à ce qui se passe dans la cosmogonie où l'Intellect Dieu a en lui toutes les formes archétypales, c'est-à-dire les Puissances (*CH* I 7) identifiées comme la forme archétype, le préprincipe (*CH* I 8).

Selon lui, le choix se manifeste par l'épiphanie de Poimandrès et par l'appel nominatif du narrateur en *CH* I 1: «Il me sembla qu'un être très grand, d'une mesure illimitée, se présenta, appelant mon nom». Comme le montre la succession narrative des faits – réflexion, séparation de l'esprit et du corps, épiphanie d'un être divin et appel –, le choix divin est une réponse à l'attitude du narrateur qui a réussi à séparer – temporairement ou non – son corps de son esprit en mettant ses sens corporels en retrait. Toutefois, c'est moins cette performance qui provoquerait l'épiphanie divine que ses conséquences. La dissociation temporaire du corps et de l'esprit témoignerait d'une prise de conscience, d'un éveil à certaines réalités – double nature de son être; capacité de la seule partie incorporelle à porter sa réflexion (ἔννοια, διανοία) sur certaines réalités; nécessité de choisir entre cette partie et le corps – et d'une capacité à être instruit, qui incitent Poimandrès à faire de lui son héritier sur terre: l'intellect νοῦς qu'est Poimandrès répond à la réflexion, ἔννοια ou διανοία, du narrateur.

L'appel nominatif signifie que le narrateur est personnellement reconnu par la divinité. L'idée de reconnaissance est à mettre en rapport avec les conceptions antiques du nom propre, déjà très développées en Égypte ancienne[21] et perdurant dans les premiers siècles de l'ère chrétienne[22]: le nom, support de l'essence de la personne, a parfois un caractère sacré[23], et la dénomination n'est pas toujours dissociée de la création.

---

[21] Le nom est la détermination première de la personnalité. Cf. P. Derchain, «Anthropologie. Égypte pharaonique», in Y. Bonnefoy (dir.), *Dictionnaire des mythologies et des religions des sociétés traditionnelles et du monde antique. A-J*, Paris, Flammarion, 1981, p. 46. P. Vernus, «Name», *LÄ* IV, 1982, col. 320–326. J. Assmann, *Mort et au-delà dans l'Égypte ancienne*, traduction: N. Baum, Paris, Éditions du Rocher, 2003, p. 74.

[22] Du côté chrétien, notamment chez les gnostiques; cf. *L'Évangile de Vérité, NH* I 21.25–27, avec le commentaire de J.É. Ménard, *L'Évangile de Vérité*, Leiden, Brill, 1972, p. 104 et H.W. Attridge and G.W. MacRae, «The Gospel of Truth», in H.W. Attridge (ed.), *Nag Hammadi Codex I (The Jung Codex)*, vol. 2: *Notes*, Leiden, Brill, 1985, p. 63. À compléter avec J.-D. Dubois, «Le contexte judaïque du "Nom" dans l'*Évangile de Vérité*», *Revue de théologie et de philosophie* 24 (1974), p. 198–216. Du côté des philosophes, cf. Jamblique, *Réponse d'Abamon* VII 4 (254–256): le nom apparaît comme une copie du dieu et il permet d'élever l'âme vers le dieu; par sa connaissance, l'homme possède le savoir de la puissance du dieu. Voir aussi les textes magiques.

[23] Ceci transparaît dans la manière dont les peuples nomment les nouveaux-nés: L. Poznanski, «À propos de la collation du nom dans le monde antique», *RHR* 194 (1978), p. 113–127.

À la différence des autres disciples mis en scène, le narrateur reçoit
tout ce qu'il doit connaître en une seule leçon, apocalyptique. L'auteur
de *CH* I insiste sur ce point, notamment avec la brève formule de
Poimandrès : ὡς πάντα παραλαβών, «ayant tout hérité» (*CH* I 26),
où l'adjectif πάντα désigne l'enseignement qui vient d'être délivré, *CH*
I 2-26. L'occurrence de παραλαμβάνω[24] est la seule des textes hermétiques à se rapporter à l'enseignement. Selon sa conception classique,
ce verbe signifie «hériter», surtout dans le domaine intellectuel et
scientifique, avec les idées de confiance[25] et de dépendance vis-à-vis
des prédécesseurs[26]. C'est aussi un terme technique dans les cultes à
mystères, bien que le contenu des traditions de ces cultes soit différent
et généralement secret[27]. Avec ce verbe, l'auteur hermétiste définit le
narrateur comme héritier et dépositaire du savoir, tout en proclamant
sa dépendance et sa confiance[28] vis-à-vis de Poimandrès. La relation
entre Poimandrès et le narrateur n'équivaut pas à celle qui existe entre
Hermès et ses propres disciples. Si Poimandrès connaît le nom de son
disciple, jamais il ne le prononce au cours du traité et il ne l'appelle
jamais «enfant», seulement οὗτος que nous pourrions traduire par
«toi». En contrepartie, le narrateur ne l'interpelle jamais «père». La
relation est donc loin d'être affective et semble ne s'instaurer que pour
la durée courte de la révélation. Relation spéciale, emploi d'un terme
unique dans le corpus hermétique en contexte didactique et mode
didactique unique – vision et transmission de tout le savoir en une
seule fois – : ces trois moyens suggèrent que l'auteur de *CH* I a voulu
mettre en exergue le caractère exceptionnel de l'enseignement délivré
par Poimandrès et du narrateur, unique dépositaire terrestre de cette
révélation.

---

[24] Les autres occurrences concernent la prise en charge du corps par les âmes (*SH*
20.6), du nouveau-né par les démons (*CH* XVI 15) ou l'assemblage des semblables
(*SH* 11.4).
[25] G. Delling, «παραλαμβάνω», in G. Kittel (ed.), *Theological Dictionary of the New
Testament* IV, translation : G.W. Bromiley, Grand Rapids, Eerdmans, 1967, p. 11-14.
[26] Platon, *Cratyle* 425 e ; Aristote, *De Anima* 403 b et *De la génération et de la
corruption* 323 b.
[27] Porphyre utilise ce terme dans le cadre des mystères de Mithra dans *De l'abstinence*
IV 16 : ὅ τε τὰ λεοντικὰ παραλαμβάνων περιτίθεται παντοδαπὰς ζῴων μορφάς, «celui
qui reçoit le rang de "Lion" se revêt de toute sorte de formes d'animaux» (traduction :
M. Patillon et A.P. Segonds). Il est possible que ce terme se trouve dans la lacune du
P. Berol. 21 196 l. 7, appelé *Catéchisme mithraïque* par l'éditeur (W.M. Brashear, *A
Mithraic Catechism from Egypt <P.Berol. 21196>*, Wien, Verlag Adolf Holzhausens,
1992, p. 18 et 24).
[28] Cf. *CH* I 6 ; confiance que l'on retrouve en *CH* XI 1.

Cette relation est une conséquence de la mission que Poimandrès assigne au narrateur et qu'il ne dévoile qu'à la fin de l'instruction, en *CH* I 26 :

τοῦτό ἐστι τὸ ἀγαθὸν τέλος τοῖς γνῶσιν ἐσχηκόσι, θεωθῆναι. λοιπόν, τί μέλλεις; οὐχ ὡς πάντα παραλαβὼν καθοδηγὸς γίνῃ τοῖς ἀξίοις, ὅπως τὸ γένος τῆς ἀνθρωπότητος διὰ σοῦ ὑπὸ θεοῦ σωθῇ; ταῦτα εἰπὼν ὁ Ποιμάνδρης ἐμοὶ ἐμίγη ταῖς δυνάμεσιν.

« Ceci est la bonne fin pour ceux qui possèdent la connaissance : devenir dieu. Maintenant, que tardes-tu ? Ayant tout hérité, ne vas-tu pas devenir un guide pour les (hommes) dignes afin que le genre de l'humanité, par ton entremise, soit sauvé par Dieu ? » Ayant dit cela, Poimandrès se mêla devant moi aux Puissances.

Ce passage est le seul de la littérature hermétique qui met en avant la nécessité d'instruire les hommes et qui établit une relation entre le salut du genre humain, la réception des savoirs par le narrateur et son rôle comme guide. Il témoigne de l'urgence de la mission : Poimandrès recourt au ton autoritaire et clôt de manière abrupte la révélation (dont τοῦτό ἐστι [...] θεωθῆναι est la dernière phrase), et la proposition interrogative λοιπόν, τί μέλλεις; indique que le disciple aurait déjà dû partir instruire les hommes, puisque c'est dans ce seul but que Poimandrès l'a choisi en *CH* I 1 : instruire pour sauver. Cet ordre, car il s'agit bien de cela, scelle une alliance entre les protagonistes, sceau qui intervient en réalité avant la révélation avec la proposition « je suis avec toi partout » (*CH* I 2), formule presque technique dans des écrits juifs pour consacrer les vocations et sceller une alliance[29].

Acquisition du savoir et salut sont donc étroitement liés pour Poimandrès – et pour l'auteur hermétiste –, ce qui se vérifie dans d'autres passages hermétiques[30]. Ayant désormais la charge de la tradition et de sa transmission, conscient de sa position privilégiée, le narrateur s'empresse d'assumer ce rôle : après avoir remercié Poimandrès et résumé les dons reçus, il poursuit sa narration en enchaînant sur l'ins-

---

[29] Philon d'Alexandrie, *De migratione Abrahami* 27 et note correspondante de J. Cazeaux.

[30] *CH* VI 5 : ἐὰν περὶ τοῦ θεοῦ ζητῇς, καὶ περὶ τοῦ καλοῦ ζητεις. μία γάρ ἐστιν εἰς αὐτὸ ἀποφέρουσα ὁδός, ἡ μετὰ γνώσεως εὐσέβεια, « Si tu cherches au sujet de Dieu, aussi tu cherches au sujet du bien ; en effet, il existe un seul chemin conduisant vers lui : la piété avec la connaissance » ; *CH* XI 21 : τὸ δὲ δύνασθαι γνῶναι καὶ θελῆσαι καὶ ἐλπίσαι, ὁδός ἐστιν εὐθεῖα ἰδία τοῦ ἀγαθοῦ φέρουσα καὶ ῥᾳδία, « mais être capable de connaître, vouloir connaître et espérer connaître est le chemin direct, particulier, facile conduisant vers le Bien », où le Bien est Dieu.

truction qu'il donne. L'auteur de *CH* XIII ne manque pas de rappeler cette position privilégiée : au moment clé de la formation de Tat, en *CH* XIII 15, Hermès se présente comme celui auquel Poimandrès a tout transmis par écrit, avec l'accent sur celui qui transmet ; il emploie παραδίδωμι[31], qui, avec παράδοσις, est un autre terme technique pour la transmission chez les Grecs, les chrétiens et dans les cultes à mystères[32] et qui désigne peu à peu la tradition et en particulier l'enseignement secret[33]. En rappelant cette information à son disciple, qui doit déjà connaître l'identité du maître d'Hermès, Hermès réaffirme à un moment important du parcours de Tat sa position d'intermédiaire unique et d'héritier, son statut privilégié de maître et sa capacité à enseigner.

2. *Hermès missionnaire*

Grâce à l'instruction et à l'ordre divin, le narrateur, de disciple devient missionnaire. Presque tous les autres traités et fragments hermétiques conservés mettent en scène la figure d'un Hermès instructeur. L'ordre de Poimandrès a pu leur servir de fondement et de justification à la situation privilégiée d'Hermès. La révélation de Poimandrès apparaît alors comme la « Révélation primordiale », qui fonde un cercle religieux, celui des hermétistes. Le compilateur tardif du *Corpus hermeticum* tel qu'il nous est parvenu avec ses dix-sept traités avait bien compris cela, puisqu'il plaça ce traité en première position, respectant sûrement une opinion antique, comme tendraient à le démontrer certains indices : *CH* XIII 15–16, dont il a déjà été question, le passage du *Compte final* I 8 de Zosime où Poimandrès éclipse Hermès et l'oracle *Syr-A* 21 qui attribue un extrait de *CH* XIII à ce même Poimandrès.

---

[31] F. Büchsel, « παραδίδωμι et παράδοσις », in G. Kittel (ed.), *Theological Dictionary of the New Testament* II, translation : G.W. Bromiley, Grand Rapids, Eerdmans, 1964, p. 169–173.

[32] W. Burkert, *Les Cultes à mystères dans l'Antiquité*, traduction : B. Deforge et L. Bardollet, Paris, Les Belles Lettres, 2003 (édition anglaise de 1987), p. 65.

[33] E. Norden, *Agnostos Theos : Untersuchungen zur Formengeschichte religiöser Rede*, Berlin, Teubner, 1913, p. 290. Selon W.M. Brashear (*op. cit.*, 1992, p. 47 n. 46), il serait le premier à montrer que παράδοσις est un terme technique pour désigner la tradition d'une connaissance secrète (E. Norden, *op. cit.*, p. 288–293). Le P. Berol. 21 196, ou *Catéchisme mithraïque*, serait « a rare example of an actual ancient text in the *paradosis* » (W.M. Brashear, *op. cit.*, 1992, p. 47).

Plusieurs commentateurs modernes ont rapproché la mission assignée au narrateur et le contenu de sa parénèse en *CH* I 27 avec une tradition juive et chrétienne, en premier lieu les textes pauliniens[34]. Ces comparaisons, utiles pour la contextualisation, ne rendent pas vraiment justice au traité hermétique. Le contexte immédiat n'est pas exactement semblable, avec une succession événementielle différente. Seul Ac 1.6–9, que personne n'a vraiment utilisé à notre connaissance, traite du thème de l'envoi en mission après l'enseignement, avec une trame chronologique et narrative semblable à celle de *CH* I 26 :

⁶οἱ μὲν οὖν συνελθόντες ἠρώτων αὐτὸν λέγοντες· κύριε, εἰ ἐν τῷ χρόνῳ τούτῳ ἀποκαθιστάνεις τὴν βασιλείαν τῶ Ἰσραήλ; ⁷εἶπεν δὲ πρὸς αὐτούς· οὐχ ὑμῶν ἐστιν γνῶναι χρόνους ἢ καιροὺς οὓς ὁ πατὴρ ἔθετο ἐν τῇ ἰδίᾳ ἐξουσίᾳ, ⁸ἀλλὰ λήμψεσθε δύναμιν ἐπελθόντος τοῦ ἁγίου πνεύματος ἐφ' ὑμᾶς καὶ ἔσεσθέ μου μάρτυρες ἔν τε Ἰερουσαλὴμ καὶ [ἐν] πάσῃ τῇ Ἰουδαίᾳ καὶ Σαμαρείᾳ καὶ ἕως ἐσχάτου τῆς γῆς. ⁹καὶ ταῦτα εἰπὼν βλεπόντων αὐτῶν ἐπήρθη καὶ νεφέλη ὑπέλαβεν αὐτὸν ἀπὸ τῶν ὀφθαλμῶν αὐτῶν.

⁶Assemblés donc, ils (= les disciples) lui demandèrent : Seigneur, est-ce le temps où tu rétablis le règne d'Israël? ⁷Il leur dit : Ce n'est pas à vous de connaître les temps que le Père a établis de son propre pouvoir, ⁸mais le Saint Esprit surviendra sur vous et vous en recevrez de la puissance et serez mes témoins à Jérusalem, dans toute la Judée et la Samarie, et jusqu'au bout de la terre. ⁹Ce disant et sous leurs regards il fut élevé et une nuée le déroba à leurs yeux. (Traduction Pléiade)

Comparer ces deux textes ne signifie pas que l'un est la source de l'autre, mais vise essentiellement à faire ressortir la spécificité hermétique. Dans les deux cas, le thème est identique : un être au statut singulier annonce à ses disciples leur nouvelle mission, répandre son message après son départ[35], avec une exploitation différente :

---

[34] J. Büchli, *op. cit.*, p. 147–148, avait déjà considéré que la réception de l'enseignement était influencée par le christianisme et il la comparait à l'*Épître aux Colossiens* 2.6 (p. 145–146), bien que l'on ait du mal à voir le rapprochement entre ce passage de l'épître paulinienne et *CH* I 26. R. Reitzenstein (*op. cit.*, 1927³, p. 120), J. Kroll (*op. cit.*, p. 378) et E. Norden (*op. cit.*, p. 3–5) établissent un lien avec le Nouveau Testament, notamment avec Ac 17.22. H. Windisch considère qu'il faut aussi regarder du côté de la tradition juive (*op. cit.*, p. 196–204), ce que fait B.A. Pearson (*op. cit.*, 1981, p. 340–341).

[35] D'autres passages du Nouveau Testament évoquent le même épisode, en des termes différents parfois : Mt 28.16–20, Mc 16.14–20, Lc 24.36–53 et Jn 20.19–23.

Tableau 1. *CH* I 26 et le texte lucanien Ac 1.6–9.

Thèmes	*CH* I 26	Ac 1.6–9	Parallèles évangéliques[36]
Temps	après une révélation et une vision. Contexte atemporel.	au cours d'un repas, après la passion du Christ (1.3–4). Chronologie plus précise pouvant être plus ou moins bien établie à l'intérieur de la vie de Jésus.	Mt 28.16–20: montagne en Galilée.
Locuteur principal	Poimandrès, être divin, aux dimensions indéfinies.	Jésus Christ, fils de Dieu incarné en homme, ressuscité.	
Interlocuteurs	un seul disciple, le narrateur	l'ensemble des disciples de Jésus.	Jn 20.24: absence de Thomas.
Activité future des interlocuteurs	être un guide, καθοδηγός	être les témoins du Christ, μάρτυρες	Mt 28.19–20: enseigner et peut-être baptiser; Mc 16.15: prêcher; Jn 20.23: pardonner les péchés.
But de cette nouvelle activité	sauver le genre humain (τὸ γένος τῆς ἀνθρωπότητος), Dieu étant le sauveur et le narrateur son intermédiaire.	ce n'est pas explicitement dit dans l'extrait, mais le but peut être reconstitué à l'aide d'autres passages des Ac: témoigner de la résurrection de Jésus (1.22, 2.32, 3.15 et 5.32), de ses actes (10.39) et du salut (10.42)	Mc 16.16: salut pour celui qui croit et qui est baptisé; Lc 24.47: repentance en vue du pardon des péchés; Jn 20.23: le pardon est accordé. Mt: aucune indication.
Moyen mis en œuvre	Être empli de puissance par Poimandrès (ὑπὸ αὐτοῦ δυναμωθείς) en *CH* I 27.	Recevoir une puissance du Saint Esprit (δύναμιν τοῦ ἁγίου πνεύματος).	Lc 24.49: être revêtu de la puissance (δύναμιν) d'en haut; Jn 16.22: recevoir l'Esprit Saint. Rien dans les deux autres évangiles.

---

[36] On ne donne pas le texte des passages correspondants des évangiles qui sont moins complets que le récit des Ac. Dans Mt 28.19, l'injonction de baptiser avec l'emploi de la formule «au nom du Père, du Fils et du Saint Esprit» serait interpolée; H.B. Green, «*Matthew* 28:19, Eusebius, and the *lex orandi*», in R. Williams (ed.), *The Making of Orthodoxy: Essays in honour of Henry Chadwick*, Cambridge, Cambridge University Press, 1989, p. 131–134. Cette hypothèse n'est pas acceptée par tous les exégètes; voir par exemple, W.D. Davies and D.C. Allison, *A Critical and Exegetical Commentary on The Gospel According to Saint Matthew*, Edinburgh, T&T Clark, 1997, p. 684 n. 41 sans mention de l'article de H.B. Green cité ci-dessus.

Tableau 1 (*cont.*)

Textes Thèmes	CH I 26	Ac 1.6–9	Parallèles évangéliques
Bénéficiaires de cette activité	Ceux des hommes qui en sont dignes (οἱ ἄξιοι).	des zones géographiques: Jérusalem, Judée, Samarie et jusqu'à l'extrémité de la terre (ἕως ἐσχάτου τῆς γῆς).	Mt 28.19 et Lc 24.48: toutes les nations; Mc 16.15: monde entier et toute la création; Jn 20.23: hommes.
Événement qui suit cette annonce	Poimandrès retourne aux cieux, là où sont les Puissances[37].	Jésus s'élève vers les cieux[38].	Lc 24.51 et Mc 16.19: élévation de Jésus vers les cieux. Aucune indication dans les deux autres évangiles.

On peut relever trois points communs. 1° Les disciples ont été choisis par des figures au statut particulier, respectivement Poimandrès, un être divin rempli des Puissances, et Jésus, homme fils de Dieu, mort et ressuscité. 2° Le but final de la nouvelle activité des disciples est de sauver les hommes. 3° L'annonce aux disciples est instantanément suivie du retour de Poimandrès vers la sphère où sont les Puissances et de l'ascension de Jésus dans les cieux.

Ces ressemblances ne doivent pas occulter les différences qui révèlent un état d'esprit divergent. 1° Le lien entre l'enseignement dispensé aux disciples et la nouvelle activité est moins marqué dans le texte lucanien que dans le récit hermétique où l'idée d'urgence est présente. 2° La relation entre les disciples et le maître n'est pas comparable: les disciples des Actes ont suivi un certain temps Jésus et ont fait l'expérience traumatisante de sa mise à mort et réjouissante de sa résurrection; au contraire, le disciple de *CH* I fait l'expérience d'une vision et n'entretient avec son maître Poimandrès aucune relation affective. 3° Le caractère divin du narrateur est plus accentué que celui des disciples de Jésus, même si ces derniers reçoivent une puissance du Saint Esprit[39]. 4° Une divergence importante concerne le rôle des

---

[37] *CH* I 27: ταῦτα εἰπὼν ὁ Ποιμάνδρης ἐμοὶ ἐμίγη ταῖς δυνάμεσιν, «Ayant dit cela, Poimandrès se mêla devant moi aux Puissances.»

[38] Ac 1.9: καὶ ταῦτα εἰπὼν βλεπόντων αὐτῶν ἐπήρθη καὶ νεφέλη ὑπέλαβεν αὐτὸν ἀπὸ τῶν ὀφθαλμῶν αὐτῶν, «À ces mots, sous leurs yeux, il s'éleva et une nuée vint le soustraire à leurs regards.»

[39] Si les deux textes emploient un mot construit sur le même radical *dunam-*, le sens n'est pas exactement le même. Dans la pensée hermétique, être rempli de puissance revient à recevoir les Puissances de Dieu, qui sont nombreuses, en remplacement des

disciples de Poimandrès et de Jésus: devenir respectivement un «guide», καθοδηγός, et des «témoins», μάρτυρες. Ces deux termes reflètent des activités et des rapports différents entre maître, disciples et public. Les disciples de Jésus doivent faire part des faits et gestes de Jésus, en particulier de sa résurrection et de la vérité qu'il a transmise[40] et, selon les évangiles synoptiques, ils doivent enseigner, prêcher, pardonner et baptiser. Leur activité est donc étroitement liée à l'histoire de Jésus et à leur présence à ses côtés pendant sa vie publique. Quant au disciple de Poimandrès, il est uniquement question de transmettre et d'expliquer l'enseignement reçu, et peut-être d'évoquer les expériences qu'il a vécues.

5° Si les disciples sont nombreux dans les Actes, il n'y en a qu'un dans *CH* I, réduisant la portée géographique et humaine du message hermétique. En effet, l'auteur lucanien mentionne des noms géographiques puis toute la Terre: le message est universel et s'adresserait presque à tout être vivant[41], ce qui n'est pas le cas pour *CH* I. Certes, le but final hermétique est que le genre humain (τὸ γένος τῆς ἀνθρωπότητος) soit sauvé, mais le narrateur doit être le guide uniquement de ceux qui sont dignes (ἄξιοι). A.-J. Festugière puis J. Büchli[42] avaient déjà reconnu que ces hommes ne sont pas prédestinés, mais sont dotés de dispositions morales qui les rendent capables de prêter attention, sens répandu pour le terme ἄξιοι dans les cultes à mystères de l'époque impériale. Les propositions καθοδηγὸς γίνῃ τοῖς ἀξίοις et ὅπως τὸ γένος τῆς ἀνθρωπότητος διὰ σοῦ ὑπὸ θεοῦ σωθῇ ne se contredisent pas pour autant, car leur thématique diffère: la première concerne le guide et l'enseignement, la seconde le salut grâce à l'enseignement du

---

vices. Cela permet alors à l'homme d'être capable de parler de Dieu et d'avoir des expériences personnelles. Dans Ac 1, il s'agit de la puissance donnée à travers le Saint Esprit, et elle permet aux apôtres de faire un témoignage oral et d'accomplir des miracles (C.K. Barrett, *A Critical and Exegetical Commentary on the Act of the Apostles*, vol. 1, Edinburgh, T&T Clark, 1994, p. 79).

[40] H. Strathmann, «μάρτυς», in G. Kittel (ed.), *Theological Dictionary of the New Testament* IV, translation: G.W. Bromiley, Grand Rapids, Eerdmans, 1967, p. 474–508 et surtout p. 492–493.

[41] La même idée est présente dans Mt, Mc et Jn (avec le pronom indéfini τινων). La conclusion de cette citation de Jésus est donc programmatique et fait probablement allusion à une mission auprès des juifs et des Gentils (B. Witherington, *The Acts of the Apostles. A Socio-Rhetorical Commentary*, Grand Rapids, Eerdmans, 1998. p. 110–111).

[42] A.-J. Festugière, *La Révélation d'Hermès Trismégiste*, vol. 3: *Les Doctrines de l'âme*, Paris, les Belles Lettres, 1990. (réimpression de la seconde édition de 1950), p. 109–110; J. Büchli, *op. cit.*, p. 146.

narrateur. Pour l'auteur hermétiste, un petit nombre d'hommes dignes suffirait pour sauver le genre humain, puisqu'il ne s'agit pas de sauver chaque individu. L'universalité hermétique diverge de la chrétienne. Ainsi, si dans les deux cas on peut parler d'une activité missionnaire, celle-ci a des caractéristiques différentes : dans un cas, le message a une portée universelle et individuelle, s'adresse au plus grand nombre, répand la bonne parole de Jésus et se concrétise par le pardon des péchés ou le baptême ; dans l'autre, le message a une portée universelle et collective, s'adresse à un petit nombre, concerne Dieu, le monde, l'homme, ses origines et son devenir.

3. *Hermès, autorité et modèle des hermétistes*

Si l'on accepte l'identification du narrateur de *CH* I à Hermès Trismé-giste – ce qui semble être le cas dans une partie au moins de la tradi-tion hermétique –, en tant qu'héritier de la « Révélation primordiale » divine et en tant que missionnaire, l'Hermès hermétique est une figure ambiguë, « oscillant entre le monde divin et le monde humain »[43]. Ayant bénéficié d'une vision dans *CH* I qui l'a mis en contact avec le monde divin, il apparaît comme un être humain divinisé. De plus, même si nous acceptons la leçon des manuscrits, et non celle d'A.D. Nock et A.-J. Festugière, pour *CH* XIII 15 cité ci-dessus, il est sous-entendu qu'Hermès est parvenu dans l'Ogdoade. Certes, Poimandrès ne fait qu'une allusion aux chants des Puissances en *CH* I 26 ; mais, grâce à son intellect au faîte de sa capacité, Hermès est capable de tout voir, comprendre et d'accéder à l'Ogdoade. En *SH* 23, Isis occulte tout caractère humain : elle le présente comme une âme, le situe dans un temps où le genre humain n'existe pas encore[44] et affirme qu'il « est remonté vers les astres pour escorter les dieux, (ses) parents »[45].

---

[43] G. Fowden, *op. cit.*, 2000, p. 55.

[44] *SH* 23.5 : τοῦτο δ' ἄν, ὦ τέκνον ἀξιοθαύμαστον Ὧρε, οὐκ ἂν ἐπὶ θνητῆς σπορᾶς ἐγεγόνει, οὐδὲ γὰρ ἦν οὐδέπω, ψυχῆς δὲ τὴν συμπάθειαν ἐχούσης τοῖς οὐρανοῦ μυστηρίοις, « Ceci, enfant digne d'admiration, Horus, n'est pas advenu à une semence mortelle, car il n'en existait pas encore, mais à une âme ayant le lien de sympathie avec les mystères célestes », l'âme étant Hermès.

[45] *SH* 23.6 : τοὺς συγγενεῖς θεοὺς δορυφορεῖν ἀνέβαινεν εἰς ἄστρα. L'auteur du frag-ment exploiterait le double sens de δορυφορεῖν : son sens obvie, « être garde du corps » ou « escorter », et son emploi en astronomie pour désigner le satellite d'une planète ou d'un astre. Les astres vers lesquels Hermès remonte sont les dieux.

a. *Hermès, guide et autorité*
Le narrateur a subi plusieurs modifications internes et définitives,
conséquences directes de l'instruction divine (*CH* I 30); ces transformations lui confèrent un caractère divin et le rapprochent de Poimand-
drès. La fonction des deux protagonistes est également proche. En tant
que gardien des portes, πυλωρός, en *CH* I 22, Poimandrès a un rôle de
berger; à la fin de *CH* I, le narrateur assume la fonction de «guide»,
καθοδηγός, afin de mener les hommes sur le bon chemin qui conduit
au salut. Dans les deux cas, il s'agit d'une fonction correspondant au
dieu grec Hermès, ce qui conforte l'identification entre le narrateur
et la figure hermétique d'Hermès. D'ailleurs, celle-ci partage aussi des
caractéristiques avec Poimandrès: la référence au même nom (les deux
expressions «l'Intellect» et «la Parole de la Souveraineté» renvoient
probablement, derrière la figure de Poimandrès, au dieu égyptien
Thot[46] dont Hermès est l'*interpretatio graeca*) et le rapport à l'intellect
et à la parole (Poimandrès, Intellect, affirme qu'il se tient constamment auprès du narrateur; Hermès, comme Thot, est un dieu lié aux
paroles: il est le dieu de l'éloquence selon Athénée[47] et est souvent
appelé Hermès *Logos* ou *Logios*[48]). L'identification, les caractéristiques

---

[46] P. Kingsley fit remarquer que l'«Intellect de la Souveraineté» désigne probablement Thot. Mais Thot peut aussi être l'équivalent égyptien de la «Parole de la Souveraineté», puisqu'il est souvent désigné en Égypte comme la langue de Rê, Rê dont P.
Kingsley pense à juste titre que la souveraineté absolue est l'*interpretatio graeca*. Voir
P. Kingsley, «Poimandres: the Etymology of the Name and the Origins of the Hermetica», *Journal of Warburg and Courtauld Institutes* 56 (1993), p. 6–7 et sa nouvelle
version de cet article: «Poimandres: The Etymology of the Name and the Origins of
the Hermetica», in R. van den Broek and C. van Heertum (ed.), *From Poimandres
to Jacob Böhme: Gnosis, Hermetism and the Christian Tradition*, Amsterdam, In de
Pelikaan, 2000, p. 41–76; cf. aussi P. Boylan, *Thot, the Hermes of Egypt. A Study of
some Aspects of Theological Thought in Ancient Egypt*, London/Edinburgh/..., Oxford
University Press, 1922, p. 103–106 et M.-T. Derchain-Urtel, *Thot à travers ses épithètes dans les scènes d'offrandes des temples d'époque gréco-romaine*, Bruxelles, 1981,
p. 81–82. De plus, dans quelques textes égyptiens (cf. F. Daumas, «Le sanatorium de
Dendara», *BIFAO* 56 [1957], p. 45 et M.-T. Derchain-Urtel, *op. cit.*, 1981, p. 81–94), il
arrive que Sia et Hou – la compréhension et l'expression – sont réunis en Thot, de la
même manière que la Parole et l'Intellect de la Souveraineté le sont en Poimandrès.
[47] Athénée, *Les Deipnosophistes* I 16 b.
[48] Entre autres: Platon, *Cratyle* 407 e; Ac 14.12; Plutarque, *Dialogue sur l'amour* 13,
757 B; Clément d'Alexandrie, *Stromate* VI, XV 132.1; Justin le Martyr, *Première Apologie* 21.2 et 22.2; Jamblique, *Réponse d'Abamon* I 1 (1); Synésios de Cyrène, *Lettres*
101.68; Eunape de Sardes, *Vie des sophistes* 10.5.5.1. Dans plusieurs de ces passages,
il est question du «type» d'Hermès Logios. A.-J. Festugière, *op. cit.*, 1989, p. 71–73; G.
Fowden, *op. cit.*, 2000, p. 48 et 293–294; M. Broze et C. van Liefferinge, «L'*Hermès commun* du prophète Abamon. Philosophie grecque et théologie égyptienne dans le prologue du *De mysteriis* de Jamblique», in F. Labrique (éd.), *Religions méditerranéennes*

communes et le fait que Poimandrès et Hermès renverraient à Thot renforcent 1° le lien et la continuité, dans leur visée et leur caractéristique (union de l'intellect et de la parole), entre la « Révélation primordiale » reçue par le narrateur et l'instruction qu'il doit délivrer et 2° le prestige et l'autorité accordée au narrateur, à Hermès et à tous ceux qui se réclament de lui.

L'épiclèse Trismégiste attribuée à Hermès dans la littérature hermétique accentue aussi son prestige et son statut divin. Elle concrétise la synthèse des dieux grec Hermès et égyptien Thot que représente la figure hermétique d'Hermès[49]. Elle semble être spécifique à Hermès, puisque, en dehors de lui, à notre connaissance, elle ne serait appliquée qu'une seule fois à un autre dieu, Sérapis[50]. Cette épiclèse apparaît dans l'ensemble de la littérature hermétique – celle étudiée ici et les textes alchimiques et astronomiques –, dans des documents papyrologiques et épigraphiques (tels qu'une dédicace d'un soldat romain en 238–244 après J.-C. à Panopolis[51], un document de la Boulè d'Hermopolis de 253–268 après J.-C.[52], une lettre d'un certain Anatolius à Ambrosius du IVe siècle[53] et le *PGM* IV 886) et dans les témoignages chrétiens sur Hermès Trismégiste (dont le plus ancien est Athénagore, dans *Supplique au sujet des chrétiens* 28.6). En dehors de ces références, rares dans les documents non hermétiques, le nom d'Hermès est accompagné au moins trois fois de l'adjectif τρισμέγας dans des papyrus d'Hermopolis datant du IIIe siècle[54] et les *PGM* et au moins une fois de l'adjectif

---

et orientales de l'Antiquité. Actes du colloque des 23–24 avril 1999 à Besançon, Le Caire, IFAO, 2002, p. 35–44 ; nous pouvons ajouter le commentaire de ces deux auteurs dans leur traduction de Jamblique, *op. cit.*, 2009, p. 179–184.

[49] G. Fowden, *op. cit.*, 2000, p. 45–58.

[50] L. Bricault, *Myrionymi : les épiclèses grecques et latines d'Isis, de Sarapis et d'Anubis*, Stuttgart/Leipzig, Teubner, 1996, p. 120.

[51] É. Bernand, *Inscriptions grecques d'Égypte et de Nubie : répertoire bibliographique des OGIS*, Paris, Les Belles Lettres, 1982, p. 55 n° 716 = *OGIS* II 716.1.

[52] C. P. Herm. 125 II + C. P. Herm. 124 R, col. 1, 8 : C. Wessely, *Corpus Papyrorum Hermopolitanorum*, Teil I, Leipzig, E. Avenarius, 1905, n° 124 et 125 ; G. Méautis, *Hermoupolis-la-Grande. Une métropole égyptienne sous l'empire romain*, Lausanne, Imprimerie la Concorde, 1918, p. 175–176. Voir aussi U. Wilcken, « Papyrus-Urkunden », *Aegyptus* 3 (1906), p. 538–548.

[53] C. P. Herm. 3, 22 ; C. Wessely, *op. cit.*, n° 3.

[54] P. Flor. I 50.97, SB I 5659.6 et *PGM* VII 551. On pourrait ajouter le P. Amh. II 98.2 et sa lacune πρὸς [τῷ λιθ]οστρώτῳ δρ[όμῳ Ἑρμ]οῦ θεοῦ τρισμ... restituée soit τρισμ[εγίστου (G. Ronchi, *Lexicon theonymon rerumque sacrarum et divinarum ad Aegyptum pertinentium quae in papyris ostracis titulis graecis latinisque in Aegypto repertis laudantur*, Milano, Istituto Editoriale Cisalpino, 1977, p. 1090) soit τρισμ[εγάλου (comme le suggèrerait le rapprochement opéré par H. Schmitz entre le

μέγας tripliqué – deux fois au superlatif et la troisième fois à la forme simple –, sur un ostracon découvert à Saqqara, datant de 168–164 avant J.-C. – la plus ancienne attestation actuellement connue de la triplication[55]. Même si l'apparition de l'adjectif τρισμέγιστος est assez difficile à dater, celui-ci pourrait remonter au premier siècle avant ou après J.-C. selon l'époque à laquelle on situe Dorotheus, qui mentionne Hermès Trismégiste à propos du destin dans *Fragmenta e Hephaestionis* 2 e, 3.1.2. L'origine égyptienne de l'épiclèse Trismégiste et de celles avec une duplication ou une triplication de l'adjectif μέγας à la forme simple ou superlative, est avancée depuis J.-F. Champollion[56]. J. Quaegebeur fait un historique critique de la question, qui reste toujours valable aujourd'hui, aucune nouvelle étude n'ayant été menée depuis sur le sujet. Nos propres recherches nous amènent à confirmer ses conclusions qui valident elles-mêmes les recherches de P. Derchain et M.-T. Derchain-Urtel[57]. Ces derniers, comme F. Daumas[58], considèrent que l'adjectif égyptien *wr* sert essentiellement à former un superlatif. L'équivalent de «trois fois très grand» ne serait pas «ꜥ3 ꜥ3 wr», comme cela avait été souvent admis depuis R. Pietschmann[59], mais «ꜥ3 ꜥ3 ꜥ3 wr». L'unique attestation d'Esna datant du règne de Caracalla qu'ils en avaient trouvée est cependant postérieure aux emplois de Trismégiste dans la littérature hermétique. Néanmoins, un fragment d'un *naos* conservé à Moscou datant probablement de la fin du IIe siècle avant J.-C.[60] et provenant peut-être d'Hermopolis confirme

---

P. Amh. II 98 et le P. Flor. I 50; voir la citation dans A.S. Hunt, *The Oxyrhynchus Papyri*. Part XVII: *n° 2065–2156*, London, Egypt Exploration Society, 1927, p. 256 à propos du P. Oxy. XVII 2138).

[55] ὑπὸ μεγίστου καὶ μεγίστου θεοῦ μεγάλου Ἑρμοῦ: T.C. Skeat and E.G. Turner, *op. cit.*, p. 199–208; cet ostracon provient des archives de Hor entièrement éditées par J.D. Ray en 1976. Voir aussi J.-P. Mahé, *op. cit.*, 1978, p. 1 et R. van den Broek, «Hermes Trismegistus», *op. cit.*, 2005, p. 476.

[56] J. Quaegebeur, «Thot-Hermès, le dieu le plus grand?», in *Hommages à François Daumas*, vol. 2, Montpellier, Publication de la recherche, 1986, p. 525–544 et spécialement p. 526–531 où il fait un historique de la recherche sur cette épiclèse. Nous renvoyons à cet article pour toute la bibliographie sur le sujet.

[57] P. Derchain, *op. cit.*, 1975, p. 7–10.

[58] F. Daumas, «Le fonds égyptien de l'hermétisme», in J. Ries (dir.), *Gnosticisme et monde hellénistique: actes du colloque de Louvain-la-Neuve 11–14.3.1980*, Louvain-la-Neuve, Institut orientaliste, 1982, p. 3–25 et surtout 7–10.

[59] R. Pietschmann, *Hermes Trismegistos nach ägyptischen, griechischen und orientalischen Überlieferungen*, Leipzig, W. Engelmann, 1875, p. 35. T.C. Skeat and E.G. Turner, *op. cit.*, p. 199–208. J. Parlebas, *op. cit.*, 1974, p. 161–163. J.-P. Mahé, *op. cit.*, 1978, p. 1–2.

[60] Il est cité par J. Quaegebeur (*op. cit.*, 1986, p. 542 n. 108). S. Hodjash and O. Berlev, *The Egyptian Reliefs and Stelae in the Pushkin Museum of Fine Arts*,

leur hypothèse. Il mentionne en effet « dḥwtj ꜥ3 ꜥ3 ꜥ3 wr », le « pendant égyptien exact »[61] d'Hermès Trismégiste. Ce dossier documentaire témoigne que l'épiclèse grecque Trismégiste serait le résultat d'une évolution égyptienne d'un titre de Thot[62], probablement durant les époques ptolémaïque et gréco-romaine. Cette évolution aurait généré plusieurs titres grecs différents, surtout dans le nome hermopolite[63], visant à intensifier la grandeur de Thot et sa primauté. Avec cette épiclèse, l'auteur hermétiste fait de l'Hermès hermétique l'héritier de Thot, avec un prestige équivalent et une autorité dont les hermétistes se réclament.

b. *Hermès, modèle des hermétistes*

Hermès revêt une seconde fonction : celle de modèle que les hermétistes essaient d'imiter au maximum ; il en irait de même pour le narrateur de *CH* I qui imite Poimandrès. Comme eux, il aurait d'abord été un humain. Comme lui, les hermétistes espèrent avoir des visions et subir des transformations leur permettant d'accéder à un nouveau statut. Le rôle de guide d'Hermès ne se restreint donc pas à la seule instruction de concepts mais s'élargit au modèle qu'il propose. En tant qu'instructeur et modèle, il aide les hommes qui le souhaitent à redécouvrir leur origine et les amène ainsi vers le salut, vers Dieu. Comme Poimandrès dont l'instruction a transformé le narrateur et comme la Parole créatrice cosmogonique, il est lié au passage d'un monde à un autre, d'un état à un autre : du disciple au maître pour ses disciples ; de l'ignorance à la connaissance de Dieu ; du monde terrestre au monde divin et au salut. Il s'agirait là d'une adaptation des fonctions des dieux Thot et Hermès qui sont en rapport avec la frontière entre deux mondes et avec leur mise en relation. Le premier joue un rôle actif dans le jugement des morts égyptien[64] ; des livres de rituel et de

---

Moscow, Leningrad, Aurora Art Publishers, 1982, p. 199–200 et reproduction p. 197 ; ils n'excluent pas une datation plus ancienne, les années 273–274 avant J.-C.

[61] J. Quaegebeur, *op. cit.*, 1986, p. 529.

[62] Sur cette évolution : J. Quaegebeur, *op. cit.*, 1986, p. 535–536.

[63] Nous pouvons également mentionner la dédicace érigée par les prêtres de Thot en l'honneur d'un stratège du nome Hermopolite et sur laquelle nous pouvons lire Θῶυω ΩΩΩ Νοβ ζμουν, ce qui serait la transcription de l'égyptien « ḏwt ꜥ3 ꜥ3 ꜥ3 Nb ḥmnw » (« Thot, trois fois grand, maître d'Ashmounein »). V. Girgis, « A new Strategos of the Hermopolite Nome », *Mitteilungen des Deutschen Archäologischen Instituts* 20 (1965), p. 121 ; É. Bernand, *Inscriptions grecques d'Hermoupolis Magna et de sa nécropole*, Le Caire, IFAO, 1999, inscription 3.

[64] P. Boylan, *op. cit.*, p. 136–142 ; voir une épitaphe d'Abydos où Hermès serait confondu avec Anubis et exercerait aussi les mêmes fonctions que Thot lors du

magie permettant à l'homme de communiquer avec le divin lui sont attribués. Le second est le messager des dieux auprès des hommes[65]; il guide les morts vers leur nouveau séjour[66]; dieu de l'initiation, il préside au passage du monde de l'enfance à celui de l'adolescence[67].

4. CH I: un rituel d'investiture?

Si Hermès et le narrateur sont un modèle à imiter pour les hermétistes, *CH* I acquiert alors une valeur particulière. Il décrit en quelques pages l'instruction d'un humain, le narrateur anonyme, par un être divin, à un moment indéfini: ποτε «un jour», situé dans un passé, proche ou lointain, qui peut devenir celui de «l'immédiateté de la lecture»[68]. Avec l'anonymat, la narration à la première personne du singulier et au style direct aurait pour fonction de faciliter l'identification du destinataire hermétiste au narrateur. Le destinataire serait ainsi appelé à vivre les mêmes expériences que ce dernier: les visions, l'instruction et les transformations internes.

Ce traité pourrait-il donc être un guide pour un rituel d'investiture? Pour être efficace et afin que les marques énoncives et narratives acquièrent une valeur énonciative et pragmatique, la mise en scène de ce rituel doit correspondre à celle de la narration. Elle impliquerait un disciple et un maître hermétistes et probablement d'autres hermétistes. Le maître, successeur d'Hermès, assumerait le rôle de Poimandrès, identification qui serait facilitée par les rapprochements établis entre Poimandrès, le narrateur et Hermès. Le disciple prendrait la place du narrateur. Comme lui, il devra être prêt, en ayant en fait déjà suivi une instruction. Le savoir enseigné dans ce traité ne serait alors

---

jugement des morts: É. Bernand, *Inscriptions métriques de l'Égypte gréco-romaine: recherches sur la poésie épigrammatique des Grecs en Égypte*, Paris, Les Belles Lettres, 1969, p. 295 et 302.

[65] *Hymne orphique* 28.1: messager de Zeus.

[66] C.S. Ponger, *Katalog der griechischen und römischen Skulptur, der steinernen Gegenstände und der Stuckplastik im Allard Pierson Museum zu Amsterdam*, Amsterdam, Noord-Hollandsche Uitgevers Maatschappij, 1942, p. 24, n° 50; A. Minto, «Frustulum Papyraceum con resti di figurazione dipinta: Hermes Psychopompos (?)», *Aegyptus* 32 (1952), p. 324–330; É. Bernand, *op. cit.*, 1969, p. 80–83, n° 11.

[67] G. Costa, «Hermes dio delle iniziazioni», *Civiltà classica e cristiana* 3 (1982), p. 277–295.

[68] Nous reprenons cette expression à C. Jacob, «Questions sur les questions: archéologie d'une pratique intellectuelle et d'une forme discursive», in A. Volgers and C. Zamagni (eds.), *Erotapokriseis. Early Christian Question-and-Answer Literature in Context*, Leuven, Peeters, 2004, p. 35.

qu'un rappel dogmatique des fondamentaux hermétiques – origine du monde et de l'homme, véritable nature et vocation de ce dernier. Le nom resté en suspens serait remplacé par celui du disciple, selon un procédé analogue à celui employé dans les recettes et formules magiques pour qu'elles soient applicables à n'importe qui : « un tel », δεῖνα en grec[69], ⲚⲒⲘ en copte[70]. À la fin, le disciple deviendrait à son tour un maître, un successeur du narrateur ou même un nouvel Hermès, imitant l'action de ce dernier – avoir son propre cercle de disciples et être un guide –, devenant un nouvel « instrument » de transmission de la Parole, un maître dont l'enseignement acquiert le statut de « révélation ultérieure », comme pour Hermès. Ce nouveau maître jouit, au sein de son cercle, de la même autorité et de la même légitimité qu'Hermès, moins tant par la fonction dont il vient d'être investi que par les expériences qu'il a vécues, notamment la vision et le contact avec le divin, en analogie avec la notion d'autorité chez les gnostiques[71].

Une chaîne hermétique se met ainsi en place, remontant à Poimandrès, la source de l'enseignement, et au narrateur identifié (au moins selon une branche de la tradition hermétique) à Hermès Trismégiste. Premier maillon humain de la chaîne en tant que seul bénéficiaire de la « Révélation primordiale », le narrateur / Hermès agit un peu comme les ritualistes égyptiens qui imitent l'action divine, ici l'instruction délivrée par Poimandrès, le Bon démon et l'Intellect.

III. La chaîne hermétique

La chaîne hermétique est le lieu où l'enseignement hermétique est dispensé et où ses propriétés principales sont préservées – caractère divin et sacré, importance du dialogue, interaction entre la parole et l'intellect, but salvateur. Chaque maillon, à l'instar du narrateur avec Poimandrès et d'Hermès avec le Bon Démon et son propre intellect,

---

[69] Parmi de nombreux exemples *PGM* III 6 et 10 ; *PGM* IV 323–328 ; IV 873 ; IV 1244.

[70] Exemple tardif : London Ms Or 5525.

[71] E.H. Pagels, « The Demiurge and his Archons – A Gnostic View of the Bishop and Presbyters ? », *HThR* 69 (1976), p. 301–324 où l'auteur considère qu'un des points centraux de l'opposition entre les gnostiques et les chrétiens orthodoxes est la question de l'autorité spirituelle et ecclésiastique. U. Neymeyr, *Die Christlichen Lehrer im zweiten Jahrhundert. Ihre Lehrtätigkeit, ihr Selbstverständnis und ihre Geschichte*, Leiden, Brill, 1989, p. 203 ; N. Deutsch, *Guardians of the Gate. Angelic Vice Regency in Late Antiquity*, Leiden, Brill, 1999, p. 143–144.

doit y bénéficier de deux traditions, orale et écrite, et d'une formation autodidacte; devenu maître à son tour et bénéficiant de l'autorité du narrateur et/ou d'Hermès, il est le nouvel Hermès qui imite son propre maître et l'action divine, et son enseignement apparaît comme une révélation ultérieure qui mime la « Révélation primordiale » selon diverses modalités, que nous détaillerons plus loin.

1. *La mise en place de la chaîne hermétique*

Pour que la chaîne de transmission puisse perpétuer l'enseignement sans ruptures et altérations et que la volonté de Poimandrès, être « un guide (καθοδηγός) [...] pour les hommes dignes (τοῖς ἀξίοις) » (*CH* I 26), soit toujours respectée, le choix des disciples doit être réglementé.

a. *Un enseignement divin réservé à quelques disciples*
Dans le monde des protagonistes, le choix les premiers disciples incombe à Hermès. *SH* 23 et le traité latin en donnent une liste et permettent de déterminer les critères qui ont présidé à leur choix. En *SH* 23.6, Isis évoque le destin d'Hermès et ce qu'il laisse derrière lui en remontant vers les cieux :

> ἀλλ᾽ ἦν αὐτῷ διάδοχος ὁ Τάτ, υἱὸς ὁμοῦ καὶ παραλήπτωρ τῶν μαθημάτων τούτων, οὐκ εἰς μακρὰν δὲ καὶ Ἀσκληπιὸς ὁ Ἰμούθης, Πτανὸς καὶ Ἡφαίστου βουλαῖς, ἄλλοι τε ὅσοι τῆς οὐρανίου θεωρίας πιστὴν ἀκρίβειαν ἔμελλον βουλομένης τῆς πάντων βασιλίδος ἱστορῆσαι προνοίας.

> Mais, après lui, comme successeurs il y avait Tat, son fils et en même temps héritier de ces enseignements, puis peu après Asclépios Imouthés, selon les désirs de Ptah et Héphaïstos, et tous ceux qui étaient sur le point de mener une enquête avec une rigueur sûre, selon la volonté de la providence reine de toute chose.

En *SH* 23.32, Isis s'apprête à enseigner son fils Horus au sujet de la réaction des âmes face à leur incorporation[72]; elle attribue cette doctrine à son propre instructeur :

> ἧς ὁ μὲν προπάτωρ Καμῆφις ἔτυχεν ἐπακούσας παρὰ Ἑρμοῦ τοῦ πάντων ἔργων ὑπομνηματογράφου, <ἐγὼ δὲ> παρὰ τοῦ πάντων προγενεστέρου Καμήφεως, ὁπότ᾽ ἐμὲ καὶ τῷ τελείῳ μέλανι ἐτίμησε·

---

[72] Sur l'ensemble du passage sur les âmes : H.D. Betz, « Schöpfung und Erlösung im hermetischen Fragment *Kore Kosmou* », *Zeitschrift für Theologie und Kirche* 63 (1966), p. 171–174.

Celle (= la doctrine secrète) que Kaméphis, mon aïeul, a reçue en écoutant Hermès, le mémorialiste de toutes les œuvres, <et que moi>[73] (j'ai reçue) de Kaméphis, l'ancêtre de tous, quand il m'honora du don du Noir Parfait[74].

En *Ascl.* 1, Hermès indique la nature de la leçon qui suit et justifie la présence de trois disciples :

« deus deus te nobis, o Asclepi, ut divino sermoni interesses adduxit [...] tu vero, o Asclepi, procede paululum, Tatque, nobis qui intersit, evoca. »
Quo ingresso Asclepius et Hammona interesse suggessit. Trismegistus ait :

« nulla invidia Hammona prohibet a nobis; etenim ad eius nomen multa meminimus a nobis esse conscripta, sicuti etiam ad Tat amantissimum et carissimum filium multa physica exoticaque quam plurima. tractatum hunc autem tuo scribam nomine. praeter Hammona nullum vocassis alium, ne tantae rei religiosissimus sermo multorum interventu praesentiaque violetur. »

« C'est Dieu, oui Dieu, qui t'a conduit, Asclépios, pour que tu participes à l'entretien divin [...]. Mais, Asclépios, va, pas très loin, appeler Tat pour qu'il soit présent avec nous. »
Après être rentré, Asclépios suggéra qu'Ammon soit présent. Trismégiste dit :

« Nous ne sommes pas si jaloux que d'écarter Ammon de notre groupe; car, il m'en souvient, beaucoup de mes écrits lui ont été dédiés, comme aussi à Tat, mon fils très aimant et très cher, beaucoup de mes traités physiques et une foule d'ouvrages "du dehors". Et j'écrirai ton nom (en tête) de ce traité. N'appelle personne d'autre qu'Ammon, un entretien si religieux et (portant) sur de tels sujets ne peut être profané par l'intervention et la présence du grand nombre. »

Les auteurs de ces passages distinguent deux groupes de disciples : les uns, probablement nombreux, restent anonymes; quatre ont le privilège d'être nommés : Kaméphis, Ammon, Tat et Asclépios. Kaméphis ne semble être mentionné (*SH* 23.32) que pour relier Isis à l'enseignement d'Hermès. Ammon intervient un peu plus souvent, mais ce sont

---

[73] La restitution proposée par les éditeurs antérieurs (apparat critique dans *NF* IV, p. 10) et sur laquelle nous nous appuyons pour dire qu'Isis aurait été disciple de Kaméphis semble tout à fait justifiée, sinon la proposition est peu claire.
[74] Sur le don du Noir Parfait : E. Oréal, « "Noir parfait", un jeu de mots de l'égyptien au grec », *REG* 111.2 (1998), p. 551–565.

surtout Tat et Asclépios qui sont les interlocuteurs réguliers d'Hermès, Tat apparaissant également dans des fragments de Stobée.

Par l'intermédiaire d'Isis, l'auteur de *SH* 23.6 donne de rares renseignements sur les raisons du choix par Hermès d'un tel comme disciple et héritier. Le choix de Tat s'expliquerait par sa relation filiale avec Hermès. Les autres semblent ne pas avoir été choisis par Hermès : Asclépios Imouthès est un successeur « selon les désirs de Ptah et Héphaïstos »[75] ; les disciples anonymes le deviennent grâce à la providence divine qui les pousserait à mener une recherche avec rigueur et argumentation. Le prologue du traité latin complète ces indications.

Si tous les traités ne font intervenir qu'un disciple ou plus rarement deux, l'*Asclépius* est le seul qui témoigne de cette restriction volontaire, en l'opposant à l'absence de la foule et en justifiant la présence de chaque disciple – exceptionnellement au nombre de trois. Hermès légitime son refus d'avoir plus de trois disciples en mettant en avant son souci de ne pas divulguer l'enseignement à un trop grand nombre. Ce souci renvoie à une isotopie qui traverse une grande partie de l'Antiquité, avec notamment Platon, Plotin ou Jamblique (à partir d'une paraphrase de *Timée* 28 c)[76], et aussi des chrétiens[77] dont les gnostiques[78] : c'est celle du secret et de la méfiance envers la foule, considérée comme inculte[79] et comme pouvant profaner l'enseignement en

---

[75] Le dieu grec Héphaïstos est l'*interpretatio graeca* du dieu égyptien Ptah, de même qu'Asclépios pour Imouthès, version grecque de Imhotep. En mettant en relation Asclépios Imouthès et Ptah Héphaïstos, l'auteur hermétiste serait-il au courant d'une tradition égyptienne faisant de Ptah le père d'Imhotep ? À ce sujet, voir ci-dessous p. 50.

[76] Texte régulièrement paraphrasé chez les auteurs antiques (M. Zambon, *Porphyre et le Moyen-Platonisme*, Paris, Vrin, 2002, p. 299–300 et p. 300 n. 1), notamment par Alcinoos, *Enseignement des doctrines de Platon* XXVII, H 179.34–42, mais aussi le fragment hermétique, *SH* 1.1 : θεὸν νοῆσαι μὲν χαλεπόν, φράσαι δὲ ἀδύνατον ᾧ καὶ νοῆσαι δυνατόν, « concevoir Dieu est difficile, mais l'énoncer est impossible, aussi pour celui qui est capable de (le) concevoir » (*NF* IV, p. 2 n. 2 ; D.T. Runia, *Philo of Alexandria and the Timaeus of Plato*, Leiden, Brill, 1986, p. 111 ; A. Löw, *op. cit.*, p. 186–195). C'est ce fragment hermétique, et non *Timée* 28 c, qui serait cité par Grégoire de Nazianze dans son *discours* 28.4 (J. Pépin, *op. cit.*, 1982, p. 251–260).

[77] Par exemple, Clément d'Alexandrie, *Stromate* I, XII 55.4.

[78] Par exemple, *2Jeû* 43.

[79] Ceci a conduit L.H. Martin à considérer que le secret permettait en premier lieu de maintenir les frontières sociales et non de préserver des connaissances : L.H. Martin, « Secrecy in hellenistic Religious Communities », in H.G. Kippenberg and G.G. Stroumsa (eds), *Secrecy and Concealment. Studies in the History of Mediterranean and Near Eastern Religions*, Leiden, Brill, 1995, p. 109–110. Si cette façon de voir n'est pas fausse, il ne faut pas pour autant exclure de l'explication des considérations purement culturelles.

le soumettant à un usage humain[80]. Ceux qui ont été exclus peuvent l'avoir été en raison de leur manque de préparation et de leur inaptitude à recevoir une telle instruction, au contraire de Tat, d'Ammon et d'Asclépios. En effet, Hermès justifie la présence des deux premiers en évoquant les nombreuses leçons qui leur ont déjà été dédiées, ce que les traités vérifient effectivement pour Tat, mais non pour Ammon. La manière dont Hermès évoque ces leçons passées révèle la faible place d'Ammon dans la mémoire hermétique: Hermès emploie le verbe *memini* «avoir à l'esprit, se rappeler» pour Ammon comme s'il avait pu l'oublier. En effet, en dehors de ce traité, où Ammon n'intervient jamais, il est peu mentionné dans la littérature hermétique: interlocuteur d'Hermès dans *SH* 17, peut-être le destinataire homonyme de la lettre d'Asclépios dans *CH* XVI[81] et le roi anonyme, interlocuteur de Tat, dans *CH* XVII[82]; dans les fragments *SH* 12 à 16, il n'est nommé que dans le titre indiqué par Jean Stobée. La mention d'Ammon dans le traité latin pourrait être un moyen, pour une partie de la tradition hermétique, de justifier son insertion ultérieure dans la chaîne hermétique, comme cela serait le cas d'Isis grâce à Kaméphis. Concernant Asclépios, Hermès justifie sa présence en affirmant (ce sont les premiers mots du traité) qu'il lui a été amené par Dieu. Hermès transformerait une rencontre due au hasard en une rencontre provoquée par la volonté divine, dont il se ferait l'interprète. Cette volonté rappelle les désirs de Ptah mentionnés par Isis pour fonder le statut d'Asclépios comme successeur. Ce qui se passe pour Asclépios présente aussi des analogies avec ce qui advient au narrateur dans *CH* I: son instruction résulte d'un choix divin, lui-même une réponse à certaines aptitudes que le narrateur révéla en commençant à réfléchir.

Le choix d'un disciple se ferait par conséquent selon au moins trois critères complémentaires: la filiation, critère insuffisant et qui n'est pas indispensable; l'aptitude à recevoir l'instruction, un critère indispensable, même s'il n'est pas mis en avant pour Asclépios; la volonté divine, dont le maître se ferait l'interprète. Ces critères sont applicables depuis le temps (mythique) d'Hermès et à chaque étape capitale de l'instruction, que seuls les disciples les plus dignes peuvent franchir.

---

[80] P. Borgeaud, «Le couple sacré / profane. Genèse et fortune d'un concept "opératoire" en histoire des religions», *RHR* 211.4 (1994), p. 390.
[81] G. Fowden, *op. cit.*, 2000, p. 59 et 209. B.P. Copenhaver, *op. cit.*, p. 200–201.
[82] C'est ce que pense également B.P. Copenhaver, *op. cit.*, p. 208.

b. *La succession mythique des maîtres*

Les informations susmentionnées permettent de reconstituer une partie de la chaîne de transmission, avec des variantes selon des auteurs
(ajout d'Ammon ou de la chaîne Kaméphis-Isis-Horus) représentant
plusieurs branches:

Tableau 2. chaîne de transmission hermétique.

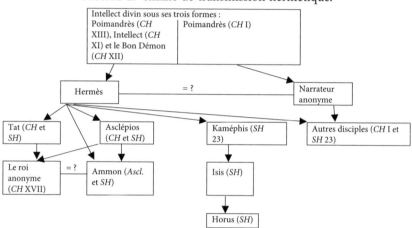

Plusieurs figures sont nommées d'après une divinité égyptienne ou
ont une origine égyptienne revendiquée[83]. Que représentent ces figures
pour les auteurs hermétistes? Pourquoi les ont-ils choisies?

Nous n'allons pas revenir sur Hermès. Selon *Ascl.* 37, l'ancêtre d'Asclépios est «le premier inventeur de l'art de guérir». Il s'agit d'Imhotep, grand prêtre d'Héliopolis et architecte en chef de la pyramide à
degrés du pharaon Djoser (IIIe dynastie), à Saqqara. Il a été de bonne
heure considéré comme une figure marquante de son temps, et les
nouvelles du Nouvel Empire l'assignent patron des scribes en tant que
personnification de la sagesse. Des documents en font le fils de Ptah[84].

---

[83] Cf. plus haut, p. 23.

[84] Par exemple, *La Stèle de la famine* datant probablement de l'époque ptolémaïque:
«le prêtre chef lecteur Imhotep, fils de Ptah Sud-de-son-Mur». M. Lichtheim, *Ancient
Egyptian Literature*, III, Berkeley, University of California Press, 1980, p. 94–103. Pour
des données générales sur Imhotep: N. Grimal, *Histoire de l'Égypte ancienne*, Paris,
Fayard, 1988, p. 87–88; G. Fowden, *op. cit.*, 2000, p. 72 et n. 157; D. Wildung, *Egyptian Saints. Deification in Pharaonic Egypt*, New York, New York University Press,

Les premières données sur la vénération d'Imhotep datent de la XVIIIe dynastie[85], avec un culte[86] qui perdure au moins jusqu'au IIe siècle après J.-C. et même encore pendant le IIIe siècle[87]. Considéré comme magicien et sage, sa popularité est surtout basée sur la croyance qu'il est un dieu secourant les hommes en détresse.

Ammon, orthographié Hammon en latin[88], serait le dieu égyptien Amon. Sa fonction royale dans la littérature hermétique serait l'héritière d'une conception évhémériste qui faisait de Amon l'un des plus anciens rois de l'Égypte[89]. Selon Platon, il est celui qui jugea de l'utilité des inventions de Thot et critiqua en particulier celle de l'écriture. Cette idée semble être reprise aux IVe–Ve siècles après J.-C. par le chrétien Synésios de Cyrène[90]: il range Ammon parmi les sages, comme Zoroastre et Hermès[91]. Jamblique relie également Ammon à la sagesse: «Hermès a aussi guidé sur ce chemin (= celui qui mène vers le dieu et démiurge au moyen de l'art théurgique); et le prophète Bitys l'a interprété pour le roi Ammon»[92]; Jamblique exploiterait une branche

---

1977, p. 31–76; K. Sethe, *Imhotep, der Asklepios der Aegypter: ein vergötterter Mensch aus der Zeit des Königs Doser*, Leipzig, J.C. Hinrichs, 1902.

[85] J. Quaegebeur, «Les "saints" égyptiens préchrétiens», *OLP* 8 (1977), p. 132. A.H. Gardiner, «Imhotep and the Scribe's Libation», *ZÄS* 40 (1902–1903), p. 146.

[86] J.F. Quack, «Ein übersehener Beleg für den Imhotep-Kult in Theben», *RdE* 49 (1998), p. 255–256; J. Quaegebeur, «Teëphibis, dieu oraculaire?», *Enchoria* 5 (1975), p. 22.

[87] Voir la prière adressée à Imouthès-Asclépios du P. Oxy. XI 1381 qui date du IIe siècle après J.-C.: texte et traduction dans B.P. Grenfell, A.S. Hunt, *The Oxyrhynchus Papyri. Part XI: n° 1351–1404*, London, Egypt Exploration Society, 1915, p. 221–234; G. Fowden, *op. cit.*, 2000, p. 84–85. L. Kákosy, «Imhotep and Amenhotep son of Hapu as patrons of the Dead», *Selected Papers (1956–73)*, Studia Aegyptiaca 7 (1981), p. 175–183. A. Lajtar, «*Proskynema* Inscriptions of a Corporation of Iron-Workers from Hermonthis in the Temple of Hatshepsout in Deir el-Bahari: New Evidence for Pagan Cults in Egypt in the 4th Cent. A. D.», *The Journal of Juristic Papyrology* 21 (1991), p. 53–70.

[88] Ceci peut s'expliquer par la présence d'un esprit rude dans l'original grec, fait rare mais non impossible: Aristote, *Fragmenta varia* 1.16.103.9 et Callimaque, *Fragmenta grammatica* 407.58.

[89] Platon, *Phèdre* 274 d: il en fait un roi de Thèbes, Thamous; Diodore de Sicile, *Bibliothèque historique* III 73.1; Manéthon, fragment 3.28. Voir G. Fowden, *op. cit.*, 2000, p. 59.

[90] *Dion* 9.11–12: ὁποῖος Ἀμοῦς ὁ Αἰγύπτιος οὐκ ἐξεῦρεν, ἀλλ' ἔκρινε χρείαν γραμμάτων, «tel Amon, l'Égyptien qui ne trouva pas mais jugea l'utilité des lettres».

[91] *Dion* 10.28. G. Fowden, *op. cit.*, 2000, p. 261: il pense que la mention d'Ammon et d'Hermès provient des *Hermetica*.

[92] *Réponse d'Abamon* VIII 5 (267): ὑφηγήσατο δὲ καὶ ταύτην τὴν ὁδὸν Ἑρμῆς· ἡρμήνευσε δὲ βίτυς προφήτης Ἄμμωνι βασιλεῖ (traduction: M. Broze et C. Van Liefferinge).

de la tradition hermétique différente de celle transmise par une partie
de la littérature étudiée où il n'est pas question de Bitys et où Ammon
est directement instruit par Hermès, Asclépios et peut-être Tat.

L'insertion d'Isis dans la chaîne hermétique de transmission[93] relèverait d'une tradition grecque qui associe Isis à Hermès, notamment
en faisant d'elle sa disciple[94] ou sa fille[95] (ce qui ne serait pas une invention grecque[96]). L'auteur de *SH* 23 modifierait cette tradition, puisqu'il
parle d'une filiation pédagogique indirecte entre Hermès et Isis avec
l'introduction de Kaméphis, disciple d'Hermès (*SH* 23.32). Le titre du
fragment Ἑρμοῦ τρισμεγίστου ἐκ τῆς ἱερᾶς βίβλου ἐπικαλουμένης
Κόρης κόσμου identifie *SH* 23 comme un extrait d'un ouvrage intitulé Κόρη κόσμου et fournit des indications supplémentaires sur le
rôle d'Isis. Le titre Κόρη κόσμου peut signifier «fille du monde» ou
«pupille de l'œil du monde», selon les deux sens de κόρη. D'après
H. Jackson[97], la seconde traduction serait préférable, puisqu'il s'agirait alors de l'œil du soleil: avec un tel titre, l'auteur hermétiste aurait
voulu rappeler le rôle punitif d'Isis et son action illuminatrice grâce à
laquelle les hommes peuvent voir. Or, la vision joue un rôle certain
dans les textes hermétiques et dans le salut, comme en témoigne *CH* I.

Le nom Kaméphis apparaît, en dehors de l'occurrence hermétique en
SH 23.32, seulement chez Damascius, *Des Principes* 1, 324.4–6[98]. Selon
ce philosophe, Asklépiade aurait affirmé l'existence de trois Kaméphis, et Héraïskos aurait identifié le troisième au Soleil et à l'intellect
intelligible. Cette équivalence est-elle aussi valable pour *SH* 23 où on
retrouverait ainsi l'association entre la Parole, Hermès, et l'Intellect,
Kaméphis? Le nom de cette figure est à rapprocher de Méphis dans

---

[93] Elle prend la place du maître dans les fragments *SH* 23 à 27, où elle enseigne
son fils Horus.

[94] *Arétalogie de Cymée* 3 b. Voir F. Dunand, *Le Culte d'Isis dans le bassin oriental de
la Méditerranée. 1. Le Culte d'Isis et les Ptolémées*, Leiden, Brill, 1973, p. 138–139.

[95] Plutarque, *Isis et Osiris* 3, 352 A et 10, 355 F, et C. Froidefond, «note complé-
menaire», *op. cit.*, p. 254 n. 9; *PGM* IV 94 et suivantes avec un dialogue entre Isis et
Thot qu'elle appelle «mon père».

[96] J. Quaegebeur, «Diodore I, 20 et les mystères d'Osiris», in T. DuQuesne (ed.),
Hermes Aegyptiacus. Egyptological Studies for B.H. Stricker, Oxford, DE Publications,
1995, p. 178–179.

[97] H. Jackson, «Κόρη Κόσμου: Isis, Pupil of the Eye of the World», *ChrE* 61, fasc.
121 (1986), p. 116–135.

[98] Une recherche dans le *TLG* confirme l'opinion d'A.-J. Festugière qui avait déjà
repéré que ce nom n'était mentionné que par Damascius en dehors de la tradition
hermétique (*NF* III, p. clxii).

l'oracle du potier[99], de Kneph[100] et de Kamoutef[101], lesquels sont parfois associés à Agathodaimon[102]. Kneph-Kematef, le dieu « qui a accompli son temps », c'est-à-dire le « créateur initial », eut « un vif succès dans la littérature magique et gnostique d'époque gréco-romaine »[103]. Contrairement aux textes égyptiens où c'est plutôt une épithète, dans les textes grecs et dans le texte hermétique, c'est une divinité en tant que telle[104]. Jamblique, se faisant l'écho d'Hermès dont il affirme rapporter l'opinion, l'identifie au chef des dieux célestes et à l'intellect qui se pense lui-même[105], ce qui est proche de l'opinion d'Héraïskos rapportée par Damascius. Dans *SH* 23, la mention « ancêtre de tous » renvoie à Kneph-Kematef comme « créateur initial ». Néanmoins, le rôle hermétique de Kaméphis est réduit : créer un lien entre Hermès et Isis, laquelle n'est jamais mentionnée parmi les disciples directs d'Hermès[106], afin d'intégrer Isis au sein de la chaîne hermétique.

Tat n'est pas le nom d'une divinité égyptienne ou grecque directement identifiable. Selon G. Fowden, il s'agirait « du dieu Thot mal orthographié »[107]. Dans les documents grecs, le nom du dieu est généralement orthographié θώθ[108] (graphie la plus commune) ou θωυθ[109], très rarement θουθ[110] et même θευθ[111]. Dans les papyrus grecs

---

[99] G. Fowden, *op. cit.*, 2000, p. 45.

[100] R. Reitzenstein, *op. cit.*, 1904, p. 137.

[101] J. Lindsay, *Les Origines de l'achimie dans l'Égypte gréco-romaine*, traduction : C. Rollinat, Paris, Le Rocher, 1986 (édition anglaise de 1970), p. 325 ; H. Jackson, *op. cit.*, p. 117–118 n. 3.

[102] Sur tous ces noms : H.J. Thissen, « ΚΜΗΦ – ein verkannter Gott », *ZPE* 112 (1996), p. 153–160.

[103] S. Sauneron, *Les Fêtes religieuses d'Esna aux derniers siècles du paganisme*, Le Caire, IFAO, 1962, p. 319.

[104] R. Reitzenstein, *op. cit.*, 1904, p. 137 ; H.J. Thissen, *op. cit.*, 1996, p. 156.

[105] Jamblique, *Réponse d'Abamon* VIII 3 (262–263). La tradition manuscrite donne Ἡμήφ, mais il faudrait adopter la correction de W. Scott Κμήφ ; cf. les notes de M. Broze et C. Van Lieffering à leur traduction de Jamblique, *op. cit.*, 2009, p. 155 n. 78.

[106] La seule mention d'Isis dans les leçons d'Hermès se trouve en *Ascl.* 37 quand Hermès donne des exemples de dieux terrestres.

[107] G. Fowden, *op. cit.*, 2000, p. 60.

[108] Par exemple : Aristoxène, Fragment 23.6 ; Eusèbe, *Préparation évangélique* I 9, 24.7 et I 10, 14.2.

[109] Plutarque, *Romulus* 12.5.8 ; Clément d'Alexandrie, *Stromate* I, XV 68.3.3 ; Eusèbe, *Préparation évangélique* I 10, 14.2.

[110] Dans *Apotelesmata* 1384.12, attribué à Apollonios de Tyane, cette graphie intervient au sein d'une liste de noms barbares.

[111] Platon, *Phèdre* 274 c-e et *Philèbe* 18 b. Toutes les autres occurrences de cette graphie viennent de citations de ces deux passages de Platon : Galien, *De placitis*

magiques, nous trouvons plusieurs fois la mention de θάθ[112], selon toute vraisemblance Thot; cette graphie est proche du copte ⲑⲁⲧ[113] qui pourrait être derrière la graphie des *PGM* où plusieurs mots sont en fait du copte[114]. Cependant, une autre explication peut être avancée. Quelques textes magiques attestent le vieux-copte ⲧⲁⲧ[115] qui est probablement la transcription de *ḏd*, le pilier osirien, symbole de la stabilité, de la permanence et de la fixité. Cette symbolique conviendrait bien avec la position de Tat, grâce auquel la transmission de la révélation hermétique s'installe dans la durée du temps historique. Cette interprétation n'empêche pas que le nom de Tat fasse également écho, pour les auteurs hermétistes ou au moins pour les lecteurs, au nom de Thot; écho qui instaurerait alors une succession de trois Thot[116] (deux par rapprochement fonctionnel et *interpretatio*, le troisième par un jeu linguistique) et renforcerait l'idée de la continuité de la pratique de l'enseignement.

Ces figures dotées d'un nom divin, explicite ou non, confèrent un caractère divin à la chaîne de transmission. Leur origine surtout égyptienne insère l'enseignement dans un contexte égyptien. Individuellement, chacune d'elles met l'accent soit sur la sagesse, le salut, la guérison, les visions ou la parole et l'intellect; ensemble, elles dressent une représentation divine de l'enseignement. La pratique didactique crée entre ces figures une communauté, qui peut être renforcée par des liens de parenté repris des traditions religieuses égyptienne et grecque et par la réplication de divinités en plusieurs figures hermétiques. Cette chaîne mythique sert de modèle à la chaîne historique dont

---

Hippocratis et Platonis 2.5.32.2; Suétone, *Sur les jeux chez les Grecs* 1.15 et Jean Stobée, *Anthologie* 2.4.15 et 18.

[112] *PGM* VII 557, XII 292, XIII 997, XIXa 3 et LXVII 8. Excepté la première, toutes ces occurrences interviennent dans des listes de noms barbares.

[113] Graphie signalée dans W. Spiegelberg, « Die griechischen Formen für der Namen des Gottes Thot», *Recueil de travaux relatifs à la philologie et à l'archéologie égyptiennes et assyriennes*, Paris, E. Bouillon, 1901, p. 199–200.

[114] *PGM* IV 1065 et H.D. Betz (ed.), *The Greek Magical Papyri in Translation*, Chicago, University of Chicago Press, 1992², p. 59 n. 147; *PGM* IV 1323 et H.D. Betz (ed.), *op. cit.*, 1992², p. 63 n. 180.

[115] F.L. Griffith, « The Glosses in the Magical Papyrus of London and Leiden », *ZÄS* 46 (1909), p. 117–131.

[116] Ceci n'est pas sans évoquer la légende des trois Hermès, que l'on trouve notamment dans des sources arabes: C. Burnett, « The Legend of The three Hermes and Abū Ma'shar's Kitāb Al-Ulūf in the Latin Middle Ages», *Journal of the Warburg and Courtauld Institutes* 39 (1976), p. 231–234; M. Sladek, « Mercurius triplex, Mercurius termaximus et les "trois Hermès" », in A. Faivre, *op. cit.*, p. 88–99.

chaque membre, choisi selon des critères précis, est invité à transmettre l'enseignement tout en lui conservant ses propriétés originelles. La relation entre maître et disciple s'insère dans ce cadre.

2. *Les relations entre le maître et ses disciples*

Les relations entre le maître hermétiste et ses disciples sont établies sur le modèle de celles existant entre Hermès et ses disciples, tout en s'adaptant à la nouvelle réalité d'une instruction qui se prolonge dans le temps.

a. *Une leçon pour un disciple*

Dans la plupart des traités, Hermès s'adresse à un seul disciple; le caractère individuel de l'instruction et de la relation entre le maître et son disciple est ainsi souligné, comme dans les textes magiques[117]. Cependant, d'autres disciples peuvent être présents. Dans l'*Asclepius*, trois disciples assistent à la leçon qu'Hermès dédicace pourtant au seul Asclépios. Quatre traités sont dédiés à Asclépios, contre cinq pour Tat, mais Tat est un auditeur supplémentaire dans plusieurs leçons adressées à Asclépios[118]. Ainsi, la dédicace à un disciple implique uniquement que le maître s'entretient avec lui seul pendant toute la leçon; l'auteur de *CH* X 1 le confirme : τὸν χθὲς λόγον, ὦ Ἀσκληπιέ, σοι ἀνέθηκα, τὸν δὲ σήμερον δίκαιόν ἐστι τῷ Τὰτ ἀναθεῖναι, ἐπεὶ καὶ τῶν Γενικῶν λόγων τῶν πρὸς αὐτὸν λελαλημένων ἐστὶν ἐπιτομή, «La leçon d'hier, Asclépios, je te l'ai dédiée, mais celle d'aujourd'hui il est juste de la dédier à Tat, car elle est aussi un résumé des *Leçons générales* qui lui sont adressées». Dans la suite du traité, Hermès parle au seul Tat, et si Asclépios est présent et bénéficie des bienfaits de l'instruction[119], son nom n'apparaît plus. Dans le traité latin, Hermès s'adresse tout

---

[117] A. Camplani, «Forme di rapporto maestro / discepolo nei testi magici e alchemici della tarda antichità», in G. Filoramo (ed.), *Maestro e discepolo. Temi e problemi della direzione spirituale tra vi secolo a.C e vii secolo d.C.*, Brescia, Morcelliana, 2002, p. 112.

[118] Dans le prologue de la lettre d'Asclépios à Ammon en *CH* XVI 1, Asclépios dit : Ἑρμῆς μὲν γὰρ ὁ διδάσκαλός μου, πολλάκις μοι διαλεγόμενος καὶ ἰδίᾳ καὶ τοῦ Τὰτ ἐνίοτε παρόντος, ἔλεγεν, «Hermès, en effet, mon maître, conversant souvent avec moi soit en particulier soit avec Tat quand il était présent, a dit».

[119] En *CH* X 4, Tat parle en son nom et en celui d'Asclépios quand il dit ἐπλήρωσας ἡμᾶς, ὦ πάτερ, τῆς ἀγαθῆς καὶ καλλίστης θέας, «tu *nous* as remplis, père, de la bonne et très belle vision».

le temps à Asclépios et il inclut rarement les deux autres disciples[120]. Par conséquent, si, dans les faits, l'instruction est publique, se déroulant devant quelques disciples, elle se veut théoriquement privée. Ses effets agiraient personnellement sur chaque disciple – Tat ou Asclépios, Ammon jouant un faible rôle –, en fonction de l'avancement de chacun[121]. Ceci reflète la situation scolaire de l'époque où, comme les étudiants de même niveau sont peu nombreux, plusieurs niveaux se côtoient dans le même cours[122].

b. *Maître et disciple, père et fils*

L'analyse de la manière dont chaque protagoniste s'adresse à l'autre permet de préciser ces relations. Une recherche rapide montre que πατήρ « père » et τέκνον « enfant » – en copte, respectivement ειωτ et ϣηρε – sont courants dans la littérature hermétique étudiée. L'opinion généralement admise est qu'il s'agit d'une relation exclusivement spirituelle et que les appellations « père » et « fils » sont purement fictionnelles[123], relevant d'un *topos* courant à l'époque des écrits hermétiques. Ce *topos* résulterait d'une évolution dont le point de départ est l'enseignement au sein du cercle familial, tel que cela avait cours en Orient, où la sagesse et la science – considérées comme des dépôts sacrés ne devant pas sortir de la famille – étaient transmises de père en fils, le père étant « l'éducateur né de son fils »[124]. Cependant, rapidement[125], le cercle de

---

[120] En *Ascl.* 16, il intègre Ammon dans une remarque sur Dieu et l'abolition du mal. En *Ascl.* 32, il inclut Ammon et Tat dans sa recommandation de conserver secret tout son enseignement.

[121] Selon *CH* XIV 1, Tat est un « néophyte parvenu récemment à la connaissance des choses particulières », νεώτερος ἄρτι παρελθὼν ἐπὶ τὴν γνῶσιν τῶν περὶ ἑνὸς ἑκάστου.

[122] R. Cribiore, *Gymnastics of the Mind: Greek Education in Hellenistic and Roman Egypt*, Princeton, Princeton University Press, 2001, p. 42.

[123] A.-J. Festugière, *op. cit.*, 1989, p. 335 ; G. Fowden, *op. cit.*, 2000, p. 130 et p. 232.

[124] A.-J. Festugière, *op. cit.*, 1989, p. 335. L'Égypte livra plusieurs *Sagesses* et autres enseignements qui auraient été écrits par un père pour son fils : *Satire des métiers* 3.9 : « commencement de l'enseignement fait par l'homme de Sile, dont le nom est 'Dua-Khety' à son fils, appelé Pépi » (M. Lichtheim, *Ancient Egyptian Literature*, I, Berkeley, University of California Press, 1973, p. 185) ; *L'Enseignement pour Mérikarê* : « début de l'enseignement qu'a fait le roi […] pour son fils Mérikarê » (P. Vernus, *Sagesses de l'Égypte ancienne*, Paris, Imprimerie nationale, 2001, p. 138) ; *L'Enseignement Loyaliste* : « Début de l'Enseignement qu'a fait le prince […il dit] en tant qu'enseignement pour ses enfants » (P. Vernus, *op. cit.*, 2001, p. 207).

[125] Pour l'Égypte, on en aurait un témoin de la VIe dynastie avec *L'Enseignement de Ptahhotep*. P. Vernus, *op. cit.*, 2001, p. 110 et Z. Zaba, *Les Maximes de Ptahhotep*,

transmission s'est élargi à des gens extérieurs à la famille; la relation filiale a été incluse dans les rapports entre un maître et son disciple, la parenté de sang passa au second plan, laissant la place à une relation spirituelle fondée sur la communauté de savoir et de valeurs, sur leur transmission et la direction spirituelle du disciple par le maître[126]. Une telle relation est fréquente à l'époque de nos traités, notamment dans les *Papyrus grecs magiques* où τέκνον est plusieurs fois employé par le maître[127]. Néanmoins, l'étude de l'emploi de ce terme grec dans les traités hermétiques révèle quelques surprises.

Hermès interpelle Ammon et Asclépios par leur nom, alors que pour Tat, il recourt aussi à d'autres vocables: très régulièrement τέκνον[128], plus rarement παῖς[129] et υἱός (*CH* XIV 1). En contrepartie, seul Tat appelle Hermès πάτερ[130], Asclépios s'adressant à lui par son nom ou par son épiclèse «Trismégiste», tandis qu'Ammon n'interpelle jamais Hermès. L'emploi des termes «père» et «fils» ne dénote donc pas seulement une parenté spirituelle, car sinon pourquoi ces termes ne sont-ils pas utilisés pour les autres disciples?

Prague, Académie Tchécoslovaque des Sciences, 1956. Sur la datation de cet enseignement, mentionnons un article qui vise à montrer que ce texte daterait en fait du Moyen Empire: E. Eichler, «Zur Datierung und Interpretation der Lehre des Ptahhotep», *ZÄS* 128 (2001), p. 97–107.

[126] Sur la direction spirituelle et les rapports entre le maître et son disciple: M. Meslin, «Le maître spirituel», in M. Meslin (dir.), *Maître et disciples dans les traditions religieuses. Actes du colloque organisé par le centre d'histoire comparée des religions de l'Université Paris-Sorbonne, 15–16 avril 1988*, Paris, Cerf, 1990, p. 11–19; G. Filoramo (ed.), *op. cit.*, 2002.

[127] *PGM* IV 749; VII 104. τέκνον φίλον, «cher enfant»; XIII 213–214: γνῶθι, τέκνον, «sache, enfant», et cette relation est très développée dans le papyrus magique XIII. Nous trouvons également υἱός, qui désigne l'apprenti: *PGM* I 193 (H.D. Betz [ed.], *op. cit.*, 1992², p. 8 n. 37) et IV 2512. Voir aussi A. Camplani, «Forme di rapporto», *op. cit.*, 2002, p. 109–117.

[128] De nombreuses occurrences dans *CH* IV, V, X, XII, XIII, *SH* 2a, 2b, 4 à 6, 9 et 11; tous ces traités et fragments ont Tat pour destinataire. Nous trouvons également deux occurrences dans *CH* VIII, une dans *SH* 7 – pour ces deux textes, le destinataire est anonyme – et une dernière dans *CH* XI, adressé à Hermès. Nous laissons de côté, pour le moment, les fragments adressés par Isis à Horus.

[129] *SH* 4.23. Dans ce fragment, le disciple Tat est aussi appelé τέκνον et une fois παῖς. Ces deux termes sont aussi utilisés dans *CH* VIII mais le disciple est anonyme. Au vu de l'utilisation du terme τέκνον et de son association, dans *SH* 4, avec le mot παῖς, on peut émettre l'hypothèse que le disciple anonyme de *CH* VIII est Tat lui-même.

[130] Plusieurs occurrences dans *CH* IV, X, XII, XIII, *SH* 2a, 2b, 4, 6, 8 et 11. Les autres occurrences de ce vocatif concernent Dieu.

c. *Relation filiale, relation spirituelle*

Tat est le seul disciple d'Hermès à être qualifié par des superlatifs : *amantissimus* «très aimant», *carissimus* «très cher» (*Ascl.* 1) et νεώτερος «très jeune» (*CH* XIV 1). Cette caractéristique et l'emploi des termes τέκνον et παῖς rappellent la manière dont Isis s'adresse à Horus. Celle-ci l'interpelle très souvent par son nom, ajoutant régulièrement des superlatifs : ἀξιοθαύμαστος «digne d'admiration» (*SH* 23.5), μεγαλόψυχος «magnanime» (*SH* 23.58 et 24.1), περιπόθητος «très aimé» (*SH* 25.6 et 26.25), μεγαλόδοξος «illustre» (*SH* 25.14 et 26.13). Or Horus est non seulement le disciple d'Isis mais également, selon le mythe égyptien, son fils ; et Horus interpelle Isis dans les fragments hermétiques par le vocatif τεκοῦσα «mère», mettant en avant la parenté biologique. Il faudrait interpréter littéralement l'emploi de παῖς et υἱός, ce que confirmerait *SH* 23.6 cité plus haut où Tat est dit υἱός de Hermès. Dans ce même passage, l'auteur dresse la liste des héritiers et successeurs de Hermès, nommant en premier Tat, avant Asclépios, alors que juste après (*SH* 23.7) il évoque son jeune âge, jeunesse déjà mise en avant par l'auteur de *CH* XIV[131]. Le critère de la filiation prime donc sur celui de la jeunesse pour l'obtention des qualités de παραλήπτωρ, «héritier», et de διάδοχος, «successeur», et de l'autorité afférente. Tat se distingue ainsi des autres disciples, du fait de sa filiation avec Hermès, parenté qui renforcerait le lien onomastique établi par le possible jeu linguistique «populaire» sur les noms Tat et Thot dont Hermès est l'*interpretatio graeca*.

Cependant, la dimension spirituelle ne disparaît pas pour autant, comme le montrerait l'étude des termes υἱός et παῖς. Dans *CH* XIII, Tat récupère à son profit la qualité de υἱός : αἴνιγμά μοι λέγεις, ὦ πάτερ, καὶ οὐχ ὡς πατὴρ υἱῷ διαλέγῃ, «Tu me dis une énigme, père, et non comme un père devrait discuter avec son fils» (XIII 2) ; "ἀλλότριος υἱὸς πέφυκα τοῦ πατρικοῦ γένους"· μὴ φθόνει μοι, πάτερ· γνήσιος υἱός εἰμι, «"Je suis né fils étranger au genre de son père". Ne me méprise pas, père. Je suis un fils légitime» (XIII 3). L'association de γνήσιος, γένος et de φύω avec υἱός incitent à prendre celui-ci dans

---

[131] *CH* XIV 1 : Ἐπεὶ ὁ υἱός μου Τὰτ ἀπόντος σου τὴν τῶν ὅλων ἠθέλησε φύσιν μαθεῖν, ὑπερθέσθαι δέ μοι οὐκ ἐπέτρεπεν, ὡς υἱὸς καὶ νεώτερος ἄρτι παρελθὼν ἐπὶ τὴν γνῶσιν τῶν περὶ ἑνὸς ἑκάστου, ἠναγκάσθην πλείονα εἰπεῖν, «Puisque mon fils Tat, alors que tu étais absent, a voulu apprendre la nature de l'univers, et il ne m'a pas permis de différer (cela), comme fils et un tout jeune parvenu récemment à la connaissance des choses particulières». Dans cet extrait, comme dans *SH* 23.7, cette jeunesse concernerait à la fois le jeune âge et un stade peu avancé dans l'enseignement.

son sens propre. Cependant, ces affirmations de Tat interviennent à un moment important de son instruction, quand il demande la leçon sur la régénération. Juste après avoir attesté qu'il est prêt, «ayant affermi l'esprit qui est en moi contre la ruse du monde»[132] – ce qui est analogue à l'expérience vécue par le narrateur au début de *CH* I –, il veut montrer qu'il est aussi digne qu'un fils de bénéficier de cette leçon.

Or, dans plusieurs traités, υἱός qualifie le fils de Dieu. En *CH* I 6, Poimandrès explique au narrateur la signification de la vision : τὸ φῶς ἐκεῖνο, ἔφη, ἐγὼ Νοῦς ὁ σὸς θεός, ὁ πρὸ φύσεως ὑγρᾶς τῆς ἐκ σκότους φανείσης· ὁ δὲ ἐκ νοὸς φωτεινὸς λόγος υἱὸς θεοῦ, «Cette Lumière-ci, dit-il (= Poimandrès), c'est moi Intellect, ton Dieu, celui qui existe avant la nature humide apparue hors des ténèbres. Et la Parole créatrice lumineuse issue de l'Intellect est fils de Dieu». En *CH* I 32, le narrateur justifie sa demande à Dieu de l'aider dans sa mission en proclamant ce qu'il compte faire : καὶ τῆς χάριτος ταύτης φωτίσω τοὺς ἐν ἀγνοίᾳ τοῦ γένους, μοῦ ἀδελφούς, υἱοὺς δὲ σοῆ, «Et de cette grâce, j'éclairerai tous les genres (humains qui sont) dans l'ignorance, mes frères, tes fils». En *CH* X 14, Hermès indique à Tat quelle est la hiérarchie entre Dieu et le monde, idée répétée par Hermès en *CH* IX 8 : πατὴρ μὲν οὖν ὁ θεὸς τοῦ κόσμου, ὁ δὲ κόσμος τῶν ἐν τῷ κόσμῳ, καὶ ὁ μὲν κόσμος υἱὸς τοῦ θεοῦ, τὰ δὲ ἐν τῷ κόσμῳ, ὑπὸ τοῦ κόσμου, «Donc Dieu est le père du monde et le monde celui des êtres qui sont dans le monde ; le monde est le fils de Dieu et les êtres qui sont dans le monde sont issus du monde». Dans le fragment divers 28 transmis par Cyrille d'Alexandrie dans son *Contre Julien* I 46, 552 D, Hermès mentionne la pyramide et la Parole établie au-dessus de la pyramide : ἐξ ἐκείνου προκύψασα καὶ ἐπίκειται καὶ ἄρχει τῶν δι' αὐτοῦ δημιουργηθέντων. ἔστι δὲ τοῦ παντελείου πρόγονος καὶ τέλειος καὶ γόνιμος γνήσιος υἱός, «Étant sorti de celui-ci (= Dieu), elle (= la Parole) préside et elle gouverne les êtres produits par lui. Elle est le premier-né qui surpasse tous les êtres[133], fils légitime, parfait et fécond». Dans ces extraits, le fils de Dieu est de trois genres différents : la Parole, le monde et l'homme, la première en tant qu'elle est issue de Dieu, le deuxième en tant qu'il est fabriqué par Dieu et le troisième en tant qu'il possède une

---

[132] *CH* XIII 1 : ἀπηνδρείωσα τὸ ἐν ἐμοὶ φρόνημα ἀπὸ τῆς τοῦ κόσμου ἀπάτης.

[133] Avec cette périphrase «le premier-né qui surpasse tous les êtres», nous avons voulu rendre les différents sens possibles du préfixe προ- qui renvoie à l'idée d'antériorité et de supériorité.

parcelle divine[134] ou qu'il a reçu en lui les Puissances divines. Le terme
υἱός exprime une relation forte entre Dieu et son fils, avec un caractère divin commun : la Lumière pour la Parole, l'immortalité pour le
monde et, pour l'homme, la parole et l'intellect. Il acquerrait ainsi une
valeur particulière qui transcenderait la parenté biologique.

Le passage *CH* XIII 2–3 où Tat se proclame fils d'Hermès est encadré
par deux passages où il est aussi question de fils de Dieu, mais avec le
terme παῖς. En *CH* XIII 2, Tat voudrait tout savoir sur les origines de
l'homme engendré : {T} καὶ ποταπὸς ὁ γεννώμενος, ὦ πάτερ; ἄμοιρος
γὰρ τῆς ἐν ἐμοὶ οὐσίας καὶ τῆς νοητῆς. {E} ἄλλος ἔσται ὁ γεννώμενος
θεοῦ θεὸς παῖς, τὸ πᾶν ἐν παντί, ἐκ πασῶν δυνάμεων συνεστώς,
« {T} Et de quelle sorte est celui qui est engendré ? Car il ne participe
ni de l'essence ni de l'intellection qui sont en moi. {H} Celui qui est
engendré de Dieu est autre, dieu, fils (de Dieu), le tout dans le tout,
composé de toutes les puissances ». En *CH* XIII 4, Tat questionne
Hermès au sujet de la régénération : {T} λέγε μοι καὶ τοῦτο· τίς ἐστι
γενεσιουργὸς τῆς παλιγγενεσίας; {E} ὁ τοῦ θεοῦ παῖς, ἄνθρωπος εἷς,
θελήματι θεοῦ, « {T} Dis-moi encore ceci : qui est l'auteur de la régénération ? {H} Le fils de Dieu, un certain homme[135], par le désir de Dieu ».
Il s'agit peut-être de marquer la différence avec la situation de Tat.

Néanmoins, l'usage de υἱός ailleurs et cet encadrement incitent à voir
dans l'emploi de υἱός pour Tat autre chose que l'évocation de liens du
sang. De plus, Tat est le seul des disciples d'Hermès pour lequel nous
avons des renseignements sur les expériences qu'il vit : volontaire au
baptême dans le cratère quand Hermès lui en parle dans *CH* IV ; bénéficiaire de la régénération dans *CH* XIII. Nous pouvons donc nous
demander si ces expériences vécues n'expliquent pas non plus l'usage
des termes « père » et « enfant ».

Il existerait donc bien une relation filiale biologique dans le monde
des protagonistes, qui, transposée dans celui des destinataires, renforce la relation personnelle afin d'accentuer le rôle du maître spirituel comme guide et paradigme pour éveiller son disciple-enfant à une
nouvelle dimension. En effet, dans le monde gréco-romain, l'éducation
d'un jeune, dans sa forme la plus simple, se fait par l'imitation de
son père[136]. Cette situation prend toute son ampleur lors des moments

---

[134] Ce serait le cas des hommes cités en *CH* I 32.
[135] Nous adoptons la traduction de G. Zuntz, « Notes on the Corpus Hermeticum »,
HThR 49 (1956), p. 77.
[136] R. Cribiore, *op. cit.*, 2001, p. 106.

clefs de l'éducation hermétique, ce qui expliquerait le nombre d'interpellations similaires dans *NH* VI, 6 où le disciple a des visions et monte vers l'Ogdoade. La relation spirituelle existerait pour Asclépios, mais elle n'est pas mise explicitement en avant car, dans aucun des traités transmis, il ne vit d'expérience identique à celle d'Hermès ou de Tat. Pour le destinataire, c'est cette relation spirituelle qui prime et qui a un sens, plus que la filiation biologique. L'ambiguïté entre les liens biologiques et spirituels résulterait des deux niveaux de lecture différents.

d. *L'alliance entre maître et disciple*

Comme pour Poimandrès et le narrateur, la relation est fondée sur une alliance[137]. Dans *CH* XIII et *NH* VI, 6, le disciple commence la leçon en rappelant une promesse antérieure de son maître. En *CH* XIII 3, Tat appuie ce rappel en demandant à Hermès de ne pas être jaloux (la jalousie est par excellence un vice, contraire à Dieu), pour qu'il soit généreux et ne garde pas l'instruction pour lui seul[138]. C'est aussi une réactualisation de l'ordre de Poimandrès d'instruire les hommes dignes. Le contrat rempli – quand le maître a apporté tout ce qu'il pouvait et devait à son disciple –, la relation débouche sur la reconnaissance du disciple envers son maître, sur le même mode que le narrateur vis-à-vis de Poimandrès. Que celui-là remercie sans préciser le destinataire (*CH* I 20) ou qu'il rende grâce au Père de toutes choses (*CH* I 27), il remercie en fait Poimandrès pour la révélation dont il bénéficie et pour sa patience devant certaines de ses questions. De même, Tat remercie Hermès à la fin de sa formation, après avoir été régénéré et illuminé: εὐχαριστῶ σοι, πάτερ, ταῦτά μοι αἰνεῖν εὐξαμένῳ, «Je te remercie, père, de me dire cela alors que je prie», en *CH* XIII 22. Quelle que soit la traduction adoptée pour αἰνέω et la position syntaxique du pronom ταῦτα[139], le disciple remercie Hermès

---

[137] R. Valantasis, *Spiritual Guides of the Third Century: A Semiotic Study of the Guide-Disciple Relationship in Christianity, Neoplatonism, Hermetism, and Gnosticism*, Minneapolis, Fortress Press, 1991, p. 88, parle de «covenanted relationship» à propos du début de *CH* XIII.

[138] Comme cela est dit ailleurs dans un texte gnostique valentinien, le *Traité sur la Résurrection*: J.É. Ménard, *Traité sur la Résurrection (NH I, 4)*, Québec/Louvain/Paris, Les Presses de l'Université Laval/Peeters, 1983, p. 81–83.

[139] La construction de la phrase posa problème aux différents éditeurs et traducteurs. Certains envisagent une correction: R. Reitzenstein, *op. cit.*, 1904, p. 348; W. Scott, *op. cit.*, vol. 1, p. 254 et vol. 2, p. 407 (hypothèse d'une main ultérieure). D'autres, une restitution: *NF* II, p. 218 n. 92; W.C. Grese, *op. cit.*, 1979, p. 32 n. 6 (avec l'hypothèse

pour son attitude, qu'elle concerne les conseils pour la prière ou la permission de prier.

À l'arrière-plan de cette conception, se trouverait la réalité sociale de l'époque. Le père et le fils avaient l'un envers l'autre des droits et des devoirs, en partie établis légalement. Le père devait s'occuper de ses enfants, veiller à leur bien-être et à leur éducation. Dans une lettre grecque d'Égypte probablement du IIe siècle après J.-C., le P. Oxy. III 531[140], Cornélius conseille son fils Hierax pour ses études, lui enjoignant de consacrer toute son attention à ses livres ; il craint peut-être que son fils ne se laisse détourner des études par les plaisirs variés que la ville (celle d'Alexandrie ?) procure[141]. En retour, d'autres documents papyrologiques de la même époque expriment un sentiment de piété filial de jeunes envers le parent qui les a mis au monde, les a éduqués ou a favorisé leur éducation dans une autre ville : ils lui sont reconnaissants, προέρχομαι χάριν[142], le vénèrent, σέβομαι[143], ou lui rendent hommage, προσκυνῶ[144]. Ces termes, qui peuvent être équivalents, sont aussi régulièrement utilisés dans un contexte religieux ; la piété est en effet une attitude qui s'adresse à des instances supérieures, familiales ou divines. Une reconnaissance et une piété filiale similaires sont transposées à la relation hermétique entre le maître et son disciple, le premier guidant et s'occupant du second comme le ferait un père – même si le maître n'est pas toujours appelé père – et l'amenant à une

---

d'une corruption). Les traductions de αἰνέω varient : « conseiller » dans *NF* II, p. 209 ; « approuver » chez A.-J. Festugière, *op. cit.*, vol. 4, 1990, p. 209 n. 4 ; B.P. Copenhaver, *op. cit.*, p. 54 et 196 ; C. Colpe und J. Holzhausen (bearb. und hrsg.), *op. cit.*, p. 188 ; « permettre » chez C. Salaman, D. van Oyen and W.D. Wharton, *op. cit.*, p. 88.

[140] Texte et traduction dans B.P. Grenfell and A.S. Hunt, *The Oxyrhynchus Papyri. Part III : n° 401–653*, London, Egypt Exploration Society, 1903, p. 268–269.

[141] Voir à ce sujet B. Legras, *Néotês. Recherches sur les jeunes Grecs dans l'Égypte ptolémaïque et romaine*, Genève, Droz, 1999, p. 43–44, qui mentionne la lettre de Cornélius.

[142] P. Ryl. IV 624 : texte et traduction dans C.H. Roberts and E.G. Turner, *Catalogue of the Greek and Latin Papyri in the John Rylands Library Manchester. Vol. IV : Documents of the Ptolemaic, Roman and Byzantine Periods (Nos 552–717)*, Manchester, University Press, 1952, p. 114. Texte mentionné dans B. Legras, *op. cit.*, p. 49 et R.S. Bagnall, *Egypt in Late Antiquity*, Princeton, Princeton University Press, 1993, p. 202 n. 115 pour montrer le sentiment filial qui pouvait exister.

[143] SB III 6263, l. 27 : ensemble de deux lettres de Sempronius à sa mère et à son frère (deuxième moitié du IIe s.). Voir B. Legras, *op. cit.*, p. 48 et n. 155.

[144] P. Berol. 7950 = *BGU* II 423.15 : lettre d'un jeune marin de la flotte de Misène, Apion (IIe s.) à son père. Voir B. Legras, *op. cit.*, p. 46–47 et n. 147.

vie nouvelle[145]. Dans le contexte hermétique, cette reconnaissance envers le maître revêt un caractère religieux en raison de la nature du maître, Poimandrès et Hermès et elle se superpose à la piété envers les dieux.

e. *Ammon, le roi anonyme et le prophète*

Ammon se distingue de Tat et d'Asclépios, car il apparaît comme un « éternel disciple », dont la vocation est d'être roi et non un maître hermétiste. Son instruction lui donnerait les moyens de gouverner correctement en le conseillant sur la traduction (*CH* XIV) ou sur l'honneur à rendre aux images de dieux (*CH* XVII), si Ammon peut être identifié au roi anonyme de ce traité. Le roi de *CH* XVII interpelle Tat avec l'expression ὦ προφῆτα. προφήτης qualifie également Bitys, qui interprète au roi Ammon la « voie d'Hermès » dans le témoignage de Jamblique[146]. Il est employé dans deux autres passages hermétiques, *SH* 23.42 et 23.68[147], toujours en lien avec les dieux. Dans le domaine grec[148], il est en relation avec les lieux consacrés oraculaires où le prophète est le porte-parole du dieu, selon son sens littéral. Cependant, Platon l'a appliqué à Socrate dans *Philèbe* 28 b, et l'identification du philosophe à un prophète devient courante au début de l'ère chrétienne. Le prophète, philosophe ou non, entretient une relation privilégiée avec le divin dont il éprouve la présence et avec qui il communique. Il est par excellence l'interprète de la volonté des dieux. Ce sens traditionnel grec conviendrait à l'emploi hermétique. Toutefois, le terme grec est aussi utilisé pour désigner les membres assez élevés des clergés orientaux et il sert à traduire l'expression égyptienne ḥm-nṯr[149]. Ces ḥm-nṯr, que

---

[145] M. Meslin, *op. cit.*, p. 17–18.

[146] *Réponse d'Abamon* VIII 5 (267) : ὑφηγήσατο δὲ καὶ ταύτην τὴν ὁδὸν Ἑρμῆς· ἡρμήνευσε δὲ Βίτυς προφήτης Ἄμμωνι βασιλεῖ.

[147] Quant aux prophètes de *SH* 23.68, s'ils sont ceux qui connaissent les êtres, ils sont aussi versés dans la philosophie, la magie et la médecine, disciplines qui sont pratiquées par de nombreux prêtres égyptiens et sont du ressort de la *pr-ʿnḫ*, « Maison de Vie » selon la traduction habituelle. S. Sauneron, *Les Prêtres de l'ancienne Égypte*, Paris, Seuil, 1998 (réimpression de l'édition de 1988), p. 152–155 pour une première approche. Nous y reviendrons p. 113–114.

[148] A. Motte, « Aspects du prophétisme grec », *Prophéties et oracles en Égypte et en Grèce*, Paris, Cerf, 1994, p. 41–78 et p. 106–110.

[149] B.P. Copenhaver (*op. cit.*, p. 209) signale l'expression égyptienne sans qu'il en tire de conclusions. Voir par exemple les deux versions grecques du décret de Canope du 7 mars 238 avant J.-C. (règne de Ptolémée III) inscrites sur les stèles de Kôm el-Hisn (*I. Prose* 8, l. 3) et de Tanis (*I. Prose* 9, l. 4 = *OGIS* I 56) ; voir aussi la version

les égyptologues traduisent généralement par «esclaves du dieu»[150] ou de manière plus appropriée par «serviteurs du dieu»[151], constituent le personnel chargé du culte quotidien, remplaçant le roi dans sa fonction de prêtre. Dans *CH* XVII, Tat assumerait le rôle moins du maître que d'un serviteur de dieu qui indique au roi ce qu'il doit faire en matière de culte et de rite, afin qu'il soit un bon roi pieux[152]. La prise de décision passe du maître au disciple, situation particulière due à la fonction royale du second. En effet, ce n'est pas Tat qui clôt l'entretien mais le roi, juste après que Tat l'a incité à faire honneur aux images des dieux: ὁ οὖν βασιλεὺς ἐξαναστὰς ἔφη. Ὥρα ἐστίν, ὦ προφῆτα, περὶ τὴν τῶν ξένων ἐπιμέλειαν γενέσθαι· τῇ δὲ ἐπιούσῃ περὶ τῶν ἐξῆς θεολογήσομεν, «Donc, le roi s'étant levé dit: "c'est l'heure, prophète, d'aller s'occuper des hôtes; demain, nous continuerons de discourir sur les dieux."» Cette situation dénoterait également, de la part d'au moins une partie des hermétistes, une volonté de participation à la vie politique, ce qui mériterait une étude plus approfondie notamment en relation avec une tradition présente dans certains milieux philosophi-

---

grecque du décret de Memphis du 27 mars 196 avant J.-C. (règne de Ptolémée V) inscrite sur la pierre de Rosette (*I. Prose* 16, l. 6 = *OGIS* I 90). Voir A. Bernand, *La Prose sur pierre dans l'Égypte hellénistique et romaine*, tome I: *Textes et traductions*, Paris, Éditions du CNRS, 1992, respectivement p. 22–27, p. 28–35 et 44–49 et son commentaire dans *La Prose sur pierre dans l'Égypte hellénistique et romaine*, tome II: *Commentaires*, Paris, Éditions du CNRS, 1992, respectivement p. 30–32, p. 32–35 et p. 46–54; voir aussi W. Dittenberger, *Orientis Graeci Inscriptiones Selectae*, vol. 1, Hildesheim, Georg Olms, 1986 (réimpression de l'édition de 1903), inscription 56, p. 91–110, et plus particulièrement p. 96 n. 11 et p. 140–166. Pour les textes démotiques des deux décrets, voir W. Spiegelberg, *Der demotische Text der Priesterdekrete von Kanopus und Memphis (Rosettana)*, Hildesheim, G. Olms, 1990 (réimpression de l'édition de 1922). Certains chercheurs jugent la traduction grecque abusive: S. Sauneron, *op. cit.*, 1998, p. 70. D'autres cherchent à comprendre l'équivalence mise en place: E. Bresciani e P. Pestman dans *Papiri della Università degli studi di Milano (P. Mil. Vogliano). Volume terzo*, Milano, Istituto ed. Cisalpino, 1965, p. 186 (une compétence des prêtres égyptiens étaient d'interpréter des oracles et de faire connaître la volonté divine); F. Daumas, *Les Moyens d'expression du grec et de l'égyptien comparés dans les décrets de Canope et de Memphis*, Le Caire, IFAO, 1952, p. 181 (hypothèse de la disparition du sens précis de prophète comme interprète).

[150] E. Drioton, «Le temple égyptien», *Revue du Caire* (1942), p. 9; F. Daumas, *op. cit.*, 1952, p. 181 n. 1; S. Sauneron, *op. cit.*, 1998, p. 70; W. Helck, «Priester, Priesterorganisation, Priestertitel», *LÄ* IV, 1982, col. 1086.

[151] E. Bresciani e P. Pestman, *op. cit.*, p. 186.

[152] La piété dans l'exercice du pouvoir monarchique relève d'une longue tradition, celle du roi-prêtre, que l'on retrouve, avec des variantes, dans les mondes juif et chrétien avec la figure de Melchisédek, et en Égypte où le pharaon est souvent représenté en train d'accomplir les rites.

ques selon laquelle il existe une parité entre les philosophes et les rois et que la loi ne s'incarne pas seulement dans ces derniers.

f. *Conclusion*

Tout en reprenant des caractéristiques de la relation entre Poimandrès et le narrateur, les rapports entre le maître hermétiste et son disciple ont leurs particularités propres, notamment une dimension spirituelle qui permet au maître de jouer au mieux son rôle de guide et de paradigme. Les disciples deviennent les héritiers du savoir, dont ils doivent à leur tour garantir la légitimité et préserver les propriétés. Il est remarquable que les termes techniques de la tradition et de la transmission – παραλαμβάνω, παράδοσις et παραδίδωμι – concernent deux des épisodes les plus importants dans la voie hermétique : celui de l'instruction du narrateur, premier maillon de la chaîne (en *CH* I 26 et rappel en *CH* XIII 15) et celui de la régénération du disciple Tat (en *CH* XIII 1 et 22 avec le même verbe que pour Hermès en *CH* XIII 15 : παραδίδωμι). Cependant, dans le monde des destinataires, un élément vient modifier ce qui a cours dans le monde des protagonistes où l'enseignement est uniquement oral. Le maître hermétiste n'est plus seul : les traités hermétiques eux-mêmes, dans leur forme, contribuent à la transmission du savoir et à la direction spirituelle du disciple.

3. *Les traités hermétiques : de nouveaux guides pour le disciple*

Le choix des genres littéraires révèle l'intérêt que les auteurs portent à la fonction didactique des écrits. Nous avons isolé trois critères permettant de déterminer le genre de chaque traité : 1° les interventions du disciple, sous forme interrogative ou non (ces interventions sont-elles élaborées ? Que nous apprennent-elles sur le disciple ?) ; 2° l'explication des idées (les théories sont-elles avancées sans argumentation ou bien font-elles l'objet de développement ?) ; 3° le destinataire auquel le maître s'adresse. La juxtaposition de ces trois critères conduit à distinguer cinq catégories de textes hermétiques :

- discours, harangues : *CH* VII, XVIII
- épîtres : *CH* XIV, XVI
- recueils de sentences : *SH* 11, *DH*
- leçons orales dialoguées, avec a) une question unique : *CH* VIII, IX, XI, *SH* 8, 11, 24, 25, *DH* VII 1, P. Vindob. G. 29 456r et 29 828r, fragment A ; b) des questions banales : *CH* XVII, *SH* 2a, 2b, 4, 6, 26 ; c) une implication du disciple : *CH* I, II, IV, X, XII, XIII, *SH* 23

– leçons orales non dialoguées: *CH* III, V, VI, *SH* 1, 3, 5, 7, 9, 10, 12–22[153], 27 à 29, P. Vindob. G. 29 456r et 29 828r, fragment B[154].

Les trois premiers genres sont peu exploités dans la littérature étudiée. *CH* VII et XVIII sont des harangues à une foule composée respectivement d'hommes ordinaires et de princes; *CH* XIV et XVI sont présentés comme des épîtres, bien qu'ils ne suivent pas toutes les règles du genre épistolaire. *SH* 11 et *DH* ont la forme d'un recueil de sentences, ce qui n'exclut pas des interventions du disciple dans les deux cas, en *SH* 11.5 et en *DH* VII 1. Les deux dernières catégories, les leçons dialoguées et non dialoguées, regroupent la grande majorité de la littérature étudiée. Nous parlons de dialogues dès qu'il y a au moins une intervention du disciple, et cette catégorie est la plus importante de toutes. Ces interventions sont de tout ordre: simples questions, questions plus élaborées de la part du maître ou du disciple, remarques ou commentaires sur les dispositions internes du disciple ou sur l'attitude du maître. La cinquième catégorie est constituée par les extraits où le disciple n'intervient jamais. Toutefois, il est à noter que certains sont trop courts pour avoir conservé ne serait-ce qu'une seule intervention du disciple. Il est donc difficile de tirer des conclusions de cette dernière catégorie.

Quelle que soit la catégorie, le point commun de tous ces textes est l'adresse directe à un destinataire précis, qu'il soit individuel ou collectif, et nous pouvons tous les regrouper sous un même vocable, celui de λόγος.

a. *Les leçons et un* ordo docendi *hermétique*
Les auteurs hermétistes et les protagonistes emploient parfois λόγος pour désigner les traités, en particulier dans les prologues et les conclusions, et pour en intituler certains qui ne nous sont pas parvenus (s'ils ont été mis par écrit), les γενικοὶ λόγοι. Dans ce dernier cas, les traductions de λόγος varient: «leçon», «enseignement» ou «discours»[155]; pour les autres occurrences, elles se limitent généralement au voca-

---

[153] L'état actuel des fragments ne permet pas de dire si la version longue contenait un dialogue.

[154] Nous ne tenons pas compte des autres fragments de Vienne ni de ceux de Berlin car ils sont beaucoup trop courts (aucune phrase entière) pour que nous puissions en tirer des conclusions.

[155] A.-J. Festugière traduit par «Leçons générales» (*NF* I, p. 113), comme C. Colpe et J. Holzhausen (*op. cit.*, p. 174): «*Allgemeinen Lehren*»; B.P. Copenhaver par «*General*

ble « discours »[156]. Ces occurrences renvoient à un enseignement délivré en une séance ; la traduction « leçon » nous semble donc la plus
appropriée, même s'il existe un équivalent grec, σχολή[157]. « Leçon » a
l'avantage d'être souple, convenant à un enseignement aussi bien oral
qu'écrit – qu'il prenne ou non la forme d'une lettre –, à un dialogue,
à un cours magistral ou à un recueil de sentences comme *SH* 11 et les
Définitions d'Hermès Trismégiste à Asclépius. Enfin, excepté *CH* VII et
XVIII, qui seraient des leçons publiques avec une harangue, les leçons
sont privées, délivrées à un petit nombre d'élèves mais dédiées à un
seul disciple, l'interlocuteur du maître[158].

Les leçons hermétiques sont parfois reliées à d'autres traités. Le maître peut ainsi rattacher la leçon qu'il va dispenser à celle qui précède :
« Hier, Asclépios, j'ai transmis la *Leçon parfaite*, mais maintenant, je
pense qu'il est nécessaire, comme une suite à celle-ci, d'exposer la leçon
sur la sensation »[159] ; « La leçon d'hier[160], Asclépios, je te l'ai dédiée, mais
celle d'aujourd'hui, il est juste de la dédier à Tat, car elle est aussi un
résumé des *Leçons générales* qui lui sont adressées »[161], où la référence
à la « leçon d'hier » servirait uniquement à justifier la dédicace à Tat.
Le maître peut aussi simplement raviver la mémoire de son disciple

---

Discourses » (*op. cit.*, p. 30) ; C. Salaman D. van Oyen et W.D. Wharton par « *general
teaching* » (*op. cit.*, p. 55).

[156] Par exemple, en *CH* X 1, les traducteurs donnent comme équivalent de λόγος
le « discours » (*NF* I, p. 113 ; C. Salaman, D. van Oyen and W.D. Wharton, *op. cit.*,
p. 55 ; B.P. Copenhaver, *op. cit.*, p. 30 ; C. Colpe und J. Holzhausen [bearb. und hrsg.],
op. cit., p. 100 : « *Gespräch* »). En *CH* IX 1, les traductions sont : « *teaching* » (C. Salaman, D. van Oyen and W.D. Wharton, *op. cit.*, p. 51), « discours » (*NF* I, p. 96 et B.P.
Copenhaver, *op. cit.*, p. 27) ou « leçon », « *Lehre* » (C. Colpe und J. Holzhausen [bearb.
und hrsg.], *op. cit.*, p. 84).

[157] σχολή signifie aussi « groupe d'étudiants » ou « place d'instruction ». Cf. R. Cribiore, *op. cit.*, 2001, p. 20–21.

[158] Ci-dessus p. 55–56.

[159] *CH* IX 1 : Χθές, ὦ Ἀσκληπιέ, τὸν τέλειον ἀποδέδωκα λόγον· νῦν δὲ ἀναγκαῖον
ἡγοῦμαι ἀκόλουθον ἐκείνῳ καὶ τὸν περὶ αἰσθήσεως λόγον διεξελθεῖν, que la *Leçon
parfaite* soit ou non le *Discours parfait* dont parle Lactance (*Institutions divines* IV, XII
4) et dont l'*Asclépius* serait une traduction latine. Voir les opinions divergentes d'A.-J.
Festugière et A.D. Nock (*NF* I, p. 96 n. 2 et *NF* II, p. 277 et 285 n. 3) d'une part, et de
C. Salaman, D. van Oyen et W.D. Wharton (*op. cit.*, p. 51) d'autre part, qui semblent
éviter tout rapprochement avec le *Discours parfait* de Lactance et avec l'*Asclépius* :
« Yesterday, O Asclepius, I spoke about the teaching as a whole ». G. Fowden, *op. cit.*,
2000, p. 29 n. 53.

[160] Cette « leçon d'hier » pourrait être celle transmise par *CH* IX.

[161] *CH* X 1 : Τὸν χθὲς λόγον, ὦ Ἀσκληπιέ, σοι ἀνέθηκα, τὸν δὲ σήμερον δίκαιόν ἐστι
τῷ Τὰτ ἀναθεῖναι, ἐπεὶ καὶ τῶν Γενικῶν λόγων τῶν πρὸς αὐτὸν λελαλημένων ἐστὶν
ἐπιτομή.

sur un point de doctrine utile pour la suite de la leçon: «Toute âme est immortelle et toujours en mouvement. En effet, dans les *Leçons générales*, nous avons dit que des mouvements, les uns viennent des forces agissantes, les autres des corps» en *SH* 3.1[162]. Une doctrine déjà enseignée peut à nouveau être évoquée, lorsqu'elle semble être remise en cause: «Alors, père, la doctrine sur la destinée que tu m'as exposée auparavant risque d'être contredite»[163]; il s'agit d'une invitation à préciser un point doctrinal en fonction de ce qui vient d'être dit. Enfin, le disciple demande à son maître d'honorer une promesse énoncée antérieurement: «Puisque, dans les *Leçons générales*, tu m'as promis de fournir des explications sur les trente-six décans, maintenant donne-moi des explications sur eux et sur leur énergie» en *SH* 6.1[164], idée que nous retrouvons dans les passages *NH* VI 52.2–4, *CH* XIII 2 et 15[165]. La plupart de ces renvois interviennent au début des traités, dans ce qui pourrait être un prologue[166].

Ces informations ont parfois été négligées, et on a surtout mis en avant leur caractère littéraire[167]. Cependant leur intérêt est renouvelé avec les informations fournies par des papyrus des IIIe–IVe siècles. Le fragment B de P. Vindob. G. 29 456r et 29 828r livre une numérotation des leçons qui détermine une progression entre elles, avec au moins dix leçons[168]. Le fragment P. Berol. 17 027 A verso conserve un

---

[162] ψυχὴ πᾶσα ἀθάνατος καὶ ἀεικίνητος. ἔφημεν γὰρ ἐν τοῖς Γενικοῖς κινήσεις τὰς μὲν ὑπὸ τῶν ἐνεργειῶν, τὰς δὲ ὑπὸ τῶν σωμάτων. Voir aussi *CH* X 7: οὐκ ἤκουσας ἐν τοῖς Γενικοῖς ὅτι ἀπὸ μιᾶς ψυχῆς τῆς τοῦ παντὸς πᾶσαι αἱ ψυχαί εἰσιν αὗται ἐν τῷ παντὶ κόσμῳ κυλινδούμεναι, ὥσπερ ἀπονενεμημέναι; «N'as-tu pas entendu dire dans les (*Leçons*) *générales* que sont issues d'une unique âme, celle du tout, toutes ces âmes qui vont et viennent dans tout le monde, comme séparées?»

[163] *CH* XII 5: Ἐνταῦθα, ὦ πάτερ, ὁ περὶ τῆς εἱμαρμένης λόγος ὁ ἔμπροσθέν μοι ἐξεληλυθὼς κινδυνεύει ἀνατρέπεσθαι.

[164] ἐπεί μοι ἐν τοῖς ἔμπροσθεν Γενικοῖς λόγοις ὑπέσχου δηλῶσαι περὶ τῶν τριάκοντα ἐξ δεκανῶν, νῦν μοι δήλωσον περὶ αὐτῶν καὶ τῆς τούτων ἐνεργείας.

[165] Lire les textes respectivement p. 156 et p. 25.

[166] Sur l'importance des prologues dans l'antiquité: P. Hoffmann, «Épilogue sur les prologues, ou comment entrer en matière», in J.-D. Dubois et B. Roussel, *Entrer en matière: les prologues*, Paris, Cerf, 1998, p. 485–506. Les traités hermétiques n'ont pas tous des prologues, mais certains contiennent quelques caractéristiques des prologues: mise en place du contexte énonciatif ou annonce du thème.

[167] *NF* I, p. 113 n. 1: «Il n'y a rien à tirer de ces renvois formels qui, au début surtout d'un traité, peuvent être dus à un rédacteur.» Sans contester le fait que ces informations ont été forgées à un stade ultérieur de la transmission, leur attestation dans des papyrus d'époque montre qu'elles seraient dues à une évolution au sein de la tradition hermétique, évolution dont il faudrait préciser les modalités.

[168] P. Vindob. G. 29 456r et 29 828r, fragment B, l. 4–6: ⁴λόγος θ ⁵λόγος ῑ⁶ [ἐν τοῖς] γενικοῖς, «leçon 9. Leçon 10: [dans les] (*Leçons*) *générales*». Sur ce papyrus: J.-P. Mahé, *op. cit.*, 1984, p. 51–64.

extrait de l'introduction d'un traité intitulé περὶ θεοῦ, dans laquelle le maître se réfère aux *Leçons générales*[169]. Si ces renvois servent à justifier la leçon qui va suivre[170] et à introduire le(s) thème(s) dont il sera question, ils visent également à inscrire les traités au sein d'une progression pédagogique et à imiter la situation de l'enseignement de leur époque.

Dans ce dernier, les nouveaux éléments sont toujours introduits selon un ordre spécifique qui tient compte de la progression des difficultés: l'*ordo docendi* des auteurs anciens[171]. Dans les textes hermétiques, le maître semble suivre un *ordo docendi* – expression dont l'équivalent hermétique pourrait être ⲧⲁⲝⲓⲥ ⲛ̄ⲧ̄ⲡⲁⲣⲁⲇⲟⲥⲓⲥ, «ordre de la transmission» (*NH* VI 52.7) – pour expliquer progressivement des points difficiles ou obscurs; à l'écrit, cette progression est rendue soit par une numérotation, soit par un renvoi à une leçon antérieure. Elle est marquée par des paliers, comme cela ressort de plusieurs passages. Dans sa lettre à Asclépios, en *CH* XIV 1, Hermès écrit que Tat est arrivé récemment à la connaissance des choses particulières. Dans le traité copte *NH* VI, 6, il est question de «degré», ⲃⲁⲑⲙⲟⲥ[172].

L'*ordo docendi* hermétique semble être prédéfini et doit être respecté par le maître et le disciple, d'autant plus que le caractère initiatique de la pratique didactique[173] est explicite. En effet, les auteurs hermétistes utilisent des termes courants dans les cultes à mystères: παράδοσις / ⲡⲁⲣⲁⲇⲟⲥⲓⲥ ou ⲃⲁⲑⲙⲟⲥ. De même que les cultes à mystères possèdent souvent un «discours sacré», qui peut se présenter sous forme de livre[174], de même la «voie d'Hermès» a son «discours sacré», son ἱερὸς λόγος, *CH* III. Enfin, Hermès qualifie parfois une partie de sa leçon de «mystère» (μυστήριον, *mysterium*): en *CH* I 16 – sur la génération des sept hommes par la Nature –, en *CH* XVI 2 pour toute la leçon qui suit

---

[169] περὶ θεοῦ [...] ἐν τοῖς γενικοῖς, ὦ Τ[άτ], «Sur Dieu. [...] dans les (*Leçons*) *Générales*, T[at]». Sur ce fragment: K. Stahlschmidt, *op. cit.*, p. 161–176; A. Van den Kerchove, *op. cit.*, 2006, p. 167, 172–174.

[170] W.C. Grese, *op. cit.*, 1979, p. 70.

[171] R. Cribiore, *op. cit.*, 2001, p. 161–170.

[172] *NH* VI 52.13, VI 54.27–28 (ⲡⲕⲱⲧ' ⲟⲣϣⲱ²⁸ⲡⲉ ⲛⲁⲕ ⲕⲁⲧⲁ ⲃⲁⲑⲙⲟⲥ, «la formation s'est réalisée en toi degré par degré»; sur ⲕⲱⲧ: A. Camplani, *Scritti*, *op. cit.*, 2000, p. 139 n. 25) et *NH* VI 63.9–11 (ⲁⲗⲗⲁ ⲕⲁⲧⲁ ⲃⲁⲑⲙⲟⲥ ⁹ⲉϥⲙⲟⲟϣⲉ ⲉϥⲛⲛⲏⲩ ⲉϩⲟⲩⲛ ¹⁰ⲉϩⲏ ⲛ̄ⲧⲙⲛ̄ⲧ'ⲁⲧ'ⲙⲟⲩ, «mais, degré par degré, il avance et il entre dans le chemin de l'immortalité»).

[173] G. Sfameni Gasparro, *op. cit.*, 1965, p. 43–62 et surtout p. 43–46.

[174] A.-J. Festugière, *L'Idéal religieux des Grecs et l'Évangile*, Paris, J. Gabalda, 1981, p. 121 et note 4; W. Burkert, *op. cit.*, 2003, p. 65.

(semble-t-il), en *Ascl.* 19 pour la hiérarchie divine, en *Ascl.* 22 pour la reproduction[175], en *Ascl.* 32 probablement pour le passage sur les différents intellects[176] et en *SH* 25.11 sur les divisions de l'espace. Loin de simplement reprendre un usage philosophique courant depuis Platon, en passant par Alcinoos et les ritualistes[177] des *Papyrus grecs magiques*[178], les auteurs hermétistes veulent ainsi souligner le caractère sacré et secret de certains savoirs ; ils identifient le maître à un mystagogue et assimilent le disciple à un initié, même si μύστης est rarement employé, deux fois au positif[179] et deux fois au négatif[180]. L'usage de ce langage, ajouté à la progression codifiée avec des étapes prédéfinies, concourt à la ritualisation de la pratique didactique, au cours de laquelle le

---

[175] J.-P. Mahé, « Le sens des symboles sexuels dans quelques textes hermétiques et gnostiques », in J.É. Ménard (éd.), *Les Textes de Nag Hammadi, Colloque du Centre d'histoire des religions. Strasbourg, 23–25 octobre 1974*, Leiden, Brill, 1975, p. 123–145 ; R. Valantasis, *op. cit.*, p. 76–86.

[176] Sur l'utilisation du terme *mysterium* dans le traité latin : M. Bertolini, « Sul lessico filosofico dell'Asclepius », *Annali della Scuola normale superiore di Pisa. Lettere 3 serie* 15.4 (1985), p. 1172–1177.

[177] Suite à une suggestion du professeur Michèle Broze en 2004, nous préférons utiliser le terme « ritualiste » à « magicien ».

[178] É. des Places, « Platon et la langue des Mystères », *Études platoniciennes*, Leiden, Brill, 1981, p. 83–97 ; P. Boyancé, « Sur les mystères d'Éleusis », *REG* 75 (1962), p. 460–482 ; A.R.D. Sheppard, *Studies on the 5th and 6th essays of Proclus' Commentary on the Republic*, Göttingen, Vandenhoeck & Ruprecht, 1980, p. 145–150 ; H.D. Betz, « Magic and Mystery in the Greek Magical Papyri », in C.A. Faraone and D. Obbink, *Magika Hiera: Ancient Greek Magic and Religion*, Oxford, Oxford University Press, 1991, p. 244–259 (= *Hellenismus und Urchristentum. Gesammelte Aufsätze I*, Tübingen, Mohr-Siebeck, 1990, p. 209–229) ; F. Graf, « The Magician's Initiation », *Helios* 21 (1994), p. 163–165 ; M. Zambon, *op. cit.*, p. 51–52 et p. 301 ; W. Burkert, *op. cit.*, 2003, p. 87–89 et p. 62–63 où il estime que la prolifération des termes liés aux mystères dans les textes gnostiques et hermétiques « entraîne une dévaluation du sens ». Si nous sommes d'accord avec lui pour dire que ces textes ne peuvent être vraiment une « source immédiate de connaissance à propos des mystères païens », nous estimons pouvoir en parler en terme non de « dévaluation de sens » mais de resémantisation. Voir R. Valantasis, *op. cit.*, p. 79–80.

[179] En *SH* 25, la première occurrence (25.1) intervient quand Horus déclare à sa mère et instructrice Isis vouloir la remercier « étant devenu le myste de cette doctrine », celle qui concerne la création des âmes par Dieu ; la seconde (25.4) quand Isis lui déclare qu'elle est « initiée [...] à la nature immortelle ».

[180] L'une des deux occurrences désigne les hommes qui ne peuvent recevoir l'enseignement : fragment divers 23 (= Cyrille, *Contre Julien* I, 556 A), « car il n'est pas permis d'exposer de tels mystères aux non initiés ». La seconde occurrence au négatif désigne le disciple qui ne peut rester dans l'état de non initié : *CH* V 1, καὶ τόνδε σοι τὸν λόγον, ὦ Τάτ, διεξελεύσομαι, ὅπως μὴ ἀμύητος ᾖς τοῦ κρείττονος θεοῦ ὀνόματος, « Je vais t'exposer cette leçon en détail, afin que tu ne sois pas non initié au sujet de Dieu, trop grand (pour avoir) un nom » (pour cette traduction « trop grand [pour avoir] un nom » : *NF* I, p. 60 n. 1 et *CH* V 10).

disciple devient un initié, ritualisation que nous avons déjà évoquée en avançant l'idée d'imitation de l'action divine.

b. *Un cursus hermétique?*

Nous pouvons alors nous demander s'il est possible de «retracer un cursus cohérent des "études hermétiques"»[181]. R. Reitzenstein[182] en avait déjà donné une ébauche, considérant que la *Leçon parfaite* conduit à la «perfection» (*Vollkommenheit*) au même titre que les *teleia teletè*. Toutefois, si le titre de cette leçon va bien dans ce sens, le contenu non. L.S. Keizer distingua quatre étapes: la conversion, l'instruction avec les *Leçons générales*, la progression dans la remontée à travers l'Ogdoade et la liturgie, mystère d'Hermès[183]. Cependant, J.-P. Mahé juge de telles entreprises impossibles[184]. En effet, les données actuelles invitent à la prudence, même si l'existence d'un cursus paraît sûre.

Les protagonistes se réfèrent souvent à des γενικοὶ λόγοι, *Leçons générales*, citées parfois sous la forme simple γενικοί. Le pluriel indiquerait que ces *Leçons générales* forment un tout constitué de plusieurs chapitres. À côté de cet ensemble, il en existerait un autre semblable. Cyrille d'Alexandrie mentionne en effet des διεξοδικά[185], tandis qu'Hermès parle de traités intitulés *exotica* en *Ascl.* 1 et ⲉⲌⲱⲆⲒⲀⲔⲟⲤ en *NH* VI 63.3. Bien qu'ils ne soient pas écrits dans la même langue et que l'*OgdEnn* donne le titre au singulier – comme il le fait aussi pour les *Leçons générales* avec γενικὸς λόγος en *NH* VI 63.2-3 –, les trois titres présentent une grande similitude entre eux. Selon Cyrille d'Alexandrie et l'auteur du traité latin, ces leçons sont adressées à Tat. L'auteur copte ne mentionne pas le destinataire, mais cette absence ne prouve rien, puisqu'il omet aussi le dédicataire des *Leçons générales*, alors que nous savons par ailleurs qu'il s'agit de Tat. Le latin *exotica* serait une transcription de ἐξοδικά (singulier ἐξοδικός) et correspondrait à διεξοδικά (singulier διεξοδικός), titre donné par Cyrille d'Alexandrie; les deux termes grecs ont la même signification: «étendu», «développé», le premier étant plus rare que le second. Le copte pourrait transcrire

---

[181] J.-P. Mahé, *op. cit.*, 1978, p. 132.
[182] R. Reitzenstein, *op. cit.*, 1927³, p 47.
[183] L.S. Keizer, *op. cit.*, p. 58.
[184] J.-P. Mahé, *op. cit.*, 1978, p. 132.
[185] Cyrille, *Contre Julien* I 46, 553 A = fragment divers 30. Cyrille, dans le même ouvrage, II 30, 588 B (= fragment divers 33), donne une nouvelle citation de la même source tout en la présentant légèrement différemment: ὁμοίως ὁ αὐτὸς ἐν τοῖς πρὸς τὸν Τὰτ διεξοδικῷ λόγῳ πρώτῳ φησίν.

*ἐξοδιακός[186] qui n'est pas attesté en grec, mais qui est proche des deux vocables grecs déjà mentionnés et d'un troisième, rare, ἐξοδία / ἐξωδία, qui signifie « départ » ou « voyage ». Faut-il corriger le terme copte[187] ou le garder tel qu'il est orthographié ? Nous préférons adopter cette dernière position, à la suite des traducteurs anglais[188] : ils estiment que ce serait un adjectif non attesté, dérivé du grec ἐξοδία, et qu'il signifierait « guidant », qualifiant ainsi des leçons qui doivent aider le disciple dans son voyage spirituel vers la lumière ; toutefois, ces leçons ne permettent pas au disciple d'atteindre la lumière, d'être sauvé, car, pour cela, il faut « être né en Dieu », c'est-à-dire avoir bénéficié d'une génération spirituelle, et celui qui n'est pas né en Dieu doit en rester aux *Leçons générales* et aux leçons *Exôdiakos*. Ces dernières sont donc réservées à une étape intermédiaire de l'instruction du disciple, probablement à la suite des *Leçons générales*. Nous avons ainsi les grandes lignes du « cursus », de l'*ordo docendi* hermétique : en premier, les *Leçons générales*, propédeutiques ; ensuite, les leçons *Exôdiakos*, peut-être l'équivalent des *Exotica* et des *Diexodika*[189] ; enfin, toutes les autres leçons, probablement la plupart de celles qui nous sont parvenues. Parmi elles, nous trouverions celles où le disciple passe d'un état à un autre, ou souhaite le faire, c'est-à-dire des leçons plus proprement initiatiques : *CH* I, IV, XIII et *NH* VI, 6. Si nous acceptons l'hypothèse interprétative pour *CH* I[190], celui-ci se situerait à la fin de l'enseignement – au moins pour une partie de la tradition hermétique –, permettant au disciple de devenir un maître hermétiste.

---

[186] Le passage de l'omicron grec à l'oméga copte s'explique assez facilement.

[187] M. Krause et P. Labib (*op. cit.*, p. 183) en font des livres exotériques : « den zum Ausgang gehörigen (ἐξοδικός) » ; J.-P. Mahé, *op. cit.*, 1978, p. 87 (ⲉϫⲱⲇⲓ{ⲁ}ⲕⲟⲥ dans l'édition et <*Di*>*xodica* dans la traduction) et p. 132 pour le commentaire, où il serait plus prudent que dans sa traduction ; L.S. Keizer, *op. cit.*, p. 83–86, conclut que le terme copte doit être « *exôtikos* », c'est-à-dire exotérique ; A. Camplani, *Scritti, op. cit.*, 2000, p. 153 et 177, reste prudent en proposant à la fois la lecture du codex et la correction ; K.-W. Tröger, « Über die Achtheit und Neunheit (NHC VI,6) », in H.-M. Schenke, H.-G. Bethge und U.U. Kaiser (hrsg.), *Nag Hammadi Deutsch*, Berlin, De Gruyter, 2003, p. 517, adopte la même traduction qu'il avait donnée *op. cit.*, 1973, p. 502, « gewöhnlichen » et il fait de ces livres des livres exotériques.

[188] J. Brashler, P.A. Dirkse and D.M. Parrott, « The Discourse of the Eighth and Ninth », dans D.M. Parrott (ed.), *Nag Hammadi Codices V, 2–5 and VI with Papyrus Berolinensis 8502, 1 and 4*, Leiden, Brill, 1979, p. 371.

[189] Sur le lien entre les *Leçons générales* et les *exotica*, voir aussi R. van den Broek, « Hermetic Literature », *op. cit.*, 2005, p. 496–497, qui traduit les *exotica* par « Detailed discourses ».

[190] Ci-dessus p. 44–45.

c. *Le genre des traités au service de la pratique didactique*

Excepté la plupart des fragments de Stobée (trop courts pour qu'il soit possible d'en tirer des conclusions), la majorité des traités se présente comme une simple mise par écrit d'un dialogue oral. Ils s'inscrivent ainsi dans une longue tradition, où de nombreux auteurs écrivent leurs traités sous forme de dialogue autour de questions philosophiques ou religieuses. Trois modèles étaient à la disposition des auteurs hermétistes: les dialogues philosophiques, ceux appartenant au genre des questions-réponses ou *erotapokriseis* – deux modèles qui sont assez proches l'un de l'autre – et les dialogues faisant partie d'une révélation[191].

Le dialogue, entretien fictif ou réel entre deux ou plusieurs personnes, est avant tout employé en philosophie. Son usage remonte à Platon qui, à côté du genre épistolaire[192], l'adopte pour un grand nombre de ses écrits. Le Socrate de Platon utilise le dialogue pour atteindre la vérité grâce à la science rationnelle[193] et, en posant une série de questions à ses disciples, pour les amener à découvrir eux-mêmes les difficultés et les moyens de les résoudre[194]. Une telle manière de procéder est aux antipodes de celle de l'enseignant, un διδάσκαλος (en l'occurrence Protagoras selon Socrate, dans *Théétète* 161 d), qui assène une vérité au disciple sans que ce dernier ne la cherche en lui-même. À partir de Platon, la forme dialoguée dans un cadre philosophique est adoptée par d'autres philosophes comme Plutarque, Cicéron et par les chrétiens.

Cependant, les leçons hermétiques, y compris celles où le dialogue est élaboré (comme *CH* XII et XIII), ne ressemblent pas à ce genre de dialogue. On n'y retrouve pas l'aptitude du maître à questionner son

---

[191] P. Perkins, *The Gnostic Dialogue. The early Church and the Crisis of Gnosticism*, New York/Ramsey/Toronto, Paulist Press, 1980, p. 25.

[192] Concernant l'authenticité des *Lettres*, cf. L. Brisson, «Tableau récapitulatif sur les prises de position concernant l'authenticité des *Lettres* attribuées à Platon» («Introduction», in Platon, *Lettres*, Paris, Flammarion, 1987, p. 72). Dans le cours de ce présent travail, à chaque fois que nous mentionnerons une lettre attribuée à Platon, nous ne nous interrogerons pas sur son authenticité. Durant l'époque antique, la grande majorité des philosophes ne doutait probablement pas de leur authenticité, excepté peut-être pour la douzième lettre (J. Souilhé, «Notice générale», in Platon, *Lettres*, Paris, Les Belles Lettres, 1997, p. vi).

[193] H.-I. Marrou, *Histoire de l'éducation dans l'Antiquité. Tome I: le monde grec*, Paris, Seuil, 1981⁶, p. 109–110 et 111.

[194] Il s'agit en particulier de la τέχνη μαιευτική, «l'art d'accoucher»; voir *Théétète* 151 b–c, 161 e, 184 b et 210 b.

disciple pour l'amener peu à peu à trouver par lui-même la vérité, et le disciple pose très peu de questions. Quand le thème de la réminiscence est présent (par exemple *CH* XIII 2[195]), il concerne la plupart du temps un savoir déjà enseigné par Hermès et non un savoir inné. C'est le maître qui énonce ce qu'il faut savoir, et le disciple hermétiste, excepté dans de rares traités, est à priori très peu actif. Les occurrences de διαλέγω signifient simplement «parler à» et n'ont pas un sens philosophique (comme art d'interroger et de répondre pour faire progresser un raisonnement).

Les leçons hermétiques ne relèveraient-elles pas alors du genre des *erotapokriseis*[196] qui traite d'un sujet à l'aide de questions et de réponses, afin d'initier des écoliers ou de résoudre des problèmes? Peu employé en philosophie, il apparaît surtout en philologie, jurisprudence, dans les matières scientifiques et dans la littérature de révélation. Pourtant, ce genre ne serait pas réellement devenu populaire avant les IVe–Ve siècles après Jésus-Christ, et Eusèbe de Césarée serait le premier chrétien de la Grande Église à utiliser ce genre, peut-être sous l'influence de Philon et de l'héritage grec[197]. K. Rudolph considère toutefois qu'il est typique des écrits gnostiques, en particulier du *Livre des secrets de Jean*, de la *Pistis Sophia* et des *Kephalaia* manichéens. Il ajoute à sa liste les textes hermétiques, que H. Dörrie donnait déjà en exemple[198], tout en admettant que le caractère oraculaire y est plus marqué et que le cadre du dialogue y est très rarement explicité[199].

Cependant, il semble difficile d'assimiler totalement les traités hermétiques à ce genre où le disciple pose des questions souvent précises sur un sujet différent de l'explication précédente, même s'il peut y avoir un lien: «Matthieu lui dit: "Seigneur, Sauveur, comment

---

[195] τοῦτο τὸ γένος, ὦ τέκνον, οὐ διδάσκεται, ἀλλ᾽ ὅταν θέλῃ, ὑπὸ τοῦ θεοῦ ἀναμιμνήσκεται, «Ce genre, enfant, n'est pas l'objet d'une instruction, mais il est objet de souvenir grâce à Dieu, dès que (celui-ci) le désire.» Voir l'opinion de W.C. Grese sur cette question de la réminiscence (*op. cit.*, 1979, p. 82–83).

[196] H. Dörrie, «Erotapokriseis», *RAC* 6, 1966, col. 342–347. K. Rudolph, «Der gnostische Dialog als literarisches Genus», in P. Nagel, *Probleme der koptischen Literatur*, Halle/Saale, Martin Luther Universität Halle/Wittenberg, 1968, p. 85–107 (repris dans *Gnosis und spätantike Religionsgeschichte. Gesammelte Aufsätze*, Leiden, Brill, 1996, p. 103–122); A. Volgers and C. Zamagni (eds.), *op. cit.*

[197] C. Zamagni, «Une introduction méthodologique à la littérature patristique des questions et réponses: le cas d'Eusèbe de Césarée», in A. Volgers and C. Zamagni (eds.), *op. cit.*, p. 7–24. Pour Philon: dans le même volume P.W. van der Horst, «Philo and the Rabbis on Genesis; Similar Questions, Different Answers», p. 55–70.

[198] K. Rudolph, *op. cit.*, 1968, p. 88 et 104; H. Dörrie, *op. cit.*, col. 346–347.

[199] K. Rudolph, *op. cit.*, 1968, p. 105.

l'Homme s'est-il manifesté?"» (*La Sagesse de Jésus, NH* III 100.16–19)
ou «mais moi, je dis: "Seigneur, qu'est-ce que 'planer'?"» (*Livre des
secrets de Jean, B* 45.6–7, en relation avec Gn 1.2), questions qui entraînent des réponses courtes (*La Sagesse de Jésus*) ou longues (*Livre des
secrets de Jean*), régulièrement introduites de la même façon: «le Sauveur parfait dit» (*La Sagesse de Jésus*) ou «il sourit et dit» (*Livre des
secrets de Jean*). L'ensemble suit donc un schéma assez rigoureux, que
nous retrouvons aussi dans les *Kephalaia* manichéens coptes et dans
le P. Berol. 21 196, intitulé *Catéchisme mithraïque* par l'éditeur W.M.
Brashear et où les questions sont introduites par ἐρεῖ, «il dira», et les
réponses par l'impératif λέγε, «réponds» ou «dis»[200].

Dans les traités hermétiques, rien n'est aussi rigoureux. Les questions ne sont pas systématiques et ne suivent aucune règle fixe. La plupart du temps, les interventions du disciple consistent simplement à
demander un complément d'informations, révélant que le disciple n'a
pas bien saisi la pensée du maître (laquelle est en effet parfois loin d'être
claire): πῶς λέγεις, ὦ τρισμέγιστε, «Comment dis-tu, Trismégiste?»
en *CH* II 11 ou πῶς τοῦτο λέγεις; «Comment dis-tu cela?» question
qui est récurrente dans *CH* X et qui instaure ainsi une sorte de litanie.
Les questions plus précises – comme τίς δέ ἐστιν οὗτος, ὦ πάτερ; «Et
quel est celui-ci?» en *CH* X 9 ou X 20 – ont toujours un rapport très
étroit avec l'enseignement précédant. Elles auraient essentiellement
une dimension phatique, visant à maintenir le contact entre les interlocuteurs. Il est donc difficile de conclure que les textes hermétiques
relèvent du genre des questions-réponses; le questionnement serait
plutôt simplement un procédé littéraire employé occasionnellement.

Sans s'affilier à un modèle précis, la mise en scène de dialogues
(même à peine esquissés) insère les leçons hermétiques dans le cadre
didactique de l'Antiquité où l'enseignement se faisait essentiellement
sous forme dialoguée, avec des questions posées par le maître ou le
disciple et d'autres posées sur le texte étudié[201]. La pratique hermétique propose son propre mode d'enseignement autour d'un dialogue
où la plus belle part revient au maître et dont la source et le modèle
seraient liés au dialogue apocalyptique entre le narrateur et Poimandrès. La plupart des questions ont une dimension phatique, rappelant
la présence du disciple que son silence aurait pu faire oublier. Elles

---

[200] W.M. Brashear, *op. cit.*, 1992, p. 18–19. Ce document daterait du IVe siècle.
[201] P. Hadot, *op. cit.*, 2001, p. 94–96.

permettent aussi de rompre avec le caractère magistral de certaines leçons. Pour autant, ce procédé relève aussi d'une stratégie d'écriture en créant une dynamique utile dans les traités initiatiques où le disciple intervient le plus, par ses questions ou l'expression de ses états d'âme.

d. *La dynamique des leçons hermétiques*

Dans le monde des protagonistes, la leçon orale témoigne d'une proximité spatio-temporelle entre le maître et son disciple, avec une relation intime entre eux, où le premier «"lit" la voix du maître»[202]. Le genre épistolaire permet également de créer une proximité avec le destinataire, en abolissant la distance géographique entre lui et l'auteur. «La lettre fonctionne comme une présence déléguée, un lieutenant» et «vaut elle-même comme une présence»[203], d'autant que la lecture est souvent effectuée à haute voix[204]. D'ailleurs, à part le préambule, rien ne la distingue des leçons orales, notamment de celles où le disciple n'intervient jamais. Avec les lettres, la frontière entre l'oral et l'écrit devient floue.

Il en va différemment pour les traités écrits[205]. Dans l'optique des auteurs hermétistes, ils ne seraient que la transcription des leçons orales, et *CH* XIV et XVI ne seraient que la publication de lettres originelles, procédé courant comme le montrent les lettres cicéroniennes ou celles de l'apôtre Paul. Cependant, la publication des dialogues et des lettres modifie la situation «référentielle» d'énonciation. La nouvelle situation met en place une relation à trois pôles: les sujets discursifs individualisés mis en scène – maître et disciples –, l'auteur et le destinataire des traités écrits, et elle déconnecte la leçon d'un contexte d'énonciation précis. Alors que la leçon orale dépend de facteurs non linguistiques, tels que sociaux par exemple, la leçon écrite est insérée exclusivement dans un contexte linguistique, où les mots n'ont de

---

[202] M. Meslin, *op. cit.*, p. 13.
[203] R. Burnet, *La Pratique épistolaire au 1er et 2e siècle: de Paul de Tarse à Polycarpe de Smyrne*, Paris, EPHE "Sciences des religions", Th. Doct.: Sci. Rel., Paris, 2001, p. 34. Voir aussi W. Kelber, *Tradition orale et écriture*, traduction: J. Prignaud, Paris, Cerf, 1991 (édition anglaise de 1983), p. 203.
[204] Ci-dessous p. 128 n. 167.
[205] Pour ce qui suit, nous nous sommes inspiré des réflexions de plusieurs auteurs: S. Rabau, *Fictions de présence. La narration orale dans le texte romanesque du roman antique au XXe siècle*, Paris, Honoré Champion éditeur, 2000, en particulier l'introduction; C. Jacob, *op. cit.*, p. 25–54.

relation qu'avec les autres mots écrits. Cette délocalisation lui permet d'acquérir une portée plus grande : le public s'élargit, et les notions enseignées, par leur aspect désormais figé dans l'écriture, deviennent une sorte de savoir imposé. Le rapport au public se transforme. Si lors de l'énonciation orale de la leçon, le public est présent et influe sur le cours de la leçon par ses réactions, seul l'auteur maîtrise l'écrit qu'il produit en fonction de l'image qu'il se fait du public[206]. Néanmoins, une fois l'écrit produit, le public s'en empare définitivement, et l'ouvrage mène une vie indépendante de son auteur. Cette situation peut être accentuée par des phénomènes de « débrayage énoncif » où l'auteur s'efface complètement derrière les protagonistes. Tout ceci contribue à abolir la distance spatio-temporelle, afin de créer une certaine proximité entre le destinataire des traités et les protagonistes, comme si le premier était un spectateur de l'enseignement des seconds, de la même façon qu'il le serait d'une pièce de théâtre. Nous pouvons cependant pousser l'analyse plus loin.

Dans le cas des (pseudo-)lettres, le destinataire des traités hermétiques devient dans une certaine mesure celui de la lettre, c'est-à-dire Asclépios et Ammon respectivement dans *CH* XIV et XVI. Nous avons déjà vu comment, dans *CH* I, le destinataire s'identifierait au disciple et quelle utilisation serait faite de ce traité. Grâce à l'effacement de toute situation « référentielle », une telle identification serait également présente dans les autres traités, surtout s'ils sont lus dans le but d'acquérir un savoir ; le destinataire se trouverait dans la même position envers les traités que le disciple vis-à-vis des leçons orales. Malgré l'individualisation des protagonistes, l'emploi à dimension phatique de nombreux impératifs, vocatifs et du style direct renforcerait l'identification. Le maître s'adresse ainsi au disciple et au destinataire, et la chaîne hermétique intègre tous les destinataires des traités.

La mimésis inaugurée par Hermès mimant la « Révélation primordiale » est prolongée tout au long de la chaîne hermétique. *SH* 23 en offre un bon exemple. Isis légitime sa fonction d'instructrice hermétique en se rattachant à Hermès par l'intermédiaire de Kaméphis et en se référant constamment à la « Première fois ». Grâce à la figure de la prosopopée[207], elle s'efface régulièrement derrière Hermès et derrière

---

[206] Pour ce qui précède : W. Kelber, *op. cit.*, p. 164–173.
[207] B. Schouler, *La Tradition hellénique chez Libanios*, Paris, les Belles Lettres, 1984, p. 393.

les voix des âmes, des Éléments (Feu, Terre, Eau et Air) et de figures divines telles que le Dieu Monarque lui-même, constituant ainsi une véritable cascade vocale : elle rapporte les propos d'Hermès, qui lui-même rapporte ceux du Dieu Monarque par exemple, le tout au style direct. Il est alors parfois difficile de savoir qui parle exactement : Isis, Hermès ou une autre voix ? La distance entre Horus et les faits dont il est instruit (et entre le destinataire et ces mêmes faits) s'en trouve réduite.

Le recours au style direct pour les paroles divines s'observe ailleurs : en *CH* I pour Poimandrès, en *CH* I 18 et IV 4 pour Dieu[208]. À chaque fois, il s'agit de préserver l'intégrité de la Parole divine et d'instituer une situation performative où chaque énonciation renouvelle l'efficacité des paroles, comme s'il s'agissait de la parole énoncée originellement. Chaque énonciation serait une « révélation ultérieure » qui mime la « Révélation primordiale ». Cela conforterait l'hypothèse du maître comme support d'une parole divine qui perdure et conserve son efficacité au-delà de l'individu qu'est le maître. En s'effaçant, les auteurs hermétistes poursuivraient le même but. La parole didactique devient une « parole commune » le long d'une chaîne hermétique, jusqu'à la rédaction des traités ; seule compterait cette parole, avec son contenu, et non son support (lettre ou leçon orale), du moment que celui-ci appartient à la chaîne. Il ne s'agirait pas seulement du λόγος κοινός, « parole » ou « raison commune »[209], mais d'une référence particulière à un proverbe sur l'Hermès commun, désignant une trouvaille qu'il faut partager, proverbe exploité de manière spécifique par Jamblique et par Proclus[210]. Cette « parole commune » hermétique regrouperait des notions, des idées, des expériences partagées, dont chaque hermétiste deviendrait à son tour le porte-parole. En permettant une identification entre le destinataire et les protagonistes et en ne se résumant pas à un simple compte-rendu d'un enseignement passé, les traités

---

[208] Seules les paroles du Bon Démon dans *CH* XII seraient rapportées au style indirect.

[209] Nous la trouvons déjà chez Héraclite (fragment 2 Diels = fragment 119 Pradeau), puis chez les Stoïciens (Marc Aurèle, *Pensées* VII 9). Elle aurait été reprise par l'auteur de *CH* XII 13 avec une interprétation spécifique (nous reviendrons sur ce passage ci-dessous p. 125–126).

[210] M. Broze et C. van Liefferinge, *op. cit.*, 2002, p. 35–44 ; nous pouvons ajouter le commentaire de ces deux auteurs dans leur traduction de Jamblique, *op. cit.*, 2009, p. 179–184. É. des Places, « Notes complémentaires », in Jamblique, *op. cit.*, 1996, p. 197 pour p. 38*.

étendent la fonction didactique des leçons du monde des protagonistes (maître et disciples) à celui du destinataire.

IV. Conclusion

L'analyse de la révélation divine et de la chaîne hermétique montre combien la pratique didactique apparaît fondamentale. Elle est la base de la vie de tout hermétiste : de disciple, il est destiné à devenir maître, ce qui ne signifie pas que son instruction prend alors fin ; elle doit se poursuivre de manière autonome grâce à son intellect. Tout hermétiste est amené à se sentir partie constituante de la chaîne hermétique qui remonte, pour au moins une partie de la tradition hermétique, au narrateur, le bénéficiaire de la « Révélation primordiale » délivrée par Poimandrès. Les procédés d'écriture permettent une identification du destinataire à l'un des protagonistes. Dans ce contexte, Hermès, qu'une partie de la tradition hermétique a identifié au narrateur de *CH* I, serait un modèle à imiter, et *CH* I pourrait être interprété comme un rituel d'investiture faisant du disciple un maître. Ce caractère rituel de l'enseignement semble perdurer tout au long de la chaîne hermétique, notamment grâce à la mimésis, de manière équivalente à ce que font, en particulier, les ritualistes égyptiens. En effet, à travers les générations de maîtres, les leçons écrites et orales apparaissent comme des révélations ultérieures qui miment la « Révélation primordiale »[211].

---

[211] Sur ces révélations ultérieures : notre article « Le mode de révélation dans les *Oracles chaldaïques* et dans les traités hermétiques », in H. Seng und M. Tardieu, *Die Chaldaeischen Orakel : Kontext – Interpretation – Rezeption*, Heidelberg, Winter, 2011, p. 145–162.

CHAPITRE DEUX

MAÎTRE, DISCIPLE ET ENSEIGNEMENT

Origine divine, caractère initiatique, but salvateur, Hermès comme modèle : telles sont les principales propriétés de la pratique didactique. À cela s'ajoute l'aspect non monolithique du savoir transmis. Certaines connaissances, comme la régénération, le genre de l'homme régénéré et l'hymne entendu en parvenant dans l'Ogdoade sont l'objet d'une transmission (παραδόσις : *CH* XIII 1 et 22), mais non d'un enseignement (διδάσκω : *CH* XIII 2, 3 et 16)[1], car la parole ne peut en circonscrire le contenu[2] ; elles doivent être expérimentées sous la houlette du maître. D'autres connaissances s'acquièrent grâce au don et à l'utilisation adéquate de l'intellect et de la raison ; les auteurs mettent alors l'accent sur le disciple, sujet des verbes μανθάνω, γιγνώσκω et ἐπιγιγνώσκω[3] ; le maître passe au second plan, même s'il est souvent sous-entendu et est toujours un guide qui conseille (*CH* XIII 21). De plus, la piété est tout aussi importante que le savoir ; elle est d'ailleurs définie comme la connaissance de Dieu en *CH* IX 4[4]. Par conséquent, plus qu'un instructeur, le maître hermétiste est un guide spirituel qui aide son disciple à acquérir autrement des connaissances et des pratiques qui ne peuvent pas passer par la parole. Cela exige des « contraintes » sur la manière dont la leçon hermétique doit être dispensée et reçue : préparation des protagonistes et modalités (oral / écrit / expérience personnelle) de la transmission.

---

[1] L'auteur répète à chaque fois la même expression τοῦτο οὐ διδάσκεται, « ce n'est pas objet d'instruction » en 2, 3 et 16. Il ne répercute pas l'équivalence que Platon a établie entre παραδίδωμι et διδάσκω dans *Théétète* 198 b.

[2] À rapprocher de *CH* X 9 : ὁ γὰρ θεὸς καὶ πατὴρ καὶ τὸ ἀγαθὸν οὔτε λέγεται οὔτε ἀκούεται, « En effet, Dieu, père et le bien, n'est objet ni de discours ni d'audition ».

[3] μανθάνω : *CH* I 1 et V 6. γιγνώσκω : *CH* I 3, 19 et 31, *SH* 23.7 et *SH* 23.67. ἐπιγιγνώσκω : *CH* III 3, IX 4 et *SH* 23.70.

[4] εὐσέβεια δέ ἐστι θεοῦ γνῶσις, « Et la piété est la connaissance de Dieu. »

I. Un investissement personnel de l'hermétiste,
MAÎTRE OU DISCIPLE

Les vocatifs et les impératifs, par leur dimension phatique, montrent
que les protagonistes et les destinataires ne peuvent demeurer étrangers à ce qui est enseigné. Il ne s'agit pas d'acquérir intellectuellement,
au sens moderne du terme, un savoir, mais de transformer son âme,
comme cela est de plus en plus le cas dans l'Antiquité[5]. Maître et disciple doivent s'impliquer, l'un pour exhorter, convaincre, l'autre pour
adopter de nouvelles attitudes et façons de penser.

1. Se préparer à enseigner et à être instruit

Maître et disciple doivent adapter leur comportement à la pratique
didactique, de manière provisoire ou définitive. La relation au corps
peut être modifiée, afin de permettre à l'intellect de se consacrer entièrement au savoir sans entraves matérielles. En *CH* I 1, le narrateur
établit un lien entre son activité réflexive, la mise en sommeil de ses
sens et la venue de Poimandrès. De même, en *CH* XIII 1, Tat affirme
qu'il peut connaître la leçon sur la régénération, puisqu'il a suivi la
recommandation d'Hermès de devenir étranger au monde :

> ἐμοῦ τε σοῦ ἱκέτου γενομένου, ἐπὶ τῆς τοῦ ὄρους καταβάσεως, μετὰ τὸ
> σὲ ἐμοὶ διαλεχθῆναι πυθομένου τὸν τῆς παλιγγενεσίας λόγον μαθεῖν,
> ὅτι τοῦτον παρὰ πάντα μόνον ἀγνοῶ, καὶ ἔφης, ὅταν μέλλης κόσμου
> ἀπαλλοτριοῦσθαι, παραδίδοναι μοι. ἕτοιμος ἐγενόμην καὶ ἀπηνδρείωσα
> τὸ ἐν ἐμοὶ φρόνημα ἀπὸ τῆς τοῦ κόσμου ἀπάτης·

> Étant devenu ton suppliant lors de la descente de la montagne, après que
> tu as conversé avec moi, demandant d'apprendre la leçon de la régénération, la seule que j'ignore de toutes (les leçons), et tu as dit aussi que tu
> me la transmettras «dès que tu seras sur le point de te rendre étranger
> au monde». Je suis prêt, et j'ai affermi l'esprit qui est en moi contre la
> ruse du monde.

Les auteurs de *CH* I 1 et XIII 1 mentionnent différemment le même
thème : se rendre étranger au monde, ou ne plus être lié au monde
par les sensations, pour être mieux à l'écoute de la leçon sur le divin.
Ils ne font qu'appliquer l'idée courante d'un accord nécessaire avec

---

[5] P. Hadot, *Qu'est-ce que la philosophie antique?*, Paris, Gallimard, 1995, en particulier p. 239 et p. 244–245 ; G.G. Stroumsa, «Appendice. Du maître de sagesse au
maître spirituel», in *idem, op. cit.*, 2005, p. 187–214.

le divin pour pouvoir en être instruit, idée très bien explicitée entre autres par Salluste dans son ouvrage *Des dieux et du monde* 1.1 : « Ceux qui veulent être instruits de ce qui touche aux dieux doivent avoir reçu dès l'enfance une bonne direction et ne pas avoir été nourris dans des doctrines malsaines ; ils doivent aussi être naturellement bons et intelligents, pour avoir quelque point de ressemblance avec le sujet »[6]. Cette action sur soi est nécessaire, puisque, comme le dit Hermès en *CH* IV 6, « il est impossible, mon enfant, de s'occuper des deux ordres à la fois, de ce qui est mortel et de ce qui est divin »[7], variante de l'idée commune selon laquelle l'homme ne peut choisir et servir deux maîtres conjointement[8]. La question se pose alors de l'existence d'un moyen de contrôler les dires du disciple affirmant être parvenu à se détacher du monde, comme le fait Tat en *CH* XIII 1. Dans *CH* I, Poimandrès sait tout, et sa venue atteste de la pleine réussite du narrateur en ce domaine. Il en irait de même dans *CH* XIII, quand Hermès accepte de répondre aux questions de son disciple, même si la suite montre qu'il parachève le détachement[9]. Ainsi, le moyen de contrôle pourrait-il être limité à une déclaration solennelle du disciple en présence du maître, lequel serait suffisamment clairvoyant pour en discerner la véracité[10].

La préparation concerne aussi la parole. L'*OgdEnn* commence par une longue introduction où le disciple rappelle à son maître Hermès une promesse qu'il lui a faite et où il est question des frères du disciple. Il lui demande ensuite de commencer sa leçon. En *NH* VI 53.27–31, Hermès obtempère et enjoint son disciple de prier : ⲙⲁⲣⲛ̄ϣⲗⲏⲗ [28]ⲱ̄ ⲡⲁϣⲏⲣⲉ ⲁⲡⲉⲓⲱⲧ ⲙ̄ⲡⲧⲏ[29]ⲣ̄ϥ ⲙⲛ̄ ⲛⲉⲕⲥⲛⲏⲟⲩ ⲉⲧⲉ ⲛⲁ[30]ϣⲏⲣⲉ ⲛⲉ· ϫⲉⲕⲁⲁⲥ ⲉϥⲁϯ ⲙ̄[31]ⲡ̄ⲡ̄ⲛ̄ⲁ̄ ⲛ̄ⲧ̄ϣⲁϫⲉ· « Prions, fils, le Père du Tout, avec tes frères, afin qu'il accorde le souffle et que je parle ». La prière elle-même n'est

---

[6] La traduction est d'A.-J. Festugière.

[7] ἀδύνατον γάρ ἐστιν, ὦ τέκνον, περὶ ἀμφότερα γίνεσθαι, περὶ τὰ θνητὰ καὶ τὰ θεῖα.

[8] Cette idée apparaît dans plusieurs milieux différents, philosophiques (par exemple, Épictète, *Manuel* I 4 ; voir I. et P. Hadot, *Apprendre à philosopher dans l'Antiquité. L'enseignement du "Manuel d'Épictète" et son commentaire néoplatonicien*, Paris, Librairie Générale Française, 2004, p. 99), chrétiens (Mt 6.24 et Lc 16.13) et gnostiques (par exemple, *Le Témoignage véritable*, *NH* IX 29.24–25 : « car ils ne pourront pas servir deux maîtres » et *L'Évangile selon Thomas*, *NH* II 41.12–17, qui serait plus proche de la source de Lc que de celle de Mt : A. DeConick, *Original Gospel of Thomas in Translation. With a Commentary*, London, T&T Clark, 2005, p. 173–174).

[9] Là-dessus, voir p. 333–338.

[10] D'où l'importance de la notion de confiance que nous avons déjà évoquée à propos de la relation maître – disciple.

pas transmise[11]. L'injonction aurait deux fonctions: dans la progression didactique de la leçon, elle serait un prétexte pour la première question du disciple sur la manière de prier (*NH* VI 53.32–34); au niveau des expériences vécues par les protagonistes, Hermès demande à Dieu le *pneuma*, «souffle» – probablement divin –, dont le don doterait le bénéficiaire de la capacité à bien parler[12]. En effet, la parole de l'enseignement hermétique ne peut plus être exactement celle de tous les jours, mais doit avoir un pouvoir particulier, afin d'exprimer des choses incompréhensibles et inconcevables du commun des mortels. Comme pour la préparation matérielle, il s'agit de séparer la parole des contingences matérielles, au moins temporairement.

Sans énoncer une telle demande, deux autres leçons débutent par une courte prière: en *CH* III 1, où la brève glorification de Dieu est suivie sans transition par une cosmologie:

δόξα πάντων ὁ θεὸς καὶ θεῖον καὶ φύσις θεία.
ἀρχὴ τῶν ὄντων ὁ θεός, καὶ νοῦς καὶ φύσις καὶ ὕλη, σοφία εἰς δεῖξιν ἀπάντων ὤν·
ἀρχὴ τὸ θεῖον καὶ φύσις καὶ ἐνέργεια καὶ ἀνάγκη καὶ τέλος καὶ ἀνανέωσις.
ἦν γὰρ σκότος ἄπειρον ἐν ἀβύσσῳ καὶ ὕδωρ καὶ πνεῦμα λεπτὸν νοερόν, δυνάμει θείᾳ ὄντα ἐν χάει.

Gloire de tous est le Dieu et divin et nature divine.
Principe des êtres est le Dieu et intellect et nature et matière, étant sagesse pour l'exposition de tout.
Principe est le divin et nature et force et nécessité et renouvellement.
En effet, l'obscurité était sans limite dans l'abîme avec de l'eau, et un souffle léger et intelligent, existant dans le chaos par la puissance divine.

et en *CH* XVI 3:

ἄρξομαι δὲ τοῦ λόγου ἔνθεν, τὸν θεὸν ἐπικαλεσάμενος τὸν τῶν ὅλων δεσπότην καὶ ποιητὴν καὶ πατέρα καὶ περίβολον, καὶ πάντα ὄντα τὸν ἕνα, καὶ ἕνα ὄντα τὸν πάντα· τῶν πάντων γὰρ τὸ πλήρωμα ἕν ἐστι

---

[11] Nous ne pensons pas que cette prière soit la grande prière d'Hermès en *NH* VI 55.24–57.25.

[12] Les éditeurs ne s'accordent pas sur la leçon ⲛ⳨ϣⲁϫⲉ: ils la corrigent (J.-P. Mahé, *op. cit.*, 1978, p. 67 et 95; A. Camplani, *Scritti, op. cit.*, 2000, p. 137 et p. 172 n. 12; K.-W. Tröger, *op. cit.*, 2003, p. 510), ou ils considèrent ⲛ comme une particule génitivale (J. Brashler, P.A. Dirkse and D.M. Parrott, *op. cit.*, p. 351). Nous estimons qu'il n'est pas nécessaire de corriger le texte et que ⲛ⳨ϣⲁϫⲉ serait ici un conjonctif avec un sens final. Nous retrouvons la même forme dans *L'Épître apocryphe de Jacques*, *NH* I 10.23: ⲛ⳨ⲃⲱⲕ, «et je partirai», que D. Rouleau corrige en ⲛ<ⲧⲁ>ⲃⲱⲕ.

καὶ ἐν ἑνί, οὐ δευτεροῦντος τοῦ ἑνός, ἀλλ᾽ ἀμφοτέρων ἑνὸς ὄντος. καὶ τοῦτόν μοι τὸν νοῦν διατήρησον, ὦ βασιλεῦ, παρ᾽ ὅλην τὴν τοῦ λόγου πραγματείαν.

Je commencerai ici le discours en invoquant Dieu, maître de l'ensemble, producteur, père et enceinte et l'un étant le tout et le tout étant un ; en effet, le plérôme de tout est un et dans l'un, n'étant pas le second après l'un mais les deux étant un. Et conserve cette manière de penser pour toute l'étude de la leçon.

Dans les deux cas, la prière rend effective la présence divine, notamment dans *CH* III où Dieu réapparaît seulement à la fin du traité : Dieu se trouve en toile de fond des leçons, qui sont ainsi placées sous son autorité. Rappelant les opinions principales sur Dieu, la prière introductive conditionne conjointement la leçon et le disciple. L'invocation à Dieu peut également intervenir au cours d'une leçon, à un moment particulièrement important. En *Ascl.* 19, avant d'aborder la hiérarchie des dieux, enseignement qualifié de *mysteria*, Hermès demande la faveur divine pour qu'il puisse révéler ces «vérités secrètes et divines».

Ces prières placent la leçon qui suit sous la protection divine et lui accordent une dimension religieuse déjà entrevue avec le vocabulaire des cultes à mystères. Elles n'apparaissent que dans quelques traités, et il est difficile de généraliser. Cependant, ces informations sont en parfait accord avec les idées de l'époque, car elles témoignent que celui qui va parler du divin est pieux ; une opinion commune exprimée dans une sentence de Sextus est ainsi mise en pratique : «Sois d'abord convaincu d'être pieux auprès de ceux que tu veux convaincre, (puis) parle au sujet de Dieu»[13].

2. *Écouter et être silencieux*

La préparation se prolonge durant l'enseignement lui-même, avec l'écoute et le silence. En *CH* XIII 22, Hermès conclut sa leçon sur la régénération par ces mots : ἱκανῶς γὰρ ἕκαστος ἡμῶν ἐπεμελήθη, ἐγώ τε ὁ λέγων, σύ τε ὁ ἀκούων, «Car, chacun de nous a été suffisamment occupé, moi à parler, toi à écouter». Cette répartition des tâches caractérise assez bien la situation générale d'énonciation au sein des leçons hermétiques : le maître détient la majorité du temps de parole,

---

[13] Sextus, *Sentence* 258 : πεισθεὶς πρότερον θεοφιλὴς εἶναι πρὸς οὓς ἂν πεισθῇς λέγε περὶ θεοῦ. Voir H. Chadwick, *The Sentences of Sextus. A Contribution to the History of Early Christian Ethics*, Cambridge, Cambridge University Press, 1959.

tandis que son disciple prend assez peu la parole, excepté dans de rares traités, *CH* II, XIII et *NH* VI, 6.

L'écoute joue un rôle important dans l'Antiquité. Il ne faut pas se méprendre sur son sens : il s'agit d'une véritable activité, car celui qui écoute est censé s'imprégner de ce qu'il écoute. Une telle écoute exige donc le silence, qu'il ne faut pas résumer à une absence de son. Plusieurs silences existent[14], et celui du disciple diffère de celui de l'orant ou de celui qu'il faut garder sur le contenu didactique, avec des causes, une signification et des buts différents.

Le silence du disciple a essentiellement deux fonctions : l'une négative, «se garder de», l'autre positive, «permettre de». Il permet de se concentrer, de réfléchir à ce qui vient ou va être dit et de relier entre elles les informations reçues, afin d'éviter de poser des questions maladroites ou, pire, mauvaises, comme le disciple le fait parfois. En *CH* I 20, après une telle question, le narrateur se voit reprocher par Poimandrès son manque de réflexion, d'attention : ἔοικας, ὦ οὗτος, τούτων μὴ πεφροντικέναι ὧν ἤκουσας, «Toi, tu sembles ne pas avoir médité sur ce que tu as entendu». L'exiger revient ainsi souvent à demander à être attentif, comme en *Ascl.* 28 (avec l'impératif *audi*, «écoute» par lequel Hermès débute sa réponse à une question d'Asclépios).

Selon l'auteur de *CH* X 17, la réflexion, résultat du silence et de l'écoute, doit être à l'unisson avec celle du maître : συννοεῖν δεῖ, ὦ τέκνον, τὸν ἀκούοντα τῷ λέγοντι, καὶ συμπνέειν καὶ ὀξυτέραν ἔχειν τὴν ἀκοὴν τῆς τοῦ λέγοντος φωνῆς, «Il faut, enfant, que celui qui écoute réfléchisse avec celui qui parle et qu'il s'accorde avec lui et qu'il ait une ouïe plus fine que la voix de celui qui parle *ou* une ouïe plus prompte (à entendre) que la voix de celui qui parle (ne l'est pour parler)». La réflexion commune doit conduire à un accord plus profond : faire que l'auditeur et le locuteur soient «animés»[15] des mêmes idées ; la parole prononcée crée une «communauté», une κοινωνία, entre celui qui parle et celui qui écoute[16]. Si nous appliquons ce passage à la pratique didactique, l'instruction serait ce qui anime d'un même

---

[14] Chez les hermétistes, comme chez les pythagoriciens, il y a plusieurs silences. Sur les pythagoriciens : A. Petit, «Le silence pythagoricien», in C. Lévy et L. Pernot, *Dire l'évidence : philosophie et rhétorique antiques*, Paris, L'Harmattan, 1997, p. 287–296.

[15] Le grec συμπνέειν signifie «souffler avec», «être en accord», «être animé des mêmes sentiments». Voir *LSJ*, 1684 b.

[16] W. Kelber, *op. cit.*, p. 212.

souffle les protagonistes, le transmettant du maître au disciple. Cette idée s'accorde avec le fait que le maître et son enseignement guident le disciple vers le salut. Le silence du disciple permettrait de mettre en place cette communion.

Écouter, faire silence pour réfléchir, revient aussi à faire un exercice de mémoire. En *CH* XI 1, l'Intellect lie implicitement l'écoute et la mémoire quand il conseille à Hermès : κατάσχες οὖν τὸν λόγον, ὦ Τρισμέγιστε Ἑρμῆ, καὶ μέμνησο τῶν λεγομένων, «Retiens bien la leçon, Hermès Trismégiste, et mémorise les choses qui vont être dites» et, juste avant le début de sa leçon, il ajoute, en *CH* XI 2, ὁ χρόνος, ἄκουε, ὦ τέκνον, ὡς ἔχει ὁ θεὸς καὶ τὸ πᾶν, «Écoute, enfant, ce qu'il en est sur le temps, Dieu et le tout»[17]. Or, nous verrons dans une autre section toute l'importance de l'acte de mémoire.

Le silence permet de se maîtriser, en particulier de contrôler son impatience. Au cours du récit de Poimandrès sur la destinée de l'Homme, son union à la Nature et la conséquence de cette union, le narrateur fait part deux fois (*CH* I 16) de son impatience en évoquant son amour et son désir pour ce récit. Poimandrès réagit à la seconde intervention : ἀλλὰ σιώπα. οὔπω γάρ σοι ἀνήπλωσα τὸν πρῶτον λόγον, «Mais tais-toi, car je ne t'ai pas expliqué le premier point», lui demandant implicitement de réfréner son impatience et de mieux contrôler ses sentiments. La maîtrise de soi par le silence concerne également le discours, pour éviter de prononcer des idées ou des mots incorrects, idée que nous retrouvons dans le silence pythagoricien, même si le silence hermétique paraît beaucoup moins rigoureux que ce dernier[18]. Le maître dit souvent à son disciple : εὐφήμει ou εὐφήμησον, impératifs que nous pouvons le plus souvent traduire par «fais silence» ou «tais-toi»[19]. Excepté une fois[20], le maître donne cet ordre après une question irréfléchie de son disciple[21].

---

[17] Nous choisissons de conserver ὁ χρόνος de la leçon des manuscrits, à la suite de C. Salaman, D. van Oyen and W.D. Wharton, *op. cit.*, p. 64 et 114. En effet, la notion de temps a une place importante dans la suite du traité.

[18] En effet, selon Jamblique, Pythagore imposait un silence de cinq ans à ses disciples : *Vie de Pythagore* [17] 72. Voir également *Vie de Pythagore* [31] 195. A. Petit, *op. cit.*, p. 289.

[19] *CH* I 22, II 10, VIII 5, XI 22, XII 16, XIII 8 et 14.

[20] *CH* XIII 8 : cette injonction intervient juste avant la venue des Puissances qui régénèrent le disciple. Le contexte n'est plus alors simplement didactique. Ci-dessous p. 342.

[21] En *CH* XI 22, il ne s'agit pas d'une question du disciple lui-même mais d'une question que le maître, l'Intellect, anticipe avant que le disciple ait pu la poser.

Cependant, dans le cadre d'un enseignement d'origine divine, de tels appels au silence peuvent acquérir une dimension religieuse. εὐφημῶ ne doit pas être confondu avec σιγῶ et σιωπῶ qui impliquent le silence comme absence de paroles audibles. L'auteur du *Second Alcibiade* 149–150 oppose, dans un contexte cultuel, l'*euphémia* des Lacédémoniens à la *blasphémia* des Grecs qui offrent et demandent n'importe quoi. La *blasphémia* revient à dire des paroles dommageables et inconvenantes, l'*euphémia* à s'en abstenir et elle peut donc aller jusqu'au silence dans les cas extrêmes[22]. Cela dénote une certaine réserve dans la parole, où l'on se contente d'en dire le moins possible du mieux possible. Lors des cérémonies religieuses, avant les prières et tout acte d'offrande, l'officiant réclame le silence en employant εὐφημῶ à l'impératif – et non σιγῶ ni σιωπῶ[23] – ou εὐφημία, suivi d'un autre verbe à l'impératif. Le silence n'a pas uniquement une valeur négative[24]; il s'agit aussi d'appeler à une attitude révérencieuse et pieuse[25] et au recueillement. Ainsi, εὐφημῶ est-il parfois traduit par « se recueillir », comme cela a été proposé pour Épictète, dans ses *Entretiens* I 16 : ὑμνεῖν τὸ θεῖον καὶ εὐφημεῖν καὶ ἐπεξέρχεσθαι τὰς χάριτας, « Célébrer la divinité en nous recueillant et en énumérant ses grâces »[26].

Ceci n'est pas éloigné de ce que nous trouvons dans les traités hermétiques, où εὐφημῶ est parfois associé à la louange de Dieu (*CH* X 21 et *CH* XVIII). Cette dimension religieuse semble être particulièrement sous-jacente à l'appel au silence en *CH* XIII 14 :

{T} εἰπέ μοι, ὦ πάτερ, τὸ σῶμα τοῦτον τὸ ἐκ δυνάμεως συνεστὸς λύσιν ἴσχει ποτέ;
{E} εὐφήμησον καὶ μὴ ἀδύνατα φθέγγου· ἐπεὶ ἁμαρτήσεις καὶ ἀσεβηθήσεταί σου ὁ ὀφθαλμὸς τοῦ νοῦ·

---

[22] B. Laurot, dans F. Chapot et B. Laurot, *Corpus de prières grecques et romaines*, Turnhout, Brepols, 2001, p. 378; D. Zeller, « La prière dans le *Second Alcibiade* », *Kernos* 15 (2002), p. 57.

[23] W. Burkert, *Homo Necans: the Anthropology of Ancient Greek Sacrificial Ritual and Myth*, translation: P. Bing, Berkeley, University of California Press, 1983 (édition allemande: 1972), p. 4; D. Aubriot-Sévin, *Prière et conceptions religieuses en Grèce ancienne jusqu'à la fin du Ve siècle av. J.-C.*, Lyon, Maison de l'Orient méditerranéen, 1992, p. 152–155.

[24] C'est en particulier l'opinion de D. Aubriot-Sévin, contre O. Casel qui accordait une valeur positive à l'*euphémia*. Elle affirme: « sorte de "toile de fond" de la prière officielle, l'εὐφημία n'est rien d'autre qu'une précaution contre les accidents possibles, qui n'aboutit à l'absence de sons proférés que par défiance » (*op. cit.*, 1992, p. 152).

[25] Lire les textes réunis dans F. Chapot et B. Laurot, *op. cit.*: Eschyle, *Les Euménides* v. 287–289 (= G 52) et Euripide, *Iphigénie à Aulis* v. 1563–1564 (= G 64).

[26] Traduction: B. Laurot, dans F. Chapot et B. Laurot, *op. cit.*, Texte G 81. J. Souilhé traduit quant à lui: « chanter la divinité, la célébrer, énumérer tous ses bienfaits ».

{T} Dis-moi, père, ce corps qui est constitué de puissances, empêche-t-il la dissolution ?

{H} Tais-toi et ne prononce pas des choses impossibles car tu ferais une erreur, et l'œil de ton intellect serait rendu impie.

L'énonciation de paroles incorrectes serait performative, pouvant donner existence à ce qui est impur et donc souiller l'intellect[27]. Le silence évite une telle impureté. Il serait aussi le milieu qui permet un nouveau contact avec le divin et une attitude révérencieuse. Avec ce verbe, le maître hermétiste assimilerait son disciple à une personne participant à une cérémonie religieuse, lui-même étant alors l'officiant qui impose un tel silence. Cela renforce également l'idée qu'une partie, si ce n'est l'ensemble, de l'instruction est un mystère[28] et accentue à nouveau la dimension religieuse de la pratique didactique hermétique.

Le silence est également important pour le maître. Ce dernier, tout en étant surtout occupé à instruire son disciple, doit aussi poursuivre seul son instruction (voir *CH* XI 22 et *CH* XIII 15), ce qui est rendu possible grâce à la protection de Poimandrès, à l'identité entre l'intellect humain et l'Intellect divin ou à un silence « plein de bien » ou « fécond de bien »[29].

La préparation qui libère temporairement de l'emprise du corps met le disciple dans les dispositions appropriées pour qu'il puisse bénéficier des bienfaits de l'instruction. Avec la parole et le silence (dans sa dimension religieuse), elle semble inscrire la pratique didactique dans un contexte rituel.

3. *Susciter un élan intérieur chez le disciple*

S'appuyant sur les bonnes dispositions dans lesquelles le disciple se trouve désormais, le maître peut l'inciter à s'investir davantage. La relation personnelle qu'il a établie avec lui facilite cette action et y trouverait l'une de ses raisons d'être.

a. *Enseignement hermétique et imitation*

La notion de modèle a déjà été évoquée à propos d'Hermès. Nous voulons y revenir, d'autant plus que, dans l'Antiquité, le principe de

---

[27] Dans la conception philosophique, la souillure résulte du mélange de choses de genres différents. Voir Porphyre, *De l'abstinence* IV 20.

[28] G. Sfameni Gasparro, *op. cit.*, 1965, p. 52–53.

[29] *CH* I 30 : ἐγκύμων τοῦ ἀγαθοῦ.

l'imitation n'a pas cessé d'être une «guiding force»[30]. Proposés tout au long de l'éducation, depuis le moment où les jeunes apprennent à écrire[31], les modèles, *paradeigmata*, prennent des formes multiples : littéraire[32], artistique[33] ou vivant[34]. Tous fournissent des exemples, positifs ou négatifs, de comportements et d'attitudes à adopter ou à éviter, de valeurs à suivre, etc. Le but est d'encourager la vertu et de décourager le vice. Comme le dit Sénèque dans sa *Lettre* 94 à Lucilius, les hommes ont besoin qu'on leur montre la route de la même manière que les enfants apprennent à écrire grâce à un modèle ; il conclut : «En se façonnant sur un modèle, notre âme est aidée de la même sorte»[35]. Les hermétistes ne dérogent pas à cette tendance générale de la παιδεία grecque et gréco-romaine, et nous pouvons distinguer trois types de modèles proposés aux disciples : Hermès, les pieux ou les frères – mentionnés dans *NH* VI, 6 – et la figure du disciple.

Hermès est le premier modèle du disciple et du destinataire. Il agit comme la plupart des maîtres de sagesse, quelle que soit l'école philosophique[36], qui sont un modèle par leurs paroles et actes ; l'enseignement philosophique suscite tout autant l'adhésion à des doctrines qu'à un mode de vie personnifié par le maître[37]. Selon au moins une branche de la tradition hermétique, Hermès est par excellence le disciple hermétiste qui bénéficie de visions apocalyptiques et qui devient maître. Il représente donc le salut, le contact avec le divin, le savoir et la parole maîtrisée. Chaque disciple hermétiste ultérieur chercherait à imiter son parcours, même si l'imitation ne peut être qu'imparfaite, puisque, contrairement à Hermès, son instruction ne se déroule pas

---

[30] R. Cribiore, *op. cit.*, 2001, p. 106 (pour la citation), p. 132 et p. 220–244. C. Skidmore, *Practical Ethics for Roman Gentlemen. The Work of Valerius Maximus*, Exeter, University of Exeter Press, 1996, p. 3–21.

[31] R. Cribiore, *Writing, Teachers, and Students in Graeco-Roman Egypt*, Atlanta, Scholars Press, 1996, p. 121–128.

[32] Les poèmes homériques offrent les premiers modèles, jusqu'à la fin de l'époque gréco-romaine ; d'autres modèles sont proposés par les tragédies, la poésie et l'histoire (à partir d'Isocrate). Les *Vies parallèles* de Plutarque sont plus des exemples de vie morale que des biographies à proprement parler.

[33] Les représentations iconographiques des ancêtres sont d'autres modèles.

[34] Le jeune est placé auprès d'un individu pour l'imiter, individu qui concrétiserait des idéaux abstraits, ce qui permet aux enfants de se les approprier dès un âge précoce.

[35] Sénèque, *Lettres à Lucilius*, livre XV, lettre 94.50–51 ; 94.51 : *sic animus noster dum eruditur ad praescriptum, ivvatur* (traduction : H. Noblot).

[36] G.G. Stroumsa, *op. cit.*, 2005, p. 201–205.

[37] P. Hadot, *op. cit.*, 1995, voir index, *s.v.* «mode de vie» ; *idem*, 2001, p. 164 et p. 177–181.

en une seule fois. Cette imitation d'Hermès trouverait son achèvement dans l'utilisation de *CH* I pour introniser un disciple en tant que nouveau maître, si on accepte de voir en ce texte un possible rituel d'investiture et d'identifier le narrateur à Hermès Trismégiste.

À côté de ce paradigme, d'autres sont mentionnés occasionnellement. Le maître se réfère aux hommes pieux, notamment en *CH* I 22, IV 4 et 5 et X 21. Il en cite les caractéristiques (ils ont acquis l'intellect, ils sont bons, possèdent la connaissance et louent Dieu ; leur destin après la mort est d'abandonner leur corps pour remonter vers Dieu) et les oppose aux hommes impies dans leur comportement et leur destin, en *CH* I 22, IV 4 et X 21. Cette opposition vise à rehausser le côté positif des premiers et le côté négatif des seconds. Le maître oppose ainsi une liste de vertus et une liste de vices et il incite son disciple à vouloir imiter les hommes pieux et à éviter d'accomplir les méfaits énumérés. Dans deux cas, en *CH* I 22–23 et IV 4–5, il relie cette opposition au don de l'intellect, comme une incitation à recevoir l'intellect, surtout en *CH* IV 4–5[38].

Les frères mentionnés dans *NH* VI, 6 pourraient également être interprétés comme un modèle proposé au disciple. Hermès en parle seulement au début de sa leçon (*NH* VI 52–54). Ces frères seraient les hermétistes qui sont déjà parvenus à l'Ogdoade et l'Ennéade ; silencieux, ils assistent probablement à l'initiation du disciple et constitueraient «la foule d'initiés, destinée peut-être à symboliser la foule des élus qui accueilleront l'âme dans l'empyrée»[39]. L'étonnement du disciple d'avoir beaucoup de frères, en *NH* VI 52.27–28, est surprenant ; il pourrait être codifié, ne prenant tout son sens que dans la suite du dialogue. Le maître explique à leur sujet – malheureusement le début de la page 53 du codex est lacunaire – comment, issus du même Père, ils sont engendrés, et il demande à son disciple de les honorer. La question des mères étant laissée en suspens, le disciple s'émeut et il apprend qu'elles sont pneumatiques et spirituelles. En *NH* VI 53.24–27, il demande : ⲱ̄ ⲡⲁⲉⲓⲱⲧ ⲉⲣⲓⲁⲣⲭⲉⲥⲑⲁⲓ ⲙ̄ⲡ²⁵ϣⲁϫⲉ ⲛ̄ⲧⲙⲁϩϣⲟⲩⲛⲉ ⲙ̄ⲛ²⁶ⲧⲙⲁϩ̄ⲯⲓⲧⲉ· ⲛ̄ⲅⲟⲡⲧ̄ ϩⲱⲱⲧ̄ ²⁷ⲙⲛ ⲛⲁⲥⲛⲏⲟⲩ, «Père, commence la leçon sur l'Ogdoade et l'Ennéade et compte-moi avec mes frères» ; en assistant à cette leçon, il parviendrait à l'Ogdoade et l'Ennéade qu'ont déjà atteint ses frères et il deviendrait l'un d'eux. Ces frères interviennent deux autres fois, en

---

[38] Nous reviendrons sur ce passage dans le chapitre sur l'acquisition de l'intellect.
[39] J.-P. Mahé, *op. cit.*, 1978, p. 91.

NH VI 53.29 et 54.21 à propos de la prière qu'il faut dire avec eux. Leur mention viserait donc à inciter le disciple à désirer imiter leur destin et à affermir sa demande de la leçon sur l'Ogdoade et l'Ennéade, qu'il avait déjà exprimée au tout début du traité avec le rappel de la promesse d'Hermès.

Ces modèles, frères et hommes pieux, sont présentés seulement aux moments clés de l'instruction du disciple, en rapport avec l'acquisition de l'intellect ou l'accession à la vraie vie et au monde divin. Ils renforceraient le modèle permanent qu'est Hermès. Actifs dans le monde des protagonistes, ils le sont aussi vis-à-vis du destinataire, dont nous avons déjà dit qu'il était amené à intervenir dans la scène du dialogue. Cependant, pour ce dernier, un nouveau modèle intervient, le disciple. Le rôle paradigmatique de ce dernier acquiert toute sa force dans les traités où le disciple intervient par ses questions, l'expression de sa volonté ou simplement par des remarques sur la manière dont il ressent les choses.

Ces trois modèles sont des incitations à désirer l'instruction salvatrice, à adopter un comportement pieux envers les autres hommes (en évitant meurtres, colère et autres passions) et envers Dieu (en le priant, le louant, lui chantant des hymnes et en évitant tout blasphème à son égard). L'importance du modèle serait une nouvelle preuve que l'instruction hermétique ne se limite pas à un apprentissage de notions intellectuelles mais s'étend à l'adoption d'un mode de vie, comme le sont l'éducation antique en général et la philosophie en particulier.

b. *Le maître et les sentiments du disciple*
Tout en proposant des modèles, le maître met régulièrement à contribution les sentiments du disciple. Dans un premier temps, en utilisant un vocabulaire emprunté aux cultes à mystères et en rappelant le caractère divin de l'enseignement (comme en *Ascl.* 1), il lui demande implicitement toute son attention respectueuse et un comportement digne d'un initié.

Il suscite ensuite l'envie de connaître et il l'entretient de deux manières. 1° L'obscurité de ses propos et ses promesses qu'il n'a pas encore tenues obligent, dans une certaine mesure, le disciple à manifester clairement son souhait de combler ses lacunes, comme en *CH* XIII 2 et *NH* VI 52.2-4. Il en va de même avec la longueur de certains propos qui provoque l'impatience du disciple, ainsi en *CH* I 16 et 18 ou *Ascl.* 9: *sed, o Asclepi, animadverto, ut celeri mentis cupiditate festines audire, quomodo homo*, «Mais, Asclépios, je constate que, sous l'effet d'un prompt désir de l'esprit, tu as hâte d'entendre comment l'homme ». Les indications sur le désir du disciple, en *Ascl.* 9, *CH* I 16 et 18[40], auraient une action performative sur le destinataire en créant chez lui ce même désir et attirent son attention sur le point qui suit. 2° À plusieurs reprises, le maître loue le but ultime de l'apprentissage, la connaissance. Désignée par les termes γνῶσις et plus rarement ἐπιγνῶσις, souvent sans complément, il faut la comprendre dans un sens absolu : elle est la connaissance par excellence, celle du tout et de Dieu. Le maître en vante les qualités et les conséquences, soit directement en exposant les qualités de la connaissance (*CH* X 9 et IX 4) et celles acquises par ceux qui savent, soit indirectement en décrivant l'ignorance comme le pire vice qui entraîne l'homme vers les passions corporelles et d'autres vices (*CH* X 21).

Grâce à la présentation attractive de la connaissance du tout et de Dieu, du savoir et de toutes les conséquences positives qui leur sont associées, le disciple prend conscience de leur caractère indispensable s'il veut atteindre Dieu et de leur place privilégiée dans la « voie d'Hermès » et dans sa vie. Au vu de cette importance de la connaissance, A.-J. Festugière considéra qu'il n'y avait pas de sauveur hermétique, puisque seule la connaissance était nécessaire[41]. En effet, les auteurs n'emploient ni le terme de sauveur[42] ni de périphrases équivalentes et ils ne semblent pas avoir considéré Hermès comme un sauveur, Dieu étant en réalité l'unique sauveur. Toutefois, Hermès a un rôle important en tant qu'intermédiaire vers le salut, messager de Dieu et guide pour toutes les démarches menant à lui.

Pour tout ce qui concerne l'investissement personnel du disciple, nous avons surtout insisté sur l'enseignement oral, en l'envisageant sous l'angle des protagonistes, même si nous avons également montré comment l'écrit permet de prolonger cet enseignement. Ce passage de l'oral à l'écrit est loin d'être aussi évident ; il modifie la situation d'énonciation, d'autant plus que les auteurs hermétistes s'effacent derrière les protagonistes, laissant le destinataire seul face à ces derniers et à leur enseignement. Cela aboutit à un premier paradoxe : les traités hermétiques sont transmis par écrit sans assumer clairement ce caractère, sauf pour *CH* XIV et XVI présentés comme des lettres. Cette situation paradoxale invite à revenir sur la relation entre l'oral

---

[40] *CH* I 18 : ἄκουε λοιπόν, ὃ ποθεῖς λόγον ἀκοῦσαι, « Écoute le reste de la leçon que tu désires tant entendre. »

[41] A.-J. Festugière, *op. cit.*, vol. 3, 1990, p. 103.

[42] Cela ne signifie pas que le thème du salut soit absent ; Voir *CH* I 26, 29, VII 1 et XIII 1.

et l'écrit, en particulier sur les conditions du passage du premier au second, et sur la conception hermétique de l'écrit.

II. Parole et écriture

Les données hermétiques sur les conditions de la transmission des traités semblent être contradictoires à la fois entre elles et avec la réalité historique. Deux paradoxes caractérisent en effet la transmission de l'enseignement hermétique. 1° Le secret est souvent mis en avant, mais Hermès conclut *NH* VI, 6 par l'injonction à son disciple de publier la leçon; de plus, certains traités ont été lus par des gens non hermétistes, notamment des chrétiens. 2° L'auteur de *CH* XVI témoigne d'une opposition à la traduction en grec, et pourtant les traités nous ont été transmis surtout en grec, leur langue originelle, avant d'être, pour certains, traduits en copte, latin, arménien et syriaque. Nous avons aussi déjà évoqué l'idée d'une stratégie d'écriture, alors que l'impression ressort parfois d'une opposition hermétique à l'écrit en général. La dialectique entre ce qui est manifeste et ce qui est caché permettrait d'éclairer les deux volets de la démarche hermétique: d'une part, l'insistance sur le secret, tout en mettant par écrit l'instruction et en justifiant cette écriture, et, d'autre part, la mise par écrit, tout en protégeant l'écrit des hommes indignes.

1. *Le secret dans l'enseignement hermétique*

À partir de la conception hermétique de l'enseignement (réalisé en vue du salut de l'humanité par celui des hommes les plus dignes), nous pouvons dégager deux idées essentielles pour la mise en œuvre de l'instruction: atteindre les hommes dignes et dissimuler le contenu didactique aux autres. Le secret est donc une donnée incontournable, en phase avec la culture antique, notamment avec les cultes à mystères[43]; et les auteurs hermétistes ont très bien pu connaître la sentence 350 de Sextus, transmise également en copte: «Ne communique pas à tout un chacun une parole qui concerne Dieu»[44]. Le secret est la contrepartie de la diffusion auprès des hommes dignes.

---

[43] W. Burkert, *op. cit.*, 2003, p. 10.
[44] Sextus, *Sentence 350*: λόγου περὶ θεοῦ μὴ παντὶ κοινώνει = *Sentences de Sextus, NH XII* 30.22–23. P.-H. Poirier, *Les Sentences de Sextus (NH XII, 1)*, Québec/Louvain/Paris, Les Presses de l'Université Laval/Peeters, 1983, p. 6–94.

a. *La pratique du secret*

Le champ lexical hermétique du secret tourne essentiellement autour de deux termes : le nom commun μυστήριον et l'adjectif κρυπτός. Nous avons déjà rencontré le premier : il qualifie toute une leçon, *CH* XVI 2, ou simplement une connaissance bien précise, comme les quatre intellects en *Ascl.* 32 ou la division de l'espace en *SH* 25.2 ; le maître indique alors implicitement à son disciple qu'il ne doit pas les révéler à n'importe qui. Les auteurs hermétistes lui associent parfois un terme de la famille de κρυπτός, afin de souligner le caractère secret du mystère révélé, comme c'est le cas en *CH* I 16 : τοῦτό ἐστι τὸ κεκρυμμένον μυστήριον μέχρι τῆσδε τῆς ἡμέρας, « Voici le mystère qui a été caché jusqu'à ce jour ». Employés le plus souvent seuls, κρυπτός et les termes apparentés, plus neutres que μυστήριον, désignent un plus grand nombre de référents : des vérités divines – les lois de *SH* 23.68 ou le contenu des livres d'Hermès, en *SH* 23.66 –, des objets – des stèles en *SH* 23.67 ou les objets indéfinis d'Osiris en *SH* 23.7 –, des pratiques rituelles comme des paroles de formules et des prières – en *SH* 23.14, 23.18, 23.68 et dans l'hymne de l'Ogdoade en *CH* XIII 16. À ces termes, nous pourrions ajouter ceux concernant la divinité de la leçon, comme dans le prologue *Ascl.* 1, où Hermès insiste sur le caractère éminemment divin de la leçon.

Ces désignations « mystère », « caché » et « divin » impliquent que le maître doit faire attention à son public, à son importance numérique et à sa qualité. Ceci est particulièrement clair dans le prologue du traité latin :

> N'appelle personne d'autre qu'Ammon, un entretien si religieux et (portant) sur de tels sujets ne peut être profané par l'intervention et la présence du grand nombre. En effet, publier auprès de la foule un traité rempli de toute la majesté divine témoigne d'un esprit irréligieux (*tractatum enim tota numinis maiestate plenissimum inreligiosae mentis est multorum conscientia publicare*).

Hermès limite volontairement son auditoire à trois disciples, Asclépios, Tat et Ammon, et justifie cette restriction en invoquant le caractère divin et majestueux de l'enseignement, incompatible avec la présence d'un grand nombre de personnes[45]. Le secret mis en œuvre ici pourrait donc relever du troisième type de secret distingué par J.N. Bremmer, qui donne l'exemple des mystères où, selon lui, le secret n'est pas

---

[45] Voir plus haut p. 48.

ésotérique mais trop saint pour pouvoir être divulgué[46]. Mais comme l'attitude d'Hermès témoigne aussi d'une méfiance vis-à-vis de la foule, un tel secret, réservé uniquement aux hommes dignes, devient ésotérique.

La restriction de l'auditoire implique une sélection, fondée sur deux critères: préparation didactique antérieure et envoi par Dieu[47]. Elle explique aussi négativement les propos d'Isis sur Hermès, en *SH* 23.7: Ἑρμῆς μὲν οὖν ἀπελογεῖτο τῷ περιέχοντι ὡς οὐδὲ τῷ παιδὶ παρέδωκεν ὁλοτελῆ θεωρίαν διὰ τὸ ἔτι τῆς ἡλικίας νεοειδές, «Hermès donc plaida devant le monde environnant qu'il n'avait pas transmis à son fils la totalité de la méditation en raison de sa grande jeunesse encore», où le jeune âge de Tat révèle son manque de préparation didactique.

Les disciples doivent prendre conscience de l'importance du secret. En *Ascl.* 32, à la fin du passage sur les quatre intellects, Hermès s'adresse en ces termes à ses disciples (la seule fois où il s'adresse nominativement aux trois, montrant ainsi l'extrême importance de ce qu'il va dire): *et vos, o Tat et Asclepi et Hammon, intra secreta pectoris divina mysteria silentio tegite et taciturnitate celate*, «Et vous, Tat, Asclépios et Ammon, dans les secrets de (votre) cœur, recouvrez de silence les divins mystères et tenez-les cachés». De même en *CH* XIII 22 Hermès conclut la leçon sur la régénération en demandant: τῆς ἀρετῆς σιγὴν ἐπάγγειλαι, μηδενί, τέκνον, ἐκφαίνων τῆς παλιγγενεσίας τὴν παράδοσιν, ἵνα μὴ ὡς διάβολοι λογισθῶμεν, «Promets le silence de la vertu, enfant, ne dévoilant à personne la transmission de la régénération, afin que nous ne soyons pas comptés comme diffamateurs[48]»; l'ordre porte ici non pas sur l'acte même de faire silence – comme c'est le cas dans le traité latin –, mais sur une promesse. L'impératif ἐπάγγειλαι, dont le sens premier est «déclarer», notamment en public[49], a ici un sens fort: le disciple doit promettre solennellement de garder le silence, peut-être en invoquant une divinité de manière analogue au ritualiste de *PGM* IV[50]. Avec cette promesse, un contrat lie désormais le disciple au

---

[46] J.N. Bremmer, «Religious Secrets and Secrecy in Classical Greece», in H.G. Kippenberg and G.G. Stroumsa, *op. cit.*, p. 61–78.

[47] Pour plus de détails: p. 49.

[48] Sur la traduction de διάβολοι par «diffamateurs», voir ci-dessous.

[49] J. Schniewind und G. Friedrich, «ἐπαγγέλω», in G. Kittel (ed.), *Theological Dictionary of the New Testament* II, translation: G.W. Bromiley, Grand Rapids, Eerdmans, p. 576–586.

[50] *PGM* IV 852–856: ὄμνυμί σοι θεούς τε ἁγίους καὶ θεοὺς οὐρανίους μηδενὶ μεταδοῦναι τὴν Σολομῶνος πραγματείαν μηδὲ μὴν ἐπὶ τοῦ εὐχεροῦς πράττειν, εἰ μή

maître. Ne pas garder le silence revient à rompre ce contrat, rupture dont les conséquences seraient importantes[51], même s'il n'en est pas question ici.

Ce silence diffère de celui que le disciple doit observer au cours de l'enseignement. Il se pratique face à ceux qui n'ont pas accès à l'enseignement et il est tel un voile qui recouvre les vérités révélées, en *Ascl.* 32; il est une cachette, comme dans l'*Élenchos* V 8.7 («mystère caché dans le silence», τὸ κεκρυμμένον μυστήριον ἐν σιωπῇ) ou dans le *Livre des secrets de Jean* (*NH* II 1.2–3 : «les mystères et les choses qui sont cachées dans le silence», ⲙ̄ⲙⲩⲥⲧⲏⲣⲓⲟⲛ [ⲙⲛ ⲛⲉ]ⲧϩⲏⲓ ϩⲛ̄ ⲟⲩ³ⲙ̄ⲛ̄ⲧⲕⲁⲣⲱϥ). Pour ce dernier texte, M. Tardieu souligne que l'expression «cachés dans le silence» indique la «transtemporalité» du contenu de l'enseignement qui reste ésotérique malgré son entrée dans le temps par la parole de la révélation[52]. L'auteur hermétiste du passage latin a pu vouloir exprimer une idée analogue : le silence des disciples permettrait d'intégrer l'enseignement dans un autre monde. Il insiste sur l'importance du silence, puisqu'il juxtapose des termes qui sont proches sémantiquement et se renforcent mutuellement : les verbes *tego*, «recouvrir», et *celo*, «cacher», les noms communs *secretum*, «secret» ou «lieu écarté», *silentium*, «silence», et *taciturnitas*, «discrétion» ou «silence»; il les associe au *pectus*, qui désigne généralement la «poitrine», mais qui serait plutôt le «cœur» ici. Ce dernier est présenté comme la meilleure retraite et cachette pour les mystères divins, le lieu où la discrétion et le silence règnent. L'expression «dans les secrets de (votre) cœur» évoque l'idée courante selon laquelle le cœur est le lieu des secrets, notamment ceux d'une vie, et révéler ces derniers revient à ouvrir son cœur[53]. Hermès attribue ainsi au cœur la fonction de «gardien des secrets», dont les «divins mystères» font partie. Cette fonction rappelle celle de «gardien des portes», πυλωρός, assumée par Poimandrès, Intellect

---

σε πρᾶγμα ἀναγκαῖον ἐπείξῃ, μὴ πῶς σοι μῆνις τηρηθείη, «Je te jure par les dieux saints et les dieux célestes de ne communiquer à personne le procédé de Solomon ni de l'appliquer sans scrupule, à moins qu'une affaire nécessaire ne te presse, afin que la colère te preserve.»

[51] Punition par la mort pour les mystères à Éleusis : F. Graf, «The Magician's», *op. cit.*, 1994, p. 165. Mécontentement des dieux : Numénius, fragment 55.

[52] M. Tardieu, *op. cit.*, 1984, p. 239.

[53] H. Brunner, «Das Herz als Sitz des Lebensgeheimnisses», in W. Röllig (ed.), *Das hörende Herz. Kleine Schriften zur Religions- und Geistesgeschichte Ägyptens*, Göttingen, Vandenhoeck & Ruprecht, 1988, p. 6–7; H. Brunner, «Herz», *LÄ* II, 1977, col. 1165.

divin. Or, le cœur est souvent considéré comme le siège de l'intellect ou identifié à l'intellect[54].

La promesse de garder le silence et la pratique du secret sont donc des obligations auxquelles le disciple hermétiste doit absolument se soumettre, comme tout initié dans les cultes à mystères ou comme tout ritualiste[55]. Il doit agir ainsi autant envers la foule des hommes indignes qu'envers les hermétistes qui n'ont pas assez progressé dans la « voie d'Hermès ». Ce secret semble donc prendre un tour radical. S'oppose-t-il alors à toute production écrite ?

b. *Le secret et l'écriture*

Bien que la sotériologie hermétique ne soit pas universelle, les traités laissent entrevoir une expansion, humaine, spatiale et temporelle, de l'enseignement. Cette situation pose la question de la mise par écrit. Celle-ci ne s'oppose pas en théorie au secret, ni à l'interdiction de dévoiler. Un écrit peut être secret, ce qui exige un contrôle très strict de la diffusion éditoriale et de la consultation de cet écrit. Si ce contrôle est probablement difficile à effectuer rigoureusement, il est certainement plus facile dans un temps où l'accès à l'écrit et les canaux de diffusion sont limités et où la copie prend du temps et coûte cher. De plus, il existe plusieurs degrés dans le secret. Le secret le plus absolu se rencontre en particulier dans les cultes à mystères dont les membres ne devaient rien divulguer ni à l'oral ni à l'écrit. Ainsi, dans le livre XI 23 de ses *Métamorphoses*, Apulée annonce clairement qu'il ne donnera aucune information précise sur l'initiation de Lucius, mais uniquement sur l'itinéraire nocturne et la prière finale de remerciement. Ce silence absolu a parfois si bien fonctionné que nous savons toujours très peu de choses sur les mystères, notamment ceux d'Éleusis[56]. Un seul auteur hermétiste évoque ce silence, celui de *SH* 23 en 23.14 et 18,

---

[54] En effet, pour les auteurs anciens, le cœur est le siège de l'intellect ou l'intellect lui-même. G. Posener, « Cœur », in S. Sauneron et J. Yoyotte, *Dictionnaire de la civilisation égyptienne*, Paris, Hazan, 1959, p. 60–61. M. Tardieu, *Codex de Berlin : écrits gnostiques*, Paris, Cerf, 1984, p. 232.

[55] Par exemple *PGM* XII 322.

[56] En revanche, les auteurs chrétiens ne devaient pas se sentir astreints à respecter le secret des mystères, qu'ils critiquent. Ainsi, Clément d'Alexandrie fait-il un long développement, très critique et partial, sur les mystères et « révèle »-t-il, en particulier, le mot de passe des mystères d'Éleusis : *Protreptique* II 1–24 et II 21.2. Voir F. Graf, « The Magician's », *op. cit.*, 1994, p. 165 ; W. Burkert, *op. cit.*, 2003, p. 87 : il souligne toutefois que, si le secret d'Éleusis a parfois été trahi, les informations révélées, coupées de leur contexte, ont peu de valeur.

quand Isis mentionne des paroles secrètes, sans en donner la teneur, et en 23.7, quand elle parle des «objets cachés» d'Osiris, sans préciser en quoi ils consistent.

D'autres passages hermétiques semblent relever d'une tradition où le secret autorise un écrit dont le sens véritable serait dissimulé et qui exigerait une interprétation allégorique ou qui est caché avant d'être redécouvert. Nous ne trouvons nulle part une opposition claire à l'écrit, analogue à celle de Platon dans deux de ses écrits: *Phèdre* 274 c – 276 d, avec le mythe de Theuth et les différences entre l'enseignement oral et l'enseignement écrit, et la *Lettre* VII 341–344 d[57]. Comme nous le détaillerons ci-dessous, *CH* XVI ne s'oppose pas à la mise par écrit, mais à la traduction en grec, ce qui relève d'une autre optique. En revanche, plusieurs passages montrent que la production écrite est envisagée dès les premiers temps de l'enseignement hermétique, dans le monde des protagonistes. En *NH* VI 61–62, Hermès ordonne à son disciple de graver sur une stèle la leçon qui se termine[58]. *CH* XIV est une lettre d'Hermès à Asclépios, pour pallier l'absence de ce disciple lors d'une leçon. En *CH* XII 8, Hermès se plaint que le Bon Démon n'ait pas mis par écrit son enseignement oral[59]. En *CH* I 30, le narrateur conclut le récit de sa propre instruction en énumérant les bienfaits qui lui sont advenus et il commence par dire: ἐγὼ δὲ τὴν εὐεργεσίαν τοῦ Ποιμάνδρου ἀνεγραψάμεν εἰς ἐμαυτόν, «Et quant à moi, je gravai en moi-même le bienfait de Poimandrès», à savoir la «Révélation primordiale». Même si le sens métaphorique est à envisager[60], ce passage montre une certaine importance de l'écrit. Cela est plus clair ailleurs. En *SH* 23.5, 23.8 et 23.67, Isis fait mention des écrits qu'Hermès a gravés (peut-être sur des stèles) après avoir tout appris et compris, qu'il cacha, sur lesquels il fit une prière et dont Isis et Osiris ont pris

---

[57] En particulier M. Vegetti, «Dans l'ombre de Thoth. Dynamiques de l'écriture chez Platon», in M. Détienne (dir.), *Les Savoirs de l'écriture en Grèce ancienne*, Lille, Presses Universitaires de Lille, 1988, p. 387–419. Voir aussi J. Derrida, «La pharmacie de Platon», in *La Dissémination*, Paris, Seuil, 1972, p. 77–213 avec la notion ambiguë de *pharmakon*; A. Lefka, «Pourquoi des dieux égyptiens chez Platon?», *Kernos* 7 (1994), p. 161–162.

[58] *NH* VI 61.18–19: [10]ⲱ ⲡⲁϣⲏⲣⲉ ⲡⲉⲉⲓϫⲱⲙⲉ [19]ⲥⲁϩϥ ⲁ.ⲡⲉⲣⲡⲉ ⲛ̄ ⲇⲓⲟⲥⲡⲟⲗⲓⲥ, «Mon fils, ce livre, écris-le dans le temple de Diospolis.»

[59] *CH* XII 8: διὸ καὶ τοῦ Ἀγαθοῦ Δαίμονος ἐγὼ ἤκουσα λέγοντος ἀεί, καὶ εἰ ἐγγράφως ἐκδεδώκει, πάνυ ἂν τὸ τῶν ἀνθρώπων γένος ὠφελήκει, «C'est pourquoi, moi, j'ai toujours entendu aussi le Bon Démon dire – s'il l'avait transmis par écrit, il aurait vraiment rendu service au genre des hommes.»

[60] Voir p. 133–134.

connaissance. Ceci s'apparente aux récits égyptiens, dont le plus connu est celui de Setne-Khaemouas (*Setne* 1[61]), ou gréco-romains relatant la découverte de textes cachés dans des tombes (comme celle du roi romain Numa[62]), dans des temples, auprès de dieux (comme Aphrodite Ourania à Aphroditopolis, dans le *PGM* VII 862–864) ou même dans des «archives» (*PGM* XXIVa 1–2[63]). Hermès ne fait donc pas partie de ces philosophes qui ont refusé d'écrire[64].

c. *Être ou ne pas être un διάβολος*

Dans ce contexte où il n'y a pas d'opposition nette à l'écrit, comment interpréter le passage problématique *CH* XIII 13 ? Tat vient d'être purifié et régénéré par les dix Puissances divines et il bénéficie d'une perception visuelle nouvelle. Réjoui de cette expérience, il proclame à voix haute le contenu de la vision, et Hermès lui en explique la nature :

> {T} πάτερ, τὸ πᾶν ὁρῶ καὶ ἐμαυτόν ἐν τῷ νοΐ.
>
> {E} αὕτη ἐστὶν ἡ παλιγγενεσία, ὦ τέκνον, τὸ μηκέτι φαντάζεσθαι εἰς τὸ σῶμα τὸ τριχῇ διαστατὸν διὰ τὸν λόγον τοῦτον τὸν περὶ τῆς παλιγγενεσίας εἰς ὃν ὑπεμνηματισάμην ἵνα μὴ ὦμεν διάβολοι τοῦ παντὸς εἰς τοὺς πολλούς. <ἀλλ'> εἰς οὓς ὁ θεὸς αὐτὸς θέλει.
>
> {T} Père, je vois le tout et moi-même dans l'intellect.
>
> {H} C'est la régénération, enfant : ne plus s'imaginer en un corps en trois dimensions, par l'entremise de la leçon, celle au sujet de la régénération, dont j'ai fait un commentaire, afin que nous ne soyons pas des calomniateurs du tout auprès de la foule, <mais> (que nous ne dévoilons) qu'à ceux que Dieu a lui-même choisis.

Le terme διάβολος n'est utilisé que deux fois dans la littérature hermétique étudiée : en *CH* XIII 13 et 22, en relation avec une étape capitale du parcours du disciple, celle de la régénération. Il rappelle le rite de la διαβολή présent dans quelques textes magiques conservés uniquement sur papyrus[65]. Avec ce rite dangereux, le ritualiste veut

---

[61] M. Lichtheim, *op. cit.*, 1980, p. 127–138 ; C. Lalouette, *Textes sacrés et textes profanes de l'ancienne Égypte. II. Mythes, contes et poésies*, Paris, Gallimard, 1987, p. 190–205.

[62] W. Speyer, *Bücherfunde in der Glaubenswerbung der Antike*, Göttingen, Vandenhoeck & Ruprecht, 1970, p. 51–55.

[63] Nous avons repris, pour le terme ταμίοις, la traduction de H.D. Betz, «archives» (*op. cit.*, 1992², p. 264), et non le sens général «trésor». Il pourrait s'agir également d'une cache où sont entreposés les livres qui doivent être protégés de toute divulgation.

[64] Par exemple Socrate ou, beaucoup plus tard, Ammonios.

[65] S. Eitrem, «Zusatz. Der διάβολος und die magischen Elemente im NT», *Symbolae Osloenses* 2 (1924), p. 59–61 : F. Graf, *La Magie dans l'Antiquité gréco-romaine*, Paris, Hachette, 1994, p. 205–209.

éveiller la colère d'un dieu contre une personne qu'il accuse d'avoir mal agi envers ce dieu, c'est-à-dire d'avoir διαβάλλειν des mystères saints auprès des hommes, comme dans *PGM* IV 2474–2561. La suite de ce papyrus et d'autres passages donnent une meilleure idée de la nature de l'action de διαβάλλειν : divulguer de manière négative, affirmer des idées ou des faits erronés sur le dieu, prononcer des paroles diffamatoires à son propos, maltraiter des images et des statues de dieu (*PGM* III 5 et 113–114) ou, enfin, faire de mauvaises offrandes (*PGM* IV 2574 et suivants). Celui qui accomplit l'une de ces actions est un διάβολος, « quelqu'un qui agit mal » envers le dieu. En dehors de ces textes, ce terme apparaît régulièrement dans la littérature grecque avec le sens de « diffamateur » et de « calomniateur », aux époques classique avec Thucydide dans *La Guerre du Péloponnèse* VIII 91 et gréco-romaine avec Plutarque[66] et Jamblique[67]. Les traducteurs de la Septante l'empruntent pour désigner l'ennemi ou l'accusateur, et ce terme en vient peu à peu à qualifier Satan. Ce contexte sémantique incite à se demander si l'auteur de *CH* XIII pensait au sens courant en grec classique et dans les *Papyrus grecs magiques*. Or la plupart des traducteurs du passage hermétique s'en tiennent à un sens général : « traître », « dénonciateur » ou « divulgateur »[68], sans la connotation particulière de calomnie, laquelle n'est pas loin du blasphème. Si quelques-uns prennent en compte l'idée de calomnie, ils le font soit en note comme W.C. Grese et A.D. Nock[69], soit uniquement pour l'une

---

[66] Parmi de nombreuses occurrences : *Propos de table* VIII 7.2, 727 D et *Sur la disparition des oracles* 48, 436 E.

[67] *Vie de Pythagore* [27] 125 et 129, [35] 258 et 261 ; *Réponse d'Abamon* X 3 (287) ; *Protreptique* 13. Dans *Réponse d'Abamon* VIII 1 (261), il n'est pas certain que διαβάλλειν signifie calomnier, contrairement à ce que semble indiquer A.D. Nock dans *NF* II, p. 219 n. 96, mais il serait à prendre dans le sens de « discuter » (voir la traduction d'É. des Places, de M. Broze et de C. Van Liefferinge).

[68] R. Reitzenstein, *op. cit.*, 1927³, p. 140 n. 1 : *anzeigen, verbreiten*, « répandre », « divulguer ». A.-J. Festugière : « divulgateur » (*NF* II, p. 206 et 209) ; dans *op. cit.*, vol. 4, 1990, p. 205 n. 1 : il exclut la traduction de W. Scott « calomniateur de l'univers », refusant l'interprétation « univers » pour τὸ πᾶν et, semble-t-il, le rapport entre « calomnie » et silence. W.C. Grese, *op. cit.*, 1979, p. 21 et 33 : *betray / betrayers* « dénonciateur ». B.P. Copenhaver, *op. cit.* : *casting it all* « jeter le tout » pour *CH* XIII 13 (p. 52) et *betrayers* pour *CH* XIII 22 (p. 54). C. Salaman, D. van Oyen and W.D. Wharton, *op. cit.*, p. 88 : *betrayers* pour *CH* XIII 22. C. Colpe und J. Holzhausen (bearb. und hrsg.), *op. cit.*, p. 182 : *Verrätern* pour *CH* XIII 13 et 22.

[69] W.C. Grese, *op. cit.*, 1979 : à sa traduction *betray / betrayers*, il ajoute en note (p. 21 n. c et p. 33 n. i) celle de *slander / slanderers* « calomniateur ». *NF* II, p. 215 n. 62 et p. 219 n. 96 : A.D. Nock propose aussi la traduction de « calomniateur » et « ceux qui discréditent ».

des deux occurrences comme A.-J. Festugière pour *CH* XIII 22 et les traducteurs anglais pour *CH* XIII 13[70].

Pourtant, le διάβολος dans le traité hermétique ne serait pas seulement celui qui révèle des secrets, mais aussi, selon le sens classique, celui qui les déforme et les discrédite, sens qui s'intégrerait bien dans le contexte général des traités hermétiques. En effet, le maître rappelle fréquemment à l'ordre son disciple, lui demandant de faire attention à ne pas exprimer des idées erronées. Cela revient la plupart du temps à lui imposer le silence, comme nous l'avons vu avec des occurrences de l'impératif d'εὐφημῶ[71]. Cette intervention du maître est souvent suivie d'une seconde explication pour éviter toute nouvelle erreur: *CH* I 21, VIII 5, XII 16 – en association avec le fait d'être «induit en erreur», πλανώμενος – et *Ascl.* 41. Dans ce dernier passage, le maître en vient à parler de sacrilège ou, en *CH* IX 4 et 9, de blasphème quand on exprime de fausses idées. Toutefois, la limite entre la vérité et l'erreur est parfois fragile: en *CH* IX 9, Hermès indique que l'excès de respect peut inciter à avoir une fausse opinion[72]; le vocabulaire lui-même joue des tours aux hommes en général et aux disciples hermétistes en particulier, par exemple la confusion entre la mort et la dissolution en *CH* XII 16; certaines idées hermétiques mal interprétées conduisent à des erreurs, ainsi pour la relation entre le mal, la terre et le monde (*CH* VI 4 et IX 4). Ces passages hermétiques permettent de préciser en quoi consiste ne pas être διάβολος en *CH* XIII 22: il s'agit d'éviter au moins quatre écueils: 1° divulguer, 2° exprimer des idées fausses sur Dieu, 3° dire des opinions qui seraient mal interprétées, ce qui reviendrait à énoncer des conceptions erronées sur Dieu et 4° placer la leçon dans le domaine public, ce qui ôterait au contenu tout caractère divin.

Une telle interprétation de διάβολος permet de mieux comprendre *CH* XIII 13 qui, dans l'état actuel de la transmission textuelle, pose des

---

[70] Dans son article «L'expérience religieuse du médecin Thessalos», *Revue biblique* 48 (1949), p. 51, A.-J. Festugière écrit: «livrer indûment le secret aux profanes, c'est être un διάβολος, une sorte de blasphémateur» et en note il fait référence à *CH* XIII 22 (mais non à XIII 13, peut-être parce qu'il exclut une telle interprétation pour ce passage). C. Salaman, D. van Oyen and W.D. Wharton, *op. cit.*, p. 85: *misrepresent* «déformer» en XIII 13.

[71] Par exemple *CH* I 22 ou *CH* XIII 14.

[72] Cette conception est équivalente à celle de certains anciens vis-à-vis du culte et de ces excès, comme la superstition: Platon, *Lois* X et Plutarque, *Sur la superstition*.

problèmes exégétiques[73]: quel est le rôle du λόγος dans le fait de ne plus s'imaginer en un corps tridimensionnel? Est-il possible de mettre par écrit ce λόγος, question qui est en rapport avec l'interprétation du terme διάβολος? Quel est l'antécédent du relatif οὕς dans la proposition relative εἰς οὕς ὁ θεὸς αὐτὸς θέλει?

La première difficulté concerne la relation entre trois syntagmes: la proposition infinitive substantivée τὸ μηκέτι φαντάζεσθαι εἰς τὸ σῶμα τὸ τριχῇ διαστατόν, le complément circonstanciel de cause διὰ τὸν λόγον τοῦτον τὸν περὶ τῆς παλιγγενεσίας et la proposition relative εἰς ὃν ὑπεμνηματισάμην. À la suite de R. Reitzenstein et d'A.-J. Festugière, plusieurs traducteurs, excepté Cl. Salaman, D. van Oyen et W. D. Wharton[74], envisagent une lacune avant le complément circonstanciel de cause, sous prétexte que, selon Hermès lui-même, la régénération serait un acte de Dieu et non du discours. W.C. Grese se réfère ainsi à *CH* XIII 2 et 8[75], où Hermès enseigne que Dieu donne le ressouvenir de ce qu'est l'engendré et qu'il envoie les Puissances régénératrices. Cependant, si la régénération est bien un acte de Dieu, dans le sens où c'est Dieu qui en est la source, la restreindre à cela diminue l'intérêt même de la leçon hermétique et revient à oublier *CH* I 26 (que l'auteur de *CH* XIII connaît probablement) où Poimandrès affirme que les hommes sont sauvés *par* (ὑπό) Dieu *par l'entremise* (διά) du narrateur. En *CH* I 26, le narrateur est l'intermédiaire de Dieu, de même que la leçon orale délivrée par Hermès en *CH* XIII 13. Vu sous cet angle, aucune correction n'est nécessaire: grâce à la leçon, le disciple parvient à ne plus s'imaginer en un corps tridimensionnel.

Le deuxième problème concerne la possibilité de produire une version écrite de la leçon. D'après la structure de la phrase, l'antécédent du relatif ὅν dans la proposition εἰς ὃν ὑπεμνηματισάμην est λόγος. Néanmoins, plusieurs traducteurs[76] considèrent que de tels enseignements ne peuvent être mis par écrit, s'appuyant sur la proposition finale ἵνα μὴ ὦμεν διάβολοι τοῦ παντός, traduite généralement ainsi: « afin que nous ne divulguions pas le tout ». Tout dépend du sens de διάβολος.

[73] W.C. Grese (*op. cit.*, 1979, p. 146-148) a bien résumé ces problèmes.
[74] C. Salaman, D. van Oyen and W.D. Wharton, *op. cit.*, p. 85: « no longer to picture oneself with regard to the three dimensional body. This is the gift of the teaching on rebirth ».
[75] W.C. Grese, *op. cit.*, 1979, p. 146.
[76] Ceci est bien rappelé par W.C. Grese, *op. cit.*, 1979, p. 146.

S'il signifie simplement « divulgateur », l'interdiction de divulguer (μὴ ὦμεν διάβολοι « que nous ne soyons pas des divulgateurs ») contredit effectivement la mise par écrit (εἰς ὃν ὑπεμνηματισάμην « que j'ai mise par écrit »); des traducteurs ont donc corrigé le texte en ajoutant, soit la négation οὐκ[77] (« que je n'ai pas mise par écrit »), soit l'expression εἰς σὲ μόνον[78] (« que j'ai mise par écrit seulement pour toi »). Cette dernière correction reconnaît l'existence de la mise par écrit, même si celle-ci est limitée au seul disciple. Si διάβολος signifie « calomniateur », « diffamateur » ou « celui qui décrie », aucune correction n'est nécessaire : pour éviter de diffamer ou de parler négativement du tout, Hermès éprouve le besoin de commenter et d'expliquer ou simplement de mettre par écrit une version contrôlée et authentifiée de la leçon, donnant à son écrit valeur d'autorité. Le besoin de protéger le savoir de toute interprétation déviante[79] ne se ferait donc pas seulement grâce au silence, mais aussi grâce à la mise par écrit qui, dans une optique égyptienne, fixerait pour l'éternité le contenu et lui conférerait un caractère sacré. Par conséquent, en *CH* XIII 13 et 22, tout en mentionnant l'impératif du secret, Hermès n'interdirait pas le recours à l'écriture. Écrit et secret se conjuguent pour assurer la pérennité et la sacralité de l'enseignement hermétique. Il en irait comme pour les *Papyrus grecs magiques*, livres de recettes et de formules à réciter oralement, dont la mise par écrit évite erreur et échec en rendant possible la réitération d'une recette rituelle toujours efficace et en autorisant la reproduction à l'identique de figurines dans le cadre des rituels. Ces recettes sont aussi secrètes et elles doivent être cachées dans des endroits secrets, comme les temples ou les tombes.

Publication donc, mais pas dans n'importe quelle condition ; l'auteur d'*Ascl.* 1 semble aussi accepter la publication et il n'interdit que celle qui pourrait être destinée au grand public : « En effet, publier auprès

---

[77] R. Reitzenstein, *op. cit.*, 1904, p. 344 : εἰς ὃν <οὐκ> ὑπεμνηματισάμην.

[78] *NF* II, p. 206 et p. 215 n. 61 ; W.C. Grese, *op. cit.*, 1979, p. 21 et n. b, p. 20 n. 1 et p. 147 ; B.P. Copenhaver, *op. cit.*, p. 52 et 192. Seule fait exception la traduction anglaise de C. Salaman, D. van Oyen and W.D. Wharton, *op. cit.*, p. 85, où il n'y a pas cet ajout. Il est donc vraiment dommage que leur traduction ne soit pas accompagnée d'un bref commentaire permettant d'argumenter leur traduction.

[79] Cette donnée n'est pas négligeable, et beaucoup d'auteurs déploraient cette situation. Ainsi, Galien s'en plaint-il dans la préface de son traité *Sur ses propres livres* 19.8–9 ; T. Dorandi, *Le Stylet et la tablette. Dans le secret des auteurs antiques*, Paris, Les Belles Lettres, 2000, p. 107–108. Les premiers Pères de l'Église éprouvent également une certaine réticence vis-à-vis de l'écrit, qui leur échappe après sa production : W. Kelber, *op. cit.*, p. 138.

de la foule un traité rempli de toute la majesté divine témoigne d'un esprit irréligieux». En *CH* XIII 13, il est également question de la foule avec le terme πολλοί, et la méfiance envers la foule, inculte, serait la clé interprétative du passage; l'auteur hermétiste semble ainsi avoir voulu justifier l'écrit en peu de mots, tout en tenant compte d'impératifs: le secret, la méfiance de la foule et la nécessité d'éviter toute déformation de l'enseignement.

Il n'y aurait donc aucune opposition à l'écrit en tant que tel. Il aurait été d'ailleurs étonnant que l'auteur hermétiste exploite les liens entre Hermès Trismégiste et le dieu égyptien Thot, sans réutiliser et mettre à profit le rôle de Thot comme inventeur de l'écriture et comme dieu des scribes et de la science. Selon *SH* 23.32 et 44, Hermès est appelé le «mémorialiste de toutes les actions» ou celui des dieux[80], fonction qu'il exercerait vraisemblablement au moyen de l'écrit, comme l'indiquerait le terme ὑπομνηματογράφος. Cette production écrite est probablement diffusée selon des critères équivalents à ceux utilisés pour sélectionner les disciples. En *CH* XIII 13, à la fin du passage cité ci-dessus, Hermès parle de «ceux que Dieu veut» εἰς οὓς ὁ θεὸς αὐτὸς θέλει, ce qui pose le troisième problème soulevé ci-dessus. Selon la structure de la phrase présente dans tous les manuscrits[81] et qui remonterait à l'archétype, ἵνα μὴ ὦμεν διάβολοι τοῦ παντὸς εἰς τοὺς πολλούς, εἰς οὓς ὁ θεὸς αὐτὸς θέλει, l'antécédent de οὔς serait πολλούς, ce qui donnerait la traduction suivante «afin que nous ne soyons pas des calomniateurs du tout auprès de la foule, celle que Dieu lui-même veut». Bien que le résultat soit le même, ce serait une façon curieuse et unique de parler du choix divin. Il est donc probable que le texte soit à cet endroit corrompu et doive être corrigé: ajouter une conjonction, ἄλλα ou δέ, à la suite des différents éditeurs et traducteurs[82], ou la négation οὐκ.

Cependant, l'auteur de *CH* XII 8, en affirmant à propos du Bon Démon que «s'il l'avait transmis par écrit, il aurait vraiment rendu service au genre humain», s'opposerait-il à la restriction de la diffusion? Nous pouvons rapprocher l'expression τὸ τῶν ἀνθρώπων γένος de celle employée en *CH* I 26, τὸ γένος τῆς ἀνθρωπότητος: comme en I 26, elle

---

[80] *SH* 23.32: Ἑρμοῦ τοῦ πάντων ἔργων ὑπομνηματογράφου; *SH* 23.44: ὦ Ἑρμῆ, θεῶν ὑπομνηματογράφε.

[81] La seule variante est la préposition πρός au lieu de εἰς.

[82] L'ajout de la conjonction permet d'opposer les «nombreux» et ceux que Dieu a choisis. Tous les traducteurs ajoutent la conjonction «mais» en français, *but* en anglais ou *nur* en allemand.

indiquerait l'utilité universelle du message écrit, laquelle serait atteinte par le petit nombre de bénéficiaires, les plus dignes.

Par conséquent, la pratique du secret et la production écrite s'accommoderaient l'une de l'autre. L'écrit n'empêche rien : ni l'obligation de garder le secret, ni le manque d'exhaustivité des écrits[83], ni la restriction du nombre de bénéficiaires, restriction d'autant plus facile que les moyens de diffusion d'un écrit restent limités à l'époque et sont donc plus facilement contrôlables. En faisant d'Hermès soit celui qui regrette l'attitude du Bon Démon face à l'écrit, soit celui qui écrit une lettre à un disciple absent à la leçon, soit celui qui écrit un commentaire pour éviter une déformation malveillante du contenu, les hermétistes lui attribuent différemment la décision de la mise par écrit. Quelle que soit la tradition à laquelle ils appartiennent, ils placent ainsi sous son autorité la production écrite, ce qui est une façon de légitimer et de justifier cette nouvelle pratique.

2. Rendre l'écrit digne de l'enseignement

Si la décision de mettre par écrit n'est pas anodine, l'activité de l'écriture l'est encore moins, puisque l'écrit devient un nouveau vecteur de transmission à côté du maître hermétiste et de sa voix. Cette activité doit ainsi tenir compte de trois impératifs, à priori contradictoires : respecter le caractère quasi sacré de l'enseignement, ne pas le divulguer à n'importe qui, tout en permettant une diffusion assez large pour atteindre les hommes les plus capables, représentants du genre humain. Un vecteur scripturaire capable de remplir ces conditions est nécessaire.

a. La langue de l'enseignement écrit : entre grec et égyptien
Les textes hermétiques étudiés ont été écrits en grec, vecteur linguistique permettant d'atteindre le plus grand nombre de personnes. Cependant, le grec n'est pas une langue sacrée, comme le reconnaissent les Grecs, et à priori il ne convient donc pas à l'enseignement hermétique. Dans ces conditions, comment donner de la légitimité à

---

[83] C'est ce que laisserait entendre Isis en SH 23.5, quand elle affirme qu'Hermès garda le silence sur certaines choses au lieu de les mettre par écrit. Cette interprétation dépend de la traduction adoptée : καὶ χαράξας ἔκρυψε, τὰ πλεῖστα σιγήσας ἀσφαλῶς ἢ λαλήσας, « L'ayant gravé, il le cacha, gardant fermement un silence sur la plupart des choses plutôt que de parler sur elles. » Cette traduction diffère de celle d'A.-J. Festugière (NF IV, p. 2). Que l'écrit ne soit pas exhaustif ne doit pas étonner. Ainsi, Clément d'Alexandrie affirme que son propre écrit ne dit pas tout car une partie doit rester cachée : Stromate I, I 14.3.

des écrits en grec? Au moins deux auteurs, ceux de *CH* XVI et *NH* VI, 6, semblent avoir tenté de résoudre ce problème.

Dans sa lettre au roi Ammon[84], Asclépios commence par parler de la clarté apparente des leçons hermétiques qui sont en réalité obscures et il poursuit: καὶ ἔτι ἀσαφεστάτη, τῶν Ἑλλήνων ὕστερον βουληθέντων τὴν ἡμετέραν διάλεκτον εἰς τὴν ἰδίαν μεθερμηνεῦσαι, «Et qu'elle (= la composition des leçons) sera encore beaucoup plus obscure quand les Grecs voudront plus tard traduire de notre langue vers la leur propre». Dans *NH* VI 61.18–62.1, Hermès fournit à son disciple de nombreuses indications pour qu'il puisse inscrire correctement sur des stèles la leçon qui vient de s'achever:

[18]ⲱ ⲡⲁϣⲏⲣⲉ ⲡⲉⲉⲓϫⲱⲙⲉ [19]ⲥⲁϩϥ̄ ⲁⲡⲉⲣⲡⲉ ⲛ̄ⲇⲓⲟⲥⲡⲟⲗⲓⲥ· [20]ϩⲛ̄ ϩⲉⲛⲥϩⲁⲓ̈ ⲛ̄ⲥⲁϩ ⲡⲣⲁ ⲛ̄ⲱ [21]ⲉⲕⲣ̄ⲟⲛⲟⲙⲁⲍⲉ ⲉⲑⲟⲓ̈ⲇⲟⲁⲥ [22] <ⲉⲧ>ⲟⲩⲱⲛϩ̄ ⲉⲃⲟⲗ ⲛ̄ⲑⲉⲛⲛⲁⲥ [...][28]ⲡⲉⲉⲓϫⲱⲙⲉ ϣϣⲉ ⲥⲥⲁϩϥ̄ [29]ⲉϩⲉⲛⲥⲧⲏⲗⲏ ⲛ̄ⲕⲁⲗⲗⲁⲉⲓⲛⲟⲥ [30]ϩⲛ̄ ϩⲛ̄ⲥϩⲉⲉⲓ ⲛ̄ⲥⲁϩ ⲡⲣⲁⲉⲓⲱ· [31]ⲡⲛⲟⲩⲥ ⲅⲁⲣ ⲟⲩⲁⲁϥ ⲛ̄ⲧⲁϥ [32]ϣⲱⲡⲉ ⲛ̄ⲛⲉⲡⲓⲥⲕⲟⲡⲟⲥ [62.1]ⲛ̄ⲛⲁⲓ̈

Mon fils, ce livre, écris-le dans le temple de Diospolis dans des lettres gravées de l'écrit de la «Maison de Vie», (livre) que tu appelleras *L'Ogdoade révélant l'Ennéade* [...]. Ce livre, il convient de l'écrire sur des stèles turquoise dans des lettres gravées de l'écrit de la «Maison de Vie» car c'est l'intellect lui-même qui est devenu un protecteur pour elles.

Les deux auteurs prétendent que la rédaction originelle est en égyptien, le grec n'intervenant que dans un second temps d'après *CH* XVI.

Dans les deux textes cités, l'angle d'approche est différent. Hermès parle de l'égyptien en tant qu'écriture, caractère gravé sur de la pierre, avec l'expression copte rare ϩⲉⲛⲥϩⲁⲓ̈ ⲛ̄ⲥⲁϩ ⲡⲣⲁⲛ̄ϣ en *NH* VI 61.20 (et ses deux variantes en 61.30 et 62.15), «les lettres gravées de l'écrit de la "Maison de Vie"». Asclépios utilise le terme technique linguistique des grammairiens grecs, διάλεκτον, dans le sens de langue nationale[85], avec la même connotation que Jamblique dans sa *Réponse d'Abamon à la lettre de Porphyre à Anébon* VII 4 (256)[86], où il s'agit de la langue

---

[84] Il est étonnant que T. McAllister Scott dans sa thèse *Egyptian Elements in Hermetic Literature*, *op. cit.*, n'a jamais abordé ce passage sur la traduction et la langue égyptienne.

[85] Il s'agit d'une définition stoïcienne qui opère un changement par rapport à la définition aristotélicienne où il s'agit de la langue articulée: W. Ax, *Laut, Stimme und Sprache. Studien zu drei Grundbegriffen der antiken Sprachtheorie*, Göttingen, Vandenhoeck & Ruprecht, 1986, p. 137, 201 et 210; idem, «ψόφος, φωνή und διάλεκτος als Grundbegriffe aristotelischer Sprachreflexion», *Glotta* 56 (1978), p. 245–271, repris dans *Lexis und Logos. Studien zur antiken Grammatik und Rhetorik*, Stuttgart, Franz Steiner Verlag, 2000, p. 19–39.

[86] Sur ce passage de Jamblique: J. Assmann, «Appendice: La théorie de la "parole divine" (*mdw nṯr*) chez Jamblique et dans les sources égyptiennes», in *Images et rites*

des peuples sacrés, celle qui est liée à une écriture traditionnelle et ancienne, les hiéroglyphes dans le cas de l'Égypte. Le rapprochement avec le texte de Jamblique fait ressortir le point de vue particulier de l'auteur hermétiste. Dans les deux cas, le locuteur est censé être égyptien, Asclépios pour le texte hermétique, le prêtre Abamon pour le texte de Jamblique[87]. Pourtant, alors qu'Abamon, c'est-à-dire Jamblique, parle de «tout le langage des peuples sacrés (τῶν ἱερῶν ἐθνῶν [...] τὴν ὅλην διάλεκτον) comme les Assyriens et les Égyptiens», énoncé qui instaure une certaine distance entre le locuteur et l'objet de son énoncé, Asclépios dit τὴν ἡμετέραν διάλεκτον, «notre langue» en *CH* XVI 1, ou πατρῴα διάλεκτος, «langue paternelle» en *CH* XVI 2. Avec ces deux locutions, Asclépios et l'auteur s'impliquent dans ce qu'ils disent et adoptent le point de vue égyptien[88].

Le choix de l'égyptien est cohérent dans la recherche de légitimité. En effet, au contraire du grec, la sacralité traditionnelle de l'égyptien, hiéroglyphique ou hiératique sacerdotal, est reconnue par tous. Les Égyptiens eux-mêmes utilisent l'expression *mdw nṯr*, traduite généralement par «paroles divines», pour désigner les hiéroglyphes, les définissant ainsi comme une parole inaudible qui émane du divin et se transmet dans le monde humain grâce aux signes hiéroglyphiques[89]. Ceux-ci sont le substitut de la parole de Rê, quand ce dieu s'éloigna des hommes après avoir pris connaissance du complot fomenté contre lui[90]. L'écriture hiéroglyphique n'est donc pas un simple vecteur graphique, elle a aussi le statut de science, avec son

---

de la mort dans l'Égypte ancienne. L'apport des liturgies funéraires. 4 séminaires à l'École Pratique des Hautes Études, Section des sciences religieuses, 17–31 mai 1999, Paris, Cybèle, 2000, p. 107–127.

[87] Voir le scholion préliminaire au texte de Jamblique, provenant d'une notice de Michel Psellus. Sur le sens du nom : H.D. Saffrey, «Réflexions sur la pseudonymie Abammôn-Jamblique», in H.D. Saffrey, *op. cit.*, 2000, p. 39–48; H.J. Thissen, «Ägyptologisches Beiträge zu den griechischen magischen Papyri», in U. Verhoeven and E. Graefe (eds.), *Religion und Philosophie im Alten Ägypten. Festgabe für Philippe Derchain*, Leuven, Peeters, 1991, p. 293–302; M. Broze et C. van Liefferinge, *op. cit.*, 2002, p. 37 et le commentaire de ces deux auteurs dans leur traduction de Jamblique, *op. cit.*, 2009, p. 185.

[88] Tout terme renvoyant explicitement aux hiéroglyphes ou à l'égyptien est absent du traité, mais la description de cette langue et le contexte égyptien revendiqué implique qu'il s'agit bien de l'égyptien.

[89] M. Broze, «La réinterprétation du modèle hiéroglyphique chez les philosophes de langue grecque», in L. Morra and C. Bazzanella (eds.), *Philosophers and Hieroglyphs*, Torino, Rosenberg & Sellier, 2003, p. 39–40; à comparer avec J. Assmann, *op. cit.*, 2000, p. 117.

[90] C'est ce que raconte le *Mythe de la Vache du Ciel*, plus particulièrement 237–250 et, pour le pouvoir des hiéroglyphes, 265–267. E. Hornung, *Der ägyptische Mythos*

mystère et ses secrets[91]. Cependant, l'auteur hermétiste, s'il partage ce lieu commun, n'en reste pas là; il s'attache à justifier le choix de la «langue paternelle» en mettant en avant une particularité égyptienne, à l'aide d'un vocabulaire technique emprunté aux grammairiens grecs (*CH* XVI 2):

> ὁ δὲ λόγος τῇ πατρῴᾳ διαλέκτῳ ἑρμηνευόμενος ἔχει σαφῆ τὸν τῶν λόγων νοῦν. καὶ γὰρ αὐτὸ τὸ τῆς φωνῆς ποιὸν καὶ ἡ τῶν Αἰγυπτίων ὀνομάτων ἐν ἑαυτῇ ἔχει τὴν ἐνέργειαν τῶν λεγομένων.

> Et l'énoncé exprimé dans la langue paternelle possède le signifié des mots clair; en effet, la qualité du son et l'(énonciation?[92]) des mots égyptiens possèdent en elles-mêmes la force des choses signifiées.

Asclépios parle ici de l'égyptien hiéroglyphique et met en avant, non le caractère linéaire du texte égyptien, mais la valeur performative du signe[93]. Il y a une adéquation entre le son, φωνή, et le sens, νοῦς, le son étant la force évocatrice du signifié. L'idée sous-jacente est celle des mots qui se réfèrent aux choses par nature et non par convention, idée qui est également partagée par Jamblique, mais qui s'oppose à la position d'Aristote[94]. L'auteur hermétiste rend assez bien compte de la pensée égyptienne, où il existe une association étroite entre la « chose » et le « signe » et où les signes hiéroglyphiques sont des images, *tjt*, de ce qui est[95]. L'écriture hiéroglyphique apparaît ainsi la plus proche de la réalité même des choses, et cette particularité justifie que l'auteur prétend l'utiliser pour transcrire l'enseignement hermétique.

Pour le lecteur moderne, ce renvoi à l'écriture égyptienne dans les deux traités copte et grec est une fiction. En effet, même si l'existence d'un texte démotique hermétique est possible[96], les textes grecs ne sont pas des traductions de l'égyptien, mais ont été écrits à l'origine en grec. Toutefois, il ne faut pas lire ces données uniquement en les

---

von der Himmelskuh. Eine Ätiologie des Unvollkommenen, Göttingen, Vandenhoeck & Ruprecht, 1982.

[91] P. Vernus, «Les espaces de l'écrit dans l'Égypte pharaonique», *BSFE* 119 (1990), p. 37.

[92] Un terme féminin est ici sous-entendu, peut-être ἡ φράσις, «énonciation».

[93] Sur ce passage: M. Broze, «La réinterprétation», *op. cit.*, 2003, p. 43.

[94] Jamblique, *Réponse d'Abamon* VII 5 (257); J. Assmann, *op. cit.*, 2000, p. 110. R. Mortley, *From Word to Silence*, vol. 1. *The Rise and Fall of Logos*, Bonn, P. Hanstein, 1986, p. 96–101.

[95] J.-P. Allen, *Genesis in Egypt. The Philosophy of Ancient Egyptian Creation Accounts*, New Haven, Yale University Press, 1988, p. 91; voir le décret de Canope dans la version de la stèle de Tanis, l. 64 pour le texte hiéroglyphique et l. 29–30 pour le texte démotique, dans W. Spiegelberg, *op. cit.*, 1990.

[96] Voir l'introduction pour la bibliographie.

confrontant au monde réel ; il faut aussi les replacer dans le monde du destinataire envisagé par l'auteur hermétiste[97]. Elles acquièrent alors une dimension nouvelle et ont des implications à la fois sur le cadre religieux de la mise par écrit, sur la valeur accordée à l'enseignement et sur le problème de la traduction.

b. *Le cadre rituel de la mise par écrit*

Les auteurs de *CH* XVI et *NH* VI, 6 mettent en place ce cadre grâce à un choix lexical précis – notamment pour désigner l'écriture égyptienne dans l'*OgdEnn* – et à une mise en situation, avec l'affirmation de l'autorité d'Hermès.

L'auteur du traité copte désigne trois fois l'écriture égyptienne au moyen d'une expression copte rare, avec une variation orthographique : en *NH* VI, 61.20 ϩⲉⲛⲥϩⲁⲓ ⲛⲥⲁϩ ⲡⲣⲁⲛϣ, en *NH* VI, 61.30 ϩⲛ̄ⲥϩⲉⲉⲓ ⲛ̄ⲥⲁϩ ⲡⲣⲁⲉⲓϣ et en *NH* VI, 62.15 ϩⲛ̄ⲥϩⲁⲉⲓ ⲛ̄ⲥⲁϩ ⲡⲣⲁⲉⲓϣ. E. Lucchesi[98] a, à juste titre, rapproché ⲡⲣⲁⲛϣ de ⲥⲫⲣⲁⲛϣ que nous lisons à deux reprises dans la version bohaïrique de Gn 41[99], soulignant que cela confirmait l'intuition de B. Gunn ; ce dernier avait relié les ⲛⲓⲥⲫⲣⲁⲛϣ égyptiens de Gn 41 à la « Maison de Vie » égyptienne[100], faisant dériver étymologiquement ⲡⲣⲁⲛϣ de l'égyptien « pr ʿnḫ » et soulignant que l'interprétation des rêves était une fonction des prêtres égyptiens. L'expression hermétique signifie ainsi littéralement « les lettres gravées de l'écrit de la "Maison de Vie" », c'est-à-dire les hiéroglyphes, qui étaient gravés. La référence aux hiéroglyphes explique pourquoi des savants traduisent par « caractères hiéroglyphiques »[101] ; cette traduction sémantiquement correcte a le désavantage de privilégier une tournure d'origine grecque à une d'origine égyptienne. Or la traduction devrait rester littérale, comme celle proposée ci-dessus[102], et l'indication qu'il

---

[97] Sur cette problématique : S. Rabau, *op. cit.*, p. 30–31.

[98] E. Lucchesi, « À propos du mot copte "Sphransh" », *JEA* 61 (1975), p. 254–256.

[99] Gn 41.8 : ⲁϥⲟⲩⲱⲣⲡ ⲁϥⲙⲟⲩϯ ⲉⲛⲓⲥⲫⲣⲁⲛϣ ⲛⲧⲉ ⲭⲏⲙⲓ ⲛⲉⲙ ⲛⲓⲥⲁⲃⲉⲩ ⲧⲏⲣⲟⲩ, « il fit appeler tous les interprètes de l'Égypte et tous les sages » et 41.24 : ⲁⲓⲭⲉ [...] ⲟⲩⲛ ⲛⲛⲓⲥⲫⲣⲁⲛϣ, « j'ai [...] donc dit aux interprètes ». Voir M.K.H. Peters, *A Critical Edition of the Coptic (Bohairic) Pentateuch. Vol. 1, Genesis*, Atlanta, Scholars Press, 1985.

[100] B. Gunn, « Interpreters of Dreams in Ancient Egypt », *JEA* 4 (1917), p. 252.

[101] J.-P. Mahé, *op. cit.*, 1978, p. 83 et 85 ; J. Brashler, P.A. Dirkse and D.M. Parrott, *op. cit.*, p. 367 et 369 ; A. Camplani, *Scritti*, *op. cit.*, 2000, p. 152 et 153.

[102] C'est la traduction adoptée par K.-W. Tröger, *op. cit.*, 1973, col. 501 et 502, reprise dans K.-W. Tröger, *op. cit.*, 2003, p. 516 et n. 118 : « Schriftzeicher der Schreiber des Lebens-Hauses » ; H.-M. Schenke, « Faksimile Ausgabe der Nag Hammadi Schriften. Nag Hammadi Codex VI », *OLZ* 69 (1974), col. 241–242 : « Schrift der Gelehrten des

s'agit des hiéroglyphes être mise dans les notes ou le commentaire, et non l'inverse. Quant à E. Lucchesi, il préfère traduire : « en lettres (caractères) de scribe de la maison de ʿnḫ »[103], car il se demande de quel ʿnḫ il s'agit : la « vie » ou le « serment » qui, en égyptien, se dit également ʿnḫ et en copte ⲁⲛⲁϣ[104]. G. Roquet se pose la même question et propose de traduire par « le domaine / bureau / maison des décrets »[105]. Toutefois, P. Derchain a relevé, dans le *Papyrus Salt* 825 V, 5 et suivantes, une glose qui explique la graphie singulière avec quatre signes ☐ disposés selon les quatre points cardinaux et un signe ⚲ au centre : il s'agit des corps de bâtiments et du vivant, Osiris, en fait le lieu où la figurine momiforme de ce dieu est conservée[106]. N'ayant pas mené une recherche spécifique sur le terme ʿnḫ, nous continuerons par commodité de parler de « Maison de Vie ».

Cette expression est très proche d'un syntagme égyptien utilisé dans le texte du décret de Canope du 7 mars 238 avant J.-C. : « tꞽt.w m sš.w [nw pr-ʿnḫ] » en égyptien hiéroglyphique (l. 64 de la version de la stèle de Tanis), « nꜣ tꞽtꜣ nꜣ sḫ.w pr-ʿnḫ » en démotique (l. 29–30 de la même version), expression traduite en grec par τὰ ἐπίσημα τῆς ἱερᾶς γραμματικῆς (aussi bien dans la version de la stèle de Kôm el-Hisn, *I.Prose* 8, l. 54, que dans celle de la stèle de Tanis, *I.Prose* 9, l. 64)[107] et que nous pourrions traduire par « les empreintes des scribes de la "Maison de Vie" »[108]. Nous retrouvons presque la même structure grammaticale dans les versions hiéroglyphique, démotique et copte, comme le montre le tableau suivant :

Lebenshauses ». M. Krause und P. Labib, *op. cit.*, p. 181 et 182 : leur traduction n'est pas si éloignée avec *Meisterbuchstaben*, « Lettres du maître ».

[103] E. Lucchesi, « À propos », *op. cit.*, 1975, p. 255.

[104] E. Lucchesi, « À propos », *op. cit.*, 1975, p. 255 n. 3.

[105] Cette remarque a été faite lors de la soutenance de thèse le 5 janvier 2006.

[106] P. Derchain, *Le Papyrus Salt 825 (B.M. 10051), rituel pour la conservation de la vie en Égypte*, Bruxelles, Palais des Académies, 1965, p. 48–49 et p. 167 n. 72. Voir aussi *idem*, « Le tombeau d'Osymandyas et la maison de la vie à Thèbes », *Nachrichten der Akademie der Wissenschaften in Göttingen. I. Philo-Historische Klasse* 8 (1965), p. 168.

[107] Pour les stèles de Kôm el-Hisn et de Tanis donnant le décret de Canope, voir les références données ci-dessus.

[108] A. Bernand, *op. cit.*, t. I, 1992, p. 26 et p. 32 : l'auteur donne la traduction suivante : « les caractères de l'écriture sacrée ». Sur le terme « tꞽt » pour désigner les hiéroglyphes : L. Motte, « L'hiéroglyphe, d'Esna à l'Évangile de Vérité », in *Deuxième journée d'études coptes. Strasbourg 25 mai 1984*, Louvain/Paris, Peeters, 1986, p. 114.

Tableau 3. Les « lettres de la “Maison de Vie” » : comparaison grammaticale entre l’égyptien et le copte.

Écriture	Nom 1	Marque du génitif	Nom 2 : complément du nom 1	Marque du génitif	Nom 3 : complément du nom 2
Hiéroglyphe	tjt.w	m	sš.w	nw	pr-ʿnḫ
démotique	nꜣ tjtꜣ		nꜣ sẖ.w		pr-ʿnḫ
Copte	ϩⲉⲛⲥϩⲁï, ϩⲛ̄ⲥϩⲉⲉⲓ	ⲛ	ⲥⲁϩ		ⲡⲣⲁⲛ̄ϣ, ⲡⲣⲁⲉⲓϣ

Cependant, l’*OgdEnn* est une traduction du grec, et nous pouvons nous demander quelle serait la rétroversion grecque. Cela pourrait être l’expression grecque habituelle ἱερὰ γράμματα, elle-même une traduction interprétative de l’égyptien hiéroglyphique « m sš n pr-ʿnḫ » et du démotique « n sẖ pr-ʿnḫ » ; ou bien un syntagme analogue à celle de la version grecque des stèles de Kôm el-Hisn et de Tanis, τὰ ἐπίσημα τῆς ἱερᾶς γραμματικῆς ou d’autres similaires. Quoi qu’il en soit, il ne s’agirait pas d’une expression traduite littéralement des différentes expressions égyptiennes, car une telle traduction ne semble pas avoir existé ou, du moins, nous n’en avons aucune attestation. Ainsi, quelle que soit la version grecque originale[109], elle-même une interprétation de l’égyptien, le fait que le traducteur copte l’ait réinterprétée en sens inverse fait de lui un bon connaisseur des réalités traditionnelles égyptiennes[110], et pose la question de ses relations possibles avec le milieu de la prêtrise égyptienne[111]. Une telle hypothèse sur le traducteur n’est

[109] J.-P. Mahé a opté pour la première hypothèse, estimant qu’« il faut se garder d’attribuer à notre texte une précision qu’il ne comportait pas primitivement, du moins dans l’intention du rédacteur grec » : *op. cit.*, 1978, p. 34.

[110] À ce sujet : N. Förster, « Zaubertexte in ägyptischen Tempelbibliotheken und die hermetische Schrift “Über die Achtheit und Neunheit” », in M. Immerzeel and J. van der Vliet (eds), *Coptic Studies on the Threshold of a new Millennium. II- Proceedings of the Seventh International Congress of Coptic Studies. Leiden 2000*, Leuven/Paris, Peeters, 2004, p. 723–737. N. Förster montre que l’existence de livres dans les temples égyptiens et leur contenu général sont connus des contemporains grecs et romains à travers les récits de voyageurs et les écrits de prêtres comme Chérémon d’Alexandrie. Il estime que l’*OgdEnn* appartient à l’histoire de l’influence des temples et est un témoin du prestige dont jouit leur bibliothèque.

[111] La présence de ⲡⲣⲁⲛϣ̄ dans des traductions de textes bibliques incite également à s’interroger sur les relations entre le milieu des traducteurs coptes et celui de la prêtrise égyptienne.

pas vraiment remise en cause par la variation orthographique ⲡⲣⲁⲛ̄ⲱ /
ⲡⲣⲁⲉⲓⲱ qui serait tout à fait normale[112].

Avec cette prétention d'une rédaction originelle en égyptien et la
mention d'une «Maison de Vie», les auteurs hermétistes présentent
donc Hermès (*NH* VI, 6) et Asclépios (*CH* XVI) comme des scribes qui
dépendent de la «Maison de Vie» et comme des «spécialistes en science
sacerdotale»[113], c'est-à-dire des prêtres, puisque eux seuls apprennent
l'écriture hiéroglyphique et l'utilisent précisément au sein de la «Maison
de Vie». Cette dernière, présente probablement dans chaque temple
égyptien[114], joue un rôle important dans leur vie. Selon A.H. Gardiner,
«la "Maison de Vie" n'a jamais été une école ou une université, mais
était plutôt un scriptorium où les livres liés à la religion et matières
connexes étaient compilés», et l'aspect productif de la «Maison de Vie»
était important, puisque «c'était l'atelier où la plupart des livres et inscriptions sacrés étaient composés et écrits»[115]. Les études ultérieures ont
montré que l'on ne peut restreindre ainsi les fonctions de la «Maison
de Vie»[116]. Partie intégrante du temple, la «Maison de Vie» est un

---

[112] J.-P. Mahé, *op. cit.*, 1978, p. 125. Quant à E. Lucchesi, «À propos», *op. cit.*,
1975, p. 255, il en tire une conclusion négative sur le copiste: «la transition de ⲛ à
ⲉⲓ n'est pas chose bien compliquée, surtout en présence d'une locution qui échappait
sûrement à la compréhension du copiste». Si le copiste peut ne pas avoir été aussi
bien renseigné que le traducteur, il ne faut pas forcément conclure à une erreur de
sa part. Vu la proximité des différentes occurrences les unes des autres, il est difficile de croire que le copiste ne s'en serait pas aperçu. De plus, on peut observer des
variations analogues pour des mots courants, comme le ⲥⲍⲁⲓ de cette expression, écrit
à chaque fois de manière différente. Il n'est pas toujours nécessaire d'appliquer nos
propres conceptions de l'orthographe à la situation antique. On pourrait parler d'une
«variation libre», pour reprendre une expression utilisée par G. Roquet, «Variation
libre, tendance, durée. De quelques traits de langue dans les Nag Hammadi Codices»,
in *Écritures et traditions dans la littérature copte. Journée d'études coptes. Strasbourg
28 mai 1982*, Louvain, Peeters, 1983, p. 28–36.
[113] P. Vernus, *op. cit.*, 1990, p. 39.
[114] K. Nordh, *Aspects of ancient Egyptian Curses and Blessings. Conceptual Background and Transmission*, Uppsala, Acta Universitatis Upsaliensis, 1996, en particulier
p. 109 et 110 et Appendice I.
[115] A.H. Gardiner, «The House of Life», *JEA* 24 (1938), p. 175: «the ⌐𓉼⌐ was
neither a school nor a university, but was rather a scriptorium where books connected
with religion and cognate matters were compiled» et p. 176: «this was the workshop
where most sacred books and inscriptions were composed and written». Plus généralement, p. 157–179.
[116] A. Volten, *Demotische Traumdeutung (Pap. Carlsberg XIII and XIV verso)*,
Kopenhagen, E. Munksgaard, 1942, p. 17–44; P. Derchain, *Le Papyrus, op. cit.*, 1965;
M. Weber, «Lebenshaus», *LÄ* III, 1980, col. 954–958; K. Nordh, *op. cit.*, p. 106–130 +
Appendices I-III.

microcosme où sont regroupées des activités d'érudition[117] (une biblio-thèque[118]), de production (comme la composition et la copie) et les pratiques rituelles[119]. Un de ses buts est de maintenir et de répandre Maât, structure de la vie ordonnée, et aussi de protéger le pharaon et les dieux, au moyen de cérémonies, dont le *Papyrus Salt* 825 serait une sorte d'«aide-mémoire» pour le cérémoniaire chargé de ces rites[120]. Le personnel de la «Maison de Vie» constitue l'élite des hommes édu-qués en Égypte[121], et son principal patron est Thot. Les centres d'inté-rêt sont multiples: rites, mythes, médecine, astrologie et astronomie, magie, interprétation des rêves, etc. La «Maison de Vie» est donc un des lieux les plus importants pour la transmission des textes en Égypte. En tant que bâtiment, elle est «une métaphore du monde»[122]. Affirmer donc qu'il faut écrire en hiéroglyphes ou, de manière plus précise, en caractères employés par les scribes de la «Maison de Vie» place dans le cadre religieux et sacré de ce lieu les activités de composition et d'écriture des textes hermétiques et, pourquoi pas, l'enseignement lui-même, ce qui correspondrait aux fonctions de la «Maison de Vie» énumérées ci-dessus. C'est faire de la stèle gravée (*NH* VI 61–62) et des écrits hermétiques (*CH* XVI 1–2) des produits de la «Maison de Vie» et c'est leur accorder une valeur religieuse et rituelle. En effet, «la gravure [des inscriptions hiéroglyphiques] constitue un acte cultuel permanent»[123], et l'écriture hiéroglyphique est l'une des «marques positives» qui confèrent la sacralité au document[124].

Par conséquent, dans les mondes des protagonistes et du destinataire, placer la rédaction des écrits hermétiques dans le cadre de la «Maison

---

[117] A. Volten, *op. cit.*, p. 37–38; K. Nordh, *op. cit.*, p. 108.

[118] V. Wessetzky, «Die ägyptische Tempelbibliothek. Der Schlüssel der Lösung liegt doch in der Bibliothek des Osymandyas?», *ZÄS* 100 (1973), p. 54–59. P. Derchain, «Le tombeau», *op. cit.*, 1965, p. 165–171.

[119] En particulier, le récit de la *Stèle de la famine*: M. Lichtheim, *op. cit.*, 1980, p. 94–103.

[120] P. Derchain, *Le Papyrus*, *op. cit.*, 1965, p. 19. Voir aussi F.-R. Herbin, «Les pre-mières pages du papyrus Salt 825», *BIFAO* 88 (1988), p. 95–112 + pl. VII.

[121] K. Nordh, *op. cit.*, p. 108 et Appendice II.

[122] K. Nordh, *op. cit.*, p. 112.

[123] P. Derchain, «Les hiéroglyphes à l'époque ptolémaïque», in C. Baurain, C. Bonnet et V. Krings, *Phoinikeia Grammata: Lire et écrire en Méditerranée. Actes du colloque de Liège, 15–18 novembre 1989*, Namur, Société des Études Classiques, 1991, p. 253.

[124] Sur les marques de la sacralité: P. Vernus, *op. cit.*, 1990, p. 42–43 (il en dénombre quatre); *idem*, «Supports d'écriture et fonction sacralisante dans l'Égypte ancienne», in *Le Texte et son inscription*, Paris, Éditions du CNRS, 1989, p. 26; F. Servajean, *op. cit.*, p. 81 n. 84: il ajoute une cinquième marque de sacralité.

de Vie» revient à leur conférer une grande autorité, faisant d'eux de véritables livres de Thot, patron des scribes de la «Maison de Vie» et auteur présumé de nombreux livres produits dans ce microcosme. En Égypte, Thot agit aussi parfois à l'instigation d'autres dieux[125], notamment de Rê. Celui-ci en fait son remplaçant et scribe[126], et les écrits de Thot deviennent les remplaçants de la parole désormais inaudible du dieu Rê. Ces écrits sont d'ailleurs parfois appelés «*b3w* (émanations) de Rê»: ils permettent au dieu de se faire voir ou entendre grâce aux écrits[127]. Dans les traités hermétiques, les auteurs ne font aucune référence claire à une autorité supérieure qui ordonnerait à Hermès de mettre son enseignement par écrit. Dans *NH* VI, 61–62, l'initiative appartient à Hermès; c'est également le cas dans *SH* 23.5, quand Isis enseigne à Horus qu'Hermès «grava (ἐχάραξε) les choses sur lesquelles il avait réfléchi». L'écriture est donc réalisée sous l'autorité de celui qui reçut la «Révélation primordiale», Hermès. Cependant, n'y aurait-il pas une variante de l'idée de remplacement? Les traités hermétiques, écrits par Hermès et/ou placés sous son autorité, transcrivent, pour le destinataire du traité, sa parole grâce à la mise en scène d'une leçon orale ou d'une lettre qui serait délivrée par Hermès; cette transcription remplacerait Hermès en son absence, notamment quand il remonte au ciel selon le récit d'Isis au début de *SH* 23.

L'auteur de l'*OgdEnn* ajoute un élément: il fait de l'action d'Hermès l'équivalent de celle du clergé égyptien de l'époque ptolémaïque, avec la même autorité et la même capacité à prendre des décisions et à donner des ordres. En effet, il a structuré son traité de manière analogue aux différents décrets tri- ou bilingues issus de synodes de prêtres, tels que le décret de Canope de mars 238 avant J.-C. ou celui dont il ne subsiste que quelques fragments dans le dromos de Karnak et qui date de Ptolémée V[128], évidemment sans la formule de datation. Certes, ces documents sont antérieurs à l'époque présumée de la rédaction de *NH* VI, 6, mais cela pose à nouveau la question du lien entre le traducteur, l'auteur et les milieux de la prêtrise égyptienne avec leurs archives. Le

---

[125] S. Schott, «Thot als Verfasser heiliger Schriften», *ZÄS* 99 (1972), p. 20–25 et plus particulièrement p. 22–23. J. Quaegebeur, *op. cit.*, 1995, p. 167 et suivantes où l'auteur montre qu'il faut différencier le rédacteur et l'auteur d'un texte.

[126] *Mythe de la Vache du Ciel* 237–250; E. Hornung, *op. cit.*, 1982, p. 45.

[127] *La Stèle de la famine* 5. M. Lichtheim, *op. cit.*, 1978, p. 101 n. 8; M. Broze, «La réinterprétation», *op. cit.*, 2003, p. 40; P. Derchain, *Le Papyrus*, *op. cit.*, 1965, p. 19.

[128] G. Wagner, «Inscriptions grecques du temple de Karnak. A- Le décret ptolémaïque du dromos de Karnak», *BIFAO* 70 (1971), p. 1–21.

corps du texte des décrets consiste dans le récit des décisions prises[129], tandis que, dans l'*OgdEnn*, il s'agit de l'enseignement oral. Ce corps fait ensuite place à l'ordre de graver, c'est-à-dire d'afficher[130] ce récit, avec le même schéma dans les deux cas : 1° indication du type de support : stèle de pierre, στήλη λιθίνη (dure ou bronze) pour les décrets, et stèles de pierres de nature différente dans le texte copte ; 2° indication de l'écriture employée : deux dans les décrets (le grec et l'égyptien) ou trois (quand les écritures égyptiennes sont différenciées) ; une seule pour le traité copte, l'égyptien hiéroglyphique ; 3° indication du lieu où les stèles seront déposées : le lieu le plus accessible et le plus en vue des temples dans les décrets, et le ⲡⲁⲟⲩⲱⲡⲉ / ⲟⲩⲱⲡⲉ[131] d'un seul temple, celui de Diospolis dans l'*OgdEnn*. Il existe cependant une différence majeure : dans le cas des décrets synodaux ptolémaïques, les stèles elles-mêmes ont été préservées, souvent en fragments[132], tandis que dans le cas hermétique, c'est le document « originel » qui a été conservé et non la stèle (qui n'a vraisemblablement jamais existé).

Les hermétistes ont donc tout fait pour que la production écrite soit digne de l'enseignement hermétique et en harmonie avec son caractère divin. L'écriture hiéroglyphique, « paroles divines », est celle qui pouvait le mieux convenir à cet enseignement, étant elle-même d'origine divine et le plus en adéquation avec les choses créées. Affirmer écrire en écriture hiéroglyphique implique également tout un cadre rituel au sein d'un temple avec des prêtres. Dans ces conditions, l'enseignement hermétique acquiert une efficacité et une valeur performative. Nous pouvons mentionner à ce sujet l'étude de J.P. Sorensen sur *CH* XVI[133] qui s'intéresse à la pensée égyptienne qui serait à l'arrière-plan du texte. Il estime ainsi, en donnant des exemples égyptiens, que *CH* XVI ne relève pas d'une pensée philosophique ou religieuse structurée, mais qu'il a une efficacité

---

[129] Voir l'examen de la composition des décrets par W. Clarysse, « Ptolémées et temples », in D. Valbelle et J. Leclant (dir), *Le Décret de Memphis. Colloque de la Fondation Singer-Polignac à l'occasion de la célébration du bicentenaire de la découverte de la Pierre de Rosette*, Paris, De Boccard, 1999, p. 48–50.

[130] D. Valbelle, « Les décrets égyptiens et leur affichage dans les temples », in D. Valbelle et J. Leclant (dir), *op. cit.*, p. 67–90.

[131] Nous étudions la signification de ce syntagme p. 160–163.

[132] Plusieurs copies ont donc été conservées. Voir la liste fournie par W. Clarysse, *op. cit.*, 1999, p. 42–46. Dans le cas des décrets antérieurs, quelques-uns ont été conservés sur leur support originel, le papyrus : D. Valbelle, *op. cit.*, 1999, p. 67.

[133] J.P. Sorensen, « Ancient Egyptian Religious Thought and the XVIth Hermetic Tractate », in G. Englund, *The Religion of the Ancient Egyptians: Cognitive Structures and Popular Expressions*, Uppsala, University of Uppsala, 1989, p. 41–57.

rituelle, avec une conséquence structurelle : le texte est composé de plusieurs séries d'images qui se reflètent les unes les autres.

Cette prétention est affirmée dans deux traités seulement. S'il est difficile de tirer des conclusions générales, le cadre égyptien d'autres traités et le rappel des ancêtres égyptiens pourraient indiquer que cette prétention se trouve aussi à l'arrière-plan d'autres traités, d'autant plus qu'elle est utile pour rehausser le prestige de l'enseignement et de l'écrit. Cependant, elle contraste avec la réalité historique, puisque ces textes ont été composés et transmis en grec et que le destinataire les lit en grec. Comment les auteurs hermétistes peuvent-ils justifier ce contraste ? Une solution est d'envisager une traduction, et seul l'auteur de *CH* XVI en parle.

3. *Traduire ou ne pas traduire*

Le grec et la traduction sont nécessaires pour une diffusion, même limitée. Pour le lecteur moderne, cette question est paradoxale, puisque, dans les faits, la traduction n'a pas eu lieu (du moins pas de l'égyptien vers le grec), la rédaction originelle étant en grec. En revanche, dans le monde du destinataire, ce paradoxe n'existe probablement pas. En effet, comme plusieurs de ses contemporains, le destinataire antique est probablement convaincu qu'Hermès Trismégiste est l'Égyptien par excellence[134] et qu'il est versé dans les hiéroglyphes. Pour lui, la prétention d'une production égyptienne originelle renvoie à une réalité avérée. Cependant, des hermétistes, dont le porte-parole est l'auteur de *CH* XVI[135], sont loin de justifier la traduction ; un nouveau paradoxe survient alors – le second pour le lecteur moderne, mais le premier pour le destinataire – : le texte est prétendument traduit en grec, alors que ce même texte interdit la traduction. Il ne suffit pas d'expliquer ces paradoxes en affirmant que l'opposition au grec est un lieu commun[136] ou que l'auteur, obligé d'écrire en grec tout en partageant l'opinion

---

[134] Porphyre, *De l'abstinence* II 47.1 et A.-J. Festugière, « Une source hermétique de Porphyre : l'Égyptien du *De abstinentia* », *REG* 49 (1936), p. 586–595. Ceci a été repris par J. Bouffartigue et M. Patillon, « Notices », in Porphyre, *De l'abstinence*, Paris, Les Belles Lettres, 1977, p. 37–39, et les auteurs parlent d'une relation « non pas linéaire, mais triangulaire (sources communes) » (p. 39). Jean Lydus, *De mensibus* IV 32. Jean Damascène, *La Passion de saint Artémius* 28.10, PG 96.1277 A.G. Fowden, *op. cit.*, 2000, p. 48.

[135] Sur l'inspiration égyptienne dans ce traité : P. Derchain, *op. cit.*, 1962, p. 178–179.

[136] A.-J. Festugière, *op. cit.*, vol. 2, 1990, p. 17 : il estime qu'il y a « un lieu commun en accord avec la mode de l'orientalisme » et il s'étend moins sur le sujet.

commune sur la traduction, adopte l'attaque comme la meilleure défense possible de sa tradition[137]. Ces paradoxes ont une fonction spécifique vis-à-vis du destinataire, même si ce dernier n'est conscient que d'un seul, et, pour les comprendre, il est utile de replacer *CH* XVI dans le débat contemporain sur la traduction.

a. *Une conception hermétique de la traduction*

L'auteur de *CH* XVI construit une mise en scène réaliste: il mêle des éléments passés de l'histoire égyptienne (rôle des protagonistes) et présents (débat sur la traduction); avec la prophétie d'Asclépios au roi Ammon, il projette dans le futur des protagonistes, une situation qui est déjà présente dans son propre monde. Asclépios apparaît comme le conseiller du roi Ammon, au même titre que son homologue égyptien Imouthès auprès de Djoser. Le roi[138], auquel Asclépios conseille fortement de ne pas traduire les écrits d'Hermès (à moins que cela ne soit les siens), est présenté comme celui qui a autorité sur les ouvrages, pouvant interdire leur traduction. Il apparaît comme le protecteur des ouvrages contre toute détérioration, dont l'une des plus importantes est certainement la perte d'efficacité due à une traduction inadéquate. Ce rôle fait songer à celui, divergent, de Ptolémée II dans la légende sur la Septante, rapportée par la *Lettre d'Aristée à Philocrate*[139]: Ptolémée II, ou son bibliothécaire Démétrios de Phalère, fit traduire les cinq livres du Pentateuque et réunit pour cette entreprise soixante-douze traducteurs.

«Puisses-tu conserver la leçon non traduite»: l'auteur hermétiste transpose dans le monde des protagonistes le débat sur la traduction de textes religieux. Ces derniers sont en hiéroglyphes ou en hiératique sacerdotal; or, ces écritures sont de moins en moins écrites, lues et comprises aux alentours de l'ère chrétienne, et ce seulement par une infime minorité de lettrés égyptiens, les prêtres de la «Maison de Vie». Des textes religieux et des rituels funéraires sont alors traduits en

---

[137] G. Fowden, *op. cit.*, 2000, p. 67–68.

[138] Ce rôle du roi n'est pas abordé par T. McAllister Scott dans le chapitre qu'il consacre à la royauté dans la littérature hermétique aux pages 72–96 de sa thèse.

[139] *Lettre d'Aristée à Philocrate* II § 11, IV et V. Sur ce texte: «La lettre d'Aristée», in A.-M. Denis et collaborateurs, *Introduction à la littérature religieuse judéo-hellénistique: Pseudépigraphes de l'Ancien Testament*, t. II, Turnhout, Brepols, 2000, n° 31, p. 911–946, avec une synthèse récente et des notes bibliographiques abondantes.

démotique[140], avant que le démotique ne fasse lui aussi l'objet de traduction en grec[141], ce qui conduit à des interactions culturelles gréco-égyptiennes[142]. Dans ce contexte, le grec a un certain pouvoir attractif, dont l'auteur hermétiste est conscient. En effet, à partir de l'époque hellénistique[143], le grec s'impose jusque dans les plus bas échelons du fonctionnement local, conduisant à un bilinguisme oral et écrit[144], des lettrés utilisant aussi bien le grec que le démotique dans leur correspondance. Cependant, face à la traduction de textes religieux, les milieux sacerdotaux égyptiens sont divisés, en fonction de différentes

---

[140] C'est le cas par exemple du rituel funéraire des deux papyrus Rhind de l'an 9 av. J.-C.: G. Möller, *Die beiden Totenpapyrus Rhind des Museums zu Edinburg*, Leipzig, J.C. Hinrichs, 1913. Bien que le démotique soit un héritier de la langue égyptienne classique, on peut vraiment parler de traduction, car la grammaire, l'écriture et la vocalisation des mots ont changé. Un lettré lisant le démotique ne connaît pas forcément le hiératique ni les hiéroglyphes.

[141] Par exemple, le *Songe de Nectanébo* et le *Mythe de l'œil du Soleil*. Cf. M. Chauveau, «Bilinguisme et traductions», in D. Valbelle et J. Leclant (dir), *op. cit.*, p. 36 et 38. B. Rochette, «La traduction de textes religieux dans l'Égypte gréco-romaine», *Kernos* 8 (1995), p. 162. Sur le phénomène de la traduction en général en Égypte, aussi avec le latin: B. Rochette, «Traducteurs et traductions dans l'Égypte gréco-romaine», *ChrE* 69, fasc. 138 (1994), p. 313–322.

[142] Si ceux-ci sont essentiellement attestés dans un seul sens, on a pu toutefois déceler des influences grecques dans certaines œuvres égyptiennes: H.J. Thissen, «"Der Grosse Pan ist gestorben". Anmerkungen zu Plutarch, "De def. or. c. 17"», in F. Labrique (éd.), *op. cit.*, p. 177–183; M. Broze, «Le rire et les larmes du démiurge. La cosmogonie de Neith à Esna et ses parallèles en grec», *Égypte, Afrique et Orient* 29 (2003), p. 5–10. Voir également des textes magiques démotiques tardifs où des mots grecs sont transcrits en démotique: l'index de J.F. Quack, «Griechische und andere Dämonen in den spätdemotischen magischen Texten», in T. Schneider (hrsg.), *Das Ägyptische und die Sprachen Vorderasiens, Nordafrikas und der Ägäis. Akten des Basler Kolloquiums zum ägyptisch-nichtsemitischen Sprachkontakt. Basel 9.–11. Juli 2003*, Münster, Ugarit-Verlag, 2004, p. 489; dans le même volume, F. Feder, «Der Einfluss des Griechischen auf das Ägyptische in ptolemäisch-römischer Zeit», p. 509–521. Lire les réflexions stimulantes de R.K. Ritner, «Implicit Models of Cross-Cultural Interaction: a Question of Noses, Soap and Prejudices», in J.H. Johnson (ed.), *Life in a Multi-cultural Society. Egypt from Cambyses to Constantine and Beyond*, Chicago, The Oriental Institute of the University of Chicago, 1992, p. 283–290.

[143] Pour ce qui suit: W. Peremans, «Le bilinguisme dans les relations gréco-égyptiennes sous les Lagides», in E. Van't Dack, P. Van Dessel and W. Van Gucht, *Egypt and the Hellenistic World: Proceedings of the International Colloquium, Leuven 24–26 May 1982*, Louvain, Publications Universitaires de Louvain, 1983, p. 254–280; P. Vernus, *op. cit.*, 1990, p. 35–56; *idem*, «Langue littéraire et diglossie», in A. Loprieno, *Ancient Egyptian Literature. History and Forms*, Leiden, Brill, 1996, p. 555–567; M. Chauveau, *op. cit.*, p. 25–39. Voir aussi W. Clarysse, *op. cit.*, p. 53–58.

[144] Le bilinguisme grec – égyptien s'ajoute, dans le cas des prêtres, au bilinguisme ou même à la diglossie interne à la culture égyptienne avec d'une part, les hiéroglyphes et le hiératique pour la science sacrée et d'autre part, le démotique pour la vie quotidienne et les tâches administratives.

conceptions de l'écrit et de son efficacité[145]. L'auteur hermétiste relèverait du groupe condamnant la traduction et semble vouloir conjurer la réalité. Il serait probablement d'accord avec ces quelques mots de B. Rochette: «Faire passer un texte religieux dans une autre langue, c'est faire perdre aux mots leur force et faire disparaître l'auréole que confère à la civilisation égyptienne l'ancienneté»[146]. En substance, c'est exactement ainsi qu'il justifie sa position dans sa lettre au roi Ammon: il juge sévèrement la langue des Grecs, simple bruit de mots lesquels n'ont aucune efficacité. Ce jugement négatif et l'opposition à la traduction sont partagés par des auteurs tels Flavius Josèphe, Jamblique et Origène pour qui la traduction de textes sacrés ou de noms divins annule leur efficacité, leur puissance et leur sens[147].

Cependant, dans le contexte hermétique, une telle opinion négative conduit à un second paradoxe pour le destinataire (corollaire du premier): elle reviendrait à affirmer que *CH* XVI tout entier, lu en grec par le destinataire, n'est qu'un bruit de mots et n'a aucune efficacité, ce qui ne ferait qu'invalider l'enseignement en question. Il est donc difficile de résoudre le premier paradoxe du destinataire (un texte en grec qui interdit la traduction en grec) en se contentant de dire que la traduction est le résultat du non-respect de l'interdiction. Pour l'auteur, comment rendre valide pour le destinataire un écrit invalidé par l'emploi du grec? Répondre à cette question nécessite, selon nous, de prendre en compte une conception de la traduction en relation avec la différence entre, d'une part, la lettre d'un texte (la λέξις) et, d'autre

---

[145] C. Préaux, «De la Grèce Classique à l'Égypte Hellénistique. Traduire ou ne pas traduire», *ChrE* 42, fasc. 84 (1967), p. 369–383. L'auteur relie la décision de traduire ou non au degré de rationalité ou d'efficacité accordé au texte. D.N. Wigtil, *The Translation of Religious Texts in the Greco-Roman World*, Thèse 1980, Minnesota, University of Minnesota, 1980, UMI, Ann Arbor, 1980: l'auteur fait une revue rapide des différentes positions face à la traduction (p. 19–22). B. Rochette, *op. cit.*, 1995, p. 151–166.

[146] B. Rochette, *op. cit.*, 1995, p. 152.

[147] J. Dillon, «The Magical Power of Names in Origen and Later Platonism», in R. Hanson and H. Crouzel (eds.), *Origeniana tertia. The Third International Colloquium for Origen Studies (University of Manchester, September 7th–11th, 1981)*, Roma, Edizioni dell'Ateneo, 1985, p. 203–216; S. Inowlocki, «'Neither Adding nor Omitting Anything': Josephus' Promise not to Modify the Scriptures in Greek and Latin Context», *Journal of Jewish Studies* 56.1 (2005), p. 48–65.

part son contenu, son sens (autour de notions comme νοῦς, δύναμις, ἐνεργεία, etc.), approche déjà mise en œuvre récemment[148].

b. *Le sens et la lettre d'un texte, le réel et l'apparence*

Avant toute chose, analysons l'architecture du début de *CH* XVI. Les premiers mots sont une présentation de la lettre envoyée au roi Ammon :

> μέγαν σοι τὸν λόγον, ὦ βασιλεῦ, διεπεμψάμην πάντων τῶν ἄλλων ὥσπερ κορυφὴν καὶ ὑπόμνημα, οὐ κατὰ τὴν τῶν πολλῶν δόξαν συγκείμενον, ἔχοντα δὲ πολλὴν ἐκείνοις ἀντίδειξιν· φανήσεται γάρ σοι καὶ τοῖς ἐμοῖς ἐνίοις λόγοις ἀντίφωνος·

> Roi, je te transmets cette importante leçon comme point d'orgue et aide-mémoire, n'étant pas composée selon l'opinion de la plupart, mais ayant beaucoup (d'opinions) contradictoires avec ceux-ci. En effet, elle te paraîtra résonner en désaccord aussi avec quelques-unes de mes leçons.

Asclépios situe sa lettre par rapport aux autres leçons données au roi, tant du point de vue du contenu que de celui de la progression didactique : elle est une synthèse de ce qu'il a déjà enseigné et elle paraît contredire des opinions communes et des idées hermétiques énoncées antérieurement. Un lecteur moderne relèverait certainement plusieurs contradictions au sein de l'ensemble des traités (et il ne manque pas de le faire) et à l'intérieur d'un même traité. Cependant, il ne faut pas oublier que les philosophes de l'époque gréco-romaine recherchent la *symphonia* entre des doctrines parfois contradictoires, comme celles de Platon avec certaines théories d'Aristote ; ils justifient leur attitude en arguant que les doctrines ne sont contradictoires qu'en apparence et que celui qui comprend bien s'aperçoit de leur accord. De plus, il ne faut pas considérer la philosophie, et encore moins la « voie d'Hermès », comme un système de pensée avec une démarche purement théorique et abstraite[149]. Il est donc possible qu'une idée identique soit sous-jacente à la phrase d'Asclépios, comme l'indiquerait l'emploi de φαίνομαι, qui renvoie à l'apparence plutôt qu'à la réalité, d'autant que ces contradictions apparentes devaient être favorisées par l'aspect synthétique et concis du contenu de la lettre.

---

[148] M. Broze, « La réinterprétation », *op. cit.*, 2003, p. 35–49 ; S. Inowlocki, *op. cit.*, 2005, p. 48–65. Les deux auteurs font référence à *CH* XVI.

[149] Voir ce que nous avons déjà dit là-dessus dans l'introduction.

Asclépios appelle à bien distinguer entre deux sens, un apparent et
l'autre caché. Il explique cela dans les phrases suivantes:

Ἑρμῆς μὲν γὰρ ὁ διδάσκαλός μου, πολλάκις μοι διαλεγόμενος καὶ
ἰδίᾳ καὶ τοῦ Τὰτ ἐνίοτε παρόντος, ἔλεγεν ὅτι δόξει τοῖς ἐντυγχάνουσί
μου τοῖς βιβλίοις ἁπλουστάτη εἶναι ἡ σύνταξις καὶ σαφής, ἐκ δὲ τῶν
ἐναντίων ἀσαφὴς οὖσα καὶ κεκρυμμένον τὸν νοῦν τῶν λόγων ἔχουσα,
καὶ ἔτι ἀσαφεστάτη, τῶν Ἑλλήνων ὕστερον βουληθέντων τὴν ἡμετέραν
διάλεκτον εἰς τὴν ἰδίαν μεθερμηνεῦσαι, ὅπερ ἔσται τῶν γεγραμμένων
μεγίστη διαστροφή τε καὶ ἀσάφεια.

En effet, Hermès, mon maître, conversant souvent avec moi, soit en
particulier soit quelquefois quand Tat était présent, a dit: «À ceux qui
lisent mes livres, la composition semblera très simple et claire, alors
qu'au contraire elle est obscure et a le signifié des mots caché et qu'elle
sera encore beaucoup plus obscure quand les Grecs voudront plus tard
traduire de notre langue vers la leur propre, ce qui serait une très grande
distorsion et une très grande obscurité des écrits»[150].

Par ces quelques mots, Asclépios met en avant le décalage entre ce qui
se donne à lire au premier abord (composition simple et claire) et le
sens véritable du texte (obscur et caché): il oppose ainsi la lettre du
texte, la λέξις, et son contenu, le signifié, désigné ici par le terme νοῦς.
Il justifie les contradictions apparentes dans ses écrits par ce qui se
passe dans les livres d'Hermès: de même que certains ont l'impression
de les comprendre, alors que le signifié des mots est caché, de même
ils croiront détecter des contradictions dans les discours d'Asclépios,
alors que le sens véritable, «symphonique», est caché. L'obscurité des
écrits semble résulter de l'emploi de mots ou d'agencements de mots
qui voilent la réalité, laquelle ne peut pas toujours être exprimée par
des vocables, encore moins s'ils sont grecs. Il est remarquable que
même l'égyptien hiéroglyphique soit considéré comme obscur dans sa
composition[151]. En *CH* XVI 2, Asclépios explique alors cette gradation
dans l'obscurité avec une comparaison entre l'égyptien et le grec:

---

[150] Il n'est pas clair si Asclépios parle de ses propres écrits, au style indirect; il aurait
donc commencé à écrire alors qu'il était toujours un disciple, ce qui serait étonnant. Il
parlerait plutôt des écrits d'Hermès au style direct, écrits qui sont les seuls connus et qui
ont la réputation d'être parfois obscurs (selon les propres dires de Tat en *CH* XIII 1).

[151] L'auteur hermétiste ne ferait-il pas ici allusion aux textes ptolémaïques dans
lesquels les scribes font des jeux de mots et de signes? Sur ces jeux: A. Loprieno, «Le
signe étymologique: le jeu de mots entre logique et esthétique», in *idem, La Pensée
et l'écriture. Pour une analyse sémiotique de la culture égyptienne*, Paris, Cybèle, 2001
(édition revue par C. Zivie-Coche), p. 129–158.

ὁ δὲ λόγος τῇ πατρῴᾳ διαλέκτῳ ἑρμηνευόμενος ἔχει σαφῆ τὸν τῶν λόγων νοῦν. καὶ γὰρ αὐτὸ τὸ τῆς φωνῆς ποιὸν καὶ ἡ τῶν Αἰγυπτίων ὀνομάτων ἐν ἑαυτῇ ἔχει τὴν ἐνέργειαν τῶν λεγομένων. ὅσον οὖν δυνατόν ἐστί σοι, βασιλεῦ, πάντα δὲ δύνασαι, τὸν λόγον διατήρησον ἀνερμήνευτον, ἵνα μήτε εἰς Ἕλληνας ἔλθῃ τοιαῦτα μυστήρια, μήτε ἡ τῶν Ἑλλήνων ὑπερήφανος φράσις καὶ ἐκλελυμένη καὶ ὥσπερ κεκαλλωπισμένη ἐξίτηλον ποιήσῃ τὸ σεμνὸν καὶ στιβαρόν, καὶ τὴν ἐνεργητικὴν τῶν ὀνομάτων φράσιν, Ἕλληνες γάρ, ὦ βασιλεῦ, λόγους ἔχουσι κενοὺς ἀποδείξεων ἐνεργητικούς, καὶ αὕτη ἐστὶν Ἑλλήνων φιλοσοφία, λόγων ψόφος. ἡμεῖς δὲ οὐ λόγοις χρώμεθα. ἀλλὰ φωναῖς μεσταῖς τῶν ἔργων.

Et l'énoncé exprimé dans la langue paternelle possède le signifié des mots clair. En effet, la qualité du son et l'(énonciation?[152]) des noms égyptiens possèdent en elles-mêmes la force des choses signifiées. Ô roi, autant que cela t'est possible[153], mais tu peux tout, puisses-tu conserver non traduite la leçon afin que de tels mystères n'aillent pas chez les Grecs, ni que l'énonciation orgueilleuse des Grecs, affranchie et embellie en quelque sorte, ne conduise à l'affaiblissement de sa puissance à ce qui est majestueux et ferme et à l'énonciation efficace des noms. En effet, ô roi, les Grecs, ont des mots vides, producteurs de démonstrations, et telle est la philosophie des Grecs: un bruit de mots. Nous, au contraire, nous n'utilisons pas des mots mais des sons pleins d'actions.

Dans ces passages, il y a certainement des références aux théories classiques du langage qui ont cours à l'époque. L'auteur emploie un lexique emprunté au langage linguistique technique des grammairiens grecs: λόγος, φωνή, διάλεκτος, ψόφος, νοῦς, λέξις, et des rhéteurs: σεμνόν, στιβαρόν, καλλός. Il reprend également la distinction entre φωνή et ψόφος d'Aristote, mais pas son opposition entre λόγος et ψόφος[154], puisqu'il associe ces deux termes. L'utilisation de ce vocabulaire technique n'est pas rigoureuse, mais elle permet de distinguer le grec et l'égyptien dans une comparaison défavorable au premier.

Cette comparaison conduit à l'interdiction de traduire l'enseignement en grec. Ainsi, de fil en aiguille, par une série de transitions, passe-t-on de la question de la relation entre plusieurs écrits à celle du contenu des écrits, puis à la traduction et à sa condamnation. Nous pouvons résumer les informations fournies par l'auteur dans les deux tableaux suivants:

---

[152] Voir plus haut, p. 109.

[153] On pourrait rapprocher cette proposition de l'expression κατὰ τὸ δυνατόν, formule courante à la fin des traductions qui indique les limites de la science du traducteur. Avec cette proposition, Asclépios semble douter de la réalité du pouvoir du roi en ce domaine, mais ce doute serait conjuré par la proposition suivante «tu peux tout».

[154] W. Ax, *op. cit.*, 2000, p. 19–39 = *op. cit.*, 1978, p. 245–271.

Tableau 4. Apparence et réalité des écrits égyptiens et grecs.

	Lettre au roi	Écrits hermétique	
		en égyptien	en grec
Ce qui est apparent aux yeux du commun des lecteurs	opposition à d'autres écrits hermétiques	clair et simple	
Ce qui est réel et perçu seulement par un petit nombre	accord entre tous ces écrits	obscur et signifié caché	très obscur

Tableau 5. Comparaison des qualités de l'égyptien et du grec.

	Égyptien leçon ἑρμηνευόμενος	Grec leçon ἀνερμήνευτος
nature de l'énonciation	son : φωνή	bruit de mots : λόγων ψόφος
qualité de l'énonciation (φράσις)	son possédant une force et rempli d'actions : ἐνέργεια et μεσταῖς τῶν ἔργων	mots producteurs de démonstration, vides et affaiblissement de la puissance de l'énonciation efficace des noms : ἀποδείξεων ἐνεργητικούς, κενοὺς et ἐξίτηλον... τὴν ἐνεργητικὴν τῶν ὀνομάτων φράσιν orgueilleuse : ὑπερήφανος affranchie : ἐκλελυμένη embellie : κεκαλλωπισμένη affaiblissement de la puissance de ce qui est majestueux et ferme : ἐξίτηλον... τὸ σεμνὸν κα στιβαρόν
Clarté de la parole	obscur et signifié caché (ἀσαφὴς et κεκρυμμένον τὸν νοῦν τῶν λόγων) dans l'absolu ; clair (σαφῆ τὸν τῶν λόγων νοῦν) par rapport au grec.	très obscur : ἀσαφεστάτη

Le grec est déprécié car il préfère, au contenu et au signifié, l'apparence, avec les ornementations stylistiques qui embellissent ; le mot grec est « vide », il est une « coquille »[155]. Il s'affranchit de toute contrainte, se permettant des innovations. L'égyptien au contraire privilégie

---

[155] M. Broze, « La réinterprétation », *op. cit.*, 2003, p. 43.

toujours le contenu, le signifié, préservant ainsi sa force et son efficacité. Ceci est en accord avec la conception des hiéroglyphes comme
«paroles divines» mais également avec des conceptions grecques sur
la langue des dieux qui est réduite au signifié[156]. Comme beaucoup
de ses contemporains, l'auteur hermétiste s'intéresse avant tout à ce
qui est dit et non à la manière dont cela est dit. Une telle position
reviendrait alors à considérer que, tant que le contenu est préservé, la
langue utilisée ou les mots importent peu : ils ne sont que des outils
d'expression. Ainsi, paradoxalement, la traduction serait-elle reconnue
tant qu'elle maintient intact le signifié du texte original. Le terme technique μεθερμήνευω qui exprime la notion de «traduction»[157] et qui
est employé en *CH* XVI 2 est construit sur ἑρμήνευω, «interpréter»,
«exposer». La traduction hermétique pourrait être analogue à celle
des interprètes actuels qui s'attachent moins au mot à mot qu'au sens
général.

Nous pouvons confronter ce passage à *CH* XII 13 qui parle de la traduction dans un autre contexte, puisqu'il s'agit de la différence entre
le son, φωνή, et la parole, λόγος :

{E} ὁ μὲν γὰρ λόγος κοινὸς πάντων ἀνθρώπων, ἰδία δὲ ἑκάστου φωνή
ἐστι γένους ζῴου.
{T} ἀλλὰ καὶ τῶν ἀνθρώπων, ὦ πάτερ, ἕκαστον κατὰ ἔθνος διάφορος ὁ
λόγος;
{E} διάφορος μέν, ὦ τέκνον, εἷς δὲ ὁ ἄνθρωπος· οὕτω καὶ ὁ λόγος εἷς
ἐστι καὶ μεθερμηνεύεται καὶ ὁ αὐτὸς εὑρίσκεται καὶ ἐν Αἰγύπτῳ καὶ
Περσίδι καὶ ἐν Ἑλλάδι.

{H} La parole est commune à tous les hommes, mais le son est propre
à chaque genre vivant.
{T} Mais la parole n'est-elle pas différente également selon chaque peuple, chez les hommes ?
{H} Elle diffère, enfant, mais l'homme est un ; de la même manière, la
parole est une et elle est interprétée et elle se trouve être la même en
Égypte, en Perse et en Grèce.

---

[156] On trouverait un écho de ces théories chez Plutarque, *Sur les oracles de la Pythie*
7, 397 B-C : les oracles résultent d'une interaction entre le dieu et la pythie, l'action
du premier est de signifier, σημαίνειν, de donner le signifié et les visions, tandis que
la seconde offre la voix, le son et le mot.
[157] S. Inowlocki, *op. cit.*, 2005, p. 54–55.

Le λόγος κοινός dont il est question est probablement une référence au λόγος κοινός d'Héraclite[158], philosophe dont deux fragments ont été attribués au Bon Démon[159]. La parole commune transcende les particularismes linguistiques et est la même quelle que soit la manière dont elle est interprétée ou traduite[160]. L'auteur de *CH* XII envisage donc positivement la traduction ou l'interprétation d'une langue à une autre. Cependant, il ne contredit pas *CH* XVI 2. Reconnaître l'unité du λόγος n'empêche pas que des langues, comme l'égyptien, soient plus aptes à exprimer la parole commune, en respectant mieux son sens; et le fait que l'égyptien soit le plus approprié n'interdit pas finalement la traduction en grec, puisque le λόγος est identique dans les deux cas, même s'il est plus obscurci en grec. L'obscurité des leçons grecques est ainsi en quelque sorte justifiée.

Nous pouvons aller plus loin en changeant de point de vue et en ayant recours à un jeu de mot autour du nom d'Hermès et autour de deux polysémies, celle de λόγος et celle, hypothétique, de deux expressions employées par Asclépios, ἡ ἡμετέρα διάλεκτος et ἡ πατρῴα διάλεκτος. Dans les passages cités de *CH* XVI, λόγος a trois sens: 1° «leçon», celle transmise par la lettre envoyée au roi Ammon et les autres antérieures; 2° «mots», toujours au pluriel, avec une valeur négative dans le cas des mots grecs; 3° «énoncé», «ce qui est exprimé» dans telle ou telle langue. Les deux expressions d'Asclépios peuvent désigner soit la langue maternelle – l'égyptien –, soit la langue d'Hermès – si nous

---

[158] Héraclite, fragments 1 et 2 Diels = fragments 77 et 119 Pradeau. M. Fattal, *Pour un nouveau langage de la raison: convergences entre l'Orient et l'Occident*, Paris, Beauchesne, 1987, p. 45; voir aussi L. Couloubaritsis, *Aux origines de la philosophie européenne: de la pensée archaïque au néoplatonisme*, Bruxelles, De Boeck-Wesmael, 1994², p. 53; J.-F. Pradeau (Héraclite, *Fragments: citations et témoignages*, trad., introd., notes et bibliog. par J.-F. Pradeau, Paris, Flammarion, 2004², p. 300–301) estime qu'Héraclite a une conception épistémologique du λόγος et non une conception cosmologique.

[159] En *CH* XII 1 et 8, l'auteur attribue au Bon démon deux citations d'Héraclite, respectivement le fragment 50 Diels = fragment 28 Pradeau (on retrouve cette citation, légèrement modifiée, en *CH* X 25) et le fragment 26 Diels = fragment 79 Pradeau. Sur Héraclite dans les traités hermétiques: R. Reitzenstein, *op. cit.*, 1904, p. 127; *NF* I, p. 186 n. 21; J. Pépin, *Idées grecques sur l'homme et sur Dieu*, Paris, Les Belles Lettres, 1971, p. 45; J.-P. Mahé, *op. cit.*, 1982, p. 307. Voir aussi L. Saudelli, *Eraclito ad Alessandria. Studi e ricerche intorno alla testimonianza di Filone*, Turnhout, Brepols, à paraître.

[160] Il s'agit d'une parole qui échappe au caractère tangible de la parole humaine, au contraire du son, qui renvoie à la matérialité. Toute cette question mériterait un développement plus important, en relation avec les théories du langage chez Platon, Aristote et les Stoïciens, développement qui excèderait le cadre de l'étude menée ici.

nous plaçons du point de vue de la chaîne hermétique. L'accent serait alors moins mis sur l'égyptien en tant que tel que sur l'importance de posséder la langue d'Hermès. Cette dernière, un « grec hermétique », autorise des modifications sémantiques – qui respecteraient le signifié et le contenu de la leçon hermétique – par rapport au grec commun qui, selon Hermès, ne respecterait pas les signifiés véritables (voir le cas de θάνατος dans *CH* VIII et XII). À cela, s'ajoute un jeu de mot possible entre ἑρμήνευω, au positif ou au négatif, et le nom Hermès[161] : en exposant la leçon hermétique dans la langue grecque commune, l'hermétiste agit contre Hermès; en l'exprimant dans la « langue paternelle » – celle des Égyptiens et celle d'Hermès –, il agit selon Hermès et s'insère parmi ceux qui possèdent l'Hermès commun[162]. Ce ne serait donc pas tant une opposition entre l'égyptien et le grec qu'une opposition entre la langue d'Hermès et celle du commun des mortels. La position de Jamblique est comparable, selon l'analyse de M. Broze[163] : les Grecs sont incompétents parce qu'ils ne sont pas liés à Hermès (avec un jeu de mot entre ἕρμα, « lest », « assise », « point d'ancrage », et Hermès[164]); seuls sortent du lot des philosophes comme Pythagore et Platon qui tirent leur science d'Égypte et des stèles d'Hermès[165]. Comme chez Jamblique, ce n'est plus la langue elle-même qui compte, mais le fait d'appartenir à la chaîne hermétique et de posséder la parole hermétique, remplissant de force et d'efficacité ce que l'hermétiste dira. La langue n'est plus qu'un simple instrument, et l'usage du grec est ainsi validé, de même qu'est justifiée l'obscurité, originelle, de l'enseignement.

Ceci relève du processus général de validation de la mise par écrit; écrit qui ne s'oppose pas à l'obligation du secret et qui, dans une certaine mesure, protège l'enseignement, puisqu'il en fixe le contenu et l'interprétation. La prétention d'écrire en égyptien et le cadre général égyptien, avec le rappel des ancêtres égyptiens des protagonistes dans d'autres traités, font de l'écrit un acte rituel, comme l'est la production de textes hiéroglyphiques dans les temples égyptiens. Cette prétention permet aux auteurs de transférer toutes les qualités de l'égyptien à la

---

[161] Ce jeu de mot ancien est courant. Platon, *Cratyle* 407 e; *Hymne orphique* 28, *Hymne à Hermès* v. 6; Diodore de Sicile, *Bibliothèque historique* I 16; Eusèbe de Césarée, *Préparation évangélique* IX 27, 6.

[162] M. Broze et C. van Liefferinge, *op. cit.*, 2002, p. 35–44.

[163] M. Broze, « La réinterprétation », *op. cit.*, 2003, p. 50–51.

[164] Jamblique, *Réponse d'Abamon* VII 5 (259).

[165] Jamblique, *Réponse d'Abamon* I 2 (5–6).

langue d'Hermès; celle-ci, comme les hiéroglyphes, donnerait accès au monde divin. L'écriture, parée de ces qualités, devient un vecteur nouveau et convenable de la parole hermétique. Grâce à elle, l'enseignement est prolongé dans le temps et l'espace, et l'écrit est l'occasion pour le destinataire de pratiquer plusieurs activités cognitives, intellectuelles (au sens moderne du terme) et noétiques qui auraient été difficiles avec une transmission uniquement orale[166].

III. L'ÉCRIT AU CENTRE DE PLUSIEURS EXERCICES SPIRITUELS

Avec le passage de l'oral à l'écrit, le rapport du destinataire au producteur et à l'enseignement change : il devient lecteur, sans que l'audition soit pour autant absente[167]. Dans le monde des protagonistes, la leçon orale permet une interaction vivante : le maître est sensible aux questionnements, aux besoins et à la progression de son disciple, et ce dernier a la possibilité d'intervenir ; les questions sont un moteur de l'acquisition du savoir et mettent en œuvre la réflexivité du disciple, l'invitant à mobiliser un savoir acquis[168] ; le maître peut ainsi vérifier ce que son disciple sait et comprend, se donnant la possibilité de réajuster la suite de sa leçon en fonction des réponses du disciple. Avec la mise par écrit, cette activité devient impossible. Les traités miment imparfaitement une leçon orale : le temps de la lecture diffère de celui de la leçon orale ; pauses et interruptions sont impossibles. De plus, le destinataire est mis en présence d'une interaction figée, où questions et réponses sont fournies : il se trouve de fait face à un savoir codifié, ayant valeur d'autorité dans ce contexte hermétique.

---

[166] Sur ce thème : M. Détienne, « L'écriture et ses nouveaux objets intellectuels en Grèce », in *idem* (dir.), *op. cit.*, p. 7–26.

[167] Il ne faut pas oublier que, dans l'Antiquité, la lecture se faisait le plus souvent à voix haute, le lecteur étant alors également un auditeur. De plus, les lectures publiques d'œuvres sont courantes, moyen de diffusion à côté des copies écrites. Le moment où la lecture silencieuse s'est développée est l'objet de débat. B.M.W. Knox, « Silent Reading in Antiquity », *Greek, Roman and Byzantine Studies* 9.4 (1968), p. 421–435. J. Svenbro, *Phrasikleia. Anthropologie de la lecture en Grèce ancienne*, Paris, Éditions la Découverte, 1988. R.J. Starr, « Lectores and Roman Reading », *The Classical Journal* 86.4 (1991), p. 337–343. M.F. Burnyeat, « Postscript on Silent Reading », *The Classical Quarterly* n. s. 47 (1997), p. 74–76. A.K. Gavrilov, « Techniques of Reading in Classical Antiquity », *The Classical Quarterly* n. s. 47 (1997), p. 56–73. T. Dorandi, *op. cit.*, p. 115.

[168] Par exemple, en *CH* I 20, les questions posées par Poimandrès au narrateur à la suite d'une question malheureuse de ce dernier.

Cependant, l'écrit permet la mise en œuvre de nouvelles activités cognitives, véritables « exercices spirituels ». Nous empruntons cette expression à P. Hadot[169], qui désigne ainsi « des pratiques, qui pouvaient être d'ordre physique, comme le régime alimentaire, ou discursif, comme le dialogue et la méditation, ou intuitif, comme la contemplation, mais qui étaient toutes destinées à opérer une modification et une transformation dans le sujet qui les pratiquait »[170], modifications et transformations qui sont au cœur de la « voie d'Hermès ». Les exercices spirituels sont ici liés soit à l'acte d'écrire, soit à la lecture, qui est l'un des exercices spirituels, comme l'atteste Philon[171]. Dans ce dernier cas, il est difficile de trouver des indices sur les stratégies de lecture, car les seuls lecteurs empiriques que nous connaissons sont essentiellement chrétiens, et peu d'entre eux semble avoir eu directement accès aux traités hermétiques. De plus, leur stratégie de lecture – trouver des témoignages de la sagesse passée et / ou de la fameuse accusation du larcin grec – a peu de chance de correspondre à celle imaginée par les auteurs hermétistes. Pour le moment, seule la lecture telle que les auteurs la concevaient peut nous être accessible, à travers leurs stratégies d'écriture.

1. *L'écrit et la lecture*

L'écrit, nouveau moyen de transmission et guide pour la « voie d'Hermès », se situe dans le prolongement de l'enseignement oral. Déjà dans le monde des protagonistes, grâce à la prosopopée et au style direct, ce dernier cultive l'immédiateté[172], malgré la diachronie entre les faits narrés et le temps de l'enseignement lui-même. Ce procédé se poursuit avec la mise par écrit, avec un texte qui mime un dialogue et se veut une

---

[169] P. Hadot, « La physique comme exercice spirituel ou pessimisme et optimisme chez Marc Aurèle », *Revue de théologie et de philosophie* 22 (1972), p. 225–239, repris dans *idem*, *Exercices spirituels et philosophie antique*, Paris, Albin Michel, 2002⁴, p. 145–164. Dans ce même volume de réédition, lire « Exercices spirituels », p. 19–74 ; *idem*, *op. cit.*, 1995, voir index, *s.v.* « exercices spirituels » ; *idem*, *op. cit.*, 2001, p. 144–158. Voir également P. Rabbow, *Seelenführung. Methodik der Exerzitien in der Antike*, München, Kösel Verlag, 1954.

[170] P. Hadot, *op. cit.*, 1995, p. 22.

[171] Philon est le seul à dresser une liste des différents exercices spirituels dans *Legum allegoriae* III 18 et dans *Quis rerum divinarum heres sit* 253 ; ces deux passages diffèrent un peu l'un de l'autre.

[172] W. Osterreicher, « Types of Orality in Text », in E. Bakker and A. Kahane, *Written Voices, Spoken Signs. Tradition, Performance, and the Epic Text*, Cambridge (Mass.), Harvard University Press, 1997, p. 190–214 et surtout p. 191 et 205.

représentation de l'oral[173]. Les auteurs hermétistes construisent l'écrit comme une extension de la voix et un substitut d'Hermès, désormais absent, et aussi de la parole divine, notamment grâce au style direct abondamment utilisé; la valeur performative de ces paroles est ainsi préservée, comme en *CH* I 18. Ces paroles, surtout celle d'Hermès, s'adressent au disciple *et* au destinataire, nouveau bénéficiaire de la révélation ultérieure et des bienfaits de l'enseignement d'Hermès.

À priori, les traités se suffisent à eux-mêmes et invitent à une lecture solitaire. La plupart du temps, le disciple signale son intervention avec le vocatif «père», et le maître souligne sa reprise de parole avec le vocatif «enfant» ou celui du nom du disciple: les interventions de chacun sont ainsi délimitées, ce qui facilite la lecture des traités[174]. Toutefois, plusieurs interpellations vocatives interviennent également au cours d'une longue tirade et auraient une fonction phatique: elles permettraient de retenir l'attention du disciple (celui mis en scène et le destinataire), d'insister sur un point important et de souligner l'intérêt d'un passage ou d'une idée[175]. Elles peuvent aussi marquer le passage d'un point doctrinal à un autre[176] ou souligner une opposition révélant au disciple ce qu'il (ne) doit (pas) faire / dire[177]. Cette incitation à agir selon certaines règles est à l'arrière-plan de l'emploi des impératifs, dont plusieurs sont renforcés par des vocatifs qui témoignent que le recours à la deuxième personne du singulier a une valeur exhortative[178]. En employant des vocatifs, le disciple souligne ses propres émotions: inquiétude, gratitude, sentiment d'être perturbé, etc.[179]. L'ensemble contribue à guider le destinataire pour qu'il reconnaisse les points importants ou qu'il adopte une attitude similaire à celle du disciple.

---

[173] S. Rabau, *op. cit.*, p. 35–36.

[174] Sauf en cas d'erreur, comme cela serait le cas en *NH* VI 61: voir p. 166, n. 51.

[175] En *CH* IV 3, 5, VI 4 et *SH* 23.8, il s'agirait de souligner les résumés et les conclusions brèves. Voir aussi en *CH* XI 13.

[176] C'est essentiellement le cas dans *SH* 23, en particulier en 23.38 et 23.43. Voir aussi les extraits *SH* 25.11 et 25.14.

[177] Par exemple, en *CH* IV 5, VI 3 et IX 9.

[178] Par exemple, *CH* V 2, 8, XII 23, XVII, *SH* 5, etc.

[179] Dans *CH* I, le narrateur interpelle deux fois Poimandrès «Intellect» ou «mon Intellect», quand il est inquiet sur la manière dont il pourra accéder à la vie, en *CH* I 21, et quand il le remercie pour l'enseignement, en *CH* I 24. Dans *CH* XIII, Tat interpelle Hermès «Trismégiste» en relation avec son état interne, en *CH* XIII 6 et 11. Voir aussi *CH* X 15.

Des informations descriptives acquièrent une force exhortative et s'adressent moins au disciple qu'au destinataire[180]. À travers la voix du maître, les auteurs décrivent parfois la réaction du disciple. En *SH* 23.47, après avoir détaillé ce qui advient aux hommes, Isis dit: λυπῇ, τέκνον Ὧρε, τάδε ἑρμηνευούσης σοι τῆς τεκούσης· οὐ θαυμάζεις, οὐ καταπλήσσῃ, πῶς ὁ τάλας ἄνθρωπος ἐβαρήθη; τὸ δεινότερον ἐπάκουσον, «Tu souffres, mon fils Horus, alors que ta mère t'expose ces choses. N'es-tu pas étonné, n'es-tu pas frappé de stupeur, "comme l'homme infortuné est accablé d'un poids important!"[181]? Écoute le plus terrible». Elle enchaîne ensuite sur le thème de la contrainte dans l'univers. L'auteur d'*Ascl.* 25 reprend le même schéma; après avoir raconté l'invasion de l'Égypte et ses conséquences tragiques, en parti-culier pour le culte, Hermès demande à Asclépios: *quid fles, o Asclepi*, «Pourquoi pleures-tu, Asclépios?» et il poursuit en affirmant que l'Égypte se laissa elle-même aller. Dans les deux exemples, la descrip-tion des sentiments du disciple intervient au cours d'un passage sur les malheurs survenus aux hommes ou à l'Égypte, et elle fait transi-tion avec l'évocation d'événements pires. Elle a une valeur informative, mais aussi et surtout performative vis-à-vis du lecteur / auditeur.

Ce dernier est ainsi transformé à deux titres: par son identification à la figure du disciple et par l'exercice de la lecture des traités dont les dialogues agissent conjointement sur les protagonistes et sur le destinataire. Devons-nous alors parler de *Lesemysterium*, à la suite de R. Reitzenstein[182] pour qui les textes remplaceraient le culte, et la lecture provoquerait une illumination salvatrice chez le lecteur modèle? Cette approche est critiquée par G. Fowden[183], critique que J.P. Södergard juge trop dure[184]. Celui-ci concilie les positions de R. Reitzenstein, G. Fowden et J.P. Sorensen, tout en refusant le concept de «mystères

---

[180] Un peu comme les lignes écrites sur le papyrus représenté dans une scène d'école sur une coupe à boire de Douris: la lecture de ce papyrus, soustraite aux personnages figurés, est directement présentée au destinataire de la coupe; à ce sujet: C. Calame, *Masques d'autorité: fiction et pragmatique dans la poétique grecque antique*, Paris, Les Belles Lettres, 2005, p. 173–179.

[181] Il est possible que la proposition «comme l'homme infortuné est accablé d'un poids important!» puisse être une phrase qu'Isis attribue à son disciple stupéfait.

[182] R. Reitzenstein, *op. cit.*, 1927³, p. 51–52, 64 et 243–245; K.-W. Tröger, *op. cit.*, 1971, p. 21, 35, 50 et 82.

[183] G. Fowden, *op. cit.*, 2000, p. 221 et p. 231, n. 3 où il souligne la contradiction entre la position de R. Reitzenstein en 1904 à propos de *CH* I et celle dans *Mysterien-religionen* à propos de *CH* XIII.

[184] J.P. Södergard, *op. cit.*, p. 114.

à lire» et le fait que la lecture puisse remplacer les actes cultuels[185].
Il s'aide des outils de la sémiotique pour mettre en avant le rôle de
l'intellect et pour considérer les traités hermétiques comme des textes
performatifs qui ne décrivent pas un acte de parole mais fonctionnent
comme la performance de cet acte : « La lecture active est une fonction
performative latente du texte » et « La lecture et/ou la récitation agissent comme un rite de passage »[186] ; la lecture recréerait dans l'intellect
du lecteur le monde des protagonistes, et le lecteur est initié en lisant
les prières et les récits des visions. Ceci rejoint ce que nous avons déjà
dit sur l'intellect et sur la performativité. Néanmoins, nous pouvons
nous demander quelle place J.P. Södergard accorde vraiment aux actes
rituels quand il parle de la lecture comme initiation, et, s'il ajoute rapidement que la lecture peut se faire en petit groupe[187], il n'insiste pas
suffisamment sur l'importance du groupe ni sur la nécessité d'un guide
en chair et en os.

Le groupe a pourtant un rôle capital : reflet de la situation décrite
dans les textes, il est le milieu où la relation entre le maître et son disciple se développe et où les mêmes conceptions sont partagées. De plus,
dans le monde des protagonistes, le maître est aussi important que
le disciple[188] ; ses interventions n'expliquent pas tout ; des explications
sont laissées dans l'ombre et d'autres ne semblent pas être à priori en
rapport avec l'intervention du disciple[189]. Un maître réel, dont Hermès
serait le modèle, est nécessaire. Lui seul peut attester que les conditions pour la performativité de la lecture sont bien réunies et valider
l'avancement du disciple. Il est fort probable que la lecture accompagne et vienne après un enseignement oral, créant un partenariat[190]
entre l'écrit et l'oral ; cela permet ainsi une meilleure identification du

---

[185] J.P. Södergard, *op. cit.*, p. 112–120.

[186] J.P. Södergard, *op. cit.*, respectivement p. 68 : « reading activates a latent performative function of the text » et p. 120 : « reading and/or recitation act as a rite of
passage ».

[187] J.P. Södergard, *op. cit.*, p. 118–120.

[188] Cette objection à la théorie du *Lesemysterium* a déjà été avancée par G. Fowden
(*op. cit.*, 2000, p. 221).

[189] Ainsi en *CH* IV 6.

[190] Nous empruntons le terme « partenariat » (*partnership*) à E.A. Havelock (*The
Muse Learns to Write. Reflections on Orality and Literacy from Antiquity to the Present*, New Haven/London, Yale University Press, 1986, p. 111), même si celui-ci
estimait qu'après Platon le partenariat entre l'écrit et l'oral n'existe plus. En effet, il
semble considérer ce partenariat surtout pour le cas de textes écrits destinés à être lus
publiquement. Cependant, de tels textes ne se limitent pas à la période antérieure à
Platon.

destinataire au disciple du traité, tous deux bénéficiant d'une relation personnelle avec un maître.

2. L'écrit et la mémoire

Dans toute pratique didactique, dans la mesure où la mémoire fait reculer l'ignorance, elle joue un rôle important, surtout dans une culture qui ne peut pas se baser sur des livres facilement consultables ; à chaque étape de son éducation, l'étudiant devait renforcer sa mémoire, l'« entrepôt de l'éducation »[191], avec des exercices de gymnastique mentale[192]. L'exercice de mémorisation est également fondamental dans la pratique didactique hermétique, même si les auteurs hermétistes ne s'étendent pas beaucoup sur ce thème. Ce caractère fondamental transparaît dans l'ordre mis dans la bouche de Poimandrès au début de la révélation primordiale : ἔχε νῷ σῷ ὅσα θέλεις μαθεῖν, κἀγώ σε διδάξω, « Garde dans ton intellect ce que tu désires apprendre, et moi, je t'enseignerai » (CH I 3), l'expression « garder dans son intellect » signifiant ici « mémoriser ». L'auteur d'Ascl. 32 transmet un ordre identique, quand Hermès demande à ses trois disciples de cacher l'enseignement « dans les secrets du cœur », intra secreta pectoris, où le cœur est à la fois le lieu des secrets et celui de la mémoire, dans la droite ligne de la tradition égyptienne[193]. Ces ordres, duratifs, invitent à une véritable activité mentale pour entretenir la mémoire.

a. L'acte d'écrire : un exercice de mémorisation et de méditation
En CH I 30, le narrateur conclut le récit de son instruction en affirmant : ἐγὼ δὲ τὴν εὐεργεσίαν τοῦ Ποιμάνδρου ἀνεγραψάμην εἰς ἐμαυτόν, « Et, quant à moi, j'inscrivai en moi-même le bienfait de Poimandrès », c'est-à-dire la révélation qu'il vient de recevoir. Selon A.-J. Festugière et M. Philonenko, cette proposition peut avoir un sens littéral : le premier propose une traduction littérale : « j'enregistrai par écrit pour moi-même »[194] ; le second y voit une allusion à la pratique juive des phylactères, sur lesquels des versets de l'Écriture étaient inscrits[195]. À l'inverse, J. Büchli et J. Holzhausen rejettent le sens littéral, faisant

---

[191] « Storehouse of education » : R. Cribiore, op. cit., 2001, p. 167.
[192] R. Cribiore, op. cit., 2001, p. 166. Pour les textes anciens sur l'importance de la mémoire : Quintilien, Institution oratoire I 1, 19 ; Plutarque, De l'éducation des enfants 13, 9 E–F ; Jamblique, Vie de Pythagore [29] 164.
[193] Instructions d'Amenopé 3,10 et suivants. Sagesse d'Ani 7.4–5.
[194] NF I, p. 26 n. 75 a.
[195] M. Philonenko, op. cit., 1979, p. 372.

remarquer que l'expression τὴν εὐεργεσίαν ἀναγράφω se trouve déjà dans des inscriptions hellénistiques[196] et chez Platon[197] en rapport avec une liste de bienfaits ou de bienfaiteurs. Le premier considère que le narrateur représente le livre ou la stèle sur laquelle est inscrit l'enseignement, le second, que le nom du bienfaiteur, Poimandrès, est inscrit en ce narrateur.

Cependant, choisir entre une interprétation métaphorique et une autre littérale n'est pas nécessaire. La proposition hermétique est proche d'une image, l'inscription dans le cœur, courante chez les philosophes depuis Platon[198], dans le monde juif[199], chez Paul[200] et les chrétiens, de la Grande Église ou gnostiques[201]. Dans le cas hermétique, il s'agit avant tout de la mémorisation, activité mentale qui s'accorde parfaitement avec les transformations intérieures survenues au narrateur. L'auteur de *CH* I esquisse déjà le portrait d'une figure mémorialiste des savoirs transmis par Poimandrès, et, dans ce contexte, le sens littéral est possible, d'autant que l'écriture occupe une place fondamentale dans l'éducation antique, en particulier dans l'éducation rhétorique[202].

Nous pouvons rapprocher la proposition de *CH* I de *NH* VI 61.18–22 où Hermès ordonne à son disciple d'afficher la leçon. Hermès lui présente un cahier des charges précis quant à l'écriture et aux matériaux utilisés, mais il ne dit rien sur la pratique de l'écriture elle-même, et tout ce que nous pouvons dire est hypothétique. Dans une certaine mesure, le disciple doit «éditer» définitivement un texte, et, dans l'Antiquité, l'écrit est soit autographe, soit réalisé sous la dictée, cas le plus répandu[203]. Concernant l'*OgdEnn*, il est difficile d'imaginer le

---

[196] J. Büchli, *op. cit.*, p. 163.

[197] J. Holzhausen (bearb. und hrsg.), *op. cit.*, 1993, p. 7 n. 2 : le rapprochement qu'il fait avec, *Gorgias* 506 c, l'amène à donner une traduction plus interprétative : «und Poimandres wurde bei mir als mein Wohltäter angeschrieben» («et Poimandrès a été inscrit en moi comme mon bienfaiteur»).

[198] Platon, *Philèbe* 38 e – 39 a. À une époque contemporaine de certains traités hermétiques, Porphyre, *Lettre à Marcella* 32 ; É. des Places, «Notes complémentaires», in Porphyre, *Lettre à Marcella*, Paris, Les Belles Lettres, 1982, p. 124 n. 4.

[199] *Jérémie* 38.33 ; *Proverbes* 7.3.

[200] 2 Co 3.1–2 ; *Épître aux Hébreux* 8.10.

[201] *Hymne de la perle* dans *Actes de Thomas* 111, 55 ; Valentin, fragment 6 = Clément d'Alexandrie, *Stromate* VI, VI 52.4 (citation de *Épître aux Romains* 2.15) ; C. Markschies, *Valentinus Gnosticus? Untersuchungen zur valentianischen Gnosis mit einem Kommentar zu den Fragmenten Valentins*, Tübingen, Mohr-Siebeck, 1992, p. 200–201.

[202] R. Cribiore, *op. cit.*, 2001, p. 231.

[203] Cicéron, *Lettre* DCLXXXIII, Att. XIII 25.3 ; P. Petitmengin et B. Flusin, «Le livre antique et la dictée. Nouvelles recherches», in E. Lucchesi et H.D. Saffrey (éds.), *op. cit.*,

disciple en train d'écrire sous la dictée du maître: le contenu même de la leçon à éditer ne s'y prête guère. Il ne s'agirait pas non plus d'un écrit autographe. Le disciple a pu aussi accomplir cette tâche à partir de notes, comme le font quelques-uns de ses contemporains[204]. Néanmoins, malgré l'absence d'indications précises, cela semble difficile vu la méthode pédagogique d'Hermès, avec les expériences que le disciple doit vivre et les prières. Il aurait pu utiliser les notes de son maître, mais celles-ci, si elles existaient, ne contiendraient que les thèmes principaux abordés, quelques sentences mais en aucun cas des données sur les expériences. Toutes ces remarques sont également valables pour *CH* I, si nous comprenons littéralement la proposition ἐγὼ δὲ τὴν εὐεργεσίαν τοῦ Ποιμάνδρου ἀνεγραψάμην εἰς ἐμαυτόν: le narrateur n'est pas prévenu de l'enseignement et, avec la méthode pédagogique incluant une vision, il lui est difficile de prendre des notes. Par conséquent, dans les deux cas, pour réaliser cet exercice d'écriture, le disciple est obligé de s'appuyer essentiellement sur ses propres souvenirs; l'écriture, exercice de remémoration, devient aussi un véritable exercice de méditation. Le disciple hermétiste se comporte ainsi comme plusieurs philosophes qui pratiquent, grâce à l'écriture, l'exercice spirituel de la méditation[205].

b. *L'écrit: «lieu de mémoire»*[206]
Exercice de mémorisation et de méditation, la mise par écrit fait également de l'écrit, stèle ou livre, le porteur de la mémoire d'un fait et d'idées. Nous avons suggéré que l'auteur de *CH* I 30 pourrait esquisser

---

p. 247–262; T. Dorandi, *op. cit.*, p. 51 et suivantes. Voir également M. Richard, «ἀπὸ φωνῆς», *Byzantion* 20 (1950), p. 191–222, même si cet article concerne une expression qui apparaît tardivement, à partir du ive s. après J.-C., et qui signifie «d'après l'enseignement oral» ou «pris au cours de».

[204] Arrien a écrit les *Entretiens* d'Épictète à partir de notes prises en cours. En préface aux *Entretiens*, dans une lettre à Lucius Gellius, Arrien déclare: «j'affirme ne pas même les avoir rédigés (les *Entretiens*) mais avoir transmis du mieux possible la pensée d'Épictète» (traduction: J. Souilhé).

[205] *Méditations*, *Pensées* de l'empereur philosophe Marc Aurèle, les *Consolations* de Cicéron. I. Hadot, *Le Problème du néoplatonisme alexandrin. Hiéroclès et Simplicius*, Paris, Etudes augustiniennes, 1978, p. 165; I. et P. Hadot, *op. cit.*, p. 53–54, citent Simplicius dans sa préface à son *Commentaire au Manuel* (p. 54): «car celui qui écrit un commentaire s'accordera intérieurement de plus en plus avec ces sentences et en même temps, il deviendra de plus en plus conscient de leur vérité»; P. Hadot, *La Citadelle intérieure: introduction aux "Pensées" de Marc Aurèle*, Paris, Fayard, 1992, p. 9–10.

[206] Nous reprenons cette expression à l'entreprise dirigée par P. Nora sur les lieux de mémoire de la Nation et de la République, citée ci-dessus.

le portrait d'une figure mémorialiste. À l'arrière-plan, se trouve une référence probable à l'une des fonctions de Thot, «le chroniqueur par excellence» [207] qui inscrit les noms des rois sur des feuilles de l'arbre Isched, référence qui conforte l'identification entre le narrateur de *CH* I et Hermès. Cette référence serait également derrière le qualificatif ὑπομνηματογράφος, «mémorialiste», attribué à Hermès en *SH* 23.32 et 23.44: Hermès est celui qui écrit (-γράφος) pour garder la mémoire (ὑπομνηματο-) de faits, d'événements et de gestes, à l'aide d'annales probablement[208].

Les deux auteurs hermétistes se situent alors dans les traditions égyptienne et grecque. Dans une inscription d'une scène de présentation des instruments de l'écriture à Edfou, le pharaon s'adresse aux Djaisou, personnifications de la parole performative, par ces mots: «Car vous êtes les dieux qui répartissez la terre, ceux qui ont fait commencer la mémoire parce qu'ils avaient écrit», *Edfou* 389.17–18[209]. Le décret de Memphis, dans la version hiéroglyphique de la pierre de Rosette, utilise le terme 𓏞𓏛 *sš* pour désigner les écritures hiéroglyphique et démotique[210], mais pour l'écriture grecque, il a recours à 𓏏𓏛𓍼𓏤 *sḫȝy*, un terme provenant du causatif signifiant «rappeler», «faire souvenir», mettant ainsi en relation l'écriture grecque avec l'idée de mémoire[211]. Du côté grec, Platon, qui ne tient pas toujours l'écrit en haute estime, considère qu'une de ses rares utilités est d'être un «aide-mémoire», ὑπόμνημα, temporaire[212]. Ce terme est proche du titre donné à des écrits antiques, les ἀπομνημονεύματα «Mémoires», qui deviennent «un véritable genre

---

[207] K. Nordh, *op. cit.*, p. 123: «the chronicler *par excellence*». Pour une représentation: H.H. Nelson and W.J. Murnane, *The Great Hypostyle Hall at Karnak*, vol. 1.1. *The Wall Reliefs*, Chicago, The Oriental Institute of the University of Chicago, 1981, planche 192 où Thot inscrit le nom de Séthi Ier. D. Kurth, «Thot», *LÄ* VI, 1986, col. 508.

[208] Parmi de nombreuses attestations, ce terme qualifie aussi le magistrat d'Alexandrie chargé de l'enregistrement et des archives dont Strabon parle dans sa *Géographie* XVII 1.12: Strabon, *Le Voyage en Égypte. Un regard romain*, traduction: P. Charvet, commentaires de J. Yoyotte et S. Gompertz, Paris, Nil éditions, 1997, p. 96, n. 141 et p. 97.

[209] P. Derchain, «Des usages de l'écriture. Réflexions d'un savant égyptien», *ChrE* 72, fasc. 143 (1997), p. 10–15 et surtout p. 14–15.

[210] Respectivement dans les expressions «écriture des paroles divines» et «écriture des documents».

[211] S. Quirk and C. Andrews, *The Rosetta Stone. Facsimile Drawing with an Introduction and Translation*, London, The Trustees of the British Museum, 1988; F. Daumas, *op. cit.*, 1952, p. 188.

[212] Platon, *Lettre* VII 344 d. M. Vegetti, *op. cit.*, p. 404 et suivantes; A.-M. Richard, *L'Enseignement oral de Platon: une nouvelle interprétation du platonisme*, Paris, Cerf, 1986, p. 52–55.

littéraire caractérisé par le fait que leur auteur est un disciple qui a vu, suivi et écouté son maître de philosophie dont il rapporte les paroles et les gestes» et qui en vient à désigner les évangiles chez Justin[213].

L'écrit hermétique, en mimant des dialogues et en réduisant au minimum la présence de l'auteur, apparaît comme le lieu de la mémoire hermétique, assurant ainsi la pérennité de la «voie d'Hermès» en l'absence de ce dernier et de disciples dignes. En *SH* 23.6–7, Isis apprend à Horus qu'Hermès grava sur des stèles tout ce qu'il avait compris et qu'il les cacha avant de remonter vers les cieux. Les stèles apparaissent ici comme les porteurs de la mémoire d'Hermès, évitant à ses découvertes de tomber dans l'oubli. C'est par ailleurs ce qu'Asclépios déclare au roi Ammon dans sa lettre: il annonce que cet écrit sera le «point d'orgue», κορυφή, et l'«aide-mémoire», ὑπόμνημα, c'est-à-dire la synthèse et la touche finale de tous les autres écrits adressés à ce roi. Il classe aussi son écrit parmi le genre des ὑπομνήματα, en en faisant un écrit que le destinataire doit méditer. En *CH* XIII 13, passage dont il a déjà été question, l'auteur utilise ὑπομνηματίζομαι. Selon A.-J. Festugière, ce serait une attestation de la deuxième des trois étapes qu'il distingue dans les pratiques scolaires de l'époque gréco-romaine en s'appuyant sur les témoignages de Jamblique et de Proclus[214]: l'enseignement oral, présent dans une grande partie des traités hermétiques, en particulier avec le procédé des questions et des réponses; les cours écrits, et A.-J. Festugière mentionne la lettre d'Hermès à Asclépios et *CH* XIII 13; la mise au net et l'édition d'écrits composés. Le savant dominicain traduit ὑπομνηματίζομαι par «consigner sur des cahiers de cours»[215]. Cependant, cette traduction est-elle vraiment la plus adéquate dans le contexte hermétique de *CH* XIII 13 et n'est-elle pas trop restrictive?

Ce verbe, comme ὑπόμνημα dont il dérive, est régulièrement utilisé dans le contexte de l'enseignement scolaire antique[216]. Son sens obvie est

---

[213] G. Aragione, «Justin, "philosophe" chrétien, et les "*Mémoires des Apôtres* qui sont appelés *Évangiles*"», *Apocrypha* 15 (2004), p. 41–56 et p. 43 pour la définition. De manière plus générale, pour la relation entre écrit et mémoire chez les chrétiens: E. Norelli, «La notion de "mémoire" nous aide-t-elle à mieux comprendre la formation du canon du Nouveau Testament?», in P.S. Alexander et J.-D. Kaestli (éds), *The Canon of Scripture in Jewish and Christian Tradition*, Lausanne, Éditions du Zèbre, 2007, p. 169–206 et surtout p. 196–206.

[214] A.-J. Festugière, *op. cit.*, vol. 2, 1990, p. 28–50.

[215] A.-J. Festugière, *op. cit.*, vol. 2, 1990, p. 41.

[216] *LSJ*, 1889. J. Rüpke, «*Commentarii*», in H. Cancik und H. Schneider (hrsg.), *Der Neue Pauly. Enzyklopädie der Antike*, Band 3, Stuttgart-Weimar, J.B. Metzler, 1997, col. 99–100; F. Montanari, «Hypomnèma», in H. Cancik und H. Schneider (hrsg.),

« noter pour mémoire », « écrire des mémoires ou des annales », « enregistrer »[217]. ὑπόμνημα possède un champ sémantique vaste : « mémorial », « notes pour un mémorandum », « minutes », « les directives », « notices », « comptes » ; il indique aussi parfois des listes de choses et de personnes. À l'époque hellénistique, il désigne le « traité », le « texte (d'un livre) » ou le commentaire exégétique continu, avec présence des lemmes commentés, composé par les savants d'Alexandrie qui éditent, étudient et commentent les œuvres des auteurs anciens[218]. L'éventail des documents écrits inclus dans la catégorie des ὑπομνήματα est donc large. Leur caractéristique principale est leur non-diffusion auprès d'un large public[219]. Si l'ὑπόμνημα peut représenter pour son auteur une version déjà achevée de son œuvre, son style laisserait parfois à désirer[220]. Certains auteurs anciens en viennent ainsi à utiliser ce terme pour qualifier une œuvre dont ils critiquent le manque de style ; c'est le cas de Longin pour les œuvres de Plotin[221]. Ces indications permettent de mieux comprendre l'emploi hermétique. Le but de l'activité du maître ainsi désignée est d'éviter que lui et son disciple ne diffament le tout et Dieu auprès de la foule : εἰς ὃν ὑπεμνηματισάμην ἵνα μὴ ὦμεν διάβολοι τοῦ παντὸς εἰς τοὺς πολλούς[222]. Ce risque de diffamation est encouru notamment quand l'enseignement est laissé à

Der Neue Pauly. Enzyklopädie der Antike, Band 5, Stuttgart-Weimar, J.B. Metzler, 1998, col. 813–815 ; T. Dorandi, *op. cit.*, p. 91 et 127. M. Armisen-Marchetti, « Introduction », in Macrobe, *Commentaire au songe de Scipion. Livre I*, Paris, Les Belles Lettres, 2001, p. xx–xxiv.

[217] Cette traduction est adoptée par P. Pédech, en 1961, dans sa traduction de Polybe, *Histoires* V 33.5 : οἱ τὰ κατὰ καιροὺς ἐν ταῖς χρονογραφίαις ὑπομνηματιζόμενοι πολιτικῶς εἰς τοὺς τοίχους, « ceux qui sont chargés […] d'enregistrer les événements successifs en des tableaux chronologiques sur les murs ».

[218] H. Maehler, « L'évolution matérielle de l'hypomnèma jusqu'à la basse époque », in M.-O. Goulet-Cazé (dir.), *Le Commentaire entre tradition et innovation. Actes du colloque international de l'Institut des traditions textuelles (Paris et Villejuif, 22–25 septembre 1999)*, Paris, Vrin, 2000, p. 29–36 et surtout p. 29 et 35.

[219] Galien distingue les écrits destinés à une diffusion large, les συγγράμματα πρὸς ἔκδοσιν, et ceux destinés à un public restreint, les ὑπομνήματα οὐ πρὸς ἔκδοσιν, dans le prologue de *Sur ses propres livres*. Voir aussi Jamblique, *Vie de Pythagore* [23] 104 – qui transpose de manière anachronique les pratiques de son temps à celui des disciples directs de Pythagore – et Marinus, *Proclus ou sur le bonheur 3*. T. Dorandi, *op. cit.*, p. 78–81.

[220] T. Dorandi, *op. cit.*, p. 77–101.

[221] Longin, fragment 11, 32–34 = Porphyre, *Vie de Plotin* 19.32–34. L. Brisson et A.P. Segonds, « notes », in L. Brisson, M.-O. Goulet-Cazé et *alii*, *Porphyre. La Vie de Plotin, t. 2, Études d'introduction, texte grec et traduction française, commentaire, notes complémentaires, bibliographie*, Paris, Vrin, 1992, p. 283.

[222] La construction de ce verbe avec la préposition εἰς est courante : Polybe, *Histoires* V 33.5 ; Diogène Laërce, *Vies et doctrines des philosophes illustres* IX 109.

la libre interprétation des disciples qui devaient s'aider seulement de leur mémoire ou de leurs propres notes, s'ils pouvaient en prendre. Le meilleur moyen d'écarter ce danger est de fixer par écrit les idées et opinions avec des commentaires sur les termes et notions difficiles. Il s'agirait moins de notes de cours – qui seraient surtout destinées à aider le maître dans son enseignement – que d'aide-mémoire et de commentaires, au sens étymologique de ce terme où l'accent est mis sur la mémoire[223]. Ils évitent de diffamer Dieu auprès de la foule tout en permettant d'inculquer à ceux qui sont choisis les opinions correctes, puisqu'ils ont été composés soit par le maître lui-même, soit sous son autorité.

Ces écrits pourraient déjà constituer une version achevée dans l'esprit du maître et ne pas avoir un style élégant. En effet, l'hermétiste est intéressé non par la lettre, la forme, la λέξις d'un texte, mais par son contenu et son sens, son νοῦς. De plus, à l'inverse de plusieurs philosophes[224], il semble mettre en avant le caractère obscur et secret de l'écrit. En *CH* XVI 1, si Asclépios critique l'écriture grecque qui obscurcit, il reconnaît que les écrits d'Hermès en égyptien sont déjà obscurs. En *CH* XIV 1, Hermès présente à Asclépios la nature de la lettre qu'il lui adresse : σοὶ δὲ ἐγὼ τῶν λεχθέντων τὰ κυριώτατα κεφάλαια ἐκλεξάμενος δι' ὀλίγων ἠθέλησα ἐπιστεῖλαι, μυστικώτερον αὐτὰ ἑρμηνεύσας, ὡς ἂν τηλικούτῳ καὶ ἐπιστήμονι τῆς φύσεως, « Mais pour toi, ayant choisi les points essentiels les plus importants de ce qui a été dit, j'ai voulu te les envoyer en peu de mots, les exposant de manière très secrète, puisque tu es aussi âgé et que tu as la science de la nature ». Hermès annonce clairement que la suite de la lettre ne sera pas aussi claire, en raison de l'avancement d'Asclépios[225]. Cette lettre est une série de κεφάλαια, terme qui renvoie ici au contenu des points essentiels de l'enseignement antérieur[226]. Ce terme est également

---

[223] Le latin *commentarius* qui donna le français « commentaire » est lié étymologiquement au verbe *commentor* (« avoir ou se remettre dans l'esprit ») et au substantif *mens*. Cf. M. Armisen-Marchetti, *op. cit.*, p. xx.

[224] Plotin reproche aux gnostiques d'employer une profusion lexicale et de ne pas avoir recours, comme les Grecs, à des idées claires et des termes simples : traité 33 (*Enn.* II 9), 6.

[225] Nous retrouvons, signalée par A.-J. Festugière dans *NF* II, p. 220 n. 2, une distinction analogue chez Proclus, *Commentaire sur la République* I 79.12 et suivants et 81.13 et suivants, à propos de deux types de mythes en fonction de l'avancement du disciple.

[226] Sur les différents sens de κεφάλαιον : M.-O. Goulet-Cazé, « L'arrière-plan scolaire de la *Vie de Plotin* », in L. Brisson, M.-O. Goulet-Cazé et *alii*, *Porphyre. La*

utilisé par Hermès dans *SH* 11 pour qualifier ce qui ressemble à de courtes maximes ou sentences analogues aux *Définitions d'Hermès Trismégiste à Asclépius* conservées en arménien: νῦν δέ, ὦ τέκνον, <ἐν> κεφαλαίοις τὰ ὄντα διεξελεύσομαι· νοήσεις γὰρ τὰ λεγόμενα μεμνημένος ὧν ἤκουσας, «Mais maintenant, enfant, je vais exposer les êtres au moyen de sentences; en effet, tu comprendras mes paroles en te remémorant ce que tu as entendu (auparavant)».

Le genre des sentences ou maximes est couramment utilisé dans l'enseignement antique, notamment dans les premiers stades car elles frappaient le disciple en raison de leur concision[227]. Cependant, les courtes sentences hermétiques ne sont pas propédeutiques. Leur utilisation serait analogue à celle des *Pensées* de Marc Aurèle qui ont été écrites pour aider l'empereur: en ne présentant que les points principaux, le maître hermétiste oblige son disciple à combler les vides, à revenir sur les acquis antérieurs et à se les mémoriser[228]; leur mise par écrit, attestée dans le monde des protagonistes seulement pour la lettre *CH* XIV, permet un retour continuel à ces sentences ou points principaux, stimulant et ravivant la mémoire tout en approfondissant la méditation. Avec le caractère obscur, en particulier pour les κεφάλαια de *CH* XIV, le maître incite son disciple à mener solitairement un travail d'exégèse, afin de découvrir le sens caché de ce qui est écrit.

L'écrit entretient ainsi un rapport très étroit avec la mémoire. L'activité même d'écrire est un exercice de mémorisation pour le scripteur hermétiste, puisqu'il doit se rappeler et remettre en forme ce qu'il a entendu, vu et vécu. Cette activité d'écriture achevée, l'exercice de la mémoire se poursuit en permettant au scripteur et au destinataire de revenir régulièrement sur le contenu de l'enseignement. Cela génère chez les hermétistes différentes activités noétiques, comme la réflexion et la méditation. Ainsi, il ne s'agit pas simplement de la mémoire qui fait reculer les frontières de l'oubli, mais d'une pratique intérieure qui agit en profondeur sur l'hermétiste.

Vie de Plotin, t. 1, *Travaux préliminaires et index grec complet*, Paris, Vrin, 1982, p. 317–320.

[227] I. Hadot, *op. cit.*, 1978, p. 161–163.

[228] E. von Ivanka, «κεφάλαια. Eine byzantinische Literaturform und ihre antiken Wurzeln», *Byzantinische Zeitschrift* 47 (1954), p. 285–291. P. Hadot, *op. cit.*, 1972, p. 225–239; P. Hadot, *op. cit.*, 2001, p. 100–102; M. Alexandre, «Le travail de la sentence chez Marc-Aurèle: philosophie et rhétorique», *La Licorne* 3 (1979), p. 125–158.

3. L'écrit et la contemplation

L'expression latine «secrets du cœur» déjà étudiée est analogue à celle d'Apulée, «secret de mon cœur», dans les *Métamorphoses* XI 25 : «Tes traits divins, ta personne sacrée, je les garderai enfermés à jamais dans le secret de mon cœur, et en esprit je les contemplerai». À côté des idées du silence et de la mémorisation, Apulée ajoute celle de la contemplation. Si le lien entre contemplation et la mention du cœur est possible en *Ascl.* 32, il est explicite en *CH* IV 11 :

αὕτη οὖν, ὦ Τάτ, κατὰ τὸ δυνατόν σοι ὑπογέγραπται τοῦ θεοῦ εἰκών· ἢν ἀκριβῶς εἰ θεάσῃ καὶ νοήσεις τοῖς τῆς καρδίας ὀφθαλμοῖς, πίστευσόν μοι, τέκνον, εὑρήσεις τὴν πρὸς τὰ ἄνω ὁδόν. μᾶλλον δὲ αὐτή σε ἡ εἰκὼν ὁδηγήσει.

Voici donc, Tat, l'image de Dieu esquissée pour toi selon ce qu'il était possible; si tu la contemples scrupuleusement et si tu la conçois avec les yeux du cœur, crois-moi, enfant, tu trouveras le chemin vers les choses d'en haut ou, plutôt, l'image elle-même te guidera.

L'image de Dieu dont Hermès parle correspond à la leçon qui précède et ne peut être contemplée que de manière noétique, grâce aux yeux du cœur. Une telle contemplation est anagogique et, à la suite du maître et de sa leçon, guide le disciple vers les choses d'en haut et vers Dieu[229].

Grâce à la mise en œuvre de plusieurs «exercices spirituels» (lecture, mémorisation, méditation et contemplation), l'écrit est important pour la transmission des savoirs, où il complète l'enseignement oral sans le remplacer. Ce rôle de l'écrit pose la question de l'existence de collections ou de corpus hermétiques antiques.

IV. LA MISE EN CORPUS DE TEXTES HERMÉTIQUES

L'époque où la majorité des traités ont été rédigés, entre le Ier et la fin du IIIe siècle, est prolifique en matière de corpus et de collections regroupant soit des genres courts, *chries* ou sentences, tels les *Sentences* de Sextus[230], soit des traités d'un même auteur, tels les *Lettres*

---

[229] Pour plus d'informations sur ce passage, voir A. Van den Kerchove, «L'image de Dieu, l'aimant et le fer. La représentation du divin dans le traité hermétique *CH* IV», *Mythos. Rivista di Storia delle Religioni. nuova serie* 2 (2008), p. 77–86.

[230] H. Chadwick, *op. cit.*, dont l'opinion est révisée légèrement par P.-H. Poirier, *op. cit.*, 1983, p. 12 et suivantes.

socratiques[231], les lettres pauliniennes[232] ou les canons bibliques en cours de formation[233]. Mentionnons également les différents *codices* de Nag Hammadi qui rassemblent des écrits d'horizons divers pour former ce qui est souvent appelé la «bibliothèque» copte de Nag Hammadi[234]. Ces collections permettent de «rationaliser» la diffusion de traités, de codifier dans une certaine mesure le texte et de contribuer à la formation d'une tradition qui fait autorité[235]. Elles sont également utiles pour l'enseignement, en particulier les genres courts employés comme propédeutique à l'enseignement philosophique. Dans ce contexte général, l'existence de collections ou de corpus hermétiques est envisageable.

L'adjectif hermétique peut se comprendre en deux sens: un regroupement de textes ou d'extraits hermétiques, résultat d'une volonté non hermétique; ou bien un regroupement de textes et d'extraits d'horizons divers réunis par des hermétistes – ce qui n'empêche pas une utilisation ultérieure de ces collections par des lecteurs non hermétistes. C'est surtout ce dernier sens qui va nous intéresser dans les pages qui suivent. La question de collections hermétiques a déjà été abordée par J.-P. Mahé et G. Fowden, pour étudier respectivement le passage

---

[231] L. Brisson, *op. cit.*, 1987, p. 14.

[232] H. Gamble, «The Redaction of the Pauline Letters and the Formation of the Pauline Corpus», *JBL* 94 (1975), p. 403–418. Voir aussi *idem*, «The New Testament Canon: Recent Research and the Status Quaestionis», in L.M. McDonald and J.A. Sanders, *The Canon Debate*, Peabody (Mass.), Hendrickson Publishers, 2002, p. 282–287.

[233] Y.-M. Blanchard, *Aux sources du canon, le témoignage d'Irénée*, Paris, Cerf, 1993; A. Le Boulluec, «Le problème de l'extension du canon des Écritures aux premiers siècles», *Recherches de science religieuse* 92.1 (2004), p. 45–87; P.S. Alexander et J.-D. Kaestli (éds), *op. cit.*

[234] M.A. Williams, «Interpreting the Nag Hammadi Library as "Collection(s) in the History of Gnosticism(s)"», in L. Painchaud et A. Pasquier, *Les Textes de Nag Hammadi et le problème de leur classification. Actes du colloque tenu à Québec du 15 au 19 septembre 1993*, Québec/Louvain/Paris, Les Presses de l'Université Laval/ Peeters, 1995, p. 3–50; M.L. Turner, *The Gospel According to Philip: the Sources and Coherences of an Early Christian Collection*, Leiden, Brill, 1996; S. Emmel, «Religious Tradition, Textual Transmission and the Nag Hammadi Codices», in A. McGuire and J.D. Turner (eds.), *The Nag Hammadi Library after Fifty Years: Proceedings of the 1995 Society of Biblical Literature Commemoration*, Leiden, Brill, 1997, p. 34–43.

[235] Ce serait en particulier le cas des ritualistes qui collecteraient des formules, et nous trouverions dans les *PGM* les débuts de systèmes de classification; H.D. Betz, «The Formation of Authoritative Tradition in the Greek Magical Papyri», in B.F. Meyer and E.P. Sanders (ed.), *Jewish and Christian Self-Definition*, vol. 3: *Self-Definition in the Graeco-Roman World*, London, SCM Press, 1982, p. 161–170 et 236–38.

d'une série de sentences à l'écriture de tout un traité[236] et l'histoire et la transmission des textes[237]. Revoir cette question semble nécessaire au vu de documents nouveaux, et cela en se plaçant dans l'optique de la pratique didactique. La documentation hermétique à notre disposition provient de deux types de sources : 1° les sources indirectes, avec les citations ou paraphrases de textes hermétiques par des auteurs contemporains, surtout des chrétiens, en premier lieu Jean Stobée et son *Anthologie* ; 2° les sources directes que nous pouvons subdiviser en deux groupes : 2°- a- les papyrus d'époque, en nombre réduit et 2°- b- les manuscrits du Moyen-Âge et de la Renaissance, c'est-à-dire surtout l'actuel *Corpus hermeticum*.

1. *Des corpus hermétiques antiques*

Comme la mise par écrit, réunir des textes en collection ou en corpus «modifie le statut des textes qu'on y inclut»[238] et suppose une organisation et un classement. Les titres des œuvres peuvent parfois être l'indice d'une telle organisation, d'autant plus que, dans l'Antiquité comme aujourd'hui, beaucoup de titres ne sont pas l'œuvre de l'auteur lui-même[239]. La mise en corpus ou en collection répond à des critères précis qui dépendent du but assigné au regroupement et qui en orientent le contenu. Avec sa *Vie de Plotin*, chapitre 24, Porphyre est un bon témoin de ce travail effectué sur les traités au moment de leur insertion dans un corpus : adoption d'un agencement thématique, qui suit la progression didactique et où la première place est laissée aux

---

[236] J.-P. Mahé, *op. cit.*, 1982, p. 308 et suivantes.

[237] G. Fowden, *op. cit.*, 2000, p. 19 et suivantes.

[238] A. Desreumaux, «Les titres des œuvres apocryphes chrétiennes et leurs corpus : le cas de la "Doctrine d'Addaï" syriaque», in M. Tardieu (éd.), *La Formation des canons scripturaires*, Paris, Cerf, 1993, p. 205.

[239] J.-D. Dubois, «Les titres du Codex I (Jung) de Nag Hammadi», in M. Tardieu (éd.), *op. cit.*, 1993, p. 219–235. P. Tombeur, «Le vocabulaire des titres : problèmes de méthode», in J.-C. Fredouille, M.-O. Goulet-Cazé et *alii*, *Titres et articulations du texte dans les œuvres antiques. Actes du colloque international de Chantilly 13–15 décembre 1994*, Paris, Institut d'Études augustiniennes, 1997, p. 559 ; P.-H. Poirier, «Titres et sous-titres, *incipit* et *desinit* dans les *codices* de Nag Hammadi et de Berlin. Description et éléments d'analyse», in J.-C. Fredouille, M.-O. Goulet-Cazé et *alii*, *op. cit.*, p. 339–383 ; A. Desreumaux, *op. cit.*, p. 204–205.

questions les plus simples[240], ajout d'une ponctuation, correction des fautes[241]. Qu'en est-il pour les hermétistes?

Les leçons hermétiques conservées mentionnent plusieurs fois l'expression γενικοὶ λόγοι, *Leçons générales*: *CH* X 1 et 7, XIII 1, *SH* 3.1, *SH* 6.1, *NH* VI 63.2–3, P. Berol. 17 027 A[242] et P. Vindob. G. 29 456r et 29 828r, fragment B. Le pluriel indique qu'il s'agit d'une série de leçons dont aucune n'aurait d'existence autonome. Les *Leçons générales* concerneraient des sujets variés: la divinité, les âmes, le mouvement, les décans, etc. Tous ces thèmes sont probablement abordés de manière générale, les précisions étant apportées lors des leçons plus particulières, consacrées chacune à un ou deux thèmes. Adressées à Tat, disciple jeune et moins avancé qu'Asclépios selon *SH* 23.7 et *CH* XIV 1, ces *Leçons générales* seraient avant tout destinées à des débutants. Malgré les nombreuses mentions, il nous est difficile de leur rattacher l'un ou l'autre des traités conservés. Certains savants ont donc douté de leur existence. S'il est impossible pour le moment de trancher définitivement la question, on ne peut en revanche douter de l'existence d'autres corpus hermétiques antiques.

P. Vindob. G. 29 456r et 29 828r, fragment B donne le texte de la fin d'un traité hermétique et le début d'un autre adressé à Tat. La transition entre les deux est marquée par un espace vide et une numérotation, λόγος θ en conclusion d'un traité et λόγος ῑ comme titre du traité suivant. Nous aurions là affaire aux restes d'une collection hermétique de leçons. Cyrille d'Alexandrie, dans son *Contre Julien* cite plusieurs

---

[240] Porphyre choisit l'ordre thématique en imitant des prédécesseurs comme Apollodore d'Athènes et Andronicus le Péripatéticien, considérant que les traités ont été chronologiquement produits «pêle-mêle» (φύρδην). Les éditeurs contemporains commencent à revenir à l'ordre chronologique qui révèle souvent une cohérence dans l'écriture des traités, comme A. Schniewind le montre pour le traité 46 (*Enn.* I 4), et ceux écrits avant et après celui-ci (A. Schniewind, *L'Éthique du sage chez Plotin. Le paradigme du spoudaios*, Paris, Vrin, 2003, p. 54–55). Voir aussi la question du «Grand Traité» avec les traités 30 à 33, mise en avant la première fois dans R. Harder, «Ein neue Schrift Plotins», *Hermès* 71 (1936), p. 1–10, et reprise récemment par P. Hadot, dans sa communication «Le plan du traité 33 et l'hypothèse du "Grand Traité"» lors du séminaire-colloque «Thèmes et problèmes du traité 33 de Plotin contre les gnostiques», organisé par M. Tardieu avec la collaboration de P. Hadot, au collège de France, les 7 et 8 juin 2005. Sur le classement adopté par Porphyre: H.D. Saffrey, «Pourquoi Porphyre a-t-il édité Plotin? Réponse provisoire», in *idem*, *op. cit.*, 2000, p. 3–26 et surtout p. 17–19.

[241] *Vie de Plotin* 26.

[242] Selon la nouvelle édition que nous en donnons: A. Van den Kerchove, *op. cit.*, 2006, p. 162–180.

fois des passages hermétiques et, pour quelques-uns, il donne une numérotation : ὁ αὐτός ἐν λόγῳ πρώτῳ τῶν πρὸς τὸν Τὰτ διεξοδικῶν οὕτω λέγει περὶ θεοῦ, «Celui-ci (Hermès), dans la première leçon de ses *Leçons détaillées à Tat* parle ainsi au sujet de Dieu» (*Contre Julien* I 46, 553 A, repris dans *Contre Julien* II 30, 588 B) ; λέγει δὲ καὶ Ἑρμῆς ἐν λόγῳ τρίτῳ τῶν πρὸς Ἀσκληπιόν, «Et Hermès dit aussi dans la troisième leçon à Asclépios» (*Contre Julien* I 48, 556 A et également dans *Contre Julien* I 49, 556 B). Les citations qu'il introduit ainsi n'ont pas de parallèles directs avec les papyrus et les traités hermétiques conservés par ailleurs. La numérotation chez Cyrille d'Alexandrie témoigne que ces extraits proviendraient de traités insérés au sein de deux corpus : l'un, adressé à Tat, serait appelé διεξοδικά, l'autre serait une série de leçons dédiées à Asclépios. Avec le témoignage du fragment de Vienne B, cela ferait trois corpus différents, à moins de considérer que les fragments de Vienne ne fassent partie des διεξοδικά, puisqu'ils sont extraits de traités adressés à Tat, mais cela est de la pure spéculation. Chacun de ces corpus regrouperait des leçons simplement numérotées et seraient adressées à un seul disciple, Tat ou Asclépios. La numérotation tendrait à montrer que ces leçons n'ont pas d'existence autonome – ou, du moins, qu'elles l'ont perdue au moment de leur insertion dans le corpus – et elle instaure une progression didactique. De tels corpus ont probablement été constitués par des hermétistes pour d'autres hermétistes, ce qui n'empêcherait pas qu'ultérieurement ils aient été utilisés par des personnes non hermétistes.

Le nombre de leçons est variable. La collection viennoise en contient au moins dix, tandis que Cyrille d'Alexandrie mentionne une collection de quinze livres : πεποίηται δὲ καὶ τούτου μνήμη ἐν ἰδίαις συγγραφαῖς ὁ συντεθεικὼς Ἀθήνησι τὰ ἐπίκλην Ἑρμαϊκὰ πεντεκαίδεκα βιβλία, «Celui qui a réuni à Athènes les quinze livres portant le titre d'*Hermaïques* fait mention de celui-ci (= Hermès) dans ses propres écrits »[243]. Sur cet homme, aucune donnée n'a été conservée. Cependant, le nombre quinze que donne Cyrille d'Alexandrie plaiderait en l'existence de cette compilation. En effet, c'est un nombre tout à fait raisonnable au regard de la simple mention «des livres d'Hermès», l'imprécision soulignant le grand nombre[244], ou des très grands nombres parfois

---

[243] Cyrille d'Alexandrie, *Contre Julien* I 41, 548 B.
[244] Eusèbe de Césarée, *Préparation évangélique* I 9, 24 : il rapporte les propos de Philon de Byblos au sujet du phénicien Sanchuniathon qui aurait découvert les livres de Taautos (Thot). Plutarque, *Isis et Osiris* 61, 375 F.

avancés (vingt mille livres selon Séleucos et trente-six mille cinq cent vingt-cinq selon Manéthon[245]). De plus, ce nombre quinze est assez proche du nombre de traités conservés dans le *Corpus hermeticum*, mais comme l'a déjà noté A.-J. Festugière[246], il est difficile d'identifier ces quinze livres hermaïques au *Corpus hermeticum* ou à une partie, aucune donnée n'allant dans ce sens.

Concernant les traités cités ou mentionnés avec un titre et sans numérotation, il est difficile de conclure s'ils proviennent de corpus hermétiques ou s'ils ont une existence indépendante. Ceci nous amène à parler du *Corpus hermeticum* tel qu'il est édité par A.D. Nock et A.-J. Festugière.

2. *Le* Corpus hermeticum

En 1554, à Paris, A. Turnèbe édite pour la première fois un manuscrit grec contenant les 17 traités[247], auxquels il ajoute trois extraits de Stobée qu'il place après *CH* XIV comme appendice[248]. En 1574, François Foix de Candalle (Flussas) publie une traduction de l'édition d'A. Turnèbe avec quelques modifications : il attribue le numéro XV à un ensemble composé des trois extraits de Stobée auxquels il ajoute un autre de Suidas et le numéro XVI à l'ancien XV, omettant *CH* XVI et XVII des éditions précédentes (actuellement *CH* XVII et XVIII)[249]. Depuis, l'ensemble des quatre extraits a été abandonné dans les éditions modernes, notamment par W. Scott et A.D. Nock, mais chacun conserva la numérotation de Flussas. Ceci explique l'écart actuel entre la numérotation (1 à 18) et le nombre de traités (17). En revanche, comme *CH* II porte le titre *D'Hermès à Tat, discours universel* alors qu'il donne Asclépios comme interlocuteur d'Hermès[250], un traité manque réellement au début du *Corpus*. Cette lacune se retrouve dans tous

---

[245] Jamblique, *Réponse d'Abamon* VIII 1 (261).
[246] A.-J. Festugière, *op. cit.*, vol. 2, 1990, p. 3.
[247] Les éditions précédentes de Marsile Ficin ne contenaient que quatorze traités.
[248] A.-J. Festugière, *op. cit.*, vol. 2, 1990, p. 1 ; J.-P. Mahé, *op. cit.*, 1982, p. 5 et n. 11.
[249] Voir les références de la note précédente. K.H. Dannenfeldt, *op. cit.*, p. 140 ; H. Hornik, « The Philosophical *Hermetica*; their History and Meaning », *Atti della Accademia delle Scienze di Torino* 109 (1975), p. 354. Cette attitude de François Foix de Candalle n'est pas isolée : Fabricius Patricius ne se comporte pas autrement quand, dans sa traduction de 1591, il ajoute des extraits et écrits hermétiques pour aller jusqu'à 21 écrits qu'il réaménage. Voir K.H. Dannenfeldt, *op. cit.*, p. 141.
[250] Voir J.-P. Mahé, *op. cit.*, 1982, p. 5 n. 13 : il signale bien, à la suite d'A.-J. Festugière (*op. cit.*, 1989, p. 107 n. 1, n°9), un codex (Athènes 1180) qui contient un traité inédit avec ce titre, mais ce ne serait qu'une « compilation d'hermétisme technique ».

les manuscrits, comme celle entre *CH* XVI, interrompu abruptement, et *CH* XVII dont seule la fin est conservée. Ces lacunes[251] proviennent probablement de l'archétype dont dépendent tous les manuscrits et seraient donc largement antérieures au XIVᵉ siècle, date des plus anciens manuscrits.

La première traduction latine, par Marsile Ficin, ne contenait que les quatorze premiers traités. Le manuscrit grec utilisé[252] ne contenait ainsi que les écrits où Hermès est le protagoniste principal, sauf en *CH* I; mais le compilateur a pu identifier le narrateur à Hermès. Cette compilation suit une organisation cohérente : en premier, un traité qui explique comment le narrateur a obtenu tout son savoir de la part d'un être divin Poimandrès, au moyen d'une vision et d'une révélation ; en avant-dernier, un traité sur la régénération du disciple et sa divinisation, clôturant ainsi toute sa formation pédagogique ; entre les deux, le compilateur a placé une série de traités dont la relation entre eux n'est pas toujours évidente et où il est difficile de distinguer une progression didactique ; les rares indications sur cette progression se réfèrent à des traités qui n'apparaissent pas dans le *Corpus hermeticum* : les *Leçons générales* et la *Leçon parfaite*. Cette *Leçon parfaite* serait la leçon qui précède *CH* IX selon *CH* IX 1, mais il ne peut pas s'agir de *CH* VIII. Le seul lien entre deux traités du *Corpus hermeticum*, entre *CH* IX et *CH* X, est incertain : la phrase introductive et imprécise de *CH* X – τὸν χθὲς λόγον, ὦ Ἀσκληπιέ, σοι ἀνέθηκα, τὸν δὲ σήμερον δίκαιόν ἐστι τῷ Τὰτ ἀναθεῖναι, « La leçon d'hier, Asclépios, je te l'ai dédiée, mais celle d'aujourd'hui, il est juste de la dédier à Tat » – peut s'appliquer aussi bien à *CH* IX, traité effectivement adressé à Asclépios, qu'à tout autre traité adressé à ce disciple. De même, nous comprenons difficilement l'emplacement de *CH* XI, une leçon délivrée par l'Intellect à Hermès et placée parmi les leçons d'Hermès à ses disciples et non après *CH* I ; il s'agirait peut-être de montrer qu'Hermès continue sa formation tout

---

[251] *NF* I, p. xiii–xiv.

[252] Marsile Ficin avait en effet en sa possession le manuscrit apporté à Florence par le moine Leonardo da Pistoia (*Laurentianus* 71.33) qui ne contenait, pour les textes hermétiques, que les quatorze premiers traités. À la même époque, le cardinal Bessarion faisait l'acquisition du Cod. marc. Gr. Z. 242 (=993) qui contenait l'ensemble des textes hermétiques. Voir C. Gilly & C. van Heertum (eds.), *op. cit.*, vol. II, 2002, p. 14–16 ; J.R. Ritman, « Bessarione e l'influenza di Ermete Trismegisto / Bessarion and the influence of Hermes Trismegistus », in C. Gilly & C. van Heertum (eds.), *Magia, alchimia, scienza dal '400 al '700. L'influsso di Ermete Trismegisto*, vol. I, Firenze, Centro Di, 2002, p. 15/20–21 ; S. Gentile & C. Gilly, *op. cit.*, p. 40–43 et p. 128–131.

en étant lui-même un instructeur. En dernier, le compilateur a placé
CH XIV, peut-être parce qu'il s'agit d'une lettre.

Les trois autres traités (*CH* XVI, XVII et XVIII) semblent avoir
eu une transmission plus autonome : le premier fut découvert par
Ludovico Lazarelli, et les deux autres furent édités par A. Turnèbe. Il
s'agit de trois écrits où Hermès est absent. Deux sont des leçons données par ses anciens disciples, Asclépios pour *CH* XVI, Tat pour *CH*
XVII. Le dernier, *CH* XVIII, n'a pas toujours été considéré comme un
texte hermétique[253]. R. Reitzenstein l'accepte comme tel, car il pense
que la position finale de ce traité est tout à fait justifiée et a un rôle précis : le but de son auteur serait de démontrer la loyauté de la religion
égyptienne – et donc des Égyptiens – envers le pouvoir en place, c'est-
à-dire les empereurs romains, qui seraient Dioclétien et Maximien[254].

Par conséquent, si la mise en corpus de ces différents traités respecte une organisation générale logique et cohérente, sa visée ne
paraît pas réellement pédagogique. Pour en dire plus, il faudrait pouvoir déterminer l'époque et l'identité du compilateur. Michel Psellus
a eu connaissance du *Corpus hermeticum*, mais rien ne prouve qu'il
en soit lui-même l'auteur ou que son exemplaire soit l'archétype dont
dérivent les manuscrits connus[255]. Michel Psellus donne un *terminus
ante quem*. Pour A.-J. Festugière, il est difficile de remonter au-delà,
opinion partagée par J.-P. Mahé[256], et le *Corpus* ne peut pas être « une

---

[253] W. Scott, *op. cit.*, vol. 2, p. 461 ; A.-J. Festugière, dans *NF* II, p. 244, parle de
« l'impéritie d'un rédacteur » ; A.-D. Nock est moins catégorique : *NF* II, p. 244 n. 3.
B.P. Copenhaver, *op. cit.*, p. 209–210, ne prend pas position, se contentant de résumer
les différentes positions. Il est vrai que le nom d'Hermès ou de l'un de ses disciples
est absent et que le style est différent de celui des autres traités. Cependant, nous y
ferons référence parfois, puisqu'il a été transmis par certains manuscrits du *Corpus
hermeticum*.
[254] R. Reitzenstein, *op. cit.*, 1904, p. 199–208. Considérer que l'auteur s'adresse à
Dioclétien date le traité aux environs de 300 après J.-C. W. Scott est d'accord avec
cette datation (*op. cit.*, vol. 2, p. 462). Le rapport à l'Égypte mis en avant pas R. Reitzenstein est confirmé par les analyses à propos de la royauté de P. Derchain (*op. cit.*,
1962, p. 181–182 et p. 184–185) et T. McAllister Scott (*op. cit.*, p. 72–79). Ce traité
pourrait résulter d'un développement ultérieur de la voie hermétique.
[255] A.-J. Festugière, *op. cit.*, vol. 2, 1990, p. 2. Comparer avec H. Hornik, *op. cit.*,
p. 351–352 et K.H. Dannenfeldt, *op. cit.*, p. 137. H. Hornik pense que Michel Psellus
trouva un codex grec et s'en servit pour en faire une édition et que ce codex est celui
que le moine Leonardo da Pistoia rapporta de Macédoine et qui servit à Marsile Ficin ;
ce serait alors le *Laurentianus* 71.33. Cependant, H. Hornik n'étaye pas ses dires.
K.H. Dannenfeldt considère que la forme présente du *Corpus* est due à M. Psellus et,
là non plus, il n'argumente pas sa position.
[256] J.-P. Mahé, *op. cit.*, 1982, p. 19.

création originale de l'hermétisme»[257]; pour A.D. Nock, en revanche, il serait plutôt l'œuvre d'un dévot et un livre ésotérique[258].

Les fragments hermétiques découverts dans un manuscrit de la Bodléienne à Oxford, le *Clarkianus* 11 folios 79v-82 (XIIIe siècle), par J.-P. Mahé et J. Paramelle[259] peuvent aider. Les folios 79v-82 transmettent un «florilège hermétique» avec des extraits des traités *CH* XII à XIV, des *Définitions d'Hermès Trismégiste à Asclépius* – dont nous n'avions jusque là qu'une version arménienne –, de *CH* XVI et un ensemble d'extraits hermétiques inconnus jusqu'à présent. Ce florilège succède à un autre, «sacro-profane»[260], qui s'achève avec *CH* XI 22 et la formule τέλος τοῦ κονδακίου. Le copiste désigne par cette expression l'unité littéraire du «florilège sacro-profane»[261]. L'isolement de *CH* XI 22 pourrait confirmer qu'il circulait de manière autonome[262]. Dans le «florilège hermétique», l'ordre des fragments respecte celui des traités dans le *Corpus hermeticum*[263], excepté pour les fragments grecs des *Définitions d'Hermès Trismégiste à Asclépius* insérés avant l'extrait issu de *CH* XVI (un ensemble de définitions d'Asclépios). L'ordre suit ainsi une chronologie valable dans le monde des protagonistes – extraits d'Hermès puis d'Asclépios – et tient compte des genres – des dialogues puis des définitions. Comme l'auteur du «florilège sacro-profane», celui du «florilège hermétique» travaillerait sur des florilèges antérieurs et non sur des textes complets[264]. Si, parfois, la tradition de ce florilège est mauvaise, dans certains cas, elle permet d'améliorer l'édition d'A.D. Nock[265]. Elle ne dépendrait donc pas du *Corpus hermeticum*, mais plutôt d'une source commune avec ce *Corpus*, et Michel Psellus ne serait pas le compilateur du *Corpus*. Cependant, cela ne permet pas de remonter au-delà. Dans tous les cas, l'organisation

---

[257] A.-J. Festugière, *op. cit.*, vol. 2, 1990, p. 5.

[258] *NF* I, p. xlvii–xlviii.

[259] J. Paramelle et J.-P. Mahé, *op. cit.*, 1991, p. 108–139.

[260] Nous reprenons les dénominations «florilège sacro-profane» et «florilège hermétique» à J. Paramelle et J.-P. Mahé.

[261] J. Paramelle et J.-P. Mahé, *op. cit.*, 1991, p. 116 et n. 16.

[262] J. Paramelle et J.-P. Mahé, *op. cit.*, 1991, p. 119: «on ne saurait affirmer que les extraits hermétiques qui figurent en 79v 82, juste avant les *Définitions* parallèles à l'arménien, soient puisés à la même source que le fragment de *CH* XI 22».

[263] Notons que les fragments des traités *CH* XII et XIII sont transmis sous un même titre.

[264] J. Paramelle et J.-P. Mahé, *op. cit.*, 1991, p. 115–116 (pour le «florilège sacro-profane») et p. 119 (pour le «florilège hermétique»).

[265] J. Paramelle et J.-P. Mahé, *op. cit.*, 1991, p. 121–122.

adoptée suggère qu'il ne s'agirait pas d'un hermétiste, mais plutôt d'un homme cultivé intéressé par le contenu de ces traités et qui tente de recréer une cohérence.

3. Des collections d'extraits

Les collections d'extraits sont également nombreuses à l'époque de rédaction des écrits hermétiques. Utiles pour l'enseignement, elles l'étaient également pour l'écriture de traités, fournissant à l'auteur des idées dont il pouvait s'inspirer et qu'il pouvait développer à sa guise. Les auteurs hermétistes n'échapperaient pas à ce phénomène. À partir de l'étude des rapports entre les *Définitions d'Hermès Trismégiste à Asclépius* conservées en arménien et les sagesses égyptiennes, J.-P. Mahé conclut : «La première source des écrits philosophiques d'Hermès a consisté en une ou plusieurs gnomologies adressées par Hermès ou tel autre personnage mythique de l'hermétisme à divers interlocuteurs» et expliqua ensuite le passage de la sentence à la leçon continue[266]. L'auteur de *CH* XII en serait un bon exemple; il cite des sentences qu'il attribue au Bon Démon, alors que deux sont des citations un peu modifiées d'Héraclite. L'une d'elles est à nouveau citée en *CH* X 25 en étant intégrée à la pensée même de l'auteur du traité. Ces citations proviendraient d'un recueil *Les Dits du Bon Démon*[267], même si le seul indice de leur existence est *CH* XII. En *CH* X 24, quelques lignes avant la citation d'Héraclite, l'auteur cite Théognis 177–178, là aussi sans mentionner le nom du poète. Une telle absence est courante; dans le cas hermétique, elle permettrait de tout attribuer à une autorité hermétique, le Bon Démon ou Hermès. Les recueils utilisés regroupe- raient des conceptions hermétiques et des sentences provenant d'autres auteurs, l'ensemble étant probablement mis en forme par un hermé- tiste à partir d'autres recueils antérieurs. Les *Définitions d'Hermès Trismégiste à Asclépius*, connues dans une version arménienne avec quelques passages en grec dans le *Clarkianus* 11, seraient un exem- ple de recueil composé par des hermétistes, de même que *SH* 11. La sentence 19 de *SH* 11 – ὁ θεὸς ἀγαθός, ὁ ἄνθρωπος κακός, «Dieu est bon, l'homme mauvais» – ressemble à deux expressions que Tertullien mentionne dans son *De l'âme* 2.2 : *deus bonus* et *sed homo malus*.

---

[266] J.-P. Mahé, *op. cit.*, 1982, p. 407–436 et p. 409 pour la citation.
[267] Ci-dessus p. 28.

G. Quispel[268] considère que la sentence hermétique serait le seul parallèle antique des expressions latines. A. Löw estime au contraire que
la littérature hermétique ne pouvait être aussi diffusée au temps de
Tertullien pour autoriser une telle utilisation[269], mais il ne propose
aucun parallèle aux expressions employées par Tertullien. La sentence
19 est courte, facile à retenir et à réutiliser dans des contextes culturels
différents. Elle pourrait être issue d'une source commune à Tertullien
et à l'auteur de *SH* 11, même si Tertullien est le premier chrétien à
faire une allusion précise à une doctrine d'Hermès dans *De l'âme* 33.2,
allusion qui pourrait provenir d'un intermédiaire[270].

À côté de ces recueils, il y en a probablement d'autres constitués à partir des traités hermétiques, sans que l'on puisse dire s'ils
ont été élaborés par des hermétistes. Certains regrouperaient seulement des extraits hermétiques, comme cela semble être le cas pour
la source du «florilège hermétique» de *Clarkianus* 11. D'autres rassemblent des extraits hermétiques et non hermétiques. Ces recueils
ont été largement utilisés par les chrétiens comme Didyme l'Aveugle,
Cyrille d'Alexandrie, Fulgence. Ceci n'empêche pas que des chrétiens
aient eu directement accès à des textes hermétiques, comme Lactance
pour le *Discours parfait*, ou qu'ils aient repris des passages d'autres
auteurs[271]. La diffusion de tels recueils et des idées hermétiques pourrait être assez importante. En effet, un papyrus d'Hermopolis, daté du
IIIᵉ siècle, mentionne Hermès Trismégiste et donne très certainement
une réminiscence, sinon une citation, de *CH* I: la proposition τοῦ δὲ
πατρῴου ἡμῶν θεοῦ τρισμεγίστου Ἑρμοῦ, ὅς παρίσταταί σοι πα[ν]

---

[268] G. Quispel, «Hermes Trismegistus and Tertullian», *VC* 43 (1989), p. 189.
[269] A. Löw, *op. cit.*, p. 47 n. 180.
[270] G. Fowden, *op. cit.*, 2000, p. 287–288. A. Löw, *op. cit.*, p. 59–63, pense que Tertullien tiendrait une partie de ses informations d'Albinus et se base pour cela sur *De
l'âme* 28.1. Cependant, il est difficile de savoir si la source de Tertullien, pour les thèses
hermétiques, est bien Albinus, en raison de l'aspect fragmentaire de son œuvre et de
l'absence d'allusion à Hermès Trismégiste.
[271] Certaines citations sont communes au Pseudo-Justin, Didyme l'Aveugle et Cyrille
d'Alexandrie. Cependant, ce dernier ne peut dépendre seulement de ses prédécesseurs,
puisqu'il donne d'autres citations. Les extraits de la *Théosophie de Tübingen* et de la
Chronique de Jean Malalas seraient à relier à Cyrille. De même, les deux collections
syriaques *Syr-A* et *Syr-C* seraient liées à Malalas, sans en dépendre totalement puisque
Syr-A 21 et 19 n'ont aucun parallèle chez Malalas. Cf. N. Zeegers-Vander Vorst, «Une
gnomologie d'auteurs grecs en traduction syriaque», in *Symposium Syriacum 1976*,
Roma, Pontificium Institutum Orientalium Studiorum, 1978, p. 163–177; S. Brock,
op. cit., 1983, p. 203–246; *idem.*, «Some Syriac Excerpts from Greek Collections of
Pagan Prophecies», *VC* 38 (1984), p. 77–90.

ταχοῦ, «Quant au dieu de notre cité, Hermès Trismégiste, celui qui
se tient auprès de toi partout»[272], est proche d'une phrase prononcée
par Poimandrès en *CH* I 2: σύνειμί σοι πανταχοῦ, «Je suis avec toi
partout»; ceci est d'autant plus intéressant qu'il ne s'agit pas d'une
œuvre littéraire[273] mais d'une lettre de bienvenue émanant de la βουλή
d'Hermopolis et adressée à Aurélios Ploution.

V. Conclusion

Le savoir hermétique, d'origine divine, ne peut être divulgué n'importe comment et à n'importe qui. Maître et disciples doivent respecter certaines exigences pour être le plus en accord avec l'enseignement
à délivrer ou à recevoir. L'une de ces exigences est le secret qu'ils ont
l'obligation de mettre en œuvre, l'un par le choix des disciples, l'autre
par le silence qui prend parfois un caractère religieux. Toutefois, secret
et silence ne s'opposent pas à la mise par écrit de l'enseignement.
Cette dernière est légitimée par les auteurs: elle est mise sous l'autorité d'Hermès (avec sa prétendue lettre destinée à Asclépios); c'est un
moyen d'éviter la diffusion de propos faux et blasphématoires envers
Dieu; les auteurs des traités *CH* XVI et *OgdEnn* prétendent que la
rédaction se fait en égyptien, et le premier, qu'il est interdit de traduire
en grec. Ces prétentions font de la rédaction un acte rituel, la plaçant
dans le contexte du temple et, notamment, de la «Maison de Vie»; et
elles permettent de transférer au grec ou, plutôt, à la langue d'Hermès,
toutes les qualités de l'écrit hiéroglyphique. La langue d'Hermès, qui se
distingue du grec courant par un champ sémantique différent, est apte,
à l'instar de l'égyptien, à rendre compte d'un savoir d'origine divine.
La mise par écrit a pu favoriser la constitution de recueils et de corpus
hermétiques à but didactique. Il est difficile cependant de parler de
canon hermétique et de faire le lien entre ces corpus antiques, dont des
extraits ont été conservés dans des papyri, et le *Corpus hermeticum*.

---

[272] C.P. Herm. 125 II + C.P. Herm. 124 R, col. 1, 7–8. C. Wessely, *op. cit.*, n° 124
et 125, p. 67–68; G. Méautis, *op. cit.*, p. 175–177, date le document de 266 / 267 après
J.-C. et est le seul (à notre connaissance) à faire ce rapprochement. S'il y a reprise de
la phrase prononcée par Poimandrès, le contexte d'utilisation est différent, puisqu'il
s'agit de souhaiter à Aurélios Ploution un bon voyage de retour en mer. Toutefois,
comme le fait remarquer G. Méautis (p. 177) «cela jette un jour nouveau sur la diffusion des doctrines hermétiques».

[273] Ceci ne signifie pas l'absence de prétentions littéraires: il y aurait également une
citation, tronquée, d'Euripide à la ligne 7. Voir G. Méautis, *op. cit.*, p. 176–177.

Grâce à la mise par écrit, d'autres pratiques, «véritables exercices spirituels», se mettent en place et renforcent le contenu de l'enseignement pour transformer le disciple. La place du maître et de son instruction orale ne disparaît pas pour autant. Le maître est en particulier important pour attester que l'hermétiste disciple est prêt à aborder une nouvelle étape et surtout pour expliquer le sens des écrits qui est loin d'être clair. Le respect des exigences énoncées ci-dessus pour la transmission du savoir hermétique peut s'accompagner dans certains cas de mesures de protection.

CHAPITRE TROIS

LA PROTECTION DU SAVOIR : UN DEVOIR DE L'HERMÉTISTE

Plusieurs auteurs hermétistes proposent des mesures de protection différentes pour éviter une utilisation indue par tout homme indigne (celui qui se situe en dehors de la « voie d'Hermès » et celui qui, bien que suivant la « voie d'Hermès », n'a pas assez progressé), tout en permettant de sélectionner ceux qui persévèrent et sont dignes d'être instruits.

1. VISIBILITÉ DE L'ÉCRIT, SENS CACHÉ

Asclépios prévient son destinataire, le roi Ammon : « À ceux qui lisent mes livres, la composition semblera très simple et claire, alors qu'au contraire elle est obscure et a le signifié des mots caché »[1]. Il rapporte les propos de son maître Hermès, probablement en les citant[2], et les « livres » seraient ceux d'Hermès qu'Asclépios prétend être écrits en égyptien. Ces propos caractérisent bien les traités hermétiques, où Hermès ne se prive pas de jouer sur la dialectique entre ce qui se donne à voir et ce qui est caché, lui qui conserve en son for intérieur la « Révélation primordiale » et n'en dévoile qu'une partie au gré de l'instruction. Cette obscurité des écrits a du reste été bien perçue à travers les siècles, puisque, à partir du XIXe siècle, l'adjectif « hermétique » désigne, au sens figuré, tout ce qui est clos et impénétrable[3]. L'auteur de *CH* XVI, par cette déclaration, appelle le lecteur à la vigilance, laquelle concerne aussi les lecteurs des autres traités.

---

[1] *CH* XVI 1 : δόξει τοῖς ἐντυγχάνουσί μου τοῖς βιβλίοις ἀπλουστάτη εἶναι ἡ σύνταξις καὶ σαφής, ἐκ δὲ τῶν ἐναντίων ἀσαφὴς οὖσα καὶ κεκρυμμένον τὸν νοῦν τῶν λόγων ἔχουσα.

[2] Sur la citation ou la paraphrase en *CH* XVI 1 : ci-dessus p. 122 et n. 150.

[3] P. Robert, *Dictionnaire alphabétique et analogique de la langue française*, Paris, Safor, 1957, t. 3, p. 491 b. L'adjectif hermétique est apparu en 1610.

1. *Le caractère énigmatique et obscur de l'enseignement hermétique*

Le caractère obscur des traités hermétiques – ou au moins de quelques passages – peut être imputé à deux facteurs : le caractère divin de l'enseignement hermétique qui est une suite de « révélations ultérieures » imitant à des degrés divers la « Révélation primordiale » et la langue utilisée, comme cela ressort bien du préambule de *CH* XVI, avec l'idée sous-jacente que les mots sont inadéquats pour exprimer des réalités divines. Hermès relève plusieurs fois cette incapacité de la langue des hommes et met en garde ses disciples contre elle. *CH* XII, où l'auteur est préoccupé par le problème lexicologique, en est un bon exemple. Hermès rectifie l'opinion de son disciple sur la mort qui est en fait « dissolution du mélange » (κράματος διάλυσις, XII 16) et il l'exhorte deux fois à ne pas être troublé (emploi de ταράττω) par les dénominations (XII 11 et 18, où s'il parle des hommes en général, ce qu'il en dit est aussi valable pour le disciple). Avec l'obscurité des propos, l'auteur hermétiste a pu souhaiter montrer que le langage utilisé par Hermès et ses successeurs n'est plus vraiment humain et qu'il s'apparenterait au langage des dieux[4].

De ce fait, le vrai objet de l'instruction ne peut être facilement transmis. Clément d'Alexandrie l'affirme quand il écrit que l'obscurité de ses *Stromates* est volontaire, et que le vrai ne se laisse dévoiler qu'après un grand travail[5]. Nous aurions la même idée dans les traités hermétiques où le maître parle en énigmes, ce que lui reproche le disciple en *CH* XIII : ἐν τοῖς γενικοῖς, ὦ πάτερ, αἰνιγματωδῶς καὶ οὐ τηλαυγῶς ἔφρασας περὶ θειότητος διαλεγόμενος, « Dans les (*Leçons*) *générales*, c'est par énigmes et pas clairement que tu as fourni des explications au sujet de la divinité, en conversant à ce sujet » (XIII 1), αἴνιγμά μοι λέγεις, ὦ πάτερ, καὶ οὐχ ὡς πατὴρ υἱῷ διαλέγῃ « tu me dis une énigme, père, et tu ne parles pas comme un père converse avec son fils » (XIII 2) et ἀδύνατά μοι λέγεις, ὦ πάτερ, καὶ βεβιασμένα· ὅθεν πρὸς ταῦτα ὀρθῶς ἀντειπεῖν θέλω· « ἀλλότριος υἱὸς πέφυκα τοῦ πατρικοῦ γένους »· μὴ φθόνει μοι, πάτερ· γνήσιος υἱός εἰμι, « Père, tu me dis des choses impossibles et forcées, d'où à ces paroles, je désire

---

[4] L'idée de deux langages est courante. On la retrouve en particulier chez Zosime dans son traité *Mémoires authentiques* I. *Sur la lettre oméga*, quand il distingue le langage corporel et le langage incorporel que seul Nicothéos connaît. Voir M. Mertens, « Notes », in Zosime de Panopolis, *Mémoires authentiques*, traduction : M. Mertens, Paris, Les Belles Lettres, 1995, p. 55 n. 3.

[5] Clément d'Alexandrie, *Stromate* I, II 20.1.

répondre justement: "je suis né fils étranger à la famille paternelle".
Ne me méprise pas, père: je suis un fils légitime.» (XIII 3). Les *Leçons
générales* dont parle Tat sont situées au début du parcours didactique, et *CH* XIII à la fin. Ce n'est qu'à la fin que le disciple demande
des explications sur un thème abordé beaucoup plus tôt en termes
énigmatiques. Figure littéraire définie par les rhéteurs[6], l' αἴνιγμα, est
couramment utilisée dans les commentaires allégoriques; Plutarque
l'emploie à propos des récits et mythes égyptiens[7]. Le mot caractérise
aussi l'enseignement de certains philosophes tels Pythagore[8] et Platon[9],
et Clément d'Alexandrie rappelle que la stratégie de l'énigme est une
pratique courante pour obscurcir certains enseignements sur Dieu[10],
idée qui est appuyée en *CH* XIII 1 par l'expression οὐ τηλαυγῶς.
L'énigme, comme la métaphore à laquelle elle est liée[11], est un des
moyens pour diviser l'humanité: elle rebute un grand nombre de personnes qui n'essaient pas de comprendre et elle incite un petit nombre
à la résoudre[12]. Le disciple hermétique appartient à ce second groupe,
un disciple qui aspire à des explications claires[13] et qui se réjouit quand
le maître les lui fournit[14]. Le destinataire appartient aussi à ce second
groupe, le caractère énigmatique de l'enseignement oral étant transféré
au texte écrit. Comme le disciple des traités, il aura une longue route
à parcourir sous la houlette d'un maître hermétiste. Chacun devra se
doter peu à peu d'un bagage lexical spécifique à la pratique didactique

---

[6] Aélius Théon, *Progymnasmata* 74; *Rhetores Graeci* 3, περὶ ποιητικῶν τρόπων 6, 209–211.

[7] Plutarque, *Isis et Osiris* 9, 354 B–C.

[8] Jamblique, *Vie de Pythagore* [25] 103.

[9] Plutarque, *Isis et Osiris* 48, 370 E; Clément d'Alexandrie, *Stromate* V, X 65.1.

[10] Clément d'Alexandrie, *Stromate* V, IV 19–21.

[11] Aristote, *Rhétorique* III, 1405 A-B: «Et en général, on peut tirer de bonnes métaphores des énigmes bien faites; car les métaphores impliquent des énigmes.»

[12] Cette idée de l'énigme divisant l'humanité en deux groupes inégaux apparaît déjà
très bien chez Platon, *Théétète* 152 c: τοῦτο ἡμῖν μὲν ἠνίξατο τῷ πολλῷ συρφετῷ,
τοῖς δὲ μαθηταῖς ἐν ἀπορρήτῳ τὴν ἀλήθειαν ἔλεγεν; «n'a-t-il (= Protagoras) donné
là qu'énigmes pour la foule et le tas que nous sommes, tandis qu'à ses disciples, dans
le mystère, il enseignait la vérité?» (traduction: A. Diès). On la retrouve également
dans le domaine chrétien, chez Origène, *Contre Celse* III 19. H. Crouzel, *Origène et la
'connaissance mystique'*, Paris, Desclée de Brouwer, 1961, p. 228–229.

[13] Voir ses questions: τί οὖν; ou τί δέ; «quoi donc?» (*CH* I 6 et *SH* 2a 8), πῶς τοῦτο
λέγεις; «comment dis-tu cela?» (*CH* II 9, IV 6, X 23 et *SH* 4.9) ou la variante «que
dis-tu?» (*CH* II 11, X 7, XII 7) et ἐκεῖνο δέ μοι ἔτι διασάφησον «mais éclaire-moi
encore à ce sujet» (*CH* XII 10).

[14] σαφὲς τὸ παράδειγμα, «c'est un exemple clair» (*CH* II 8); σαφέστατα, ὦ πάτερ,
τὸν λόγον ἀποδέδωκας, «tu as expliqué le sujet très clairement» (*CH* XII 12).

hermétique[15], se séparant ainsi progressivement des autres hommes et entraînant leur incompréhension.

2. Des écrits difficiles d'accès

À la suite d'autres groupes[16], les auteurs hermétistes veulent restreindre l'accès à leurs écrits. Seuls les auteurs de SH 23 et NH VI, 6 exploitent partiellement le thème des livres cachés et redécouverts longtemps après leur première rédaction; il n'a en effet pas vraiment sa place dans la trame narrative des traités où les disciples (le narrateur de CH I, Tat, Asclépios et Ammon) ont accès à la source même de l'information. En SH 23.5, Isis évoque le lien de sympathie entre Hermès et les «mystères du ciel» – à savoir les astres –, ce qui permet à Hermès de tout comprendre:

ὃς καὶ εἶδε τὰ σύμπαντα καὶ ἰδὼν κατενόησε καὶ κατανοήσας ἴσχυσε δηλῶσαί τε καὶ δεῖξαι. καὶ γὰρ ἃ ἐνόησεν ἐχάραξε καὶ χαράξας ἔκρυψε, τὰ πλεῖστα σιγήσας ἀσφαλῶς ἢ λαλήσας, ἵνα ζητῇ ταῦτα πᾶς αἰὼν ὁ μεταγενέστερος κόσμου·

Et il (= Hermès) vit ensemble tout et, voyant, il comprit et, ayant compris, il eut la force de manifester et de montrer. En effet, ce qu'il a perçu, il le grava et, l'ayant gravé, il le cacha, gardant fermement un silence sur la plupart des choses plutôt que de parler sur elles, afin que les cherchât toute génération née après le monde.

En SH 23.7, Isis narre les dernières actions d'Hermès avant qu'il ne remonte dans les cieux:

Ἑρμῆς μὲν οὖν ἀπελογεῖτο τῷ περιέχοντι ὡς οὐδὲ τῷ παιδὶ παρέδωκεν ὁλοτελῆ θεωρίαν διὰ τὸ ἔτι τῆς ἡλικίας νεοειδές, ἔγνω δὲ τῆς ἀνατολῆς γενομένης τοῖς πάντα βλέπουσιν ὀφθαλμοῖς τὰ τῆς ἀνατολῆς θεωρήσας τι ἀειδές, καὶ ἐπισκοποῦντι βραδέως μὲν ἀλλ' οὖν ἦλθεν ἡ ἀκριβὴς διάγνωσις πλησίον τῶν Ὀσίριδος κρυφίων ἀποθέσθαι τὰ ἱερὰ τῶν κοσμικῶν στοιχείων σύμβολα, ἐπικατευξάμενον δὲ καὶ τοὺς λόγους τούσδε εἰπόντα εἰς οὐρανὸν ἀπελθεῖν.

Hermès, donc, plaida devant l'espace environnant qu'il n'avait pas transmis à son fils la totalité de la (sa?) méditation en raison de sa grande jeunesse encore; alors que le (soleil) était en train de se lever, ayant regardé,

---

[15] La même idée d'une langue spécifique d'enseignement différente de la langue commune se retrouve pour les pythagoriciens selon le témoignage de Jamblique, Vie de Pythagore [23] 103.

[16] Parmi de nombreux exemples, voir les Esséniens, selon le témoignage de Porphyre dans De l'abstinence IV 11.

avec les yeux qui voient tout, ce qui est à l'orient, il prit conscience de quelque chose d'immatériel et, tout en observant (cela), lui vint lentement le discernement précis de déposer les symboles sacrés des éléments cosmiques à proximité des secrets d'Osiris et de remonter vers les cieux après avoir fait des vœux et dit de telles paroles.

En *NH* VI 61.18–22, Hermès conclut sa leçon par l'ordre suivant : [18]ⲱ ⲡⲁϣⲏⲣⲉ ⲡⲉⲉⲓϫⲱⲙⲉ [19]ⲥⲁϩϥ ⲁⲡⲉⲣⲡⲉ ⲛ̄ⲇⲓⲟⲥⲡⲟⲗⲓⲥ· [20]ϩⲛ̄ ϩⲉⲛⲥϩⲁⲓ ⲛ̄ⲥⲁϩ ⲡⲣⲁⲛⲟⲩⲡ̄ [21]ⲉⲕⲣ̄ⲟⲛⲟⲙⲁⲍⲉ ⲉⲑⲟⲅ̄ⲇⲟⲁⲥ [22]<ⲉⲧ>ⲟⲩⲱⲛϩ̄ ⲉⲃⲟⲗ ⲛ̄ⲑⲉⲛⲛⲁⲥ· « Mon fils, ce livre, écris-le dans le temple de Diospolis dans des lettres gravées de l'écrit de la "Maison de Vie", (livre) que tu appelleras *L'Ogdoade révélant l'Ennéade* », avant de donner en *NH* VI 62.1–4 une nouvelle indication sur l'emplacement de la stèle : [1]ⲉⲧⲃⲉ ⲡⲁⲓ ϯⲣ̄ⲕⲉⲗⲉⲩⲉ [2]ⲁⲧⲣⲉⲩϣⲟⲝⲧ̄ ⲙ̄ⲡⲉⲉⲓϣⲁϫⲉ [3]ⲁⲡⲱⲛⲉ ⲛ̄ⲅⲕⲁⲁϥ ⲛ̄ϩⲟⲩⲛ [ⲙ̄][4]ⲡⲁⲟⲩⲱⲡⲉ, « C'est pourquoi, j'ordonne que l'on grave cette parole sur la pierre et que tu la places à l'intérieur du "centre d'archives (?)" ».

Les lieux de dépose sont sacrés. Les indications données par Isis semblent au premier abord énigmatiques : Hermès place les « symboles sacrés des éléments cosmiques[17] » auprès des « secrets d'Osiris », τῶν Ὀσίριδος κρυφίων en *SH* 23.7. Du fait de la mention d'Osiris, le contexte est funéraire. Le mot égyptien correspondant à « secret », *sšt3*, est, aux époques ptolémaïque et romaine, utilisé dans le culte funéraire et le temple[18], avec des significations variées : places sacrées dans la nécropole ou dans un temple, lieux où des rites peuvent être pratiqués[19], documents[20], représentations rituelles, statuettes[21], l'ensemble des fêtes d'Osiris et objets attachés à ces cérémonies commémorant la

---

[17] Les « éléments cosmiques » désigneraient les astres, comme cela est le cas dans *PGM* IV 1126.

[18] K.T. Rydström, « *ḥry sštȝ* "in charge of Secrets". The 3000-Year Evolution of a title », *Discussions in Egyptology* 29 (1994), p. 53–94.

[19] J.K. Hoffmeier, *Sacred in the Vocabulary of Ancient Egypt. The Term ḏsr, with Special Reference to Dynasties I–XX*, Göttingen, Vandenhoeck & Ruprecht, 1985, p. 91–97. Voir aussi *P. Louvre* 3284, l. 1–3 (2nde moitié du IIe s. avant J.-C.) et *P. Leyde* T 32, I 23–24 (65 après J.-C.) dans F.-R. Herbin, *Le Livre de parcourir l'éternité*, Leuven, Peeters, 1994, respectivement p. 76–77 (sigle N) et p. 47–72 (sigle A).

[20] *P. Leyde* T 32, I 28 (65 après J.-C.), dans F.-R. Herbin, *op. cit.*, 1994, p. 47–72 (sigle A). *Papyrus Salt 825*, V 10 (probablement XXXe dynastie) dans P. Derchain, *Le Papyrus, op. cit.*, 1965.

[21] E. Chassinat, *Le Mystère d'Osiris au mois de Khoiak*, Le Caire, IFAO, 1966–1968 : fasc. I, p. 249–253 ; fasc. II, p. 587–588.

destinée du dieu[22], formes ou noms des dieux[23], aspect astral d'un dieu[24] et, enfin, peut-être une partie du corps du dieu[25], voire les reliques du dieu dans un sanctuaire ou les formes du dieu sorties chaque année et cachées ensuite[26]. Dans le contexte hermétique, il s'agirait de représentations, de documents ou d'objets concernant Osiris, placés dans un lieu qui lui est consacré et où se dérouleraient les mystères d'Osiris. Ce lieu pourrait aussi être l'*abaton*, bosquet sacré abritant le tombeau et si inaccessible que pas même les oiseaux n'y parviendraient[27]. À l'époque tardive, chaque grand temple possèderait son *abaton*, traditionnellement accessible seulement à une minorité de prêtres. La proximité des « secrets » d'Osiris accentuerait ainsi la sacralité des documents d'Hermès, tout en indiquant que la cachette est un lieu sacré, temple ou chapelle, et que peu de personnes y ont accès.

Dans l'*OgdEnn*, le lieu de dépose est le temple de Diospolis[28] (*NH* VI 61.19), avec une précision donnée en *NH* VI 62.4 : « J'ordonne [...] que

---

[22] E. Chassinat, *op. cit.*, 1966–1968.

[23] Formes de dieux : *P. Leyde* T 32, II 20. Noms de dieux : *Edfou* VIII 7.5. Texte : E. Chassinat, *Le Temple d'Edfou*, t. 8, Le Caire, IFAO, 1933, et traduction : D. Kurth, « "Alpha kai O-Mega". Über eine Formel in den ägyptischen Tempelinschriften griechisch-römischer Zeit », in W. Clarysse and H. Willems (eds.), *Egyptian Religion. The Last Thousand Years. Studies Dedicated to the Memory of J. Quaegebeur*, vol. 2, Leuven, Peeters, 1998, p. 875–882.

[24] *Edfou* II 1.7 dans A. Gutbub, *Textes fondamentaux de la théologie de Kom Ombo*, Le Caire, IFAO, 1973. F.-R. Herbin, « Un hymne à la lune croissante », *BIFAO* 82 (1982), p. 237–282 + pl. XLVII.

[25] *Papyrus BM 10 208*, II 2–3, dans F.M.H. Haikal, *Two Hieratic Funerary Papyri of Nesmin*, 2 Parts, Bruxelles, Fondation Égyptologique Reine Élisabeth, 1970–1972, p. 60 n. 24.

[26] Signalons les figurines d'Osiris retrouvées à Karnak dans la zone Nord-Est de l'enceinte sacrée dont certaines remontent à l'époque ptolémaïque et d'autres à l'époque saïte : F. Leclère, « A Cemetery of Osiris Figurines at Karnak », *Egyptian Archaeology* 9 (1996), p. 9–12.

[27] J. Assmann, *op. cit.*, 2001, p. 289.

[28] Plusieurs localités antiques ont porté ce nom en Égypte, et deux sont particulièrement intéressantes : 1° Diospolis Parva, également appelée Hou et située dans le septième nome de Haute-Égypte, au sud de Chénoboskion où les *codices* de Nag Hammadi ont été découverts (J. Ball, *Egypt in the Classical Geographers*, Le Caire, Government Press, 1942, p. 63, 78 et 112 ; P. Montet, *Géographie de l'Égypte ancienne. Première partie. To-mehou : la Basse-Égypte*, Paris, Klincksieck, 1957, carte planche II ; S. Sauneron, « Villes et légendes d'Égypte », *BIFAO* 64 (1966), p. 185–191 et surtout p. 187–189 ; K. Zibélius, « Hu », *LÄ* III, 1980, col. 64) ; 2° Diospolis Magna, c'est-à-dire Thèbes. Si Hou peut éventuellement convenir (G. Fowden, *op. cit.*, 2000, p. 250 et n. 59), Thèbes serait cependant la plus appropriée. En effet, elle est le plus souvent appelée simplement Diospolis dans les sources grecques (Diodore de Sicile, *Bibliothèque historique* I 15.1–2, 45.4 et 97.1 ; Strabon, *Géographie* XVII 1.27 et 46) ; de plus, Thot est présent à Thèbes et il est la divinité tutélaire du temple de Qasr el Agouz

tu la (= la leçon) places dans ΠΑΟΥϢΠЄ»; l'interprétation du passage dépend de la compréhension du syntagme ΠΑΟΥϢΠЄ, un hapax pour le moment. ΠΑ est-il le possessif «mon» et le ΟΥϢΠЄ le «temple», le «sanctuaire» ou l'«enceinte»[29]? Cette dernière traduction est celle adoptée par A. Camplani, qui justifie son choix à l'aide de l'étymologie proposée par E. Lucchesi suivi par W. Vycichl[30]. Alors que les premiers traducteurs ont pensé que ΟΥϢΠЄ dérivait de ΟΥΟΠ, «être pur, être saint», et qu'il remontait à l'égyptien $w'b$[31], E. Lucchesi proposa l'égyptien $wb\underline{h}$. Ce terme, attesté dans les documents hiéroglyphiques depuis la XVIIIe dynastie et dans des documents démotiques[32], est diversement traduit: «sanctuaire», «cour ouverte», «avant-cour», en anglais *forecourt*, en allemand *Vorhof*, plus récemment «téménos» et «entrée»[33]. Du fait des déterminatifs de l'œil ouvert et du signe de

---

situé près de Médinet Habou; pour une première approche: J.F. Quack, *op. cit.*, 1998, p. 255–256 et Y. Volokhine, «Le dieu Thoth au Qasr el-Agoûz. *ḏd-ḥr-p3-ḥb, ḏhwty-stm*», *BIFAO* 102 (2002), p. 405–423.

[29] M. Krause and P. Labib, *op. cit.*, p. 182: «Heiligtum (?)»; J.-P. Mahé, *op. cit.*, 1978, p. 85: «temple»; J. Brashler, P.A. Dirkse and D.M. Parrott, *op. cit.*, p. 369: «sanctuary»; A. Camplani, *Scritti, op. cit.*, 2000, p. 152: «recinto».

[30] A. Camplani, *Scritti, op. cit.*, 2000, p. 152 et 176. E. Lucchesi, «Essai de traduction d'un mot copte nouveau», *Le Muséon* 88 (1975), p. 371–373; W. Vycichl, *Dictionnaire étymologique de la langue copte*, Leuven, Peeters, 1983, p. 235.

[31] H.-M. Schenke, «Zur Facsimile-Ausgabe der Nag-Hammadi-Schriften. Nag-Hammadi-codex VI», *OLZ* 69 (1974), col. 242: «und ΟΥϢΠЄ dürfte dem ägyptischen $w'b$ "die reine Sätte" = Heiligtum (*WB*. I 284) entsprechen»; J.-P. Mahé, *op. cit.*, 1978, p. 126, reprend cette étymologie et la confirme en faisant appel à F. Daumas.

[32] P. Spencer, *The Egyptian Temple. A Lexicographical Study*, London, Kegan Paul International, 1984, p. 4–13 et p. 27, note toutefois un document de la XIe dynastie. S'il s'avérait que le terme copte remonte bien à $wb\underline{h}$, il faudrait corriger l'affirmation de P. Spencer (*op. cit.*, p. 13) selon laquelle ce terme n'apparaît pas en copte et qui explique cette absence par l'arrêt des constructions et fréquentations des temples auxquels ce terme est très fortement lié. De plus, cette situation n'empêche pas forcément un auteur d'utiliser ce terme en référence à un temps certes révolu, mais dont le souvenir peut subsister chez un petit nombre de lettrés.

[33] «Sanctuaire»: L.A. Christophe, «Le vocabulaire d'architecture monumentale d'après le *Papyrus Harris* I», in *Mélanges Maspéro 1. Orient ancien*, fasc. 4, Le Caire, IFAO, 1961, p. 24; «Forecourt»: W.A. Ward, *The Four Egyptian Homographic Roots $b3$. Etymological and Egypto-Semitic Studies*, Rome, Biblical Institute Press, 1978, p. 60, «Vorhof»: G. Roeder, «Zwei hieroglyphische Inschriften aus Hermopolis (Ober-Ägypten)», *ASAE* 52 (1954), p. 347 et p. 348 n. 1; «téménos»: P. Spencer, *op. cit.*, p. 13 et 27 et P. Grandet, *Le Papyrus Harris (BM 9999) I*, vol. 1–3, Le Caire, IFAO, 1994 et 1999, pour le *Papyrus Harris* 6.1, 27.4, 28.11 (entre autres), à côté de celle de «sanctuaire» (*Papyrus Harris* 7.7, 28.7, 29.5); «entrée»: C. Wallet-Lebrun, «À propos d'$wb\underline{h}$. Note lexicographique», *GM* 85 (1985), p. 78; cet auteur fournit par ailleurs une revue rapide des différentes traductions et plusieurs références bibliographiques.

l'outil qui sert à percer[34], J. Quaegebeur estime que ce vocable rend les notions d'«espace ouvert» et de «zone située aux abords des temples»[35] et désigne le «parvis», traduction reprise par P. Vernus pour qui l'*wbȝ* est l'«interface entre le sanctuaire divin réservé à quelques initiés et la foule des fidèles»[36]. Plus récemment, A. Cabrol ajoute qu'il faut moins tenter de faire coïncider ce terme avec des zones architecturales précises que mettre l'accent sur son aspect fonctionnel: *wbȝ* désigne un «espace ouvert», dépendant du domaine moral du temple, et sa principale fonction est d'être un lieu de contact et d'accueil, un espace de communication entre la population et l'institution du temple[37]. Selon cette hypothèse, les stèles seraient situées dans un lieu accessible à tous les fidèles, la «cour» du temple[38], faisant penser aux décrets trilingues de l'époque ptolémaïque dressés à l'endroit le plus en vu (ἐν τῷ ἐπιφανεστάτῳ τόπῳ) des temples[39]; l'écrit hermétique est toutefois protégé par l'usage des hiéroglyphes.

G. Roquet[40] proposa une autre hypothèse à partir d'une nouvelle interprétation du syntagme ⲡⲁⲟⲩⲱⲡⲉ: ⲡⲁ, «celui de», l'article indéfini ⲟⲩ et le nom commun ⲱⲡⲉ; ce dernier dériverait de l'égyptien *ỉp* «compter», qui donna en copte ⲱⲡ[41]. Que ⲡⲁ «celui de» soit suivi d'un groupe nominal déterminé par un indéfini est rare mais attesté en copte. La traduction du syntagme serait donc «celui d'un comptage» et renverrait à la zone d'enregistrement, soit la bibliothèque, soit le centre d'archives. L'écrit serait ainsi dissimulé aux regards du grand

---

[34] *WB* I, p. 290–291.

[35] J. Quaegebeur, «La justice à la porte des temples et le toponyme Premit», dans C. Cannuyer et J.-M. Kruchten, *Individu, société et spiritualité dans l'Égypte pharaonique et copte. Mélanges égyptologiques offerts au professeur A. Théodoridès*, Bruxelles, Association montoise d'Égyptologie, 1993, p. 204.

[36] P. Vernus, «La grotte de la vallée des reines dans la piété personnelle des ouvriers de la tombe (BM 278)», in R.J. Démarée and A. Egberts (eds.), *Deir el-Medina in the Third Millennium AD: a Tribute to J.J. Janssen*, Leiden, Nederlands Instituut voor het Nabije Oosten, 2000, p. 332.

[37] A. Cabrol, *Les Voies processionnelles de Thèbes*, Leuven, Peeters, 2001, p. 82–84 et p. 87.

[38] «Cour» du temple plutôt que «téménos», qui évoque un espace trop grand.

[39] G. Wagner, *op. cit.*, 1971, p. 1–21: fragments C-D l. 19–20 d'un décret trilingue datant de Ptolémée V Épiphane et de Cléopâtre, fragments qui ont été retrouvés dans le dromos de Karnak. Sur les correspondants égyptiens de cette expression et leur inexactitude: F. Daumas, *op. cit.*, 1952, p. 169–171.

[40] Lors de la soutenance de thèse du 5 janvier 2005.

[41] *WB* I 66.

nombre, et son emplacement serait en accord avec le lien entre l'écrit et la « Maison de Vie » dans l'*OgdEnn*.

Il est cependant difficile pour le moment de trancher définitivement entre ces hypothèses, même si nous penchons plus pour la seconde, d'où la traduction « centre d'archives ». En effet, si l'arsenal protecteur déployé se conçoit pour un écrit visible de tous, en particulier les gardiens qui rappellent ceux des portes du « téménos » / *wbꜢ* d'Héliopolis chargés de surveiller l'accès[42], il se conçoit également pour un écrit déjà dissimulé à la vue du grand nombre. Quoi qu'il en soit, le caractère sacré obtenu par la localisation des stèles et l'écriture font de la mise par écrit et de l'érection des stèles un acte rituel. L'auteur de l'*OgdEnn* prétend que ces indications sont mises en œuvre dans le monde des protagonistes. S'il est vraisemblable qu'aucune stèle n'a été déposée dans la cour ou la bibliothèque d'un temple, le destinataire peut quant à lui penser que de telles stèles ont réellement été érigées ou, du moins, que cela est possible.

Les deux auteurs de *SH 23* et de l'*OgdEnn* associent le thème du livre caché à celui de l'écriture conçue comme un voile. Hermès exige de son disciple d'écrire la leçon en « lettres gravées de l'écrit de la "Maison de Vie" », c'est-à-dire en hiéroglyphes. Ce système d'écriture confère à l'écrit un caractère sacré[43] et est un excellent moyen pour empêcher un déchiffrement indû, peu de personnes étant capables de le lire et le comprendre. Le traducteur copte évoque la gravure des hiéroglyphes avec le verbe ϣⲱϫⲧ, autre forme de ϣⲟⲧⲱⲧ « graver », dont un équivalent grec est χάραγμα[44]. Or, Isis emploie χαράσσω pour désigner l'activité d'Hermès en 23.5, sans préciser le système d'écriture employé. Le verbe grec signifie aussi bien « graver », « marquer d'une empreinte » (comme sur une monnaie), « peindre », « figurer » et il renvoie donc à des documents de nature différente : écrits gravés, stèles, figures ou dessins. Isis qualifie les gravures d'Hermès par

---

[42] *Papyrus Harris* 28.7 : « j'ai organisé les gardiens de porte en compagnies, dotées de personnel, afin de surveiller et d'interdire strictement l'accès à ton téménos » *irh.i iryw-ꜥꜢ m sꜢw ꜥpr(w) m rmṯ, r sꜤꜢ sḏsrsḏsr pꜢy.k wbꜢ* (traduction : P. Grandet).

[43] Voir la section « Le cadre rituel de la mise par écrit » dans le chapitre deux.

[44] Ac 17.29. W.E. Crum, *op. cit.*, 1939, p. 599 a. Le verbe copte apparaît seulement cinq fois dans la traduction sahidique du Nouveau Testament, toujours pour traduire un terme grec différent. Voir R. Draguet, *Index copte et grec-copte de la concordance du Nouveau Testament Sahidique*, Louvain, Secrétariat du CorpusSCO, 1960 ; M. Wilmet, *Concordance du Nouveau Testament sahidique. II. Les mots autochtones*, vol. 3, Louvain, Secrétariat du CorpusSCO, 1959.

l'expression «symboles sacrés des éléments cosmiques» en *SH* 23.7. Le terme σύμβολον, courant dans l'allégorie et la théurgie[45], est tout ce qui est visible et entretient un lien avec le monde cosmique. Dans la théurgie, les symboles secrets permettent au théurge de s'élever vers Dieu[46]. Ils peuvent renvoyer à des rites et, dans les *Papyrus grecs magiques*, à des objets, des formules[47]. En tant que gravure, «symboles sacrés des éléments cosmiques» et «livres» (*SH* 23.8), ce que grave Hermès peut être une suite de lettres[48] et des dessins. Un témoignage arabe plus récent irait dans ce sens: dans la notice qu'il consacre à Hermès Trismégiste, Shams al-Din al Shahrazuri rapporte que Hermès «construisit le sanctuaire qui se trouve dans la montagne du temple d'Akhmîm. Il y représenta l'ensemble des arts et des productions en les gravant, ainsi que l'ensemble des outils des artisans. Il indiqua les caractéristiques des sciences par des dessins»[49]. S'il en va bien ainsi, l'écriture qui, au départ, permet la divulgation et l'accès à tous, devient ainsi une cachette en dérobant l'écrit à la compréhension des lecteurs par le recours à des figures et des signes incompréhensibles au premier abord ou à une langue peu connue.

Les indications dans les deux traités permettent donc de recréer un contexte rituel plausible et de transférer aux écrits hermétiques le caractère sacré de documents placés dans un lieu consacré à une divinité. Ces indications sont le pendant «concret» de l'association entre la forme visible et le contenu caché et énigmatique de l'enseignement. Les deux auteurs se conforment ainsi à l'ordre de Poimandrès en

---

[45] H. Crouzel, *op. cit.*, p. 225–228; J. Dillon, «Image, Symbol and Analogy: Three Basic Concepts of Neoplatonis Exegesis», in R.B. Harris, *The Significance of Platonism*, Norfolk, International Society for Neoplatonic Studies, 1976, p. 247–262; A.R.D. Sheppard, *op. cit.*, p. 146–145 et 151 et suivantes; L. Cardullo, *Il linguaggio del simbolo in Proclo: analisi filosofico-semantica dei termini symbolon-eikôn-synthêma nel Commentario alla Repubblica*, Catania, Università di Catania, 1985; C. van Liefferinge, *La Théurgie. Des Oracles Chaldaïques à Proclus*, Liège, Centre international d'Étude de la Religion Grecque Antique, 1999. L'emploi de ce terme dans la théurgie remonte aux *Oracles chaldaïques*, fragment 108.

[46] Jamblique, *Réponse d'Abamon* IV 2 (184); C. van Liefferinge, *op. cit.*, 1999, p. 56 et 161.

[47] C. van Liefferinge, *op. cit.*, 1999, p. 57; *PGM* IV 2290 et 2304.

[48] Même si les lettres peuvent être désignées par le terme στοιχεῖον et que les sept voyelles renvoient souvent aux sept planètes.

[49] E. Cottrell, *Le Kitab Nazhat al wa Rawdat al-Afrah de Shams al-Din al Shahrazuri (fin du 13ᵉ siècle)*, Paris, EPHE. Section "Sciences des religions", Th. Doct.: Sci. Rel., Paris, 2004, p. 79. Nous remercions E. Cottrell de nous avoir communiqué les pages concernant Hermès Trismégiste.

CH I 26 et aux premiers temps de l'enseignement du narrateur, quand celui-ci s'adressait à tous et que seul un petit nombre le suivait (*CH* I 27–29). Le langage spécifique ajouté aux énigmes et l'écriture hiéroglyphique ou figurée permettent de protéger l'enseignement écrit et de sélectionner les hommes dignes, surtout en l'absence du maître : ce seront ceux qui auront voulu, pourront et fourniront les efforts nécessaires. Ce seront aussi ceux qui se seront purifiés pour accéder à ces écrits.

Dans l'*OgdEnn*, l'auteur hermétiste ne s'en tient pas là et propose un arsenal technique rituel pour augmenter le niveau de protection.

II. Une recette apotropaïque rituelle

En *NH* VI 61–63, Hermès renforce les mesures déjà prises en donnant des informations supplémentaires quant aux matériaux, à l'ornementation des stèles et au moment adéquat pour les ériger. Ces indications sont fondées sur des données historiques, en particulier égyptiennes, sans être pour autant le compte-rendu d'une situation réelle.

Selon ces informations, la réalisation des stèles supposerait l'intervention de quatre corps de métiers (qui, dans le contexte religieux égyptien, dépendent de la « Maison de Vie ») : des tailleurs de pierre, des décorateurs (sculpteurs ou peintres), des scribes et des astrologues. Le nombre d'intervenants est toutefois réduit au minimum, puisqu'Hermès s'adresse à son disciple comme si ce dernier doit tout réaliser. En réalité, le disciple apparaît plutôt comme le maître d'œuvre qui supervise l'ensemble des travaux ; il ne s'impliquerait directement que dans l'écriture du texte et, peut-être, dans la mise en place des stèles. Ceci suppose qu'il connaisse exactement la valeur des matériaux, qu'il ait quelques connaissances astrologiques, en plus de savoir écrire en hiéroglyphes. Il ressemble à un prêtre bien avancé dans le cursus, tandis qu'Hermès est l'équivalent d'un chef ritualiste dont la préoccupation principale est d'assurer aux stèles et à leur contenu une aura et une protection sacrées. Rappelons que, selon l'*Asclépius*, Hermès est également celui qui sait fabriquer une statue animée. Avec cette série d'indications, Hermès donne à son disciple une « recette » rituelle apotropaïque, qui pourrait provenir d'un recueil rituel. Hermès lirait à son disciple cette « recette », afin que celui-ci l'exécute ou la fasse exécuter correctement, un peu comme ce que nous dit Plutarque à propos de la préparation du kyphi : « le mélange des ingrédients (= ceux du kyphi) ne s'effectue pas au hasard, mais selon des recettes sacrées qu'on lit aux parfumeurs pendant la préparation»[50]. Son ton diffère de celui adopté lors de son enseignement: plus solennel et injonctif avec ϣϣⲉ («il convient», en *NH* VI 61.28), ϯⲣ̄ⲕⲉⲗⲉⲅⲉ («j'ordonne», en *NH* VI 62.1) et la série d'impératifs. De plus, Hermès n'hésite pas à répéter[51] certaines informations pour en souligner l'importance. Muni de tous ces renseignements avec son propre savoir à l'arrière-plan, le disciple peut accomplir l'acte rituel qu'est la production des stèles.

1. *Utilisation de matériaux spécifiques*

Hermès commence la «recette» en précisant la nature du matériau utilisé: ⲱ ⲡⲁϣⲏ[28]ⲣⲉ ⲡⲉⲉⲓϫⲱⲙⲉ ϣϣⲉ ⲉⲥⲁϩϥ̄ [29]ⲉϩⲉⲛⲥⲧⲏⲗⲏ ⲛ̄ⲕⲁⲗⲗⲁⲉⲓⲛⲟⲥ [30]ϩⲛ̄ ϩⲛ̄ⲥϩⲉⲉⲓ ⲛ̄ⲥⲁϩ ⲡⲣⲁⲉⲓϣ, «Mon fils, ce livre, il convient de l'écrire sur des stèles de turquoise, dans des lettres gravées de l'écrit de la "Maison de Vie"» (*NH* VI 61.27–30), indications reprises en *NH* VI 62.10–15: ⲕⲱ ⲛ̄ⲇⲉ ⲛ̄ⲟⲩⲱⲛⲉ [11]ⲛ̄ⲅⲁⲗⲁⲕⲧⲓⲧⲏⲥ ⲙ̄ⲡⲓⲧⲛ̄ ⲛ̄ⲛ̄[12]ⲡⲗⲁ̄ϫ ⲛ̄ⲕⲁⲗⲗⲁⲉⲓⲛⲏ ⲉϥⲉ ⲛ̄ⲧⲉ[13]ⲧⲣⲁⲅⲱⲛⲟⲛ ⲛ̄ⲅ̄ⲥϩⲁⲓ ⲡⲣⲁⲛ ⲉⲧ̄[14]ⲡⲗⲁϫ ⲛ̄ⲱⲛⲉ ⲛ̄ⲥⲁⲡ̄ⲡⲉⲓⲣⲓⲛⲟⲛ· [16]ϩⲛ̄ ϩⲛ̄ⲥϩⲁⲉⲓ ⲛ̄ⲥⲁϩ ⲡⲣⲁⲉⲓϣ, «Et place une pierre de galactite en dessous des tables de turquoise, qui soit carrée, et écris le Nom sur la table de pierre saphir dans des lettres gravées de l'écrit de la "Maison de Vie"».

Hermès agit comme un prêtre de la «Maison de Vie» qui connaît la valeur symbolique et esthétique de chaque matériau, métal, minéral ou

---

[50] Plutarque, *Isis et Osiris* 80, 383 E: συντίθενται δ' οὐχ ὅπως ἔτυχεν, ἀλλὰ γραμμάτων ἱερῶν τοῖς μυρεψοῖς, ὅταν ταῦτα μιγνύωσιν, ἀναγινωσκομένων (traduction: C. Froidefond). Voir P. Derchain, «La recette du kyphi», *RdE* 28 (1976), p. 61–65.

[51] Ceci n'est valable que si l'on accepte de corriger le texte à la page 61. À la ligne 23, le codex donne ⲡⲁϣⲏⲣⲉ; or il est difficile de penser qu'Hermès dit «je le ferai comme tu l'as ordonné», l'ordre se référant aux indications concernant la production écrite en caractères hiéroglyphiques. Tous les éditeurs et traducteurs ont donc corrigé le texte, remplaçant ⲡⲁϣⲏⲣⲉ par ⲡⲁⲓⲱⲧ. Cette correction en entraîne une seconde aux lignes 25 et 26, qui diffère selon les éditeurs et traducteurs. Les uns (J.-P. Mahé, *op. cit.*, 1978, p. 82 et p. 125 et K.-W. Tröger, *op. cit.*, 1973, col. 201 et 2003, p. 516) corrigent l'impératif ⲥⲁϩϥ de la ligne 26 en un conjonctif futur ⲧⲁⲥⲁϩϥ̄: ce serait donc toujours le disciple qui parle et il demanderait à Hermès s'il doit écrire le texte sur des stèles de turquoise. Les autres (M. Krause and P. Labib, *op. cit.*, p. 181; J. Brashler, P.A. Dirkse and D.M. Parrott, *op. cit.*, p. 366; A. Camplani, *Scritti, op. cit.*, 2000, p. 152 et p. 175–176) corrigent plutôt le vocatif ⲡⲁⲓⲱⲧ à la ligne 25 en ⲡⲁϣⲏⲣⲉ: c'est le maître qui reprendrait alors la parole, ordonnant à son disciple d'écrire sur des stèles de turquoise. C'est également notre position, considérant qu'il s'agit simplement d'une erreur de vocatifs interchangés, plutôt qu'une erreur d'intervention et de temps verbal. Voir A. Camplani, *Scritti, op. cit.*, 2000, p. 175–176: cela se serait produit en deux temps dans la tradition grecque.

végétal, utile pour la production de monuments et d'objets religieux. Ces matériaux allient leur efficience pour protéger les êtres qui en sont enveloppés ou revêtus, «comme une sorte d'enduit d'invincibilité»[52]. Parmi les minéraux[53], les pierres jouent un rôle fondamental, avec des propriétés symboliques et esthétiques qui dépendent aussi de leur couleur ; il est d'ailleurs possible d'exploiter ces propriétés sans recourir à ces pierres le plus souvent précieuses à l'époque[54], car il suffit d'avoir un substitut de même couleur. Hermès se place dans la droite ligne des ritualistes égyptiens en ordonnant d'employer trois pierres différentes, ou leur substitut, pour capter la valeur symbolique attachée à chacune : la turquoise, le saphir et la pierre de lait.

La turquoise est destinée à être le support de la leçon sur l'Ogdoade et l'Ennéade. Le traducteur emploie un terme copte d'origine grecque – avec plusieurs orthographes ⲕⲁⲗⲁⲉⲓⲛⲟⲥ, ⲕⲁⲗⲗⲁⲉⲓⲛⲟⲥ et ⲕⲁⲗⲗⲁⲉⲓⲛⲏ – ; l'ancien nom égyptien, *mfkȝt*[55], ou *mfkj* en démotique, n'a pas laissé d'attestation en copte[56]. Pierre de couleur bleu ciel, se détériorant souvent en bleu-vert ou même en vert[57], elle est traditionnellement employée pour ornementer les divinités et les membres de l'élite, pour colorer les verres et les peintures et surtout pour les bijoux, jusqu'à l'époque gréco-romaine. Pierre la plus connue pour son symbolisme, elle est associée à Hathor. Selon des textes égyptiens, la couleur verte de la turquoise serait celle du disque solaire qui se lève, avant l'apparition

---

[52] S.H. Aufrère, «L'être glorifié et divinisé dans les rites de passage vers l'au-delà», *Égypte, Afrique et Orient* 5 (juin 1997), p. 3. Voir aussi F. Daumas, «Sur un scarabée portant une inscription curieuse», in *Hommages à la mémoire de Serge Sauneron 1927–1976*, t. 1, Le Caire, IFAO, 1979, p. 160.

[53] S.H. Aufrère, «Caractères principaux et origine divine des minéraux», *RdE* 34 (1982–1983), p. 4.

[54] Même si de nos jours, la plupart de ces pierres sont seulement semi-précieuses.

[55] G. Roquet préfère translittérer *mfkit*, qui alterne dans les *Textes des Pyramides* avec une graphie sans *m* initial : *fkit* : G. Roquet, «Séminaire à l'École Pratique des Hautes Études. Section des Sciences historiques et philologiques», Paris, 8 décembre 2004. J.R. Harris, *Lexicographical Studies in Ancient Egyptian Minerals*, Berlin, Akademie-Verlag, 1961, p. 106–110 pour l'identification de la *mfkȝt* à la turquoise et non à toutes les pierres de couleur verte. S.H. Aufrère, *L'Univers minéral dans la pensée égyptienne*, vol. 2, Le Caire, IFAO, 1991, p. 491–492 et p. 491–517.

[56] Le dictionnaire de W.E. Crum et les dictionnaires étymologiques de J. Černy et de W. Vycichl ne donnent aucun terme copte pour la turquoise. W.E. Crum donne une occurrence mais avec le terme emprunté au grec (*op. cit.*, 1939, p. 23 b).

[57] A. Lucas and J.R. Harris, *Ancient Egyptian Materials and Industries*, London, E. Arnold, 1962⁴, p. 404. Pline l'Ancien, *Histoire naturelle,* livre XXXVII, VIII, 110–112 (33).

de l'aurore rougeoyante[58]. La turquoise est ainsi une promesse d'espoir et de renaissance et est régulièrement utilisée dans le domaine funéraire où, avec d'autres pierres comme le lapis-lazuli, elle aide le défunt à franchir les dangers. Elle est aussi liée à l'idée de fertilité et, à Basse Époque, à la joie[59]. Tout objet vert est une métaphore pour la joie et signifie aussi fraîcheur, croissance et bonne santé[60].

Ces qualités de la turquoise sont à l'arrière-plan du passage hermétique. Elles s'accordent avec le contenu de la leçon (vision du divin par le disciple, expérimentation d'autres dimensions corporelles et régénération) qu'elles renforcent. L'emploi de la turquoise dans ce contexte témoignerait que sa valeur religieuse n'avait pas été totalement oubliée[61], au moins dans certains milieux égyptiens. Pour rendre compte de toute cette symbolique, le disciple n'a pas besoin d'utiliser la pierre elle-même. Il lui suffit d'employer une pierre courante recouverte de turquoise, de la faïence artificielle ou de la pâte de verre couleur turquoise, qui sont couramment utilisées comme substituts à la turquoise en Égypte[62], car, selon Pline l'Ancien, « il n'y a point de pierre plus facile à contrefaire avec du verre »[63].

En complément de la turquoise, Hermès ordonne d'utiliser du saphir pour la pierre sur laquelle sera gravé le Nom, probablement celui de Dieu. Le saphir est certainement le lapis-lazuli[64], qui est identifié à la pierre égyptienne ẖsbḏ[65]. Il est utilisé pour les amulettes, pour les yeux

---

[58] E. Brunner, « Die grüne Sonne », in M. Görg und E. Pusch, *Festschrift E. Edel*, Bamberg, M. Görg, 1979, p. 54–59. S.H. Aufrère, *op. cit.*, 1991, p. 496–498. Ce phénomène est actuellement connu sous le nom de lumière zodiacale ; voir en particulier D. Benest et C. Froeschlé (dir.), *Astéroïdes, météores et poussières d'étoiles*, Paris, Eska, 1999, chapitre six.

[59] La turquoise réjouit la déesse Hathor, de la même façon que le soleil apparaissant à l'horizon réjouit. À l'époque ptolémaïque, les prêtres font un jeu de mot entre *mfk* « se réjouir » et le nom de la turquoise : S.H. Aufrère, *op. cit.*, 1982–83, p. 11.

[60] E. Brunner-Traut, « Farben », *LÄ* II, 1977, col. 125.

[61] Nous ne souscrivons donc pas à l'affirmation de S.H. Aufrère : « il semble qu'à l'oubli du nom ait également correspondu celui de sa valeur religieuse, en Égypte même » (*op. cit.*, 1991, p. 491).

[62] Cf. M. Errera, « Détermination spectroradiométrique du matériau de deux objets pharaoniques "turquoises" », in C. Karlshausen et T. De Putter (éds.), *Pierres égyptiennes. Chefs-d'œuvre pour l'éternité*, Mons, Faculté Polytechnique de Mons, 2000, p. 107–109.

[63] Pline l'Ancien, *Histoire naturelle*, livre XXXVII, VIII, 112 (33) : *neque est imitabilior alia mendacio vitri* (traduction : E. de Saint-Denis).

[64] A. Lucas and J.R. Harris, *op. cit.*, p. 398. Pline l'Ancien, *Histoire naturelle*, livre XXXVII, IX 119 (38) et 120 (39).

[65] J.R. Harris, *op. cit.*, p. 124–129 et surtout 124–125. S.H. Aufrère, *op. cit.*, 1991, p. 463–465.

des statues divines et les barbes et cheveux de divinités, comme c'est le cas du Serpent du *Conte du naufragé*, de Rê dans le *Mythe de la Vache du Ciel*[66]. Avec l'or, il est la pierre la plus valorisée et la plus symbolique, jusqu'à la fin de la civilisation égyptienne. De couleur bleue sombre, parsemée de pyrite dorée[67], il est associé au ciel nocturne, avec ses constellations d'étoiles, et aux eaux primordiales. Ses propriétés sont de purifier[68], protéger les dieux et les défunts contre leurs ennemis[69], et il est une garantie de devenir cosmique après la mort[70]. De plus, il serait le symbole de la divinité qui se manifeste, et être en possession de ce minéral revient à posséder une parcelle de divin. À l'époque gréco-romaine, sa couleur est celle du prestige par excellence, surtout dans un contexte religieux. En utilisant le saphir, Hermès mobilise son prestige, ses qualités apotropaïques et purificatrices au profit du Nom. Il ne lui est pas nécessaire d'utiliser réellement cette pierre, d'autant plus que, selon Pline, les lapis-lazuli « ne valent rien pour la gravure à cause des nodosités cristallines qui se présentent à l'intérieur »[71] et que les Égyptiens eux mêmes en faisaient des imitations en faïence.

Le disciple doit placer sous les stèles de turquoise une « pierre de lait », quadrangulaire et anépigraphe, probablement de la galactite. Celle-ci ressemble à la pierre šs, l'albâtre égyptien[72], ou onyx marbré, qu'il faut différencier de l'albâtre actuel, ou marbre[73] ; il s'agit d'ailleurs plutôt de calcite. En Égypte, pierre résistante[74], la calcite est couramment

---

[66] C. Lalouette, *op. cit.*, 1987, p. 154, pour le *Conte du naufragé* ; *Mythe de la Vache du Ciel* 7 ; E. Hornung, *op. cit.*, 1982, p. 52 n. 6. Pour le rapport entre le lapis-lazuli et la pilosité, S.H. Aufrère, *op. cit.*, 1991, p. 467.

[67] Pline l'Ancien, *Histoire naturelle*, livre XXXVII, IX 119 (38) : *aurum punctis conlucet* « l'or brille en pointillés » (traduction : E. de Saint-Denis) ; Théophraste, *De Lapidibus* 23 : αὕτη δ' ἐστὶν ὥσπερ χρυσόπαστος, « celle-ci (le saphir = lapis-lazuli) est comme saupoudré d'or ». E. Brunner-Traut, *op. cit.*, col. 125.

[68] *Dendera* VIII 92, prêtre XVIII, colonne 89 : le second prêtre d'Hathor devait « purifier Sa Majesté au moyen du lapis-lazuli qui est dans sa main », citation chez S.H. Aufrère, *op. cit.*, 1982–83, p. 6.

[69] Lapidaire latin *Damigéron Evax* XIV 2–3 : les rois la portent au cou « car c'est une très grande protection » *maximum enim est tutamentum*.

[70] Pour ce qui suit, S.H. Aufrère, *op. cit.*, 1991, p. 474, p. 465 et p. 468–469.

[71] Pline l'Ancien, *Histoire naturelle*, livre XXXVII, IX 120 (39) : *praetera inutiles scalpturis interrienientibus crystallinis centris* (traduction : E. de Saint-Denis).

[72] J.R. Harris, *op. cit.*, p. 77–78. S.H. Aufrère, *op. cit.*, 1991, p. 696–698.

[73] A. Lucas and J.R. Harris, *op. cit.*, p. 59. Pline l'Ancien, *Histoire naturelle*, livre XXXVII, X 143 (54) et p. 169 n. 6 : l'*alabastritis* dont parle Pline est l'albâtre égyptien, qu'il faut différencier de l'albâtre moderne.

[74] Cette résistance n'empêchait pas des détériorations naturelles. Le dallage en albâtre du temple funéraire de Téti à Saqqara montre des traces de rapiéçage : J.-P. Lauer et

employée dans la construction, pour recouvrir les sols de cours à ciel ouvert ou les murs. Elle sert aussi à la fabrication des autels solaires extérieurs[75] et des objets, comme les vases canopes. Elle est la couleur des fêtes, des fastes et de la pureté[76]. Elle a la particularité de suinter ; le liquide qui en résulte a été assimilé au lait[77] qui, jusqu'à l'époque gréco-romaine, est l'objet d'offrandes aux dieux et aux morts, pour leur purification et leur rajeunissement[78]. Portée au cou, cette pierre éloignerait des enfants le « mauvais œil »[79]. Dans la recette hermétique, l'utilisation de cette pierre est à mettre en rapport avec l'emplacement de l'ensemble du monument : elle est le socle sur lequel doivent être posées les stèles de turquoise, et probablement aussi la pierre en saphir ou lapis-lazuli, leur assurant une fondation résistante et protectrice.

Chaque pierre a donc un rôle particulier par rapport à l'utilisation qui en est faite ; elle confère un caractère pérenne à l'enseignement, qu'elle protège contre l'action des hommes et des intempéries, et est une marque de sacralisation[80]. De plus, la succession de la turquoise, du saphir et de la galactite fait penser à un groupement de trois pierres dans le culte religieux égyptien : la turquoise, le lapis-lazuli et la pierre-*ṯḥnt*[81], qui pour L. Motte serait la galactite et l'albâtre, c'est-à-dire la calcite[82]. Ce groupement symboliserait les joies de la fête du Nouvel An, et les couleurs correspondantes sont celles que Mout prend successivement lors de son enfantement quotidien du soleil. L'association des trois pierres est donc liée à la naissance du soleil, ce qui est en parfaite harmonie avec la leçon gravée, puisque celle-ci guide le disciple vers la régénération[83]. Hermès mobilise au profit de l'enseignement le symbolisme de chacune des pierres et de leur réunion.

J. Leclant, *Mission archéologique de Saqqarah. I- Le temple haut du complexe funéraire du roi Téti*, Le Caire, IFAO, 1972, p. 23.

[75] E. Barre, *Choix et rôle de la pierre dans la construction des temples égyptiens*, Paris, 1993, ouvrage établi d'après le mémoire de l'École du Louvre, p. 132.

[76] E. Brunner-Traut, *op. cit.*, col. 123.

[77] Pline l'Ancien, *Histoire naturelle*, livre XXXVII, X 162 (59) sur la galactitis : *in attritu lactis suco ac sapore notabilem* « elle a cette particularité d'émettre quand on la frotte, une humeur ayant la saveur du lait » et il ajoute plus loin qu'elle se liquéfie (*liquescere*) dans la bouche (traduction : E. de Saint-Denis). *Lapidaire orphique* v. 201–203.

[78] W. Gugliemi, « Milchopfer », *LÄ* IV, 1982, col. 127–128 et surtout col. 127.

[79] *Lapidaire orphique* v. 224–225.

[80] C'est le cas dans l'Égypte pharaonique : P. Vernus, *op. cit.*, 1989, p. 24–25.

[81] L. Motte, *op. cit.*, 1989, p. 135–136. S.H. Aufrère, *op. cit.*, 1991, p. 509.

[82] L. Motte, *op. cit.*, 1989, p. 136–140.

[83] L. Motte, *op. cit.*, 1989, p. 144–148.

2. Les gardiens de la stèle

a. Les huit gardiens et l'Ogdoade hermopolitaine
Pour compléter le dispositif précédent, Hermès assigne huit gardiens, en *NH* VI 62.1–11 :

ⲉⲧⲃⲉ ⲡⲁⲓ̈ ⲧⲣ̄ⲕⲉⲗⲉⲩⲉ ²ⲁⲧⲣⲉⲩϣⲟⲝⲧ̄ ⲙ̄ⲡⲉⲉⲓϣⲁⲝⲉ ³ⲁⲡⲱⲛⲉ ⲛ̄ⲅ̄ⲕⲁⲁϥ ⲛ̄ϩⲟⲩⲛ
[ⲙ̄]⁴ⲡⲁⲟⲩⲱⲡⲉ· ⲉⲩⲛ̄ ϣⲙⲟⲩ[ⲛ ⲛ̄]⁵ⲫⲩⲗⲁⲝ ⲣⲟⲉⲓⲥ ⲉⲣⲟϥ ⲙⲛ̄ [....] ⁶ⲙ̄ⲫⲏⲗⲓⲟⲥ·
ⲛ̄ϩⲟⲟⲩⲧ̄ ⲙ[ⲉ]ⲛ ⁷ϩⲓ ⲟⲩⲛⲁⲙ ⲉⲩⲉ ⲙ̄ⲡⲣⲟⲥⲱ⁸ⲡ{ⲣ}ⲟⲛ ⲛ̄ⲕⲣⲟⲩⲣ ⲛ̄ϩⲓⲟⲙⲉ ⲇⲉ ⁹ϩⲓ
ϭⲃⲟⲩⲣ ⲉⲩⲉ ⲙ̄ⲡⲣⲟⲥⲱⲡⲟⲛ ¹⁰ ⲛ̄ⲉⲙⲟⲩ·

C'est pourquoi j'ordonne que l'on grave cette parole sur la pierre et que tu la places à l'intérieur du "centre d'archives (?)"; il y a huit gardiens qui la gardent, avec [....] du soleil; les mâles, à droite, sont à tête de grenouille, tandis que les femelles, à gauche, sont à tête de chat.

Il s'agit probablement d'ornementations – sculptées, gravées ou peintes – présentes sur les stèles ou à côté. Le chiffre huit évoque tout à la fois l'Ogdoade hermétique – la huitième sphère et le titre de la leçon –, le nom d'Hermopolis en égyptien, Aschmounein, et enfin l'Ogdoade égyptienne, avec les huit dieux primordiaux de la cosmologie d'Hermopolis[84]. Les gardiens hermétiques sont répartis entre mâles et femelles et, particularité égyptienne, sont thériocéphales[85] : tête de grenouille pour les mâles, de chat pour les femelles. L'auteur hermétiste fait donc surtout allusion à l'Ogdoade hermopolitaine. Celle-ci, constituée de huit divinités, quatre mâles à tête de grenouille et quatre femelles à tête de serpent[86], est la personnification de l'état originel du monde avant la création et l'ensemble des puissances primordiales avant l'apparition du Soleil et d'une nouvelle génération de dieux. Cependant, l'auteur hermétiste introduit une variante en attribuant aux gardiennes une tête de chat. Des chercheurs[87] donnent une référence iconographique

---

[84] J.-P. Mahé, *op. cit.*, 1978, p. 37 ; L. Motte, « L'astrologie égyptienne dans quelques traités de Nag Hammadi», *Études Coptes IV. Quatrième journée d'études, Strasbourg 26–27 mai 1988*, Louvain/Paris, Peeters, 1995, p. 97 et suivantes.

[85] Cette particularité suscita chez les non Égyptiens des sentiments variés ; cf. A. Charron, *Les Animaux et le sacré dans l'Égypte tardive. Fonctions et signification*, Paris, EPHE. Section "Sciences des religions", Th. Doct.: Sci. Rel., Paris, 1996, p. 151–162. Il explique le mépris des juifs et chrétiens par une mauvaise compréhension de la part de ces auteurs. Mais les premiers chrétiens pouvaient-ils être à même de comprendre ces pratiques ? Et le voulaient-ils réellement ? Voir parmi les multiples témoignages, Philon, *De Vita Mosis* II 162 et Origène, *Contre Celse* VIII 53.

[86] Voir J. Parlebas, «Die Herkunft der Achtheit von Hermopolis», in W. Voigt, *Deutscher Orientalistentag*, Wiesbaden, Franz Steiner Verlag, 1977, p. 36.

[87] L. Motte, *op. cit.*, 1995, p. 85–102. Il est suivi par A. Camplani, *Scritti, op. cit.*, 2000, p. 152. C. Leitz et *alii*, *Lexikon der ägyptischen Götter und Götterbezeichnungen*,

à Edfou, où les femelles de l'Ogdoade hermopolitaine auraient une tête de félin, mais cette représentation est en fait très endommagée. Une autre représentation iconographique proche de la description d'Hermès et mieux conservée se trouve dans le sanctuaire A du temple d'Hibis, au cinquième registre, scène 13: Rê-Horakhty, nu avec un disque sur la tête, est assis sur une fleur de lotus et est adoré par quatre dieux à tête de lion (le côté agressif du félin) et quatre déesses à tête de serpent[88].

Les dieux égyptiens changent souvent d'apparence, selon leur activité, leur humeur et le pouvoir qu'ils exercent à un moment donné. Les huit dieux primordiaux peuvent ainsi avoir plusieurs représentations: quand ils adorent le soleil, ils sont représentés sous la forme de babouins; dans le temple d'Hibis, l'Ogdoade est représentée sous la forme de Thot affublé de huit têtes humaines[89]. La décision de l'auteur hermétiste de figurer les gardiennes avec une tête de chat n'est pas une fantaisie de sa part. Même s'il a repris une représentation déjà existante, mais rare, il reste à découvrir les raisons d'un tel choix.

b. *Les gardiennes à tête de chat*
Le chat occupe une place de choix dans l'univers religieux égyptien, contrairement au monde gréco-romain. En tant que chasseur de souris, de scorpions et de serpents, il a une fonction apotropaïque, notamment sur les stèles magiques, les statues guérisseuses et dans le monde funéraire[90]. À chaque fois, le chat assume une fonction de combat et est lié à la renaissance, en permettant au soleil de réapparaître à l'horizon après son cheminement long et difficile dans le monde souterrain. Il est aussi lié à la justice, comme dans les *Litanies à Rê*[91]. Animal

---

Band IV. *Nbt – ḥ*, Leuven, Peeters, 2002, p. 520 b, Ikonographie B a pour *Niwt*; p. 550 b, Ikonographie B a pour *Nwnt*; *op. cit.*, Band V, p. 472 b, Ikonographie B a pour *ḥḥt* et *op. cit.*, Band VII, p. 298 a, Ikonographie B a pour *Kkt*.

[88] N. de Garis Davies (eds.: L. Bull and L.F. Hall), *The Temple of Hibis in el Khargeh Oasis. Part III: the Decoration*, New York, The Metropolitan Museum of Art, 1953, Sanctuaire 1, planche 4, registre V scène 13 + p. 11 pour la description.

[89] N. de Garis Davies, *op. cit.*, 1953, sanctuaire A, planche 4, registre V scène 20.

[90] Voir par exemple: E. Hornung (hrsg.), *Das Buch der Anbetung des Re im Westen (Sonnenlitanei). Nach den Versionen des Neuen Reiches*, Genève, Éditions de Belles-Lettres, 1975–76, vol. 1, p. 39 et vol. 2, appel 33; figure 33: momie à tête de chat. H. Junker und E. Winter, *Das Geburtshaus des Tempels der Isis in Philä*, Wien, H. Böhlaus Nachf., 1965, photo 916. C. Karlshausen, «Le chat dans la mythologie: les démons-chats», in L. Delvaux et E. Warmenbol (ed.), *Les Divins Chats d'Égypte: un air subtil, un dangereux parfum*, Leuven, Peeters, 1991, p. 101–105.

[91] E. Hornung, *op. cit.*, 1975–76, vol. 1, p. 41 et vol. 2, appel 56; figure 56: grand chat.

solaire lorsqu'il représente Rê et qu'il est associé à Hélios dans les *Papyrus grecs magiques*[92], il est aussi un animal lunaire, en particulier dans le culte de Bastet. Plutarque reprend cette caractéristique dans *Isis et Osiris* 63, 376 E[93], où l'œil du chat est comparé à la lune et où le chat devient un symbole de la lune. Le chat est également associé à la mort, dont le nom *mwt* est rapproché de celui du chat *mit*[94].

En dehors de ces représentations, le chat est souvent lié à la femme[95] et à des déesses comme Maât, Mout[96], Neith, Tefnut, Hathor (en tant que gardienne de bonne augure[97]) et surtout Bastet. Il en incarne la forme apaisée, à côté de la lionne pour l'aspect furieux[98], une image qui connaît une grande fortune à la Basse Époque et surtout à l'époque romaine. Il arrive même que des scribes utilisent le signe du chat au lieu de celui de la lionne[99]. Comme d'autres animaux, il peut être le

---

[92] *PGM* III 1–164 ; III 484–611 ; IV 1596–1715, etc.

[93] Voir J. Hani, *La Religion égyptienne dans la pensée de Plutarque*, Paris, Les Belles Lettres, 1976, p. 289–291 et p. 395–396 ; S.H. Aufrère, « Notes et remarques au sujet du chat. En marge de l'ouvrage de J. Malek, The Cat in Ancient Egypt », *Discussions in Egyptology* 44 (1999), p. 7 n. 13.

[94] *Mythe de l'œil du Soleil* 15, 24–26 : « Je sais que ton nom est la chatte, c'est-à-dire, celle sur laquelle la vengeance n'a pas de pouvoir. Je sais qu'elle est l'instrument de la mort, et qu'elle est aussi celle qui ne meurt jamais, jamais ! » S.H. Aufrère, *op. cit.*, 1999, p. 7. Sur ce mythe : F. de Cenival, *Le Mythe de l'œil du soleil. Translittération et traduction avec commentaire philologique*, Sommerhausen, G. Zauzich Verlag, 1988 ; E. Bresciani, *Il mito dell'Occhio del Sole. I dialoghi filosofici tra la Gatta Etiopica e il Piccolo Cinocefalo*, Brescia, Paideia, 1992.

[95] Il est souvent représenté sous les sièges des défuntes et des déesses : J. Malek *The Cat in Ancient Egypt*, London, The British Museum Press, 1993, p. 57, fig. 32, p. 60 fig. 34, p. 61 fig. 36, p. 62 fig. 37 et p. 63 fig. 38 et 39. Voir aussi E. Warmenbol et F. Doyen, « Le chat et la maîtresse : les visages multiples d'Hathor », in L. Delvaux et E. Warmenbol, *op. cit.*, p. 55–67.

[96] Le nom égyptien de la chatte *miwt* – masculin *miw*, en copte ⲉⲙⲟⲩ – a été rapproché de *mwt*, la « mère », de *Mȝʿt* et de *Mwt* : H. Te Velde, « The Cat as Sacred Animal of the Goddess Mut », in M.H. van Voss, D.J. Hoens, G. Mussies and *alii*, *Studies in Egyptian Religion Dedicated to Professor Jan Zandee*, Leiden, Brill, 1982, p. 135. Pour l'association à Mout : A. Charron, *op. cit.*, p. 48, 71, 73.

[97] S.H. Aufrère, « Le "Champ divin" de Bastet à Bubastis, l'albâtre, les parfums et les curiosités de la mer Rouge », in R. Gyselen (éd.), *Parfums d'Orient*, Bures-sur-Yvette, Groupe pour l'Étude de la civilisation du Moyen-Orient, 1998, p. 69.

[98] *Mythe de l'œil du Soleil* 12, 13–26, en particulier 13–18. Voir une amulette de la Basse Époque du Musée Guéret qui représente Bastet avec une tête de lionne, piétinant les ennemis de l'Égypte et avec à ses pieds une petite chatte : P. Germond et J. Livet, *Bestiaire égyptien*, Paris, Citadelle & Mazenod, 2001, n° 60.

[99] E. Drioton, « Hermopolis et l'écriture énigmatique du tombeau Petekem », in S. Gabra, *Rapport sur les fouilles d'Hermoupolis Ouest (Touna El-Gebel)*, Le Caire, IFAO, 1941, p. 31–32.

réceptacle temporaire d'un dieu. Cette croyance explique que des chats ont pu être momifiés[100], ce qui faisait d'eux des êtres sacrés.

c. *Les gardiens à tête de grenouille*

Si, dans quelques témoignages antiques, la grenouille a une image négative[101], elle est généralement perçue plutôt positivement. Animal aquatique, elle est liée à l'eau qu'elle symbolise[102]. Dans le monde grec, elle est mise en rapport avec les nymphes, les divinités des sources et Apollon[103] et serait capable de prédire le temps[104]. En Haute Égypte, à partir du IIIe siècle (peu avant l'écriture du traité copte), de nombreuses lampes avec des grenouilles deviennent populaires, chez les non chrétiens et les chrétiens (qui ajoutent parfois une croix[105]), la plupart provenant de tombes. Sur l'une d'elles conservée au musée de Turin, l'inscription ἐγώ εἰμι ἀνάστασις[106] associe la grenouille à la

---

[100] La première chatte inhumée dans un sarcophage daterait d'Amenhotep III: A. Charron, *op. cit.*, p. 46–47; le premier cimetière d'animaux, de chats en l'occurrence, daterait de la XXIIe dynastie si l'on suit E. Naville et se trouve à l'ouest de Tell Basta: A. Charron, *op. cit.*, p. 82 et 86–87.

[101] Source de désastres: Diodore de Sicile, *Bibliothèque historique* III 30.3; Pline l'Ancien, *Histoire naturelle*, livre VIII, XLIII 104 (29); *Exode* 8.3–4. Dotée de défauts: Ésope, *Fables* 69, 191, 201 et 244.

[102] Hérodote, *Enquêtes* IV 131–132, quelle que soit l'interprétation finale de l'ensemble du message délivré par les Scythes aux Perses.

[103] Aristophane, *Les Grenouilles* v. 229–234; Plutarque, *Le Banquet des sept sages* 21, 164 A–B, à propos de l'ex-voto de Cypsélos à Delphes. C. Hünemörder, « Frosch », in H. Cancik und H. Schneider (hrsg.), *Der Neue Pauly. Enzyklopädie der Antike*, Band 4, Stuttgart/Weimar, J.B. Metzler, 1998, col. 682; A. Motte, *Prairies et Jardins de la Grèce Antique. De la religion à la philosophie*, Bruxelles, Palais des Académies, 1973, p. 179 n. 66; L. Bodson, Ἱερὰ ζῷα. *Contribution à l'étude de la place de l'animal dans la religion grecque ancienne*, Bruxelles, Palais des Académies, 1978, p. 60. J. Leclant, « La grenouille d'éternité des pays du Nil au monde méditérranéen », in M.B. de Boer et T.A. Edridge, *Hommages à Maarten J. Vermaseren*, vol. 2, Leiden, Brill, 1978, p. 568; W. Deonna, « L'ex-voto de Cypsélos à Delphes: le symbolisme du palmier et des grenouilles », *RHR* 139 (1951), p. 162–207 et « L'ex-voto de Cypsélos à Delphes: le symbolisme du palmier et des grenouilles (*suite*) », *RHR* 140 (1951), p. 5–58.

[104] Virgile, *Géorgiques* I 378; Pline l'Ancien, *Histoire naturelle*, livre XVIII, LXXXVII 361 (35).

[105] C. Georges, « Les lampes », in J.-Y. Empereur et M.-D. Nenna, *Nécropolis 1*, Le Caire, IFAO, 2001, p. 424. P. Hombert, « Description sommaire d'une collection d'antiquités gréco-romaines », *ChrE* 21, fasc. 42 (1946), p. 257.

[106] J. Leclant, *op. cit.*, 1978, vol. 2, p. 565; C. Müller, « Frosch », *LÄ* II, 1977, col. 336. Pour les tombes: C. Georges, *op. cit.*, p. 424; A. Abd el-Fattah, « Fouilles du Service des Antiquités sur le site de Gabbari (1996–1997) », in J.-Y. Empereur et M.-D. Nenna, *op. cit.*, 2001, p. 25–41. Pour des exemples: P. Graindor, *Terres cuites de l'Égypte gréco-romaine*, Antwerpen, de Sikkel, 1939, p. 163–165 n° 77 et pl. xxv;

résurrection, une association qui remonterait à l'Égypte ancienne. La grenouille a été mise en relation avec deux symboles de vie, le soleil et l'eau[107], et elle symbolise la fécondité[108], la nouvelle naissance[109], la protection[110], l'éternité, le renouvellement et le rajeunissement[111]. La grenouille servit donc comme idéogramme pour l'expression *whm 'nh*, « répéter la vie »[112], utilisée comme épithète de noms de personne à partir de la XVIIIᵉ (ou XIXᵉ) dynastie, utilisation notée à l'époque gréco-romaine par Chérémon d'Alexandrie[113]. Les valeurs symboliques de la grenouille sont donc nombreuses et toutes, excepté la fécondité,

---

F.W. Robins, « Graeco-roman Lamps from Egypt », *JEA* 25 (1939), p. 49 et pl. XI, n° 8, 9, 10, 13, 14, 15.

[107] W. Wreszinski, *Atlas zur altägyptischen Kulturgeschichte. Erster Teil*, Genève/ Paris, Slatkine Reprints, 1988 (réimpression de l'édition de 1923).

[108] Elle est souvent associée à Héqet, la déesse qui préside aux accouchements et aux naissances. W. Deonna, « La femme et la grenouille », *Gazette des Beaux-Arts* 40 (1952), p. 229–240 H. Wrede, « Ägyptische Lichtbräuche bei Geburten. Zur Deutung der Froschlampen », *JbAC* 11/12 (1968/1969), p. 87. Voir aussi P. Derchain, « Miettes. § 10 – À propos d'une grenouille », *RdE* 30 (1978), p. 65–66, pour la grenouille comme symbole de la continuation de la vie. F. Daumas, *Les Mammisis de Dendara*, Le Caire, IFAO, 1959, pl. II, 2ᵉ registre, tableau E, pl. IV, 2ᵉ registre, tableau E. La grenouille n'apparaît que cinq fois dans les *Papyrus grecs magiques*, en particulier dans une recette pour devenir temporairement stérile : *PGM* XXXVI 320–322.

[109] Il existe de nombreuses amulettes en formes de grenouille dans les tombes ou temples : R.V. Lanzone, *Dizinario di mitologia egizia*, Torino, Litografia Fratelli Doyen, 1881, p. 852, Tav. cclxxxv fig. 5 ; Tav. cclxxxvii fig. 4 ; tav. Cclix fig. 5 avec l'hydrie d'Egyed d'époque romaine, décrite aussi par V. Wessetzky, *Die ägyptischen Kulte zur Römerzeit in Ungarn*, Leiden, Brill, 1961 ; W.M.F. Petrie, *Amulets illustrated by the Egyptian Collection in University College, London*, London, Constable & Company LTD, 1914, p. 12 et pl. II ; J. Leclant, *op. cit.*, 1978, p. 563. Voir aussi F. Sbordone, *Hori Apollinis Hieroglyphica*, Naples, L. Loffredo, 1940, p. 68 ; S.H. Aufrère, *op. cit.*, 1991, p. 417.

[110] *Dendara* V/1, p. 141 ; *Dendara* V/2, pl. CCCCXXXIII. Traduction : S. Cauville, *Dendara V–VI. Traduction. Les cryptes du temple d'Hathor*, vol. 1, Leuven, Peeters, 2004, p. 237.

[111] La grenouille apparaît dans l'écriture des termes *hfnw* « centaines de milliers » et *hh* « éternité ». Pour *hfnw*, P. Wilson, *A Ptolemaic Lexikon. A Lexicographical Study of the Texts in the Temple of Edfu*, Leuven, Peeters, 1997, p. 642 ; *Edfou*, vol. 3², pl. LXI, 3ᵉ registre, pl. LXXV frise, pl. LXXXII ; vol 10¹, pl. LXXXVII, 2ᵉ registre, 14ᵉ et 16ᵉ tableaux. Pour *hh*, *Esna* III, inscription 242.26. F. Daumas, *op. cit.*, 1959, pl. IX 2ᵉ registre 2ᵉ tableau.

[112] H. Milde, *The Vignettes in the Book of the Dead of Neferrenpet*, Leiden, Nederlands Instituut voor het Nabije Oosten, 1991, p. 79–81. étude des différentes représentations de la vignette du chapitre 94 du *Livre des Morts*.

[113] Chérémon, fragment 1 ; P.W. van der Horst, *Chaeremon. Egyptian Priest and Stoic Philosopher. The Fragments*, Leiden, Brill, 1984, p. 63 n. 14. A. Jacoby und W. Spiegelberg, « Der Frosch als Symbol der Auferstehung bei den Aegyptern », *Sphinx* 7 (1903), p. 217–218, donnent des exemples, dont l'un provient de l'Empire romain.

répondraient à l'objectif de l'auteur et l'auraient décidé à choisir la représentation de la grenouille: son rôle de protecteur permet de protéger les stèles; son rapport à la nouvelle naissance et à l'immortalité s'accorde bien avec la fonction de l'enseignement: faire accéder le disciple à l'Ogdoade et aider à sa régénération.

d. L'association grenouille et chat au service de l'écrit

Hermès indique aussi l'emplacement des gardiens par rapport aux stèles: les mâles à droite des stèles, les femelles à gauche. Si le chat est parfois lié au soleil et à l'œil droit de Rê, il l'est aussi très souvent à la lune et à l'œil gauche de Rê. La grenouille, quant à elle, est régulièrement mise en rapport avec le soleil. Ceci donne les correspondances suivantes:

Tableau 6. Position des huit gardiens par rapport à la stèle.

Gauche	Stèle	Droite
lune		soleil
gardiens femelles	enseignement d'Hermès	gardiens mâles
tête de chat	écriture hiéroglyphique	tête de grenouille

Hermès ne se contente pas de reprendre une idée antérieure, car les exemples d'association du chat et de la grenouille sont rares dans le domaine religieux: 1) la représentation iconographique endommagée de l'Ogdoade à Edfou dont nous avons parlé; 2) la formule du *PGM* III 494–611 (qui se termine par la prière hermétique d'action de grâces dont nous avons une version copte et une autre latine) dans laquelle le ritualiste énumère les noms, signes, symboles et formes que prend Hélios à chaque heure de la journée[114]: à la troisième heure, Hélios a l'aspect d'un chat et il produit sur terre la grenouille; 3) et la momie en forme de chat découverte à Saqqara, à l'intérieur de laquelle a été retrouvé le squelette d'une grenouille[115]. Ces deux derniers exemples restent sans explication.

---

[114] Cette suite d'énumérations de formes et de noms d'Hélios fait songer aux *Litanies à Rê* où l'on a aussi une énumération des 75 noms et formes de Rê dans le monde souterrain.

[115] A. Charron, *op. cit.*, p. 404–405. Si la présence d'un autre animal à l'intérieur de la momie d'un chat est une pratique courante, que ce soit celle d'une grenouille étonne. On ne connaît pas par ailleurs de momie de grenouille.

Les gardiennes à tête de chat, avec leur caractère dissuasif, se chargeraient d'éloigner tout ennemi. Ce rôle peut être doublé par celui de la lune : du fait de sa ressemblance à un couteau lors de certaines phases de son évolution, les Égyptiens la considèrent comme gardienne de la justice, celle qui punit les coupables[116]. Les gardiens à tête de grenouille, grâce au lien avec l'eau, pourraient éviter toute mauvaise utilisation des stèles. En Égypte, les mots et les signes ont un pouvoir acquis soit en mangeant le support des mots et signes, soit en buvant l'eau qui a préalablement coulé sur ce support. Les magiciens ont régulièrement recours à cette pratique pour s'approprier un texte et son pouvoir[117], et les stèles guérisseuses ou *cippi* d'Horus, qui ont probablement été utilisés jusqu'à l'époque romaine, sont d'excellents témoins de cette pratique[118]. La grenouille liée à l'eau et à la purification pourrait éviter le recours à cette pratique par des gens mal intentionnés et assurerait à l'écrit sa pérennité, son « immortalité » contre les outrages du temps et des hommes. L'ensemble des gardiens, s'ils évoquent bien la lune pour les femelles et le soleil pour les mâles, protègeraient les stèles continûment, tout en contribuant également au pouvoir de l'inscription. En effet, les gardiens à tête de grenouille pourraient aussi renforcer la propriété de l'enseignement qui permet d'accéder à « une nouvelle naissance ». Enfin, la présence des huit gardiens évoque l'Ogdoade[119], objectif du disciple. Cependant, le bon accomplissement

---

[116] P. Derchain, *op. cit.*, 1962, p. 32.

[117] D. Frankfurter, « The Magic of Writing and the Writing of Magic: the Power of the Word in Egyptian and Greek Traditions », *Helios* 21 (1994), p. 196–198. Cf. l'histoire de Setne-Khaemouas : références données ci-dessus, p. 100 n. 61.

[118] L. Kákosy, « Le statue maghiche guaritrici. Some Problems of the Magical Healing statues », in A. Roccati e A. Siliotti, *La Magia in Egitto ai tempi dei Faraoni. Atti convegno internazionale di Studi. Milano 29–31 ottobre 1985*, Milano, Arte e natura libri, 1987, p. 171–186 ; *id.*, *Egyptian Healing Statues in Three Museums in Italy (Turin, Florence, Naples)*, Torino, Ministero per i Beni e le Attività Culturali, 1999, p. 32–33, note que ces statues devaient être connues des non Égyptiens ; H. Satzinger, « Acqua guaritrice: le statue e stele magiche ed il loro uso magico-medico nell'Egitto faraonico », in A. Roccati e A. Siliotti, *op. cit.*, p. 189–204. I. Gamer-Wallert, *Vermerk: Fundort unbekannt. Ägyptologische Entdeckungen bei Privatsammlern in und um Stuttgart*, Tübingen, Attempto Verlag, 1997, p. 253, donne le schéma (n° 109) d'une stèle guérisseuse. C. Ziegler, « Notice sur la statue Tyszkiwicz E 10 777 », in G. Andrieu, M.-H. Rutschowscaya et C. Ziegler, *L'Égypte ancienne au Louvre*, Paris, Hachette, 1997, p. 203–204.

[119] J.-P. Mahé, *op. cit.*, 1978, p. 38 ; L. Motte, *op. cit.*, 1995, p. 99–102, montre le lien entre les huit gardiens, les huit sphères hermétiques et les huit dieux-ḥḥw égyptiens.

de toutes ces fonctions suppose que les gardiens, sculptés ou peints, soient animés. C'est probablement sous-entendu, puisqu'Hermès parle de ces gardiens non comme des représentations imagées mais comme de véritables êtres animés.

Hermès mentionne d'autres gardiens, qui dépendraient du soleil, dans un passage lacunaire, *NH* VI 62.5. J.-P. Mahé, à la suite de M. Krause et P. Labib, complète par le chiffre neuf, mais, à la diffé-rence de ces derniers, il traduit non pas par les «neuf soleils» mais par «les neufs du soleil», suite à une suggestion de T. Säve-Söderbergh[120]. A. Camplani préfère ne faire aucune suggestion[121]. La restitution «neuf» est tentante, car elle pourrait renvoyer à l'Ennéade. La mention des huit gardiens et des neuf du soleil ferait ainsi allusion au titre de la leçon et aux deux sphères que le disciple est censé avoir atteintes. Cependant, ceci reste hypothétique, et aucune unanimité ne se dégage à propos de cette lacune, le texte ne donnant aucune information sup-plémentaire. Ce dispositif protecteur est complété par des indications astrologiques qui renverraient au thème de la naissance du monde[122] et par une formule imprécatoire.

En livrant la «recette» apotropaïque, l'auteur hermétiste est loin d'utiliser un *topos* littéraire, de reprendre une représentation figurée antérieure (reprise d'ailleurs incertaine) ou d'associer arbitrairement des représentations. Comme tout bon ritualiste égyptien, il choisit les matériaux et leur utilisation, le nombre, les formes et l'emplacement des représentations figurées de manière réfléchie, tout en supposant l'animation de ces dernières. La construction du monument apparaît ainsi comme un acte rituel – où Hermès est le ritualiste en chef et son disciple, un prêtre maître d'œuvre –, qui renforce le contenu en le prolongeant avec les matériaux, les gardiens et les indications astrolo-giques et qui, de manière rétroactive, le protège. Cette «recette» n'est probablement pas à être mise en œuvre dans le monde du destinataire; son efficacité est certainement indépendante de toute mise en appli-cation, comme les recettes des *Papyrus grecs magiques* où le fait de les prononcer est aussi efficace que l'action elle-même.

---

[120] J.-P. Mahé, *op. cit.*, 1978, p. 85 et p. 127.
[121] A. Camplani, *Scritti, op. cit.*, 2000, p. 152 et p. 176.
[122] L. Motte, *op. cit.*, 1995, p. 88–96.

III. Conclusion de la première partie

La pratique didactique est véritablement au cœur de la « voie d'Hermès », avec la « Révélation primordiale » et les révélations ultérieures qui miment la première. Elle met en relation deux pôles, le disciple et le maître, à propos d'un troisième, Dieu et tout ce qui permet de mieux le connaître, en vue d'une transformation progressive du disciple ; ce dernier parcourt la « voie d'Hermès » pour devenir maître en imitant Hermès, notamment lors de ce que nous pourrions considérer comme un rituel d'investiture avec *CH* I. Si le disciple doit mener un travail sur lui-même, le rôle du maître est indispensable. Les enseignements oral et écrit se complètent, et, en ce sens, les traités ne sont pas que des « mystères à lire ». Cette voie n'est pas ouverte à tous ; d'où l'importance du secret et la prétention d'un arsenal protecteur dans l'*OgdEnn*. Dans ce dernier cas, elle aurait une valeur performative : elle souligne la divinité du contenu et de l'écrit, et elle permet de les protéger aussi bien que si cet arsenal était concrètement appliqué.

Les auteurs recourent plusieurs fois à des données égyptiennes, dans le cadre d'une stratégie de légitimation de l'enseignement, oral et écrit, et de sacralisation de l'écrit. Toutes les qualités d'un savoir égyptien issu du temple et de la « Maison de Vie » sont transférées à la pratique didactique hermétique avec l'attribution de son origine à Poimandrès, qui pourrait être Thot, patron des scribes de la « Maison de Vie », et avec une rédaction placée dans le cadre rituel de cette institution. N'oublions pas que l'enseignement est plusieurs fois comparé au dévoilement d'un mystère. Dans ces conditions, l'instruction et la parole prononcée dans ce cadre entrent véritablement « dans le champ du sacré ». Le maître assume le rôle d'un mystagogue, le disciple celui d'un myste, et la parole du maître acquiert un nouveau statut. Cette parole reproduit celle de Poimandrès lors de la « Révélation primordiale », elle investit et anime les différents maîtres hermétistes. Indépendante des aléas d'une instruction « profane », elle suit des règles strictes. Dans les traités, les interventions du disciple jouent un rôle précis, défini à l'avance. Enfin, le silence du disciple prend une valeur religieuse et contribue à ritualiser la parole du maître, assimilée à celle d'un officiant dans une cérémonie religieuse, et à la différenciei de la parole de la vie quotidienne. L'utilisation d'un vocabulaire spécifique renforce cette différenciation, laquelle concerne, en fait, moins le lexique que le champ sémantique. C'est un marqueur identitaire qui différencie les hermétistes des autres hommes.

L'enseignement, avec la parole ritualisée du maître, est le cadre rituel dans lequel se déroulent ou sont mentionnées d'autres pratiques rituelles. Certaines ont pour but d'établir une communication avec le divin ; les autres ont pour fonction de provoquer une transformation plus radicale de l'hermétiste.

PARTIE DEUX

L'HERMÉTISTE: COMMUNIQUER AVEC LE DIVIN

En s'appuyant sur le socle didactique, l'hermétiste relaye l'enseignement reçu et les exercices qui lui sont liés par d'autres pratiques, répétitives. Celles-ci ont la même fonction que l'enseignement, s'approcher
progressivement du divin, avec une perspective autre, car le divin est
désormais le destinataire ou le partenaire d'une communication directe
ou indirecte avec l'hermétiste. Dans l'Antiquité, plusieurs pratiques
permettent d'établir un tel contact : la prière, la divination, le sacrifice[1]
et les pratiques liées aux images des dieux[2]. Elles ont une place importante dans les cultes traditionnels mais elles suscitent aussi critiques et
débats, et des auteurs leur consacrent plusieurs pages, voire des traités
entiers, tels le *De la divination* de Cicéron ou le *De l'abstinence* de
Porphyre. Des groupes religieux, comme les juifs et les chrétiens, en
refusent catégoriquement certaines, ainsi les images des dieux et la
divination, au profit des prières ; pour les premiers, si cette attitude
est adoptée assez tôt, elle se généralise après la destruction du second
Temple en 70 après J.-C. et la disparition consécutive des sacrifices.
Toutes ces pratiques constituent une toile de fond au quotidien des
hermétistes, qu'ils y participent ou non, et il serait intéressant de pouvoir les situer dans ce panorama et ces débats religieux.

Les hermétistes font référence à ces pratiques sans les mettre sur le
même plan. Les prières sont les plus régulièrement mentionnées, voire
sont parfois au premier plan, comme dans l'*OgdEnn*, et peuvent être
mises en œuvre par les protagonistes. Cette situation n'est pas en soi
étonnante, puisque les prières sont une des pratiques les plus facilement récupérables et transformables selon les contextes et le lexique
employé. Les autres pratiques – sacrifices, divination et images des
dieux – font l'objet de mentions plus courtes et plus rares – dans l'*Asclépius*, *CH* XVII et *SH* 23 –, ce qui ne reflète pas leur importance à
l'époque. Les unes semblent être rejetées, les autres sont évoquées au
passé ou de manière générale, sans indication sur une éventuelle mise

---

[1] J.N. Bremmer, « Modi di comunicazione con il divino : la preghiera, la divinazione
e il sacrificio nella civiltà greca », in S. Settis (ed.), *I Greci. Storia, cultura, arte, società*,
vol. 1 : *Noi e i Greci*, Torino, G. Einaudi, p. 239–283.

[2] L. Hartman, « The Human Desire to Converse with the Divine. Dio of Prusa and
Philo of Alexandria on Images of God », in P. Schalk, *"Being Religious and Living
through the Eyes". Studies in Religious Iconography and Iconology. A Celebratory
Publication in Honour of Professor J. Bergman*, Uppsala, Almqvist & Wiksell, 1998,
p. 163–171.

en œuvre. Ces remarques brossent un premier tableau contrasté des pratiques traditionnelles de communication chez les hermétistes. Elles nous amènent à partager le point de vue de G. Fowden qui appelait à dépasser le clivage opéré par certains chercheurs qui « ont eu tendance à surestimer tantôt le caractère (prétendument) pur et spirituel de la "voie d'Hermès", tantôt l'indéniable intérêt de certains *Hermetica* philosophiques pour le culte religieux traditionnel. L'acceptation de l'une de ces thèses entraîne immédiatement, pense-t-on, le rejet de l'autre – avec, comme il fallait s'y attendre, des résultats peu convaincants »[3]. La situation n'est en effet pas aussi simple.

Mener à bien l'étude de ces pratiques traditionnelles dans les traités hermétiques nécessite de prendre en compte le contexte pédagogique dans lequel elles sont mentionnées, c'est-à-dire le thème de la leçon, les intentions du maître / des auteurs et le statut du destinataire de la leçon. Les écrits étudiés dans cette partie occupent une place particulière dans la littérature hermétique : *CH* I serait l'instruction d'Hermès et pourrait être utilisé comme finale à l'enseignement d'un futur maître, au moins dans une branche de la tradition hermétique ; l'*Asclépius, CH* XIII et *NH* VI, 6 sont des leçons d'Hermès qui contiennent notamment des prières dites par les protagonistes ; *CH* XVII et *SH* 23 sont des leçons d'anciens disciples devenus maîtres à leur tour, Tat et Isis. Ces textes ne se situent donc pas au même moment de la chaîne hermétique de transmission. Toute cette étude permettrait d'éclairer la conception hermétique de la progression vers Dieu sur la durée et de la replacer correctement dans son environnement religieux et cultuel.

---

[3] G. Fowden, *op. cit.*, 2000, p. 211.

CHAPITRE QUATRE

IMAGES DES DIEUX : DES DIEUX PARMI LES HOMMES

Les images des dieux ne sont pas une préoccupation majeure des
auteurs hermétistes ; seuls les auteurs de *CH* XVII et du *Discours parfait*, avec les versions latine *Asclépius* et copte *NH* VI, 8, en parlent.
Il est donc remarquable que l'auteur de l'*Asclépius* y revienne deux
fois, aux chapitres 23–24 et 37–38, et que le seul fragment conservé
d'un traité de Tat, devenu maître, concerne précisément ce thème.
En *Ascl.* 23–24, après avoir décrit l'émerveillement que chacun doit
éprouver devant les prouesses de l'homme créateur de dieux terrestres,
Hermès explique la nature et les activités de ces dieux. En *Ascl.* 37–38,
il apporte des éléments nouveaux sur leur composition, fabrication
et activités. Ces deux sections se complètent, et J.-P. Mahé a montré
qu'elles appartiennent à une source commune qui serait la source principale du traité latin[1]. En *CH* XVII, l'auteur explique pourquoi il faut
rendre hommage aux images des dieux. Les trois passages diffèrent sur
les explications théoriques, les pratiques afférentes et le statut accordé
à ces images (images de culte pour Tat, statues animées pour Hermès).
Ensemble, ils éclairent la conception de quelques hermétistes sur les
images des dieux, en relation avec la pratique didactique, et la manière
dont ces hermétistes s'insèrent dans leur paysage contemporain.

I. LA DÉFENSE HERMÉTIQUE DES IMAGES DES DIEUX

Les images des dieux permettent de répondre au désir d'un grand
nombre de s'approcher au plus près des dieux. Cependant, elles font
aussi l'objet de critiques. Celles-ci sont anciennes ; déjà, aux VIe–Ve siècles avant J.-C., Héraclite s'insugeait contre ceux qui prient des statues
tout en ignorant la vraie nature des dieux[2]. Cette opinion traverse les

---

[1] J.-P. Mahé, « Appendice : Le *Discours parfait* d'après l'*Asclépius* latin : utilisation
des sources et cohérence rédactionnelle », in B. Barc (éd.), *Colloque international sur
les textes de Nag Hammadi*, Québec/Louvain/Paris, Les Presses de l'Université Laval/
Peeters, 1981, p. 412.
[2] Héraclite, fragment 5 Diels = fragment 141 Pradeau.

siècles, puisque, d'après Origène dans *Contre Celse* VII 62, Celse l'aurait réutilisée au IIe siècle après J.-C. – pour affirmer que les chrétiens ne sont pas plus sages qu'Héraclite –, ainsi que Clément d'Alexandrie, qui en reprend la première partie dans *Protreptique* IV 50.4 et en fait un argument pour critiquer les dieux grecs. D'autres auteurs, comme Plutarque[3], relayent cette opinion. Les Stoïciens ne sont pas en reste, et Sénèque, dans une lettre à Lucilius[4], s'oppose au fait de prier les statues, car Dieu est immanent et ne peut être cantonné à une statue ou à un lieu précis. Les juifs ont également critiqué ces pratiques, se fondant sur le commandement mosaïque de ne pas adorer les idoles et de ne pas représenter Dieu au moyen d'images[5]. Ces critiques augmentent avec l'apparition et le développement des communautés chrétiennes, et des chrétiens polémiquent contre les images des dieux, comme Clément (dans le passage mentionné ci-dessus), Origène dans son *Contre Celse* VII 64 ou Lactance, dans *Épitomé des Institutions divines* XX 7 et 11.

Ces critiques concernent la représentation anthropomorphique des dieux, le rôle médiateur des statues pour progresser vers le divin, le culte dont elles sont l'objet, ou encore la croyance en leur ancienneté et leur divinité. Elles sont surtout verbales, avant de devenir physiques avec la destruction de statues, facilitée par le triomphe du christianisme au IVe siècle après J.-C.[6]. Ce contexte polémique a conduit des penseurs à affirmer que, si ces images ne sont pas des dieux, elles sont quand même autre chose que de la simple matière. C'est la position de l'empereur Julien dans sa *Lettre* 89, et sa source serait Porphyre, qui pense que les statues façonnent les choses obscures en choses claires[7]. De nombreux témoignages, surtout du IIe au Ve siècle, attestent, négativement

---

[3] *Isis et Osiris* 71, 379 C–E.

[4] C. Guittard, *Recherches sur le "carmen" et la prière dans la littérature et la religion romaine*, Lille, Atelier national de reproduction des thèses, Th. État, Études latines, Paris IV, 1996, p. 344. Cette critique du culte des images conduit parfois à une interprétation allégorique: H. Cancik and H. Cancik-Lindemaier, «The Truth of Images. Cicero and Varro on Image Worship», in J. Assmann and A.I. Baumgarten, *Representation in Religion. Studies in Honor of Moshe Barasch*, Leiden, Brill, 2001, p. 43–61 en particulier p. 43–49.

[5] Voir l'attitude de Philon: L. Hartman, *op. cit.*, p. 163–171, en particulier p. 168–171.

[6] Ces destructions d'images des dieux, ou de temples, ont commencé bien avant l'avènement politique du christianisme. Cf. D. Frankfurter, *Religion in Roman Egypt. Assimilation and Resistance*, Princeton, Princeton University Press, 1998, p. 68.

[7] Porphyre, *Sur les statues* 1; C. van Liefferinge, *op. cit.*, 1999, p. 91–92.

ou positivement, de la croyance en l'existence des statues animées[8].
L'*Asclépius* constitue, comme beaucoup de chercheurs l'ont déjà
noté, un texte important dans le dossier textuel concernant de telles
images[9].

Face à une situation aussi contrastée, les hermétistes, qui mettent en
avant un Dieu ineffable sans pour autant renier les dieux traditionnels[10],
ont la possibilité soit de tenir compte de ces critiques, de défendre et
de justifier les images des dieux, soit de les ignorer. Il semble que les
auteurs de *CH* XVII et de l'*Asclépius* ont adopté la première attitude,
et ce qu'ils écrivent pourrait être lu en fonction d'une grille de lecture
justifiant des pratiques liées aux images des dieux.

1. *Prise de position dans le débat contemporain*

Dans *CH* XVII, Tat expose une théorie sur la relation entre les êtres
corporels et les incorporels qui débouche sur les images des dieux. Avec
l'adverbe διό, ce développement est présenté comme une justification
de l'honneur à rendre à ces images : διὸ προσκύνει τὰ ἀγάλματα, ὦ
βασιλεῦ, ὡς καὶ αὐτὰ ἰδέας ἔχοντα ἀπὸ τοῦ νοητοῦ κόσμου, « C'est
pourquoi, roi, fais honneur aux statues (de dieux), puisqu'elles possèdent elles aussi[11] des formes du monde intelligible. » Le terme ἄγαλμα
désigne ici vraisemblablement les statues de dieux, comme c'est régulièrement le cas[12]. L'impératif προσκύνει est plutôt un conseil, Tat

---

[8] C. van Liefferinge, *op. cit.*, 1999, p. 88. P. Boyancé, « Théurgie et télestique néo-platoniciennes », *RHR* 147.2 (1955), p. 208.

[9] W. Scott, *op. cit.*, vol. 3, p. 151 et 157 ; C. van Liefferinge, *op. cit.*, 1999, p. 95–96 ; P. Hoffmann, « Séminaire : théologie et mystique de la Grèce hellénistique et de la fin de l'antiquité », École Pratique des Hautes Études, Section des sciences religieuses, 2002–2003.

[10] À ce sujet, il est nécessaire de revenir sur les catégories conceptuelles de « mono-théisme » et de « polythéisme ». Concernant les hermétistes, il serait plus juste de parler de « monothéisme non exclusif », car leur Dieu ineffable n'est pas un dieu jaloux.

[11] Selon I. Lévy, « Statues divines et animaux sacrés dans l'apologétique gréco-égyptienne », *Annuaire de l'Institut de philologie et d'histoire orientales et slaves* 3 (1935), p. 297–300, la locution καὶ αὐτά désigne ici les animaux sacrés, car ils sont souvent mis en parallèle avec les statues, dans les écrits d'auteurs juifs et chrétiens qui s'opposent aux cultes païens. Cependant, rien dans le texte ne corrobore cette interprétation.

[12] Cf. Porphyre, *Sur les statues* : J. Bidez, *Vie de Porphyre, le philosophe néo-platoni-cien. Avec les fragments des traités* περὶ ἀγαλμάτων *et De Regressu Animae*, Hildesheim, G. Olms, 1964. L. Robert, « Inscription d'Athènes », *REA* 62 (1960), p. 316–324 diffé-rencie les ἀγάλματα des εἰκόνες, sur la base de la nature du modèle (dieux ou hom-mes), distinction remise en cause par S.R.F. Price dans *Rituals and Power, The Roman Imperial Cult in Asia Minor*, Cambridge, Cambridge University Press, 1984, p. 178.

étant plus un guide, un conseiller qu'un maître. Tat semble surtout vouloir rassurer le roi sur le bien-fondé du culte aux images des dieux, ou l'inciter à ne pas l'abandonner, en avançant des arguments d'ordre philosophique.

L'atmosphère dans l'*Asclépius* est différente. Les deux passages sur les images des dieux encadrent le récit de l'apocalypse en Égypte[13]. L'auteur se fait ici un devoir d'employer *deus* et non *statua*, excepté dans la question du disciple et la réponse d'Hermès en *Ascl.* 24: *{A} Statuas dicit, o Trismegiste? {H} Statuas, o Asclepi? Videsne, quatenus tu ipse diffidas? Statuas animatas sensu et spiritu plenas*, «{A} Veux-tu dire des statues, Trismégiste? {H} Des statues, Asclépios? Ne vois-tu pas combien toi-même tu te défies? Ce sont des statues animées et pleines d'âme et d'esprit.» La version copte équivalente, *NH* VI 69.27–34, est: {ⲁ} ⲱ̄ ⲧⲣⲓⲥ²⁸ⲙⲉⲅⲓⲥⲧⲉ ⲙⲏ ⲉⲕϣⲁϫⲉ ⲁⲛⲧⲟⲩⲱⲧ̅· {ⲉ} ²⁹ⲱ̄ ⲁⲥⲕⲗⲏⲡⲓⲉ ⲉⲕϣⲁϫⲉ ⲛ̄ⲧⲟⲕ ³⁰ⲉⲛⲧⲟⲩⲱⲧ̅· ⲕⲛⲁⲩ ϫⲉ ⲛ̄ⲧⲟⲕ ϩⲱ³¹ⲱ̄ⲕ ⲟⲛ ⲱ̄ ⲁⲥⲕⲗⲏⲡⲓⲉ ⲕⲉ ⲛ̄ⲛⲁ³²ⲧⲛⲁϩⲧⲉ ⲉⲡϣⲁϫⲉ· ⲉⲕϣⲁϫⲉ ³³ⲉⲛⲉⲧⲉ ⲟⲩⲛ̅ ⲯⲩⲭⲏ ⲙ̄ⲙⲟⲟⲩ ϩⲓ ³⁴ⲛⲓϥⲉ ϫⲉ ⲛ̄ⲧⲟⲩⲟⲧⲉ, «{A} Ô Trismégiste, n'est-ce pas des statues dont tu parles? {H} Asclépios, c'est toi qui parles de statues. Tu vois comme toi aussi, Asclépios, tu ne crois pas à la parole quand tu parles de ceux qui possèdent une âme en eux et souffle, à savoir les statues.» Hermès critique l'opinion de son disciple qui ne voit que des *statuas*. Or, ce mot latin est rarement employé pour désigner les images des dieux[14], et son emploi revient à insister sur le caractère essentiellement matériel de ces images. Hermès le reprend pour le corriger et en infléchir le sens initial en affirmant que ces statues sont animées. Il considère qu'il faut aller au-delà de l'aspect matériel et il enchaîne sur les activités de ces images. Il partagerait donc l'opinion de l'empereur

---

Plus récemment, K. Konce («ἄγαλμα and εἰκών», *American Journal of Philology* 109 [1988], p. 108–110) appelle à un réexamen complet du dossier, puisqu'une inscription de Thessalonique montre que les *agalmata* ne sont pas réservées aux seuls lieux sacrés. Toutes ces données ne remettent pas en cause le fait que, dans *CH* XVII, il s'agirait de statues des dieux, probablement situées dans un lieu sacré, puisqu'il est question de leur rendre un culte.

[13] Cf. H.W. Attridge, «Greek and Latin Apocalypses», in J.J. Collins (ed.), *Apocalypse: the Morphology of a Genre, Semeia* 14 (1979), p. 170 qui pense que l'apocalypse de l'*Asclépius* relèverait de la prophétie eschatologique. J. Schwartz, «Notes sur la "petite apocalypse" de l'*Asclépius*», *RHPhR* 62 (1982), p. 165–169; A. Camplani, «Alcune note sul Testo del VI codice di Nag Hammadi: la predizione di Hermes ad Asclepius», *Augustinianum* 26.3 (1986), p. 349–368.

[14] Exemples chez Pline l'Ancien, *Histoire naturelle*, en particulier dans le livre XXXIV, IV 15 (9) et VII 39 (18). Dans ce même livre, en IV–VI, Pline emploie plus souvent *statua* pour les hommes que pour les dieux.

Julien qui considère que les images sont plus que de simples statues[15]. L'auteur semble ainsi vouloir répondre aux critiques qui ravalent les images des dieux au rang de simple matière et il affirme que ces statues sont des dieux. Mais, ne tomberait-il pas alors sous le coup des reproches concernant l'équivalence entre les images des dieux et les dieux eux-mêmes ? Il paraît vouloir s'en garder, puisqu'il ajoute le qualificatif « terrestres », invitant à distinguer ces dieux des dieux célestes.

À la différence du traité grec, Hermès souhaite que son disciple croie non seulement en l'existence de ces dieux, c'est-à-dire en celle de statues animées, mais également en la possibilité humaine de les fabriquer. Il ne s'agirait plus seulement de rassurer, mais de rétablir une pratique menacée. Ces deux passages de l'*Asclépius* devraient donc être lus directement en rapport avec les attaques visant les images des dieux. En effet, l'auteur y ferait allusion (là aussi contrairement à *CH* XVII), quand Hermès demande à Asclépios en *Ascl.* 23 : *miraris, o Asclepi, an numquid et tu diffidis ut multi ?* « t'étonnes-tu, Asclépios ? Ou as-tu de la défiance comme beaucoup ? » ; avec la version parallèle copte, en *NH* VI 68.34–36 : ⲕ̄ⲣ̄ⲑⲁⲩⲙⲁ³⁵ⲍⲉ ⲱ̄ ⲁⲥⲕⲗⲏⲡⲓⲉ ⲛ̄ⲧⲟⲕ ⲣ̄ⲱ³⁶ⲱ̄ⲕ ⲕⲉ ⲛ̄ⲛⲁⲧⲛⲁ̣ϩⲧⲉ ⲛ̄ⲑⲉ ⲛ̄ϩⲁϩ, « Est-ce que tu t'étonnes, Asclépios ? Toi aussi, es-tu incroyant comme beaucoup ? » Hermès oppose à l'étonnement et l'admiration la défiance de la foule, les *multi* en latin, les ⲛ̄ϩⲁϩ en copte, le terme grec original étant probablement οἱ πόλλοι.

Qui sont ces « nombreux » qui ne croient pas que les statues sont des dieux ? Comme l'expression οἱ πόλλοι, très courante dans les textes grecs, le terme *multi* dans l'*Asclépius* désigne la « masse » des hommes non éduqués, ignorants et impies ; il s'oppose au petit nombre des hommes éduqués, qui savent et sont pieux[16]. Cette opposition est déjà présente chez Platon[17] et est régulièrement reprise ensuite[18]. Nous avons évoqué ci-dessus les critiques vis-à-vis de la croyance en l'équivalence entre statues et dieux, croyance attribuée à la foule et à ceux qui manquent d'éducation, comme c'est le cas chez Plutarque, dans

---

[15] Cyrille d'Alexandrie considère l'empereur Julien comme l'un des principaux disciples spirituels d'Hermès (*Contra Julien* II 41–42, 597 D). Cependant, l'influence des traités hermétiques sur Julien n'est pas certaine. Ce dernier mentionne une seule fois le Trismégiste (« Hermès qui est la troisième manifestation ») dans son pamphlet *Contre les Galiléens* 176 B. Sinon, aucune des autres mentions d'Hermès dans son œuvre ne concernerait Hermès Trismégiste. Voir G. Fowden, *op. cit.*, 2000, p. 293, n. 35.

[16] Par exemple *Ascl.* 22.

[17] Platon, *Criton* 44 b et 48 a ; *Phédon* 64 a et 69 c ; *Théétète* 170 e–171 a.

[18] Par exemple, Plotin, Traité 33 (*Enn.* II 9), 9.

Isis et Osiris 71, 379 C–D. Or, l'auteur hermétiste opère une inversion : ce sont les « nombreux » qui ne croient pas. Ajoutons à cela la défense des statues par des hommes cultivés, tels Dion Chrysostome[19], Julien l'empereur[20] et les néoplatoniciens après Porphyre, qui s'engagent dans une véritable entreprise de défense et de récupération. Ceci inciterait à donner une autre signification à ces « nombreux ».

À l'époque de la rédaction de l'original grec de l'*Asclépius* (seconde moitié du IIIe siècle après J.-C.), les chrétiens deviennent plus nombreux et ils s'opposent aux statues de culte et encore plus aux statues animées, ce qu'avait déjà perçu Celse au IIe siècle[21]. Cette opposition est également présente dans des cercles gnostiques, comme celui de *L'Évangile selon Philippe* (NH II, 3)[22]. Il serait donc aussi possible de lire les chrétiens derrière les *multi* ou les ⲛ̄ϩⲁϩ, l'auteur ayant alors repris un terme typique du lexique chrétien. En effet, le terme « nombreux » est « un sémitisme reçu par les chrétiens comme autodénomination, attestée comme telle dans le Nouveau Testament, et en particulier dans les *Lettres* pauliniennes »[23]. Si, du temps de la mise par écrit de ces textes, le mot est une hyperbole, dans la seconde moitié du IIIe siècle, ce n'est plus le cas, comme en témoigne Porphyre dans son *Contre les chrétiens*[24]. Au Ve siècle, Proclus désigne avec ce terme les chrétiens dans les rares passages où il parlerait d'eux[25]. Il est donc légitime de se demander si l'auteur hermétiste ne fait pas ici une allusion anti-chrétienne, en reprenant une autodénomination propre aux chrétiens, comme Porphyre le fait déjà dans sa *Vie de Plotin* 16 quand il rend compte « de la déchirure en train de s'opérer à l'intérieur de l'Empire romain »[26]. À l'incroyance de ce grand nombre, Hermès oppose la croyance ou la foi dont son disciple devrait être doté.

---

[19] *Discours* 12, cité dans W. Scott, *op. cit.*, vol. 3, p. 152.

[20] Julien, *Discours VIII. Sur la Mère des Dieux* 2, 160 a–b.

[21] Selon les extraits de son œuvre conservés par Origène dans *Contre Celse* VII 38 et VIII 41.

[22] NH II 72.1–4 : ⲧⲁⲉⲓ ⲧⲉ ⲑⲉ ϩⲙ̄ ⲡⲕⲟⲥⲙⲟⲥ ⲉⲛⲣ̄ⲣⲱ[ⲙ]ⲉ ⲧⲁⲙⲓⲉ ⲛⲟⲩⲧⲉ ⲁⲩⲱ ⲥⲉⲟⲩⲱϣⲧ ⲛ̄ⲛⲟⲩⲧⲁⲙⲓⲟ ⲛⲉ ϣϣⲉ ⲉⲧⲣⲉ ⲛ̄ⲛⲟⲩⲧⲉ ⲟⲩⲱϣⲧ ⲛ̄ⲣ̄ⲣⲱⲙⲉ, « Il en va ainsi dans le monde : ce sont les hommes qui fabriquent des dieux et ils adorent leurs créations ; il conviendrait que les dieux adorent les hommes. »

[23] M. Tardieu, « Les gnostiques dans la Vie de Plotin », in L. Brisson, M.-O. Goulet-Cazé et *alii*, *op. cit.*, 1992, p. 512.

[24] Porphyre, *Contre les chrétiens* 80, cité par Eusèbe, *Préparation évangélique* V 1, 10.

[25] H.D. Saffrey, « Allusions antichrétiennes chez Proclus, le diadoque platonicien », *Revue des sciences philosophiques et théologiques* 59 (1975), p. 553–563.

[26] M. Tardieu, *op. cit.*, 1992, p. 510. Porphyre, *Vie de Plotin* 16 : γεγόνασι δὲ κατ᾽ αὐτὸν τῶν Χριστιανῶν. πολλοὶ μὲν καὶ ἄλλοι, αἱρετικοὶ δέ, « florissaient de son temps

2. L'hermétiste : admirer et croire

La question de la croyance et de la foi est au cœur des chapitres 23–24, avec une première mention après un développement comparatif entre Dieu et les hommes et une seconde pour introduire l'explication sur la vraie nature des « dieux terrestres ». Au-delà de ce passage, sa réapparition régulière dans le traité latin[27] montre qu'elle est une préoccupation majeure de l'auteur qui s'en sert pour poursuivre l'objectif du traité : « justifier les rites du polythéisme égyptien »[28] et, plus généralement, ceux du polythéisme gréco-romain contemporain. Renforçant l'unité du traité déjà mise en évidence par J.-P. Mahé[29], les différentes mentions de l'incroyance sont situées autant dans les parties provenant de la source principale (chapitres 1–13, 20–27 et 37–38) que dans les additions du dernier rédacteur (chapitres 14–19, 28–36 et 38–40), selon le découpage proposé par J.-P. Mahé. Dans tous ces passages, le thème de l'incroyance concerne la foule de ceux qui ne sont pas hermétistes et relève parfois d'une loi du genre, comme pour le jugement des âmes[30]. En *Ascl.* 23, il en va tout autrement pour les statues, puisque Hermès suggère que son disciple peut lui-même ne pas croire. De quelle foi s'agit-il alors exactement ?

Les traducteurs des deux versions de l'alternative proposée par Hermès ont employé un terme construit avec une particule privative ou négative : *dif-fido* en latin, ⲁⲧ-ⲛⲁϩⲧⲉ en copte[31], avec peut-être dans la version originale grecque ἀπιστεῖν[32]. Chaque verbe est opposé à un autre, qui signifie « s'étonner » et « admirer » (en latin *miror* et en copte ⲣ̄ϣⲡⲏⲣⲉ, construit à partir du grec θαυμάζειν). L'étonnement, qui conduit à l'admiration, tient un grand rôle en philosophie : il

---

(celui de Plotin) parmi les chrétiens, d'une part des nombreux, autres (que les suivants) ; d'autre part, des hérétiques » (traduction : M. Tardieu, *op. cit.*, 1992, p. 507).

[27] *Ascl.* 10, 12, 24, 27, 28, 37, avec le verbe *diffidere* et l'adjectif *incredibilis* ; voir *NF* II, p. 385 n. 237. En *Ascl.* 21, l'idée est implicite avec les railleries de l'homme de la rue vis-à-vis du « mystère » de la procréation ; en revanche, elle est explicite dans la version copte où le traducteur a employé le mot ⲁⲧⲛⲁϩⲧⲉ.

[28] J.-P. Mahé, *op. cit.*, 1982, p. 413.

[29] J.-P. Mahé, *op. cit.*, 1981, p. 419 : « Mais n'exagérons pas le nombre de ses sources ni la gravité des contradictions. En fait, le dernier rédacteur du *DP* a amplifié un seul traité, parfaitement reconnaissable par des additions d'un type particulier qui n'en détruisent pas la signification. »

[30] J.-P. Mahé, *op. cit.*, 1982, p. 265–266.

[31] *NH* VI 68.36 et 69.31–32.

[32] W.E. Crum, *op. cit.*, p. 246 b.

est à l'origine du savoir[33] et est un moteur pour la contemplation. L'alternative entre s'étonner et manquer de foi signifie que l'étonnement et l'admiration conduisent à la foi. Celle-ci paraît avoir peu de rapport avec le sens classique de πίστις[34]. Reliée à l'étonnement et à l'admiration, elle permettrait à l'esprit de s'élever vers une autre réalité dissimulée au-delà de ce qui est apparent aux yeux[35]. Une telle conception est confirmée par le court échange, déjà cité, entre Hermès et Asclépios; le premier parle de *deus*, le second de *statuas*: si le référent est le même, deux conceptions s'opposent, selon la présence ou le manque de foi concernant la nature des images des dieux. La foi dont il est question est ainsi le fruit d'une attitude vis-à-vis d'un objet ou d'un fait, qui permet d'y voir autre chose que ce que les apparences révèlent, sans qu'il y ait eu de réelle démonstration. Elle n'est pas pour autant irrationnelle: elle n'est pas située en deçà de la parole et de la raison mais au-delà.

Cette foi a une dimension religieuse[36]. Le traité latin relie régulièrement l'incroyance à l'impiété[37]. La foi est en revanche le moteur de la piété et de la bonne conduite à tenir envers les dieux et les hommes[38]. Indispensable pour se rapprocher du divin, elle serait le témoin d'un culte rendu au divin. En demandant à son disciple s'il croit et en faisant remarquer qu'il pourrait manquer de foi, Hermès, missionnaire lui-même[39], se comporte comme beaucoup de missionnaires de cultes

---

[33] L'importance de l'étonnement et de l'émerveillement remonte à Platon, *Théétète* 155 d.

[34] Sur les sens de πίστις: D.M. Hay, «*Pistis* as "Ground for Faith" in Hellenized Judaism and Paul», *JBL* 108.3 (1989), p. 461–476 et spécialement p. 461–462. R. Bultmann, «πίστις», in G. Kittel (ed.), *Theological Dictionary of the New Testament* VI, translation: G.W. Bromiley, Grand Rapids, Eerdmans, 1968, p. 177 et suivantes. Voir aussi les remarques de P. Hoffmann lors de son séminaire donné à l'EPHE en 2001 et de sa conférence de 2003 au Laboratoire d'étude sur les monothéismes (CNRS-EPHE), ainsi que celles dans «La foi chez les néo-platoniciens païens», in *La Croyance religieuse*, Paris, Fonds Inseec pour la recherche, 2004, p. 9–25.

[35] Il faudrait peut-être donner une valeur forte aux adverbes *vero* et *verum* utilisés en *Ascl.* 23 (*NF* II, p. 325.11 et 20): il s'agit d'insister sur le caractère véritable de la production des dieux par les hommes. Dans la version copte, l'idée de véritable serait rendue par l'utilisation du présent.

[36] L'usage religieux de πίστις s'est développé à l'époque hellénistique. R. Bultmann, *op. cit.*, 1968, p. 179. Plutarque, *De la superstition* 11, 170 F.

[37] *Ascl.* 28: les incrédules sont ceux qui ont l'âme «enduite des souillures des fautes et salie de vices», *delictorum inlitam maculis vitiisque oblitam*.

[38] Cette conception de la *pistis* est présente chez Porphyre dans sa *Lettre à Marcella* 21.

[39] Voir *CH* I 26 et ci-dessus le chapitre un, si on accepte l'identification du narrateur à Hermès Trismégiste.

contemporains, notamment celui d'Isis[40], qui demandaient à leurs disciples de croire en la divinité qu'ils proclamaient. Hermès rencontre une certaine réussite, puisque, en *Ascl.* 37–38, le disciple parle de « dieux terrestres » et non de « statues ». Il adhère désormais à la position de son maître et à la croyance en l'existence de tels dieux et en leur fabrication humaine.

Les deux auteurs hermétistes s'insèrent donc dans le débat contemporain sur les images des dieux en étant en leur faveur[41] ; ils réaffirment l'utilité de leur culte et de la croyance en elles, même à un stade avancé des relations avec le divin, puisque l'*Asclépius*, d'après son prologue, intervient après plusieurs leçons. Ils expliquent aussi pourquoi les disciples doivent agir ainsi.

3. *Respect et croyance fondés sur un savoir*

L'objectif étant tout autre – défendre le culte des statues dans le traité grec, affirmer la capacité humaine à fabriquer des images animées dans le latin –, l'argumentaire diffère, même si chacun doit être restitué dans le cadre général de la réaction des philosophes contemporains ou postérieurs, qui ont tenté de donner un fondement philosophique à des pratiques religieuses[42]. Le maître hermétiste utilise des arguments établissant l'autorité des pratiques défendues et d'autres plus théoriques[43].

a. *Origine ancienne et égyptienne des images de dieux*
Dans l'*Asclépius*, l'auteur semble répondre à des critiques visant à dénoncer la manière dont des pratiques anciennes auraient été peu à peu détournées de leur pureté et simplicité originelles[44]. En *Ascl.* 37, Hermès apprend à son disciple :

---

[40] R. Bultmann, *op. cit.*, 1968, p. 181 ; W. Burkert, *op. cit.*, 2003, p. 17. Voir Apulée, *Métamorphoses* XI 28 et l'invocation à Isis du P. Oxy. XI 1380, col. VII, l. 152. Sur ce dernier texte, voir A.-J. Festugière, « Foi ou formule dans le culte d'Isis ? », *Revue biblique* 41 (1932), p. 257–261. Pour l'« activité missionnaire » à propos de l'expansion du culte isiaque : F. Dunand, « Cultes égyptiens hors d'Égypte. Nouvelles voies d'approche et d'interprétation », in E. Van't Dack, P. Van Dessel and W. Van Gucht, *op. cit.*, p. 79.

[41] I. Lévy (*op. cit.*, p. 301) considère que *CH* XVII est une « apologie ».

[42] J.-P. Mahé, *op. cit.*, 1982, p. 101.

[43] C'est ce que laisse entendre J.-P. Mahé, *op. cit.*, 1982, p. 101–102.

[44] Dans *De l'abstinence* II 5–8, Porphyre adresse ce genre de critiques quand il parle des sacrifices.

omnium enim mirabilium vincit admirationem, quod homo divinam
potuit invenire naturam eamque efficere. quoniam ergo proavi nostri mul-
tum errabant circa deorum rationem increduli et non animadvertentes ad
cultum religionemque divinam, invenerunt artem qua efficerent deos.

Ce qui surpasse l'admiration de toutes les choses admirables, c'est que
l'homme a été capable de trouver la nature divine et de la produire.
Donc, après que nos premiers ancêtres aient beaucoup erré au sujet de
la doctrine sur les dieux, incrédules et ne se souciant ni du culte ni de la
religion divine, ils inventèrent l'art de produire des dieux.

La très haute antiquité et le caractère originel de l'art de fabriquer des
images animées sont clairement affirmés ; cet art n'est ni une déviation,
ni une déformation, ni encore une innovation récente. Or, à l'époque
de la rédaction des écrits hermétiques, l'innovation, avec les adjectif
καινός et nom καινότης, est mal perçue, notamment dans le domaine
religieux[45], car elle ne s'enracine pas dans le terreau culturel des traditions et des autorités bien établies. Ceci va de pair avec la convic-
tion que les ancêtres détiennent la vérité, idée qui remonte au *Philèbe*
de Platon du côté grec[46] mais qui est également un fondement de la
culture égyptienne. Pour l'auteur hermétiste, l'art de fabriquer des statues animées étant aussi vieux que la religion, leurs destins sont liés.
Critiquer le premier revient à critiquer la seconde et à être impie.

Cet argument est lié à un second, celui de l'autorité. L'autorité, d'une
personne ou d'un groupe, est régulièrement brandie comme un éten-
dard pour affirmer la vérité de ce que l'on veut défendre. Dans l'*Asclépius*, Hermès place la fabrication des images animées sous l'autorité
des Égyptiens[47]. Dans les chapitres 37 et 38, l'Égypte fournit des exemples (personnages et lieux, même imprécis[48]) pour l'argumentation ;
dans les chapitres 23 et 24, le discours sur l'Égypte est relié à celui sur

---

[45] Jamblique, sous le pseudonyme Abamon, dans sa *Réponse d'Abamon* VII 5 (257–
259), critique les Hellènes qui ne conservent pas telles quelles les prières en raison
de leur «innovation», καινοτομία, et de leur «témérité», παρανομία. Plotin, traité
33 (*Enn.* II 9), 6, accuse ses adversaires, gnostiques, d'innover et il établit l'équation
suivante : καινοτομέω «innover» = ἰδέα φιλοσοφία «philosophie particulière» = ἔξω
τῆς ἀληθείας «(être) hors de la vérité». Voir aussi Julien, *Discours VIII. Sur la Mère
des Dieux* 1, 159 a–b.
[46] Platon, *Philèbe* 16 c. Parmi de nombreux exemples, voir Celse qui pose comme
fondement de son argumentation contre les chrétiens l'autorité d'un παλαιὸς λόγος,
«discours antique» ou «enseignement antique» : Origène, *Contre Celse* I 49.
[47] Sur l'inspiration égyptienne dans ce passage : P. Derchain, *op. cit.*, 1962, p. 186–187.
[48] Plusieurs commentateurs ont essayé de situer précisément les lieux cités mais
sans réel succès : W. Scott, *op. cit.*, vol. 3, p. 242–243 ; *NF* II, p. 394 n. 317 ; B.P. Copenhaver, *op. cit.*, p. 245 ; B. van Rinsveld, *op. cit.*, p. 233–242.

les images des dieux grâce : 1° à la question *an ignoras, o Asclepi, quod Aegyptus imago sit caeli*? «mais ignores-tu, Asclépios, que l'Égypte est l'image du ciel», et 2° à la reprise de thèmes identiques : temple, image, lien entre le céleste et le terrestre. Dans la *Cité de Dieu* VIII 23, la citation faite par Augustin d'*Ascl.* 24[49] confirme ce lien, puisqu'elle s'étend jusqu'aux premiers mots de l'apocalypse.

Dans ce contexte, l'expression «nos premiers ancêtres» d'*Ascl.* 37 a deux significations (analogues à celles avancées pour le syntagme πατρῴα διάλεκτος de *CH* XVI 2) : l'une restreinte, les ancêtres homonymes de la lignée d'Hermès et de ses disciples, l'autre plus générale, les ancêtres égyptiens. Il est courant à l'époque d'affirmer que des rites, en particulier ceux qui sont liés aux statues, proviennent d'autres peuples, les Égyptiens le plus souvent[50] ou les mages[51]. Cependant, P. Boyancé, se fondant sur Plotin qui, à propos de l'instauration des temples et des statues, parle des «anciens sages», πάλαι σοφοί, traité 27 (*Enn.* IV 3), 11, sans préciser leur origine, considère qu'il s'agit de la tradition grecque ; il dénonce «l'erreur qui chercherait du côté de ce qu'il peut y avoir de spécifiquement égyptien l'origine de celles-ci dans l'*Asclépius* ou chez Numénius»[52]. Pourtant, il ne faut pas oublier que Plotin est originaire d'Égypte, que l'*Asclépius* aurait été écrit en Égypte et qu'il y a dans ce pays une longue tradition concernant les statues des dieux, leur fabrication et leur animation. Si l'auteur hermétiste a de fait pu exploiter une double tradition, grecque et égyptienne, il est plus prestigieux à l'époque de tout faire remonter à l'Égypte[53].

En *Ascl.* 24, l'auteur qualifie l'Égypte de *mundi totius templum*, «temple du monde entier». Il s'agit d'une variante (nationalisée) d'une métaphore très commune du monde comme temple[54] et elle est

---

[49] *NF* II, p. 326, l. 10 et p. 327, l. 3.

[50] Reprenant l'opinion de néoplatoniciens qui mettent en relation Orphée et les statues (Jamblique, *Vie de Pythagore* [28] 151 ; voir P. Boyancé, *op. cit.*, 1955, p. 200), Eusèbe de Césarée considère qu'Orphée a apporté d'Égypte l'art des *teletai* et de l'érection des statues : *Préparation évangélique* X 4, 4.

[51] Minucius Félix, *Octavius* 27.1.

[52] P. Boyancé, *op. cit.*, 1955, p. 204 et p. 206.

[53] Hérodote, *Enquêtes* II 37, II 49 50, II 58. Diodore de Sicile, *Bibliothèque historique* I 9.6. Porphyre, *De l'abstinence* II 5.1, reprenant Théophraste. *SII* 24.11 : «notre très saint pays» et 24.13 : «puisque le pays très saint de nos ancêtres est établi au milieu de la terre, que le milieu du corps humain est l'enceinte du seul cœur». Cette liste est loin d'être exhaustive. D'où aussi le traditionnel voyage en Égypte : Diodore de Sicile, *Bibliothèque historique* I 69 2–4 et 96, 1–4. Voir A. Bernand, *Leçon de civilisation*, Paris, Fayard, 1994, p. 135–158.

[54] Cf. A.-J. Festugière, *op. cit.*, vol. 2, 1990, p. 233–238.

parallèle à la métaphore qualifiant de temple certaines communautés[55]. Elle évoque la réputation, courante chez les Grecs, de l'Égypte comme terre sacrée[56]. Cependant, elle ne renvoie pas seulement à la tradition grecque, ni même juive[57], elle est aussi ancrée dans la réalité égyptienne : de nombreux temples et nécropoles jalonnent l'Égypte et ont une forte emprise territoriale, même si leur situation économique connaît un déclin durant les premiers siècles de l'ère chrétienne[58]. Or ces deux types de lieux sont régulièrement qualifiés de *ḏsr*, « sacré »[59], qui, plus généralement, désigne toute place mise à l'écart[60]. La métaphore hermétique éclaire une autre qualification de l'Égypte : *imago caeli*, « la copie du ciel », avec une sorte de syllogisme implicite : l'Égypte est le temple du monde, or le temple égyptien est lui-même une image du ciel car il est la demeure divine[61] ; l'Égypte est donc l'image ou la copie du ciel. Cependant, comme le fait remarquer J.-P. Mahé[62], Hermès fournit une explication personnelle pour cette identification : l'Égypte est une image du ciel *aut, quod est verius, translatio aut descensio*

---

[55] E. Puech, « Les Esséniens et le temple de Jérusalem », in J.-C. Petit, A. Charron et A. Myre (éds.), *"Où demeures-tu?" (Jn 1,38). La maison depuis le monde biblique. En hommage au professeur Guy Couturier à l'occasion de ses soixante-cinq ans*, Montréal, Fides, 1994, p. 287. C. Böttrich, « 'Ihr seid der Tempel Gottes'. Tempelmetaphorik und Gemeinde bei Paulus », in B. Ego, A. Lange und P. Pillhofer, *Gemeinde ohne Tempel / Community without Temple. Zur Substituierung und Transformation des Jerusalemer Tempels und seines Kults im Alten Testament, antiken Judentum und frühen Christentum*, Tübingen, Mohr-Siebeck, 1999, p. 411–425.

[56] Porphyre, *De l'abstinence* II 5.1.

[57] Pour O.F. Riad, la métaphore hermétique est de tradition juive : « Les sources d'*Asclépius* 21–29 », in M. Immerzeel and J. van der Vliet (eds), *op. cit.*, p. 805. À propos de l'Égypte comme temple du monde, l'auteur renvoie à Moïse et à Israël ; l'expression « terra nostra » témoignerait de la nationalité (juive?) de l'auteur hermétiste. Cependant, elle n'argumente pas son opinion et ne justifie pas la relation qu'elle établit entre le passage hermétique et Moïse.

[58] Les dernières allocations territoriales accordées aux temples remontent à Ptolémée VI (170–145 avant J.-C.) : G. Hölbl, *A History of the Ptolemaic Empire*, translation: T. Saavedra, London, Routledge, 2001 (édition allemande de 1994), p. 257 ; R.S. Bagnall, *op. cit.*, p. 263 et suivantes ; D. Frankfurter, *op. cit.*, 1998, p. 27–30 et voir index, *s.v.* « temple – economic decline of ».

[59] J.K. Hoffmeier, *op. cit.*, p. 85–87.

[60] J.K. Hoffmeier, *op. cit.*, p. 89–101 et p. 171–198.

[61] P. Derchain, *op. cit.*, 1962, p. 190–191 ; J.K. Hoffmeier, *op. cit.*, p. 191. Le temple est lui-même une image du monde, avec tout un symbolisme répondant à des règles précises : J. Hani, « Le temple égyptien », *Les Études philosophiques*, 1987, p. 143–144 et p. 150. P. Derchain, « Rituels égyptiens », in Y. Bonnefoy (dir.), *Dictionnaire des mythologies et des religions des sociétés traditionnelles et du monde antique. K–Z*, Paris, Flammarion, 1981, p. 330.

[62] J.-P. Mahé, *op. cit.*, 1982, p. 95.

omnium, quae gubernantur atque exercentur in caelo, « ou, ce qui est plus vrai, le transfert ou la descente de tout ce qui est gouverné et mis en mouvement dans le ciel »[63].

Des deux métaphores découlent deux faits : l'Égypte doit avoir des dieux, comme le ciel ; et comme dans le ciel, l'ordre qui règne sur terre et en Égypte doit être immuable, ce que les rites assurent[64] en se perpétuant d'une génération à l'autre. Ce caractère conservateur avait très tôt frappé les Grecs[65]. Jamblique l'admire, il critique la témérité des Grecs et préconise de conserver les rites égyptiens, notamment les prières : « les conserver toujours les mêmes et de la même manière, sans en rien retrancher, sans y rien ajouter qui provienne d'ailleurs »[66]. Avec l'ancrage égyptien, l'auteur hermétiste renverrait également à cette idée de conservation immuable, qui renforce l'idée selon laquelle les images animées ne sont pas une innovation. Qu'*Ascl.* 23–24 soit suivi par une apocalypse sur le devenir désastreux du pays est également signifiant. L'arrêt de l'accomplissement des rites entraîne la mort du temple, celle de l'Égypte et le bouleversement de l'ordre céleste. Ainsi, puisque les statues entretiennent, dans l'optique hermétique, une relation forte avec le culte, le manque de foi dans leur fabrication et animation est implicitement mis en relation avec l'arrêt des rites et l'apocalypse.

b. *Les statues des dieux : miroir et reflet des incorporels*
L'auteur de l'*Asclépius* renforce les arguments précédents par d'autres plus philosophiques. Il affirme que l'homme est capable de créer des images animées, grâce à des rapports de parenté avec le divin, exprimés avec les termes *cognatio* « parenté », *consortium* « communauté » ou « participation » en *Ascl.* 23 et ⲕⲟⲓⲛⲱⲛⲓⲁ en *NH* VI 68.21.

Ce lexique évoque le thème grec de la συγγένεια entre les dieux et les hommes[67], grâce à ce qu'il y a de plus divin en l'homme, l'intellect

---

[63] Voir P. Derchain, *op. cit.*, 1962, p. 191.
[64] P. Derchain, *op. cit.*, 1962, p. 191–194 ; *idem.*, 1965. Le *Papyrus Salt* 825 est une « sorte d'aide-mémoire » pour le cérémoniaire chargé des rites qui visent à maintenir la vie de l'univers par des gestes et des paroles (p. 10 et 19). D. Kurth, « Ägypter ohne Tempel », in B. Ego, A. Lange und P. Pillhofer, *op. cit.*, p. 136.
[65] Hérodote, *Enquêtes* II 79 ; Platon, *Lois* II 656 d–657 a.
[66] *Réponse d'Abamon* VII 5 (259.3–5) : τηρεῖσθαι κατὰ τὰ αὐτὰ καὶ ὡσαύτως, μήτε ἀφαιροῦντάς τι ἀπ᾽ αὐτῶν μήτε προστιθέντας τι αὐταῖς ἀλλαχόθεν (traduction : É. des Places).
[67] Cf. Platon, *Timée* 90 a–b. A.-J. Festugière, *op. cit.*, vol. 2, 1990, p. 242–259 et surtout p. 258. Épictète, *Entretiens* I 3.3 et 3.7. Diogène Laërce, *Vies et doctrines des*

qui lui permet de participer au divin. L'auteur reprend ce thème en *Ascl.* 37, juste avant la nouvelle section sur les statues, quand il rappelle que l'homme est en possession d'un don divin, la raison. S'il se place essentiellement dans la tradition grecque, l'expression «nos ancêtres» fait intervenir l'Égypte, et la question de la parenté acquiert une autre dimension.

En Égypte, les statues animées existent grâce à une minorité, les prêtres «initiés» *bs*, c'est-à-dire «(quelqu'un) qui ouvre les portes du ciel pour voir ce qui s'y trouve»[68]. Admis au sein du monde divin, ils sont les seuls à pouvoir pratiquer les ultimes rites pour animer les images des dieux, comme le disent des inscriptions de «l'Atelier des Orfèvres» à Dendara: «Quand on en vient à l'œuvre secrète en toute chose, c'est l'affaire des officiants initiés auprès du dieu, qui sont membres du clergé, lavés par la purification de la grande ablution, qui agiront sans qu'aucun œil ne les observe, sous l'autorité du préposé aux rites secrets, scribe du livre sacré, chancelier, père divin, ritualiste en chef» et «Ne laisse entrer personne dans le "château de l'Or", sauf le Grand-pur qui contemple...le ritualiste en chef, savant compétent préposé aux rites secrets, qui donne les instructions à celui qui peut entrer[69].» Ainsi, ce que l'auteur hermétiste exprime avec des termes relevant de la tradition grecque a aussi un écho en Égypte. S'il parle de l'homme au sens générique, il est évident que dans la pratique, seule une minorité, ceux qui ont maintenu intact la parenté avec le divin, est capable de fabriquer les statues animées. Cette minorité est l'équivalent des prêtres égyptiens et des théurges de la fin de l'Antiquité.

Grâce à cette parenté, les hommes imitent Dieu qui produit des dieux célestes (*Ascl.* 23 et *NH* VI 68.24–34[70]), imitation qui se prolonge

---

philosophes illustres VII 83; É. des Places, *Syngeneia. La parenté de l'homme avec Dieu d'Homère à la patristique*, Paris, Klincksieck, 1964.

[68] Inscription de l'«atelier des Orfèvres» de Dendara: J.-M. Kruchten, *Les Annales des prêtres de Karnak (XXI–XXIII^emes^ dynasties) et autres textes contemporains relatifs à l'initiation des prêtres d'Amon*, Leuven, Departement Oriëntalistiek, 1989, p. 195.

[69] P. Derchain, «L'Atelier des Orfèvres à Dendara et les origines de l'Alchimie», *ChrE* 65, fasc. 130 (1990), p. 234. La même idée se retrouve dans des inscriptions plus anciennes, qui datent du règne de Thoutmosis III, dans le temple d'Amon à Karnak; cf. J.-M. Kruchten, *op. cit.*, p. 166.

[70] *Ascl.* 23: *Dominus et pater vel, quod est summum, deus ut effector est deorum caelestium, ita homo fictor est deorum, qui in templis sunt humana proximitate contenti*, «le Seigneur et Père ou, ce qui est plus illustre, Dieu, de même qu'il est le producteur des dieux célestes, de même l'homme est le sculpteur des dieux qui sont dans les temples et sont satisfaits de la proximité humaine». La version copte étant (NH VI 68.24–31): ⲛ²⁵ⲑⲉ ⲅⲁⲣ ⲙⲡⲓⲱⲧ ⲡⲭⲟⲉⲓⲥ ⲙ²⁶ⲡⲧⲏⲣϥ ⲉϥⲧⲁⲙⲓⲉ ⲛⲟⲩⲧⲉ· ²⁷ⲧⲁⲓ̈ ⲧⲉ ⲑⲉ ϩⲱⲱϥ ⲟⲛ

au niveau de la participation du produit à la nature du producteur[71].
L'importance de cette imitation s'enracine en Égypte, où les prêtres
initiés s'aident de livres où ce sont les dieux qui agissent ; elle repose
aussi sur l'idée d'un dieu artisan, Ptah ou Khnum en Égypte, Dieu
chez les platoniciens du début de l'ère chrétienne[72]. Pour l'auteur hermétiste, comme pour les Égyptiens, l'homme est artisan comme Dieu
l'est ; le modèle de toutes les activités humaines remonte au monde
suprasensible.

L'auteur de *CH* XVII a aussi recours au paradigme du monde
céleste comme outil explicatif, ce que fait également Plotin dans le
même contexte de justification des statues animées dans le traité 27
(*Enn.* IV 3), 11[73]. Probablement influencé par des textes platoniciens[74],
Plotin se sert du miroir pour expliquer la manière dont l'Âme universelle peut être attirée dans les corps et la relation entre l'image et
son paradigme, l'intelligible. Il rend compte ainsi de l'union entre le
sensible et l'intelligible grâce à l'âme et l'aspiration du sensible vers

---

ⲙ̄ⲡⲣⲱⲙⲉ [28]ⲡⲉⲓ̈ⲍⲱⲟⲛ ⲉⲧ̄ϩⲓ̈ϫ̄ⲙ ⲡⲕⲁϩ ⲛ̄[29]ⲣⲉϥⲙⲟⲩ· ⲡⲁⲓ̈ ⲉⲧ̄ⲧ̄ⲛ̄ⲧⲱⲛ ⲁⲛ [30]ⲉⲡⲛⲟⲩⲧⲉ· ⲛ̄ⲧⲟϥ ϩⲱⲱϥ
ⲟⲛ· [31]ϥⲧⲁⲙⲓⲉ ⲛⲟⲩⲧⲉ·, « en effet, de même que le Père, Seigneur du Tout fabrique (des)
dieux, telle est la manière aussi dont l'homme, cet animal mortel qui est sur terre, celui
qui n'égale pas Dieu, lui aussi fabrique (des) dieux ». Pour la comparaison entre les deux
deux passages : A. Camplani, *Scritti, op. cit.*, 2000, p. 182 n. 17.
[71] *Ascl.* 23 : *deorum genus omnium confessione manifestum est de mundissima parte
naturae esse prognatum [...] species vero deorum, quas conformat humanitas, ex utra-
que natura conformatae sunt ; ex divina, quae est purior multoque divinior, et ex ea,
quae intra homines est, id est ex materia, qua fuerint fabricatae,* « c'est une croyance
universelle que la race des dieux est issue de la partie la plus pure de la nature [...].
Mais les images des dieux que façonne l'homme ont été formées des deux natures,
de la divine qui est plus pure et infiniment plus divine et de celle qui est en deçà de
l'homme, je veux dire de la matière qui a servi à les fabriquer ».
[72] J. Pépin, *Théologie cosmique et Théologie chrétienne (Ambroise, Exam. I, 1–4)*,
Paris, PUF, 1964, p. 35.
[73] καὶ μοι δοκοῦσιν οἱ πάλαι σοφοί [...] ἐν νῷ λαβεῖν ὡς πανταχοῦ μὲν εὐάγωγον
ψυχῆς φύσις, δέξασθαί γε μὴν ῥᾶστον ἂν εἴη ἁπάντων, εἴ τις προσπαθές τι τεκτήναιτο
ὑποδέξασθαι δυνάμενον μοῖράν τινα αὐτῆς. προσπαθὲς δὲ τὸ ὁπωσοῦν μιμηθέν, ὥσπερ
κάτοπτρον ἁρπάσαι εἶδός τι δυνάμενον· « et les anciens sages me paraissent [...] avoir
compris que, puisque la nature de l'âme est facilement partout, ce serait la chose la
plus facile de toutes de la retenir si on fabriquait un objet approprié, capable de recevoir une part de celle-ci (la nature). La représentation imagée est en quelque façon
impressionnable, comme un miroir capable de saisir une forme » (traduction : É. Bréhier, modifiée).
[74] Platon, *République* 484 c et 500 e. Ces extraits platoniciens s'écartent d'autres
passages où Platon affirme que les œuvres d'art ne peuvent être que des imitations de
choses sensibles : *République* 597 d–598 a où le peintre imite les objets réalisés par des
ouvriers professionnels d'après la réalité.

l'intelligible[75]. L'auteur hermétiste utilise aussi le miroir pour expliquer la présence d'un incorporel – l'image qui est dans le miroir – dans le corporel – le miroir lui-même. Il évoque ensuite les formes, ἰδέαι, incorporelles des objets corporels. Il emploie le terme platonicien ἰδέα non dans son sens le plus classique de «forme intelligible» mais plutôt dans celui de «forme qui s'imprime ou qui se réalise dans la matière»[76]. Il termine avec le thème du reflet des incorporels ou des intelligibles sur l'objet corporel, exprimé grâce au terme ἀντανάκλασις. Ce dernier étant en général utilisé pour la lumière, l'auteur suggère probablement l'idée que l'illumination par les intelligibles relie la source à ce qui est illuminé et permet au second de participer du premier. Ainsi, selon l'auteur de *CH* XVII, la matière des statues est le réceptacle des formes et un miroir qui reflète les intelligibles. L'auteur n'est pas très éloigné de ce que dit plus tard Proclus dans son *Commentaire sur le Timée* II 252 : «Ils (= les mots «masse visible») sont la masse qui, tout en étant mue d'un mouvement irrégulier et inordonné, n'en a pas moins participé déjà aux formes et en porte quelques traces et quelques reflets[77].» Plus loin, Proclus évoque l'illumination qui provient du divin. Néanmoins, l'auteur hermétiste parle d'un reflet réciproque, du monde sensible dans le monde intelligible, peut-être pour montrer une aspiration vers l'incorporel. Il en va de même pour Plotin et Jamblique ; ils pensent que les êtres supérieurs illuminent ce qui est inférieur et que la matière participe au supérieur[78]. Dans le cas hermétique, au lieu d'une participation qui répond à l'illumination, ce serait un reflet qui répond à un premier reflet, permettant un mouvement de retour vers Dieu et une élévation vers l'intelligible.

L'argumentation théorique, qui renforce dans l'*Asclépius* les arguments d'ancienneté et d'autorité, montre que les images des dieux, animées ou non, sont plus que de la simple matière. Images au sens plein du terme avec un modèle sous-jacent et la participation à la nature de ce modèle, elles sont le point de contact entre deux mondes, et on pourrait leur appliquer ce que dit A. de Buck à propos du temple égyptien : «l'endroit où le monde de l'infini et le monde du corporel se

---

[75] Plotin, dans le traité 27 (*Enn.* IV 3), 11, évoque cela en utilisant l'exemple du soleil.

[76] Cette idée, qui est exprimée normalement avec εἴδη, apparaît déjà chez Platon avec ἰδέα, dans *Timée* 50 e : J. Pépin, *op. cit.*, 1964, p. 496. I. Lévy (*op. cit.*, p. 297) considère que ἰδέαι dans le traité latin doit être entendu au sens de δυνάμεις.

[77] Traduction : A.-J. Festugière.

[78] Jamblique, *Réponse d'Abamon* V 23 (233).

trouvent en contact »[79]. Les statues apparaissent comme la contrepartie terrestre des dieux célestes, le réceptacle du divin. Nous trouvons une conception analogue dans le traité gnostique *Zostrien, NH* VIII 130.6 quand Zostrien parle de la « statue », ⲧⲟⲩⲱⲧ, qu'il réintègre quand il redescend sur terre. Or en Égypte, les statues *tjt* sont les images du dieu sur terre[80], et les hiéroglyphes, appelés *tjt,* sont la contrepartie terrestre des paroles de Rê, de même que le pharaon, désigné parfois aussi avec le terme *tjt,* est la contrepartie de la divinité[81]. Tout ceci implique de la part du disciple et du destinataire une attitude spécifique qu'il faut maintenant préciser.

II. Les images divines : entre mémoire et culte

Seul Tat dans *CH* XVII demande explicitement à son interlocuteur d'adopter une attitude respectueuse. Dans l'*Asclépius*, il semblerait que la croyance demandée en *Ascl.* 23–24 conduise en *Ascl.* 37–38, sinon à un culte, du moins à la nécessité de perpétuer le savoir de leur fabrication.

1. *Mémoire de la fabrication des images animées*

Après avoir obtenu de son disciple la croyance en l'existence des images animées et en la capacité de l'homme à les fabriquer, Hermès expose en *Ascl.* 37–38 la fabrication, que, contrairement à l'*OgdEnn,* le disciple ne met pas en œuvre. Les mots d'Hermès rappellent beaucoup la pratique des temples égyptiens et le contenu des inscriptions de salles qui se présentent comme le lieu de fabrication des images animées, mais qui ne peuvent pas l'être en raison de leur dimension[82].

---

[79] Cité dans J. Hani, *op. cit.,* 1987, p. 147.

[80] D. Lorton, « The Theology of Cult Statues in Ancient Egypt », in M.B. Dick (ed.), *Born in Heaven, Made on Earth. The Making of the Cult Image in the Ancient Near East,* Winona Lake (Indiana), Eisenbrauns, 1999, p. 131. L'égyptien *tjt* est l'étymon du copte ⲧⲟⲩⲱⲧ.

[81] E. Iversen, *Egyptian and Hermetic Doctrine,* Copenhagen, Museum Tusculanum Press, 1984, p. 38.

[82] Ce serait en particulier le cas de la salle appelée *Atelier des Orfèvres* à Dendara et de la salle 2 du programme d'agrandissement engagé par Thoutmosis III dans le temple d'Amon à Karnak. Voir P. Derchain, *op. cit.,* 1990, p. 219–242 ; C. Traunecker, « Le "Château de l'Or" de Thoutmosis III et les magasins nords du temple d'Amon », *CRIPEL* 11 (1989), p. 89–111.

a. *Une fabrication en deux phases*

En *Ascl.* 37, Hermès brosse de manière succincte le mode de fabrication des images animées :

> Invenerunt artem qua efficerent deos. cui inventae adiunxerunt virtutem de mundi natura convenientem eamque miscentes, quoniam animas facere non poterant, evocantes animas daemonum vel angelorum eas indiderunt imaginibus sanctis divinisque mysteriis, per quas idola et bene faciendi et male vires habere potuissent.

> Ils (= les ancêtres) inventèrent l'art de faire les dieux. L'ayant inventé, ils y ajoutèrent la vertu appropriée qui provient de la nature du monde et qu'ils mélangent ; comme ils ne pouvaient pas faire des âmes, après avoir évoqué les âmes de démons ou d'anges, ils les introduisirent dans les images (des dieux)[83] au moyen de mystères saints et divins, pour que les idoles puissent avoir la force de faire le bien et le mal.

Nous pouvons distinguer deux phases, elles-mêmes subdivisées en deux opérations : 1° le façonnement matériel des statues (de *invenerunt* à *miscentes*) avec a) le choix des matériaux selon la vertu issue de la nature et b) la fabrication elle-même ; 2° l'animation des statues (de *quoniam* à *potuissent*) avec a) l'évocation des âmes célestes et b) leur introduction dans les statues. Comme le fait remarquer C. van Liefferinge, ces deux phases sont déjà attestées dans le fragment 33 de Numénius[84]. Le philosophe d'Apamée attribue la réalisation de chaque phase à des spécialistes différents : d'un côté, des sculpteurs ou autres artisans, et de l'autre, ceux que Numénius appelle « magiciens ». Une répartition analogue des tâches avait déjà cours en Égypte, les artisans se chargeant de la fabrication matérielle des statues, les prêtres et les lettrés dépositaires des secrets s'occupant des rites d'animation[85]. Ces deux phases s'accordent avec la nature double des images des dieux : la première, artisanale, pour la nature matérielle ; la seconde, attirer l'incorporel dans les matériaux, c'est-à-dire l'animation rituelle, pour la nature immatérielle. Cette seconde phase est celle que Proclus appelle τελεστική, notamment dans son *Commentaire sur le Timée* I 330 ou son *Commentaire au Cratyle* 51.33–36 et 174.81–83. Proclus

---

[83] Le latin *imago* correspondrait au grec ἄγαλμα et désigne plutôt les représentations de dieux, ce qui convient parfaitement au contexte. Voir K. Konce, *op. cit.*, p. 108.

[84] Origène, *Contre Celse* V 38 ; C. van Liefferinge, *op. cit.*, 1999, p. 94–95.

[85] C. Traunecker, *op. cit.*, 1989, p. 108.

reprend un terme rare chez Platon[86] et le réinterprète pour désigner, d'une part, l'art de consacrer[87] et d'animer les statues, et, d'autre part, ce qui permet à l'âme d'accomplir le mouvement de retour vers les dieux[88]. Même si ce terme est absent du texte hermétique latin, l'idée est présente.

Il semble difficile de parler, comme le fait C. van Liefferinge, d'une « première phase, profane »[89]. La distinction entre ce qui serait profane et ce qui ne le serait pas – distinction qui n'est pas toujours appropriée pour l'Antiquité, sauf à bien définir ce que les auteurs anciens entendaient par les termes *sacer* et *profanus*[90] – nous semble l'être encore moins pour la production des statues animées. Les deux phases principales sont distinctes mais liées : la fabrication artisanale est accomplie en vue de la seconde et elle dépend d'impératifs imposés par les besoins de cette seconde phase, en particulier pour tout ce qui concerne les matériaux.

b. *La production artisanale des statues*
L'auteur emploie le terme *ars* au début du passage cité ci-dessus. Bien que *ars* puisse désigner l'ensemble du processus de fabrication, la première phase correspond parfaitement à un art, une τέχνη, vraisemblablement la sculpture. En *Ascl.* 38, Asclépios manifeste enfin son intérêt avec une question sur la nature de ces ouvrages d'art. En réponse, Hermès énumère trois matériaux[91] : les herbes, les aromates

---

[86] *Phèdre* 248 e et 265 b. Le terme n'apparaît qu'une fois avant Platon, dans une inscription datant des environs de 500 avant J.-C., trouvée à Olympie. Dans *Phèdre* 248 d, il désigne la cinquième existence que l'âme peut adopter après avoir perdu ses ailes. Les télestes seraient des personnes pouvant sauver les malheureux poursuivis par le courroux divin. O. Balleriaux, « φιλοσόφων τὰ θεουργικὰ ἐξετάζειν. Syrianus et la télestique », *Kernos* 2 (1989), p. 13–25 ; *idem*, « Mantique et télestique dans le *Phèdre* de Platon », *Kernos* 3 (1990), p. 35–43. C. van Liefferinge, *op. cit.*, 1999, p. 93–97 et p. 268–273.

[87] Chez Maxime de Tyr, dans *Dissertations* 41.2, les télestes consacrent les statues, tandis que chez les néoplatoniciens tardifs, ils animent aussi les statues de dieux. Consécration et animation sont deux activités qu'il ne faut pas confondre. P. Boyancé, *op. cit.*, 1955, p. 199–201 et C. van Liefferinge, *op. cit.*, 1999, p. 94.

[88] C'est notamment l'opinion d'O. Balleriaux, *op. cit.*, 1990, p. 13, qui s'oppose ainsi à E.R. Dodds qui restreignait la télestique à la consécration et l'animation des statues ; opinion partagée par C. van Liefferinge, *op. cit.*, 1999, p. 273.

[89] C. van Liefferinge, *op. cit.*, 1999, p. 95 : l'auteur oppose la « phase profane du sculpteur » et la « phase effectuée par des magiciens ».

[90] P. Borgeaud, *op. cit.*, p. 387–418.

[91] L'auteur utilise *qualitas* pour parler de ces matériaux. Selon A.-J. Festugière (*NF* II, p. 396 n. 325), ce terme désignerait les ingrédients magiques. Cela pourrait faire

et des pierres. Jamblique mentionne ces matériaux dans un passage
assez proche : « L'art théurgique [...] aussi entrelace-t-il souvent pierres, herbes, être vivants, aromates et autres choses de ce genre, sacrées
et achevées et spécifiquement divines, et ensuite réalise à partir de tout
cela un réceptacle complètement achevé et pur. »[92] Ce rapprochement
a amené A.-J. Festugière à parler de théurgie pour l'*Ascl.* 37[93], ce que
récuse C. van Liefferinge[94], à juste titre. En effet, comme l'a déjà noté P.
Boyancé[95], la télestique n'est pas spécifique à la théurgie. Pour pouvoir
parler de théurgie à propos de l'*Asclépius* ou de la « voie d'Hermès »,
en l'absence du mot « théurge » et des termes apparentés, il faudrait
trouver d'autres éléments caractéristiques, ce qui dépasserait le cadre
de cette étude.

Les trois matériaux sont choisis parce qu'ils contiennent en eux « une
force naturelle de la divinité », *divinitatis naturalem vim* (*Ascl.* 38),
ce qui répond à l'idée que les ancêtres attachèrent à l'art de « faire
des dieux » « la vertu provenant de la nature du monde », *virtutem de
mundi natura* (*Ascl.* 37). Selon A.-J. Festugière[96], les termes *natura* et
naturalis renvoient aux « sciences occultes ». Ils correspondraient au
grec φυσικός qui désigne celle des trois branches de la philosophie
qui concerne la nature[97] et qui – au pluriel – est le titre de nombreux
ouvrages[98] qui visent à rechercher les différents secrets de la nature.
S'ils se distinguent des ouvrages philosophiques sur la physique qui

référence aux propriétés naturelles de ces ingrédients en relation avec la sympathie
universelle dont il va être question dans les pages qui suivent.
  [92] Jamblique, *Réponse d'Abamon* V 23 (233.11–16) : ἡ θεουργικὴ τέχνη [...]
συμπλέκει πολλάκις λίθους βοτάνας ζῷα ἀρώματα ἄλλα τοιαῦτα ἱερὰ καὶ τέλεια
καὶ θεοειδῆ, κἄπειτα ἀπὸ πάντων τούτων ὑποδοχὴν ὁλοτελῆ καὶ καθαρὰν ἀπεργάζεται
(traduction : M. Broze et C. Van Liefferinge).
  [93] A.-J. Festugière, *op. cit.*, vol. 2, 1990, p. 22 : « c'est une digression sur la théurgie
(confection de statues animées et pourvues de vertus divines) qui ressortit au même
cercle de pensée que la digression antérieure sur les chaînes sympathiques entre le ciel
et la terre ». Il semble difficile de restreindre la théurgie à la seule confection de statues
animées, comme le laisserait entendre la phrase citée ci-dessus.
  [94] C. van Liefferinge, *op. cit.*, 1999, p. 96.
  [95] P. Boyancé, *op. cit.*, 1955, p. 191. À compléter avec C. van Liefferinge, *op. cit.*,
1999, p. 97 et p. 268–273.
  [96] *NF* II, p. 394 n. 315 et p. 326.
  [97] Diogène Laërce, *Vies et doctrines des philosophes illustres* III 56 ; voir L. Brisson,
« Introduction », in Diogène Laërce, *Vie et doctrines des philosophes illustres*, traduction
sous la direction de M.-O. Goulet-Cazé, Paris, Le Livre de Poche, 1999, p. 379–380.
  [98] Plusieurs ouvrages antiques s'intitulent φυσικά, qu'ils soient d'auteurs philosophiques comme Aristote, son disciple Théophraste (ἐκ τῶν θεοφράστου φυσικῶν
δόξων), Chrysippe (φυσικά), Plutarque (αἰτία φυσικά) ou non, comme Bolos de Men-
dès (φυσικὰ καὶ μυστικά). Cf. J. Bidez et F. Cumont, *Les Mages hellénisés : Zoroastre,*

recherchent plutôt des causes rationnelles[99], tous les auteurs – philosophes[100], « mages » ou « Chaldéens »[101], comme Zoroastre, Ostanès et ceux qui en revendiquent l'héritage[102] – se fondent sur « la sympathie qui unit toutes les choses visibles entre elles et avec les puissances invisibles »[103], où le monde constitue un tout dont chaque partie est liée aux autres, et ils en exploitent le système compliqué des affinités et des antipathies, en particulier entre les différents règnes du monde sensible.

L'auteur hermétiste exploite ce même système pour définir les critères de sélection des matériaux – ce qui n'implique pas l'absence de considérations esthétiques ; il se concentre sur les affinités entre les règnes végétal et minéral et entre ces deux règnes et le monde suprasensible. Pour comprendre l'intérêt de ces liens sympathiques, d'autres textes antiques plus prolixes peuvent aider, en premier lieu la *Réponse d'Abamon à la lettre de Porphyre à Anébon* V 23 (232.16–233.7) de Jamblique :

μὴ δή τις θαυμαζέτω ἐὰν καὶ ὕλην τινὰ καθαρὰν καὶ θείαν εἶναι λέγωμεν· ἀπὸ γὰρ τοῦ πατρὸς καὶ δημιουργοῦ τῶν ὅλων καὶ αὕτη γενομένη, τὴν τελειότητα ἑαυτῆς ἐπιτηδείαν κέκτηται πρὸς θεῶν ὑποδοχήν, [...] οὐδὲ τὴν ὕλην οὖν ἀφίστησιν οὐδὲν τῆς τῶν βελτιόνων μετουσίας, ὥστε ὅση τελεία καὶ καθαρὰ καὶ ἀγαθοειδὴς ὑπάρχει πρὸς θεῶν ὑποδοχὴν ἐστιν οὐκ ἀνάρμοστος·

Que l'on ne s'étonne pas si nous disons encore qu'une certaine matière est pure et divine : en effet, celle-ci aussi engendrée à partir du père et démiurge du tout, possède sa propre perfection qui la rend apte à la

---

Ostanès et Hystaspe d'après la tradition grecque, 2 vol., Paris, Les Belles Lettres, 1973 (réimpression de l'édition de 1938).

[99] Voir aussi A.-J. Festugière, *op. cit.*, 1989, p. 189.

[100] Selon la compilation du Xᵉ s. intitulée les *Geoponica*, Plutarque est l'un de ceux qui auraient dit qu'il y avait de nombreuses antipathies et sympathies dans la nature (*Geoponica* XV 1.5) ; cf. aussi Jamblique dans un fragment transmis au sein des scholies du *Sophiste* de Platon et signalé dans J. Bidez et F. Cumont, *op. cit.*, vol. 1. *Introduction*, p. 147.

[101] Philon, *De migratione Abrahami* 178–179 : il résume la doctrine des « Chaldéens » sur les relations existant entre les choses célestes et ce qui est sur terre.

[102] J. Bidez et F. Cumont, *op. cit.*

[103] Proclus, *Sur l'art hiératique* 148.5–6 : ἀπὸ τῆς ἐν τοῖς φαινομένοις ἅπασι συμπαθείας πρός τε ἄλληλα καὶ πρὸς τὰ ἀφανεῖς δυνάμεις (traduction : A.-J. Festugière, *op. cit.*, 1989, p. 134). Cf. A. Brémond, « Notes et documents sur la religion néo-platonicienne. 1– Texte récemment édité de Proclus "Sur l'Art hiératique des Grecs" », *Recherches de science religieuse* 23 (1933), p. 102–106 ; J. Bidez, « Proclus. *Peri tes hieratikes teknes* », in *Mélanges Franz Cumont*, Bruxelles, Université libre de Bruxelles, 1936, p. 85–100.

réception des dieux [...]. Donc rien non plus n'éloigne la matière de la participation aux meilleurs de sorte que toute matière parfaite, pure et spécifiquement bonne n'est pas inadaptée à la réception des dieux[104].

Dans son traité 27 (*Enn.* IV 3), 11, sans donner de détails aussi concrets et avec des préoccupations différentes, Plotin insiste sur l'idée du réceptacle approprié. Plus tard, Proclus revient sur l'importance des matériaux dans l'art hiératique et sur la nécessité, pour les ἱερατικοί, « initiateurs aux saints mystères »[105], d'exploiter les lois de la sympathie universelle. Grâce à celles-ci, les matériaux possèdent des qualités les rendant aptes à recevoir le divin. Le choix de matériaux spécifiques dépend donc de la destinée finale des statues, de la divinité que le ritualiste veut attirer en elles et des puissances qu'il souhaite invoquer. Il faut aussi procéder à des mélanges, ce que dit bien Proclus dans son traité *Sur l'art hiératique* :

> S'ils (= les maîtres de l'art hiératique) mélangent, c'est pour avoir observé que chacun des éléments séparés possède bien quelque propriété du dieu, mais néanmoins ne suffit pas pour l'évoquer : aussi, par le mélange d'un grand nombre d'éléments divers, ils unifient les effluves susdits, et, de cette somme d'éléments, composent un corps unique ressemblant à ce tout qui précède la dispersion des termes[106].

Quand Hermès décrit la composition des statues animées comme un ensemble de végétaux et de minéraux, il sous-entend un tel mélange. En Égypte, les statues de culte, situées dans l'endroit le plus sacré et secret du temple, étaient généralement en bois, avec incrustation de minéraux. Les aromates sont une constante. Naturels ou fumigés, ils dégagent une odeur agréable, trait caractéristique – dans plusieurs milieux culturels[107] – de la nature divine et de tout ce qui a un rapport, temporaire ou non, avec le divin. Leur utilisation apporterait une touche de divin aux statues.

---

[104] Traduction : M. Broze et C. Van Liefferinge.

[105] οἱ ἱερατικοί, selon la traduction d'A.-J. Festugière dans *op. cit.*, 1989, p. 134.

[106] *Sur l'art hiératique* 150.26–30 : ἡ δὲ μῖξις διὰ τὸ βλέπειν τῶν ἀμίκτων ἕκαστόν τινα ἔχον ἰδιότητα τοῦ θεοῦ, οὐ μὴν ἐξαρκοῦν πρὸς τὴν ἐκείνου πρόκλησιν· διὸ τῇ μίξει τῶν πολλῶν ἑνίζουσι τὰς προειρημένας ἀπορροίας καὶ ἐξομοιοῦσι τὸ ἐκ πάντων ἓν γενόμενον πρὸς ἐκεῖνο τὸ πρὸ τῶν πάντων ὅλον (traduction : A.-J. Festugière).

[107] Chez les Grecs : Aélius Aristide, *Discours sacré* II 41 ; Plutarque, *Sur la disparition des oracles* 21, 421 B. Chez les Égyptiens, S.H. Aufrère, « Parfums et onguent liturgiques du laboratoire d'Edfou : composition, codes végétaux et minéraux », in R. Gyselen (éd.), *op. cit.*, p. 29–64. Chez les gnostiques : *L'Exposé valentinien, NH* XI 25.34.

Le choix des matériaux ne relève pas des compétences des artisans, sculpteurs ou autres, mais de celles des « magiciens » selon Numénius, des « initiateurs aux saints mystères » selon Proclus, ou des théurges. Ce choix découle en effet d'un savoir secret qui ne doit pas être divulgué à la foule en raison des risques d'erreur[108].

En Égypte, les sculpteurs ou artisans suivent probablement les indications fournies par des ritualistes et provenant d'un livre de fabrication des statues semblable à celui que P. Derchain pense reconnaître derrière les inscriptions de la salle appelée « atelier des orfèvres » à Dendara[109]. Bien que l'auteur hermétiste ne dise rien à ce sujet, il est plausible que, dans son optique, ceux qui réalisent matériellement les images aient recours aux spécialistes versés dans les secrets de la nature pour savoir quels matériaux utiliser et comment les agencer ensemble. Or, nous avons déjà observé la même chose pour la mise en place des stèles épigraphiques mentionnées dans l'*OgdEnn*, où, à côté du sculpteur et du graveur, interviendrait un spécialiste du symbolisme des pierres. S'il en est réellement ainsi, et les documents non hermétiques avancés penchent dans ce sens, il est difficile de considérer cette première phase comme profane, puisqu'elle se réaliserait finalement sous la conduite de spécialistes, détenteurs d'un savoir secret sur la nature.

Les artisans réalisent des œuvres d'art anthropomorphes : « Ils (= les dieux terrestres) sont représentés par un corps tout entier, non seulement avec des têtes seules mais aussi avec tous les membres », *et non solum capitibus solis sed membris omnibus totoque corpore figurantur* en *Ascl.* 23. Fabriquées selon des principes artistiques et esthétiques et selon d'autres qui régissent la sympathie universelle, ces œuvres sont prêtes à recevoir le divin. Dès lors, les artisans laissent la place aux ritualistes spécialistes de l'animation. Pour cette seconde phase, l'auteur est aussi avare en indications que pour la première, mais, là comme ici, il se réfère à des pratiques bien attestées dans d'autres sources.

c. *L'animation des statues*
Une fois la sculpture ou la production artisanale achevée, Hermès enseigne comment faire de ces simulacres des « dieux ». De nouveau, *Ascl.* 23–24 et *Ascl.* 37–38 sont complémentaires.

---

[108] Cf. ce que dit le ritualiste dans *PGM* XII 401–406.
[109] P. Derchain, *op. cit.*, 1990, p. 219–242.

En *Ascl.* 23, l'auteur se contente à priori de parler du résultat de cet acte, à savoir que les statues possèdent désormais les deux natures, divine et matérielle, qu'elles sont pleines de «souffle» – *spiritus* en latin et probablement πνεῦμα en grec – et qu'elles peuvent accomplir de nombreuses actions, bonnes ou mauvaises. La seule information sur l'acte d'animer viendrait de la mention de la lumière au début du passage : *et non solum inluminatur verum etiam inlumi-nat. nec solum ad deum proficit, verum etiam confirmat*[110] *deos*, «Et, non seulement, il reçoit vraiment la lumière, mais il la dispense aussi. Non seulement il progresse vers Dieu, mais aussi il donne force aux dieux» – la version copte *NH* VI 68.31–34 étant : ⲟⲩ ⲙⲟⲛⲟⲛ ³²ϥⲧⲁϫⲣⲟ ⲁⲗⲗⲁ ⲥⲉⲧⲁϫⲣⲟ ⲙ̄ⲙⲟϥ ³³ⲟⲩ ⲙⲟⲛⲟⲛ ϥ̄ⲣ ⲛⲟⲩⲧⲉ ⲁⲗⲗⲁ ³⁴ϥⲧⲁⲙⲓⲉ ⲛⲟⲩⲧⲉ, «Non seulement il rend fort, mais il est rendu fort ; non seulement il devient (un) dieu, mais il fabrique (des) dieux.» Selon J.-P. Mahé[111], la version copte serait inversée par rapport à la version latine ; *illuminare* serait l'équivalent de ⲣ̄ ⲛⲟⲩⲧⲉ, et la version grecque originale serait ἀποθεοῦσθαι et non φωτίζεσθαι comme le suggérait A.-J. Festugière[112]. J.-P. Mahé propose ainsi la traduction suivante pour le texte latin : «non seulement il entre en gloire, mais il donne la gloire ; non seulement il progresse vers Dieu, mais il donne force aux dieux». Cependant, la proposition d'A.-J. Festugière, qui insiste sur l'illumination mérite que nous y revenions.

La phrase étudiée ici introduit toute la section sur l'homme producteur de statues animées. L'illumination est un thème récurrent de l'enseignement hermétique, en liaison avec l'acquisition de la connaissance et de la vie et avec la mise en contact avec le divin[113]. Elle a également toute une histoire dans les cultes à mystères avec l'époptie[114] et dans la philosophie où la métaphore de l'illumination, avec le terme

---

[110] Contre A.D. Nock (in *NF* II, p. 325) qui adopte la leçon du manuscrit B¹, *confor-mat*, J.-P. Mahé (*op. cit.*, 1982, p. 224), sur la base du texte copte, adopte celle des autres manuscrits, *confirmat*. Il a été suivi par A. Camplani (*Scritti*, *op. cit.*, 2000, p. 192, avec la traduction *ma anche dà forza agli dei*) et par B.P. Copenhaver (*op. cit.*, p. 81, à comparer avec son commentaire p. 237 où il note que le verbe *conformare* apparaît plusieurs fois en relation avec les dieux faits par l'homme). Nous suivons également J.-P. Mahé et A. Camplani : la leçon *confirmat* paraît mieux répondre au premier membre de la comparaison, *nec solum ad deum proficit* où la progression vers Dieu revient, pour l'homme, à affirmer et à consolider la partie divine qui est en lui.

[111] J.-P. Mahé, *op. cit.*, 1982, p. 163 et p. 224–225.

[112] *NF* II, p. 378 n. 193.

[113] *CH* XIII 9 et 21–22 ; *CH* I 4 ; *CH* XIII 21 ; *OgdEnn.*

[114] W. Burkert, *op. cit.*, 2003, p. 49, 87 et 89.

ἔλλαμψις, désigne couramment la contemplation, remontant peut-être
à Aristote[115]. Les néoplatoniciens parlant de théurgie ont abondamment recours à ce vocable[116], ou à des mots apparentés, pour évoquer
l'illumination, par la divinité, de lieux, d'éléments – comme l'eau dans
les pratiques divinatoires[117] –, d'âmes[118] – pour lesquelles l'illumination
a une fonction anagogique[119] – et de statues des dieux. Cette illumination divine vivifie, anime et crée un lien entre celui qui illumine et
ce qui est illuminé[120] et permet au second de participer au premier[121].
Proclus témoigne de cette animation et de cette vivification dans son
Commentaire au Cratyle 178.4–9 :

πᾶν δὲ τὸ ζωογόνον φῶς ἐκπέμπει αὕτη ἡ θεός, φωτίζουσα τάς τε τῶν
θεῶν νοερὰς οὐσίας καὶ τοὺς ψυχικοὺς διακόσμους, καὶ τελευταῖον τὸν
αἰσθητὸν οὐρανὸν πάντα καταλάμπει ἀπογεννήσασα τὸ περικόσμιον
φῶς, [...] πᾶσι τὸ νοερὸν καὶ ζωογόνον φῶς ἐναστράπτουσα·

Et cette déesse (= Léto) répand toute la vie génératrice de vie, illuminant
les essences intelligibles des dieux, les cohortes des animés, et finalement
elle éclaire tout le ciel sensible, engendrant la lumière qui embrasse le
monde, [...] en tous, elle fait briller une lumière intelligible et génératrice de vie.

Dans son *Commentaire sur la République* III 197, Proclus reprend la
même idée, en associant la lumière à la vie et au mouvement. L'idée de
la lumière vivifiante est courante dans le monde antique[122], notamment
en Égypte avec les statues des dieux : dans les temples des époques

---

[115] P. Boyancé, *op. cit.*, 1962, p. 464–465.
[116] C. van Liefferinge, *op. cit.*, 1999, p. 268 ; A.-J. Festugière dans une note à Proclus, *Commentaire sur le Timée* I, p. 188 n. 1 : « αἱ τῶν θεῶν ἐλλάμψεις (I 139.18) est
quasi-terme technique en ces pratiques pour indiquer la venue d'un πνεῦμα qui fait
sentir sa présence ».
[117] Jamblique, *Réponse d'Abamon* III 11 (124–125) : l'eau est divinatrice non au
moyen d'un souffle prophétique – πνεῦμα μαντικόν – mais parce que le divin a illuminé – ἐπιλάμπειν – l'eau. Voir aussi *Réponse d'Abamon* III 14 (134).
[118] Jamblique, *Réponse d'Abamon* II 2 (69) ; Proclus, *Commentaire sur la République*
III 139 et III 258 ; *idem, Commentaire sur le Parménide* 679.24–30 et 949.20–28.
[119] Proclus, *Commentaire sur la République* III 138–139 où les âmes remontent,
participent toujours plus au Soleil et reçoivent des illuminations plus divines, et
accomplissent le reste du chemin très rapidement.
[120] Proclus, *Commentaire sur la République* III 136.
[121] Proclus, *Commentaire sur le Timée* I 188. Jamblique, *Réponse d'Abamon* V 23 (233).
[122] *Hymne orphique* 8.18 ; *PGM* VII 529. A.-J. Festugière, « Hermetica », *HThR*
31.1 (1938), p. 16–18 (repris dans A.-J. Festugière, *Hermétisme et mystique païenne*,
Paris, Aubier-Montaigne, 1967, p. 116–117). Apulée transpose cela à la lune quand,
dans *Métamorphoses* XI 1, Lucius dit « que non seulement les animaux domestiques
et les bêtes sauvages, mais les êtres inanimés sont vivifiés par la divine influence de

hellénistique et gréco-romaine, chaque matin, la divinité est réveillée par des hymnes et par la lumière du soleil levant; les statues sont régulièrement amenées sur les toits des temples où elles sont exposées un moment aux rayons du soleil pour régénérer leur vitalité.

L'opinion de A.-J. Festugière ne contredit donc pas autant celle de J.-P. Mahé, et le traducteur latin a pu traduire par *illuminare* un verbe grec relatif à la lumière, tel φωτίζεσθαι, que l'auteur hermétiste aurait utilisé pour introduire l'animation des statues dès le début de sa section sur ce thème. La proposition «il (= l'homme) la (= la lumière) dispense aussi» indique que l'être humain donne à son tour la vie; c'est ce qu'il fait en produisant des dieux terrestres ou des statues animées, imitant les dieux ousiarques[123] à propos desquels l'auteur d'*Ascl.* 19 dit «chacun d'eux illuminant son œuvre», *uniusquisque opus suum inluminans*, en particulier Jupiter, l'ousiarque du ciel qui dispense la vie à tous les êtres. Une cascade de lumière se met ainsi en place, où chaque producteur illumine sa création.

En *Ascl.* 37, l'auteur ne parle pas de l'illumination mais des âmes d'anges ou de démons qu'il faut attirer dans les images des dieux. C'est la phase d'animation, elle-même subdivisée en deux étapes. La première est exprimée à l'aide du verbe *evocare*. W. Scott[124] pense que l'évocation revient à faire migrer l'âme du monde céleste vers le monde terrestre. En effet, l'emploi d'*evocare* avec le préfixe *e-* montre qu'il ne s'agit pas strictement d'invoquer les esprits ou les âmes célestes[125], mais de leur faire quitter leur lieu d'origine. Cette évocation, bien que cela ne soit pas précisé, peut se faire grâce à des prières, même courtes, appelant les âmes célestes à venir auprès de l'orant.

La seconde étape consiste à introduire au sein de la statue l'âme évoquée: c'est l'animation proprement dite, qui, selon Hermès, est réalisée au moyen de «mystères saints et divins», *sancta divinaque mysteria*. Hermès ne précise pas la teneur de ces mystères, et nous ne pouvons que proposer des hypothèses. Ils pourraient être des prières invoquant les âmes dans les statues[126] au moyen de la parole performative, sans

---

sa lumière (= celle de la lune)», *nec tantum pecuina et ferina, verum inanima etiam divino eius luminis numinisque nutu vegetari* (traduction: P. Vallette).

[123] Sur ces dieux ousiarques: A.-J. Festugière, «Les dieux ousiarques de l'"Asclépius"», *Recherches de science religieuse* 28 (1938), p. 175–192 (repris dans A.-J. Festugière, *op. cit.*, 1967, p. 121–130).

[124] W. Scott, *op. cit.*, vol. 3, p. 222–223.

[125] Comme on peut le voir dans les *PGM*, par exemple *PGM* XIII 278 et 525.

[126] Idée déjà avancée par J.-P. Mahé, *op. cit.*, 1982, p. 100.

les restreindre à cela, puisqu'ils sont distingués de l'évocation des
âmes. On peut regarder du côté de l'Égypte et notamment de l'un des
rituels égyptiens les plus importants, celui de l'ouverture de la bouche. Datant au moins de l'Ancien Empire et pratiqué vraisemblablement jusqu'au début de l'époque romaine[127], il est exécuté sur tout ce
qui pouvait recevoir une parcelle divine : les statues[128], les objets de
culte[129], les défunts[130], les temples[131] et même des reliefs[132]. Les prêtres
effectuent ce rituel dans un atelier sacré du temple, assez grand pour
pouvoir accueillir les objets de toutes tailles à animer[133]. Le nom de cet
atelier, communément translittéré ḥwt-nbw[134] et généralement traduit
par le « Château d'Or » ou la « Demeure de l'Or »[135] (traduction que
nous préférons), témoigne que les activités s'y déroulant sont liées à la
symbolique de l'or[136] : matière considérée comme divine, dont l'éclat
était rapproché de celui du soleil, l'or entre dans la composition des
statues destinées à être animées, afin d'attirer le *ba* divin, émanation

---

[127] A.M. Roth, « Opening of the Mouth », in D.B. Redford (ed.) *The Oxford Encyclopedia of Ancient Egypt* II, Oxford, Oxford University Press, 2001, p. 605 et 608 ;
D. Lorton, *op. cit.*, p. 149. G. Daressy, « Fragments d'un livre de l'ouverture de la
bouche », *ASAE* 22 (1922), p. 193–198 ; E. Schiaparelli, *Il libro dei funerali degli Antichi
egiziani*, vol. I et II, Roma/Torini/Firenze, E. Loescher, 1882–1890 : vol. I, p. 19 et
vol. II, p. 308 n° 35.
[128] Voir N. de Garis Davies, *The Tomb of Rekh-mi-Re at Thebes*, New York, Arno
Press, 1973 (réimpression de l'édition de 1943), planche LX pour la fabrication des
statues du temple et planches XCVI–CVII pour les rites pratiqués sur la statue de
Rekh-mi-Rê. H.W. Fischer-Elfert, *Die Vision von der Statue im Stein. Studien zum
altägyptischen Mundöffnungsritual*, Heidelberg, Winter, 1998, p. 5 et suivantes.
[129] Voir C. Traunecker, *op. cit.*, 1989, p. 102.
[130] E. Otto, *Das ägyptische Mundöffnungsritual*, vol. I, Wiesbaden, O. Harrassowitz,
1960, p. 1. selon lui, le rite aurait une origine funéraire. C. Traunecker, *op. cit.*, 1989,
p. 106, pense autrement. Voir la position de compromis dans D. Lorton, *op. cit.*,
p. 151–152.
[131] A.M. Roth, *op. cit.*, p. 605.
[132] H. Junker, *Die Stundenwachen in den Osirismysterien nach den Inschriften von
Dendera, Edfu und Philae*, Wien, A. Hölder, 1910, p. 6.
[133] Voir C. Traunecker, *op. cit.*, 1989, p. 107 et P. Derchain, *op. cit.*, 1990, p. 224–225.
[134] G. Roquet remet en cause cette translittération car il n'y a pas de preuve de la
présence du *w*. Il se fonde sur le nom d'Hathor pour montrer qu'il faudrait translittérer ḥit et non ḥwt : G. Roquet, « Séminaire à l'École Pratique des Hautes Études.
Section des Sciences historiques et philologiques », Paris, 13 avril 2005. À comparer
avec E. Otto, *op. cit.*, 1960, vol. II, p. 26 : ḥt-nb.
[135] Traduction adoptée par F. Daumas, « Quelques textes de l'atelier des orfèvres
dans le temple de Dendara », in J. Vercoutter (dir.), *Livre du centenaire 1880–1980*, Le
Caire, IFAO, 1980, p. 102. Cependant, E. Schott, « Das Goldhaus in der ägyptischen
Frühzeit », *GM* 2 (1972), p. 37–41, considère qu'il s'agirait du trésor.
[136] F. Daumas, « La valeur de l'or dans la pensée égyptienne », *RHR* 149 (1956),
p. 1–17.

(qui ne correspond pas tout à fait à ce que nous appelons « âme »)
qui permet à la divinité de se manifester en d'autres entités ou objets[137]
et qui assure la continuité par-delà les différentes manifestations[138].
Les ritualistes procèdent au rituel de l'ouverture de la bouche, en suivant les informations données par le ritualiste en chef selon les livres
de Thot[139]. Ils utilisent des instruments précis, tels que l'herminette,
qu'ils appliquent sur les ouvertures du visage pour les ouvrir. L'acte
même d'ouvrir la bouche est accompagné de l'offrande d'une cuisse
et du cœur d'un taureau – communiquant ainsi force et conscience
à la statue[140] –, de libations, de l'application d'onguents et huiles au
pouvoir rajeunissant[141], de fumigation. Par ce rite, la statue inani-
mée devient le support du *ba* d'un dieu ou même d'un être humain
mort et appartient désormais à la sphère divine. Les « mystères saints
et divins » hermétiques pourraient donc faire référence au rituel de
l'ouverture de la bouche, et les ancêtres seraient l'équivalent du prêtre égyptien « initié » *bs*. Certes l'auteur hermétiste parle des âmes et
non du *ba* ; nous aurions alors une attestation de l'identification entre
« âme » et *ba* égyptien antérieure à celle, explicite, que nous trouvons
chez Horapollon[142].

L'âme que, selon Hermès, les ancêtres introduisent dans les statues,
est celle des démons et des anges, êtres divins intermédiaires entre les
dieux et les hommes. Hermès cite ensuite les aïeux d'Asclépios, d'Isis et
le sien. Il les considèrerait donc tous comme des démons. Concernant
Isis, cela est courant à l'époque gréco-romaine, comme en témoigne
Plutarque dans son traité *Isis et Osiris*. En parlant de son propre ancêtre,
Hermès se réfère à Thot en se plaçant du point de vue grec quand il dit
que cet ancêtre « résidant dans sa ville homonyme [...] donne aide et
salut », *in sibi cognomine patria consistens [...] adivvat atque conservat*

[137] L.V. Zabkar, *A Study of the Ba Concept in Ancient Egyptian Texts*, Chicago, The
Oriental Institute of the University of Chicago, 1968, p. 12–14.
[138] P. Derchain, « Anthropologie », *op. cit.*, 1981, p. 48.
[139] P. Derchain, *op. cit.*, 1990, p. 219–242.
[140] D. Lorton, *op. cit.*, p. 165.
[141] S.H. Aufrère, « À propos des résultats obtenus sur les échantillons conservés au
Museum d'Histoire naturelle de Lyon », in S.H. Aufrère, *Encyclopédie religieuse de
l'univers végétal. Croyances phytoreligieuses de l'Égypte ancienne* I, Montpellier, Université Paul Valéry, 1999, p. 533–547. M.A.-H. Shimy, *Parfums et parfumerie dans
l'ancienne Égypte (de l'Ancien Empire à la fin du Nouvel Empire)*, Villeneuve d'Ascq,
Presses Universitaires du Septentrion, Th. Doct.: Égyptologie, Université Lumière
Lyon 2, 1997, p. 93.
[142] L.V. Zabkar, *op. cit.*, 1968, p. 112 ; F. Sbordone, *op. cit.*, p. 15.

en *Ascl.* 37 : il s'agit d'Aschmounein, mentionnée ici d'après le dieu Hermès, Hermopolis. Au sujet de l'ancêtre d'Asclépios, Imhotep, l'auteur hermétiste se fait l'écho de la croyance en sa déification et reprend ses fonctions de guérisseur, en mentionnant son art médical, et peut-être également celles de magicien et de sage[143]. Imhotep fait partie des « saints égyptiens », serviteurs de dieu qui sont considérés comme étant plus proches de la population que les « dieux de l'État » et qui font ainsi l'objet d'une grande vénération populaire[144]. Isis elle-même est devenue populaire, et son culte s'est largement répandu dans le bassin méditerranéen, attirant de plus en plus de fidèles. L'auteur hermétiste rendrait compte de cet engouement pour des morts déifiés et aussi de celui pour les animaux sacrés, tout en mélangeant ce qui est propre aux uns et aux autres[145]. Les statues dont il parle seraient donc moins celles des dieux « étatiques » que celles d'êtres divins ou déifiés, considérés comme étant plus proches de la population.

Toutefois, ces « mystères » sont-ils identiques aux « rites célestes » d'*Ascl.* 38 ?

> Et propter hanc causam sacrificiis frequentibus oblectantur, hymnis et laudibus et dulcissimis sonis in modum caelestis harmoniae concinentibus, ut illud, quod caeleste est, caelestius et frequentatione inlectum in idola possit laetum, humanitatis patiens, longa durare per tempora.

> Pour cette raison, on les charme par de fréquents sacrifices, hymnes, louanges et sons très doux chantés selon l'harmonie céleste, pour que ce qui est céleste, attiré régulièrement dans les idoles par des (rites) célestes, puisse supporter avec joie son long séjour parmi l'humanité.

Le but de ces « rites célestes » régulièrement réitérés est moins d'attirer que de maintenir intact l'élément divin dans les statues. Il faudrait alors comprendre que les rites d'animation sont complétés par d'autres rites pour revigorer l'élément divin.

Malgré l'absence de détails précis, justifiée par le qualificatif *mysteria*, les quelques données sur la fabrication des statues reposent donc sur des traditions grecque et égyptienne, en particulier sur ce qui concerne

---

[143] D. Wildung, *op. cit.*, 1977, p. 76.
[144] J. Quaegebeur, *op. cit.*, 1977, p. 129–143. Voir plus haut, p. 51.
[145] En effet, en *Ascl.* 37, la phrase « et qu'ils adorent dans chaque ville les âmes de ceux qui ont été consacrés vivants » (*colique per singulas civitates eorum animas, quorum sunt consecratae viventes*) s'appliquerait aux morts déifiés, alors que cette phrase est insérée dans un passage sur les animaux sacrés. Ceci a bien été vu par B.P. Copenhaver, *op. cit.*, p. 256.

le rituel égyptien de l'ouverture de la bouche. Dans un certain sens, ce qu'écrit l'hermétiste répond à une volonté de justifier et de sauvegarder des pratiques et de les récupérer. Rien n'indique que les pratiques de fabrication et d'animation des images des dieux sont effectivement réalisées; il s'agit plutôt d'en perpétuer la mémoire et donc de maintenir la potentialité de les réaliser. Pouvons-nous aller plus loin et dire que, le traité latin étant un «entretien divin», les actions de parler correctement de ces rites et de les garder en mémoire permettent de les maintenir «vivants» et efficaces? Ces deux actions seraient alors de véritables exercices spirituels, à l'instar de ceux étudiés dans la première partie, et seraient une contrepartie au récit de l'apocalypse, récit que les deux sections sur les images des dieux encadrent.

2. *Les images des dieux: une voie vers le divin*

L'exercice de la mémoire n'interdit pas que les statues puissent aussi être l'objet de pratiques cultuelles qui établissent une continuité spatiale et ontologique entre les mondes terrestre et suprasensible.

a. *Rendre un culte et contempler le divin*
Tat invite le roi à rendre un culte aux statues, et Hermès mentionne quelques rites que les hommes accomplissent en faveur des statues animées. Le ton est différent, puisque dans le premier cas, il s'agit d'exhorter, tandis que dans le traité latin, le disciple ne paraît pas être impliqué par les rites énumérés par Hermès.

Comme nous l'avons dit ci-dessus, l'homme est un artisan, comme Dieu lui-même; de plus, selon une affirmation fréquente dans la pensée grecque, «l'art est une imitation de la nature», ce qui signifierait que l'art explique la nature – et non l'inverse –, l'analyse d'une œuvre artistique permettant d'éclairer les secrets de la nature[146]. Les œuvres qui imitent par excellence la nature sont les images de dieux car elles mettent en jeu la matière et les lois de la sympathie universelle, unissent les différents règnes de la nature entre eux et le monde terrestre au monde suprasensible. Ces images sont donc un pont avec le monde divin.

---

[146] J. Pépin, *op. cit.*, 1964, p. 35–36. Voir aussi A. Grabar, «Plotin et les origines de l'esthétique médiévale», *Cahiers archéologiques* 1 (1945), p. 15–34 (repris dans A. Grabar, *Les Origines de l'esthétique médiévale*, Paris, Macula, 1992, p. 29–87): il montre les incidences des conceptions plotiniennes sur les œuvres d'art dont la mission est d'imiter la nature.

Établir un tel contact, c'est ce que demanderait Tat au roi anonyme de *CH* XVII. Il emploie προσκυνέω, dont le sens premier est encore controversé chez les linguistes[147]. Littéralement, il signifie « embrasser sur » (κυνέω + πρός) ou bien « baiser avec ferveur », selon l'hypothèse d'A. Delatte[148]. Il exprime un acte d'adoration qui se manifeste aussi bien par un baiser que par un agenouillement[149]. Il désigne plus tard « saluer », « respecter », puis, par extension, toute activité d'adoration. L'attitude physique est toujours à l'arrière-plan de ses emplois. L'auteur de *CH* XVII ne fournit aucune précision sur ce qu'il entend par ce verbe. Celui de l'*Asclépius* mentionne des offrandes, des hymnes et des louanges que les hommes adressent aux statues. Il est possible mais non certain que cela soit aussi le cas dans *CH* XVII, car la gestuelle n'est vraisemblablement pas primordiale : s'adressant aux formes intelligibles présentes dans les statues, l'attitude du roi doit avant tout être intérieure, peut-être un sentiment de respect qui pourrait éventuellement se matérialiser par des gestes.

Nous pouvons aller plus loin : les images rendant visible le divin, l'acte d'adoration a également une dimension visuelle et poursuit le thème du miroir et du reflet exploité dans le traité grec. Dans les cultes à mystères, les mystes contemplent des images divines pour contempler la divinité, ce qui produit un état d'exaltation chez le contemplateur[150]. Certains philosophes relient l'époptie des cultes à mystères

---

[147] M.I. Gruber, *Aspects of non-verbal Commmunication in the Ancient Near-East*, Roma, Biblical Institute Press, 1980, p. 243.

[148] A. Delatte, « Le baiser, l'agenouillement et le prosternement de l'adoration (προσκύνησις) chez les Grecs », *Bulletin de la Classe des Lettres et des Sciences morales et politiques* 5ᵉ série 37 (1951), p. 426 considère que « le préverbe ajoute une nuance de répétition ou d'intensité ».

[149] A. Delatte, *op. cit.*, p. 426–436. Pour la *proskunésis* perçue comme une coutume orientale, voir Hérodote, *Enquêtes*, I 119 et VIII 118. Pour autant, l'acte d'adoration avec agenouillement n'est pas absent des cultes grecs (A. Delatte, *op. cit.*, p. 438 ; D. Aubriot-Sévin, *op. cit.*, 1992, p. 134. Voir les occurrences chez Jamblique, *Vie de Pythagore* [22] 105, [24] 108, [30] 185 ; Porphyre, *Vie de Pythagore* 14), sans être courant (quelques exemples du IVᵉ s. av. J.-C. réunis par O. Walter, « Kniende Adoranten auf attischen Reliefs », *Jahreshefte Österreicher Archäologischer Institutes* 13 [1910], col. 228–244, fig. 141–150) ; il en va de même dans le monde latin et chez les chrétiens (F. de Ruyt, « L'agenouillement dans l'iconographie antique de la prière, à propos d'un ex-voto romain, découvert à Alba Fucens en 1970 », *Bulletin de la Classe des Lettres et des Sciences morales et politiques* 5ᵉ série, 57 [1971], p. 207–211 et p. 214–215).

[150] Apulée, *Métamorphoses* XI 24 : Lucius contemple la statue avec « un plaisir ineffable », *inexplicabili voluptate*. Voir plus généralement, W. Burkert, *op. cit.*, 2003, p. 110–113.

au dévoilement des statues[151], et, chez Plotin, la contemplation d'une image est le point de départ d'une expérience métaphysique, où le spectateur est absorbé par sa vision. Grâce à celle-ci, le spectateur s'unit non à la statue, mais au dieu lui-même et il devient semblable à l'objet vu[152]. Dans *CH* XVII, le roi, en contemplant avec ses yeux corporels l'image du dieu, pourrait être amené à contempler avec les yeux de l'intellect les formes intelligibles contenues dans l'image et donc le divin lui-même. Dire qu'il entrerait en extase ou vivrait une expérience métaphysique serait prématuré. Il n'en reste pas moins que l'image du dieu, au même titre que le monde dans *CH* V, serait un moyen d'atteindre le divin et un prélude à des visions du divin sans intermédiaire, que nous étudierons dans la troisième partie. Les images instaurent ainsi un mouvement cyclique avec l'idée d'un retour au point de départ : le divin, forme intelligible ou âmes divines, se reflète ou descend dans les statues ; ces reflets ou ces âmes amènent l'adorateur et le contemplateur à faire le chemin inverse.

b. *Maintenir le divin au sein de l'humanité*
Tout ce qui a été dit dans la section précédente est valable pour les statues animées, d'autant plus qu'elles contiennent en elles une émanation du divin. Cependant, dans leur cas, au mouvement ascendant de l'adorateur vers le divin, s'ajoute la venue du divin vers l'homme. Celle-ci est accomplie par les rites d'animation, par les « rites célestes » qui revigorent l'élément divin et par le culte adressé aux statues animées.

En *Ascl.* 38, Hermès précise en quoi consiste ce culte : d'une part des sacrifices (*sacrificia*), d'autre part des hymnes (*hymni*), des louanges (*laudes*) et des sons doux (*soni dulcissimi*). Ce passage est à lire en ayant à l'esprit l'épisode apocalyptique qui précède, où les dieux ont quitté la terre. Avec les statues animées et le culte, il s'agit de contrecarrer cet événement en faisant venir et en maintenant sur terre le divin, c'est-à-dire de perpétuer l'ordre où l'humain peut, dans une certaine mesure, côtoyer le divin.

Cet objectif suppose une conception spécifique de l'élément divin présent dans les statues. Trois idées s'entremêlent : le manque, le

---

[151] Cette comparaison conduit les philosophes à conclure que la philosophie est meilleure car elle permet la contemplation des vraies statues, c'est-à-dire les astres : P. Boyancé, *op. cit.*, 1962, p. 469–471.

[152] Plotin, traité 1 (*Enn.* I 6), 9 et traité 9 (*Enn.* VI 9), 11.

souvenir et la prise de conscience. Nous ne ferons qu'une ébauche de l'étude du thème de la mémoire et du souvenir chez les âmes célestes et les êtres divins[153], pour ne pas dépasser le cadre étudié. Estimer que l'élément divin ne puisse pas supporter son séjour sur terre suppose qu'il se souvient de sa situation antérieure, dans le sens non pas où il pourrait l'oublier mais où, prenant conscience d'une différence entre elle et sa situation présente, il en éprouve un manque. Il n'est pas sûr que la mémoire soit déjà présente dans le monde divin ; elle résulterait plutôt, au moins en *Ascl.* 38, du transfert de l'élément divin vers le monde terrestre. Deux moyens peuvent combler le manque éprouvé : son remplacement ou le retour vers le lieu d'origine[154]. Dans le cas des statues animées, les hommes comblent le manque par des chants et des hymnes, qui sont chantés sur le mode de l'harmonie céleste ; il s'agit d'une référence à la musique des sphères et à l'imitation qu'en fait la musique humaine, ce qui explique l'objectif de ces chants : permettre à l'élément divin de supporter son séjour sur terre, en imitant du mieux possible la musique céleste et d'être proche de son état originel tout en demeurant dans son réceptacle matériel. Ainsi retrouvons-nous l'idée, déjà abordée dans la première partie, de la parole (ici chantée) qui remplace. Ce rapport entre mémoire et parole est donc différent de celui qui est présent dans les textes gnostiques, où la parole suscite le souvenir[155]. Cependant, dans les deux cas, la parole exerce une action non contraignante sur l'élément divin. Dans le passage hermétique, elle agit sur l'alternative partir ou rester, influant en faveur de la seconde solution. Les contraintes qui existent concernent l'homme : un échec, une erreur, et il risque, d'une part, que la statue devienne une coquille vide, une matière sans vie et, d'autre part, une rupture entre le monde divin et le sien. Les hymnes et les chants complètent donc les rites d'animation et de revitalisation. Ils sont certainement très fréquents, tandis que les rites d'animation sont

---

[153] Pour aller plus loin, voir Plotin, traité 28 (*Enn.* IV 4), 31, 32 et 37 et le dossier de textes plotiniens et gnostiques déjà réuni par M. Zago dans sa communication «Incantations magiques et thérapeutiques» lors du séminaire-colloque «Thèmes et problèmes du traité 33 de Plotin contre les gnostiques», organisé par M. Tardieu avec la collaboration de P. Hadot, au Collège de France, les 7 et 8 juin 2005 : à paraître.

[154] Comme cela est le cas chez les gnostiques valentiniens, chez qui la mémoire recèle les éléments du salut, avec l'éon Sophia. Cf. Clément d'Alexandrie, *Pédagogue* I 6, 32.1 quand il se réfère aux Valentiniens ; Irénée de Lyon, *Adversus Haereses* I 11.1. Voir aussi M. Zago, *op. cit.*, 2005.

[155] En particulier *Le Traité Tripartite, NH* I 82.1–9.

effectués une fois et les «rites célestes» probablement renouvelés à intervalles de temps plus longs.

Le culte rendu aux statues est donc bi fonctionnel : aider l'homme à s'élever vers le divin et maintenir la présence du divin parmi les hommes. Dans les deux cas, les statues sont l'objet d'une action humaine. Toutefois, elles peuvent aussi être les acteurs d'une mise en relation de l'homme avec le divin.

c. *Les statues, de véritables acteurs divins auprès des hommes*

Seul l'auteur du traité latin envisage l'idée de statues acteurs; il y revient deux fois, à la fin de chacune des deux sections sur les statues et, contrairement à ce que nous avons précédemment observé pour ce traité, il se répète un peu. L'activité est en effet l'argument final qui prouve que, à la différence des autres statues, celles qui sont animées ne sont pas de la matière morte. C'est notamment le cas des statues des hommes divinisés dont elles prolongent l'activité qu'ils exerçaient de leur vivant. Hermès cite ainsi l'exemple d'Imhotep, l'ancêtre d'Asclépios, en *Ascl.* 37 : une fois mort, il continue à guérir. Concernant son propre ancêtre, Hermès ne donne aucune indication. Isis, quant à elle, répand bienfaits et maux. L'action des statues apparaît en effet ambivalente, comme le précise l'auteur en *Ascl.* 24 où les statues procurent douleur et joie, maladies et guérisons. Cette ambivalence dépend de l'humeur des «dieux terrestres» que sont les statues, ce qui implique que l'homme agisse comme les divinités le souhaitent pour bénéficier de leur action positive. Celle-ci s'exerce dans trois domaines : la divination (*Ascl.* 24 et 38), la thaumaturgie (*Ascl.* 24 et 37) et un troisième domaine regroupant les autres actions énumérées (bienfaits, assistance, joie, etc. en *Ascl.* 24, 37 et 38).

Il se peut que l'auteur parle explicitement de pratiques divinatoires et de thaumaturgie, alors qu'il est imprécis pour le reste, du fait de la connexion qui est souvent établie dans l'Antiquité entre ces deux activités, notamment dans le cadre du rite de l'incubation[156]. La mention

---

[156] Sur cette connexion : G. Sfameni Gasparro, « Ispirazione delle Scritture e Divinazione Pagana Aspetti della Polemica fra Origene e Celso », in G Dorival et A. Le Boulluec, *Origeniana Sexta. Origène et la Bible / Origen and the Bible. Actes du Colloquium Origenianum Sextum. Chantilly 1993*, Leuven, University Press, 1995, p. 297. A. Bouché-Leclercq, *Histoire de la divination dans l'Antiquité. Divination hellénique et divination italique*, Paris, Jérôme Millon, 2003 (reprend le texte de l'édition de 1879–1882, avec une préface de S. Georgoudi), p. 735 pour Asclépios, p. 782, 797–798 et 804 pour Sérapis. Voir aussi F. Graf, « Inkubation », in H. Cancik und H. Schneider (hrsg.), *Der*

du rôle thaumaturgique d'Imhotep, dont Asclépios est l'*interpretatio graeca*, devrait être reliée à l'importance accordée à Asclépios, en particulier au IIe siècle après J.-C.[157]. En attribuant l'activité thaumaturgique aux statues animées, Hermès se réfère à plusieurs pratiques courantes dans les temples grecs, dont ceux d'Asclépios, et égyptiens, dont plusieurs ont un sanatorium, comme celui de Dendara[158]. Les statues d'*Ascl.* 24 qui apportent maladies et guérison sont certainement des références aux statues « guérisseuses » égyptiennes, dont l'utilisation aurait perduré jusqu'à l'époque romaine et qui sont probablement animées au moyen du rituel de l'ouverture de la bouche[159].

À côté de la thaumaturgie, Hermès mentionne l'activité divinatoire, « la chose du monde la mieux partagée »[160]. L'auteur hermétiste prend position en faveur de cette pratique, une prise de position importante au regard de la situation aux premiers siècles après J.-C. En effet, la divination est l'objet de nombreuses critiques[161]. Le pouvoir impérial romain interdit la divination privée, sans témoin, qui risquerait de porter atteinte à l'autorité impériale, et, au IVe siècle, les empereurs chrétiens poursuivent cette politique répressive pour les mêmes raisons[162]. Les critiques viennent aussi des philosophes, comme Cicéron[163] ou Porphyre[164]. Face à elles, la défense s'organise,

---

Neue Pauly. Enzyklopädie der Antike, Band 5, Stuttgart/Weimar, J.B. Metzler, 1998, col. 1006–1007.

[157] Voir les discours sacrés d'Aelius Aristide ; Origène, *Contre Celse* III 3 et 24 ; Porphyre, *Contre les chrétiens* 80 = Eusèbe, *Préparation évangélique* V 1, 10. G. Sfameni Gasparro, *op. cit.*, 1995, p. 292. L. Couloubaritsis, *op. cit.*, 1995, p. 104–106, à propos de Julien dans son *Contre les Galiléens* 191 D, 200 A–B et 205 E.

[158] F. Daumas, *op. cit.*, 1956, p. 35–57.

[159] H. Satzinger, *op. cit.*, p. 189–204 ; L. Kákosy, *op. cit.*, 1999, surtout p. 30–31, où l'auteur rapproche les *cippi* d'*Ascl.* 24.

[160] J.-P. Vernant, « Parole de signes muets », in J.-P. Vernant, L. Vandermeersch, J. Gernet et *alii, Divination et rationalité*, Paris, Seuil, 1974, p. 9.

[161] A. Bouché-Leclercq, *op. cit.*, p. 45–85 pour les philosophes et la divination et p. 85–92.

[162] D. Grodzynski, « Par la bouche de l'empereur. Rome IVe siècle », in J.-P. Vernant, L. Vandermeersch, J. Gernet et *alii, op. cit.*, p. 267–294. Sur le lien entre la divination et l'État : Cicéron, *De la divination* I, II 4.

[163] Cicéron, *De la divination* ; F. Guillaumont, *Le "De divinatione" de Cicéron et les théories antiques de la divination*, Lille, Atelier national de reproduction des thèses, Th. Doct., Études latines, Paris IV, 2000. J. Kany-Turpin, « Introduction », in Cicéron, *De la divination*, Paris, Flammarion, 2004, p. 70.

[164] Si dans son traité *La Philosophie tirée des oracles*, il parle avec respect des pratiques traditionnelles et des oracles, cela n'est plus le cas dans la *Lettre à Anébon*. Voir J. Carlier, « Science divine et raison humaine », in J.-P. Vernant, L. Vandermeersch, J. Gernet et *alii, op. cit.*, p. 252–256.

notamment avec Jamblique et sa *Réponse d'Abamon à la lettre de Porphyre à Anébon*[165] et l'auteur hermétiste. En *Ascl.* 38, ce dernier semble distinguer la divination des sorts : *quaedam sortibus et divinatione praedicentes*, « certaines (statues) faisant des prédictions avec des sorts et la divination ». En *Ascl.* 24, il dresse une liste des différentes pratiques divinatoires sous le même label, la divination : *statuas futurorum praescias eaque sorte, vate, somniis multisque aliis rebus praedicentes*, « des statues qui prévoient le futur et qui font des prédictions par les sorts, par les prophètes, les songes et les nombreux autres moyens ». Cette liste rappelle celle de Joseph de Tibériade dans son *Hypomnesticon*, chapitre 143[166] – liste dont la grande majorité serait tirée de la *Lettre à Anébon* de Porphyre – mais elle est loin d'être aussi complète.

Malgré la brièveté de la liste hermétique, on y retrouve la division antique entre divination « technique » ou « artificielle » et divination « inspirée » ou « naturelle » selon l'appellation cicéronienne[167]. Cette division a été maintenue et précisée par A. Bouché-Leclercq qui parle respectivement de « divination inductive » et de « divination intuitive »[168], expressions qui sont devenues depuis des lieux communs. Dans le texte hermétique, la divination « technique » se réduit aux sorts, la cléromancie[169]. La divination « inspirée » comprend les songes, c'est-à-dire l'oniromancie[170], et l'inspiration prophétique (avec la mention des prophètes)[171]. L'auteur hermétiste fait de ces deux types deux

---

[165] Cette réponse de Jamblique occupe une grande partie de son ouvrage : III 1–31 (99–180). Voir H.D. Saffrey, « Analyse de la *Réponse* de Jamblique *à Porphyre* connue sous le titre : *De Mysteriis* », in *idem, op. cit.*, 2000, p. 86–92.

[166] Ce texte attribué à Joseph de Tibériade, qui aurait vécu au IVe siècle, est conservé dans un seul manuscrit, daté du Xe siècle, le Cod. Cambridge, *University Library*, 1157 : H.D. Saffrey, « Porphyre dans la *Patrologie* de Migne. Sur la divination », in *idem, op. cit.*, 2000, p. 27–36.

[167] Cette bipartition est ancienne, mais les Stoïciens seraient les premiers à l'avoir systématisée. Sur cette distinction et la position particulière de Cicéron : J. Kany-Turpin, *op. cit.*, p. 11–25 ; A. Bouché-Leclercq, *op. cit.*, p. 95–96.

[168] A. Bouché-Leclercq, *op. cit.*, p. 96 ; p. 97–203 : « divination inductive » ; p. 205–278 : « divination intuitive ».

[169] Il s'agit du numéro 7 de la liste de Joseph de Tibériade, selon la numérotation donnée par H.D. Saffrey. Cf. A. Bouché-Leclercq, *op. cit.*, p. 151–156.

[170] Il s'agit du numéro 3 de la liste de Joseph de Tibériade. Cf. A. Bouché-Leclercq, *op. cit.*, p. 213–246.

[171] Ce sont les numéros 47 à 57 de la liste de Joseph de Tibériade. Cf. A. Bouché-Leclercq, *op. cit.*, p. 257–276.

sous-catégories de la divination par les statues[172], alors que dans la liste transmise par Joseph de Tibériade cette dernière est une catégorie parmi d'autres : « (27) celle (= divination) par les statues portées par un attelage », ἡ διὰ τῶν ζυγοφορουμένων ἀγαλμάτων. En attribuant toutes les pratiques divinatoires aux statues, « dieux terrestres », l'auteur hermétiste semble répondre à certaines critiques. Pensons à Porphyre qui attribue la divination aux démons dans son traité *De l'abstinence*[173] et même aux mauvais démons dans sa *Lettre à Anébon*[174], car il estime qu'elle est indigne de Dieu[175]. La réponse hermétique serait un moyen de préserver Dieu de toute implication directe dans la vie humaine et de conserver intacte sa dignité, tout en mettant en avant, comme Jamblique[176], l'origine divine de ces pratiques divinatoires. Il partagerait le même but que le philosophe de Chalcis, préserver une pratique traditionnelle.

III. Conclusion

Peut-on donc conclure que l'hermétiste recourt aux pratiques divinatoires ? L'auteur du traité latin n'a pas exactement le même objectif que celui de *CH* XVII. Dans les deux cas, l'argumentation vise à persuader le destinataire antique de la légitimité des images de dieux pour mettre en relation avec le divin ; il s'agit d'un « faire-croire »[177] ; le tout dans une entreprise de sauvegarde des images de dieux et des pratiques afférentes – animation, culte et divination. Mais cela n'implique pas forcément leur mise en œuvre. Si celle-ci est nécessaire pour le commun des mortels et pour le roi anonyme de *CH* XVII, dont le devoir est

---

[172] Cette pratique divinatoire serait d'origine égyptienne. H.D. Saffrey, *op. cit.*, 2000, p. 36 ; A. Bouché-Leclercq, *op. cit.*, p. 148–149. Voir aussi J. Černy, « Egyptian Oracles », in R.A. Parker, *A Saite Oracle Papyrus from Thebes in the Brooklyn Museum (Papyrus Brooklyn 47.218.3)*, Providence, Brown University Press, 1962, p. 35–48 ; M.-A. Bonhême, « Pouvoir, prédestination et divination dans l'Égypte pharaonique », in E. Geny et E. Smadja (éds.), *Pouvoir, divination, prédestination dans le monde antique. Actes des tables rondes internationales de Besançon. Février 1997 / mai 1998*, Besançon, Presses universitaires franc-comtoises, 1999, p. 157.

[173] Porphyre, *De l'abstinence* II 38.4 et 41.3–5.

[174] Jamblique, *Réponse d'Abamon* III 31 (175–176).

[175] J. Carlier, *op. cit.*, p. 254.

[176] Jamblique, *Réponse d'Abamon* III 7 (114.8–9) : οὔτε δαιμόνων, θεῶν δὲ γίγνεται ἐπίπνοια, « L'inspiration ne vient pas des démons, mais des dieux. » Voir J. Carlier, *op. cit.*, p. 257 et suivantes.

[177] Pour reprendre une expression de C. Calame, *op. cit.*, p. 130.

de préserver la tradition, elle l'est moins pour les hermétistes; elle est alors remplacée par l'exercice spirituel de la mémoire de ces pratiques et peut-être aussi par d'autres modes de communication plus directs avec le divin. L'étude des sacrifices va nous permettre d'approfondir cette idée de sauvegarde associée à une transformation des pratiques traditionnelles.

CHAPITRE CINQ

L'HERMÉTISTE, LES SACRIFICES ET LES PRIÈRES

L'auteur de l'*Asclépius* n'incite pas son lecteur à rendre un culte aux images des dieux ni à leur faire des offrandes et des sacrifices. Cela pose la question plus générale de la place que les hermétistes accordent aux sacrifices dans la « voie d'Hermès »[1]. Une recherche lexicale réserve quelques surprises ; dans l'ensemble de la littérature hermétique étudiée, seuls dix passages mentionnent les sacrifices. Cinq concernent les offrandes et sacrifices traditionnels et sont des récits au passé : *SH* 23.56 et 65, *CH* XVIII 15 et *Ascl.* 38 et 41 ; les cinq autres concernent des prières, appelées λογικὴ θυσία, « sacrifice de la parole raisonnable »[2] et prononcées par les protagonistes : *CH* I 31, XIII 18, 19 et 21 et *NH* VI 74.18–19. La différence entre les deux groupes laisse envisager que les sacrifices traditionnels ne sont pas mis en œuvre par les hermétiques, ce que d'autres éléments semblent conforter.

En effet, à première vue, la théologie hermétique avec une divinité ineffable, située au-delà de tout, sans nom connu des hommes, s'oppose à l'exécution des sacrifices et même de toute offrande. C'est ainsi d'ailleurs qu'*Ascl.* 41 a été interprété par A.-J. Festugière quand il refuse l'idée d'une confrérie ou de confréries hermétiques. Il avance plusieurs arguments, dont l'un est l'absence de « cérémonies particulières » : « Bien mieux, nous avons la preuve, par un traité hermétique (*Ascl.* 41) que l'hermétisme répugne explicitement aux actes matériels du culte. »[3] Cependant, le contexte permet de donner une autre interprétation qui relativise la condamnation du sacrifice végétal en la

---

[1] Nous avons déjà écrit à ce sujet deux articles : A. Van den Kerchove, « La voie d'Hermès, la question des sacrifices et les "cultes orientaux" », in C. Bonnet, S. Ribichini, D. Steuernhagel (eds.), *Religioni in contatto nel Mediterraneo antico. Modalità di diffusione e processi di interferenza. Atti del 3° incontro su « Le religioni orientali nel mondo greco e romano » (Loveno di Menaggio, Como, 26–28 maggio 2006)*, Roma, Istituti Editoriali e Poligrafici Internazionali, 2007, p. 191–204 et « Les hermétistes », *op. cit.*, 2011, p. 61–80. Nous ajoutons des compléments par rapport à ces deux articles, en particulier pour *SH* 23.56 et 23.65.

[2] Sur cette expression, voir A. Van den Kerchove, « Les hermétistes », *op. cit.*, 2011, p. 70 et p. 74–77.

[3] A.-J. Festugière, *op. cit.*, 1989, p. 83.

restreignant aux sacrifices destinés au Dieu très haut[4]. De plus, l'auteur évoque, à côté du Dieu que l'on ne peut nommer, les dieux célestes avec une hiérarchie au sein d'eux. On retrouve une idée équivalente dans d'autres traités. Ayant conservé les dieux traditionnels et ayant entrepris de sauvegarder les images de dieux, les hermétistes, ou du moins certains d'entre eux, n'auraient-ils pas fait de même pour les sacrifices à une époque où cette pratique joue un rôle capital tout en étant la cible de critiques parfois violentes[5]?

I. LES SACRIFICES DANS LA *KORÉ KOSMOU*

Peu d'auteurs exposent leur position sur les sacrifices traditionnels. Seul celui de *SH* 23, un récit mythologique voire même un mythe de fondation, donne des explications sur les sacrifices dans deux extraits situés au début et à la fin de la section sur le passage de la vie sauvage à la vie civilisée (*SH* 23.53–69). La présentation mythologique a l'avantage, déjà rencontré à propos des images des dieux, d'accorder un caractère vénérable à ce qui est affirmé.

Le premier extrait, *SH* 23.56, intervient quand Isis explique que l'Ignorance règne sur le monde. Cet état ne convient à aucun des Éléments[6] (*SH* 23.55–61). Le Feu est le premier à exposer ses doléances[7] auprès du Dieu Monarque, doléances qui concernent notamment les hommes:

---

[4] A. Van den Kerchove, *op. cit.*, 2007, p. 195–196 et *idem*, «Les hermétistes», *op. cit.*, 2011, p. 71.

[5] Sur la critique des sacrifices et sur leur «spiritualisation», voir V. Nikiprowetzky, «La spiritualisation des sacrifices et le culte sacrificiel au temple de Jérusalem chez Philon d'Alexandrie», *Études philoniennes*, Paris, Cerf, 1996, p. 79–96; G.G. Stroumsa, *op. cit.*, 2005, p. 115–119. Malgré la polémique chrétienne et les condamnations, les sacrifices auraient résisté un certain temps: C. Grottanelli, «Appunti sulla fine dei sacrifici», *Egitto e Vicino Oriente* 12 (1989), p. 175–192; K.W. Harl, «Sacrifice and Pagan Belief in Fifth- and Sixth-Century Byzantium», *Past and Present* 128 (1990), p. 7–27; G.G. Stroumsa, *op. cit.*, 2005, p. 105–144.

[6] Comme A.-J. Festugière, nous mettons une majuscule aux Éléments et à l'Ignorance. En effet, le passage présente les premiers comme des êtres doués de parole et, dans une certaine mesure, divins puisqu'ils ont la possibilité (et l'audace) de s'adresser au Dieu suprême. Quant à l'Ignorance, elle est presque l'égale d'une entité (mais ne peut être divine).

[7] Sur le style du discours du Feu et des autres Éléments: A.-J. Festugière, «Le style de la Koré Kosmou», *Vivre et Penser. Recherches d'exégèse et d'histoire* 2 (1942), p. 32–45. Sur les prières des Éléments: H.D. Betz, *op. cit.*, 1966, p. 180–182.

μαθέτωσαν εὐεργετηθέντες εὐχαριστῆσαι, ἵνα χαῖρον παρὰ λοιβαῖς παρὰ θυσίαις ὑπηρετήσω τὸ πῦρ, ἵν᾽ εὐώθεις ἀτμοὺς ἀπ᾽ ἐσχάρας προπέμψω σοι. μιαίνομαι γάρ, ὦ δέσποτα, μέχρι νῦν καὶ ὑπὸ τῆς τῶν γενομένων ἀνθρώπων ἀθέου τόλμης σάρκας ἀναγκάζομαι τήκειν, οὐκ ἐῶσί τε μένειν εἰς ὃ πέφυκα, παραχαράσσοντες οὐ καθηκόντως τὸ ἄφθαρτον.

Qu'ils (= les hommes) apprennent, alors qu'ils ont reçu des bienfaits, à remercier, afin que, moi le Feu, j'assiste réjoui aux libations, aux sacrifices[8], pour que, depuis les autels, je t'envoie des fumées odoriférantes. En effet, Maître, jusqu'à aujourd'hui, je suis souillé et je suis contraint par l'audace athée des hommes engendrés de consumer des chairs; ils ne m'autorisent pas à demeurer tel que je suis né, falsifiant de manière inconvenante l'incorruptible.

Le second extrait, *SH* 23.65, intervient quand Isis refusa de révéler à son fils l'origine de sa naissance. Elle lui décrit comment, envoyés par le Dieu Monarque, les dieux Osiris et Isis ont apporté au monde ce qui lui manquait. Elle parle à la troisième personne, même d'elle-même, ce qui instaure une distance entre le temps mythique, objet de son récit, et le temps de son enseignement à Horus:

οὗτοι βίου τὸν βίον ἐπλήρωσαν. οὗτοι τὸ τῆς ἀλληλοφονίας ἔπαυσαν ἄγριον. τεμένη προγόνοις θεοῖς οὗτοι καὶ θυσίας καθιέρωσαν. νόμους οὗτοι καὶ τροφὰς θνητοῖς καὶ σκέπην ἐχαρίσαντο.

Ce sont eux qui ont accompli la vie[9] par la Vie; ce sont eux qui ont mis un terme à la sauvagerie des meurtres réciproques; ce sont eux qui, pour les dieux ancêtres, ont dédié des espaces sacrés[10] et des sacrifices; ce sont eux qui ont donné des lois, de la nourriture et un abri aux mortels.

---

[8] A.D. Nock estime que l'expression παρὰ θυσίαις est douteuse (*NF* IV, p. 19, apparat critique), et A.-J. Festugière ne l'a pas traduit. Il y a effectivement une rupture de construction; cependant, l'association du feu et des bonnes odeurs implique bien que quelque chose est brûlé, c'est-à-dire un sacrifice, à côté des libations.

[9] Il s'agirait de la vie humaine: A. Camplani, «Il sacrificio come problema in alcune correnti filosofiche di età imperiale. III», *ASE* 19/1. *I Cristiani e il sacrificio pagano e biblico* (2002), p. 83. Voir également ci-dessous p. 226 n. 14.

[10] Traduire τεμένη par «temples» comme le fait A.-J. Festugière, ne rend pas totalement compte du sens du texte. Le temple est le bâtiment qui abrite l'image de la divinité, c'est-à-dire une construction architecturale plus ou moins élaborée. τέμενος, qui viendrait du verbe τέμνω «couper, trancher, fendre» (P. Chantraine, *Dictionnaire étymologique de la langue grecque*, Paris, Klincksieck, 1968, p. 1103–1104), est l'espace découpé, séparé du reste et le plus souvent consacré à une divinité: il est délimité soit par de simples bornes, soit par une clôture légère ou encore par un mur d'enceinte; il peut être seulement boisé ou avoir une construction culturelle. C'est un sanctuaire, selon le sens de ce dernier terme en architecture religieuse. Mais, étant donné que «sanctuaire» est généralement employé dans un sens plus vague, aussi bien pour un autel que pour un temple ou pour tout autre lieu sacré, nous adoptons la traduction «espace sacré», afin de ne laisser place à aucune ambiguïté. Pour l'architecture

Les deux extraits expliquent respectivement pourquoi, selon le Feu, les sacrifices doivent être fondés (ont été fondés du point de vue du destinataire) et qui les a fondés. Le second extrait est ainsi la réponse à la demande exprimée par le Feu. L'auteur exprime deux idées majeures : le caractère vénérable et l'action civilisatrice des sacrifices.

1. *Les sacrifices : une action civilisatrice*

L'action civilisatrice des sacrifices est affirmée en intégrant leur instauration au sein d'une liste de bienfaits qui visent à transformer en trois étapes le monde des hommes[11]. Les sacrifices relèvent de la deuxième étape, qui consiste à « consacrer » (καθιεροῦν), à rendre sacré, ἱερός, des espaces, des gestes et des objets afin qu'ils passent dans le domaine divin, qu'ils acquièrent une puissance extra humaine et, au moins pour les espaces, qu'ils soient sous la dépendance et la protection divine[12]. Cette étape définit donc les nouvelles modalités des relations entre les dieux et les hommes 1° au sein de lieux strictement délimités, permettant au divin d'être durablement établi dans le monde terrestre (c'était la demande principale des Éléments[13]), et 2° grâce à des honneurs, réduits ici aux seuls sacrifices. Elle acquiert toute sa signification avec l'accomplissement de la troisième étape. Désormais, le monde est ordonné et est un véritable *kosmos*. Le mode de vie antérieur est remplacé par un autre, où le divin a une place bien définie[14]. La loi du plus

---

religieuse : R. Ginouvès et *alii*, *Dictionnaire méthodique de l'architecture grecque et romaine. Tome III : espaces architecturaux, bâtiments et ensembles*, École française d'Athènes / de Rome, 1998, p. 34 et 185 et aussi J.M. Pérouse de Montclos, *Architecture. Vocabulaire*, Paris, Imprimerie nationale, 1993, p. 402. Pour une discussion sur l'idée de sanctuaire : M. Morani, « Sull'espressione linguistica dell'idea di 'santuario' nelle civiltà classiche », in M. Sordi, *Santuari e politica nel mondo antico*, Milano, Vita e pensiero, 1983, p. 3–32, surtout p. 14–17 ; B. Bergquist, *The Archaic Greek Temenos. A Study of Structure and Function*, Lund, C.W.K. Gleerup, 1967, p. 1–6.

[11] Cf. A. Van den Kerchove, *op. cit.*, 2007, p. 197.

[12] Sur la consécration : J. Rudhardt, *Notions fondamentales de la pensée religieuse et actes constitutifs du culte dans la Grèce classique*, Paris, Picard, 1992², p. 223–231.

[13] *SH* 23.55 : l'Élément Feu parle ainsi : μέχρι πότε, ὦ δαῖμον, ἄθεον καταλεῖψαι τὸν θνητῶν βίον προαίρεσιν ἔχεις ; « Jusqu'à quel moment, divin, as-tu l'intention de laisser sans dieu la vie des mortels ? » Plus loin, en *SH* 23.61, l'Élément Terre termine la série des plaintes par cette demande : χάρισαι τῇ γῇ, κἂν οὐ σεαυτόν, οὐ γὰρ σὲ χωρεῖν ὑπομένω, σαυτοῦ τινα ἱερὰν ἀπόρροιαν, « Accorde à la terre, sinon toi-même – en effet, je n'ose pas te contenir –, (du moins) une émanation sacrée (issue) de toi. »

[14] La proposition en *SH* 23.65 οὗτοι βίου τὸν βίον ἐπλήρωσαν pourrait avoir deux significations, selon le sens donné à βίος. En effet, βίος désigne parfois la nourriture : Hésiode, *Les Travaux et les Jours* 42–47 et J.-P. Vernant, « Mythes sacrificiels », in J.-P. Vernant et P. Vidal-Naquet, *La Grèce ancienne. 1– Du mythe à la raison*, Paris, Seuil,

fort (*SH* 23.53) a cédé la place à la loi d'inspiration divine fondée sur la justice[15], et l'Ignorance, qui «au début était en toute chose» (*SH* 23.53: ἦν κατ᾽ ἀρχὰς παντάπασι), à une ignorance individuelle. Celle-ci est désormais uniquement l'apanage de ceux qui choisissent d'ignorer les règles établies et le divin. Le monde et les hommes ne sont plus athées au sens étymologique du terme, mais ils sont soit pieux, soit impies, selon la vie choisie et la connaissance acquise. Ainsi, pour être pieux, tout homme (et tout hermétiste) doit sacrifier régulièrement, affirmant par cette pratique son choix et sa connaissance (plus ou moins affinée) de Dieu et des dieux.

2. *Les sacrifices: une institution vénérable*

Le caractère vénérable de ces rites est affirmé à travers 1° la prétention d'une fondation voulue par le Dieu Très Haut – appelé ici Dieu Monarque – qui mandate Isis et Osiris pour répondre positivement aux doléances des Éléments[16] et 2° le recours à des dieux égyptiens, reprenant une idée selon laquelle l'Égypte est le lieu d'origine de

---

1990, p. 142; la proposition hermétique pourrait alors être traduite «ce sont eux qui remplissent la vie de nourriture». Cependant, elle renvoie au premier des bienfaits accordés par les dieux Isis et Osiris, et βίος peut aussi désigner à chaque fois un mode de vie différent: vie sauvage / vie civilisée et / ou, selon la proposition de H.D. Betz (*op. cit.*, 1966, p. 184), vie mortelle / vie divine; à ce sujet, voir ci-dessous p. 312 sur *CH* I 6 et la vie.

[15] *SH* 23.67: οὗτοι πρῶτοι δείξαντες δικαστήρια εὐνομίας τὰ σύμπαντα καὶ δικαιοσύνης ἐπλήρωσαν, «Ce sont eux qui, les premiers à avoir montré les tribunaux, ont rempli toute chose d'équité et de justice.» Ce lien entre Isis et δικαιοσύνη se retrouve dans les différents arétalogies et hymnes (*Cymée* 4, 16 et 38 et *Maronée* 24 et 29–30 avec là aussi un mot de la famille de δίκαιος; *Hymne d'Isidore* I 6 avec θεσμός). Mais ce lien est encore plus ancien, remontant à l'Égypte: déjà dans le *Livre des Morts*, Isis a un aspect punitif. Alors que la figure gréco-romaine d'Isis est souvent assimilée à Déméter, dans la plupart des arétalogies, elle en est distinguée en raison de l'emploi de δίκαιος et des termes parentés qui ne sont jamais associés à Déméter – c'est plutôt θεσμός qui est associé à cette dernière déesse. Avec δίκαιος, on aurait le concept grec qui rendrait le mieux celui de la Maât égyptienne: lire la discussion de J.G. Griffiths, «Isis as *Maat, Dikaiosuné* and *Iustitia*», in C. Berger, G. Clerc et N. Grimal, *Hommages à Jean Leclant*, vol. 3: *Études isiaques*, Le Caire, IFAO, 1994, p. 255–269 et surtout p. 259–262. T. McAllister Scott (*op. cit.*, p. 110) estime que nous avons là «the most authentically Egyptian statement in the aretalogy».

[16] *SH* 23.64: πλὴν ὅτι γε ὁ μόναρχος θεός, ὁ τῶν συμπάντων κοσμοποιητὴς καὶ τεχνίτης, τι τὸν μέγιστόν σου πρὸς ὀλίγον ἐχαρίσατο πατέρα Ὄσιριν καὶ τὴν μεγίστην θεὰν Ἶσιν, ἵνα τῷ πάντων δεομένῳ κόσμῳ βοηθοὶ γένωνται, «Je ne peux dire que ceci: le Dieu Monarque, le créateur et l'artisan de toutes choses, accorda pour quelque temps ton père très grand, Osiris, et la déesse très grande Isis, afin qu'ils deviennent les sauveurs pour le monde ayant besoin de tout.»

plusieurs rites, tels les sacrifices[17]. Néanmoins, à la différence des auteurs grecs qui se placent dans une perspective grecque, celui de *SH* 23 (comme ceux de l'*Asclépius* et de *CH* XVI) adopte le point de vue égyptien, en présentant son écrit sous la forme d'un enseignement authentiquement égyptien entre Isis et Horus.

Le choix par l'auteur d'Isis et d'Osiris comme fondateurs des sacrifices et autres bienfaits s'accorde avec la place que plusieurs hermétistes leur réservent, surtout à Isis. Celle-ci, dans *Ascl.* 37, est citée après les ancêtres d'Asclépios (Imhotep) et d'Hermès (Thot) comme un exemple de « dieux terrestres » fabriqués et elle tient une place assez conséquente dans la chaîne hermétique des maîtres. Pour sa part, Osiris apparaît au second plan : absent de la plupart des écrits hermétiques, les seules indications le concernant sont sa qualité d'époux d'Isis – « quant à Isis vraiment, (épouse) d'Osiris, nous savons combien de bienfaits, propice, elle accorde et à quel point, en colère elle est nuisible »[18] –, le fait que ses objets sacrés soient cachés (*SH* 23.7) et que le Bon Démon aurait été son instructeur selon les fragments divers 29, 31 et 32 b.

L'auteur profite aussi du statut des deux dieux égyptiens à l'époque gréco-romaine, dont témoignent les cultes isiaques[19] et les arétalogies, compositions qu'il est plus prudent pour le moment de considérer comme ayant une inspiration égyptienne[20]. *SH* 23.65–68 a des points

---

[17] Hérodote, *Enquêtes* II 58 ; Porphyre, *De l'abstinence* II 5.1, cite le péripatéticien Théophraste.

[18] *Ascl.* 37 : *Isin vero Osiris quam multa bona praestare propitiam, quantis obesse scimus iratam!*

[19] F. Dunand, *op. cit.*, 1983, p. 87. Pour une mise au point sur le concept d'Isis depuis l'Égypte ancienne jusqu'à l'époque romaine, R. Schulz, « Warum Isis ? Gedanken zum universellen Charakter einer ägyptischen Göttin im Römischen Reich », in M. Görg und G. Hölbl, *Ägypten und der östliche Mittelmeerraum im 1. Jahrtausend v. C.*, Wiesbaden, Otto Harrassowitz, 2000, p. 251–279 + 3 Tafeln. Arétalogies d'Isis : Diodore de Sicile, *Bibliothèque historique* I 27 ; celles d'Andros, de Cymée, d'Ios, de Maronée et de Salonique. L. Bricault, *Isis, Dame des flots*, Liège, Université de Liège – Faculté de philosophie et lettres, 2006, p. 36 n. 2. Hymnes à Isis : les quatre hymnes d'Isidore, hymne à Isis de Cyrène, etc. ; liste dans Y. Grandjean, *Une nouvelle arétalogie d'Isis à Maronée*, Leiden, Brill, 1975, p. 10–11. Sur la datation des hymnes d'Isidore : V.F. Vanderlip, *The Four Greek Hymns of Isidorus and the Cult of Isis*, Toronto, A.M. Hakkert Ltd., 1972, p. 85, à comparer avec J. Bollók, « Du problème de la datation des hymnes d'Isidore », *Studia Aegyptiaca* I (1974), p. 27–37, dont la datation tardive ne semble pas avoir été reprise à notre connaissance.

[20] Pour une mise au point sur les différentes positions, S.K. Heyob, *The Cult of Isis among Women in the Graeco-Roman World*, Leiden, Brill, 1975 ; L.V. Zabkar, *Hymns to Isis in her Temple at Philae*, Hanover, University Press of New England, 1988, p. 135 et suivantes ; M. Gustafon, « The Isis Hymn of Diodorus of Sicily (1.27.3) », in

communs avec ces arétalogies et pourrait être lui-même une arétalogie[21] : liste d'actions bienfaitrices, introduction par une formule récurrente (ἐγώ εἰμι pour les arétalogies, οὗτοι dans l'extrait hermétique),
thèmes communs[22]. Il y a cependant des différences, en relation avec
l'objectif de l'auteur hermétiste – montrer pourquoi et comment les
hommes ont acquis une vie civilisée, où le respect des dieux joue un
rôle important – : introduction de thèmes absents dans les arétalogies,
tel l'ensevelissement des morts qui évoque des rites funéraires[23].

De même, si la fondation de lieux sacrés est à chaque fois mentionnée, le lexique diffère : τεμένη, «espaces sacrés», pour *SH* 23.65 et la
plupart des arétalogies et ναοί, «temples» (ou plutôt la partie la plus
sacrée du temple, celle où réside le dieu et où seul un petit nombre de
personnes peut entrer) pour Diodore de Sicile et l'hymne d'Andros.
La fondation du culte associée à celle de ces lieux dans le texte hermétique n'apparaît ailleurs que dans le texte de Diodore qui n'en précise
cependant pas la nature. Ces deux actions fondatrices rejoignent le rôle
d'Isis, dans le mythe d'Osiris et d'Isis : après la mort de son mari, elle
institua en son honneur et dans les différents lieux où elle avait trouvé
une partie de son corps, des cultes avec toute une prêtrise. Une autre
divergence entre ces témoignages concerne les dieux impliqués. Les

---

M. Kiley, *Prayer from Alexander to Constantine. A critical Anthology*, London, Routledge, 1997, p. 155–158. Voir aussi R. Harder, *Karpokrates von Chalkis und die memphitische Isispropaganda*, Berlin, 1944 ; J. Bergman, *Ich bin Isis. Studien zum memphitischen
Hintergrund der griechischen Isisaretalogien*, Uppsala, Berlingska Boktryckeriet, 1968 ;
Y. Grandjean, *op. cit.* ; J.F. Quack, «"Ich bin Isis, die Herrin der beiden Länder". Versuch zum demotischen Hintergrund der Memphitischen Isisaretalogie», in S. Meyer
(ed.), *Egypt: Temple of the Whole World. Ägypten-Tempel der gesammten Welt. Studies in Honour of Jan Assmann*, Leiden, Brill, 2003, p. 319–365. A.-J. Festugière,
«À propos des arétalogies d'Isis», *HThR* 42.4 (1949), p. 209–234 ; A.D. Nock,
«Karpokrates von Chalkis und die memphitische Isispropaganda by R. Harder», *Gnomon* 21 (1949), p. 221–228 ; D. Müller, *Ägypten und die griechischen Isis-Aretalogien*,
Berlin, Akademie-Verlag, 1961, reconnaît que certains attributs viennent d'Égypte.
  [21] A.-J. Festugière, *op. cit.*, 1942, p. 50–53 ; *idem*, «L'arétalogie isiaque de la "Koré
Kosmou"», in *Mélanges d'archéologie et d'histoire offerts à Charles Picard*, Paris, PUF,
1949, p. 376–381, repris dans *Études de religion grecque et hellénistique*, Paris, Vrin,
1972, p. 164–169.
  [22] Cf. A. Van den Kerchove, *op. cit.*, 2007, p. 198–199.
  [23] Cet ajout pourrait être dû à l'ambiance égyptienne du texte. Rappelons le rôle de
ces deux dieux, particulièrement Osiris, dans les rites funéraires : J. Bergman, «Isis»,
LÄ III, 1980, col. 191 ; R. Schulz, *op. cit.*, p. 254–256. En relation avec le contexte égyptien, il pourrait s'agir de la momification, comme le pensent T. McAllister Scott, *op.
cit.*, p. 213 n. 158 et H.D. Betz, *op. cit.*, 1966, p. 184. Toutefois, n'oublions pas non plus
que Moschion considérait l'ensevelissement comme un des progrès de la civilisation :
A.-J. Festugière, «L'arétalogie», *op. cit.*, 1949, p. 379 = *op. cit.*, 1972, p. 167.

auteurs des arétalogies insistent uniquement sur le rôle fondamental
d'Isis. Quant à Diodore, il attribue les deux fondations à Osiris. Une
des sources possibles pour toute la partie égyptienne de son œuvre,
dont ce passage, serait Hécatée d'Abdère[24] qui visita l'Égypte au IIIᵉ siècle avant J.-C. et qui se serait lui-même inspiré d'Évhémère (deuxième
moitié du IVᵉ siècle – première moitié du IIIᵉ avant J.-C.) pour l'institution du culte tout en modifiant une donnée : il mentionne Osiris au
lieu de Zeus[25]. Plutarque reprend la même idée dans son traité *Isis et
Osiris* 13, 356 A–D où il rapporte qu'Osiris apprit aux hommes comment honorer les dieux (θεοὺς διδάξαντα τιμᾶν). Ces auteurs attribuent un rôle de second ordre à Isis : elle apparaît souvent comme la
remplaçante d'Osiris lorsque ce dernier part en voyage. L'auteur de la
Koré Kosmou place les deux dieux sur le même plan, sans prééminence
de l'un sur l'autre pour ce qui concerne leurs actions bénéfiques. Sur
tous ces points, l'auteur de *SH* 23 semble faire une synthèse de ce que
nous trouvons dans les autres témoignages, avec un objectif précis : en
réduisant l'ensemble des rites et honneurs rendus aux dieux aux seuls
sacrifices, il en proclame le caractère fondamental.

Cet accent sur les sacrifices provient d'une volonté de défense de
ce rite, très critiqué à l'époque, et cette volonté inscrit l'auteur dans
une continuité de pensée avec l'Égypte pharaonique. S'il est difficile
d'établir des influences textuelles, nous pouvons toutefois rapprocher
la *Koré Kosmou* de plusieurs textes égyptiens mentionnant l'institution
divine de pratiques rituelles et d'honneurs divins. La stèle de Shabaka,
plus connue sous le nom de *Théologie memphite*[26], est peut-être le texte

---

[24] Diodore de Sicile mentionne une fois Hécatée d'Abdère (*Bibliothèque historique* I 46.8). La cohérence interne du texte et les parallèles avec des fragments venant
d'autres auteurs permettent de penser que Hécatée, dont l'œuvre (*Aegyptiaca*, F.16,
Jacoby III, n° 264) est aujourd'hui perdue en très grande partie, serait bien la source, à
côté d'Agatharchides de Cnide et d'Hérodote. Cependant, A. Burton (*Diodorus Siculus
Book I. A Commentary*, Leiden, Brill, 1972) souligne que la question est bien plus complexe. Déjà, C.H. Oldfather (dans sa traduction de Diodorus of Sicily, *The Library of
History. Book I*, London, W. Heinemann, 1968, p. xxvi) considère que Diodore aurait
aussi mené une enquête personnelle.
[25] Évhémère considérait que Zeus avait institué son culte dans l'île de Panchaia,
selon trois fragments de son récit utopiste Ἱερὰ ἀναγραφή, rapportés par Lactance
dans *Institutions divines* I, XXII 21–27 et I, XI 33 et *Épitomé des Institutions divines*
XIX 4, respectivement les témoignages T 64 A, 65 et 64 B (Evhemerus Messenius, *Reliquiae*, ed. Winiarczyk M., Stuttgart/Leipzig, Teubner, 1991). Concernant Évhémère et
l'évhémèrisme : R. Goulet, « Évhémère de Messine », in R. Goulet (dir.), *Dictionnaire
des philosophes antiques. III : d'Eccélos à Juvénal*, Paris, CNRS, 2000, p. 403–411.
[26] H. Junker, *Die Götterlehre von Memphis (Schabaka-Inschrift)*, Berlin, Akademie
der Wissenschaften, 1940 ; J.H. Breasted, « The Philosophy of a Memphite Priest »,

qui développe le plus cette idée; Ptah, démiurge et dieu créateur des
dieux, est aussi celui qui produit les images (c'est-à-dire les statues
de ces dieux créés), qui instaure des lieux de culte et le service à leur
rendre: «Ainsi Ptah en vint à se reposer après avoir fait chaque chose
et chaque discours divin, ayant donné naissance aux dieux, ayant fait
leurs villages, ayant fondé leurs nomes, ayant établi les dieux dans
leurs lieux de culte, ayant assuré les offrandes de pain, ayant fondé
leurs sanctuaires, ayant rendu parfait leur corps pour la satisfaction de
leurs désirs.»[27] Le même thème, sans être aussi développé, est présent
sur des monuments égyptiens ptolémaïques. À Edfou, sur la première
porte du vestibule des offrandes, un prêtre est représenté adressant
au dieu une prière, celle qui «élève l'offrande». Plus loin, l'offrande
est dite celle qui «est ce qui est fait par les mains d'(Isis-)*ḥbi.t*»[28]. Un
hymne à Isis[29], situé dans la chambre X du temple d'Isis à Philaë, proclame qu'Isis est celle «qui fournit des offrandes divines aux dieux et
des offrandes *prt-m-ḥrw* aux Transfigurés (*3ḫw*)[30]». Toujours dans ce
même temple, dans la chambre V, dans un hymne, Osiris est qualifié
de «celui qui inaugure les offrandes»[31]. Th. McAllister Scott a relevé
plusieurs passages égyptiens où Isis et Osiris sont présentés comme
les fondateurs de temples[32]. Ces rapprochements pourraient confirmer
l'opinion déjà avancée selon laquelle l'attribution à Isis (et Osiris) de la

ZÄS 39 (1901), p. 39–54 + 2 Tafeln; J.-P. Allen, *op. cit.* Le recours à ce texte est en
partie justifié par le fait qu'il était encore connu à l'époque ptolémaïque et au début
de l'époque romaine en Égypte, ou au moins les idées qu'il véhicule. C'est ce que
laisse penser la présence d'un papyrus de langue ptolémaïque retrouvé sur une momie
datant de l'époque d'Auguste et qui reproduit un fragment de la *Théologie memphite* :
W. Erichsen und S. Schott, *Fragmente memphitischer Theologie in demotischer Schrift*
(*Pap. demot. Berlin 13 603*), Mainz/Wiesbaden, Akademie der Wissenschaften und der
Literatur, 1954, p. 303–394 (= 5–96) + 6 Tafeln.

[27] *Théologie memphite* col. 59–60.

[28] *Edfou* II 155.6, cité dans M. Alliot, *Le Culte d'Horus à Edfou au temps des Ptolémées*, Le Caire, IFAO, 1949, p. 58, n. 2: M. Alliot ajoute que c'est vraisemblablement
une prière conservée telle quelle depuis l'ancien rite royal de Bouto, que les deux
divinités créatrices de l'offrande sont Osiris de Bouto et Isis de Chemnis.

[29] C'est l'hymne IV dans L.V. Zabkar, *op. cit.*, 1988, p. 51: «who provides divine
offerings for the gods and invocation – offerings for the Transfigured Ones».

[30] Sur le sens du terme égyptien *3ḫ*: R.J. Démarée, *The 3ḫ iḳr n R'-stelae: on Ancestor worship in Ancient Egypt*, Leiden, Nederlands Instituut voor het Nabije Oosten,
1983, en particulier p. 194–198.

[31] La plus ancienne version connue de cet hymne date de la XXVIe dynastie. Voir
L.V. Zabkar, «A Hymn to Osiris Pantocrator at Philae. A Study of the main Functions
of the *sḏm.n.f* form in Egyptian religious Hymns», *ZÄS* 108 (1981), p. 141–171.

[32] T. McAllister Scott, *op. cit.*, p. 104–110.

fondation d'espaces sacrés et d'offrandes pourrait avoir, au moins de façon indirecte, une origine égyptienne[33].

La phrase « ce sont eux qui, pour les dieux ancêtres, ont dédié des espaces sacrés et des offrandes » a ainsi une portée considérable. Elle vise à apprendre, ou à rappeler, le prestige considérable des sacrifices – d'origine divine et égyptienne –, qui l'est d'autant plus si nous comparons avec les images des dieux. Dans les deux cas, leur institution intervient après une errance humaine – qui donne lieu aux doléances des Éléments dans *SH* 23 –; cependant, cette invention est due aux hommes pour les images, tandis qu'elle est le fait des dieux pour les sacrifices et les lieux sacrés. Les sacrifices remontent ainsi aux origines mêmes de la religion. S'opposer aux sacrifices revient donc à s'opposer à la religion et à faire acte d'impiété envers les dieux, fondateurs des actes religieux. La phrase citée ci-dessus apparaît donc comme une réponse en faveur des sacrifices, en ce temps de critiques sévères.

L'argumentation développée par l'auteur autour des idées d'ancienneté, d'autorité, de l'origine divine et de l'action bienfaitrice, au sein d'un récit mythologique de fondation, relève d'une entreprise de justification des sacrifices. Elle vise à convaincre le destinataire de leur bien-fondé et de leur utilité. Il s'agit d'un « faire-croire » en le caractère vénérable et primordial des sacrifices pour les relations de l'homme avec le divin. Toutefois, le parallèle fait avec les images des dieux nous amène à poser la même question que pour ces derniers : la justification des sacrifices implique-t-elle nécessairement leur mise en œuvre ? La conclusion à laquelle nous sommes arrivée pour les images et les remarques déjà faites sur la manière dont l'auteur discourt sur les sacrifices incitent à répondre négativement, mais une telle réponse mérite d'être approfondie.

---

[33] D. Müller (*op. cit.*, p. 50) pensait déjà que la version grecque M 23–24 (Ἐγὼ ἀγάλματα θεῶν τειμᾶν ἐδίδαξα. Ἐγὼ τεμένη θεῶν ἱδρυσάμην, «moi, j'ai enseigné comment honorer les images des dieux. Moi, j'ai fondé les espaces sacrés des dieux ») était deux des quelques phrases pouvant avoir une origine égyptienne, tout en ayant subi une hellénisation. L.V. Zabkar (*op. cit.*, 1988, p. 152) pensait que si M 23 avait pu subir une hellénisation, M 24 étant authentiquement d'origine égyptienne. Cependant, dans son argumentation, il cite le fragment de la *Koré Kosmou*, texte beaucoup plus tardif et dont l'origine égyptienne est loin de faire l'unanimité. Voir aussi J. Bergman, *op. cit.*, 1968, p. 152 n. 3 et F. Dunand, *Isis. Mère des Dieux*, Paris, Éditions Errance, 2000, p. 84.

II. SACRIFICES ET DIEUX

L'étude d'*Ascl.* 41[34] montre qu'il n'y a pas une opposition systématique aux sacrifices végétaux, mais plutôt l'idée d'un accord nécessaire entre dédicataire et offrande. L'auteur serait sûrement d'accord avec Jamblique qui, à propos des sacrifices et des statues animées, affirme : « car il ne faut pas rejeter toute matière, mais seulement celle qui est étrangère aux dieux, il faut plutôt choisir celle qui leur est appropriée, dans la pensée qu'elle est capable de s'harmoniser à la construction de leurs demeures, à l'érection de leurs statues et à l'accomplissement sacré des sacrifices »[35]. Cette idée implique une hiérarchie de sacrifices en fonction d'une hiérarchie divine. De telles hiérarchies ne sont pas exceptionnelles. Ainsi Porphyre et Jamblique en ont-ils proposé chacun une, avec des intentions différentes. Le premier veut avant tout montrer que les sacrifices sanglants sont impies[36], tandis que le second souhaite sauvegarder tous les types de sacrifices[37]. L'idée de hiérarchie serait présente au moins dans l'esprit de l'auteur de l'*Asclépius* 41 ; cependant, il n'est pas sûr qu'il faille l'étendre aux autres auteurs, même s'ils

---

[34] Voir aussi G. Fowden, *op. cit.*, 2000, p. 213 et A. Camplani, « Il sacrificio », *op. cit.*, 2002, p. 84–85. Cf. A. Van den Kerchove, *op. cit.*, 2007, p. 195 et 200.

[35] Jamblique, *Réponse d'Abamon* V 23 (233.17–234.4) : οὐ γὰρ δὴ δεῖ δυσχεραίνειν πᾶσαν ὕλην, ἀλλὰ μόνην τὴν ἀλλοτρίαν τῶν θεῶν, τὴν δὲ οἰκείαν πρὸς αὐτοὺς ἐκλέγεσθαι, ὡς συμφωνεῖν δυναμένην εἴς τε θεῶν οἰκοδομήσεις καὶ καθιδρύσεις ἀγαλμάτων καὶ δὴ καὶ εἰς τὰς τῶν θυσιῶν ἱερουργίας (traduction : M. Broze et C. Van Liefferinge).

[36] Porphyre, *De l'abstinence* II 34–36 et plus particulièrement 34.1 : ἀλλὰ θύσομεν, ὡς προσήκει, διαφόρους τὰς θυσίας ὡς ἂν διαφόροις δυνάμεσι προσάγοντες, « mais nous ferons, ainsi qu'il convient, des sacrifices différents dans la mesure où nous les offrirons à des puissances différentes » (traduction : J. Bouffartigue). Porphyre donne la hiérarchie suivante avec quatre rangs : pour le Dieu suprême, le silence et de pures pensées ; pour les dieux intelligibles, les hymnes ; pour les dieux à l'intérieur du ciel, les dieux célestes, des fumigations de végétaux ; pour les démons, des sacrifices d'êtres animés.

[37] Jamblique, *Réponse d'Abamon* V 14 (217.3–218.17) ; ἀρχὴ δὲ πασῶν ἀρίστη ἢ τῆς τῶν θεῶν τάξεως τὸν θεσμὸν [mss. δεσμὸν, leçon gardée par M. Broze et C. Van Liefferinge] τῶν θυσιῶν ἐχόμενον ἐπιδείκνυσιν· ἄνωθεν οὖν τοὺς μὲν ὑλαίους τῶν θεῶν τοὺς δὲ ἀύλους ὑποθώμεθα· [...] διόπερ τοῖς μὲν ἀύλοις θεοῖς ὕλην προσφέρειν διὰ θυσιῶν ἐστιν ἀλλότριον, τοῖς δ' ἐνύλοις οἰκειότατον ἅπασιν, « de tous les principes, le meilleur est celui qui montre que le lien qui unit les dieux dans la hiérarchie se rattache aux sacrifices. Partons d'en haut et posons que parmi les dieux, les uns sont matériels, les autres immatériels. [...] C'est pourquoi il est inadéquat d'offrir dans les sacrifices de la matière aux dieux immatériels, mais c'est tout à fait approprié à tous les dieux matériels » (traduction : M. Broze et C. Van Liefferinge).

adoptent l'idée traditionnelle d'une convenance entre le choix de l'offrande et le destinataire[38].

Réservés au Dieu ineffable, situé au-delà de tout, nous trouvons une catégorie particulière de sacrifices, la *logikè thusia*, sacrifice immatériel (avec une resémantisation possible de θυσία) avec la parole comme «instrument»; de tels sacrifices, des prières, sont réservés à un petit nombre, ceux qui ont acquis une certaine connaissance sur Dieu et qui ont la capacité (morale et intellectuelle) de s'adresser à lui[39]. Les autres sacrifices ne conviennent pas à ce dieu, en particulier les sacrifices végétaux, comme le rappelle l'auteur d'*Ascl.* 41. Les sacrifices végétaux sont surtout destinés à trois catégories de dieux : les «dieux terrestres» (*Ascl.* 38) – c'est-à-dire les images des dieux –, les «dieux ancêtres» (*SH* 23.65)[40] et peut-être aussi les dieux traditionnels ouraniens. Ils sont à la portée de tous, car ils n'exigent de la part du sacrifiant ni une longue et dure préparation matérielle, morale et intellectuelle, ni de grands moyens financiers, au contraire de certains sacrifices sanglants. Quant aux sacrifices sanglants, il y a une certaine incertitude. A. Camplani considère que l'auteur de *SH* 23.65 parle de sacrifices sanglants[41], tandis que nous pensons qu'il s'agit de sacrifices végétaux[42]. Si nous avons un moment pensé que l'auteur de *SH* 23 semblait criti-

---

[38] Nous reprenons l'essentiel de A. Van den Kerchove, *op. cit.*, 2007, p. 200–204 et *idem*, «Les hermétistes», *op. cit.*, 2011, p. 71, en ajoutant des compléments.

[39] Cf. A. Van den Kerchove, *op. cit.*, 2007, p. 203 et «Les hermétistes», *op. cit.*, 2011, p. 78.

[40] Sur le lien entre ces dieux ancêtres et l'Égypte: voir A. Van den Kerchove, *op. cit.*, 2007, p. 201. Complément bibliographique: W. Westendorff, «Urgott», *LÄ* VI, 1986, col. 870–872. D. Wildung, «Anhenkult», *LÄ* I, 1975, col. 111–112. M. Alliot, *Le Culte d'Horus à Edfou au temps des Ptolémées*, Le Caire, IFAO, 1954, p. 516–518. M.-T. Derchain-Urtel, *Priester im Tempel. Die Rezeption der Theologie der Tempel von Edfu und Dendera in den Privatdokumenten aus ptolemäischer Zeit*, Wiesbaden, Otto Harrassowitz, 1989, p. 143–151. E. Otto, «Djeme», *LÄ* I, 1975, col. 1108–1109. E.A.E. Reymond, «Worship of the Ancestor Gods at Edfu», *ChrE* 38, fasc. 75 (1963), p. 49–70. C. Traunecker, *Coptos. Hommes et dieux sur le parvis de Geb*, Leuven, Peeters, 1992, p. 356–363. Voir les trois articles de M. Doresse sur «Le dieu voilé dans sa châsse et la fête du début de la décade», parus dans la *RdE* 23 (1971), p. 113–136, *RdE* 25 (1973), p. 92–135 et *RdE* 31 (1979), p. 36–65. F.-R. Herbin, «Une liturgie des rites décadaires de Djemê. Papyrus Vienne 3865», *RdE* 35 (1984), p. 105–126. *Dendara* II 75, 169, 180; III 72; IV 30. S. Cauville, *Dendara. Les fêtes d'Hathor*, Leuven, Peeters, 2002, p. 17–18 et p. 31. M.-T. Derchain-Urtel, *op. cit.*, 1989, p. 127 et suivantes.

[41] A. Camplani, «Il sacrificio», *op. cit.*, 2002, p. 83: «in *SH* XXIII, 65 la menzione del sacrificio cruento è esplicita e senza ambiguità, in un contesto, come quello dell'esaltazione di Iside e Osiride».

[42] A. Van den Kerchove, *op. cit.*, 2007, p. 201.

quer les sacrifices sanglants[43], nous estimons désormais que les auteurs hermétistes (dont celui de *SH* 23) font plutôt silence sur ces sacrifices et que certains (ceux d'*Ascl.* 41 et de *NH* VI, 7) mettent l'accent sur l'aspect non sanglant du rituel, sans pour autant condamner explicitement un sacrifice important dans la vie civique de leur époque[44].

Quel que soit le sacrifice mis en œuvre, il doit permettre une communication entre monde divin et monde humain, le maintien de l'ordre et de la continuité du monde. Il est aussi l'occasion de remercier la divinité (selon la demande du Feu, en *SH* 23.56), l'un des buts les plus nobles. Ceci correspond à la deuxième raison avancée par Porphyre pour accomplir un sacrifice[45] et évoque l'expression θύειν εὐχαριστήρια, « offrir un sacrifice d'action de grâces », qui se rencontre parfois chez des polythéistes[46], des juifs et des chrétiens, et où θύειν est employé métaphoriquement[47]. En *SH* 23.56, il s'agit de remercier pour tous les bienfaits reçus[48], et le sacrifice apparaît ainsi comme un acte de piété par lequel le sacrificant reconnaît qui est à l'origine des bienfaits. Contrairement à beaucoup de sacrifices accomplis par la grande majorité des gens, à caractère propitiatoire, les sacrifices prônés par les auteurs hermétistes semblent désintéressés, et l'idée, très critiquée, selon laquelle les sacrifices pourraient fléchir ou persuader les dieux, est absente.

III. LES HERMÉTISTES ET LES PRIÈRES[49]

Parmi les sacrifices, une catégorie spéciale, les λογικαὶ θυσίαι sont destinées au seul Dieu ineffable. Cette expression est toujours utilisée

---

[43] A. Van den Kerchove, *op. cit.*, 2007, p. 202–203.

[44] A. Van den Kerchove, « Les hermétistes », *op. cit.*, 2011, p. 64–69.

[45] Il s'agit de la reconnaissance, χάρις. Les deux autres raisons sont: l'hommage, τιμή, et le besoin de leurs bienfaits, χρεία τῶν ἀγαθῶν. Cf. *De l'abstinence* II 24.1.

[46] Polybe, *Histoires* V 14.8.

[47] Philon, *De specialibus* I 66, 167 et 169; Eusèbe de Césarée, *Commentaire aux Psaumes*, PG 23, 553 C 45–46, à propos du *Psaume* 59.3–6; Origène, *Adnotationes in Genesim*, PG 17, 13.11–26. Sur l'expression: R.K. Yerkes, *Sacrifice in Greek and Roman Religions and Early Judaism*, London, A & C. Black, 1953, p. 133–134.

[48] L'idée que les premiers sacrifices ont été instaurés pour que les hommes remercient se retrouve chez Philon, qui s'interroge sur les causes « pour lesquelles les premiers hommes décidèrent d'exprimer par des sacrifices à la fois leurs remerciements et leurs prières », ὧν ἕνεκα τοῖς πρώτοις ἔδοξεν ἀνθρώποις ἐπὶ τὰς διὰ θυσιῶν εὐχαριστίας ὁμοῦ καὶ λιτὰς ἐλθεῖν, *De specialibus* I 195.

[49] Nous ne donnons ici qu'une partie de notre étude consacrée aux prières de notre thèse de doctorat. En particulier, nous ne reprenons pas la section sur l'ancrage spatio-temporel des prières, ni celle sur les gestes.

dans le cadre de prières formulées pour les qualifier, dans *CH* I, XIII
et *NH* VI, 6 et. De fait, dans les traités hermétiques, contrairement aux
autres sacrifices et aux images des dieux, les λογικαὶ θυσίαι et plus
généralement les prières sont l'objet d'un discours et souvent d'une
mise en œuvre de la part des protagonistes. Le texte de plusieurs prières est parvenu jusqu'à nous, et ces prières ont longtemps été considérées comme des œuvres littéraires; mais des indices amènent à revoir
leur statut.

À part les prières de *NH* VI, 6, qui constituent la trame de l'écrit
copte, les prières sont soit introductives (*CH* III 1, *CH* XVI 3 et *NH*
VI 53.27–31) soit conclusives (*CH* I 31–32, V 10–11, XIII 17–21,
Ascl. 41). Les premières semblent faire l'objet d'une attention moindre de la part des hermétistes. En *CH* III 1 et *CH* XVI 3, les prières
visent à placer la leçon sous l'autorité et la protection de Dieu, tandis que la prière copte, dont le but est de demander le ⲡⲛⲉⲩⲙⲁ pour
pouvoir parler, est quant à elle préparatoire à la leçon et lui accorde
un nouveau statut. Les prières conclusives sont plus développées.
D.J.M. Whitehouse considère qu'elles résument et concluent l'enseignement: elles sont un acte de remerciement et de «théologisation»
et sont comme l'ultime expression de la philosophie[50]. Ces prières
apparaissent ainsi comme une mise en application des conceptions
sur Dieu, notamment sur son nom. Elles complètent l'instruction et
participent à l'idée (déjà relevée dans la première partie) que l'instruction hermétique n'est pas qu'un apprentissage de notions mais
est aussi éthique avec l'adoption d'un mode de vie où les prières ont
toute leur place. Le destinataire, dont le disciple est le modèle immédiat, est incité à prier. À la différence des sacrifices traditionnels et
des pratiques liées aux images de dieux, les prières hermétiques sont
des pratiques à réaliser et pas seulement à respecter et à garder en
mémoire.

1. *Prier Dieu*

Les prières sont de différentes sortes, une variété diversement appré-
ciée et souvent appréhendée de manière théorique dans l'Antiquité,
comme en témoignent les typologies artificielles, telle celle de Proclus.

---

[50] D.J.M. Whitehouse, *The Hymns of the Corpus Hermeticum: Forms with a diverse
Functional History*, Th. Doct., Theology, Harvard University, UMI, Ann Arbor, 1985,
p. 139, 214, 270, 365 et 381–382.

Ceci ne doit pas nous empêcher d'étudier cette variété dans le cas de la « voie d'Hermès », en ayant à l'esprit les critères de Proclus et surtout en partant du champ lexical des prières hermétiques, ce qui peut se révéler être un bon moyen de dégager la conception hermétique des prières.

a. *Prier et demander des bienfaits*

Il est remarquable que les auteurs hermétistes recourent peu à εὐχή et aux vocables apparentés : seulement trois occurrences de la forme εὔχομαι (*CH* V 2, XIII 22 et X 22) et une attestation de chacun des deux composés ἐπικατεύχομαι et κατεύχομαι (*SH* 23.7 et 8 respectivement). Un des équivalents coptes de ce verbe est ϣⲗⲏⲗ[51], avec respectivement six et deux occurrences dans *NH* VI, 6 et 7. Les auteurs grecs et coptes auraient utilisé ces vocables pour leur sens général et pour mettre l'accent surtout sur le fait de s'adresser à Dieu.

Deux auteurs exploiteraient aussi le lien entre ces vocables et la demande. En *CH* V 2, peu après le début de la leçon sur Dieu, Hermès dit : σὺ οὖν, ὦ τέκνον Τάτ, εὖξαι πρῶτον τῷ κυρίῳ καὶ πατρὶ καὶ μόνῳ καὶ οὐχ ἑνί, ἀλλ᾽ ἀφ᾽ οὗ ὁ εἷς, ἵλεω τυχεῖν, ἵνα δυνηθῇς τὸν τηλικοῦτον θεὸν νοῆσαι, καὶ ἀκτῖνά σοι κἂν μίαν αὐτοῦ τῇ σῇ διανοίᾳ ἐκλάμψαι, « Toi donc, enfant Tat, prie en premier le Seigneur, Père, unique, celui qui n'est pas l'un mais d'où l'un est issu, d'être propice pour que tu sois capable de concevoir ce dieu aussi grand, et de faire briller sur ton intelligence même un seul de ses rayons. » En *CH* X 22, Hermès conclut sa description de la destinée de chacun des deux genres d'âmes, les mauvaises et les bonnes, en énonçant une règle générale, διό, ὦ τέκνον, εὐχαριστοῦντα τῷ θεῷ δεῖ εὔχεσθαι καλοῦ τοῦ νοῦ τυχεῖν, « C'est pourquoi, enfant, tout en étant reconnaissant envers Dieu, il faut le prier d'obtenir un bel intellect. » Dans ces deux attestations, le verbe a pour complément τυχεῖν, « obtenir ». L'idée de demander respectueusement est donc sous-jacente à l'utilisation de εὔχομαι, renouant avec un sens traditionnel de ce verbe dans la littérature grecque classique[52]. En *NH* VI 53.27–30, ϣⲗⲏⲗ est aussi

---

[51] W.E. Crum, *op. cit.*, p. 559 b. Les traducteurs coptes du Nouveau Testament, à de très rares exceptions, ont choisi ϣⲗⲏⲗ pour traduire εὔχομαι, ses dérivés, et προσεύχομαι ; le verbe copte, à une exception près, ne traduit que ce verbe grec et ses dérivés (R. Draguet, *op. cit.* ; M. Wilmet, *op. cit.*, 1959).

[52] Voir en particulier, Platon, *Euthyphron* 14 c, où Socrate définit la prière, εὐχή, comme une requête aux dieux : οὐκοῦν […] τὸ δ᾽ εὔχεσθαι αἰτεῖν τοὺς θεούς ; « et le fait de prier ne (consiste-t-il) pas en des demandes aux dieux ? »

en rapport avec une demande que le maître veut faire : ⲙⲁⲣⲛ̄ⲱ̄ⲗⲏⲗ
²⁸ⲱ̄ ⲡⲁϣⲏⲣⲉ ⲁⲡⲉⲓⲱⲧ̄ ⲙ̄ⲡⲧⲏ²⁹ⲣϥ ⲙ̄ⲛ ⲛⲉⲕ̄ⲥⲛⲏⲟⲩ ⲉⲧⲉ ⲛⲁ³⁰ϣⲏⲣⲉ ⲛⲉ· ϫⲉⲕⲁⲁⲥ
ⲉϥϯ ⲙ̄³¹ⲡ̄ⲡ̄ⲛ̄ⲁ̄ ⲛ̄ⲧⲁϣⲁϫⲉ, « Prions, mon fils, le père du tout avec tes
frères, qui sont mes fils, afin qu'il accorde le souffle et que je parle.»
Dans ces trois extraits, le sens traditionnel semble restreint à la seule
demande, faisant du grec εὔχομαι et du copte ϣⲗⲏⲗ des synonymes
de αἰτέω, tout en mettant l'accent sur le respect dû au dieu. Dans les
autres cas, les hermétistes expriment leur demande avec αἰτέω, repris
en copte[53], ou avec des impératifs à l'intention du dédicataire de la
prière[54]. Quoi qu'il en soit de l'expression de la demande, les hermétistes ne souhaitent pas fléchir la divinité ni la contraindre à accéder à
leurs demandes en leur rappelant des dons antérieurs, contrairement à
de nombreuses prières traditionnelles[55]. La seule justification apportée
aux demandes concerne l'attitude adoptée par les orants durant leur
vie (cf. NH VI 56.27–57.9). Sinon, l'orant espère probablement voir sa
demande satisfaite s'il adopte une attitude spécifique pour la prière et
s'il loue correctement Dieu. Toute latitude est laissée à Dieu d'exaucer
ou non ce qui lui est demandé.

En outre, prenant en compte les critiques de philosophes[56], les hermétistes ne font aucune demande relative à des biens matériels, à la

---

[53] CH I 32 : αἰτουμένῳ τὸ μὴ σφαλῆναι τῆς γνώσεως τῆς κατ᾽ οὐσίαν ἡμῶν, « à
celui qui demande de ne pas tomber de la connaissance revenant à notre race» ; NH
VI 55.13–15 : ⲉⲧⲣⲉⲛϣⲗⲏⲗ ¹⁴ⲉⲡⲛⲟⲩⲧⲉ ⲛ̄ⲧⲛ̄ⲣⲁⲓⲧⲉⲓ ⲙ̄¹⁵ⲙⲟϥ ⲛ̄ⲧⲇⲱⲣⲉⲁ, « que nous prions
Dieu et que nous lui demandions le don» ; NH VI 59.21–22 : ⲉⲣⲓⲁⲓⲧⲉⲓ ⲙ̄ⲡⲉ²²ⲧ̄ⲕⲟⲩⲁϣ̄ϥ
ϩⲛ̄ ⲟⲩⲕⲁⲣⲱϥ, « demande ce que tu désires en silence» ; NH VI 62.31–33 : ³²ⲁⲗⲗⲁ ϩⲛ̄
ⲟⲩⲧ̄ⲃⲃⲟ ⲉⲩⲣⲁⲓⲧⲉⲓ ³³ⲙ̄ⲡ̄ⲛⲟⲩⲧⲉ ⲛ̄ⲛⲟⲩⲥⲟⲫⲓⲁ ⲙⲛ̄ ³⁴ⲟⲩⲅⲛⲱⲥⲓⲥ, « mais qu'avec pureté, ils
demandent à Dieu sagesse et connaissance» ; NH VI 64.30–32 : ⲟⲩ³¹ⲟⲩⲱϣ ⲟⲩⲱⲧ̄
ⲡⲉⲧⲛ̄ⲣⲁⲓⲧⲉⲓ ³²ⲙ̄ⲙⲟϥ, « un seul souhait que nous demandons». La version grecque de
ce dernier passage (PGM III 607, dans l'édition de J.-P. Mahé, op. cit., 1978) donne
également le même verbe : μηδεμίαν ᾐτήσαμεν [χ]ά[ριν πλὴ]ν θέλησον, «nous ne
demandons aucune [fa]v[eur excep]té que nous souhaitons».

[54] C'est le cas en NH VI 56.23 et en NH VI 57.3–25.

[55] Euthyphron, un représentant des idées traditionnelles sur la religion, admet la position critique et caricaturale de Socrate qui compare la piété, science des sacrifices et des
prières, à une «technique commerciale, réglant les échanges entre dieux et hommes»,
ἐμπορικὴ [...] τέχνη [...] θεοῖς καὶ ἀνθρώποις παρ᾽ ἀλλήλων (traduction : M. Croiset),
Platon, Euthyphron 14 e. S. Pulleyn, Prayer in Greek Religion, Oxford, Clarendon
Press, 1997, p. 196–203.

[56] Les philosophes mettent régulièrement l'accent sur deux aspects négatifs des
prières du plus grand nombre : leur dangerosité et leur immoralité. Platon, Lois III
688 b et VII 801 a–b ; Le Second Alcibiade 143 b. Maxime de Tyr, Dissertation 5 : S'il
faut prier et P.W. van der Horst, « Maximus of Tyre on prayer. An Annotated Translation of Εἰ δεῖ εὔχεσθαι (Dissertatio 5)», in H. Cancik (hrsg.), Geschichte - Tradition
- Reflexion. Festschrift für M. Hengel zum 70. Geburtstag, Band II: Griechische und

gloire ou à la renommée. Un premier groupe de demandes concerne le salut, soit dans une formulation positive : demande du don de l'Ogdoade en *NH* VI 55.14–17, de la vérité et de la sagesse immortelle en *NH* VI 57.4 et 24–25, souhait d'être conservé dans la connaissance en *NH* VI 64.33, soit dans une formulation négative : ne pas déchoir du chemin menant à l'immortalité en *NH* VI 65.1–2 ou ne pas être privé de la connaissance en *CH* I 32. Un second groupe concerne la transmission du savoir avec, pour le disciple, l'obtention de l'intellect qui permet de comprendre – *NH* VI 55.17–18, *CH* V 2 et X 22 – et, pour le maître, la possibilité de parler correctement, en *NH* VI 53.30–31.

b. *Prier et chanter Dieu*

Contrastant avec cette rareté, qui témoigne à la fois d'une volonté de se démarquer des prières grecques et chrétiennes et d'un aspect secondaire des demandes, les occurrences de ὕμνος, des termes apparentés et de ϩⲣⲩⲙⲛⲉⲓ sont plus nombreuses. Les auteurs de *CH* XIII et de *NH* VI, 6 y ont très largement recours. Le premier utilise ὕμνος pour qualifier la prière d'Hermès, celle-là même qui est chantée par les Puissances divines au moment où l'hermétiste parvient à l'Ogdoade. Le grand nombre d'occurrences au sein de la prière d'Hermès en *CH* XIII, son absence de la prière du disciple en *CH* XIII 21, son utilisation en alternance avec ϣⲗⲏⲗ en *NH* VI, 6[57] incitent à se demander s'il n'y aurait pas une certaine spécialisation de l'emploi de ὕμνος et des termes apparentés. L'hymne serait une catégorie spécifique de la prière, aussi bien dans les traités grecs que coptes. Ceci est corroboré par le fait que les termes sont associés à des orants spécifiques : des pieux en *CH* I 22 et X 21, le maître dans *CH* V, les anges, les âmes, le disciple régénéré dans le traité copte[58], les Puissances et l'Ogdoade en *CH* I 26 et XIII 15, tous étant en possession de l'intellect. *CH* XVIII 12 est une exception, en appliquant

---

Römische Religion, Tübingen, Mohr-Siebeck, 1996, p. 323–338 ; G. Soury, *Aperçus de philosophie religieuse chez Maxime de Tyr, platonicien éclectique. La prière, la divination, le problème du mal*, Paris, Les Belles Lettres, 1942, p. 15–38. Voir aussi G. Dorival, « Païens en prière », in G. Dorival et D. Pralon, *Prières méditerranéennes. Hier et aujourd'hui*, Aix-en-Provence, Publications de l'Université de Provence, 2000, p. 88. Certains orants vont jusqu'à réclamer la mort d'autres personnes, ainsi Clytemnestre chez Sophocle : D. Aubriot-Sévin, « Sur la valeur religieuse de quelques prières dans la tragédie grecque », *Journal des Savants* (1994), p. 3–18. Perse, *Satire* II.8–10.

[57] A. Van den Kerchove, *op. cit.*, 2007, p. 911.
[58] A. Van den Kerchove, *op. cit.*, 2007, p. 915.

ce terme à des nouveau-nés, mais l'ensemble de ce traité est, par bien des aspects, atypique dans la littérature hermétique : le terme de nouveau-né permettrait de souligner la distance entre les hommes et Dieu tout en affirmant la parenté entre les premiers et le second. ὑμνῶ (et le substantif correspondant), en grec ou en copte, est donc lié aux orants qui ont un élément divin, qu'ils soient dans le monde céleste, comme l'Ogdoade en *CH* I 27, *NH* VI 58.20 et 59.31, ou qu'ils demeurent sur terre, comme Hermès ou le disciple régénéré du traité *NH* VI, 6. Ceci est implicite en *CH* I 22 et X 21 où, en peu de mots, l'auteur veut opposer radicalement deux voies et deux catégories de personnes sans aucune possibilité de retour, comme si chacun a déjà intégralement parcouru la voie choisie.

L'aspect chanté des hymne est mis en valeur par le recours à d'autres vocables. Dans *NH* VI, 6, ⲣ̄ϩⲩⲙⲛⲉⲓ est parfois associé à ϫⲱ, dont le sens obvie est « dire ». Toutefois, il peut signifier aussi « réciter » ou « chanter »[59] et il est utilisé pour traduire ὑμνῶ, αὐλῶ, αὐλός, ᾠδή et, de manière exclusive pour le Nouveau Testament, ᾄδω[60]. Or, il existe un rapport entre ce dernier, contraction de ἀείδω (« chanter »), et αὐδῶ (« parler »)[61] ; le substantif αὐδή est la voix articulée, douée de sens, qui met en jeu rythme et mélodie[62] ; il désigne aussi des paroles, un oracle et parfois un chant et il peut être employé métaphoriquement pour la « voix » de la corde, d'un arc ou d'une trompette. Au vu du rapport entre ces deux verbes grecs[63], il est possible que ϫⲱ assume les deux sens en même temps : « dire » et « chanter », comme dans *NH* VI 58.24–27 : au disciple qui déclare ϯⲕⲁⲣⲁⲉⲓⲧ̄ [25]ⲱ̄ ⲡⲁⲓⲱⲧ̄· ϯⲟⲩⲱϣ ⲉⲣϩ[26]ⲙⲛⲉⲓ ⲉⲣⲟⲕ ⲉⲉⲓⲕⲁⲣⲁⲉⲓⲧ̄· « je fais silence, Père. Je désire te chanter un hymne en silence », Hermès répond ⲁⲗⲗⲁ [27]ϫⲟⲟϥ ⲁⲛⲟⲕ ⲅⲁⲣ ⲡⲉ ⲡⲛⲟⲩⲥ, où ϫⲱ reprend ⲣ̄ϩⲩⲙⲛⲉⲓ et signifierait « dire quelque chose en chantant ». De plus, il faudrait peut-être relier le sens de ϫⲱ à l'évolution de

---

[59] W.E. Crum, *op. cit.*, p. 755 b–756 a ; W. Vycichl, *op. cit.*, p. 323 ; W. Westendorff, *Koptisches Handwörterbuch*, Heidelberg, Winter, 1965–1977, p. 413.

[60] M. Wilmet, *Concordance du Nouveau Testament sahidique. II. Les mots autochtones*, vol. 3, Louvain, Secrétariat du CorpusSCO, 1957, p. 1609 et *op. cit.*, 1959, p. 48, 65 et 178.

[61] P. Chantraine, *op. cit.*, p. 22 et 138.

[62] S. Crippa, « Entre vocalité et écriture : les voix de la Sibylle et les rites vocaux des magiciens », in C. Batsch, U. Egelhaaf-Gaiser und R. Stepper (hrsg.), *Zwischen Krise und Alltag. Antike Religionen im Mittelmeerraum*, Stuttgart, Franz Steiner Verlag, 1999, p. 99 et n. 18.

[63] Nous remercions beaucoup J.-M. Roessli de nous avoir signalé ce rapprochement.

l'attitude du disciple. En *NH* VI 58.24-26, le disciple déclare vouloir chanter un hymne en silence. Quand Hermès l'y autorise, il s'exécute en *NH* VI 58.28-59.9, laissant entendre qu'il le fait à voix haute. L'emploi de ϫⲱ pourrait rendre compte de ce passage du silence à la voix haute: il renvoie, positivement, à ⲣ̅ϩⲩⲙⲛⲉⲓ «chanter un hymne» et, négativement, à la proposition ⲉⲉⲓⲕⲁⲣⲁⲉⲓⲧ̅ «en silence». Dans les autres occurrences, cette double valeur paraît moins claire, et ϫⲱ signifierait plutôt «chanter», notamment en *NH* VI 60.6-8, qu'il faut mettre en rapport avec *NH* VI 60.4-6[64]. Dans ces conditions, ce verbe acquerrait une valeur religieuse.

L'auteur de *CH* XIII utilise une association équivalente dès l'introduction de l'hymne, en *CH* XIII 15, où ὕμνος est associé à ᾄδω: {T} ἐβουλόμην, ὦ πάτερ, τὴν διὰ τοῦ ὕμνου εὐλογίαν, ἣν ἔφης ἐπὶ τὴν ὀγδοάδα γενομένου μου ἀκοῦσαι τῶν δυνάμεων [...] {E} διὸ καὶ ἐν πᾶσιν αἱ δυνάμεις αἱ ἐν ἐμοὶ ᾄδουσι, «{T} Je désirerai cette louange en forme d'hymne dont tu dis qu'on l'entendra des Puissances alors que je parviendrai à l'Ogdoade [...] {H} C'est pourquoi aussi en tout les Puissances qui sont en moi chantent.» Au cours de l'hymne, en *CH* XIII 18, ὕμνος est associé à συνᾴδω: αἱ δυνάμεις αἱ ἐν ἐμοί, ὑμνεῖτε τὸ ἓν καὶ τὸ πᾶν· συνᾴσατε τῷ θελήματί μου πᾶσαι αἱ ἐν ἐμοὶ δυνάμεις, «Les Puissances qui êtes en moi, chantez l'un et le tout; chantez avec ma volonté, toutes les Puissances qui êtes en moi.» Comme leur homologue copte, ᾄδω et συνᾴδω acquièrent dans ce contexte une valeur religieuse. Il en irait de même avec βοῶ et λόγος. Les deux occurrences du premier, dans l'eulogie en forme d'hymne en *CH* XIII 19 et 20, renvoient à la section de l'hymne qui précède[65]; le second apparaît dans le titre de ce même hymne, λόγος δ[66], et dans

---

[64] A. Van den Kerchove, *op. cit.*, 2007, p. 916.

[65] *CH* XIII 19: ταῦτα βοῶσιν αἱ δυνάμεις αἱ ἐν ἐμοί, «voici ce que crient les Puissances qui sont en moi»; ce que les Puissances clament correspond à toute la section *CH* XIII 18 où Hermès énumère les différentes Puissances qui chantent avec lui. *CH* XIII 20: ὁ σὸς ἄνθρωπος ταῦτα βοᾷ διὰ πυρός, δι' ἀέρος, «ton homme crie cela à travers le feu, l'air»; ce que clame l'homme (= Hermès) renvoie au moins à toute la section *CH* XIII 19, sinon à l'ensemble de l'hymne.

[66] Selon l'apparat critique (*NF* II, p. 207), seuls les manuscrits de la famille A n'ont pas cette numérotation. Il faut ajouter le manuscrit de la Bodléienne à Oxford *Auct. F.inf.2.2* (= Bodl. 8827) qui donne seulement ὑμνῳδία, mais ce terme est écrit en rouge comme tous les titres de traités dans ce manuscrit et il est numéroté à la suite des autres traités; la numérotation «quatre» est due à une main postérieure.

la première partie, la louange au Créateur[67]. Il désigne à chaque fois un discours d'un genre particulier: une prière, l'hymne prononcé par Hermès. Ces deux occurrences de λόγος pourraient donc être traduites par «discours chanté», et on peut se demander s'il n'en irait pas de même pour le copte ⲗⲟⲅⲟⲥ en *NH* VI 60.25. Un tel sens est plausible, si l'on se tourne du côté des *Papyrus grecs magiques*, où s'il désigne le plus souvent des formules rituelles, il renvoie également à des prières aux dieux[68].

Tous ces termes, associés aux mots de la famille de ὑμνῶ, renforceraient l'aspect chanté des hymnes, les hermétistes revendiquant ainsi un rythme et une mélodie spécifique pour certaines de leurs prières. Ce lien avec le chant pose alors les questions du rapport des hermétistes à la musique et à la prosodie. Cela mériterait une étude spécifique, et pour le moment nous allons plutôt nous intéresser à l'orant comme instrument de musique.

c. *L'orant, un instrument de musique?*

Cette question vient à l'esprit à la lecture de *NH* VI 60.27–32 qui témoigne d'une véritable réflexion autour de l'orant et de la signification réelle de certaines prières. Ce passage intervient dans la première partie de la seconde prière du disciple, laquelle est à la fois une louange (ⲥⲙⲟⲩ en *NH* VI 60.18) et un hymne (ⲣ̄ϩⲩⲙⲛⲉⲓ en *NH* VI 60.28). Il est encadré par trois phrases: la première (60.25–27), au futur, l'annonce et lui est reliée par la locution adverbiale ⲉⲧⲃⲉ ⲡⲁⲓ̈ «c'est pourquoi»; la deuxième et la troisième (60.32–61.1), respectivement au présent et au passé, constituent la conclusion, même si aucun mot de liaison ne les relie au passage étudié:

> ²⁵ⲟⲩⲗⲟⲅⲟⲥ ²⁶ⲉϥϩⲏⲛ̄ ϥⲛⲁⲱ ϣⲁϫⲉ ⲁⲛ ⲉⲣⲟⲕ ²⁷ⲡϫⲟⲉⲓⲥ·
> ⲉⲧⲃⲉ ⲡⲁⲓ̈ ⲡⲁⲛⲟⲩⲥ ²⁸ⲟⲩⲱϣ ⲣ̄ϩⲩⲙⲛⲉⲓ ⲉⲣⲟⲕ ⲙ̄²⁹ⲙⲏⲛⲉ·
> ⲁⲛⲟⲕ ⲡⲉ ⲡⲟⲣⲅⲁⲛⲟⲛ ³⁰ⲙ̄ⲡⲉⲕⲡ̄ⲛ̄ⲁ·
> ⲡⲛⲟⲩⲥ ⲡⲉⲕ³¹ⲡⲗⲏⲕⲧⲣⲟⲛ·
> ⲡⲉⲕϣⲟϫⲛⲉ ³²ⲇⲉ ⲣ̄ⲯⲁⲗⲗⲉⲓ ⲙ̄ⲙⲟⲉⲓ·
> ϯⲛⲁⲩ ⁶¹·¹ⲉⲣⲟⲉⲓ ⲁⲉⲓϫⲓ ϭⲟⲙ ⲛ̄ⲧⲟⲟⲧⲕ̄

---

[67] *CH* XIII 17: προσδεξάσθω μου τὸν λόγον, «fais bon accueil à mon discours (chanté)».

[68] *PGM* I 132, III 272, etc. F. Graf, «Prayer in Magical and Religious Ritual», in C.A. Faraone and D. Obbink, *op. cit.*, p. 188–189 et p. 194, souligne que les parties prononcées de l'action rituelle sont qualifiées de λόγος et aussi parfois d'εὐχή: ce λόγος ne désigne pas seulement des formules ou des recettes mais de véritables adresses aux divinités.

Une parole (chantée?)[69] cachée, elle ne sera pas capable de s'exprimer sur toi[70], Seigneur.
c'est pourquoi, mon intellect désire te chanter un hymne chaque jour;
je suis l'instrument de ton souffle;
l'intellect, ton plectre;
et ton conseil me fait vibrer (ou me fait chanter).
je me vois moi-même, j'ai reçu puissance de toi.

C'est parce que le ⲗⲟⲅⲟⲥ, parole qui serait plutôt un chant ici, ne peut s'exprimer correctement sur Dieu que l'intellect du disciple prend le relais, en souhaitant chanter un hymne. Le passage qui suit la phrase introductive révèle une construction fine. Du point de vue grammatical, deux propositions verbales, chacune introduite par un mot de liaison – la locution adverbiale ⲉⲧⲃⲉ ⲡⲁⲓ pour la première et la particule ⲁⲉ pour la seconde –, encadrent deux propositions nominales. L'ensemble de ces quatre propositions, au présent, paraît se situer en réalité hors du temps. Presque tous les noms communs sont attribués à un possesseur: l'orant pour la première occurrence de ⲛⲟⲩⲥ; Dieu pour le « conseil », le « souffle » et le « plectre »; le souffle de Dieu pour l'« instrument ». Seule la seconde occurrence de ⲛⲟⲩⲥ n'a aucun possesseur attitré, l'article simple ⲡ- contrastant avec l'article possessif ⲡⲁ- pour la première occurrence. Ce changement d'article introduit une ambiguïté typique des traités hermétiques: l'orant semble parler de l'intellect divin, tout en évoquant dans le même temps son propre intellect.

Du point de vue thématique, la première proposition semble être explicitée par les trois suivantes comme le montre le tableau ci-dessous.

La première proposition indique les différents protagonistes et l'activité exercée: Dieu, l'orant (avec l'article possessif ⲡⲁ-), l'intellect et l'action musicale. Toutes ces informations sont reprises dans les trois propositions suivantes: Dieu apparaît à chaque fois, avec l'article possessif de la deuxième personne du singulier, ⲡⲉⲕ-; l'orant, dans les deuxième et quatrième propositions, avec le pronom de la première personne du singulier; l'intellect réapparaît seulement dans la troisième proposition et l'action musicale, dans la dernière proposition.

---

[69] Pour la traduction de ⲗⲟⲅⲟⲥ, p. 242.

[70] À la suite de l'édition anglaise (*op. cit.*, p. 365), d'A. Camplani (*Scritti, op. cit.*, 2000, p. 150) et de K.W. Tröger (*op. cit.*, 2003, p. 515), nous ne corrigeons pas le texte. À comparer avec J.-P. Mahé, *op. cit.*, 1978, p. 85 et 123, suivi par A. Proto (*Ermete Trismegisto: Gli inni. Le preghiere di un santo pagano*, Milano, Mimesis, 2000, p. 146).

Tableau 7. La thématique de *NH* VI 60.27–32.

Propo- sitions	Ce qui se rapporte à l'orant	Ce qui se rapporte au destinataire, Dieu	Action musicale mise en œuvre	Autre
1	« mon intellect » (sujet) : ⲡⲁⲛⲟⲩⲥ	complément indirect : ⲉⲣⲟⲕ	chanter un hymne : ⲣ̄ϩⲩⲙⲛⲉⲓ	vouloir, continuellement : ⲟⲩⲱϣ, ⲙ̄ⲙⲏⲛⲉ
2	« je » : ⲁⲛⲟⲕ	« instrument de ton souffle » : ⲟⲣⲅⲁⲛⲟⲛ ⲙ̄ⲡⲉⲕⲡ̄ⲛ̄ⲁ		
3		« ton plectre » : ⲡⲉⲕⲡⲗⲏⲕⲧⲣⲟⲛ		
	« intellect » : ⲛⲟⲩⲥ			
4	complément direct : ⲙ̄ⲙⲟⲉⲓ	« ton conseil » (sujet) : ⲡⲉⲕϣⲟϫⲛⲉ	faire vibrer : ⲣ̄ⲯⲁⲗⲗⲉⲓ	

Ces quatre propositions se répondent aussi deux à deux : 1° la pre- mière et la dernière sont centrées autour du musicien et de la pratique musicale mise en œuvre. Ils sont tous les deux différents : l'intellect de l'orant et ⲣ̄ϩⲩⲙⲛⲉⲓ « chanter un hymne » ; le conseil de Dieu et ⲣ̄ⲯⲁⲗⲗⲉⲓ « faire vibrer ». À cette occasion, nous pouvons observer une inver- sion concernant ce qui se rapporte à l'orant et au destinataire : chacun est sujet dans une proposition et complément d'objet dans l'autre. 2° Les deuxième et troisième propositions concernent l'instrument qui appartient à Dieu : général dans le premier cas avec le terme ⲟⲣⲅⲁⲛⲟⲛ, il est plus précis dans le second, avec ⲡⲗⲏⲕⲧⲣⲟⲛ « plectre ». L'étude des termes musicaux va préciser ces correspondances entre les quatre propositions.

πλῆκτρον et ψάλλω renvoient à deux façons de faire vibrer les cordes musicales : respectivement les gratter avec un onglet tenu de la main droite[71], les pincer et/ou les tirer avec les doigts[72]. Ces deux

---

[71] J. Chailley, *La Musique grecque antique*, Paris, Les Belles Lettres, 1979, p. 213. D.A. Warren, *Music and Musicians in Ancient Greece*, Ithaca/London, Cornell Univer- sity Press, 1994, Appendix A : Lyre, p. 175. F. Zaminer, « Musikinstrumente. V- Grie- chenland », in H. Cancik und H. Schneider (hrsg.), *Der Neue Pauly. Enzyklopädie der Antike*, Band 8, Stuttgart/Weimar, J.B. Metzler, 2000, col. 543–544.

[72] *LSJ*, p. 2018 a : « pluck, twitch », « play a stringed instrument with the fingers and not with the plectron ». Voir aussi Philodème, Épigramme 3.3 cité dans D. Sider, *The*

actions ne sont pas forcément exclusives l'une de l'autre ; plusieurs témoignages iconographiques grecs montrent parfois un musicien en train de jouer d'un instrument à cordes simultanément avec ses deux mains, la droite tenant le plectre et la gauche pinçant les cordes[73], ce qui produit des effets musicaux différents. Avec la Septante, ψάλλω et ses dérivés acquièrent une connotation religieuse, jusque là absente dans la littérature grecque. À l'exception d'une seule occurrence[74], ce terme qualifie tous les chants adressés à Dieu, en premier lieu ceux du roi David ; cette utilisation est reprise dans le Nouveau Testament et dans la littérature chrétienne, au point que le verbe et le substantif ψαλμός sont devenus des termes techniques pour les chants de David. Dans ces conditions, traduire le terme copte simplement par «jouer un psaume»[75] risque d'évoquer faussement les psaumes de David et de renvoyer à un contexte testamentaire et chrétien, ce qui trahirait le texte[76].

Ce que nous venons de dire sur le plectre et sur ψάλλω implique une identification de l'orant, le « je », et de l'ογρanon à un instrument à cordes, par exemple une lyre dont l'invention est attribuée à Hermès[77]. La lyre, avec le plectre, apparaît couramment dans la littérature antique au sein d'une comparaison avec l'homme : la lyre est comparée à l'âme humaine[78], et le plectre à la langue[79]. L'extrait copte serait donc

---

Epigrams of Philodemos. Introduction, Text and Commentary, Oxford, Oxford University Press, 1997, p. 67–68.

[73] Par exemple A. Lingas, «Instruments, Musical», in G. Speake (ed.), *Encyclopedia of Greece and the Hellenic Tradition*, vol. I, London/Chicago, Fitzroy Dearborn Publishers, 2000, p. 814.

[74] *Siracide* 9.4 : μετὰ ψαλλούσης μὴ ἐνδελέχιζε, «ne t'attarde pas avec la joueuse de lyre».

[75] Traduction adoptée par J.-P. Mahé (*op. cit.*, 1978, p. 81) et reprise par A. Proto (*op. cit.*, p. 146).

[76] Ce qui ne veut pas dire qu'un lecteur chrétien ne penserait pas à ces psaumes en lisant le passage hermétique.

[77] *Hymne à Hermès* v. 423 et suivants.

[78] Essentiellement chez les stoïciens ; P. de Labriolle, *La Crise montaniste*, Paris, E. Leroux, 1913, p. 46. Comparaison reprise notamment par l'auteur de *CH* XVIII 5 : καὶ ὑμεῖς, ὦ τιμιώτατοι, ἔνδον πάλιν τῷ μουσουργῷ τὴν οἰκείαν ἐναρμόσασθε λύραν, «Et vous, très honorés (rois), à votre tour, accordez en vous-mêmes, pour le Musicien (– Dieu) la lyre particulière. »

[79] Le texte le plus intéressant de ce point de vue est Cicéron, *De natura deorum* II 149 : *itaque plectri similem linguam nostri solent dicere, chordarum dentes, nares cornibus is quae ad nervos resonant in cantibus*, «voilà pourquoi les philosophes de notre école comparent habituellement la langue à un plectre, les dents à des cordes, les narines aux cornes de la lyre qui, durant les morceaux, servent aux cordes de caisse de résonance» (traduction : M. van den Bruwaene).

un témoignage supplémentaire de ces comparaisons. Néanmoins, trois textes chrétiens permettent d'aller au-delà : le cinquième oracle montaniste (selon la numérotation de P. de Labriolle[80]), souvent cité en rapport avec notre extrait[81], le passage du *Pédagogue* II 41.4 de Clément d'Alexandrie, le plus à même selon A. Camplani d'expliquer le passage hermétique, et le *De antichristo* 2, 7–11 de Hippolyte de Rome.

Selon le cinquième oracle conservé chez Épiphane, *Panarion* 48.4.1, Montan aurait dit : ἰδού, ὁ ἄνθρωπος ὡσεὶ λύρα κἀγὼ ἐφίπταμαι ὡσεὶ πλῆκτρον, « Vois, l'homme est comme une lyre, et je vole sur lui comme un plectre.» Les oracles de Montan et ceux des deux femmes qui l'accompagnaient ont joué un rôle fondamental aux origines du mouvement montaniste qui émerge dans la deuxième moitié du IIe siècle et qui est rapidement considéré comme hérétique[82]. Souvent cités par des opposants au montanisme, ils sont difficiles à interpréter[83]. Dans le cinquième oracle, le plectre représenterait l'Esprit qui a pris possession de l'homme[84], Montan parlant de lui-même à la troisième personne : la passivité du sujet est ainsi soulignée, et seule l'activité surnaturelle intervient au moment où le sujet parle. Dans le *Pédagogue*, Clément d'Alexandrie se livre à l'exégèse de plusieurs versets du *Psaume* 150 et interprète le verset 3 b « et sur la cithare, louez-le» ainsi : «Qu'on

---

[80] P. de Labriolle, *Les Sources de l'histoire du montanisme. Textes grecs, latins et syriaques publiés avec une introduction critique, une traduction française, des notes et des "indices"*, Paris, E. Leroux, 1913, p. 120 texte 88 = Épiphane de Salamine, *Panarion* 48.4.1 ; idem, *Crise, op. cit.*, 1913, p. 46–50.

[81] L.S. Keizer, *op. cit.*, p. 38 ; J.-P. Mahé, *op. cit.*, 1978, p. 123 ; A. Camplani, *Scritti, op. cit.*, 2000, p. 151 n. 80. J. Brashler, P.A. Dirkse and D.M. Parrott, *op. cit.*, p. 365 : les traducteurs se contentent de citer deux témoignages de Plutarque.

[82] F. Blanchetière, « Le montanisme original (1) », *RevSR* 52 (1978), p. 118–134 et « Le montanisme originel (2) », *RevSR* 53 (1979), p. 1–32 ; W.H.C. Frend, « Montanism : a Movement of Prophecy and Regional Identity in the Early Church », *Bulletin of the John Rylands University Library of Manchester* 70.3 (1988), p. 25–34 ; M.J. Kreidler, «Montanism and Monasticism: Charism and Authority in the Early Church », *Studia Patristica* 18.2 (1989), p. 229–234 ; B. Czesz, « La "tradizione" profetica nella controversia montanista », in *Sogni, visioni e profezie nell'antico Cristianismo. XVII incontro di studiosi dell'Antichità Cristiana, Augustinianum* 29 (1989), p. 55–70.

[83] Les remarques de W. Tabbernee («Remnants of the New Prophecy: Literary and Epigraphical Sources of the Montanist Movement», *Studia Patristica* 21 [1989], p. 194) sont éclairantes: les auteurs de ces oracles sont-ils les premiers montanistes ou les successeurs? Le contexte original manque; leur forme est fragmentaire, seul ce qui pouvait servir à la polémique anti-montaniste a été retenu, comme les formules qui montreraient que Montan s'identifiait à Dieu. A. Strobel, *Das heilige Land der Montanisten. Eine religionsgeographische Untersuchung*, Berlin, De Gruyter, 1980, p. 277 ; pour lui, le cinquième oracle est authentique.

[84] P. de Labriolle, *Crise, op. cit.*, 1913, p. 46 ; A. Strobel, *op. cit.*, p. 276.

entende par cithare la bouche, quand l'esprit la fait vibrer comme un plectre. »[85] À ces deux témoignages, A. Camplani ajoute *De antichristo* 2, 7–11 où Hippolyte de Rome parle de l'apôtre Paul puis des prophètes : « Ceux-ci, en effet, tous ceux qui sont préparés dans le souffle prophétique et qui dignement sont estimés par son Verbe (λόγος), comme des instruments unis en eux-mêmes ayant toujours en eux le Verbe comme un plectre, par lequel ils sont mus, ils annoncent ce que Dieu veut. »[86] Il y a plusieurs points communs entre ces témoignages et le passage hermétique : l'homme, ou la seule bouche chez l'Alexandrin, est comparé à un instrument de musique ; le plectre est associé à une entité divine – l'Esprit Saint chez Montan et Clément, le λόγος chez Hippolyte et l'Intellect dans le passage hermétique. Chez Montan, Clément et Hippolyte, cela exprime l'inspiration divine, et il en irait de même avec le passage hermétique.

Toutefois, plus que dans les deux autres textes chrétiens, la comparaison clémentine de la seule bouche à la cithare établit une équivalence entre la voix humaine et la musique instrumentale, idée d'origine stoïcienne[87]. Elle réoriente l'interprétation de la comparaison hermétique entre l'orant et un instrument à cordes et de la dernière proposition copte. Dans celle-ci, l'orant est le complément du verbe ⲣ̄ⲯⲁⲗⲗⲉⲓ : le conseil de Dieu joue de l'instrument qu'est l'orant, une lyre ; la voix de l'orant, avec ses cordes vocales, serait l'équivalent du son instrumental, et, finalement, la dernière proposition pourrait être traduite ainsi : « le conseil de Dieu me fait chanter »[88].

Nous pouvons en dire encore un peu plus. En effet, l'instrument qu'est l'orant hermétique appartient au ⲡⲛⲉⲩⲙⲁ de Dieu. Ce ⲡⲛⲉⲩⲙⲁ peut évoquer l'Esprit de Dieu[89] et le souffle divin qui souffle dans

---

[85] Clément d'Alexandrie, *Pédagogue* II 4, 41.4 : κιθάρα νοείσθω τὸ στόμα, οἱονεὶ πλήκτρῳ κρουόμενον τῷ πνεύματι (traduction de C. Mondésert modifiée).

[86] Hippolyte de Rome, *De antichristo* 2 7–11 : οὗτοι γὰρ πνεύματι προφητικῷ οἱ πάντες κατηρτισμένοι καὶ ὑπ' αὐτοῦ τοῦ λόγου ἀξίως τετιμημένοι, ὀργάνων δίκην ἑαυτοῖς ἡνωμένοι ἔχοντες ἐν ἑαυτοῖς ἀεὶ τὸν λόγον ὡς πλῆκτρον, δι' οὗ κινούμενοι ἀπήγγελλον ταῦτα ἅπερ ἤθελεν ὁ θεός. A. Strobel (*op. cit.*, p. 280–281) mentionne également ce texte quand il étudie le cinquième oracle de Montan. Il n'exclut pas qu'Hippolyte ait pu choisir sa formulation en relation avec la « prétendue » tradition montaniste : « es ist nicht auzuschliessen, dass Hippolyt seine Formulierung in engster Bindung an eine vorgegebene montanische Überlieferung gewählt hat », p. 281.

[87] Voir le passage du *De natura deorum* II 149 de Cicéron cité ci-dessus.

[88] Nous remercions le professeur Jean-Daniel Dubois de nous avoir suggéré de traduire ⲣ̄ⲯⲁⲗⲗⲉⲓⲛ par « faire chanter ».

[89] Traduction par « Esprit » : J.-P. Mahé, *op. cit.*, 1978, p. 81 ; J. Brashler, P.A. Dirkse and D.M. Parrott, *op. cit.* : « spirit » ; K.-W. Tröger, *op. cit.*, 2003, p. 515 : *Geist*. À ne

l'instrument: ce dernier serait ainsi un instrument à vent, par exemple la flûte. Ce double sens est courant. Il apparaît explicitement dans *CH* XVIII où, toujours dans un cadre musical, le *pneuma* est appliqué aussi bien à l'homme qu'à Dieu: en *CH* XVIII 2, il est le souffle physique qui permet au musicien de jouer de la flûte, tandis que, dans le chapitre suivant, il est question du souffle / esprit divin, immatériel qui donne l'inspiration[90]. Ce jeu de mots, associé à la comparaison de l'homme à un instrument à vent, est en effet régulièrement utilisé pour parler de l'inspiration, par exemple chez Athénagore[91] et dans un oracle d'Apollon cité par Porphyre et transmis par Eusèbe (*Préparation évangélique* V 8, 11 = Smith F 349)[92]. La même idée est présente chez Plutarque, qui en parle de manière négative, puisque le locuteur rapporte que, pour un dieu, investir l'homme est contraire à sa divinité[93]. Les *Odes de Salomon* 6.1–2 mentionnent l'Esprit de Dieu qui parle en l'homme de même que les mains jouent de la harpe et que les cordes

---

pas confondre avec l'Esprit Saint des chrétiens, ni avec l'Esprit du cinquième oracle montaniste.

[90] *CH* XVIII 2: οὐ τῷ πνεύματι τοῦ μουσικοῦ τις ἀναπέμπεται τὴν αἰτίαν, οὐ τῷ κρείττονι τὴν αἰτίαν, ἀλλὰ τῷ μὲν ἀποδίδωσι πρέπον τὸ σέβας, «personne ne met en cause le souffle du musicien, ni le Très Haut, mais on s'acquitte de la révérence qui lui convient tandis que l'on blâme l'avarie d'un instrument»; *CH* XVIII 3: οὑτωσὶ δὲ καὶ ἡμῶν τῆς περὶ τὸ σῶμα ἀσθενείας χάριν, μή τις τῶν θεωρῶν καταμέμψηται ἀσεβῶς τὸ ἡμέτερον γένος, ἀλλὰ γινωσκέτω ὡς ἀκάματον μέν ἐστι πνεῦμα ὁ θεός, ἀεὶ δὲ καὶ ὡσαύτως ἔχων τῆς οἰκείας ἐπιστήμης, «de même aussi, à cause de la faiblesse de nos corps, qu'aucun des spectateurs ne blâme de manière impie notre genre, mais qu'il sache combien Dieu est un souffle infatigable, étant continuellement et également (dans les mêmes dispositions) vis-à-vis de la science qui lui est particulière».

[91] Athénagore, *Supplique au sujet des chrétiens* 7 et surtout 9.1: τῶν λοιπῶν προφητῶν, οἳ κατ' ἔκστασιν τῶν ἐν αὐτοῖς λογισμῶν, κινήσαντος αὐτοὺς τοῦ θείου πνεύματος, ἃ ἐνηργοῦντο ἐξεφώνησαν, συγχρησαμένου τοῦ πνεύματος ὡς εἰ καὶ αὐλητὴς αὐλὸν ἐμπνεύσαι, «(connaître les écrits des) autres prophètes qui, dans le délire de leur raison, animés par l'esprit divin, ont proclamé ce qu'ils avaient conçu sous son impulsion, l'Esprit les utilisant comme le flûtiste utilise sa flûte» (traduction: B. Pouderon).

[92] Selon cet oracle, les flots de lumière enveloppés de souffle (πνοιῇ) investissent le médium (δοχεύς) irréprochable, traversent ses membranes et font sortir «de ce mortel, comme d'une flûte, une voix amie» (αὐλοῦ δ' ἐκ βροτέοιο φίλην […] φωνήν). Appliquant la métaphore musicale à l'homme en tant que corps (ὀργανικὸν σῶμα, σώματος), Porphyre interprète cet oracle ainsi: l'esprit divin (*pneuma*) se sert de l'homme comme d'un instrument (*Préparation évangélique* V 8, 12). H. Lewy, *Chaldean Oracles and Theurgy. Mysticism, Magic and Platonism in the Late Roman Empire*, Paris, Études augustiniennes, 1978 (édition de 1956 revue et augmentée par M. Tardieu), p. 43–46 et A. Busine, *Paroles d'Apollon. Pratiques et traditions oraculaires dans l'Antiquité tardive (IIe–IVe siècles)*, Leiden, Brill, 2005, p. 213, 272–273.

[93] Plutarque, *Sur la disparition des oracles* 9, 414 D–E et, pour un point de vue différent sur les oracles, *Sur les oracles de la Pythie* 7, 397 B–C.

parlent, avec un jeu entre le vent qui souffle sur la harpe et l'Esprit qui souffle dans le poète[94].

Tous ces témoignages aident à mieux comprendre le passage hermétique et à le replacer dans le contexte de l'inspiration divine: l'hymne de l'orant hermétique, qui a atteint un certain degré dans l'enseignement, est inspiré par Dieu. L'auteur hermétiste exprime cette inspiration à l'aide d'images musicales qui, contrairement à ce que nous pouvons lire dans la plupart des témoignages cités, ne sont pas utilisées pour comparer mais pour identifier: il s'agirait plutôt d'une métaphore filée. Celle-ci utilise deux images généralement indépendantes l'une de l'autre: celle de l'instrument à vent où soufflerait le souffle de Dieu et celle de l'instrument à cordes avec lequel le conseil de Dieu joue. Les deux instruments sont réunis en un seul homme, l'orant, une sorte de multi-instrument entre les «mains» d'entités divines et de Dieu. Cette conception est proche de celle de Clément d'Alexandrie à propos du *Logos* (Jésus): celui-ci se sert de l'instrument qu'est l'homme pour célébrer Dieu, et Clément termine en citant un anonyme: «Car tu es pour moi une cithare, une flûte et un temple.»[95] Comme l'orant hermétiste, l'homme dont il est question dans cette citation est identifié à deux instruments à la fois. Tel le Dieu du *CH* XVIII, le Dieu de l'extrait copte est musicien, avec son souffle (qui souffle dans l'instrument à vent qu'est l'orant), son conseil (qui, à l'instar d'une main droite, pince les cordes d'un instrument à cordes, lequel est encore l'orant) et l'intellect (le plectre tenu par une main gauche), le son produit par ce dernier modifiant celui produit par le conseil[96]. Le son ainsi émis par l'orant, c'est-à-dire son chant, ou son hymne, relèverait aussi bien du son instrumental que du son purement vocal. Finalement, les quatre propositions décrivent la même idée avec des détails différents: la première donnerait le thème général du passage, la dernière le reprend et l'explicite en se fondant sur les précisions apportées par les deux propositions nominales intermédiaires.

---

[94] Sur ce jeu de mots: M. Lattke, *Oden Salomos. Text, Übersetzung, Kommentar*, Teil I, Göttingen, Vandenhoeck & Ruprecht, 1999, p. 75 (qui pense que la lecture *rûha* est plausible, signifiant, comme *pneuma*, aussi bien esprit que vent ou souffle) et É. Azar dans sa traduction de *Les Odes de Salomon*, Paris, Cerf, 1996, p. 93 n. 1 (qui souligne le jeu de mots entre les deux versets).

[95] Clément d'Alexandrie, *Protreptique* I 5.3: σὺ γὰρ εἶ κιθάρα καὶ αὐλὸς καὶ ναὸς ἐμοί (traduction: C. Mondésert).

[96] M.L. West, *Ancient Greek Music*, Oxford, Oxford Clarendon Press, 1992, p. 65–66.

Grâce à la métaphore filée, et contrairement à la plupart des témoignages cités, ce n'est pas une entité divine qui entre en jeu – l'Esprit ou le Verbe – mais trois : le souffle de Dieu, le conseil de Dieu et l'Intellect, avec une ambiguïté volontaire pour ce dernier : il s'agirait autant de l'Intellect divin que de l'intellect humain, un moyen d'évoquer une inspiration continue, l'homme ayant toujours l'intellect en lui, continuité présente aussi dans le témoignage d'Hippolyte où les prophètes ont toujours le Verbe en eux. Néanmoins, dans le texte hermétique, l'inspiration est d'ordre musical et non prophétique : elle concerne un hymne et non un message à délivrer. Elle serait plus proche de l'inspiration poétique par les Muses qu'un certain nombre de poètes évoque depuis les poèmes homériques[97] jusqu'à une époque tardive[98]. Une telle inspiration et les différentes identifications établies par l'orant hermétiste sont possibles grâce aux transformations que l'orant a subies antérieurement, avec la venue de l'Ogdoade et les visions. En même temps, elles les confirment, montrant que l'orant est réellement et entièrement divinisé et qu'il prend désormais part au monde divin et à ses puissances divines. La conclusion de l'extrait[99] confirmerait cette interprétation. Que l'orant se voit lui-même témoigne qu'il a atteint l'Ogdoade et qu'il a été régénéré[100]. Qu'il a reçu puissance signifie qu'il a maintenant la force et la capacité de s'adresser directement à Dieu.

---

[97] Sur l'inspiration par les muses : F. Dupont, *Homère et Dallas. Introduction à une critique anthropologique*, Paris, Hachette, 1991, en particulier p. 40–45 ; S. Rabau, *op. cit.*, p. 17–22.

[98] Au VIᵉ siècle, le poète palestinien Jean de Gaza écrit un poème intéressant pour notre propos car il mentionne l'inspiration, le souffle et le plectre : v. 2–3 «Je rêve encore qu'avec le plectre des Muses je suis frappé d'un énergique stimulant» et v. 24–25 «Ô Père auto-engendré, pasteur d'un enfantement pur, escorte l'épanchement du chant, en le munissant d'un souffle plus intelligent» (traduction : L. Renaut). Sur ce poème, L. Renaut, «la description d'une croix cosmique par Jean de Gaza, poète palestinien du VIᵉ siècle», in R. Favreau et M.-H. Debies, *Iconographica. Mélanges offerts à Piotr Skubiszewski*, Poitiers, Université de Poitiers, 1999, p. 211–220. Nous remercions l'auteur d'avoir porter à notre connaissance ce document.

[99] Comme l'ont fait remarquer plusieurs commentateurs (J.-P. Mahé, *op. cit.*, 1978, p. 123 ; A. Camplani, *Scritti, op. cit.*, 2000, p. 151 n. 81 ; K.-W. Tröger, *op. cit.*, 2003, p. 513 n. 86), les deux phrases reprennent *NH* VI 58.7–8 avec une inversion. En effet, en *NH* VI 58, le disciple (ou Hermès selon A. Camplani ; voir ci-dessous p. 328 n. 9) dit à son maître : «tu me donnes puissance ; je me vois» ⲕ︤ϯⲛⲏⲉⲓ ϭⲁⲙ ϯⲛⲁⲩ ⲉⲣⲟⲉⲓ. De plus, à la page 58, le disciple s'adresse à son maître, à la page 61 à Dieu.

[100] En *NH* VI 58.8, le disciple déclare se voir lui-même après que la Puissance divine soit arrivée jusqu'à lui. Tat fait une déclaration analogue après la venue des dix Puissances en *CH* XIII 13 : πάτερ, τὸ πᾶν ὁρῶ καὶ ἐμαυτὸν ἐν τῷ νοΐ, «père, je vois le Tout

À cela s'ajoute une signification supplémentaire. Les ritualistes des papyrus magiques ont eux aussi une telle prétention, en rapport avec une conception égyptienne[101]. Ils s'égalent à la divinité, non en devenant de même essence qu'elle mais en recevant d'elle leur puissance. Ils peuvent donc opérer comme la divinité. De même, l'orant hermétiste, ayant reçu puissance, agit comme Dieu et surtout comme les Puissances de Dieu, dont l'occupation principale consiste à chanter des hymnes : désormais, il peut chanter des hymnes continuellement, chaque jour, ⲙ̄ⲙⲏⲛⲉ en *NH* VI 60.29. Nous retrouvons la même idée avec l'hymne d'Hermès dans *CH* XIII, un hymne issu des Puissances divines. En *CH* XIII 18, Hermès appelle en effet toutes les Puissances à venir chanter avec lui : αἱ δυνάμεις αἱ ἐν ἐμοί, ὑμνεῖτε τὸ ἓν καὶ τὸ πᾶν, «Puissances qui êtes en moi, louez l'Un et le Tout», καὶ σύ μοι, ἐγκράτεια, ὕμνει, «Et toi avec moi, Force, loue» ou encore : ὕμνει ἀλήθεια τὴν ἀλήθειαν, τὸ ἀγαθόν, ἀγαθὸν ὕμνει, «Loue, Vérité, la vérité ; le Bien, loue le bien.» Dans les deux cas, *OgdEnn* et *CH* XIII, Dieu apparaît à la fois comme un musicien infatigable, comme le dit l'auteur de *CH* XVIII[102], et comme le destinataire de prières continuelles issues de disciples désormais investis par le divin et dignes d'en être l'instrument musical. De telles prières n'ont donc plus grand-chose en commun avec les prières traditionnelles. Et nous voyons ainsi apparaître une hiérarchie en fonction de l'orant ; la nature de la prière dépend de la capacité de l'orant et donc de son avancée sur la «voie d'Hermès».

d. *Louer Dieu*

En rapport avec un certain nombre de prières, les hermétistes emploient le verbe εὐλογέω et ses dérivés. Il est utilisé dans la version grecque de la *Prière d'action de grâces*, la version latine donnant *benedicere* et la version copte ⲥⲙⲟⲩ ; une équivalence est ainsi établie entre ces trois

---

et moi-même dans l'Intellect». Sur ces passages, lire la section «Visions et illumination» dans le chapitre sept.

[101] En particulier en rapport avec l'anthropologie : P. Derchain, «Anthropologie», *op. cit.*, 1981, p. 46–49 souligne que les différences entre les dieux et les hommes sont d'ordre non pas ontologique mais quantitatif. R.K. Ritner, *The Mechanics of Ancient Egyptian Magical Practice*, Chicago, The Oriental Institute of the University of Chicago, 1993, p. 247.

[102] Voir les extraits *CH* XVIII 2 et 3 cités ci-dessus.

termes, parfaite dans le cas du verbe latin avec la même association entre un préverbe signifiant « bien » (εὐ-, *bene-*) et un verbe signifiant « parler », « dire » (λέγειν, *dicere*); c'est d'ailleurs ce terme latin qui sert de plus en plus à traduire εὐλογέω.

L'emploi de ce dernier dans un contexte religieux pourrait étonner en grec. Il apparaît avec les traducteurs de la Septante qui le choisissent pour traduire l'hébreu *barakh* « louer », « bénir »[103] et il devient courant dans les écrits du Nouveau Testament et des Pères de l'Église. Dans ces textes, le sens profane « bien parler » est très rare, l'un des quelques exemples étant l'*Épître aux Romains* 16.18[104]. En revanche, dans les écrits non chrétiens, l'usage religieux est assez rare : selon H.G. Liddell et R. Scott, il n'y aurait que *OGI* 73, 74 et *CIG* 4705c[105], tandis que J. Büchli ne donne aucun exemple. Nous pouvons ajouter deux textes à ce dossier, qui demeure maigre cependant : l'*Ion* d'Euripide, quand le jeune Ion adresse un Péan à Apollon qu'il nomme son père : « Phoibos est mon vrai père : je bénis celui qui me nourrit »[106] ; les *Progymnasmata* d'Aélius Théon qui, après avoir distingué ἐγκώμιος et ὕμνος, ajoute que l'« on dit éloge, parce que les anciens adressaient leurs louanges aux dieux dans certains banquets et jeux »[107] et il applique le terme εὐλογία aux dieux, au même titre que les hymnes. Au sein de ce paysage, l'auteur hermétiste utilise le verbe et les vocables apparentés uniquement dans un sens religieux, se démarquant des auteurs grecs non chrétiens et se rapprochant des chrétiens. Ceci amena certains commentateurs à chercher les influences chrétiennes possibles.

Les mentions de εὐλογέω se limitent à trois traités : *CH* I, V et XIII. En *CH* XIII 15–16, quand Tat parle de la louange en forme d'hymne, il l'identifie à l'hymne entendu en arrivant dans l'Ogdoade. Généralement, les commentateurs reconnaissent là une allusion à *CH* I, où ce terme est aussi présent. L'utilisation de εὐλογέω dans *CH* XIII a donc pu être influencée par celle de *CH* I. Qu'en est-il donc de ce

---

[103] S. Legasse, « Εὐλογεῖν et εὐχαριστεῖν », in *Mens Concordet Voci : pour Mgr Aimé-Georges Martimont à l'occasion de ses quarante années d'enseignement et des vingt ans de la Constitution « Sacrosanctum Concilium »*, Paris, Desclée, 1983, p. 431–435.

[104] H. Patsch, « *Eulogeō* », in H. Balz et G. Schneider, *Exegetical Dictionary of the New Testament*, vol. 2, Edinburgh, T&T, 1991, p. 79–80.

[105] *LSJ*, p. 720.

[106] Euripide, *Ion* v. 137 : Φοῖβός μοι γενέτωρ πατήρ· τὸν βόσκοντα γὰρ εὐλογῶ (traduction : B. Laurot dans F. Chapot et B. Laurot, *op. cit.*, Prière G 62, p. 130–131).

[107] Aélius Théon, *Progymnasmata* 109.19, 9 : ἐγκώμιον δὲ λέγεται τῷ τοὺς παλαιοὺς ἐν κώμῳ τινὶ καὶ παιδιᾷ τὰς εἰς θεοὺς εὐλογίας ποιεῖν (traduction : M. Patillon).

traité? Pour trois mentions sur quatre, εὐλογέω et ses dérivés sont en rapport avec la prière finale du narrateur, *CH* I 31–32. J. Büchli y voit une variante de l'expression biblique διδόναι δόξαν et une influence chrétienne paganisée; l'auteur hermétiste aurait choisi un verbe général, εὐλογέω, qui paganiserait le verbe chrétien εὐχαριστῶ dans l'association εὐχαριστοῦσιν εὐλογοῦντες de *CH* I 22[108]. Une telle influence chrétienne peut-elle avoir lieu si on accepte la datation habituellement admise (fin Ier – début IIe ap. J.-C.) ou celle récemment avancée[109]? En tous les cas, J. Büchli postule une datation plus tardive: milieu du IIIe siècle après J.-C.[110].

Cependant, plutôt que de chercher des influences chrétiennes, pourquoi ne pas regarder du côté de la Septante? L'emploi de εὐλογητός en *CH* I 32 nous y invite. Dans ce passage, à la fin de sa prière, le narrateur déclare: διὸ πιστεύω καὶ μαρτυρῶ, εἰς ζωὴν καὶ φῶς χωρῶ. εὐλογητὸς εἶ, πάτερ, «C'est pourquoi je crois et je témoigne; je cours vers la vie et la lumière. Tu es béni, Père.» L'adjectif εὐλογητός est absent des écrits non chrétiens et n'apparait que huit fois dans le Nouveau Testament, dont six dans les lettres pauliniennes[111], avant de devenir courant chez les auteurs chrétiens; en revanche, il est très prisé par les traducteurs de la Septante qui l'utilisent une centaine de fois[112]. Une influence juive n'est donc pas invraisemblable, d'autant plus que les travaux de M. Philonenko, suivi de B.A. Pearson ont relevé plusieurs autres points de contact avec le judaïsme dans ce traité et, plus spécifiquement, dans la prière finale du narrateur[113]. S'appuyant sur ces faits, certains commentateurs modernes vont même jusqu'à dire que l'auteur serait juif: H.L. Jansen et plus récemment J. Holzhausen[114]. Ce dernier pense que l'auteur appartiendrait à la génération juive qui habite Alexandrie et qui, après la destruction du Temple, veut présenter la croyance juive sous une nouvelle forme. Il n'est pourtant pas nécessaire de faire appel à un auteur juif pour expliquer ces convergences d'idées et d'expressions et, comme le fait remarquer B.A. Pearson, nous n'avons pas affaire à un texte juif. Malgré des périodes où les rapports entre les

---

[108] J. Büchli, *op. cit.*, p. 116, 168 et p. 149–150.
[109] A. Van den Kerchove, «Les hermétistes», *op. cit.*, 2011, p. 80.
[110] J. Büchli, *op. cit.*, p. 207. Sur la datation, voir l'introduction ci-dessus.
[111] Mc 14.61; Lc 1.68; Rm 1.25 et 9.5; 2 Co 1.3 et 1.31 et 1 P 1.3.
[112] Par exemple: Gn 29.26; Ex 18.10 et Dt 7.14.
[113] M. Philonenko, «Le *Poimandrès*», *op. cit.*, 1975, p. 204–211. B.A. Pearson, *op. cit.*, p. 336–348.
[114] H.L. Jansen, *op. cit.*, p. 157–163. J. Holzhausen, *op. cit.*, p. 69.

juifs et les non juifs sont tendus, des relations existent, au moins pour une partie de la population juive dont Philon est un bon représentant. Il est possible que l'inverse se soit produit avec des lettrés non juifs étant en contact avec leurs homologues juifs et/ou leurs œuvres. Une preuve de ces contacts et de la communauté d'idées consécutive à ces contacts pourrait être fourni par les fragments P. Berol. 17 027 : attribués, de manière incertaine, à une œuvre perdue de Philon, *De Deo*, une nouvelle étude montre qu'au moins trois d'entre eux sont hermétiques – deux fragments citent un extrait de *CH* X et un troisième mentionne les *(Leçons) générales*[115]. En dehors de ces caractéristiques, il aurait été difficile de les attribuer à un auteur hermétiste plutôt qu'à un autre auteur, en l'occurrence Philon. Il est donc tout à fait possible que, sans faire appel à un auteur juif, l'emploi de l'adjectif εὐλογητός dans *CH* I ait été influencé par la Septante ou, plutôt, par la littérature juive hellénistique[116]. *CH* I aurait pu à son tour influencer l'auteur de *CH* XIII. Quant aux deux emplois de *CH* V, il est possible qu'il y ait là aussi une influence de *CH* I, mais cela reste hypothétique pour le moment.

La traduction copte utilise ⲥⲙⲟⲩ, qui renvoie également au fait de bien parler et de louer. Toutes les occurrences sont généralement traduites par «louange» par l'ensemble des chercheurs[117], excepté J.-P. Mahé, qui traduit trois occurrences par «action de grâces», considérant sans doute que le terme renverrait à un composé grec de χάρις et qu'il manifesterait avant tout la gratitude[118]. En *NH* VI 57.10, le terme renvoie à la grande prière d'Hermès, qui se partage entre requêtes et glorification de Dieu et qui magnifie sa puissance, ses actions, etc. En *NH* VI 59–61[119], les différentes mentions de ce terme ren-

---

[115] Voir A. Van den Kerchove, *op. cit.*, 2006.

[116] J. Büchli (*op. cit.*, p. 196) fait remarquer que l'adjectif, quand il qualifie Dieu, est presque toujours utilisé à la troisième personne du singulier («il est béni») dans la Septante, alors que la deuxième personne du singulier n'apparaît que dans le judaïsme hellénistique.

[117] Il s'agit des occurrences *NH* VI 57.10, 59.20 (si la correction de ⲙⲟⲩ en ⲥⲙⲟⲩ est acceptée), 59.23, 60.9, 12, 14 et 18, 61.8. La traduction anglaise traduit invariablement par *praise*, la traduction allemande de K.-W. Tröger par la forme simple *loben* ou des composés *lobsingen* et *Lobpreis*, la traduction italienne d'A. Campani par *benedizione* ou *lode*.

[118] J.-P. Mahé traduit les occurrences en *NH* VI 55.4 et 64.2 respectivement par «louanges» et par «béni» et toutes les autres par «action de grâces» ou «rendre grâces». Néanmoins, dans son commentaire, il n'explique pas le changement de traduction.

[119] En *NH* VI 59.23, le terme est utilisé dans une incise narrative; elle semblerait confirmer qu'il faut lire ⲥⲙⲟⲩ et non ⲙⲟⲩ à la page 59 ligne 20, lecture déjà suggérée par J.-P. Mahé (*op. cit.*, 1978, p. 79 et 119).

voient aux prières du disciple pour lesquelles l'auteur emploie aussi ⲣ̄ϣⲙ̄ⲛⲉⲓ et aux pages 60 et 61, les deux termes semblent être utilisés indifféremment. Ces hymnes énumèrent des bienfaits du Dieu, mais ils mettent surtout en avant ses qualités, sa nature au-delà de tout et sa puissance. Ainsi, à chaque fois, l'accent serait-il mis plus sur le fait de louer que sur la gratitude, pour laquelle l'orant emploie spécifiquement ϣⲡ̄`ϩⲙⲟⲧ «rendre grâces» en *NH* VI 61.4; il faut donc mieux traduire ⲥⲙⲟⲩ par «louer», «faire l'éloge» ou «louange». Dans *PAGCopte*, cette louange est mise en parallèle avec l'honneur à rendre à Dieu, qualifié à chaque fois par une dénomination différente, Dieu et Père[120]: ¹ⲉϥⲧⲁⲉⲓⲁⲉⲓⲧ̄ ϩⲛ̄ ⲧⲟⲛⲟⲙⲁⲥⲓⲁ ²ⲙ̄ⲡⲛⲟⲩ[ⲧ]ⲉ· ⲁⲩⲱ ⲉⲩⲥⲙⲟⲩ ³ⲉⲣⲟϥ ϩⲛ̄ ⲧⲟⲛⲟⲙⲁⲥⲓⲁ ⲙ̄ⲡⲓⲱ[ⲧ], «honoré par l'appellation de Dieu et loué par l'appellation de Père», *NH* VI 64.1–3. Le premier verbe, ⲧⲁⲉⲓⲟ, «honorer», souligne la distance instaurée entre les hommes et Dieu, par la dénomination «Dieu»[121]; le second, ⲥⲙⲟⲩ «louer», avec son objet «Père», atténue cette distance et manifeste une certaine joie d'avoir un père bienveillant.

Quoiqu'il en soit, le copte perd la consonnance avec le λόγος. En effet, l'utilisation de εὐλογέω – et peut-être même son possible emprunt au vocabulaire de la Septante par l'auteur de *CH* I – peut s'expliquer par cette consonnance et renverrait aux deux champs sémantiques du λόγος, ceux de la raison et de la parole. L'idée de «parler» associée à celle de «bien», «correct» (exprimée par le préverbe εὐ-) doit aussi être prise littéralement: l'orant doit s'adresser à Dieu d'une manière correcte et raisonnable, en utilisant les bonnes dénominations. Cela implique que l'orant doit en être capable. Ce terme, et son homologue copte ⲥⲙⲟⲩ, sont ainsi employés pour qualifier des prières prononcées par ceux qui ont l'intellect, c'est-à-dire qui sont capables de parler convenablement et selon la raison: en *CH* I 22, Poimandrès, l'Intellect de la Souveraineté, se tient auprès des hommes pieux; les autres occurrences grecques qualifient des prières dites par Hermès, modèle

---

[120] Sur ces deux appellations pour la divinité Très Haute, voir *CH* II 14–17. La version grecque donne non pas le susbtantif ὀνομασία mais προσηγορία, c'est-à-dire le même substantif qu'Hermès utilise en *CH* II 14–17. Pour l'explication du terme emprunté au grec ⲟⲛⲟⲙⲁⲥⲓⲁ dans la version copte: J.-P. Mahé, *op. cit.*, 1978, p. 143.

[121] Hermès a déjà employé ce terme en NH VI 53.8 quand il recommande à son disciple d'honorer ses frères: ⲁⲩⲱ ⲛ̄ⲅⲧⲁⲉⲓⲟⲟⲩ ⲕⲁⲗⲱⲥ, «et que tu les honores correctement». Ces frères ayant déjà atteint les plus hauts degrés de la voie d'immortalité, le disciple doit leur manifester du respect, créant ainsi une certaine distance entre le disciple qui n'a pas achevé sa formation et ceux qui l'ont déjà achevée.

de ceux qui ont l'intellect; en copte, il est très souvent en relation avec Hermès et le disciple sur qui l'Ogdoade vient de descendre.

Excepté les occurrences en *CH* I 30–31 et XIII 21, les termes de la famille de εὐλογέω sont associés à ὕμνος et aux mots apparentés, et cмoγ alterne avec ρ̄ϩγⲙⲛⲉⲓ en *NH* VI 59–61. Ces vocables ont les mêmes référents: les prières des hommes pieux en *CH* I 22, celles d'Hermès dans les traités *CH* V et XIII et celles du disciple dans le traité *NH* VI, 6. En *CH* I 22 et V 10–11, εὐλογέω et ὑμνῶ sont mis sur le même plan syntaxique. En *CH* I 22, εὐλογέω et ὑμνῶ sont employés au participe présent[122] et dépendent de εὐχαριστῶ: καὶ ἡ παρουσία μου γίνεται βοήθεια, καὶ εὐθὺς τὰ πάντα γνωρίζουσι καὶ τὸν πατέρα ἱλάσκονται ἀγαπητικῶς, καὶ εὐχαριστοῦσιν εὐλογοῦντες καὶ ὑμνοῦντες τεταγμένως πρὸς αὐτὸν τῇ στοργῇ, « Et ma présence (leur) est un secours; aussitôt, ils découvrent tout et, affectueusement, ils se concilient le Père et, avec une tendresse filiale, le remercient par des louanges et des hymnes[123], comme cela est réglé pour lui.» En *CH* V 10–11, ce sont les verbes principaux de questions sur la possibilité et la manière de s'adresser à Dieu: τίς οὖν σε εὐλογῆσαι ὑπὲρ σοῦ ἢ πρὸς σέ; ποῦ δὲ καὶ βλέπων εὐλογήσω σε, ἄνω, κάτω, ἔσω, ἔξω; […] πότε δὲ σὲ ὑμνήσω; […] ὑπὲρ τίνος δὲ καὶ ὑμνήσω; […] διὰ τί δὲ καὶ ὑμνήσω σέ; «Comment donc te louer, (en parlant) sur toi ou à toi?[124] Et vers où te regarder quand je te louerai, en haut, en bas, à l'intérieur, à l'extérieur? […] Et quand te chanterai-je un hymne? […] Au sujet de quoi vais-je chanter un hymne? […] Et pour quelle raison te chanterai-je un hymne?» Ceci ne signifie pas que les termes sont synonymes, comme le montrerait *CH* XIII 15. Dans ce passage, εὐλόγια n'est pas sur le même plan que l'hymne: τὴν διὰ τοῦ ὕμνου εὐλογίαν, «la louange en forme d'hymne»; Hermès ajoute en *CH* XIII 16: καὶ τῆς ἁρμοζούσης νῦν ἄκουε εὐλογίας, τὸν ὕμνον τῆς παλιγγενεσίας, ὃν οὐκ ἔκρινα οὕτως εὐκόλως ἐκφᾶναι, εἰ μὴ σοὶ ἐπὶ τέλει τοῦ παντός, «Écoute maintenant la louange accordée, l'hymne de la régénération que je n'avais pas jugé bon de révéler ainsi facilement, sauf à toi à la fin du tout.» La louange

---

[122] Si nous adoptons la leçon de la majorité des manuscrits. Voir la note suivante.

[123] La leçon ὑμνοῦντες est celle transmise par un grand nombre de manuscrits. D'autres transmettent la leçon ὕμνουσι ou corrigent avec cette leçon: les manuscrits de la classe A et D (*NF* I, p. 14) et les manuscrits d'Oxford *Orv.* 109 (= Bodl. 16987) et *Auct.F.inf.* 2.2 (= Bodl. 8827), manuscrits que A.D. Nock n'indique pas dans son apparat critique.

[124] Nous avons adopté la leçon des manuscrits. A.D. Nock corrige en τίς οὖν σε εὐλογῆσαι; «qui donc serait capable de te bénir?» (apparat: *NF* I, p. 64 et p. 67–68 n. 28). Voir D.J.M. Whitehouse, *op. cit.*, p. 242.

correspond au contenu de la prière, et celui-ci s'exprime en prenant la forme d'un hymne.

Ceci amène à revenir sur ϭⲙⲟⲩ qui semble être interchangeable avec ⲣ̄ϩⲩⲙⲛⲉⲓ en *NH* VI 59–61. ϭⲙⲟⲩ peut traduire εὐλογέω, mais aussi ὑμνῶ, ἐπαινῶ et εὐχαριστῶ[125]; dans un autre contexte, là où le texte copte des *Trois Stèles de Seth* (*NH* VII, 5) donne ϭⲙⲟⲩ – traduit par «bénir» –, la version grecque originale aurait eu ὑμνῶ avec le sens de «bénir», «adresser un hymne», selon P. Claude[126]. Dans le passage hermétique, ϭⲙⲟⲩ pourrait traduire εὐλογέω, et la variation lexicale serait présente dès la version grecque, mais il peut traduire aussi ὑμνῶ et c'est le traducteur copte qui aurait introduit la variation lexicale[127]. Pour le moment, vu le manque d'informations sur l'original et sur la traduction elle-même, il convient de rester prudent.

Quoi qu'il en soit, grâce à l'emploi de ces termes, les auteurs hermétistes mettraient l'accent sur différents aspects d'une même prière: avec les mots de la famille de εὐλογέω, ils insisteraient sur le contenu fait de paroles adéquates et sur la capacité à bien parler, tandis qu'avec ceux de la famille de ὑμνῶ, ils mettraient l'accent sur la forme de ce contenu et, en le réservant à une partie seulement des prières, sur le lien nécessaire avec le degré atteint dans l'enseignement.

Dans *CH* XVIII, l'auteur a utilisé εὐφημία pour exprimer la même idée, nouvelle preuve du caractère atypique de ce texte. Aux chapitres 10 à 13, l'auteur l'emploie non pas pour appeler au silence – comme c'est le cas des occurrences déjà étudiées – mais pour qualifier les adresses à Dieu et il le met en parallèle avec l'ἐγκωμίον, la louange adressée aux rois. Il met ainsi à profit son sens étymologique et sa composition analogue à celle de εὐλογέω: le préfixe εὐ- et un verbe de diction φῆμι. Il s'agit de s'abstenir de toute mauvaise parole sur Dieu, de bien parler et donc de le louer tout en faisant attention à ce qui est dit. Ceci n'est pas sans rappeler l'usage du pluriel εὐφημίαι pour qualifier certaines prières dans des papyrus grecs du IIIᵉ siècle[128].

---

[125] W.E. Crum, *op. cit.*, p. 335 b.

[126] P. Claude, *Les Trois Stèles de Seth. Hymne gnostique à la triade* (*NH VII, 5*), Québec/Louvain/Paris, Les Presses de l'Université Laval/Peeters, 1983, p. 65.

[127] Si une telle intervention s'avérait possible, la question des motivations du traducteur copte devrait être posée. Ceci exigerait une étude plus importante que celle menée ici.

[128] P. Heilporn, «L'empereur et les dieux. Panthéon grec, romain et égyptien dans une prière inédite à Hadrien», conférence donnée au Palais Universitaire de Strasbourg, 29 octobre 2004.

Par excellence, les prières sont des actes où il faut bien parler, où il faut faire un bon usage de la parole : utiliser les bonnes dénominations pour Dieu, un vocabulaire adéquat et, surtout, louer Dieu pour tout ce qu'il fit, fait et fera. Avec une telle louange, le sentiment de gratitude n'est pas loin.

e. *L'expression de la gratitude dans les prières hermétiques*
À côté des louanges et des hymnes qui glorifient Dieu et sa puissance, les hermétistes expriment régulièrement leur reconnaissance à l'aide des termes ou expressions suivants : εὐχαριστῶ, χάριν ἔχω, χάριν ὁμολογέω, χάριν εἴδω pour le grec, *gratias agere / gratulatio* pour le latin et ϣⲡ ϩⲙⲟⲧ pour le copte. L'utilisation de εὐχαριστῶ et de *gratias agere* à côté de εὐλογέω fait des textes hermétiques un témoin de la spécialisation de εὐχαριστῶ qui est de moins en moins synonyme de εὐλογέω[129]. Dans la traduction latine de la *Prière d'action de grâces* où, d'après les versions copte *NH* VI, 7 et grecque de *PGM* III, on devait trouver εὐλογέω et une expression à partir de χάρις, on trouverait cette spécialisation, qui est présente aussi dans la *Vulgate*, où *benedicere* traduit εὐλογέω et où *gratias agere* est employé pour εὐχαριστῶ, en restant fidèle à la signification originelle, celle de la louange[130]. En latin en effet, déjà avant Sénèque, mais surtout avec lui, la *gratia* latine devient l'équivalent exact de la *charis* grecque, et Sénèque lui donne la signification première, un peu oubliée, de la *charis* « qui procure la joie »[131].

Les hermétistes expriment leur gratitude dès qu'ils bénéficient de dons divins. Ces dons sont parfois détaillés, comme en *NH* VI 64.9–10 (intellect, parole qui est aussi raison et connaissance) ou *CH* VI 4 (connaissance à propos du Bien), mais le plus souvent seule la structure du texte permet de déterminer quels sont ces bienfaits divins. En *CH* I 20, après avoir posé une question inconsidérée, le narrateur exprime sa reconnaissance pour l'enseignement dispensé et pour la patience du maître ; en *CH* I 29, il demande à ses disciples d'exprimer leur gratitude en fin de journée, après l'enseignement quotidien, et lui-même remercie Dieu en *CH* I 27 après sa vision et sa formation ; en *CH* I 22, l'action de grâces des pieux répond au fait que Dieu est

---

[129] S. Legasse, *op. cit.*, 1983, p. 433–434.
[130] G. Freyburger, « *Gratias agere*. Histoire et constitution de l'action de grâces chrétienne », *Études Grégoriennes* 17 (1978), p. 198–199.
[131] G. Freyburger, *op. cit.*, p. 197.

propice ; en *CH* XIII 18, la gratitude d'Hermès fait suite à l'énumération de toutes les Puissances qui chantent en lui l'hymne à Dieu. Ainsi,
les hermétistes remercient pour des bienfaits qui, la plupart du temps,
concernent, de près ou de loin, l'enseignement salvateur.

Cette gratitude est toujours tournée vers Dieu, excepté trois fois
où il s'agit de remercier le maître, Poimandrès en *CH* I 6 et 20 et
Hermès divinisé (il a toutes les puissances en lui) en *CH* XIII 22 ; un tel
remerciement acquiert ainsi une valeur religieuse. La reconnaissance
des hermétistes prend une forme orale qui remplacerait les gestes et
les offrandes matérielles dont parle en particulier l'auteur de *SH* 23.56.
Dans certains cas, elle se résume au seul εὐχαριστῶ (*CH* I 6, 20, 27,
XIII 22 et peut-être aussi XIII 18), en une formule performative qui se
suffit à elle-même. Dans d'autres cas, l'acte de remercier se développe
dans une prière qui peut se terminer par une demande (*NH* VI, 7),
dans des louanges et des hymnes (*CH* I 22).

2. *Les prières. une ascension vers le divin*

Les auteurs hermétistes ont donc recours à un champ lexical assez
développé avec des mots auxquels ils donnent une connotation religieuse inhabituelles et avec d'autres mots qu'ils associent ou distinguent selon les contextes. Si quelques termes ont le même signifié, ils
ne sont jamais vraiment synonymes : chacun permet d'insister sur un
aspect différent des prières et sur un sentiment spécifique qui anime
l'orant. Certains sont même associés à un type particulier d'orants.
Ceci, ajouté à l'évolution lexicale dans *NH* VI, 6 invite à envisager une
gradation des prières hermétiques.

a. *Gradation des prières hermétiques*

Le premier critère de cette gradation est la qualité de l'orant, laquelle
dépend de sa proximité « spatiale » et ontologique avec Dieu, c'est-à-
dire, pour l'hermétiste, de son avancée sur la « voie d'Hermès ». Ce qui
suit n'est qu'un essai hypothétique – il n'y a rien de systématique dans
les traités – élaboré à partir des données précédentes sur le champ
lexical des prières. Cette gradation doit être reliée à ce que nous avons
dit sur les sacrifices.

Ascl. 41 déjà mentionné montre qu'il est envisageable de prier *et* de
faire un sacrifice végétal, du moins jusqu'à un stade donné de l'enseignement. Cette mise en œuvre conjointe de sacrifices et de prières, laquelle
s'inscrit parfaitement dans la mentalité de l'époque, se ferait uniquement

au début de la « voie d'Hermès ». Ces prières peuvent contenir de nombreuses demandes, toutes concernant le salut et / ou la transmission du savoir, les dangers étant plus nombreux et les risques plus importants au début du parcours. Puis, peu à peu, les demandes se réduiraient, sans disparaître, car, tant que l'hermétiste n'a pas rejoint définitivement le monde divin, un retour en arrière est toujours possible. La gratitude est présente à tous les stades, selon des modalités diverses. Au début, elle s'exprimerait aussi bien à travers les sacrifices végétaux qu'avec les prières avant que les premiers ne disparaissent au seul profit des dernières. Avec elle, les orants extériorisent leur joie, explicite dans *PAGCopte*, implicite ailleurs[132]. Les hymnes, quant à eux, seraient réservés aux seuls hermétistes qui ont été régénérés et qui ont reçu puissance. Exprimant aussi la gratitude de l'orant, louant le divin, ils se distingueraient cependant des autres prières par l'absence totale de demande et surtout par la mise en œuvre du divin qui est en l'orant. Ces hymnes ne suivent pas strictement les règles rhétoriques des hymnes antiques. Certaines prières hermétiques sont qualifiées d'hymnes par l'orant mais ne le sont pas par les auteurs modernes, tandis que d'autres, que les auteurs modernes considèrent comme des hymnes, ne sont pas qualifiées ainsi par l'orant[133]. Les hermétistes s'intéressent non pas aux règles rhétoriques mais à la valeur accordée à certains termes et à ce que ces termes désignent. L'appellation d'hymne met l'accent sur la forme et sur la relation à la musique céleste. Les hermétistes désignent ainsi des prières particulières, réservées à un petit nombre d'hermétistes, en relation avec les transformations internes que ceux-ci ont subies. Ces hymnes seraient les « sacrifices de la parole raisonnable » et ils consacreraient le remplacement des offrandes matérielles par des offrandes immatérielles, les secondes sublimant les premières.

---

[132] Elle serait implicite dans la prière d'Hermès dans *CH* XIII, avec la mention de la Puissance nommée Connaissance de la joie.

[133] Un bon exemple de cette discordance entre ce que disent les orants hermétistes et ce que pense la recherche moderne est M. Lattke. À la suite de plusieurs chercheurs, ce dernier place plusieurs prières hermétiques dans son « catalogue » d'hymnes antiques (*Hymnus. Materialen zu einer Geschichte der antike Hymnologie*, Göttingen, Vandenhoeck & Ruprecht, 1991, p. 147–149 et p. 155–156) : *CH* I 31–32, V 10–11, XIII 17–19, XIII 21, *Ascl.* 41 et *NH* VI 55.24–56.22. Or, certaines de ces prières ne semblent pas être considérées comme tels par les hermétistes. D'autres prières, comme celles d'Hermès dans *CH* XIII et l'*OgdEnn*, ne sont pas mentionnées en entier dans ce catalogue, ce qui n'aide pas forcément à la compréhension de l'ensemble de ces prières et montre qu'il peut être difficile de classer de manière stricte certaines prières dans une catégorie donnée.

b. *Des prières anagogiques*

Cette gradation symbolise donc le rapprochement avec le divin. Elle représente ainsi, avec l'ensemble des prières, la fonction anagogique assumée par certaines. Cette idée que la prière permet l'élévation de l'âme de l'orant est assez courante. Jamblique l'affirme quand il parle de «l'ascension (ἄνοδος) obtenue par les invocations»[134] et qu'il pense que la prière fait des orants «les familiers de dieux»[135]. Plus tard, Proclus considère que la prière permet le retour de l'âme vers Dieu[136]. Les chrétiens ne sont pas en reste, notamment avec cette définition – dont Évagre le Pontique serait le créateur mais dont l'idée est déjà présente chez Clément d'Alexandrie et Origène – selon laquelle «la prière est une montée (ἀνάβασις) de l'intellect vers Dieu»[137]. «La terminologie chrétienne est en consonance avec celle des néoplatoniciens; en définitive, tous appartiennent à une même tradition philosophico-religieuse.»[138]

Les hermétistes appartiendraient aussi à cette même tradition. Nous n'avons pas un vocabulaire précis pour la remontée, mais l'idée d'une gradation au sein des prières, avec un «changement de ton»[139], où le divin se fait de plus en plus présent jusqu'à devenir un partenaire à part entière de la prière. La prière d'Hermès, *CH* XIII 17–20, louange faite au moyen d'un hymne, en serait un bon exemple. Elle fait intervenir quatre destinataires: 1° l'univers et ses différentes parties[140], 2° le cercle immortel de Dieu[141] dans la première partie, 3° les Puissances divines qui sont en Hermès[142] et enfin 4° Dieu[143] dans la seconde partie. Dans l'énumération des parties de l'univers introduite avec les trois premiers mots de la louange πᾶσα φύσις κόσμου, Hermès suit une progression qui se calque sur l'ordonnancement de l'univers: la terre, puis les cieux, vraisemblablement les sphères sublunaires et supra lunaires. Il leur demande de s'ouvrir (ἀνοίγω), c'est-à-dire de

---

[134] Jamblique, *Réponse d'Abamon* I 12 (41.20): ἡ διὰ τῶν κλήσεων ἄνοδος; I 15 (47.19–48.4) et V 26 (237.16–238.6).
[135] Jamblique, *Réponse d'Abamon* V 26 (239.12): ὁμιλητὰς τῶν θεῶν.
[136] Proclus, *Commentaire sur le Timée* I 212.
[137] *De la prière* 35, traité attribué à Evagre: A. Méhat, «Sur deux définitions de la prière», in G. Dorival et A. Le Boulluec, *op. cit.*, p. 115-117.
[138] G. Dorival, «Païens en prière», in G. Dorival et D. Pralon, *op. cit.*, p. 100.
[139] A.-F. Morand, *Études sur les Hymnes orphiques*, Leiden, Brill, 2001, p. 61.
[140] *NF* II, p. 207.15–18.
[141] *NF* II, p. 207.18–208.2.
[142] *NF* II, p. 208.3–10.
[143] *NF* II, p. 208.10–22.

ne pas faire obstacle au passage de sa louange vers son destinataire, Dieu[144] – les sphères sublunaires et supralunaires sont donc uniquement des intermédiaires ; il passe ensuite au cercle immortel de Dieu, probablement le monde hyperouranien qui correspond à l'Ogdoade et à la zone située au-delà, là où Dieu «serait» (s'il est permis de parler de localisation pour Dieu). À ce cercle immortel, Hermès demande de recevoir favorablement, προσδέχομαι, sa louange. Par cette énumération verticale, Hermès témoigne bien de la distance entre l'homme et Dieu.

Spatiale, la progression vers Dieu est également ontologique, puisqu'il s'agit de dégager l'orant des liens terrestres. Elle est effective grâce à la parole de la louange qui, à travers les impératifs, actes performatifs, crée les conditions nécessaires à sa réalisation. La mention des Puissances divines qui sont en Hermès atteste que, dans l'esprit de l'orant, ces actes ont été couronnés de succès. Uni aux puissances, Hermès peut désormais se permettre de leur demander de chanter un hymne. Il ne faut pas oublier que cette louange serait celle que l'hermétiste entend quand il parvient à l'Ogdoade après avoir remonté les sphères, et sa situation est identique à celle de l'âme humaine en *CH* I 26 qui, ayant laissé derrière elle matière et sphères célestes, entre dans les Puissances et chante avec elles. Cependant, dans *CH* XIII, avec les Puissances présentes en Hermès, le registre change : la progression devient intérieure ; la première partie de la prière est un processus de recueillement intérieur, représenté comme une remontée vers Dieu à travers les sphères. Si cette partie est probablement, au départ, indépendante de la seconde, son insertion semble bien répondre à l'intention de l'auteur hermétiste, suggérée par : 1° la mention des Puissances qui sont dans l'orant, 2° la référence implicite à *CH* I et 3° toute la thématique des chapitres précédents sur la régénération par les Puissances divines qui chassent les passions. Cette fonction anagogique bénéficie essentiellement à l'orant. Néanmoins, dans le cadre hermétique didactique, un spectateur assiste à cette prière, à savoir le disciple et, dans son ombre, le destinataire des traités. Eux aussi profitent de la fonction anagogique, grâce à l'illumination provoquée par celle du maître. En *CH* XIII 21, Tat déclare : ἐκ τοῦ σοῦ ὕμνου καὶ τῆς σῆς εὐλογίας ἐπιπεφώτισταί μου ὁ νοῦς, «Grâce à ton hymne et à ta louange, mon intellect a été

---

[144] ἀνοίγω est aussi employé par le ritualiste de *PGM* IV 1180 dans sa prière à Hélios, pour demander aux cieux de s'ouvrir et d'accepter sa prière.

totalement illuminé.» La prière du maître illumine le disciple et lui
permet d'accéder à un nouveau mode de communication avec le divin,
la vision, sur laquelle nous reviendrons plus loin.

Une idée semblable est présente dans *NH* VI, 6, à ceci près que la
remontée se réalise grâce à plusieurs prières. Avec la première prière,
celle d'Hermès, le disciple est inclus seulement dans un second temps.
Cette prière atteste que tous les deux sont parvenus à l'Hebdomade
et elle provoque la venue de la Puissance Lumière (*NH* VI 57.28–30),
qui illumine le disciple et lui permet d'obtenir sa première vision (*NH*
VI 57.31–58.16). Hermès lui parle ensuite des hymnes de l'Ogdoade et
des êtres qui sont en elle, mais le disciple ne semble pas les entendre.
Cependant, il désire adresser un hymne à Hermès, et c'est sa première
prière (*NH* 58.28–59.9). Après cette prière et une autre, silencieuse
(*NH* VI 59.20–21), il peut voir la vision en Hermès, qui est l'Intellect,
voir et entendre l'Ogdoade et voir Dieu (*NH* VI 59.27–61.1). Le disciple est donc parvenu à l'Ogdoade. Il chante alors un second hymne,
adressé à Dieu: comme Hermès dans la prière de *CH* XIII, il est l'instrument de Dieu, et son intellect se confond avec l'intellect divin.

Dans la prière du maître et la seconde du disciple, chaque orant
énumère une série vocalique identifiée au nom divin, de manière
explicite dans le cas du disciple: *NH* VI 61.8–9, ϯⲙⲟⲩⲧⲉ ⲙ̄ⲡⲉⲕⲣⲁⲛ
ⲉⲧϩⲏⲡ̄, «je nomme / j'appelle ton nom caché»[145]. L'identification
entre de telles séries et un nom divin est très courante[146]. Parmi les
nombreuses combinaisons possibles, les séries avec les voyelles placées dans l'ordre alphabétique de telle sorte qu'à chaque nouvelle
voyelle il y a une unité supplémentaire sont fréquentes et correspondent souvent au nom de Dieu[147]. Elles sont disposées en ligne (*PGM*
IV 1006) ou en triangle (*PGM* I 16–19). Dans le cas des deux séries
vocaliques hermétiques, il est fort probable qu'elles puissent être disposées en triangle[148]. Toutefois, de telles séries ne seraient pas que

---

[145] Le verbe copte est à prendre dans son sens obvie; il ne s'agit pas d'une invocation à Dieu. La phrase copte citée équivaut à la déclaration du ritualiste de *PGM* IV
1182–1183 qui intervient après avoir demandé à la divinité de venir et d'accepter sa
prière· ἐπικαλοῦμαί σε τῷ ὀνόματί σου, «je t'appelle par ton nom», et le ritualiste
poursuit avec une liste de voyelles.

[146] Pour les écrits gnostiques, par exemple *2Jeû* 50 et 52; pour les textes magiques: *PGM* I 160–162; *PGM* IV 1182–1883; III 415, 575; XIII 850–933. Sur toutes ces
questions, F. Dornseiff, *Das Alphabet in Mystik und Magie*, Leipzig, Teubner, 1922,
p. 36–58.

[147] Comme le faisait déjà remarquer R. Reitzenstein, *op. cit.*, 1904, p. 266.

[148] Voir la disposition proposée par A. Camplani, *Scritti*, *op. cit.*, 2000, p. 142 et 152.

des noms ou des dénominations. Dans le *PGM* XIII 207, le ritualiste déclare : κύριε, ἀπομιμοῦμαι ταῖς ζ φωναῖς, εἴσελθε καὶ ἐπάκουσόν μοι, « Seigneur, je [t']imite [en disant] les sept voyelles ; entre et écoute moi. » Il poursuit avec une série vocalique. De manière analogue, selon le témoignage d'Irénée, Marc, surnommé le Mage, considère que le Père se manifeste en proférant une Parole semblable à lui, en énonçant le Nom, qui est une suite de lettres[149]. Ainsi, les séries vocaliques peuvent-elles imiter ou manifester le divin. Ceci doit être mis en rapport avec la « relation secrète »[150] que les voyelles entretiennent avec le cosmos : il y a autant de voyelles que de sphères, et chaque voyelle correspond à une sphère[151]. L'ensemble des voyelles représenterait ainsi les sept sphères planétaires. Selon R. Reitzenstein, le nombre croissant de lettres à chaque groupe signifie « que dans les sept sphères ou planètes, 28 dieux particuliers règnent, un de plus dans la suivante que dans la précédente. Tous ensemble représentent le dieu unique »[152]. J.-P. Mahé pense que c'est exactement ce que nous avons dans la série vocalique prononcée par Hermès, ajoutant que chaque voyelle est suivie d'un nombre supérieur de ω, « pour symboliser sans doute la supériorité de l'Ogdoade »[153]. En effet, ces deux séries vocaliques représentent les sept sphères, l'Ogdoade et peut-être même l'Ennéade, en référence au titre du traité et à la remontée du disciple vers l'Ogdoade et l'Ennéade : la première série est introduite par un nom à huit lettres, ζωϣαθαζω ; la seconde se termine soit par deux séries de huit ω, soit par une série de sept et une de neuf, ce qui renverrait à l'Ennéade.

R. Reitzenstein a fourni une clé de compréhension, mais d'autres peuvent exister. Dans le cas hermétique, le caractère secret est mis en valeur avec les « erreurs » que nous pouvons relever. Dans la série vocalique d'Hermès, à la place de ΗΗ (*NH* VI 56.19), nous aurions dû avoir ιιιι, et il semble qu'il y ait un ω de trop (*NH* VI 56.19). De même, dans la série vocalique du disciple, il n'y a que trois ι au lieu des quatre attendus (*NH* VI 61.10) ; le nombre de ω suivant chaque voyelle ne suit aucune règle précise, au contraire de la série vocalique d'Hermès : même nombre que la voyelle précédente (pour α, η, ο), une unité de

---

[149] Irénée de Lyon, *Adversus Haereses* I 14.1. F. Dornseiff, *op. cit.*, p. 82.

[150] F. Dornseiff, *op. cit.*, p. 57 : « geheimnis Bezeihung ».

[151] Parmi les nombreuses attestations : Irénée de Lyon, *Adversus Haereses* I 14.7.

[152] R. Reitzenstein, *op. cit.*, 1904, p. 266 : « dass in den sieben Sphären oder Planeten 28 Teilgötter, in jeder folgenden einer mehr als in der vorausgehenden walten ; alle zusammen bilden den einen Gott ».

[153] J.-P. Mahé, *op. cit.*, 1978, p. 106.

plus (pour ι, mais cela peut être dû au fait qu'il « manquerait » un ι) ou une de moins (pour ε). Ceci a conduit J.-P. Mahé et A. Camplani à corriger respectivement la série vocalique d'Hermès et celle du disciple, le premier en changeant les η en ι et en enlevant un ω[154], le second en ajoutant un certain nombre de ω, huit en tout[155]. Cependant, faut-il corriger le texte ? S'agit-il d'erreurs involontaires faites par le copiste ou sont-elles au contraire conscientes de la part de l'auteur ? L.S. Keizer est de ce dernier avis et pense qu'elles « auraient pour but de rendre les mots magiques inefficaces pour le lecteur non initié »[156]. Si, dans le cas des omégas, il est possible que l'erreur soit involontaire, pour les êtas, nous partageons plutôt l'avis de L.S. Keizer. Cela relève en effet peut-être d'une stratégie d'écriture qui vise à dissimuler auprès d'un lecteur non averti la véritable série et sa signification exacte – s'il en existe une. Retrouver la série nécessiterait alors le recours à un maître qui indiquerait les clés de lecture. De plus, cette absence de règle rend difficile la mémorisation de ces séries, ce qui pourrait être la principale motivation de ces « erreurs ». Les groupes intercalaires de ω auraient cette même fonction, tout en dissimulant l'organisation précise des groupes de voyelles les uns par rapport aux autres. L'hermétiste qui serait alors capable de reproduire sans faute ces séries vocaliques affermirait la présence divine au moment de la prière, tout en affirmant qu'il a déjà suffisamment progressé dans la « voie d'Hermès ».

c. *Témoigner et se mettre au service de Dieu*
À côté de la fonction anagogique, se profilent deux fonctions connexes : être un témoin et se mettre au service du divin. Dans *CH* XIII, Tat, illuminé par la louange de son maître, souhaite démontrer et témoigner de cette illumination en chantant son propre hymne[157]. Il en irait de même pour les prières du narrateur de *CH* I, de *PAGCopte* – où les orants déclarent connaître une série d'entités divines –, d'Hermès en *NH* VI 55–57 et du disciple en *NH* VI 60–61 et leurs deux séries vocaliques qui sont conjointement nom de Dieu et « représentation vocale de l'ensemble des sphères ». Est-ce un hasard si la série d'Hermès se termine par un nom à sept lettres, ζωζαζωθ ? Juste après,

---

[154] J.-P. Mahé, *op. cit.*, 1978, p. 73 : il fait cette correction dans la traduction du texte copte.
[155] A. Camplani, *Scritti, op. cit.*, 2000, p. 152.
[156] L.S. Keizer, *op. cit.*, p. 11.
[157] D.J.M. Whitehouse, *op. cit.*, p. 387.

en NH VI 56.27–28, il déclare que lui et son disciple ont déjà atteint l'Hebdomade. Le premier nom de la série, ⲍⲱⲍⲁⲑⲁⲍⲱ, ressemble au palindrome ζωθαξαθωζ de la *Kosmopoïa* de Leyde, *PGM* XIII 176. Il s'agit dans ce cas du nom de Genna (Génération), apparu à la suite de l'éclat de rire de Dieu[158] : c'est un symbole de naissance, ce qui s'accorde avec le thème de l'*OgdEnn*. La seconde série vocalique, si nous acceptons l'organisation finale avec une série de sept puis de neuf ⲱ, ferait allusion à l'Ennéade qu'aurait atteint le disciple. Par ces séries, l'orant témoignerait de sa remontée vers Dieu et du niveau qu'il a atteint. Il rend en même temps hommage à Dieu de tout ce qui lui est advenu, des bienfaits et des dons.

La remontée et le témoignage ne sont finalement qu'un retour vers Dieu de ce qui a une origine divine. Cette idée pourrait expliquer une phrase de la prière d'Hermès en *NH* VI 57.8–10 : ⲛ̅ⲅ̅ϫⲓ ⲙ̅ⲡⲧⲩⲡⲟⲥ ⲙ̅ⲡⲗⲏⲣⲱ[9]ⲙⲁ ⲛ̅ⲧⲟⲟⲧⲛ̅ ⲉⲃⲟⲗ ϩⲓⲧⲙ̅ ⲡ̅ⲛ̅[10]ⲥⲙⲟⲩ, «Reçois de nous le type du plérôme par notre louange.» Selon A. Camplani, qui renvoie à *PGM* XIII 207, l'ensemble de la prière pourrait être le type du plérôme qu'offre l'orant, à moins que ce ne soit la série vocalique de *NH* VI 56.17–22[159]. En effet, nous avons vu plus haut[160] que les groupes de voyelles symboliseraient les sphères et les séries de ⲱ la supériorité de l'Ogdoade, c'est-à-dire le plérôme. Cette idée de la prière, ou d'une section, comme type du plérôme rejoint ce que nous avons par ailleurs écrit sur l'image de Dieu[161]. Hermès offre ainsi à Dieu une image de ce que celui-ci possède et de ce vers quoi l'hermétiste tend.

L'orant est aussi désormais l'homme qui appartient à Dieu. Hermès termine sa prière en *CH* XIII 20 en disant : ὁ σὸς ἄνθρωπος ταῦτα βοᾷ διὰ πυρός, δι' ἀέρος, «Ton homme crie cela à travers le feu, l'air.» En *CH* I 32, à la fin de la prière, le narrateur utilise la même expression, ὁ σὸς ἄνθρωπος «ton homme», peut-être une nouvelle attestation que l'auteur de *CH* XIII s'est inspiré de *CH* I ou d'une variante. Dans *CH* I, cette déclaration prend une valeur particulière, du fait de l'élection du narrateur comme guide du genre humain pour l'amener

---

[158] Sur les noms dans la *Kosmopoïa* de Leyde, voir M. Zago, «L'emploi des noms divins dans la *Kosmopoiia* (*PGM* XIII)», in C. Bonnet, S. Ribichini, D. Steuernhagel (eds.), *op. cit.*, p. 205–217.

[159] A. Camplani, *Scritti*, *op. cit.*, 2000, p. 144.

[160] Voir ci-dessus p. 264.

[161] Cf. A. Van den Kerchove, *op. cit.*, 2008, p. 77–86.

au salut : déclarer être l'homme de Dieu revient à accepter volontairement la mission confiée par Dieu. En *CH* XIII, Hermès ne ferait que
rappeler cet engagement. Nous pouvons aller au-delà, si nous prenons
en compte l'interprétation proposée pour *CH* I comme rituel d'investiture. D.J.M. Whitehouse a souligné que la prière en *CH* I était une
prière individuelle dans une communauté et il relevait les emplois
des pronoms de la première personne du singulier, με et μοι, et du
pronom de la première personne du pluriel, ἡμῶν[162]. Nous pouvons
ajouter la mention des « frères », qui sont les fils de Dieu, en *CH* I
32 : φωτίσω τοὺς ἐν ἀγνοίᾳ τοῦ γένους, μοῦ ἀδελφούς, υἱούς δὲ σοῦ,
« J'éclairerai les hommes de notre genre (qui sont) dans l'ignorance,
mes frères, tes fils. » En disant cette prière, l'hermétiste devenu maître
s'engagerait solennellement, devant Dieu et ses compagnons, à être un
guide, un nouvel Hermès. Ceci pourrait expliquer que φωτίζω soit au
futur, alors que le narrateur a déjà commencé à enseigner : ce verbe ne
s'appliquerait pas tant à lui qu'au destinataire, c'est-à-dire l'hermétiste
qui vient d'être investi et qui va éclairer ses compagnons grâce à son
enseignement.

3. *Prières et fraternité hermétique*

Nous l'avons déjà évoqué, plusieurs prières mentionnées sont dites ou
chantées à plusieurs. Cela pose la question de l'existence d'un cercle
hermétique.

a. *Prière et repas*

En *CH* I 29, le narrateur décrit son activité auprès des hommes et
résume l'emploi du temps quotidien de ses disciples :

> καὶ ἔσπειρα αὐτοῖς τοὺς τῆς σοφίας λόγους καὶ ἐτράφησαν ἐκ τοῦ
> ἀμβροσίου ὕδατος. ὀψίας δὲ γενομένης καὶ τῆς τοῦ ἡλίου αὐγῆς ἀρχομένης
> δύεσθαι ὅλης, ἐκέλευσα αὐτοῖς εὐχαριστεῖν τῷ θεῷ καὶ ἀναπληρώσαντες
> τὴν εὐχαριστίαν ἕκαστος ἐτράπη εἰς τὴν ἰδίαν κοίτην.

> Et je semais en eux les paroles de la sagesse et ils furent nourris de l'eau
> d'ambroisie. Dès qu'il se faisait tard, et que la lumière du soleil com-
> mençait à tomber entièrement, je leur ordonnais de remercier Dieu et
> quand ils avaient accompli leur action de grâces, chacun se dirigeait vers
> sa propre couche.

---

[162] D.J.M. Whitehouse, *op. cit.*, p. 123.

Ces prières vespérales sont des actions de grâces adressées à Dieu pour les bienfaits qu'il apporte, en premier lieu sûrement l'enseignement qui leur permet d'avancer vers la sagesse et le salut, et nous pouvons rapprocher ces prières des remerciements que le narrateur adresse, en *CH* I 27, à Poimandrès pour tous les bienfaits que celui-ci lui a procurés, en premier la «Révélation primordiale». La *Prière d'action de grâces* pourrait être un exemple de ces prières du soir, comme semble l'indiquer la rubrique d'*Ascl.* 41. Les thèmes abordés dans cette prière ne correspondent pas strictement à ceux de la leçon qui précède, et elle se retrouve à la fin de deux leçons différentes: elle ne semble donc pas être attachée à une leçon particulière. Ces prières du soir seraient à la fois liées à l'enseignement tout en étant autonomes par rapport à la leçon du jour. Elles peuvent être répétées plusieurs soirs. Rassemblant tous les hermétistes d'un cercle donné, les prières vespérales seraient un des ciments de ce cercle, et cette cohésion serait renforcée par des repas communs. Un tel repas est mentionné après la *Prière d'action de grâces* dans les deux versions copte et latine: ⲛ³ⲧⲁⲣⲟⲩⲭⲉ ⲛⲁⲓ ⲉⲩϣⲗⲏⲗ ⲁⲩⲣ⁴ⲁⲥⲡⲁⲍⲉ ⲛ̄ⲛⲉⲩⲉⲣⲏⲟⲩ̀ ⲁⲩⲱ ⁵ⲁⲩⲃⲱⲕ ⲉⲩⲛⲁⲟⲩⲱⲙ ⲛ̄ⲧⲉⲩ⁶ⲧⲣⲟⲫⲏ ⲉⲥⲟⲩⲁⲁⲃ ⲉⲙ̄ⲛ ⲥⲛⲟϥ ⁷ⲛ̄ϩⲏⲧⲥ̄, « Après qu'ils eurent dit cela en priant, ils s'embrassèrent les uns les autres et ils allèrent manger leur nourriture sainte, qui ne contenait pas de sang en elle» (*NH* VI 65.2–7) et *haec optantes convertimus nos ad puram et sine animalibus cenam*, «Avec ces souhaits, nous nous rendîmes à un repas pur et sans être animé» (*Ascl.* 41). Dépourvu de sang, dans la version copte, ou sans aliment qui a eu vie, selon la version latine – ce qui revient au même, le sang étant le principe de la vie –, ce repas serait végétarien, avec une coloration pythagoricienne. Si Pythagore permettait à certains de ses disciples de manger un peu de viande, lui-même s'abstenait de toute nourriture animale, en raison de la parenté qui lie tous les vivants entre eux par ce qu'ils ont de commun, la vie[163]. Ce repas est également analogue aux repas qui ont lieu toutes les sept semaines chez les thérapeutes selon Philon d'Alexandrie[164] et à ceux de la communauté essénienne

---

[163] Jamblique, *Vie de Pythagore* [24] 108.
[164] Philon d'Alexandrie, *De vita contemplativa* 64–82 et particulièrement 73: τράπεζα καθαρὰ τῶν ἐναίμων, «la table est pure de tout mets où il y a du sang» (traduction: P. Miquel); voir la note 4 p. 134 de F. Daumas.

selon Porphyre[165]. Le repas végétarien hermétique se situe ainsi dans le
prolongement des prières, offrande non sanglante[166].

De plus, selon A. Motte, «il n'était guère de repas, dans la Grèce
antique, si ordinaire soit-il, auquel ne se mêle pas une pensée religieuse», et il ajoute: «il s'agit d'un domaine où notre clivage entre
"sacré" et "profane" ne trouve guère à s'appliquer, même s'il y a lieu de
distinguer différents degrés de sacralité parmi ces usages très variés»[167],
remarques valables pour le repas commun hermétique. Ce dernier a
un caractère religieux, d'autant plus qu'il est associé à la prière. De
même que certaines prières hermétiques, qualifiées de «sacrifices de
la parole raisonnable» seraient le pendant des sacrifices d'animaux,
qu'elles remplacent, de même, ce repas serait le pendant du banquet
qui suit les sacrifices, avec une fonction analogue. Il s'agit d'un «geste
de camaraderie»[168] mais aussi et surtout d'un rite d'union fraternelle
qui lie et soude les membres d'un groupe.

b. *L'embrassade*

La *PAGCopte* est suivie, avant que les disciples ne se retrouvent
autour du repas, d'une embrassade: ⲁⲩⲡ̄ⲁⲥⲡⲁⲍⲉ ⲛ̄ⲛⲉⲩⲉⲣⲏⲟⲩ (*NH* VI
65.3–4). La prière d'Hermès dans l'*OgdEnn* est elle aussi suivie d'une
embrassade entre Hermès et son disciples: ⲙⲁⲣⲛ̄ⲁⲥⲡⲁⲍⲉ ⲛ̄ⲛⲉⲛⲉⲣⲏⲟⲩ
ⲱ̄ ⲡⲁϣⲏⲣⲉ ϩⲛ̄ ⲟⲩⲙⲉ (*NH* VI 57.26–27). Dans les deux traités, rien ne
s'oppose à donner à ⲁⲥⲡⲁⲍⲉ le sens de «embrasser»[169] ou même «baiser»[170] pour la seconde occurrence. Dans ce dernier cas, s'opposant à
J. Holzhausen qui estime qu'il s'agirait d'un baiser fraternel, probablement dérivé du christianisme et que les orants ne s'embrasseraient
pas effectivement[171], J.-P. Mahé estime que la proposition hermétique

---

[165] Porphyre, *De l'abstinence* IV 12.3: la nourriture sainte (ἀγνή) et pure (καθαρά)
est bénie.

[166] Cf. A. Van den Kerchove, «Les hermétistes», *op. cit.*, 2011, p. 67 et 73.

[167] A. Motte, «le symbolisme des repas sacrés en Grèce», in J. Ries (éd.), *Le Symbolisme dans le culte des grandes religions. Actes du colloque de Louvain-la-Neuve 1983*,
Louvain-la-Neuve, Centre d'histoire des religions, 1985, p. 158.

[168] G. Fowden, *op. cit.*, 2000, p. 221.

[169] A. Camplani suggère pour l'occurrence de *NH* VI 57 le sens de «saluer» (*Scritti*,
op. cit., 2000, p. 145).

[170] J.-P. Mahé, «Accolade ou baiser? Sur un rite hermétique de régénération:
ἀσπάζεσθαι en NH VI,57,26 et 65,4», in L. Painchaud et P.-H. Poirier, *Coptica –
Gnostica – Manichaica. Mélanges offerts à Wolf-Peter Funk*, Québec/Louvain/Paris,
Les Presses de l'Université Laval/Peeters, 2006, p. 559.

[171] J. Holzhausen, *op. cit.*, p. 512–514.

ⲘⲀⲢⲚⲢⲀⲤⲠⲀⲌⲈ ⲚⲚⲈⲚⲈⲢⲎⲞⲨ ⲠⲚ ⲞⲨⲘⲈ est parallèle à l'expression grecque ἀσπάζεσθαι ἐν φιλήματι[172]; de même R. van den Broek fait un parallèle avec le baiser de paix qui suit la prière eucharistique dans les communautés chrétiennes, sans pour autant considérer, avec raison, que ce soit une interpolation chrétienne[173]; d'ailleurs plusieurs textes coptes attestent que ⲀⲤⲠⲀⲌⲈ signifie « baiser »[174]. J.-P. Mahé met l'expression en rapport avec le baiser valentinien dans L'Évangile selon Philippe et le Traité Tripartite et avec le processus de la génération spirituelle[175]. Il compare aussi avec Eugnoste, NH III 81.3–10 et parle d'une liturgie évangélique[176]. Nous pensons également qu'il s'agit plus que d'un baiser fraternel.

À côté de ces textes gnostiques, nous pourrions évoquer des textes égyptiens. Selon le rituel du culte journalier[177], le prêtre embrasse la statue du dieu le matin; il s'agirait d'un signe d'affection[178], mais il peut être aussi un signe extérieur de la remise du ba à la statue de culte[179]. L'embrassement intervient ainsi dans les textes funéraires, à la fin d'une série de gestes qui ont pour but de réunir ou d'ordonner les membres du corps[180]. Au vu de tout ceci, la signification du baiser à la fin de la prière d'Hermès serait plus qu'un geste fraternel. Ce baiser n'intervient pas avant un repas commun mais avant la venue de la Puissance de la Lumière. Le baiser est ainsi inséré dans l'ensemble du processus qui permet au disciple de monter vers l'Ogdoade et d'être placé parmi les frères, qui sont déjà régénérés[181]. Le disciple est intégré à la prière dans un second temps, après qu'Hermès ait invoqué Dieu.

---

[172] J.-P. Mahé, « Théorie et pratique dans l'Asclépius », in P. Lucentini, I. Parri and V. Perrone Compagni (eds.), op. cit., p. 8 n. 17; idem, op. cit., 2006, p. 559.

[173] R. van den Broek, op. cit., 2000, p. 85.

[174] C. Heurtel, « Le baiser copte », in A. Boud'hors, J. Gascou et D. Vaillancourt, Journées d'études coptes IX. Onzième journée d'études (Strasbourg, 12–14 juin 2003), Paris, De Boccard, 2006, p. 187–210 et p. 198–199 en particulier.

[175] J.-P. Mahé, op. cit., 1978, p. 56–58; il a été suivi par K.-W. Tröger, op. cit., 2003, p. 513 n. 81.

[176] J.-P. Mahé, « Paliggenesia et structure du monde supérieur dans les Hermetica et la traité d'Eugnoste de Nag Hammadi », in Deuxième journée d'études coptes. Strasbourg 25 mai 1984, Louvain/Paris, Peeters/Boccard, 1986, p. 145.

[177] A. Moret, Le Rituel du culte divin journalier en Égypte d'après les papyrus de Berlin et les textes du temple de Séti 1er, à Abydos, Paris, E. Leroux, 1902.

[178] D. Lorton, op. cit., p. 141.

[179] D. Lorton, op. cit., p. 142; A. Moret, op. cit., p. 86–88.

[180] A. Moret, op. cit., p. 89.

[181] Nous rejoignons ainsi les positions de R. van den Broek, op. cit., 2000, p. 84–88 et surtout p. 86.

Le baiser aurait un rôle équivalent, reliant le maître, qui a déjà atteint l'Ogdoade, et le disciple, qui est sur le point de l'atteindre. Il pourrait être le signe extérieur par lequel Hermès transfert au disciple un nouveau statut[182], ce qui serait achevé par la venue de la Puissance de la lumière et les visions dont le disciple bénéficie ensuite. Il serait donc un rite efficace qui aurait sa place dans le processus anagogique[183].

F. Planchon s'est opposé au caractère efficace de ce geste[184]. Il se fonde sur le fait que le baiser intervient lors de la première illumination, mais pas lors de la seconde. Il en conclut que l'illumination est conditionnée par la seule prière et que le baiser n'est pas indispensable ; pour lui, le baiser fait partie de ces « faits anodins » sur lesquels il pense qu'il n'est pas nécessaire de s'étendre[185]. Néanmoins, ce caractère « non indispensable » n'explique pas la mention de ce baiser. Que l'on ne retrouve pas la même séquence n'invalide pas forcément le geste qui n'intervient que par intermittence. De plus, entre la première illumination et la seconde, la situation n'est plus la même. La première intervient après une prière d'Hermès dans lequel le disciple est intégré dans un second temps, la seconde après une prière du disciple. Celui-ci est alors plus autonome, et sa préparation presque achevée. Entre les deux moments, le rôle du maître se transforme : plus actif au départ, le maître se contente peu à peu d'encourager son disciple. Pour la première illumination, la prière du maître et le baiser qu'il donne sont indispensables pour faire accéder le disciple à un nouvel état ; pour la seconde, le disciple a surtout besoin des encouragements verbaux de son maître. Le baiser n'est pas indispensable pour la seconde illumination parce que le contexte a changé ; mais cela ne remet pas en cause son rôle au moment de la première illumination.

L'occurrence de la *PAGCopte* n'a pas cette même valeur rituelle car elle est insérée dans un autre schéma : non plus prière – baiser – venue des Puissances et illumination, mais prière – baiser – repas. De plus, elle n'apparaît pas au cours d'une leçon, mais à la fin et probablement

---

[182] À comparer avec R. Valantasis, *op. cit.*, p. 94 qui estime que le baiser donne pouvoir au guide. Cependant, dans ce cas-là, qui donne ce pouvoir puisque le baiser a lieu entre le guide, Hermès, et son disciple ?

[183] Avec J.-P. Mahé (*op. cit.*, 2006, p. 562) et contre J. Holzhausen, nous pensons le disciple n'est pas encore régénéré quand Hermès commence sa leçon *OgdEnn*.

[184] F. Planchon, *op. cit.*, p. 130. Il s'oppose explicitement à J.-P. Mahé en affirmant que tout n'est pas aussi simple que le laisserait entendre ce dernier.

[185] F. Planchon, *op. cit.*, p. 129.

après une prière du soir. Il s'agirait ici d'un baiser fraternel[186], renforçant les liens entre les hermétistes, au même titre que le repas.

Si le baiser de *NH* VI 57 est intégré au processus même de la remontée du disciple vers l'Ogdoade, à côté de la prière et de la venue de la Puissance de la Lumière, le repas et l'embrassade après la *PAGCopte* renforceraient la cohésion entre le maître et ses disciples au sein du cercle hermétique.

IV. CONCLUSION DE LA DEUXIÈME PARTIE

La transmission du savoir hermétique n'est pas que théorique ; elle s'attache aussi à la manière dont le disciple doit se comporter, notamment vis-à-vis de plusieurs pratiques rituelles. Ceci est d'autant plus important à une époque où les critiques se multiplient et s'intensifient quant au bien-fondé, à la nécessité et à la manière de mettre en œuvre certaines façons de communiquer avec le divin.

L'étude de pratiques, comme celles liées aux images de dieux, les sacrifices et les prières, montre que les auteurs hermétistes s'insèrent, discrètement, dans ce débat et allient acceptation de données nouvelles et récupération d'autres, anciennes et traditionnelles. Cette ambivalence est le corollaire d'une différence de traitement de ces pratiques. Des hermétistes semblent engager une entreprise de sauvegarde des pratiques liées aux images des dieux et des sacrifices, comme le fait Jamblique. Celui-ci utilise la théurgie pour sauver et justifier le culte grec et pour établir une cohérence entre les cultes grecs et orientaux[187], et il fait régulièrement appel à l'Égypte. Les auteurs hermétistes se différencient de cette entreprise jamblichéenne : ils se placent bien plus que Jamblique du point de vue d'un Égyptien, ce que nous avions déjà observé dans la première partie. À tel point que nous pouvons nous demander à nouveau si certains auteurs ne seraient pas des Égyptiens hellénisés.

---

[186] K.-W. Tröger, *op. cit.*, 2003, p. 513 n. 81 ; J.-P. Mahé, *op. cit.*, 1978, p. 58.

[187] C. van Liefferinge, «La théurgie, outil de restructuration dans le De Mysteriis de Jamblique», in *Actes du IVe Colloque international du C.I.E.R.G.A. «Influences, emprunts et syncrétismes religieux en Grèce ancienne»* tenu à Bruxelles du 2 au 4 septembre 1993, Kernos 7 (1994), p. 208–210.

Les prières mettent en relation l'homme et le divin dans les deux sens. Les sacrifices, d'origine divine et adressés au divin, relèvent aussi d'une conception selon laquelle tout retourne là d'où il vient, instaurant une relation entre les hommes et les dieux. Ces derniers instituent les sacrifices parmi les hommes ; ils leur accordent des bienfaits, parmi lesquels tout ce qui permet aux hommes de vivre correctement et décemment. En retour, les hommes doivent les remercier pour ces bienfaits, en particulier par des sacrifices, retournant aux dieux une partie de ce que ceux-ci leur ont accordé. Ce schéma rejoint celui du rite égyptien, où l'Égyptien donne au dieu ce que celui-ci a donné et produit afin qu'il continue à le produire : « Par la liturgie adressée dans le temple à la statue, l'officiant atteint la personne du dieu qui se met en action selon le mécanisme décrit dans son mythe, pour produire sur terre des phénomènes que le rituel va à son tour utiliser et représenter au dieu. »[188] La même idée est présente avec la piété – elle est un don de Dieu dans *CH* IX 4 et doit lui être adressée – et avec l'âme. Toutefois, alors que l'âme peut éprouver des difficultés à retourner vers Dieu – il faut être soit régénéré soit mort dans l'optique hermétique –, sacrifier est à la portée de tous. Quand on sait l'importance de ce retour aux origines dans l'ensemble de la littérature hermétique étudiée, affirmer que les sacrifices viennent de Dieu reviendrait à donner la possibilité à un grand nombre de personnes d'anticiper ce retour définitif auprès de Dieu, toutefois sans que le sacrifice (ou la piété en général) ne puisse le remplacer définitivement. Les sacrifices symbolisent donc en quelque sorte le retour futur de la partie divine de l'homme vers le monde divin. Derrière cette conception, il y aurait la volonté de sauver au moins une partie des sacrifices, notamment ceux de la tradition égyptienne. Deux idées transparaissent : celle de l'importance des sacrifices dans la vie des hommes, et des hermétistes en particulier, et celle selon laquelle les sacrifices font partie d'un choix de vie, celui d'ignorer ou non la divinité. Néanmoins, il semble que les hermétistes doivent, lorsqu'ils ont bien progressé sur la « voie d'Hermès », mettre en oeuvre uniquement une catégorie de sacrifices, ceux « de la parole raisonnable », les prières, avec toujours cette idée que tout retourne d'où il vient.

---

[188] P. Derchain, « Rituels », *op. cit.*, 1981, p. 328–333 et surtout p. 330–331.

Avec ces prières, notamment celles du maître, nous retrouvons l'idée d'une parole ritualisée. Elles se situent dans la continuité de la leçon, la complétant et la prolongeant. Elles ont une fonction anagogique, non seulement vis-à-vis de l'orant, souvent le maître, que vis-à-vis de celui qui assiste à la prière, le disciple et, dans son ombre, le destinataire. Adresses à Dieu, elles sont l'occasion de lui faire des déclarations solennelles et de s'engager auprès de lui.

PARTIE TROIS

L'HERMÉTISTE FACE À L'INTELLECT,
LA PAROLE ET LA CONNAISSANCE

Dans les parties précédentes, nous avons tenté de montrer comment l'hermétiste peut s'approcher graduellement de Dieu grâce à plusieurs pratiques. Celles-ci, régulièrement mises en œuvre, transforment progressivement le disciple. Il en existe cependant d'autres qui sont censées être accomplies une seule fois et qui entraînent une transformation plus radicale du disciple. Ces pratiques ne sont pas toutes une fin en soi, certaines étant réalisées au cours de la progression du disciple. Nous les étudions cependant en dernier, parce qu'il est plus facile de prendre l'entière mesure de leur efficacité et de leur importance en ayant déjà à l'esprit les autres pratiques.

Ces transformations radicales sont en rapport avec les notions de νοῦς, λόγος et connaissance. Il en a été déjà souvent question, mais nous en avons parlé comme si leur possession était innée chez les hommes. Or, la lecture de plusieurs passages montre que la situation est plus complexe. La *PAGCople* mentionne trois dons, en *NH* VI 64.8–14 : ⲉϥⲭⲁⲣⲓⲍⲉ ⲛⲁⲛ ⲙ̄ⲡⲛⲟⲩⲥ ⲙ̄ⲡⲗⲟⲅⲟⲥ ⲛ̄ⲧⲅⲛⲱⲥⲓⲥ· ⲡⲛⲟⲩⲥ ⲙⲉⲛ ⲭⲉⲕⲁⲁⲥ ⲉⲛⲁⲣ̄ⲛⲟⲉⲓ ⲙ̄ⲙⲟⲕ· ⲡⲗⲟⲅⲟⲥ ⲇⲉ ⲭⲉⲕⲁⲁⲥ ⲉⲛⲁϩⲉⲣⲙⲏⲛⲉⲩⲉ ⲙ̄ⲙⲟⲕ· ⲧⲅⲛⲱⲥⲓⲥ ⲇⲉ ⲭⲉⲕⲁⲁⲥ ⲉⲛⲛⲁⲥⲟⲩⲱⲛⲕ̄, «C'est l'intellect, la parole et la connaissance qu'il (= l'enseignement) nous accorde; l'intellect afin que nous te (= Dieu) concevions; la parole afin que nous t'interprétions; la connaissance pour que nous te connaissions.»

Deux questions se posent à propos de ces dons. 1° Sont-ils à mettre sur le même plan ? La connaissance et l'intellect seraient donnés à un petit nombre d'hommes, comme l'indiquent l'importance de la notion d'ignorance et *CH* IV ; en revanche, selon ce même traité, la parole est donnée à tous. 2° L'ordre d'énumération est-il aléatoire, croissant – de l'intellect à la connaissance – ou décroissant – de la connaissance à l'intellect[1] ? Si, à la suite de *CH* IV, la parole est donnée à tous et si l'ordre n'est pas aléatoire, la connaissance devrait ainsi être donnée à tous, ce qui n'est pas le cas. Avec la parole accordée à tous, l'ordre des mots est donc nécessairement aléatoire. Sinon, il faut considérer que la parole n'est pas donnée à tous les hommes. Ainsi, la question du statut exact de la parole se pose-t-elle, comme celle concernant ses rapports avec l'intellect et la connaissance, tout ceci afin de mieux cerner la progression de l'hermétiste le long de la «voie d'Hermès».

---

[1] C'est en particulier l'opinion de J.-P. Mahé, *op. cit.*, 1991, p. 347–375.

Trois autres traités peuvent nous aider à aller plus loin : *CH* I et IV pour l'intellect, *CH* XIII pour la connaissance. Chacun décrit la transformation radicale et immédiate du disciple, plus clairement dans *CH* IV et XIII, avec l'intellect et les Puissances, que dans *CH* I. Cette étude est menée essentiellement à partir de ces quatre traités – parce qu'ils nous fournissent le plus de renseignements à ce sujet –, en suivant l'ordre des dons du traité copte : l'intellect, la parole à la fin du chapitre 6, et la connaissance.

L'INTELLECT POUR CONCEVOIR DIEU

Le titre de ce chapitre reprend une idée exprimée dans la *PAGCopte*, *NH* VI 64.8–11 : « C'est l'intellect, la parole et la connaissance qu'il (= l'enseignement) nous accorde ; l'intellect afin que nous te (= Dieu) concevions. » Ces deux propositions résument plusieurs informations sur l'intellect : celui-ci est un don accordé par Dieu aux hommes, en l'occurrence les orants dans ce passage ; son objet est Dieu lui-même, qu'il permet de concevoir. *CH* IV nous apprend que ce don n'est pas accordé à tous, ce qui implique une sélection. Quels en sont le mode et les critères ? Quelle est la part de responsabilité des hommes ? Et de Dieu ? À ces interrogations, s'ajoutent celles sur la manière dont l'intellect s'acquiert et sur les conséquences, tant pour les hommes qui l'ont reçu que pour ceux qui ne l'ont pas reçu.

I. Préliminaires historiographique et méthodologique

L'assertion selon laquelle l'intellect est un don accordé à quelques hommes est reprise de manière variée par les auteurs de *CH* I, IV, IX, de *NH* VI, 7 et de l'*Asclépius*. Excepté *CH* IV, dont la moitié concerne l'intellect, tous ces écrits consacrent au thème de l'acquisition de l'intellect seulement quelques lignes. Ceci contraste avec l'importance de l'intellect et de son acquisition pour l'hermétiste. Comme en écho à cette faible présence dans la littérature hermétique étudiée, il a été assez peu abordé par les commentateurs modernes.

1. *Un thème discret dans la recherche contemporaine*

La majorité des quelques pages écrites sur le sujet s'intéresse à *CH* IV, avec l'emploi de βαπτίζειν. Certains commentateurs se contentent de donner des parallèles à cet emploi. R. Reitzenstein, dans son *Poimandres*[1], cite ce passage une seule fois, en note, sans explication. Il y revient quelques années plus tard dans deux notes de son étude

---

[1] R. Reitzenstein, *op. cit.*, 1904, p. 214 n. 1.

sur les origines du baptême chrétien. L'une est consacrée au lien entre le cratère et la monade, l'autre au rapport entre le cratère, la boisson et l'eau[2]. Ces deux notes sont précieuses pour les références aux textes antiques et peuvent être le point de départ d'une recherche plus approfondie. De ce point de vue, les notes plus récentes de B.P. Copenhaver apportent peu d'informations supplémentaires[3]. Quant à G. Fowden, il mentionne seulement le « baptême » de *CH* IV pour dire que ce récit a une « parenté spirituelle » avec le gnosticisme chrétien, sans expliquer en quoi cette parenté consiste exactement[4]. Un peu plus loin, il affirme qu'il n'y a pas forcément de cérémonie religieuse, tout en ajoutant que, s'il s'agit peut-être simplement d'une figure de style, toute figure ou symbole commence par quelque chose de concret[5]. D'autres commentateurs sont allés au-delà de la simple mise en parallèle avec des sources non hermétiques. Ils se répartissent en deux groupes.

Certains partent du principe selon lequel l'immersion n'est qu'un phénomène littéraire. Pour W. Scott, ce n'est pas un rite efficace, mais simplement une figure pour illustrer la doctrine hermétique de l'intellect, même si le rite dont l'auteur s'est inspiré avait une efficacité sacramentelle[6]. Il s'interroge sur les origines possibles de l'immersion dans le cratère : chrétien ou, plus particulièrement, syrien, pour l'emploi de βαπτίζειν; orphique, pour le cratère. Il conclut que l'auteur, un païen, a entendu l'invitation chrétienne au baptême et a adapté quelques sentences à son but[7]. D'autres commentateurs pensent que cette immersion n'a qu'une valeur symbolique : ainsi J. Thomas et plus tard S. Legasse[8]. A.-J. Festugière considère que c'est une simple métaphore[9].

---

[2] R. Reitzenstein, *Die Vorgeschichte der christlichen Taufe*, Leipzig, Teubner, 1929, note p. 345 et p. 373 n. 1.

[3] B.P. Copenhaver, *op. cit.*, p. 134–135.

[4] G. Fowden, *op. cit.*, 2000, p. 172–173.

[5] G. Fowden, *op. cit.*, 2000, p. 216.

[6] W. Scott, *op. cit.*, vol. 2, p. 140.

[7] W. Scott, *op. cit.*, vol. 2, p. 142.

[8] J. Thomas, *Le Mouvement baptiste en Palestine et Syrie (150 avant J.-C.–300 après J.-C.)*, Gembloux, J. Duculot, 1935, p. 429 n. 3 : « du moins un baptême symbolique »; S. Legasse, *Naissance du baptême*, Paris, Cerf, 1993, p. 17 : « de valeur purement symbolique ».

[9] A.-J. Festugière, *op. cit.*, 1967, p. 103 : « il est clair tout d'abord qu'il s'agit ici d'un rite de mystère cultuel utilisé comme métaphore dans un mystère littéraire »; opinion reprise dans *op. cit.*, 1989, p. 84.

L'emploi des termes «symbolique» et «métaphore» est rarement justifié, comme si leur application à *CH* IV était évidente pour tout lecteur. Bien souvent, un tel emploi revient à dénier toute valeur rituelle et même toute réalité à l'acte d'immersion, action qui serait en contradiction, selon ces auteurs, avec le caractère exclusivement spirituel de la littérature hermétique. A.-J. Festugière, qui argumente contre F. Bräuninger[10], le dit explicitement et il oppose ce qui est spirituel au cultuel, la pensée à l'acte. Il a élaboré une telle interprétation à partir du syntagme hermétique λογικὴ θυσία qu'il applique à l'immersion dans le cratère, faisant de cette expression un phénomène purement littéraire, n'ayant aucune réalité tangible. G. van Moorsel reprend cette idée d'un baptême spiritualisé[11]. Cependant, les six occurrences de λογικὴ θυσία sont exclusivement réservées aux prières; son application pour l'immersion dans le cratère ou pour tout autre acte mentionné dans les traités hermétiques relève plutôt d'une surinterprétation.

Un second groupe de chercheurs s'interroge sur la valeur sacramentelle de l'immersion dans le cratère. L'un des premiers à l'avoir fait, C.F.G. Heinrici[12], parle d'un acte sacramentel[13] et relève deux types d'influences, grecque et plus spécifiquement orphique pour le cratère, chrétienne pour βαπτίζειν. Peu après, F. Bräuninger pense que cette immersion a une «utilisation cultuelle»[14], rejetant ainsi le caractère spirituel de cette immersion. K.-W. Tröger affirme que c'est un baptême spiritualisé[15], dans le sillage d'A.-J. Festugière et de G. van Moorsel, tout en lui accordant un caractère sacramentel, comme H. Windisch[16].

Dans sa thèse sur les sacrements chez les gnostiques, F. Planchon consacre quelques pages à *CH* IV[17]. Comme pour les traités gnostiques,

---

[10] A.-J. Festugière, *op. cit.*, 1967, p. 111 n. 67: «Ce jugement (= celui de F. Bräuninger qui considère que le passage hermétique renvoie à une utilisation rituelle) me paraît méconnaître l'élément le plus original de l'hermétisme qui est de viser à une religion spirituelle (λογικὴ θυσία)».
[11] G. van Moorsel, *op. cit.*, 1960, p. 130–132.
[12] C.F.G Heinrici, *op. cit.*, p. 43–45.
[13] C.F.G Heinrici, *op. cit.*, p. 44: «sakramentale Akt».
[14] F. Bräuninger, 1926, p. 18: «als kultischer Brauch». Il se fonde sur le témoignage de Zosime dans le *Compte final* I 8.
[15] K.-W. Tröger, *op. cit.*, 1971, p. 55 et suivantes.
[16] H. Windisch, *op. cit.*, p. 208–209: il adopte la thèse selon laquelle l'auteur connaissait la littérature chrétienne et qu'il a assimilé la terminologie chrétienne à sa gnose.
[17] F. Planchon, *op. cit.*, p. 126–129 et p. 152.

il est mitigé, considérant qu'il y a un a-sacramentalisme fondamental dans les textes hermétiques tout en reconnaissant « une certaine ouverture à la pratique sacramentelle de la part de ces communautés »[18].

Les divergences entre les deux groupes concernent la nature même de ce qui est décrit dans *CH* IV – s'agit-il vraiment de ce que nous pouvons appeler un baptême, avec en arrière-plan les rites baptistes contemporains ? –, l'ancrage réel et concret de l'immersion – *CH* IV décrit-il un acte concret et effectivement pratiqué ou bien un acte spirituel et abstrait, sans aucun ancrage concret ? – et son caractère rituel. Pour aucune de ces questions, un consensus ne s'est dégagé.

2. *Quelques remarques méthodologiques*

Loin de nous restreindre au seul *CH* IV, nous allons prendre en compte les autres témoignages hermétiques mentionnant l'acquisition de l'intellect, sans vouloir pour autant proposer une synthèse hermétique : ces témoignages sont de valeur inégale, ils n'ont pas été écrits à la même époque et ils révèlent des préoccupations variées. Une des différences majeures concerne le vocabulaire ; l'association des termes « cratère », « intellect » et du verbe « plonger, immerger » est ainsi une spécificité de *CH* IV, que nous ne retrouvons que dans le *Compte final* I 8 de Zosime. L'immersion dans le cratère n'est qu'un moyen parmi d'autres d'obtenir l'intellect.

Au sujet de l'immersion elle-même, la plupart des chercheurs parlent de « baptême » ; ce terme est chargé de toute une histoire avec l'ensemble des groupes baptistes juifs et le baptême chrétien. Il véhicule une constellation d'idées qui ne sont pas forcément applicables aux traités hermétiques. Néanmoins, au contraire des traductions « immersion » ou « plongeon », son emploi a l'avantage de respecter le caractère technique de βαπτίζειν dans le traité hermétique. C'est pourquoi nous parlons aussi de baptême ou de « pratique baptismale », tout en n'établissant pas dès le départ une analogie avec les rites baptismaux juifs et chrétiens.

II. L'INTELLECT, UN DON À ACQUÉRIR

Les traités mentionnés ci-dessus fournissent sur l'acquisition de l'intellect des données d'une qualité diverse. Les uns se contentent d'informer

---

[18] F. Planchon, *op. cit.*, p. 152.

le disciple et le destinataire, d'autres vont au-delà; certains détaillent largement les conséquences de l'acquisition ou de la non-acquisition.

1. L'acquisition de l'intellect dans l'ensemble des traités étudiés

Seul *NH* VI 64.10–11 n'est pas réellement informatif; la mention de l'intellect acquis intervient au cours d'une prière du maître et en tant qu'acte de reconnaissance envers Dieu pour les dons qu'il accorde:

Ϫⲉ ϢⲀ ⲞⲨⲞⲚ ⲚⲒⲘ· ⲀⲨⲰ ϢⲀ ⲠⲦⲎⲢϤ· ⲦⲈⲨⲚⲞⲒⲀ ⲘⲠⲈⲒⲰⲦ ⲘⲚ ⲠⲘⲈ ⲘⲚ ⲠⲞⲨ{ⲞⲨ} ϢⲀϤ· ⲀⲨⲰ ⲈϢϪⲈ ⲞⲨⲚ ⲞⲨⲤⲂⲰ ⲈⲤϨⲀⲖⲈⲤ ⲈⲤⲞ ⲚϨⲀⲠⲖⲞⲨⲤ· ⲈⲤⲢⲬⲀⲢⲒⲌⲈ ⲚⲀⲚ ⲘⲠⲚⲞⲨⲤ ⲘⲠⲖⲞⲄⲞⲤ ⲚⲦⲄⲚⲰⲤⲒⲤ· ⲠⲚⲞⲨⲤ ⲘⲈⲚ ϪⲈⲔⲀⲀⲤ ⲈⲚⲀⲢⲚⲞⲈⲒ ⲘⲘⲞⲔ·

Car vers chacun et vers le Tout, (vient) la bienveillance du Père, l'amour et la volonté[19] et, s'il y a un enseignement agréable et simple, c'est l'intellect, la parole et la connaissance qu'il nous accorde; l'intellect dans le but de te concevoir. (*NH* VI 64.4–11)

Les autres passages sont des extraits de leçons où le maître informe son disciple que tous les hommes ne possèdent pas l'intellect. Dans trois cas, cette information provoque une intervention du disciple. En *CH* I 21–22, l'étonnement du disciple exprime une inquiétude personnelle:

{narrateur} Ἀλλ᾽ ἔτι μοι εἰπέ, πῶς εἰς ζωὴν χωρήσω ἐγώ, ἔφην, ὦ Νοῦς ἐμός; φησὶ γὰρ ὁ θεός «ὁ ἔννους ἄνθρωπος ἀναγνωρισάτω ἑαυτόν». οὐ πάντες γὰρ ἄνθρωποι νοῦν ἔχουσιν;

{Π} εὐφήμει, ὦ οὗτος, λαλῶν· παραγίνομαι αὐτὸς ἐγὼ ὁ Νοῦς τοῖς ὁσίοις καὶ ἀγαθοῖς καὶ καθαροῖς καὶ ἐλεήμοσι, τοῖς εὐσεβοῦσι,

{Narrateur} Mais encore, dis-moi: comment avancerai-je vers la Vie, dis-je, mon Intellect? Car Dieu a dit: «que l'homme qui réfléchit se reconnaisse lui-même»; tous les hommes ne possèdent-ils pas l'intellect?

{P} Silence, toi qui parles. Moi aussi, l'Intellect, je viens auprès de ceux qui sont saints, bons, purs et compatissants, les hommes pieux.

En *CH* IV 3, le disciple n'exprime à priori aucune inquiétude personnelle:

{E} τὸν μὲν οὖν λόγον, ὦ Τάτ, ἐν πᾶσι τοῖς ἀνθρώποις ἐμέρισε, τὸν δὲ νοῦν οὐκέτι, οὐ φθονῶν τισιν· ὁ γὰρ φθόνος οὐκ ἔνθεν ἔρχεται, κάτω δὲ συνίσταται ταῖς τὸν νοῦν μὴ ἐχόντων ἀνθρώπων ψυχαῖς.

{T} Διὰ τί οὖν, ὦ πάτερ, οὐ πᾶσιν ἐμέρισε τὸν νοῦν ὁ θεός;

---

[19] Il y aurait probablement une dittographie: J.-P. Mahé, *op. cit.*, 1978, p. 160.

{E} ἠθέλησεν, ὦ τέκνον, τοῦτον ἐν μέσῳ ταῖς ψυχαῖς ὥσπερ ἆθλον ἱδρῦσθαι

{H} Donc, Tat, il (= Dieu) partagea entre tous les hommes la parole mais pas l'intellect, bien qu'il ne les enviait pas, car l'envie ne vient pas de là-haut mais se produit en bas, au sein des âmes des hommes qui ne possèdent pas l'intellect.

{T} Pour quelle raison donc, père, Dieu n'a-t-il pas partagé l'intellect entre tous?

{H} Il a désiré, enfant, que celui-ci soit établi comme un prix au milieu des âmes.

Mais, le caractère personnel apparaît à posteriori, quand le disciple intervient, en *CH* IV 6, pour exprimer une volonté personnelle en demandant à être lui aussi immergé, baptisé. En *Ascl.* 7[20], si le disciple intervient et s'étonne, le caractère personnel est absent, d'autant plus que sa question ne porte pas réellement sur l'acquisition de l'intellect mais sur la différence de qualité de l'intellect chez les hommes:

{H} Dicebam enim in ipso initio rerum de coniunctione deorum, qua homines soli eorum dignatione perfruuntur – quicumque etenim hominum tantum felicitatis adepti sunt, ut illum intellegentiae divinum perciperent sensum, qui sensus est divinior in solo deo et in humana intellegentia.

{A} Non enim omnium hominum, o Trismegiste, uniformis est sensus?

{H} Non omnes, o Asclepi, intellegentiam veram adepti sunt.

{H} Je parlais, tout à fait au début, de cette union avec les dieux dont les hommes sont seuls à jouir par la faveur des dieux, j'entends ceux d'entre les hommes qui ont obtenu le bonheur suprême d'acquérir cette faculté divine d'intellection, c'est l'intellect plus divin qui n'existe qu'en Dieu et dans l'entendement humain.

{A} Quoi, Trismégiste, l'intellect n'est-il donc pas de même qualité en tous les hommes?

{H} Non, Asclépios, ils n'ont pas tous atteint à la vraie connaissance.

Dans les deux derniers extraits (*Ascl.* 18 et *CH* IX 5), le disciple ne paraît pas étonné de ce qu'il entend. En *Ascl.* 18, ceci s'explique par le fait qu'Hermès ne fait que reprendre, en le développant, l'enseigne-

---

[20] Sur l'emploi des termes *intelligentia*, *intellectus* et *sensus* dans le traité latin: M. Bertolini, *op. cit.*, p. 1160–1165 pour les deux premiers et p. 1177–1181 pour le troisième.

ment antérieur d'*Ascl.* 7[21], au cours duquel Asclépios a déjà pu exprimer son étonnement :

> sensus autem, quo dono caelesti sola felix sit humanitas – neque enim omnes, sed pauci, quorum ita mens est, ut tanti beneficii capax esse possit.

> Mais l'intellect[22], ce don céleste dont l'humanité a seule l'heureuse jouissance – et encore non pas tous, mais un petit nombre, ceux dont l'âme est ainsi disposée qu'elle soit apte à recevoir un si grand bienfait.

En *CH* IX 5, Hermès distingue intellection et sensation, tout en reconnaissant que, chez l'homme, elles sont unies l'une à l'autre. Comme en *Ascl.* 7, il restreint la portée de son affirmation ; cependant, il est question non à proprement parler de l'intellect mais de l'activité produite par celui-ci, l'intellection[23] :

> Ἀνθρώπινον οὖν τὸ κοινωνῆσαι αἴσθησιν νοήσει· οὗ πᾶς δὲ ἄνθρωπος, ὡς προεῖπον, ἀπολαύει τῆς νοήσεως, ἀλλ᾽ ὁ μὲν ὑλικός, ὁ δὲ οὐσιώδης· ὁ μὲν γὰρ μετὰ κακίας ὑλικός, ὡς ἔφην, ἀπὸ τῶν δαιμόνων τὸ σπέρμα τῆς νοήσεως ἴσχει, οἱ δὲ μετὰ τοῦ ἀγαθοῦ οὐσιωδῶς ὑπὸ τοῦ θεοῦ σῳζόμενοι·

> Donc, le fait que la sensation soit unie à l'intellection est particulier à l'homme. Tout homme, comme je l'ai dit auparavant, ne jouit pas de l'intellection, mais il y a le matériel et l'essentiel. En effet, comme je l'ai dit, l'(homme) matériel, avec le mal, reçoit des démons la semence de l'intellection, tandis que les (hommes) essentiels, avec le bien, sont sauvés par Dieu.

Dans l'*Asclépius*, *CH* IX et *NH* VI, 7, l'acquisition de l'intellect est un thème annexe, au contraire de *CH* I et IV. En *CH* I, elle est un élément important de l'argumentaire du traité. Seul *CH* IV a pour thème principal cette acquisition dont l'importance est bien mise en valeur avec l'insertion du terme κρατήρ, instrument de cette acquisition, dans le titre. *CH* I et IV renseignent aussi sur les propriétés de l'intellect et les conséquences de son acquisition.

Si les auteurs ne donnent pas les mêmes informations, ils ne le font pas non plus de manière identique. Ils présentent parfois l'acquisition

---

[21] En *Ascl.* 7, Hermès avait annoncé qu'il reviendrait sur le thème de l'intellect quand il parlerait du souffle. Or *Ascl.* 18 fait effectivement suite à une section consacrée au souffle. Ce chapitre proviendrait d'une autre source que celle du chapitre 7, mais J.-P. Mahé (*op. cit.*, 1981, p. 413) souligne que le dernier rédacteur tente d'harmoniser les différentes sources. Ajoutons qu'il évite également certaines répétitions.

[22] Sur la correspondance entre νοῦς et *sensus* : M. Bertolini, *op. cit.*, p. 1178–1181.

[23] Sur l'intellection comme le produit de l'intellect : *CH* IX 1.

de l'intellect comme un don, mettant l'accent sur le donateur, Dieu :
Ascl. 18 avec *donum*, *CH* IV 3 avec μερίζω et *NH* VI 64 avec ⲉⲣⲭⲁⲣⲓⲍⲉ.
Dans *CH* IX, l'idée du don semble être sous-entendue : l'auteur oppose
l'intellection de l'homme matériel, ensemencée par les démons, à celle
de l'homme essentiel, qui d'après la structure de la phrase serait ensemencée par Dieu. Dans d'autres cas, l'acquisition de l'intellect est le
résultat d'une démarche individuelle de l'hermétiste : *Ascl.* 7 avec *per-
cipio*, ou celui d'une présence divine : en *CH* I, Poimandrès se tient
auprès des hommes pieux. Dans tous les cas, la possession n'est le
résultat ni d'un échange entre l'homme et Dieu – puisque ce dernier,
possédant tout, n'a besoin et n'a envie de rien – ni d'une instruction
précise – ce qui ne signifie pas que celle-ci n'a pas de rôle à jouer.

L'importance de ce thème dans *CH* I et IV est soulignée par les
interventions du disciple, qui exprime soit un état d'âme (*CH* I), soit
une volonté (*CH* IV). Ces interventions du disciple étant assez rares
en général et ayant une place spécifique dans la progression du disciple
et de la leçon[24], il faut s'interroger sur les intentions des auteurs. Nous
espérons ainsi pouvoir contribuer à une meilleure compréhension de
l'acquisition de l'intellect, et aussi du sens de la pratique baptismale
dans *CH* IV. Il ne s'agit donc pas de s'en tenir au seul niveau théolo-
gique du texte, mais de s'intéresser au contexte didactique. C'est pourquoi nous estimons nécessaire d'étudier la structure de l'ensemble ou
d'une large partie de ces deux traités.

2. *L'acquisition de l'intellect dans* CH I

L'auteur de *CH* I vise à justifier l'autorité du narrateur comme premier
maillon de la chaîne hermétique et son rôle d'instructeur en vue du
salut des hommes les plus dignes. Il montre l'intérêt de ce salut grâce
au récit cosmologique (montrer d'où vient l'homme) et à celui de la
destinée des hommes sur terre (montrer comment l'homme terrestre
s'éloigne parfois de Dieu). C'est dans ce contexte que se situe l'acquisition de l'intellect (*CH* I 21–22). Ce thème intervient dans la seule partie où un véritable échange dialogique s'est instauré entre Poimandrès
et son disciple (*CH* I 20–22) et où il y a une véritable implication du
disciple avec l'emploi temporaire des pronoms de la première et de la
deuxième personne du singulier et la question personnelle du disciple[25].

---

[24] Voir à ce sujet le chapitre un.
[25] *CH* I 21 : ἐὰν οὖν μάθῃς αὐτὸν ἐκ ζωῆς καὶ φωτὸς ὄντα καὶ ὅτι ἐκ τούτων
τυγχάνεις εἰς ζωὴν πάλιν χωρήσεις, « si donc tu apprends que tu es issu de la Vie et

La réponse de Poimandrès, sur ceux auprès de qui il se tient et sur ceux dont il s'éloigne, est à lire non seulement sur le plan des idées hermétiques mais également sur le plan personnel du disciple. Le court dialogue entre Poimandrès et le narrateur anonyme a une dimension catéchétique – notamment avec les questions de Poimandrès (*CH* I 20–21) – et n'est pas la simple transmission d'un savoir, demandant au disciple un investissement personnel plus important.

3. *L'acquisition de l'intellect dans* CH IV

L'acquisition de l'intellect est plus clairement et plus longuement développée dans *CH* IV et est associée au thème de la monade comme l'indique le titre ὁ κρατὴρ ἢ μονάς transmis par les manuscrits. Le lien entre ces deux thèmes est problématique, d'autant plus que l'auteur passe de l'un à l'autre sans une véritable transition. W. Scott, A.D. Nock et A.-J. Festugière[26] estiment donc qu'une telle transition a dû exister à l'origine. Toutefois, dans son introduction au traité[27], A.-J. Festugière pense que si le lien n'est pas très marqué avec ce qui précède, le thème de la monade est préparé dès le début, avec l'emploi de la qualification divine μόνον dans l'expression ἕν καὶ μόνον ou ὁ εἷς καὶ μόνος, «l'Un-et-Seul»[28]. En effet, cette expression «Un-et-Seul» intervient à intervalles réguliers (*CH* IV 1, 5 et 8), préparant le disciple et le lecteur hermétiste à l'identification entre Dieu et la monade.

Contrairement à d'autres traités comme *CH* I, IX et X, Hermès n'introduit pas sa leçon[29], il ne la relie pas non plus à une leçon antérieure ni aux *Leçons générales*. Il la débute avec un récit mythologique, qui ressemble à un exposé doctrinal bref récapitulant les points principaux en relation avec le thème central; c'est le fondement de la suite et Tat doit y souscrire totalement. Alors que dans ce récit, Hermès parle de l'homme en général, il ajuste ensuite l'information en distinguant deux genres d'hommes, selon la possession ou non de l'intellect; cela

---

de la Lumière et que tu te trouves en être composé, tu retourneras à nouveau vers la Vie» et πῶς εἰς ζωὴν χωρήσω ἐγώ, «comment avancerai-je vers la Vie?».

[26] W. Scott, *op. cit.*, vol. 2, p. 151; *NF* I, p. 53, avec les trois points dans la traduction: «eu égard au semblable. […] la monade».

[27] *NF* I, p. 47.

[28] Sur cette expression: J.-P. Ponsing, «L'origine égyptienne de la formule: Un-et-seul», *RHPhR* 60.1 (1980), p. 29–34. À comparer avec la manière dont est désigné le Père, la Racine du Tout, dans *Le Traité Tripartite*; en *NH* I 51.10–11, il est défini ainsi: ⲁⲩⲱ ⲡⲉⲧⲉⲛ̄ⲧⲁϥ ⲟⲩⲁⲉⲉⲧϥ̄ ⲡⲉ, «et (il est) ce qu'il est seul à être» (traduction: E. Thomassen) ou «et il est celui qui est un en lui».

[29] Rien n'indique qu'un prologue ait existé.

expliquerait l'interpellation de Tat « mon enfant » : attirer particulièrement son attention (et celle du destinataire du traité) sur ce qui suit. Il exclut l'envie comme cause de cette distinction ; l'absence de véritable explication pousse Tat à poser sa première question (*CH* IV 3) : διὰ τί οὖν, ὦ πάτερ, οὐ πᾶσιν ἐμέρισε τὸν νοῦν ὁ θεός ; « Pour quelle raison donc, père, Dieu n'a-t-il pas partagé l'intellect entre tous ? » La réponse d'Hermès (l'intellect « a été établi au milieu des âmes comme une récompense », ἐν μέσῳ ταῖς ψυχαῖς ὥσπερ ἆθλον ἱδρῦσθαι) n'explique à nouveau pas tout, et Tat interroge une nouvelle fois son maître en rebondissant sur ἱδρύω. L'ensemble, information initiale, questions et réponses incomplètes, paraît très bien organisé et ne pas être improvisé au moment où le dialogue est censé se dérouler. Comme en *CH* I 21, il s'agirait d'un petit « catéchisme », où cette fois c'est le disciple qui questionne. Cet exposé des principes fondamentaux préparerait à l'accomplissement d'une pratique, avec une implication progressive du disciple : en posant ses questions, il montre qu'il veut en savoir plus.

La seconde question de Tat entraîne une longue réponse sur le baptême dans le cratère afin d'acquérir l'intellect (*CH* IV 4) et sur les conséquences de l'immersion pour les hommes : Hermès indique d'abord les conséquences immédiates, développant la distinction entre deux groupes d'hommes préalablement esquissée ; il rebondit sur le groupe de ceux qui n'ont pas acquis l'intellect, pour détailler un peu plus ce qu'il advient d'eux, avant de revenir sur le premier groupe pour montrer qu'ils peuvent parvenir jusqu'à Dieu. Ainsi, la structure de toute la section sur les conséquences est organisée comme un chiasme selon le schéma ABBA.

Cette structure a l'avantage de débuter et de terminer cette section avec ceux qui ont acquis l'intellect, ce qui est une manière de les valoriser. De plus, dans une certaine mesure, la dernière chose que Tat a en mémoire est le groupe des détenteurs de l'intellect, d'autant plus qu'Hermès a attiré son attention sur eux, avec un vocatif nominatif : ὅσοι δὲ τῆς ἀπὸ τοῦ θεοῦ δωρεᾶς μετέσχον, οὗτοι, ὦ τάτ, « mais ceux qui ont pris part au don de Dieu, ceux-là, Tat » (*CH* IV 5). Hermès peut alors conclure en définissant la science de l'intellect et, habilement, il termine cette conclusion par le terme κρατήρ. Il rappelle ainsi à Tat comment il est possible d'acquérir l'intellect, après en avoir fait l'éloge. Là aussi, nous serions face à une exhortation du maître pour que son disciple prenne une décision.

Tat semble avoir compris le message, puisqu'il exprime son désir d'être baptisé (κἀγὼ βαπτισθῆναι βούλομαι, ὦ πάτερ, « moi aussi, je souhaite être baptisé, père », *CH* IV 6). Cette déclaration extrêmement importante provoque cependant une réaction pour le moins problématique de la part du maître : il se contente de parler de l'amour pour lui-même, avant d'enchaîner sur l'idée du choix. Il termine alors le traité en parlant de Dieu, du chemin qui mène à Dieu et de la monade.

4. *Le jeu des temps et la parole divine dans* CH *IV*

Dans ce traité, le jeu des temps est intéressant, car il montre comment une donnée mythologique a une incidence sur le présent des protagonistes. En effet, *CH* IV rend compte de trois époques différentes : celle de l'auteur hermétiste et du destinataire, que nous appelons temps historique et sur laquelle nous n'avons aucune donnée, celle des protagonistes, le temps hermétique, et celle de Dieu dont Hermès rapporte les « faits et gestes », le temps mythique. Parmi ces « faits et gestes », il y a l'envoi d'un héraut (*CH* IV 4) :

> Κρατῆρα μέγαν πληρώσας τούτου κατέπεμψε, δοὺς κήρυκα, καὶ ἐκέλευσεν αὐτῷ κηρύξαι ταῖς τῶν ἀνθρώπων καρδίαις τάδε· Βάπτισον σεαυτὴν ἡ δυναμένη εἰς τοῦτον τὸν κρατῆρα, ἡ πιστεύουσα ὅτι ἀνελεύσῃ πρὸς τὸν καταπέμψαντα τὸν κρατῆρα, ἡ γνωρίζουσα ἐπὶ τί γέγονας.

> Il (= Dieu) envoya un grand cratère qui en (= de l'intellect) était rempli, appointant un héraut et il lui ordonna d'annoncer aux cœurs des hommes ceci : « Baptise-toi, toi qui es capable, dans ce cratère, toi qui crois que tu remonteras vers celui qui l'a envoyé, toi qui sais pour quoi tu es venu à l'être ».

La parole divine, comme toutes les paroles divines dans les traités hermétiques, excepté peut-être celles du Bon Démon, est rapportée au style direct. Pour cette parole, il y aurait trois contextes d'énonciation, dont les caractéristiques sont résumées dans le tableau ci-dessous.

Dans le temps historique, la parole divine est écrite avec la rédaction des traités et orale avec la lecture, surtout si elle est faite à voix haute. Dans le temps hermétique, si la leçon se déroule pour la première fois, ce n'est pas le cas de la parole divine. Son « énonciation primordiale » est antérieure à la leçon d'Hermès et remonte au héraut appointé par Dieu. En utilisant le style direct et non le style indirect qui en ferait un simple constat informatif, l'auteur insère la parole dans le temps hermétique, et dans le sien propre (le temps historique), lui faisant ainsi traverser les époques sans aucune altération. Par conséquent, à chaque nouvelle énonciation, la distance temporelle avec l'« énonciation primordiale » est abolie, et le disciple et le destinataire sont replongés dans le temps mythique de la création, dont Hermès vient juste de retracer les grandes lignes. Cette parole s'adresse alors directement à

Tableau 8. Les trois contextes d'énonciation de la parole divine.

Époque d'énonciation et de réception de la parole divine	temps historique	temps hermétique	temps mythique
Locuteur	auteur du traité	Hermès, maître,	Héraut anonyme, envoyé par Dieu
Destinataire	lecteur	Tat, disciple	cœurs des hommes
Circonstances	lecture solitaire ou en groupe	leçon d'Hermès	au moment de la venue des hommes sur terre

eux, et Hermès devient un simple instrument de transmission, prenant la place du héraut de Dieu. Elle crée une rupture dans le traité et dans le récit des premiers temps, en impliquant directement Tat et le destinataire : la suite n'est plus simplement un état descriptif d'une situation donnée révolue mais le tableau d'une situation qui est toujours actuelle et qui doit servir de modèle, positif ou négatif, pour le disciple et doit l'aider dans sa démarche personnelle.

Les auteurs de *CH* I et IV mettent donc en œuvre un ensemble de procédés pour impliquer de plus en plus le disciple, et c'est lorsque le disciple s'implique beaucoup qu'interviennent les passages sur l'acquisition de l'intellect, toujours à la suite d'une prise de conscience par le disciple que tous les hommes, et donc peut-être lui-même, ne possèdent pas l'intellect. Les auteurs avaient probablement en tête la *Sentence* 333 de Sextus : « Tu n'acquerras pas l'intellect avant de savoir que tu ne le possèdes pas. »[30] À l'instar de ce que nous avons déjà dit pour *CH* I, ce que le maître enseigne relève aussi de l'expérimentation, ce qui incite à voir dans cette acquisition plus qu'un enseignement théorique.

III. Les protagonistes en présence

Dans les traités, l'intellect est un don de Dieu qui instaure une relation triangulaire entre trois pôles : le don, celui qui l'accorde, Dieu, et celui qui le reçoit, l'homme. Le don permet une relation descendante, du donateur au destinataire, et ascendante, car il permet à l'homme de se tourner vers Dieu et de le comprendre. L'auteur de *CH* IV a toute-

---

[30] Sextus, *Sentence* 333 : νοῦν οὐ πρότερον ἕξεις πρὶν ἢ γνῷς οὐκ ἔχων.

fois développé ce schéma de base des trois pôles en faisant également intervenir un objet, un cratère, et d'autres acteurs, un héraut et le cœur des hommes.

L'étude de ces protagonistes va permettre de mieux comprendre comment se déroule le don de l'intellect. En effet, le don peut être gratuit où la décision appartient à Dieu seul; on peut alors parler de déterminisme. Le don peut aussi être lié à des contingences extérieures; il faut alors se demander quelle est la part de responsabilité des hommes.

1. *Les protagonistes divins*

Ni dans le cas de Dieu, ni dans celui de l'intellect, nous n'avons l'intention de commenter toutes les données hermétiques, car cela dépasserait le cadre de cette étude et nécessiterait en soi plusieurs chapitres. Il s'agit essentiellement de relever ce qui est utile pour la suite du propos.

a. *Dieu*

Dans les passages sur l'acquisition de l'intellect, les auteurs ne se livrent pas à de longs développements théologiques. La divinité dont il est question est le Dieu Très Haut, l'Un, le principe de toutes choses au-dessus duquel il n'y a rien. La plupart du temps, il est désigné par la dénomination conventionnelle «Dieu», qui instaure une distance entre lui et les hommes. Dans *PAGCopte*, dans la phrase précédant la mention du don de l'intellect, il est le «Père»: ⲭⲉ ϣⲁ ⲟⲩⲟⲛ ⲛⲓⲙ· ⲁⲩⲱ ϣⲁ ⲡⲧⲏⲣϥ· ⲧⲉⲩⲛⲟⲓⲁ ⲙ̄ⲡⲉⲓⲱⲧ ⲙ̄ⲛ ⲡⲙⲉ ⲙ̄ⲛ ⲡⲟⲩ{ⲟⲩ}ⲱϣ, «car sur chacun et sur le Tout, est la bienveillance du Père, l'amour et la volonté» (64.4-6). Cette dénomination fait référence à la création dont il est l'auteur, puisque «le fait de produire appartient au père»[31] et à la relation filiale qui s'instaure entre le créateur et sa créature, relation qui s'exprime par la bienveillance, ⲉⲩⲛⲟⲓⲁ, et l'amour, ⲙⲉ, du premier envers les hommes. Dans *CH* IV, il est le Dieu qui crée au moyen de sa parole créatrice, comme l'Intellect Dieu de *CH* I. Il n'est donc pas anodin que, dans ces deux traités, l'acquisition de l'intellect soit mentionnée juste après un passage sur la création par la parole divine en *CH* IV 1 et en *CH* I 18, avec un rappel en *CH* I 21. Dans les deux cas, en accordant l'intellect, Dieu prolonge la création.

---

[31] *CH* II 17: πατρὸς γὰρ τὸ ποιεῖν.

Dieu, comme créateur et principe de toutes choses[32], est la source
ultime de l'intellect, idée bien exprimée en *Ascl.* 7 : *sensus est divinior
in solo deo*, « cet intellect plus divin qui n'existe qu'en Dieu ». Il est le
seul à décider de la non possession par tous de l'intellect, une décision
qui est mentionnée explicitement par le seul auteur de *CH* IV 3 : τὸν
μὲν οὖν λόγον, ὦ Τάτ, ἐν πᾶσι τοῖς ἀνθρώποις ἐμέρισε, τὸν δὲ νοῦν
οὐκέτι, οὐ φθονῶν τισιν· ὁ γὰρ φθόνος οὐκ ἔνθεν ἔρχεται, « Donc, Tat,
il (= Dieu) partagea entre tous les hommes la parole mais pas l'intellect, bien qu'il ne les enviât pas, car l'envie ne vient pas de là-haut. »
L'absence d'envie est une idée courante, affirmée en milieu philosophique déjà par Platon[33] et par de nombreux groupes religieux[34]. Elle
a pour corollaire la bonté présente en Dieu, bonté dont est également
doté le Dieu hermétique en *CH* IV 1. L'auteur se servirait de cette
idée commune pour dédouaner Dieu de toute pensée mauvaise et
pour anticiper d'éventuelles objections. La raison du non partage de
l'intellect entre tous les hommes est qu'il est un prix, ἆθλον, que les
âmes humaines doivent gagner ; si le caractère arbitraire de la décision
divine est présent, le choix des hommes pouvant acquérir l'intellect
n'est, quant à lui, pas arbitraire. Finalement, la décision appartient à
chaque homme.

b. *L'intellect*

La conception de l'intellect est complexe. L'intellect établit un lien
entre Dieu et l'homme – quand Dieu l'accorde à ce dernier – et entre
l'homme et Dieu – quand l'homme le met à profit pour connaître et
comprendre Dieu. En effet, selon le propre enseignement d'Hermès

---

[32] Voir en particulier le rôle du Dieu Intellect dans *CH* I ; voir aussi *CH* II 12 : {A}
οὖν θεὸς τί ἐστιν ; {E} ὁ μηδὲ ἓν τούτων ὑπάρχων, ὢν δὲ καὶ τοῦ εἶναι τούτοις αἴτιος
καὶ πᾶσι καὶ ἑνὶ ἑκάστῳ τῶν ὄντων πάντων, « {A} Donc, Dieu, qu'est-il ? {H} Il est ce
qui n'est pas l'un de ceux-ci mais il est également la cause de leur existence et pour
tous et pour chacun individuellement de tous les êtres » ; *CH* III 1 : ἀρχὴ τῶν ὄντων ὁ
θεός, « principe des êtres est Dieu » ; *CH* XI 3 : πηγὴ μὲν οὖν πάντων ὁ θεός, « la source
de tout est donc Dieu ».

[33] Platon, *Timée* 29 e.

[34] L'auteur du traité gnostique *Le Témoignage véritable* « s'étonne » ainsi de l'attitude du Dieu de la Genèse face à Adam qui vient de goûter à l'arbre de la connaissance, *NH* IX 47.14–18 : ⲟⲩⲁϣ ⲙ̄ⲙⲓⲛⲉ ⲛ̄ⲧⲟϥ ¹⁵ⲡⲉ ⲡⲓⲛⲟⲩⲧⲉ ϣⲟⲣⲡ̄ ⲙ[ⲉ]ⲛ ⲁ̣[ϥ]¹⁶ⲣ̄ⲫⲑⲟⲛⲓ
ⲉⲁⲇⲁⲙ ⲉⲧⲣⲉϥϭⲟ[ⲩ]¹⁷ⲱⲙ ⲉⲃⲟⲗ ϩⲙ̄ ⲡϣⲏⲛ ⲛ̄ⲧ̄[ⲛⲱ]¹⁸ⲥⲉⲱⲥ, « De quelle sorte est donc ce
Dieu-là ? Premièrement, [il] a envié à Adam d'avoir m[a]ngé de l'arbre de la c[onnais]
sance » (traduction légèrement modifiée de J.-P. et A. Mahé, *Le Témoignage véritable
(NH IX, 3). Gnose et martyr*, Québec/Louvain/Paris, Les Presses de l'Université Laval/
Peeters, 1996). Voir aussi *Odes de Salomon* 3.6 ; 7.3 ; 11.6, etc.

à Tat, en *CH* X 23, <οὗ> οὐδέν[35] ἐστι θειότερον καὶ ἐνεργέστερον καὶ ἐνωτικώτερον ἀνθρώπων μὲν πρὸς τοὺς θεούς, θεῶν δὲ πρὸς τοὺς ἀνθρώπους, « rien n'est plus divin <que lui (= l'intellect)>, plus actif et plus propre à unir les hommes aux dieux et les dieux aux hommes ». Selon l'auteur de *CH* XII 1 (un traité consacré à l'intellect mais pas à son acquisition), l'intellect est de la même essence que Dieu : ὁ νοῦς, ὦ Τάτ, ἐξ αὐτῆς τῆς τοῦ θεοῦ οὐσίας ἐστίν, εἴ γέ τις ἔστιν οὐσία θεοῦ, « L'intellect, Tat, est issu de l'essence même de Dieu, si certes il existe une essence de Dieu. » Le même auteur compare l'intellect à la lumière, relation que nous retrouvons dans *Ascl.* 18 et *CH* I 17. Dans *CH* IV, Hermès le présente comme un « prix », ἄθλον, à gagner – comparaison empruntée à l'agonistique –, sous-entendant l'idée de lutte ou de compétition[36].

c. *Le héraut*

Au contraire des protagonistes précédents, le héraut n'apparaît que dans *CH* IV. Il est une entité divine anonyme, n'ayant aucune existence propre en dehors de sa fonction de messager. Il est simplement un intermédiaire entre Dieu et les hommes, la voix qui transmet aux hommes la parole divine concernant l'intellect et qui évite à Dieu d'intervenir directement. Dans la suite de son exposé, Hermès se réfère à cette proclamation mais jamais au héraut ; seule la parole divine et son contenu sont importants. Tout ceci suffirait à expliquer l'anonymat du héraut, s'il n'était pas possible d'avancer une autre explication tenant compte du style direct de la parole divine. Rappelons qu'au moment précis de la prononciation de cette phrase, il se produirait une sorte de fusion entre les trois temporalités. En employant le style direct, Hermès n'altère par la parole divine, tout en en modifiant l'énoncé primordial[37] : les circonstances sont différentes, car il s'agit désormais du présent hermétique de la leçon ; le locuteur diffère, avec Hermès

---

[35] À la place de <οὗ> οὐδὲν, Jean Stobée a la leçon ὁ δὲ νοῦς ce qui donnerait la traduction suivante « l'intellect est le plus divin, le plus actif ».

[36] Philon associe également l'idée du « prix » à celle de la lutte, *De migratione Abrahami* 133–134, et compare la vie à un stade où se déroule une lutte ; le prix à gagner est l'intelligence, φρόνησις. Néanmoins, à la différence du traité hermétique, ce prix paraît être une fin en soi.

[37] Sur la phrase et l'énoncé : A. Reboul et J. Moeschler, *op. cit.*, p. 50–51. Une phrase identique a des énoncés différents selon les circonstances, l'énoncé étant le résultat de la prononciation d'une phrase dans une circonstance donnée.

qui remplace le héraut, remplacement facilité par son anonymat. D'ailleurs, si Hermès peut être identifiée au narrateur de *CH* I, il partagerait deux caractéristiques avec le héraut : il a été envoyé par Dieu (*CH* I 26) ; il définit sa mission d'enseignement comme une proclamation, avec κηρύσσειν, du message divin (*CH* I 27). Hermès réactualise la parole divine. Ce n'est plus le héraut qui s'adresse aux hommes des temps mythiques, mais Hermès qui s'adresse à Tat et, au-delà de ces protagonistes, les maîtres hermétistes à leurs propres disciples. Cette interprétation aura des conséquences sur la manière d'appréhender le statut du traité.

2. *Les acteurs humains*

L'intellect, «objet» de l'acquisition, est unique et issu d'une unique source qui ne se tarit jamais, Dieu. En revanche, la multiplicité est le trait distinctif de l'humanité.

a. *Les hommes et les âmes*
Parmi tous les êtres vivants, le genre humain est le seul à pouvoir posséder l'intellect, ce que différents auteurs hermétistes ne manquent pas de rappeler à diverses reprises. Les uns isolent l'humanité des autres vivants mortels, animaux et plantes : δύο ταῦτα τῷ ἀνθρώπῳ ὁ θεὸς παρὰ πάντα τὰ θνητὰ ζῷα ἐχαρίσατο τόν τε νοῦν καὶ τὸν λόγον, «Dieu a accordé à l'homme parmi tous les vivants mortels ces deux dons, l'intellect et la parole» en *CH* XII 12, idée déjà exprimée en *CH* XII 2 ; *sensus autem, quo dono caelesti sola felix sit humanitas*, «mais l'intellect, ce don céleste dont l'humanité a seule l'heureuse jouissance» en *Ascl.* 18, reprise d'une idée présente en *Ascl.* 7. D'autres caractérisent l'homme également par rapport au monde, comme celui de *CH* IV 2 : καὶ ὁ μὲν κόσμος τῶν ζῴων ἐπλεονέκτει τὸ ἀείζωον, <ὁ δὲ ἄνθρωπος> καὶ τοῦ κόσμου τὸν λόγον καὶ τὸν νοῦν, «et si le monde est supérieur aux vivants pour l'éternité, <l'homme> (est supérieur) également au monde par la parole et l'intellect». Néanmoins, cette dernière idée n'est pas partagée par tous les auteurs, puisque celui de *CH* IX affirme par la voix d'Hermès que «le monde, Asclépios, possède une sensation et une intellection particulières, non telles que celles des hommes, ni diverses mais bien meilleures et plus simples»[38], le monde les «ayant

---

[38] *CH* IX 5: καὶ γὰρ ὁ κόσμος, ὦ Ἀσκληπιέ, αἴσθησιν ἰδίαν καὶ νόησιν ἔχει, οὐκ ὁμοίαν τῇ ἀνθρωπείᾳ, οὐδὲ ὡς ποικίλην, ἄλλως δὲ καὶ κρείττω καὶ ἁπλουστέραν.

reçus en une fois, en même temps qu'il est venu à l'existence »[39], c'est-à-dire dès ses origines : l'auteur présuppose que le monde a un intellect, puisque l'intellection est le produit de l'intellect.

Souvent les auteurs se contentent d'utiliser le terme collectif, « homme », ἄνθρωπος en grec et *hominum* en latin ou bien *humanitas*. Quand en revanche ils s'attachent à décrire les relations entre l'homme et l'intellect, ils restreignent leur point de vue à l'âme humaine, véritable réceptacle de l'intellect, selon plusieurs passages hermétiques (*CH* XII 13 et 14[40], *CH* XI 4, *CH* X 13). Ceci expliquerait pourquoi Hermès, dans *CH* IV 3 utilise ψυχή et non plus ἄνθρωπος quand il indique que l'intellect a été placé au milieu des âmes comme un prix à gagner. Cependant, quand il détaille la manière dont est obtenu l'intellect, il fournit des précisions supplémentaires.

b. *Le cœur des hommes*

L'auteur de *CH* IV va en effet beaucoup plus loin, puisqu'il mentionne le cœur des hommes : en *CH* IV 4, Hermès répond à une question de Tat concernant l'emplacement de l'intellect en affirmant : κρατῆρα μέγαν πληρώσας τούτου κατέπεμψε, δοὺς κήρυκα, καὶ ἐκέλευσεν αὐτῷ κηρύξαι ταῖς τῶν ἀνθρώπων καρδίαις τάδε, « il (= Dieu) envoya en bas un grand cratère qui en (= de l'intellect) est rempli, affectant un héraut et il lui ordonna d'annoncer ceci aux cœurs des hommes », et il cite ensuite la parole divine, où il est effectivement question du cœur. Cette mention des cœurs, véritable particularité de ce traité dans ce contexte, est d'autant plus remarquable qu'elle est temporaire : elle n'apparaît plus après la citation de la parole divine ; en effet, le pronom relatif qui suit est au masculin pluriel – ὅσοι – et il renvoie donc ni au cœur ni à l'âme – tous les deux étant de genre féminin en grec – mais aux hommes. Que le terme « cœur » soit réservé à la seule parole divine attire l'attention sur lui et invite à se demander quelles sont les intentions de l'auteur derrière l'utilisation de ce vocable.

---

[39] *CH* IX 8 : ἅπαξ λαβὼν ἅμα τῷ γενέσθαι.
[40] Toujours en *CH* XII 14, l'auteur affirme que l'intellect enveloppe l'âme ; plutôt que d'y voir une contradiction, il faudrait suivre A.-J. Festugière qui suggère qu'il y aurait deux séries d'enveloppements : la première serait psychologique, la seconde cosmologique et donc intervertie par rapport à la première (*NF* I, p. 188 n. 37).

De même que le cœur en Égypte et dans le monde biblique[41], celui de *CH* IV est au centre de tout un réseau d'activités mentales et cognitives. Il est l'unique destinataire de l'annonce du héraut: κηρύξαι ταῖς τῶν ἀνθρώπων καρδίαις, «annoncer aux cœurs des hommes», ce qui revient à le personnifier. Une telle personnification conviendrait très bien dans un contexte égyptien, où le cœur est un aspect de la personnalité de l'homme selon l'anthropologie égyptienne[42]. Déjà à l'époque pharaonique, les Égyptiens en vinrent peu à peu à considérer le cœur comme un être particulier et indépendant, avec lequel il était notamment possible de discuter. Ils pensaient même que le cœur était capable de se révolter contre son propriétaire, d'où la formule du chapitre 30 du *Livre des Morts* pour l'empêcher de se révolter[43]. *CH* IV se situerait dans cette continuité. Destinataire de la parole divine, le cœur est capable d'entendre et d'écouter, comme tout individu. La relation entre le cœur et l'écoute est ancienne. En Égypte, elle apparaît déjà dans *L'Enseignement de Ptahhotep*: «Celui qui écoute est quelqu'un qu'aime le dieu; celui que le dieu déteste ne saurait écouter. C'est le cœur qui fait que son possesseur devienne quelqu'un qui écoute ou quelqu'un qui n'écoute pas.»[44] Nous retrouvons cette relation dans plusieurs enseignements; notamment elle est particulièrement mise en valeur dans une expression utilisée par l'architecte d'Aménophis III, Amenhotep, dans son autobiographie: *sḏm ib pw* «cœur qui écoute»[45]. Cette expression est à l'heure actuelle un hapax, et il est intéressant de trouver un hapax analogue dans un passage biblique, 1 *Rois* 3, 9[46] (= 1 *Samuel* 3, 9), où est employée l'expression: «cœur qui écoute», *lev šomea'* en hébreu. Cette expression a été traduite dans la Septante par

---

[41] Pour les parallèles entre les conceptions du cœur en Égypte et dans le monde biblique: N. Shupak, «Some Idioms connected with the Concept of "Heart" in Egypt and the Bible», in S. Israelit-Groll (ed.), *Pharaonic Egypt. The Bible and Christianity*, Jerusalem, The Magnes Press/The Hebrew University, 1985, p. 202–212; idem, *Where can Wisdom be found? The Sage's Language in the Bible and in Ancient Literature*, Göttingen, Vandenhoeck & Ruprecht, 1993.
[42] P. Derchain, «Anthropologie», *op. cit.*, 1981, p. 47.
[43] M. Malaise, *Les Scarabées de cœur dans l'Égypte ancienne*, Bruxelles, Fondation Égyptologique Reine Élisabeth, 1978, p. 16–32.
[44] *L'Enseignement de Ptahhotep* (= 550) (traduction: P. Vernus). Z. Zaba, *op. cit.*, 1956; M. Lichtheim, *op. cit.*, 1973, p. 74.
[45] Expression signalée par H. Brunner, «Das hörende Herz», in W. Röllig (ed.), *Das hörende Herz. Kleine schriften zur Religions- und Geistesgeschichte Ägyptens*, Göttingen, Vandenhoeck & Ruprecht, 1988, p. 5.
[46] N. Shupak, *op. cit.*, 1985, p. 203.

ἀκούει ὁ δοῦλός σου, « ton serviteur écoute ». Nous retrouvons également ce lien dans des textes gnostiques. Au début du traité valentinien
Le Témoignage véritable, NH IX 29.6–9, le narrateur s'adresse ainsi à
ses destinataires : « Mais, moi, je parlerai à ceux qui sav[e]nt écouter
non avec des oreill[e]s du corps, mais avec les o[r]eilles du cœur. »[47]
Cette écoute du cœur n'est pas éloignée de l'obéissance. En Égypte, le
verbe *sḏm* signifie aussi bien « écouter » (traduction souvent adoptée
pour la maxime de Ptahhotep citée ci-dessus) qu'« obéir » (traduction
adoptée par Z. Zaba pour cette même maxime) ; ce double sens est
valable pour le copte ⲥⲱⲧⲙ̄.

Ce lien entre le cœur, l'écoute et l'obéissance est présent dans le
texte hermétique. Le cœur hermétique est celui qui rend attentif, ou
non, à la parole divine. Présentée comme la conséquence de la proclamation avec οὖν, la suite du texte propose la même alternative : en
premier, sont mentionnés « ceux donc qui ont accepté la proclamation », ὅσοι μὲν οὖν συνῆκαν τοῦ κηρύγματος, et en second, « ceux
qui ont rejeté la proclamation », ὅσοι δὲ ἥμαρτον τοῦ κηρύγματος. La
première attitude entraîne l'obéissance à la parole divine, tandis que
la seconde correspond à une désobéissance. Comme en Égypte[48], il
est aussi le siège de la volonté, laquelle est conditionnée par l'activité
cognitive du cœur : ἡ γνωρίζουσα ἐπὶ τί γέγονας « toi qui sais pour
quoi tu es venu à l'être ». Finalement, il est un juge pour l'homme[49].
En effet, sa réponse positive à la parole divine en s'immergeant dans le
cratère atteste que l'homme est capable, qu'il croit et qu'il sait, tandis
que sa réponse négative témoigne de l'absence d'au moins l'une des
trois conditions.

c. *Les conditions humaines pour acquérir l'intellect*

Dieu est celui qui accorde l'intellect, indirectement dans le cas où il
appointe un héraut. L'intellect serait inactif, puisqu'il se contenterait
d'être transmis de Dieu à l'homme. Concernant la responsabilité de

---

[47] *Le Témoignage véritable*, NH IX 29.6–9 : ⁶ⲁⲛⲟⲕ ⲇⲉ ϯⲛⲁϫⲟⲟⲥ ⲛ̄ⲛⲉⲧⲥⲟ⁷ⲟ[ⲩ]ⲛ ⲉⲥⲱⲧⲙ
ⲡⲛ̄ ⲙ̄ⲁⲁⲭ[ⲉ] ⲁⲛ ⁸ⲙ̄ⲡⲥⲱⲙⲁ· ⲁⲗⲗⲁ ⲡⲛ̄ ⲙ̄ⲙ[ⲁ]ⲁ̣ⲭⲉ ⁹ⲙ̄ⲫⲏⲧ̄.

[48] S. Bickel, *La Cosmogonie égyptienne avant le Nouvel Empire*, Göttingen, Vandenhoeck & Ruprecht, 1994, p. 86–88, pense que, dans certains contextes, le terme
égyptien *jb* ne désigne pas le cœur du créateur, mais la volonté qui en émane et traduit
donc ce terme par « volonté ».

[49] En Égypte, le cœur intervient dans le jugement du mort avec la pesée du cœur
du mort, ce cœur devant être plus léger qu'une plume, celle de Maât.

l'homme, la concision de l'information dans la plupart des traités (qui se contentent de mentionner la division de l'humanité en deux selon la possession de l'intellect) laisserait croire à une détermination pour l'obtention de l'intellect. Toutefois, l'étude de trois passages complémentaires témoigne de l'existence de critères qui relèvent de trois genres différents: morale et éthique, capacité, savoir ou confiance.

Ascl. 18 est le plus concis en la matière, puisqu'il se contente d'indiquer que l'âme doit être «telle qu'elle soit capable de recevoir un si grand bienfait», *ut tanti beneficii capax esse possit.* Dans *CH* I 22, Poimandrès indique qu'en tant qu'intellect, il vient auprès des hommes «saints», ὅσιοι, «bons», ἀγαθοί, «purs», καθαροί, «miséricordieux», ἐλεήμονες, «pieux». Cette liste présente des critères religieux, moraux et éthiques et définit l'attitude qu'il faut avoir à la fois envers les hommes et Dieu. Elle est encadrée par deux termes qui sont souvent associés, ὅσιοι[50] et εὐσεβεῖς, et qui ont des sens voisins[51]. Le premier qualifie quelqu'un agissant de manière droite et juste du point de vue moral et religieux et s'acquittant de tous ses devoirs envers les dieux et les hommes[52]. Concernant le second terme, si son sens plus large et plus ancien de respect envers les choses de la vie n'est toujours pas oublié[53], à l'époque gréco-romaine, il est surtout utilisé pour l'adoration des dieux, à travers des actes cultuels. Les Grecs cultivés en ont aussi une conception plus intériorisée, avec l'accent mis sur la révérence[54] – la piété est alors la crainte révérencielle devant le monde pur du divin, son adoration dans le culte et le respect pour l'ordre présent dans ce monde – et l'absence de toute action démesurée, telle que les sacrifices sanglants. Porphyre emploie régulièrement ce terme dans son *De l'abstinence* livre II où il fait tout un réquisitoire contre les sacrifices sanglants. Hermès prône lui aussi une piété qui s'adresse

---

[50] F. Hauck, «ὅσιος», in G. Kittel (ed.), *Theological Dictionary of the New Testament* V, translation: G.W. Bromiley, Grand Rapids, Eerdmans, 1967, p. 490.

[51] H. Jeanmaire, «Le substantif *hosia* et sa signification comme terme technique dans le vocabulaire religieux», *REG* 58 (1945), p. 68. L'auteur fait remarquer que dans l'*Euthyphron* de Platon, les deux termes sont employés avec une nuance sémantique presque indiscernable.

[52] F. Hauck, *op. cit.*, 1967, p. 489–490; H. Jeanmaire, *op. cit.*, p. 74.

[53] W. Förster, «εὐσεβής», in G. Kittel (ed.), *Theological Dictionary of the New Testament* VII, translation: G.W. Bromiley, Grand Rapids, Eerdmans, 1971, p. 177.

[54] Épictète, *Manuel* XXXI 1.

aussi bien envers les hommes qu'envers Dieu, et qui détermine une attitude mentale et gestuelle spécifique.

Les autres termes de la liste complètent les notions ὅσιος et εὐσεβής. L'homme doit être bon, c'est-à-dire participer au Bien qui est totalement en Dieu seul. Le terme καθαρός renvoie à une pureté qui est physique, physiologique[55] et morale, au vu des autres termes employés; il s'agit de «sanctifier toute la vie»[56]. Ce terme s'oppose à des vocables qui qualifient les hommes auprès de qui Poimandrès ne vient pas: πονηροί «vicieux», φθονεροί «envieux», πλεονέκται «cupides» et φονεῖς «meurtriers». L'idée de la séparation d'avec le corps, au sens où celui-ci ne domine pas, est sous-jacente à ce passage[57]. Le dernier terme de la liste, ἐλεήμονες «compatissants», se distingue des autres, car il relève normalement plutôt d'une passion, d'une émotion[58]; mais la conception négative qu'en ont les Stoïciens est absente[59].

L'auteur de CH IV 4 utilise l'idée de capacité mentionnée en Ascl. 18 et il la complète avec des critères relevant du savoir. Pour s'immerger, l'homme, par l'intermédiaire de son cœur, doit savoir (γνωρίζειν) pour quelle raison il est venu à l'existence et doit croire (πιστεύειν) qu'il remontera vers Dieu. Bien que le contenu de ce savoir soit énoncé en quelques mots, il suppose d'autres connaissances à l'arrière-plan. Hermès a déjà donné brièvement quelques indications au début de sa leçon, que l'on retrouve en Ascl. 10–11 : l'homme a une double mission, s'occuper du monde qu'il orne et se tourner vers Dieu qu'il contemple. Ceci suppose que l'homme sache qui l'a envoyé sur terre et comment. Dans les préparatifs à l'acquisition de l'intellect, l'enseignement détient donc une place importante, d'où la cosmologie et l'anthropologie très détaillées dans CH I et les brefs rappels au début de CH IV. À ce savoir, sont ajoutés les actes de confiance et de foi en CH IV. Cette foi est équivalente à celle qui se rapporte aux statues animées et ne se

---

[55] Selon la conception grecque traditionnelle de l'impureté: J. Servais, «Pureté – purification (Grèce)», in P. Poupard, op. cit., p. 1636; L. Moulinier, Le Pur et l'impur d'Homère à Aristote, Paris, Klincksieck, 1952, p. 354 et suivantes; F. Hauck, «καθαρός», in G. Kittel (ed.), Theological Dictionary of the New Testament III, translation: G.W. Bromiley, Grand Rapids, Eerdmans, 1965, p. 414.

[56] A. Motte, «Pureté – purification (Grèce)», in P. Poupard, op. cit., p. 1637.

[57] L'idée qu'être pur, c'est être séparé du corps remonte à Platon, dans Phédon 67 a.

[58] R. Bultmann, «ἔλεος», in G. Kittel (ed.), Theological Dictionary of the New Testament II, translation: G.W. Bromiley, Grand Rapids, Eerdmans, 1964, p. 477.

[59] Épictète, Entretiens I 18.9, II 17.26, III 24.43.

fonde pas sur des preuves. Le contraste avec l'emploi de γνωρίζειν met en lumière ce qui relève d'un processus cognitif qui porte sur le passé (se rappeler pour quoi on est venu à l'être) et ce qui relève de la foi, qui porte sur le futur. Comme les missionnaires de nombreux cultes contemporains et à l'instar d'Hermès à propos des statues animées dans l'*Asclépius*, le héraut demande une confiance et une foi, à propos non d'une divinité précise, mais de la destinée.

Toute cette question repose sur une donnée anthropologique importante : l'homme est par nature double, d'un côté, matériel, corporel et doté de plusieurs passions, et, de l'autre, immatériel, immortel avec la parole. L'homme doit prendre conscience de cette double nature, aidé en cela par les annonces des messagers divins ou des maîtres hermétistes et par l'enseignement hermétique. Cette prise de conscience doit alors entraîner le choix de privilégier une nature sur l'autre et l'adoption d'une attitude particulière vis-à-vis des hommes et de la divinité. Cette attitude comprend aussi bien une foi en la divinité que l'accomplissement de certaines actions et le refus d'autres. Tout ceci est indispensable pour que l'hermétiste devienne apte à recevoir l'intellect, en réduisant au maximum la distance de nature et d'essence entre lui et le don divin qu'est l'intellect. L'ensemble de ces critères forme la condition *sine qua non* de l'obtention de l'intellect, et il ne paraît pas évident de répondre à tous ces critères à la fois, d'où le nombre limité de personnes ayant réussi à acquérir l'intellect et d'où aussi le fait que l'auteur de *CH* IV compare l'intellect à un prix. Les hommes cherchant à l'acquérir doivent se comporter en athlètes, c'est-à-dire, dans l'optique grecque, faire preuve d'endurance et de résistance face aux différents obstacles. Une fois ces conditions remplies, l'hermétiste peut alors acquérir l'intellect, grâce à des modes opératoires différents selon les traités.

IV. LE MODE OPÉRATOIRE

Les auteurs ne détaillent pas le mode opératoire en lui-même ni n'indiquent, si jamais ils ont existé, les actes gestuels et langagiers accompagnant éventuellement l'obtention de l'intellect. Seuls *CH* I et IV fournissent des informations à ce sujet, avec des différences du fait d'une perspective non identique – dans *CH* IV, l'intellect est considéré simplement en tant que faculté intellectuelle, dans *CH* I, il est considéré comme une entité divine personnifiée – et aussi peut-être parce qu'ils n'appartiennent pas à la même branche hermétique. Afin de comprendre les raisons qui nous poussent à lire *CH* I sous l'angle de l'acquisition de l'intellect, il convient de commencer par *CH* IV qui nous donnera ainsi une grille de lecture possible pour *CH* I.

1. *Le baptême dans le cratère*

Avec βαπτίζω, l'auteur de *CH* IV décrit l'acquisition comme le résultat d'une immersion, d'un baptême dans le cratère. La mention du héraut, du cratère et du baptême donne l'impression d'une pratique concrète, mais cette impression est atténuée par le fait que cette description intervient dans un récit mythologique et que l'agent véritable de l'acte de βαπτίζω est le cœur. De plus, l'association, dans un même contexte, de ce verbe et du cratère est rare, et l'affirmation d'A.-J. Festugière[60] selon laquelle il n'existe aucun autre exemple d'un baptême dans le cratère est toujours d'actualité. Quel est le sens de cette association? Est-elle essentiellement métaphorique dans un mystère littéraire? Qu'il y ait une signification spirituelle n'est pas étonnant, puisqu'il s'agit d'acquérir quelque chose d'incorporel et d'abstrait, l'intellect. Mais est-ce seulement cela? Quelle pratique l'auteur hermétiste aurait-il eu à l'esprit? Cette pratique n'a-t-elle d'existence que littéraire ou a-t-elle pu être mise en œuvre?

a. *L'action: le baptême*

Les trois occurrences de βαπτίζω ont fait penser aux pratiques baptistes contemporaines. Ce verbe est rare dans la littérature hermétique étudiée, avec seulement trois autres occurrences: *CH* XII 2 et *SH* 25.8[61]. Ces trois occurrences ont un sens métaphorique et négatif, puisque l'immersion dans le corps ou ses humeurs représente la soumission au corps et l'éloignement de Dieu. Les auteurs de ces extraits reprennent

---

[60] A.-J. Festugière, *op. cit.*, 1967, p. 102.
[61] *CH* XII 2: «Toute âme en effet, venue dans un corps, est aussitôt rendue mauvaise par la peine et le plaisir; car la peine et le plaisir bouillonnent comme les sucs du corps composé et sont (le lieu) dans lequel l'âme qui y est tombée se noie (εἰς ἃς ἐμβᾶσα ἡ ψυχὴ βαπτίζεται).» *SH* 25.8: «Si (les âmes), immergées dans la chair et le sang (σαρκὶ καὶ αἵματι βεβαπτισμέναι), subissent ceci, tandis qu'elles ne font rien contre la règle, et si elles subissent un châtiment – car l'incorporation est pour elles un châtiment –, combien plus cela sera-t-il <quand elles auront été délivrées> de ce châtiment de l'immersion (βαπτισμοῦ καὶ κολάσεως) et qu'elles auront participé à la liberté qui leur est propre?» Pour la restitution: *NF* IV, p. 70.

le sens commun de ce verbe dans la littérature grecque: une immersion avec une idée de péril[62], utilisée ici métaphoriquement[63].

Les occurrences de *CH* IV sont donc particulières avec l'absence de l'idée de péril. L'auteur de ce traité reprendrait donc à son compte le nouveau sens que le verbe a acquis dans le monde juif, dont les premières attestations se trouvent dans la Septante (*4 Rois* 5.14 = *2 Rois* 5.14, *Judith* 12.7 et *Siracide* 34.25) où il fut peu à peu utilisé à la place de βάπτω pour désigner le bain rituel juif[64]. On le constate particulièrement dans la littérature néo-testamentaire où βάπτω est utilisé seulement quatre fois, contre environ 80 occurrences de βαπτίζω (plus d'une centaine si l'on prend en compte les dérivés) pour qualifier le baptême de Jean Baptiste et surtout celui de Jésus, devenant alors un terme technique[65]. Ce sens positif serait quasiment absent de la littérature grecque qui n'est ni juive ni chrétienne. Selon S. Legasse, *CH* IV serait donc une exception[66]. Cependant, nous pouvons mentionner deux recettes, l'une d'initation, *PGM* IV 43–45[67], l'autre de contrainte, *PGM* VII 439–442[68]. Ces deux extraits témoigneraient de la circulation d'idées, concepts et vocabulaire d'un groupe à un autre et de leur réutilisation dans des contextes différents. Si, dans *PGM* IV 43–45,

---

[62] A. Oepke, « βάπτω, βαπτίζω », in G. Kittel (ed.), *Theological Dictionary of the New Testament* I, translation: G.W. Bromiley, Grand Rapids, Eerdmans, 1964, p. 530. Pour des exemples: Polybe, *Histoires* I 51.6 (couler des bateaux ennemis).

[63] Une utilisation très proche de ce verbe se trouve chez Plutarque, *De l'éducation des enfants* 13, 9 B (âme noyée dans les excès). Pour d'autres utilisations métaphoriques: Platon, *Euthydème* 277 d; Plutarque, *Le Démon de Socrate* 24, 593 F; Chariton, *Le Roman de Chaireas et Callirhoé* II 4.4 et III 2.6.

[64] J. Ysebaert, *Greek Baptismal Terminology. Its Origins and early Development*, Nijmegen, Dekker & van de Vegt, 1962, p. 27; S. Legasse, *op. cit.*, 1993, p. 17–18; G.R. Beasley-Murray, « Taufe. βαπτίζω », in *Theologisches Begriffslexikon zum Neuen Testamentum* 2², begründet durch E. Beyreuther, H. Bietenhard und L. Coenen, Wuppertal, R. Brockhaus, 2000, p. 1205 et suivantes.

[65] G.R. Beasley-Murray, *op. cit.*, p. 1206. J. Ysebaert, *op. cit.*, p. 40–63. *Didachè* 7.1–3; Tertullien, *Du baptême*.

[66] S. Legasse, *op. cit.*, 1993, p. 17.

[67] *PGM* IV 43–45: καὶ ἐνάλλου τῷ ποταμῷ· μεθ' ἧς ἔχεις ἐσθῆτος βαπτισάμενος ἀναποδίζων ἄνελθε καὶ μεθα[μ]φιεσάμενος καινὰ ἄπιθι ἀνεπιστρεπτί, « et saute dans le fleuve; après t'être immergé dans l'habit que tu as et étant revenu sur tes pas, remonte et, après t'être revêtu de nouveaux vêtements, pars sans te détourner ».

[68] *PGM* VII 439–442: πορεύου δὲ ἀνεπιστρεπτὶ μηδενὶ δοὺς ἀπόκρισιν, καὶ λουσάμενος καὶ βαπτισάμενος ἀνάβα παρὰ σαυτ[ὸ]ν καὶ ἡσύχασον ἀψύχοις τροφαῖς χρώμενος, « et pars sans te détourner, sans donner de réponse à quelqu'un et, après t'être baigné et immergé, remonte vers ta propre (chambre?) et repose-toi tout en utilisant des aliments inanimés ».

certains motifs sont communs au rite baptismal chrétien – changement de vêtement, immersion dans une rivière –, l'insertion dans un
autre contexte – avec la mention de briques et d'animaux à sacrifier –
leur donne un sens nouveau. Il en irait de même pour *CH* IV. Il ne
faut pas voir dans l'emploi hermétique nécessairement et exclusivement une influence chrétienne, ce que tendrait à confirmer l'emploi du
terme cratère. D'autres milieux religieux, chez les juifs[69], en Égypte[70],
dans les cultes d'Isis et de Mithra[71], accordent une certaine importance
aux rites d'eaux – qui sont essentiellement des rites de purification;
même si nous employons le terme «baptême» pour tous ces rites, et
si nous relevons des parallèles ou des emprunts, il faut faire attention
à ne pas les confondre avec le baptême chrétien, un rite d'immersion
symbolisant le commencement d'une nouvelle vie et l'entrée dans la
communauté chrétienne[72].

---

[69] Voir P. Grech, «La pratica del battesimo ai tempi di Gesù», in P.-R. Tragan, *Alle
origini del battesimo cristiano: radici del battesimo e suo significato nelle comunità
apostoliche. Atti dell'VIII Convegno di teologia sacramentaria, Roma, 9–11 marzo 1989*,
Roma, Pontificio Ateneo S. Anselmo, 1991, p. 59–73; J.-D. Dubois, «L'essénisme, un
courant de pensée qui est resté sans suite», in A. Houziaux (dir.), *Jésus de Qumrân à
l'Évangile de Thomas. Les judaïsmes et la genèse du christianisme*, Paris, Bayard, 1999,
p. 111–115, surtout p. 112–113.

[70] A.H. Gardiner, «The Baptism of Pharaoh», *JEA* 36 (1950), p. 3–12; idem,
«Addendum to 'The Baptism of Pharaoh'», *JEA* 37 (1951), p. 111; A.R. David, *Religious Ritual at Abydos (c. 1300 BC)*, Warminster, Aris & Phillips, 1973, p. 32 et suivantes; A.I. Sadek, «Les rites baptismaux dans l'Égypte ancienne: Préfiguration du
Baptême chrétien?», *Le Monde Copte* 13 (1988), p. 4–11. A.M. Blackman, «Sacramental ideas and Usages in Ancient Egypt. I. Lustrations and the Heliopolitan Sun-God»,
PSBA 40 (1918), p. 57–66; E. Winter, *Untersuchungen zu den ägyptischen Tempelreliefs der griechisch-römischen Zeit*, Wien, H. Böhlaus Nachf., 1968, p. 88–89.

[71] Tertullien, *Du baptême* 5; Apulée, *Métamorphoses* XI 11. De nombreuses situles
ou hydries ont été retrouvées en rapport avec le culte d'Isis à l'époque gréco-romaine:
P.P. Koemoth, «L'hydrie isiaque et le rituel égyptien à l'époque romaine», *CRIPEL* 20
(1999), p. 109–122; M. Malaise, «Ciste et hydrie, symboles isiaques de la puissance
et de la présence d'Osiris», in J. Ries, *op. cit.*, 1985, p. 125–155. R.A. Wild, *Water in
the Cultic Worship of Isis and Sarapis*, Leiden, Brill, 1981; B.W.R. Pearson, «Baptism
and Initiation in the Cult of Isis and Sarapis», in S.E. Porter and A.R. Cross, *Baptism,
the New Testament and the Church. Historical and Contemporary Studies in Honour
of R.E.O. White*, Sheffield, Sheffield Academic Press, 1999, p. 42–62. P. van Moorsel,
«Il miracolo della roccia nella letteratura e nell'arte paleocristiana», *Rivista di archeologia cristiana* 40 (1964), p. 221; M. Dulaey, «Le symbole de la baguette dans l'art
paléochrétien», *Revue des études augustiniennes* 19 (1973), p. 3; F. Scialpi, «Mitra nel
mondo naturale: Un dio grande e amico», in U. Bianchi, *Mysteria Mithrae*, Leiden,
Brill, 1979, p. 811–844 et surtout p. 827.

[72] À ce sujet, voir les remarques de W. Burkert, *op. cit.*, 2003, p. 99–100.

L'auteur de *CH* IV devait probablement être au courant de ces différents rites baptismaux, au moins d'une partie d'entre eux. Il a pu y être sensible et tenter d'exploiter les idées qui étaient derrière βαπτίζω et plus généralement derrière les rites baptismaux : idées aussi diverses que le salut, la purification, la vie et la dimension sotériologique. Que l'auteur ait pu exploiter ces idées et le thème de l'immersion dans l'eau ne serait pas étonnant, mais cela ne l'empêcherait pas d'adapter cela à ses propres intentions, ni ne nous empêche de nous demander s'il s'agit d'un bain, d'une purification ou d'autre chose. Pour pouvoir répondre, il faut se tourner vers le lieu où le baptême se déroule.

b. *Le lieu du baptême : un cratère*
Le cratère est un objet important dans le cadre de l'acquisition de l'intellect dans *CH* IV. Hermès le mentionne une première fois en rapport avec le héraut, au début du passage concernant l'acquisition de l'intellect et ses conséquences. Il le mentionne à nouveau à la fin de ce passage, juste avant que le disciple n'exprime son souhait. Le cratère est le contenant de l'intellect et le lieu dans lequel le cœur doit aller, selon la parole divine.

Parler du cratère, c'est avoir à l'esprit un objet très précis quant à sa forme et à sa fonction et évoquer les images du banquet – lui-même symbole de la convivialité – et du vin – la boisson par excellence avec, à l'arrière-plan, les images de l'ivresse et du mélange. À partir de ces images, les auteurs de l'Antiquité mentionnent souvent le cratère dans des emplois plus métaphoriques, exploités également par l'auteur hermétiste.

Selon l'interprétation donnée par l'auteur, le cratère divin envoyé par Dieu serait rempli d'intellect que doivent acquérir les hommes. Ceux qui ont acquis l'intellect deviennent τέλειοι (*CH* IV 4). Cet adjectif doit s'entendre en deux sens complémentaires : « parfaits » en raison de la vie que ces hommes vont désormais mener et « complets » parce qu'ils n'ont plus rien d'autre à acquérir et deviennent semblables à l'homme que Dieu envoya sur terre et qui surpasse le monde parce qu'il possède l'intellect et la parole. Pour ces hommes, la création est désormais achevée. Or, cette image de la création est aussi suggérée ou, plutôt, elle est renforcée par l'utilisation du cratère. En effet, un certain nombre d'auteurs anciens mentionnent le cratère comme l'instrument privilégié de divinités démiurgiques, en raison de son côté fonctionnel de vase où se produit un mélange. De ce point de vue, le texte le plus connu est le *Timée* de Platon, où le Démiurge fabrique l'Âme de l'Univers, puis les âmes individuelles, dans un cratère[73]. Cette image du Démiurge fabriquant dans le cratère perdure tout au long de l'Antiquité chez les philosophes[74]. Dans *CH* IV, elle connaît un développement légèrement différent, puisqu'il n'est pas question d'un mélange mais d'un contenant pur, l'intellect. L'auteur aurait surtout retenu l'idée du cratère comme instrument de création, mais aussi celle du cratère comme source intarissable[75].

On peut aussi rapprocher l'auteur hermétiste des auteurs anciens qui mentionnent régulièrement le cratère dans des contextes où il s'agit d'acquérir des notions abstraites grâce à la boisson ; celle-ci est alors une métaphore ou le symbole de l'acquisition. Ainsi, un passage philonien célèbre mentionne « l'échanson qui puise dans le cratère divin que Dieu a lui-même rempli de vertus jusqu'aux bords »[76]. Le plus souvent, la boisson représente la connaissance, et « boire la connaissance » est une image commune de la mystique hellénistique influencée par le judaïsme[77], à travers la traduction grecque des *Proverbes* 9.1–6[78]. Dans

---

[73] Platon, *Timée* 41 d : πάλιν ἐπὶ τὸν πρότερον κρατῆρα, ἐν ᾧ τὴν τοῦ παντὸς ψυχὴν κεραννὺς ἔμισγεν, τὰ τῶν πρόσθεν ὑπόλοιπα κατεχεῖτο μίσγων τρόπον μέν τινα τὸν αὐτόν, « et revenant au cratère dans lequel il avait d'abord mêlé et fondé l'Âme du tout, il y versa les résidus des premières substances et les y mélangea à peu près de même » (traduction : A. Rivaud).

[74] Philon utilise l'image du cratère dans un contexte exégétique : D.T. Runia, *op. cit.*, 1986, p. 253–254. Plotin, traité 27 (*Enn.* IV 3), 7 ; traité 6 (*Enn.* IV 8), 4 et traité 10 (*Enn.* V 1), 8. Peut-être aussi *Oracles chaldaïques*, fragment 42 ; sur cet oracle, H. Lewy, *op. cit.*, p. 127–128 ; É. des Places, *op. cit.*, 1971, p. 78 et 131 ; R. Majercik, *The Chaldean Oracles. Text, Translation and Commentary*, Leiden, Brill, 1989, p. 65 et p. 159–160 (commentaire) ; J. Dillon, « The Platonizing of Mithra », in *idem*, *The Golden Chain. Studies in the Development of Platonism and Christianity*, Aldershot, Variorum, 1990, p. 83, estime que le fragment reprendrait probablement une image mithriaque.

[75] Plutarque, *Sur les délais de la justice divine* 28, 566 A–C et *Sur la disparition des oracles* 21, 421 A. Porphyre, *L'Antre des nymphes* 17.6 : τῶν μὲν κρατήρων σύμβολον τῶν πηγῶν φερόντων, καθὼς παρὰ τῷ Μίθρᾳ ὁ κρατὴρ ἀντὶ τῆς πηγῆς τέτακται, « les cratères sont le symbole des sources – ainsi auprès de Mithra en guise de source est placé un cratère » (traduction : Y. Le Lay). Pour le cratère dans le culte de Mithra, M.J. Vermaseren, *Corpus Inscriptionum et Monumentorum Religionis Mithriacae*, II, The Hague, M. Nijhoff, 1960, fig. 289, 340 et 347 et p. 35, n° 801.

[76] Philon, *De Somniis* II 190 : ὁ ἀρυσάμενος οἰνοχόος ἐκ τοῦ θείου κρατῆρος, ὃν αὐτὸς ὁ θεὸς ἀρετῶν πεπλήρωκεν ἐπὶ χείλη (traduction modifiée de P. Savinel). M. Philonenko, « L'échanson et le cratère », *Conférence à l'École Pratique des Hautes Études. Section Sciences des religions*, Paris, 11 décembre 2003 : Philon aurait pris son image du cratère dans les *Proverbes*, tout en faisant peut-être également référence au *Timée* de Platon.

[77] A.-J. Festugière, *op. cit.*, 1967, p. 103–104.

[78] Le cratère apparaît seulement dans la version de la Septante : M. Philonenko, *op. cit.*, 2003.

ce texte, comme dans l'écrit hermétique, le cratère est associé à une
proclamation, et le but est d'acquérir un don qui est plus ou moins
identique dans les deux cas, l'intellect pour le traité hermétique, la
connaissance et la sagesse pour le texte biblique. Cette image de boire
la connaissance et de l'ivresse mystique connut un certain succès chez
Philon, chez des gnostiques et les chrétiens[79]. Cependant, il ne faudrait
pas oublier que, dans les pratiques rituelles égyptiennes, la boisson est
également le moyen d'acquérir un savoir ou un pouvoir[80]. Thot est lui-
même parfois associé à la boisson. À Philaë, il est appelé «seigneur du
vin, celui qui boit beaucoup», et le pharaon lui dit, en lui tendant une
boisson, «bois tous les jours, que ton cœur se réjouisse toujours»[81].
Dans la chapelle osirienne du temple de Dendara, le pharaon s'adresse
au dieu Osiris: «Accepte la libation […] que ton cœur s'en rafraî-
chisse!»[82] La boisson a donc aussi une incidence sur le cœur conçu
comme centre de la vie affective de l'homme ou d'une divinité. Cette
idée se retrouve plus tard dans l'*épigramme démonstrative* IX 819 qui
daterait de l'époque byzantine[83] où le contexte serait eucharistique,
avec une interprétation spirituelle du rite, le cratère étant sûrement le
calice utilisé lors de la messe ou de la communion[84]. Boire le vin, qui
est interprété comme l'Esprit Saint, est lié à l'idée du cœur comme
nouveau réceptacle, l'ultime bénéficiaire du liquide.

La mention du cratère et de son utilisation renvoie donc potentiel-
lement à de nombreuses images: la création, la source intarissable, la
boisson et l'acquisition de biens immatériels. Il est difficile de savoir
si l'auteur hermétiste pensait à toutes ces images ou, plus spécifiquement, à l'une d'entre elles, d'autant plus que toutes ont des échos dans
le traité hermétique et expliquent l'emploi du cratère dans le cadre de

---

[79] A.-J. Festugière, *op. cit.*, 1967, p. 104.

[80] Voir p. 178.

[81] H. Junker, *Der Auszug der Hathor-Tefnut aus Nubien*, Berlin, Königl. Akademie
der Wissenschaften, 1911, p. 44.

[82] S. Cauville, «Les inscriptions géographiques relatives au nome tentyrite», *BIFAO*
92 (1992), p. 76.

[83] *Anthologie palatine*, épigramme démonstrative IX 819: κρατὴρ νοητός, πνεύματος
θείου βλύσει κατανύξεως ῥοῦν ἐγχέω ταῖς καρδίαις, «cratère spirituel, par l'épanchement de l'Esprit divin, je verse le flux du repentir dans les cœurs» (traduction
modifiée de P. Waltz et G. Soury). P. Waltz, «Sur quatre épigrammes descriptives de
l'époque byzantine (*Anthologie palatine*, IX 816–819)», *REG* 58 (1945), p. 105–117.

[84] Sur cette épigramme: P. Waltz, *op. cit.*, p. 110–112 et P. Waltz et G. Soury,
Anthologie palatine, livre IX, Paris, Les Belles Lettres, 1974, p. 178 et p. 277, note à
la ligne 17.

l'acquisition de l'intellect. Comment se combinent-elles avec l'action exprimée par le verbe βαπτίζω?

c. *Le baptême dans le cratère rempli d'intellect: un mélange de deux rites*

En associant βαπτίζω et κρατήρ, quels rites l'auteur hermétiste peut-il avoir à l'esprit? A.-J. Festugière parlait d'un mélange de deux rites, un rite d'absorption et un bain de purification[85] et il compare avec deux textes gnostiques, *Pistis Sophia* et *2Jeû*. Il existe en effet des analogies entre le traité hermétique et *Pistis Sophia* 142: Jésus dispose deux vases, ⲁⲅⲅⲉⲓⲁ, remplis de vin et deux vases à boire, ⲡⲟⲧⲏⲣⲓⲟⲛ, l'un de vin, l'autre d'eau. Le vin de l'un des deux vases, ⲁⲅⲅⲉⲓⲁ, se change en eau, celle du baptême de vie, et Jésus baptise les disciples. A.-J. Festugière[86] reprend l'idée émise par C. Schmidt à propos de *2Jeû* 45, selon qui les sacrements du baptême et de l'eucharistie sont célébrés en même temps. Cependant, peut-être faudrait-il lire ces passages par rapport à d'autres dans la *Pistis Sophia* où il est question de la coupe, ⲁⲡⲟⲧ, de l'oubli à laquelle l'âme s'abreuve (*Pistis Sophia* 131, 144).

A.-J. Festugière estime que l'occurrence hermétique βαπτίζω signifie «prendre un bain» et il s'appuie pour cela sur l'*Extrait de Théodote* 78.2, où Clément rapporte l'opinion suivante du valentinien Théodote[87]:

> Ce n'est d'ailleurs pas le bain seul qui est libérateur, mais c'est aussi la gnose: «qui étions-nous? Que sommes-nous devenus? – Où étions-nous? Où avons-nous été jetés? – Vers quel but nous hâtons-nous? D'où sommes-nous rachetés? – Qu'est-ce que la génération? Et la régénération?»

Ces questions sont effectivement proches des conditions hermétiques que le cœur doit suivre pour s'immerger dans le cratère. Elles constituent la gnose qui sauve, à côté du bain, lequel désigne le baptême de la «Grande Église». Si nous en croyons le témoignage de Clément d'Alexandrie, Théodote utilise dans ce cas précis λουτρόν et non le terme technique βάπτισμα, comme dans le reste du texte. Il s'agirait du simple bain dans l'eau, c'est-à-dire du baptême sensible, qui ne s'exercerait que sur les corps, et non pas du vrai baptême, qui régénère et

---

[85] A.-J. Festugière, *op. cit.*, 1967, p. 108.
[86] A.-J. Festugière, *op. cit.*, 1967, p. 111.
[87] *Extrait de Théodote* 78.2: ἔστιν δὲ οὐ τὸ λουτρόν μόνον τὸ ἐλευθεροῦν, ἀλλὰ καὶ ἡ γνῶσις, τίνες ἦμεν, τί γεγόναμεν· ποῦ ἦμεν, [ἢ] ποῦ ἐνεβλήθημεν· ποῦ σπεύδομεν, πόθεν λυτρούμεθα· τί γέννησις, τί ἀναγέννησις (traduction: F. Sagnard).

apporte l'Esprit. Cette modification lexicale que Théodote aurait opérée
est donc à comprendre dans le cadre de la position des Valentiniens
par rapport au baptême de la «Grande Église», qu'ils dévaluent. Il
semble par conséquent difficile de se baser sur ce passage pour dire
que, sous prétexte que le questionnement est identique, la mention du
baptême dans le traité hermétique renvoie aussi à un bain.

De plus, A.-J. Festugière pense que ce baptême hermétique est en
relation ave la purification, à l'instar de plusieurs rites baptismaux et du
baptême chrétien; il est également question de se purifier des péchés
dans la *Pistis Sophia* et les *Deux Livres de Jeû*. Cependant, la perspective hermétique est différente, puisque l'homme ne fait qu'acquérir et
il n'est pas question de péchés, mais de passions. Grâce à l'intellect,
les hommes sont désormais protégés des passions, même si elles ne
disparaissent pas. Avec l'immersion du cœur, il ne s'agit pas d'un bain
de régénération comme le baptême chrétien est parfois appelé[88]. La
régénération et la purification existent chez les hermétistes, mais elles
interviendraient plus tard, avec la venue des Puissances qui chassent
les passions, ce qui fait l'objet de *CH* XIII. L'auteur hermétiste semble
en fait avoir utilisé βαπτίζω sans reprendre toutes les connotations
de ce terme, en particulier celle d'une purification définitive, tout en
faisant peut-être un clin d'œil aux différents rites baptismaux existant
à son époque.

Enfin, nous pensons que, pour bien saisir le sens du verbe, il faut
tenir compte de l'association avec le cratère qui peut faire songer à
un rite d'absorption d'un liquide puisé dans un cratère, liquide qui
permettrait d'acquérir un don divin. Marc le Mage pratiquerait un rite
analogue quand il «eucharistie» une coupe mêlée de vin selon Irénée
de Lyon, dans son *Adversus Haereses* I 13.2: «On s'imagine alors que la
Grâce venue des régions qui sont au-dessus de toutes choses fait couler son propre sang dans la coupe de Marc en réponse à l'invocation
de celui-ci, et les assistants brûlent du désir de goûter à ce breuvage,
afin qu'en eux aussi se répande la Grâce invoquée par ce magicien.»[89]
Derrière la critique hérésiologique (avec les termes «magicien», μάγος,

---

[88] Tt 3.5; *Extrait de Théodote* 78.2, cité ci-dessus. Pour plus de détails: voir la section «Le mode de la régénération» du chapitre six.

[89] Irénée de Lyon, *Adversus Haereses* I 13.2: ὡς δοκεῖν τὴν ἀπὸ τῶν ὑπὲρ τὰ ὅλα
Χάριν τὸ αἷμα τὸ ἑαυτῆς στάζειν ἐν ἐκείνῳ τῷ ποτηρίῳ διὰ τῆς ἐπικλήσεως αὐτοῦ, καὶ
ὑπεριμείρεσθαι τοὺς παρόντας ἐξ ἐκείνου γεύσασθαι τοῦ πόματος, ἵνα καὶ εἰς αὐτοὺς
ἐπομβρήσῃ ἡ διὰ τοῦ μάγου τούτου κληϊζομένη Χάρις (traduction: A. Rousseau).

et « s'imaginer », δοκεῖν), nous avons affaire à une eucharistie qui permet d'obtenir la Grâce au moyen d'un rite d'absorption. La même idée se retrouve dans *L'Évangile selon Philippe, NH* II 75.14–21 :

> La coupe de la prière contient du vin et de l'eau, puisqu'elle est appointée comme le type du sang sur laquelle on fait l'eucharistie ; et elle est pleine d'Esprit saint et elle appartient à l'homme entièrement parfait. Quand nous buvons ceci, nous recevrons pour nous-mêmes l'homme parfait[90].

et, peu après, l'auteur mentionne le baptême dans l'eau vive. Nous pourrions avoir un rite équivalent dans le texte hermétique, sans l'eucharistie mais avec un baptême. βαπτίζω ne serait pas à comprendre dans son sens propre, mais métaphoriquement, au moins pour l'occurrence en relation avec le cœur : par la boisson, le cœur s'immerge, et le fait de boire serait lui-même assimilé à une immersion. Une équivalence analogue aurait déjà été faite par Justin dans *Baruch*, selon l'*Élenchos* V 27.2–3 : après un serment, plusieurs actions sont mises en œuvre, parmi lesquelles se trouve celle de boire « de l'eau vive, laquelle est pour eux un bain, une source d'eau vive jaillissante »[91]. Y aurait-il cependant un geste d'aspersion de liquide sur la tête du baptisé, un peu comme cela se passerait dans l'Égypte pharaonique ? Ce geste serait un moyen métonymique de représenter l'immersion, mais elle ne semble pas obligatoire. Dans tous les cas, le geste essentiel et efficace resterait celui de boire, qui ne consiste pas seulement à ingurgiter un liquide, mais à acquérir un don abstrait.

Dans ce contexte, le cratère devient un objet rituel, ce qui n'est pas une innovation, puisqu'il apparaît déjà comme tel dans la cérémonie pour le serment et le jugement des rois[92] et dans un certain nombre

---

[90] *NH* II 75.14–21 : ⲡⲡⲟⲧⲏ¹⁵ⲣⲓⲟⲛ ⲙⲡⲱⲗⲏⲗ ⲟⲩⲛ̄ⲧⲁϥ ⲏⲣⲡ ⲙ̄ⲙⲁⲩ ⲟⲩ¹⁶ⲛ̄ⲧⲁϥ ⲙⲟⲟⲩ ⲉϥⲕⲏ ⲉϩⲣⲁⲓ̈ ⲉⲡⲧⲩⲡⲟⲥ ⲙ̄¹⁷ⲡⲉⲥⲛⲟϥ ⲉⲧⲟⲩⲣⲉⲩⲭⲁⲣⲓⲥⲧⲉⲓ ⲉϫⲱϥ ⲁⲩ¹⁸ⲱ ϥⲙⲟⲩϩ ⲉⲃⲟⲗ ϩⲙ̄ ⲡⲡ̄ⲛ̄ⲁ̄ ⲉⲧⲟⲩⲁⲁⲃ ⲁⲩ¹⁹ⲱ ⲡⲁ ⲡⲉⲧⲉⲗⲉⲓⲟⲥ ⲧⲏⲣϥ ⲣ̄ⲣⲱⲙⲉ ⲡⲉ ϩⲟⲧⲁ(ⲛ) ²⁰ⲉⲛϣⲁⲛⲥⲱ ⲙ̄ⲡⲁⲉⲓ ⲧⲛⲁϫⲓ ⲛⲁⲛ ⲙ̄ⲡⲧⲉ²¹ⲗⲉⲓⲟⲥ ⲣ̄ⲣⲱⲙⲉ. Voir J.É. Ménard, *op. cit.*, 1967, p. 218. La relation entre le vin, le sang et le Saint Esprit est à mettre en rapport avec *NH* II 57.6–7 cité ci-dessous.

[91] *Élenchos* V 27.2–3 : ἀπὸ τοῦ ζῶντος ὕδατος, ὅπερ ἐστὶ λουτρὸν αὐτοῖς, ὡς νομίζουσι, πηγὴ ζῶντος ὕδατος ἁλλομένου. Pour l'idée de boire l'eau vive, voir Jn 4.11.

[92] Platon, *Critias* 120 a : ὅτ' οὖν κατὰ τοὺς αὐτῶν νόμους θύσαντες καθαγίζοιεν πάντα τοῦ ταύρου τὰ μέλη, κρατῆρα κεράσαντες ὑπὲρ ἑκάστου θρόμβον ἐνέβαλλον αἵματος, τὸ δ' ἄλλ' εἰς τὸ πῦρ ἔφερον, περικαθήραντες τὴν στήλην, « Après donc qu'ils avaient effectué le sacrifice conformément à leurs lois et consacré toutes les parties du taureau, ils emplissaient de sang un cratère et aspergeaient d'un caillot de ce sang chacun d'eux. Le reste, ils le mettaient au feu, après avoir fait des purifications tout autour de la colonne » (sur laquelle le serment eut lieu) (traduction : A. Rivaud).

de cultes où il servirait aux libations, d'où le verbe extrêmement rare[93] κρατηρίζω dont Photius donne deux définitions: « mélanger du vin dans un cratère ou, dans les mystères, verser pour une libation depuis des cratères »[94]. L'acquisition de l'intellect avec un cratère serait un autre témoignage d'une utilisation rituelle du cratère.

Quel serait ce liquide contenu dans le cratère et qui symboliserait l'intellect? Aucune information ne permet de trancher, ce qui n'empêche pas de proposer une hypothèse. Le cratère est naturellement associé au vin, et le cœur au sang. Il ne serait donc pas impossible que le cratère contienne du vin (peut-être mêlé d'eau) qui pourrait symboliser le sang. Si ce dernier a une valeur parfois ambivalente, il est surtout ce qui apporte la vie. Dans certains textes gnostiques, le sang a une valeur purificatrice et il est associé à la vie et à la fécondité, comme le sang-lumière de *L'Écrit sans Titre* ou le sang-Saint Esprit de *L'Évangile selon Philippe*[95]. De plus, dans ces deux textes gnostiques, le sang est interprété comme un élément abstrait, respectivement la lumière[96] et l'Esprit Saint (dans un contexte eucharistique)[97]. Il pourrait en aller de même dans le traité hermétique, avec, dans ce cas précis, l'intellect. De même que le sang est le fluide vital nécessaire à l'homme et, en premier lieu, au cœur, de même l'intellect est ce qui permet à l'hermétiste de s'engager dans une nouvelle voie, une nouvelle vie. De manière analogue à *L'Évangile selon Philippe*, NH II 75.14–21, le vin serait le liquide qui représenterait le mieux le sang interprété comme l'intellect. La question reste cependant ouverte, puisqu'il ne s'agit que d'une hypothèse qu'il faudrait approfondir.

---

[93] Une recherche sur le *TLG* a montré qu'il y aurait moins d'une quinzaine d'occurrences.

[94] Photius, *Lexicon kappa* 176.12: κρατηρίζω· οἶνον ἐν κρατῆρι κρινῶν· ἢ ἀπὸ κρατήρων ἐν τοῖς μυστηρίοις σπένδων. A.-J. Festugière, *op. cit.*, 1967, p. 102 n. 6. En particulier F. Cumont, *Textes et Monuments relatifs aux mystères de Mithra*, Bruxelles, Lamertin, 1899, tome I, p. 99–103. F. Scialpi, *op. cit.*, 1979, p. 827; R. Turcan, « Le sacrifice mithriaque », in J. Rudhardt et O. Reverdin (éds.), *Le Sacrifice dans l'Antiquité*, Vandoeuvres/Genève, Fondation Hardt, 1981, p. 341–372. Pour M.J. Vermaseren, voir les références ci-dessus.

[95] G. Mantovani, « Il valore del sangue in alcuni testi gnostici di Nag Hammadi », in F. Vattioni (ed.), *Sangue e antropologica Biblica. Atti della settimana [del] Centro Studi Sanguis Christi, Roma 10–15 marzo 1980*, Roma, Pia unione Preziosissimo Sangue, 1981, p. 143–149.

[96] *NH* II 108.

[97] *L'Évangile selon Philippe*, NH II 57.6–7: Jn 6.53 est interprété par l'auteur gnostique ainsi: ⲁϣ ⲧⲉ ⲧⲉϥⲥⲁⲣⲝ ⲡⲉ ⲡⲗⲟⲅⲟⲥ ⲁⲩⲱ ⲡⲉϥⲥⲛⲟϥ ⲡⲉ ⲡⲡⲛⲁ ⲉⲧⲟⲩⲁⲁⲃ, « Qu'est-ce? Sa chair est la parole; son sang est le Saint Esprit ».

Par conséquent, en associant κρατῆρ et βαπτίζω, l'auteur aurait pu avoir deux pratiques en tête en les utilisant diversement. L'une, un rite d'absorption, serait le cadre concret de l'acquisition de l'intellect dans *CH* IV. Le cratère, objet rituel, symbole de l'achèvement de la création et de la source intarissable, serait le contenant d'un liquide, probablement du vin, qui représenterait le sang, lui-même interprété comme l'intellect. L'autre, baptismale, serait essentiellement utilisée métaphoriquement : le cœur s'immergerait, non pour se purifier mais pour s'imprégner, s'imbiber de l'intellect dont il devient le nouveau réceptacle ; le cœur remplace alors le cratère comme contenant. L'auteur aurait donné un contenu propre à βαπτίζειν, tout en faisant que ce verbe reste éloquent pour les chrétiens et des groupes gnostiques. En l'employant, l'auteur semble s'adresser à eux et leur proposer une autre pratique et une autre interprétation. Le verbe ne renverrait pas à un rite baptismal proprement dit, mais aux conséquences du rite d'absorption pour le cœur. De tels écarts entre la signification originelle du verbe et l'interprétation qui en est donnée se retrouvent dans plusieurs textes gnostiques. Dans *Zostrien*, *NH* VIII, 1, Zostrien reçoit un certain nombre de baptêmes, les uns le faisant monter à travers les éons (*NH* VIII 5), les autres le faisant accéder à différents états angéliques (*NH* VIII 6–7), l'ensemble soulignant l'ascension de l'âme et rendant parfait ; c'est une préparation pour la révélation et la vision de la transcendance[98]. Plus loin, dans le même texte, en *NH* VIII 23.7–17, le baptême semble être un événement interne, « mental », l'individu étant baptisé s'il a acquis certaines connaissances au sujet de l'origine et de la structure des réalités invisibles[99]. Dans *Le Témoignage véritable*, *NH* IX 69.22–26, l'auteur valentinien définit le vrai baptême ainsi : « Mais autre chose est le baptê[me] de la Vérité : c'est par le renonce[m]ent [au mo]nde qu'on le trouve, [et ceux qui] disent de langue s[eulement qu'ils] y renoncent [sont des menteurs]. »[100] Dans ces deux textes, le baptême n'est plus restreint à un acte précis, mais s'étend à une attitude générale. Cette idée est présente dans le texte hermétique, sans pour autant que l'acte précis, le rite d'absorption, ait disparu : être baptisé

---

[98] J.D. Turner, « The Baptismal Ritual as the Occasion for Salvific Vision », in C. Barry, W.-P. Funk et *alii*, *Zostrien (NH VIII 1)*, Québec/Louvain/Paris, Les Presses de l'Université Laval/Peeters, 2000, p. 71.

[99] M.A. Williams, *The immovable Race. A Gnostic Designation and the Theme of Stability in late Antiquity*, Leiden, Brill, 1985, p. 192–193. À comparer avec J.D. Turner, *op. cit.*, 2000, p. 532–533.

[100] Traduction de J.-P. Mahé et d'A. Mahé, *op. cit.*

reviendrait à recevoir le liquide puisé dans le cratère, non pour s'y baigner mais pour l'ingurgiter, action qui évoquerait l'intériorisation de l'intellect. Cependant, il reste à savoir si ce rite relève du domaine de la fiction littéraire ou s'il renvoie à une réalité rituelle hermétique.

d. Le baptême dans le cratère : une pratique rituelle ?

Afin de pouvoir parler d'un rite véritablement mis en œuvre, il faut arriver à déterminer quels sont les éléments de cette mise en œuvre dans un texte, s'il y a des formulaires liturgiques, tels que des hymnes, ou des formules traditionnelles équivalentes à celles que nous trouvons dans des textes gnostiques mettant en avant la figure de Seth. En effet, l'opinion de J.-M. Sevrin sur le baptême dans ces textes pourrait très bien s'appliquer à *CH* IV : « Il serait erroné de conclure, parce que le baptême est présenté comme un événement transcendant ou mythique, qu'il n'est pas ou n'est plus une réalité liturgique. C'est le genre littéraire des écrits qui lui impose en effet presque toujours un tel statut transcendant ; la réalité empirique du rite ne peut se saisir que sur cet arrière-fond, à des indices indirects ou mineurs. »[101] L'auteur du traité hermétique ne s'étend pas sur le côté matériel et concret du rite mais insiste plutôt sur son sens et sur ses conséquences pour les hommes. Les traces de l'existence d'une réalité rituelle sont minimes et ne peuvent être présentées ici que de manière hypothétique.

Les formules et les prières sont absentes, absence remarquable au vue de la place des prières aux moments où le disciple subit une transformation (voir *CH* I, XIII et *NH* VI, 6). Néanmoins, la manière dont l'auteur utilise les différentes occurrences de βαπτίζω est particulièrement soignée. L'auteur hermétiste utilise trois fois βαπτίζω au même temps, l'aoriste, mais à chaque fois à une voix et un mode différents : 1° l'impératif actif pour *CH* IV 4, βάπτισον σεαυτὴν ἡ δυναμένη εἰς τοῦτον τὸν κρατῆρα, « baptise-toi dans le cratère, toi qui en es capable » ; 2° l'indicatif moyen pour *CH* IV 4, ὅσοι μὲν οὖν συνῆκαν τοῦ κηρύγματος καὶ ἐβαπτίσαντο τοῦ νοός, « ceux donc qui ont accepté la proclamation et qui se sont faits baptiser avec l'intellect » ; 3° l'infinitif passif pour *CH* IV 6, κἀγὼ βαπτισθῆναι βούλομαι, ὦ πάτερ, « moi aussi, je souhaite être baptisé, père ». Si la syntaxe explique l'emploi de modes différents, elle ne rend pas compte des trois voix. De plus, le

---

[101] J.-M. Sevrin, *Le Dossier baptismal séthien*, Québec/Louvain/Paris, Les Presses de l'Université Laval/Peeters, 1986, p. 250.

sujet de ce verbe n'est jamais tout à fait identique, même si à chaque fois l'homme est concerné. Nous résumons ces informations dans le tableau suivant :

Tableau 9. Les occurrences de βαπτίζω dans *CH* IV.

contexte immédiat	la parole divine mythique qui donne un ordre	leçon : explication des conséquences de l'acquisition de l'intellect sur le mode de vie	leçon : après la description de deux groupes d'hommes en fonction de l'acquisition de l'intellect ou de son refus
Sujet	le cœur, centre de décision et réceptacle de l'intellect	les hommes, composés de matière ; celle-ci continuera, ou non, à jouer un rôle après l'acquisition de l'intellect	Tat, le destinataire de tout le discours sur l'acquisition de l'intellect et sur la description de deux groupes d'hommes
verbe	βάπτισον impératif	ἐβαπτίσαντο indicatif	βαπτισθῆναι infinitif
mode voix	active (cœur = agent)	moyenne (hommes = action pour eux-mêmes)	passive (intervention d'un tiers)

Ces variations répondent à une intention précise de l'auteur. Il y a une progression dans l'emploi des voix parallèle à celle du contexte, puisque l'on passe peu à peu du temps mythique au temps hermétique de la leçon. La première occurrence du verbe est à l'actif ; son sujet est le cœur considéré comme le véritable réceptacle de l'intellect. Il s'agirait de montrer que, même s'il y a un intervenant extérieur pour le rite, c'est à l'homme de prendre la décision de recevoir l'intellect. La deuxième occurrence du verbe est à la voix moyenne, laquelle peut avoir deux sens : celui d'un verbe pronominal – se baptiser – ou un sens causatif – se faire baptiser. Dans les deux cas, le sujet, l'homme, prend lui-même la décision, et l'action du baptême se réalise pour son bénéfice. La troisième occurrence est au passif ; l'idée de décision n'est pas absente pour autant, puisqu'elle est incluse dans l'emploi de βούλομαι. Le recours à la voix passive s'expliquerait par la volonté d'indiquer la présence d'un intervenant extérieur, probablement le maître, qui accomplit le rite au profit du disciple. De plus, en employant le pronom de la première personne du singulier ἐγώ, Tat personnalise

tout le récit sur l'immersion et indique qu'il a compris toute la leçon de
son maître comme étant un appel personnel à prendre position face à
l'acquisition de l'intellect. Au vu de cette interprétation, peut-être faudrait-il alors donner un sens causatif à l'occurrence à la voix moyenne :
faire baptiser pour soi, se faire baptiser, et écarter la possibilité, émise
par J. Ysebaert, que l'auteur aurait emprunté le passif et l'aurait transformé en une voix moyenne en l'absence de tout officiant[102].

Ce que nous avons dit sur la parole divine confirmerait cela. La
parole divine, rapportée au style direct, est réactualisée par Hermès
et s'adresse à Tat en particulier. L'aoriste pour βαπτίζω au début de
la parole divine ne signifie pas que l'acte d'immerger est passé mais
montre l'aspect sous lequel il se présente, une action pure et simple,
sans nuance de temps ni de durée. Cette absence de bornes temporel-
les convient parfaitement pour une parole divine constamment actua-
lisée et dont l'efficacité est renouvelée à chaque énonciation correcte.
Nous avons dit que le début du traité pourrait relever d'une sorte de
petit « catéchisme » qui placerait le désir d'être immergé exprimé par le
disciple sur un plan rituel. Tout ceci tendrait à montrer que l'épisode
mythique a son pendant dans les temps hermétique et historique, du
fait de l'identification du destinataire avec le disciple et du rôle du
maître comme modèle.

Un texte plus tardif pourrait confirmer l'existence d'une pratique
rituelle : le témoignage de Zosime. Dans sa lettre à Théosobie, *Compte
final* I 8, il décrit à sa correspondante la manière de suivre la voie
royale de l'alchimie : se recueillir en soi (ne pas s'agiter dans tous les
sens), éteindre toutes les passions en soi et faire des sacrifices aux
démons. La perfection de l'âme étant atteinte grâce à ces trois actions,
il est alors possible d'aller auprès de Poiménandre et d'être immergé
dans le cratère pour aller rejoindre sa fratrie :

> καὶ οὕτως ἐνεργοῦσα ἐπιτεύξῃ τῶν γνησίων καὶ φυσικῶν καιρικῶν.
> ταῦτα δὲ ποίει ἕως ἂν τελειωθῇς τὴν ψυχήν. ὅταν δὲ ἐπιγνῷς σαυτὴν
> τελειωθεῖσαν, τότε καὶ <ἐπιτύχουσα> τῶν φυσικῶν τῆς ὕλης κατάπτυσον
> καὶ καταδραμοῦσα ἐπὶ τὸν Ποιμένανδρα καὶ βαπτισθεῖσα τῷ κρατῆρι
> ἀνάδραμε ἐπὶ τὸ γένος τὸ σόν.

En agissant de la sorte, tu obtiendras les teintures opportunes génuines
et naturelles. Fais cela jusqu'à ce que tu atteignes à la perfection de l'âme.

---

[102] J. Ysebaert, *op. cit.*, p. 19, émet cette possibilité pour les polythéistes et donne
en exemple *CH* IV.

> Et lorsque tu reconnaîtras que tu as été rendue parfaite, alors, <ayant obtenu> les teintures naturelles, crache sur la matière, réfugie-toi auprès de Poiménandre, et, ayant été immergée dans le cratère, élance-toi vers ta fratrie[103].

Selon Zosime, la vraie voie de l'alchimie ne consiste pas à fabriquer des métaux, mais à parvenir à la connaissance de soi et de Dieu, ce qui se rapproche plus de la philosophie que de la conception tradition-nelle de l'alchimie (comme un ensemble de techniques en vue d'agir sur la matière). Théosobie est supposée suivre l'ensemble des conseils donnés, c'est-à-dire une longue série d'actes, tous réels (il est diffi-cile de dire que les sacrifices aux démons ne soient qu'un phénomène littéraire), qui se clôt avec le baptême dans le cratère. Ce dernier est ainsi présenté comme une pratique parmi d'autres. Zosime conjugue le verbe à la voix passive, laissant lui aussi entendre qu'il y aurait un tiers agent. Cependant, si cette pratique n'est pas directement réalisée par Théosobie elle-même, c'est à elle que la décision revient d'être bap-tisée, ce qui reprend l'importance de la volonté que nous avons relevée dans le traité hermétique.

Zosime mentionne rapidement Poiménandre et la pratique baptis-male, sans expliciter, ce qui suppose que Théosobie sait de quoi il est question. À l'arrière-plan de ces allusions, il y a *CH* I et surtout *CH* IV que Zosime aurait connus (et peut-être aussi Théosobie), directement ou grâce à un intermédiaire. Deux possibilités se présentent. Dans un premier cas, Zosime interprète lui-même le passage hermétique du baptême dans le cratère comme décrivant une pratique réelle, réalisée par un tiers. Il en aurait alors fait part à Théosobie. La seconde hypo-thèse est que Zosime reprend une interprétation courante du baptême hermétique dans le cratère comme un rite effectivement réalisé. Quelle que soit l'hypothèse retenue, le témoignage de Zosime tendrait à mon-trer la possibilité d'une interprétation ritualiste de *CH* IV, confirmant les indices textuels allant dans ce sens.

Cependant, il reste à comprendre la réaction étonnante du maî-tre face à l'intervention de Tat : s'aimer soi-même pour avoir l'intel-lect. Nous pouvons nous demander s'il n'y aurait pas une réaction

---

[103] Le texte grec est celui édité dans A.-J. Festugière, *op. cit.*, 1989, p. 368 pour le texte grec et p. 281 pour la traduction, avec une modification pour la dernière partie, καὶ βαπτισθεῖσα […] σόν. La « fratrie », terme par lequel nous traduisons γένος, est le groupe des êtres humains sauvés auquel Théosobie doit appartenir dès qu'elle aura décidé de suivre la voie alchimique et celle de Dieu. C'est l'ensemble de ses frères.

à l'emploi du passif: Hermès recentrerait sa leçon en indiquant que
l'acquisition est avant tout liée à une attitude individuelle et personnelle
du disciple, qu'elle n'est qu'un début et qu'un long chemin reste à parcourir. Pour autant, un rite peut être sous-jacent. La réaction d'Hermès
crée une rupture dans le texte, comme s'il manquait quelque chose ; le
rite d'absorption lui-même ? La réponse du maître serait l'interprétation du rite et donnerait les recommandations qui accompagnent ou
suivent son accomplissement ; le maître montre ainsi que l'important
n'est pas le geste lui-même, mais ce qu'il représente : l'acquisition de
l'intellect et le choix d'une nouvelle vie, qui mène à Dieu et au Bien,
avec renoncement aux passions, de la même manière que le baptême
de vérité du *Témoignage véritable* est le renoncement au monde.

2. *L'acquisition de l'intellect dans* CH I

En *CH* I 22–23, Poimandrès répond à une question générale du narrateur – sur la possession limitée de l'intellect au sein de l'humanité –
en décrivant comment il se tient auprès des pieux et s'éloigne des
hommes impies :

> Et moi-même, l'Intellect, je viens en aide à ceux qui sont saints, bons,
> purs et compatissants, les pieux [...] et ma présence devient un secours
> et aussitôt, ils connaissent toutes choses.
> En revanche, je suis loin de ceux qui ne réfléchissent pas, les envieux,
> les cupides, les meurtriers et les impies, cédant la place au démon
> vengeur.

Dans ces deux paroles, Poimandrès se présente en tant qu'intellect, ce
qui lui permet de jouer sur les deux acceptions de cette notion : l'intellect humain et l'intellect divin. Par conséquent, derrière la mention
de la présence ou de l'absence de l'Intellect divin, il faut entendre celle
de l'intellect humain. La possession de ce dernier n'est donc pas innée :
elle est le résultat, à un moment indéterminé, d'une sorte de bilan de
la vie de chacun et provoque simultanément (exprimé par l'adverbe
εὐθύς) un fléchissement dans la vie des hommes qui sont désormais
dotés de l'intellect. *CH* I 22–23 pourrait donc bien décrire l'acquisition de l'intellect par certains hommes, à la suite d'un choix (adopter un nouveau style de vie) comme dans *CH* IV (choix d'écouter et
d'accepter la proclamation). Certains traits thématiques et structuraux
sont d'ailleurs communs aux deux traités. En effet, leurs auteurs opposent de la même façon les pieux et les impies, et ils indiquent assez
précisément les conséquences de la possession de l'intellect. Ils font

précéder ces passages d'un développement cosmologique – détaillé dans *CH* I, propédeutique dans *CH* IV. De même, les interventions des disciples sont comparables : des questions (une seule pour *CH* I 22) sur la possession limitée de l'intellect au sein de l'humanité, une autre plus personnelle située au début du passage pour *CH* I, à la fin pour *CH* IV. Les différences observées entre les deux traités sont, pour la plupart, dues au fait que leurs intentions divergent : *CH* IV est simplement une étape de l'instruction du disciple Tat et a pour thème central l'acquisition de l'intellect ; dans *CH* I, le thème central est la révélation dont le narrateur bénéficie, et l'acquisition de l'intellect est secondaire.

Cependant, nous pensons que *CH* I pourrait aussi être interprété comme l'acquisition de l'intellect par le narrateur et l'apprentissage pour s'en servir correctement. Ce qui fait l'objet de plusieurs leçons pour Tat est concentré en une seule leçon pour le narrateur. La longue tirade de Poimandrès est en effet aussi une réponse générale – elle concerne les hommes – à la question personnelle du narrateur – πῶς εἰς ζωὴν χωρήσω; «comment avancerai-je vers la Vie ? ». Certes, le lien entre cette question et la réponse n'est pas évident à première vue, mais un raisonnement peut être restitué – et il a probablement été présupposé par l'auteur du traité – : 1° pour accéder à la vie, il faut comprendre et apprendre certaines choses ; 2° pour avoir cette possibilité d'apprendre, il faut posséder l'intellect ; 3° posséder l'intellect, c'est avoir Poimandrès auprès de soi ; 4° or, Poimandrès est apparu au narrateur et se tient auprès de lui. À tout le moins, le caractère général de la réponse est vraisemblablement à mettre sur le compte de la nécessité de répondre en même temps à la question générale sur la possession limitée de l'intellect.

Tout ce qui précède incite à revenir sur le début du traité où le narrateur raconte dans quelles conditions Poimandrès lui est apparu :

> Un jour, alors qu'une réflexion m'était advenue au sujet des êtres et que j'avais élevé très haut la pensée, que mes sensations corporelles avaient été retenues, comme ceux alourdis par le sommeil à cause d'une satiété de nourriture ou à cause d'une lassitude du corps, il me sembla qu'un être très grand, d'une mesure illimitée se présenta, appelant mon nom et me disant…

La conséquence de cet état est la manifestation de l'être divin, qui se présente plus loin comme ὁ Ποιμάνδρης, ὁ τῆς αὐθεντίας νοῦς, «Poimandrès, l'Intellect de la souveraineté ». De manière très succincte, l'auteur montre comment une méditation intérieure[104] élève vers les hauteurs et il livrerait presque le compte-rendu d'une expérience mystique, de contact avec le divin grâce à la pensée. Plotin fournit un bon parallèle quand, au début du traité 6 (*Enn.* IV 8), il décrit une expérience mystique interne qui débouche sur une vision du divin, ce que Porphyre reprend brièvement dans sa *Vie de Plotin* 23. Derrière ces passages néoplatoniciens et hermétique, il y aurait le souvenir de l'enseignement platonicien du *Phédon* 65 e – 66 a, sur l'incompatibilité de la sensation et de la pensée pour acquérir la vérité. Il faut donc opérer un recueillement, afin d'arrêter, temporairement, l'activité des sensations. Cette idée est un thème commun des IIe et IIIe siècles après J.-C.[105]. Toutefois, l'expérience du narrateur se différencie de celle de Plotin et du passage du *Phédon* car elle débouche sur une révélation, donnée plus proprement religieuse, courante dans les littératures apocalyptiques juive et chrétienne.

À l'arrière-plan de cette révélation, n'y aurait-il pas une allusion aux pratiques divinatoires courantes dans la vie antique civique et quotidienne, malgré des restrictions ? En effet, la méditation intérieure sur les êtres pourrait être assimilée à une question implicite sur eux ; la venue de Poimandrès et son enseignement seraient alors une réponse explicite à cette question. Néanmoins, le cadre formel de la divination traditionnelle est absent, puisque dans ce cas il s'agit d'une pratique extérieure, mettant en jeu un personnel précis, tandis que, dans le cas hermétique, elle est intériorisée, avec la méditation. Cependant, comment interpréter le passif utilisé dans la proposition κατασχεθεισῶν μου τῶν σωματικῶν αἰσθήσεων, « (alors) que mes sensations corporelles avaient été bridées » ? Le narrateur est-il le seul agent au début de ce traité ? En effet, l'impression ressort que la réflexion lui est extérieure, venant vers lui, comme une préfiguration de son élection et de la venue de Poimandrès l'Intellect. Le fait que ses sens soient bridés apparaît alors comme une conséquence de cette réflexion. L'ensemble – les trois actions de se mettre à penser, d'appliquer cette pensée à des choses divines et d'avoir fait cesser l'activité des sens corporels – constitue les opérations nécessaires à la venue, non demandée explicitement, de l'être divin, l'Intellect.

---

[104] À ce sujet, on pourrait se demander s'il n'y a pas un jeu autour de ἔννοια, avec le suffixe εν- et la préposition ἐν « dans ».

[105] A.-J. Festugière, *op. cit.*, vol. 4, 1990, p. 218–220 : l'auteur a réuni un certain nombre d'exemples attestant de ce thème commun.

Si nous avons à l'esprit ce que nous avons dit sur *CH* I 22–23, cette venue de Poimandrès pourrait également être interprétée comme l'acquisition de l'intellect par le narrateur. Le mode opératoire serait particulier, différent de ceux mis en œuvre dans *CH* I 22–23 et *CH* IV : il n'est pas question de héraut, de cratère ni de parole divine ; seuls les trois pôles principaux sont mis en présence : l'homme c'est-à-dire le narrateur, l'intellect – qui est ici Poimandrès – et Dieu qui serait la Souveraineté. Cette acquisition ne prend fin qu'avec la fin de la révélation. Le narrateur qui acquiert l'intellect ne semble pas en être initialement dépourvu, puisqu'il a une réflexion, ἔννοια, et une pensée, διάνοια, deux mots qui sont apparentés à l'intellect, νοῦς. Ces deux activités intellectuelles sont cependant déficientes – les questions du narrateur sur les êtres restent sans réponse –, une déficience comblée par la venue de l'Intellect divin. La présence d'une réflexion antérieure à cette venue permet d'expliquer en partie l'élection du narrateur.

À la différence de *CH* IV, l'intellect acquis n'est pas seulement la faculté intellectuelle, mais l'Intellect divin personnifié. Cette différence est en grande partie due à la place de la leçon dans l'instruction du disciple. Pour Tat, l'acquisition de l'intellect n'est pas une fin en soi ; la réponse d'Hermès au désir de Tat d'être baptisé montre qu'il s'agit du début de la voie menant à Dieu. La faculté intellectuelle est certes acquise, mais l'hermétiste doit apprendre à la maîtriser et à s'en servir tout au long des leçons suivantes. En revanche, pour le narrateur, le cadre spécifique de la leçon, une révélation, fait qu'il acquiert l'intellect et apprend à s'en servir durant le temps assez court de la leçon apocalyptique. Pour lui, la faculté intellectuelle et le guide qu'est l'Intellect divin sont superposés. Pour Tat, il y a un dédoublement pendant son instruction : d'un côté, la faculté intellectuelle qu'il a acquise, de l'autre, Hermès, son guide. Ce ne serait qu'à la fin de son instruction qu'il pourra maîtriser totalement cette faculté et qu'il n'aura plus besoin d'un guide extérieur, son propre intellect devenant son guide.

Pour l'hermétiste, ce passage pourrait être représenté par son identification au narrateur dans *CH* I, utilisé comme rituel d'investiture : le narrateur serait représenté par un hermétiste ayant terminé sa formation et ayant déjà acquis l'intellect ; le rituel lui permettrait d'être désigné comme maître et comme un hermétiste capable d'utiliser correctement et parfaitement son intellect ; le possédant désormais complètement, il n'a plus besoin d'un maître à ses côtés. Son intellect, qui s'identifie alors à Poimandrès, devient son seul guide, avec lequel il peut poursuivre personnellement sa formation, de la même manière que le narrateur.

Dans les deux cas, *CH* I et IV, cette acquisition fait de l'hermétiste un être complet, pour qui la création est achevée et qui appartient au groupe d'hommes dont le maître a vanté les caractéristiques, en les opposant à celles des hommes ayant refusé l'intellect. Parmi ces caractéristiques, certaines concernent le λόγος.

V. Acquérir l'intellect et ne pas être un homme λογικός

En *CH* IV 4, l'auteur hermétiste indique une conséquence étonnante de l'acquisition ou, plutôt, de la non acquisition de l'intellect : « Au contraire, ceux qui ont rejeté la proclamation, ceux-ci ne participent qu'à la parole, n'ayant pas acquis en plus l'intellect. » Quel rapport pouvons-nous établir entre cette assertion et la possession de la parole qui permet d'interpréter Dieu selon *PAGCopte* ? De plus, n'oublions pas l'une des transformations dont bénéficie le narrateur de *CH* I après avoir reçu la « Révélation primordiale » : l'expression de la parole est devenue « des générations de bonnes choses » (*CH* I 30).

λογικός est utilisé positivement dans le contexte de prières hermétiques. Il en va différemment pour l'occurrence de *CH* IV. Elle intervient après la proclamation du héraut, dans un passage développant trois oppositions dont deux sont organisées en chiasme :

Tableau 10. Opposition de deux groupes d'hommes, *CH* IV 4.

ὅσοι μὲν οὖν συνῆκαν τοῦ κηρύγματος καὶ ἐβαπτίσαντο τοῦ νοός, Ceux donc qui ont accepté la proclamation et qui se sont immergés dans l'intellect,	οὗτοι μετέσχον τῆς γνώσεως ceux-ci ont pris part à la connaissance	καὶ τέλειοι ἐγένοντο ἄνθρωποι, τὸν νοῦν δεξάμενοι et ils sont devenus des hommes complets, ayant reçu l'intellect ;
ὅσοι δὲ ἥμαρτον τοῦ κηρύγματος, au contraire, ceux qui ont rejeté la proclamation,	οὗτοι μὲν οἱ λογικοί, τὸν νοῦν μὴ προσειληφότες ceux-ci ne participent qu'à la parole, n'ayant pas acquis en plus l'intellect,	ἀγνοοῦντες ἐπὶ τί γεγόνασιν καὶ ὑπὸ τίνων, ignorant pour quoi ils sont venus à l'existence.

Le rapport de λογικός à la raison paraît totalement absent[106], vu le destin des hommes ainsi qualifiés : loin de suivre la bonne voie, ils se détournent de Dieu ; ignorant « pour quoi ils sont venus à l'existence », ils ignorent où ils doivent aller. λογικός a donc un sens négatif, et la parole dont ces hommes sont dotés n'a rien à voir avec celle de *PAGCopte* qui permet d'interpréter Dieu ni avec celle de *CH* I 30 ni, encore, avec celle de la cosmologie – que l'auteur de *CH* IV rappelle brièvement. Ainsi, il semble qu'il y ait deux conceptions opposées du λογός, avec un jeu possible sur les différents sens de ce terme.

L'emploi hermétique de l'adjectif serait proche de celui fait par Aristote, en particulier dans sa critique des platoniciens. Selon le Stagirite[107], ceux-ci raisonneraient d'une « manière verbale et vide », λογικῶς καὶ κενῶς, se contentant de généralités et ne s'intéressant pas à ce qui est propre à l'essence de la chose considérée[108]. Cet emploi négatif est à mettre en rapport avec l'opposition qu'Aristote établit entre le sens des mots et la nature des choses signifiées et la distance entre le langage et son objet. Une telle idée pourrait être sous-jacente au passage hermétique cité ci-dessus, où l'adjectif aurait avant tout un sens déclaratif. Il renverrait à la possession du λογός commun à tous, permettant aux hommes de communiquer entre eux et de se différencier des animaux, mais non de connaître la nature des choses. Au contraire des autres hommes, ils n'ont pas acquis en supplément le νοῦς, à la fois « intellect » et « sens », comme en *CH* XVI 2. L'association du λόγος et du νοῦς met en place un langage autre qui retient l'énergie des choses dites. Avec l'acquisition de l'intellect, le λόγος se transforme, comme l'exprime l'auteur de *CH* I 30 ; le substantif γεννήματα et l'adjectif ἐγκύμων, employé juste avant pour le silence, invitent à penser que les « bonnes choses » dont l'auteur parle ne concernent pas que les mots. Une telle alliance entre le λόγος et le νοῦς est le reflet de celle qui existe en l'Homme primordial et dans le monde divin, où l'union des deux constitue la Vie selon l'auteur de *CH* I 6. Chez les hommes qui ont acquis l'intellect, l'alliance permet de dominer le corps, et le λόγος aide l'homme à résister aux passions et à se conduire selon la raison ; il est ce que nous pourrions appeler une « parole raisonnable ».

---

[106] Nous ne partageons pas l'avis d'A.-J. Festugière, *op. cit.*, 1967, p. 101 n. 5, qui considère qu'il s'agit de la raison humaine.
[107] Aristote, *Éthique à Eudème* I 8, 1217 b 21.
[108] P. Aubenque, *Le Problème de l'être chez Aristote*, Paris, PUF, 1997³, p. 98–99.

L'auteur de *CH* IV complexifierait ainsi la polysémie habituelle de λόγος. À côté de la variation sémantique courante, avec des sens diffé-rents selon les contextes, il y en aurait dans le même temps une autre, où dans un même contexte, les occurrences renvoient à un signifié dont l'état se transforme, du langage à la «parole raisonnable». A. et J.-P. Mahé[109] ont souligné le parallèle entre le passage hermétique et la position du *Témoignage véritable*, *NH* IX, 3: dans les deux cas, une tripartition anthropologique (corps, âme et intellect dans le texte gnostique, corps, λόγος et intellect dans le texte hermétique) condui-rait à un classement bipartite des hommes, selon qu'ils ont accepté, ou non, l'intellect. Néanmoins, à la différence du texte gnostique, il n'y aurait pas trois genres d'hommes qui se calqueraient sur la tri-partition anthropologique, avec une catégorie intermédiaire qui doit choisir entre les deux extrêmes. Nous avons plutôt l'impression d'un seul genre qui se divise en deux selon l'acquisition, ou non, de l'intel-lect. Les deux genres possèdent en commun le corps et le λόγος, mais, dans un cas, ce dernier n'est que la parole humaine et est soumis au corps, tandis que dans l'autre il est «parole raisonnable», en rapport avec l'intellect.

La déclaration du héraut, en *CH* IV 4, divise donc l'humanité: d'un côté, les λογικοί, de l'autre les τέλειοι. Ces derniers sont «complets» parce qu'ils ont acquis l'intellect et qu'ils ont un λόγος complet. Si une telle interprétation est acceptée, l'ordre des dons de la*PAGCopte* serait croissant, à moins de considérer que l'auteur de la *Prière* ait une con-ception plus simple du λογός que les auteurs de *CH* I et IV.

VI. Conclusion

Si la parole de communication est donnée à tous sans distinction, il n'en va pas de même pour l'intellect, du fait de son caractère divin. Son acquisition a pour conséquence l'engagement dans la voie qui mène à Dieu et, selon *CH* I et IV, la complétion de la parole qui est dès lors capable de conduire l'hermétiste vers Dieu au moyen de l'enseigne-ment et grâce à l'interaction avec l'intellect. Doté de l'intellect et de la «parole raisonnable», l'hermétiste, disciple, est désormais en mesure d'acquérir les connaissances nécessaires pour atteindre Dieu.

---

[109] J.-P. et A. Mahé, *op. cit.*, p. 60–61.

CHAPITRE SEPT

LA CONNAISSANCE QUI MÈNE À DIEU

La connaissance est le troisième don pour lequel les orants hermétistes remercient Dieu dans la *Prière d'action de grâces*. Elle est mentionnée parmi les conséquences de l'acquisition de l'intellect dans *CH* I et IV : en *CH* I 22, Poimandrès dit de ceux qui ont acquis l'intellect εὐθὺς τὰ πάντα γνωρίζουσι, «aussitôt ils connaissent toutes les choses» ; en *CH* IV 4, Hermès affirme que les hommes dotés de l'intellect «participent de la connaissance», μετέσχον τῆς γνώσεως, et il les oppose à ceux qui n'ont pas l'intellect et «qui ignorent pour quoi ils sont venus à l'existence et par qui», ἀγνοοῦντες ἐπὶ τί γεγόνασιν καὶ ὑπὸ τίνων. Cette connaissance est progressive tant dans son objet – toutes les choses (probablement les êtres), le monde, soi-même et enfin Dieu – que dans son mode d'acquisition – l'instruction du maître pour certaines connaissances comme celles portant sur les choses et le monde, un mode non «technique» se réalisant sans médiation pour la connaissance Dieu. L'idée de diversité modale remonte à *République* 509 d – 511 e. Platon y utilise l'image d'une ligne divisée en deux segments – pour le sensible et l'intelligible – eux-mêmes subdivisés en deux, pour classer quatre modes de connaissance en fonction des objets[1]. Les hermétistes reprennent cette diversité dans le but d'être sauvé.

Cependant, contrairement à ce que laissent penser *CH* I 22 et *CH* IV 4, l'acquisition des connaissances et l'adoption d'un mode de vie particulier ne sont pas faciles. La suite de *CH* IV témoigne des difficultés qui attendent l'hermétiste, tandis que l'auteur de *CH* X 19 parle du «combat de la piété». En effet, le corps constitue un obstacle permanent, et sa maîtrise nécessite un long apprentissage sous la houlette du maître. Ce dernier conseille, tout en entretenant le désir et l'espoir. Il forme son disciple au sens littéral du mot, développe un *habitus* et des dispositions naturelles[2]. La formation du disciple est achevée quand, grâce à ses efforts constants, il parvient à une connaissance

---

[1] Pour le schéma de la ligne chez Platon, voir L. Brisson, J.-F. Pradeau, «Connaissance», *Le Vocabulaire de Platon*, Paris, Ellipses, 1998, p. 16–18.
[2] P. Hadot, *op. cit.*, 1995, p. 412 : à propos de l'enseignement philosophique.

sans médiation de Dieu et quand l'attitude ne paraît plus être le résultat d'efforts incessants mais devient naturelle. Deux auteurs parleraient de ce moment, avec la régénération et des visions: ceux de *CH* XIII et de l'*OgdEnn*, auxquels nous pourrions ajouter par moment celui de *CH* I.

I. LA RÉGÉNÉRATION

CH XIII et *OgdEnn* se ressemblent en deux points. Dans les deux cas, le disciple achève sa formation. Dans le traité copte, il demande à être introduit dans l'Ogdoade et l'Ennéade[3] et, dans le traité grec, à bénéficier du dernier point de la doctrine qu'il ne connaît pas encore, la régénération[4]. Chaque disciple vit des expériences spécifiques: la régénération et des visions, la première étant surtout détaillée dans le traité grec, les secondes dans le copte.

1. *Analyse structurelle des deux traités*

La structure des deux traités permet de comprendre le déroulement des expériences que le disciple prétend vivre.

a. *Le traité CH XIII*

Le traité pourrait être divisé en trois parties (les deux premières parties sur le mode de la régénération, la troisième partie sur l'hymne de la régénération et les conséquences pour le disciple Tat). Le tableau ci-dessous montre le découpage adopté.

Comme plusieurs traités tels que *CH* I, IX et XIV, *CH* XIII commence par une introduction, qui se distingue toutefois des autres par sa longueur et par le fait que c'est le disciple Tat qui prend l'initiative de la leçon. Tat ne se contente pas de rattacher la nouvelle leçon à l'enseignement antérieur, en parlant des *Leçons Générales*, mais il rappelle une promesse de son maître. La leçon commence véritablement

---

[3] *NH* VI 52.2-6: ²[ⲱ ⲡⲁⲉⲓⲱ]ⲧ ⲁⲕⲉⲣⲏ[ⲧ] ⲛⲁ[ⲓ̈] ⲛ̄ⲥⲁϥ ³[ⲉⲧⲣⲉⲕⲛ̄] ⲡⲁⲙⲉⲉⲩⲉ ⲉϩⲟⲩⲛ ⁴[ⲉⲧⲙ]ⲁϩⲱⲙⲟⲩⲛⲉ· ⲁⲩⲱ ⲙⲛ̄⁵[ⲛ̄]ⲥⲱⲥ ⲛ̄ⲕⲛ̄ⲧ ⲉϩⲟⲩⲛ ⲉⲧⲙⲁϩ⁶ⲯⲉⲓⲧⲉ, «Père, tu m'as promis hier d'introduire ma pensée dans l'Ogdoade et, après, de me porter dans l'Ennéade.»

[4] *CH* XIII 1: πυθομένου τὸν τῆς παλιγγενεσίας λόγον μαθεῖν, ὅτι τοῦτον παρὰ πάντα μόνον ἀγνοῶ, καὶ ἔφης, «Ayant demandé d'apprendre la leçon sur la régénération, la seule que j'ignore de toutes (les leçons), tu as dis.»

Tableau 11. Structure de *CH* XIII.

00.1–201.8.	**Liminaires**	

1	200.1–11 : parcours antérieur du disciple	
a	référence à l'obscurité des *Leçons Générales*	ἐν τοῖς Γενικοῖς [...] παλιγγενεσίας
b	rappel de la promesse et de la condition à remplir	ἐμοῦ τε σοῦ [...] παραδιδόναι μοι
2	200.11–15 : déclaration solennelle du disciple	
a	affirmation de remplir la condition demandée	ἕτοιμος ἐγενόμην [...] ἀπάτης
b	demande au maître d'honorer sa promesse	σὺ δέ μου [...] ἢ κρυβήν
3	200.15–201.8 : sur l'Homme	
a	les entités intervenant dans la génération de l'Homme	ἀγνοῶ [...] τοῦ θεοῦ, ὦ τέκνον
b	l'essence de l'Homme	καὶ ποταπός [...] ἀναμιμνήσκεται

)1.9–206.15.	**Le mode de la régénération**	

.1	201.9–203.2 : incompréhension croissante du disciple	
a	le disciple revendique sa légitimité	ἀδύνατά μοι λέγεις [...] τῆς παλιγγενεσίας τὸν τρόπον
b	le maître expose sa propre expérience	τί εἴπω [...] θεωροῦμαι νῦν, ὦ τέκνον
c	la perte progressive de ses sens par le disciple	εἰς μανίαν με [...] ἐν θεῷ γένεσιν
2	203.3–203.19 : les bourreaux	
a	inquiétude du disciple et maître rassurant	ἀδύνατος οὖν εἰμι [...] ἔχω, ὦ πάτερ
b	indentification des douze bourreaux	οὐκ ὀλίγους [...] καὶ λόγος
3	203.19–205.2 : la venue des dix Puissances	
a	les dix Puissances	Λοιπόν [...] νικηθεῖσθαι ῥοίζῳ
b	brève analyse du maître	ἔγνωκας, ὦ τέκνον [...] καί εὐφραίνεται
4	205.3–206.15 : dernières explications	
a	nouvel état du disciple	ἀκλινής [...] πανταχοῦ
b	rapport entre les nombres dix et douze	ἀλλ᾽ ἔτι [...] τὴν ἑνάδα
c	sur la représentation du corps	πάτερ, τὸ πᾶν [...] αὐτὸς θέλει
d	sur la dissolution	εἰπέ μοι [...] ὃ κἀγώ

6.16–209.11.	**Prières et illumination**	

.1	206.16–207.14 : volonté du disciple d'entendre l'hymne de la régénération	
a	demande du disciple et réponse du maître	ἐβουλόμην [...] αἱ ἐν ἐμοὶ ᾄδουσι
b	nouvelle demande et conditions pour prier	θέλω, πάτερ [...] ἡσύχασον, ὦ τέκνον
.2	207.15–208.22 : l'hymne de la régénération	πᾶσα φύσις [...] ταύτην λεγομένην
.3	209.1–209.11 : conséquences pour le disciple	
a	illumination	ὦ πάτερ, τέθεικα [...] μὴ ἀσκόπως
b	prière du disciple	ἐν τῷ νῷ [...] τελεῖται
c	conseils du maître	σύ, ὦ τέκνον [...] διὰ τοῦ λόγου

9.12–19.	**Epilogue**	

1	209.12–14 : remerciements et réjouissance	εὐχαριστῶ σοι [...] τὰ ἀθάνατα γενήματα
2	209.14–19 : dernières recommandations du maître	τοῦτο μαθών [...] ἡμέτερον.

avec la première question sur l'Homme, inaugurant une série d'interrogations. Les réponses du maître sont presque aussi courtes que les
questions. Le disciple s'impatiente face à ce qu'il semble considérer
comme une réticence de son maître à exposer la leçon sur la régénération. En effet, dans cette première partie, le maître intervient très
peu, ce qui est rare dans la littérature hermétique étudiée. Le disciple
est ainsi amené à renouveler sa demande de bénéficier de la leçon sur
la régénération, en étant cette fois plus précis. En *CH* XIII 1, il avait
demandé «la leçon sur la régénération»; désormais, il demande «le
mode de la régénération», τῆς παλιγγενεσίας τὸν τρόπον, comme s'il
comprend que la connaissance des seuls acteurs de la génération de
l'Homme ne suffit pas.

Nous pouvons diviser la deuxième partie en trois sous-parties. En
II.1, il s'agit à nouveau de préliminaires à la régénération proprement
dite, mais le ton est différent: le maître intervient beaucoup plus et
raconte sa propre expérience; le disciple exprime non plus son impatience, mais ce qui lui arrive, comme la perte progressive de ses sens.
Cependant, la question du disciple sur «l'agent de la régénération»,
γενεσιουργός, en *CH* XIII 4, ne paraît pas à sa place: nous nous serions
attendu à ce qu'elle intervienne au moment où Tat s'interroge sur
l'Homme[5]. En fait, ce serait surtout sa réaction sur la stature du maître qui paraît mal placée; elle serait plus à sa place juste après le récit
autobiographique d'Hermès. Cependant, ce désordre ne serait qu'apparent: le disciple a déjà réagi au récit d'Hermès, et sa réaction sur
la stature d'Hermès montre, comme le souligne G. Zuntz[6], que Tat a
bien compris que l'agent de la régénération est Hermès; il s'étonne
donc de voir Hermès toujours physiquement pareil alors qu'il est un
autre homme. De plus, cet étonnement permet à Hermès de faire un
développement sur la forme mortelle mensongère, ce qui suscite la
question angoissée du disciple sur ce qui est vrai. Ainsi, la question sur
l'agent de la régénération s'accorderait parfaitement avec ce qui suit; il
n'en reste pas moins qu'elle s'enchaîne moins avec ce qui précède.

La sous-partie II.2 débute par une nouvelle expression de l'angoisse
du disciple (II.2a). Alors que le maître a parlé de manière générale en
disant que, pour percevoir sans les sens, il faut «quelqu'un capa-

---

[5] C'est ainsi que l'a compris la source de l'oracle *Syr-A* 21: cet oracle cite *CH* XIII
1–2 avec les trois questions sur l'Homme et, immédiatement après, *CH* XIII 4 avec
celle sur l'agent de la régénération.

[6] G. Zuntz, *op. cit.*, p. 78.

ble de percevoir la naissance en Dieu», τοῦ δυναμένου νοεῖν τὴν ἐν θείῳ γένεσιν (XIII 6), le disciple interprète cela de manière personnelle (XIII 7): ἀδύνατος οὖν εἰμι, ὦ πάτερ, «En suis-je donc incapable, père?» Le procédé est analogue en *CH* I 21, où la leçon passe de considérations générales à une inquiétude personnelle du disciple, et en *CH* IV, où Tat interprète personnellement tout ce qu'Hermès dit sur les hommes et l'intellect. L'angoisse du disciple permet au maître de le rassurer et d'introduire la question des bourreaux qu'il énumère (II.2b), avant de mentionner la venue des dix Puissances. Il clôture en reprenant la même formule que le disciple au début de la seconde partie, «mode de la régénération»[7], manière pour lui d'affirmer qu'il a désormais bien répondu à la demande de son disciple. Les deux occurrences de cette formule créent donc un ensemble cohérent quant au contenu. Dans la troisième sous-partie, le disciple demande quelques précisions.

Les explications données, le disciple relance la leçon en requérant l'hymne de la régénération. La demande doit être renouvelée avant que le maître n'obtempère, non sans avoir donné des indications préliminaires. L'audition de l'hymne provoque une illumination chez Tat et l'incite à adresser lui-même une prière à Dieu. La leçon s'achève alors sur les remerciements du disciple et les réjouissances du maître. Ce dernier exige de son disciple la promesse de garder le secret, promesse qui est en quelque sorte le répondant de celle du maître rappelée au début du traité. *CH* XIII s'articule donc autour des nombreuses interventions du disciple qui en sont le moteur.

b. *Le traité NH VI, 6*

Comme *CH* XIII, nous pouvons diviser le traité copte en trois parties (une longue introduction, une partie centrée sur la prière d'Hermès, une autre sur celles du disciple et sur ses visions) avec un épilogue qui concerne l'inscription de la leçon sur des stèles[8]. Le tableau suivant détaille un peu plus cette structure:

---

[7] *CH* XIII 10: ἔγνωκας, ὦ τέκνον, τῆς παλιγγενεσίας τὸν τρόπον, «Tu connais, enfant, le mode de la régénération.»

[8] À comparer avec J.-P. Mahé, «Le sens et la composition du traité hermétique, "l'Ogdoade et l'Ennéade" conservé dans le codex VI de Nag Hamadi», *RevSR* 48.1 (1974), p. 55–57.

Tableau 12. Structure de *NH* VI, 6.

52.1–55.7	Liminaires	
I.1	52.1–13 : Situation du traité dans l'enseignement	
a	rappel par le disciple d'une promesse	[. . .] . . . ⲉⲧⲙⲁ⳿ⲑⲉⲓⲧⲉ
b	rappel de l'ordre de la tradition et des conditions	ⲡⲉϫⲁⲕ . . . ⲛ̄ⲛⲃⲁⲑⲙⲟⲥ
I.2	52.14–53.21 : sur la génération	
a	sur la Puissance et l'engendrement	ⲛ̄ⲧⲁⲣⲓⲭⲉⲓ . . . ⲉⲧⲛ̄ϩⲣⲁⲓ ⲛ̄ϩⲏⲧ
b	sur les frères du disciple, leur engendrement et leur essence	ⲡⲁϫⲉϥ ϫⲉ . . . ϩⲉⲛⲁⲧⲙⲟⲩ ⲛⲉ
I.3	53.22–55.7 : le début de la leçon	
a	nouvelle demande du discours par le disciple	ⲡⲉⲕϣⲁϫⲉ . . . ⲛⲁⲥⲛⲏⲟⲩ
b	sur la prière	ⲙⲁⲣⲛ̄ϣⲗⲏⲗ . . . [. . .]
c	échange entre le maître et le disciple et évolution de ce dernier	[. . .] . . . ⲧⲉϥⲇⲩⲛ[ⲁⲙⲓⲥ] ⲛ̄ⲧⲟⲟⲧ̄ⲕ

55.8–57.30.	La prière du maître	
II.1	55.8–23 : demandes du disciple et conditions pour prier	ⲛ̄ⲑⲉ ⲉⲧⲁⲩϣⲁϫ[ⲉ] . . . ⲙⲁⲣⲛ̄ϣⲗⲏⲗ ⲁ̄ ⲡⲁⲉⲓⲱⲧ̄
II.2	55.24–57.25 : la prière	ϯ̄ⲣ̄ⲉⲡⲓⲕⲁⲗⲉⲓ . . . ⲛ̄ⲛⲁⲧⲙⲟⲩ
II.3	57.26–30 : embrassade et venue d'une puissance	ⲙⲁⲣⲛ̄ⲣⲁⲥⲡⲁ̄ⲍⲉ . . . ϣⲁⲣⲟⲛ

57.31–61.17.	prières et visions	
III.1	57.31–58.17 : première vision du disciple[9]	ϯⲛⲁⲩ ⲅⲁⲣ . . . ⲡⲁⲓ̈ ⲉⲃⲟⲗ
III.2	58.17–59.14 : prières	
a	hymnes célestes	ⲑⲟⲓ̈ⲇⲟⲁⲥ ⲅⲁⲣ . . . ⲡⲛⲟⲩⲥ
b	hymne du disciple	ϯ̄ⲣ̄ⲛⲟⲉⲓ . . . ⲁⲡⲉⲧ̄ⲑⲏⲧ̄
III.3	59.15–60.1 : seconde vision du disciple	ⲱ̄ ⲡⲉⲧⲣ⳿ⲓ⳿ⲥⲙⲉⲅⲓⲥⲧⲟⲥ . . . ⲙ̄ⲡⲙ̄ⲛⲁ
III.4	60.1–61.17 : nouvelles prières	
a	conseils du maître et volonté du disciple	ⲥ̄ⲣ̄ϣⲁⲩ . . . ⲛ̄ⲛⲁⲧⲧⲁⲕⲟ
b	action de grâces du disciple	ϯⲛⲁϫⲟⲟⲩ . . . ⲟⲩⲙ̄ⲛ̄ⲧⲛⲟⲩⲧⲉ

61.18–63.32.	Epilogue : sur les stèles	
IV.1	61.18–62.20 : indications pour la fabrication des stèles et leur inscription	ⲱ ⲡⲁϣⲏⲣⲉ . . . ⲣ̄ⲡⲁⲣⲁⲅⲉ ⲙ̄ⲙⲟⲉⲓ
IV.2	62.20–63.32 : la formule imprécatoire	ⲱ ⲡⲁⲉⲓⲱⲧ̄ . . . ⲱ ⲡⲁϣⲏⲣⲉ

---

[9] J. Brashler, P.A. Dirkse and D.M. Parrott (*op. cit.*, p. 359) et A. Camplani (*Scritti, op. cit.*, 2000, p. 145–146) considèrent que cette phrase est prononcée par Hermès lui-même dont l'intervention irait de *NH* VI 57.26 à *NH* VI 58.22. Dans ces conditions, la première vision serait vécue par le maître et non par le disciple. De plus, avec un tel découpage, il est plus difficile de comprendre le rappel d'Hermès qu'il est l'Intellect en *NH* VI 58.14–15 : ce rappel se comprend plus facilement si le disciple

Dans ce traité, nous retrouvons des éléments communs à *CH* XIII. Ainsi, il commence par le rappel de la part du disciple d'une promesse antérieure du maître ; de même, la demande de la leçon est formulée deux fois, avec entre-temps (I.2) un passage sur la génération – ce qui rappelle le thème du traité grec. À la seconde demande du disciple (I.3), le maître répond qu'il faut avant tout prier ; d'où la première question du disciple sur la méthode pour prier. Il s'ensuit (I.4) un dialogue où les réactions du disciple attestent de son évolution et du fait qu'il est prêt. Puis, comme Tat en *CH* XIII 15, le disciple demande une prière, témoignage d'un changement par rapport à la question précédente, portant sur la manière de prier. La deuxième partie débute par quelques indications sur la prière, avant de donner le texte même de la prière. Cette longue prière déclenche, et c'est l'objet de la troisième partie, une alternance de visions et de prières[10]. Entre chaque vision et la prière qui suit, le disciple pose une question sur la manière de prier, avec un verbe différent à chaque fois[11]. L'épilogue, plus développé que dans le traité grec, indique comment inscrire l'enseignement sur des stèles et protéger celles-ci grâce à une formule imprécatoire.

Malgré des différences certaines entre *CH* XIII et *NH* VI, 6 – comme la part plus importante des prières dans le traité copte –, les points communs sont donc assez nombreux. Ces deux traités se distinguent des autres par les interventions nombreuses et de tout ordre du disciple, ce qui rappelle *CH* I. Ces trois traités, où le disciple intervient beaucoup et où il prend l'initiative en début de leçon, sont aussi ceux où il est censé vivre des expériences. Dans les deux traités[12] étudiés pour le moment, chaque auteur a mûrement réfléchi à la structure,

---

vient de parler. Nous adoptons par conséquent la même répartition des phrases entre les protagonistes que J.-P. Mahé (*op. cit.*, 1978, p. 77) et K.-W. Tröger (*op. cit.*, 2003, p. 513). À l'inverse des éditeurs anglais, d'A. Camplani et de J.-P. Mahé («La prière», *op. cit.*, 1974, p. 56 et *op. cit.*, 1978, p. 112–113), nous ne considérons pas qu'il s'agisse essentiellement d'une illumination du maître, à laquelle le disciple essaierait de participer. Si Hermès est bien illuminé, l'illumination concerne à part entière le disciple, le bénéficiaire de la leçon et de ses bienfaits. Nous reviendrons là dessus dans la section sur les visions.

[10] À comparer avec J.-P. Mahé, «La prière», *op. cit.*, 1974, p. 56–57 : mettant moins l'accent sur la première prière du disciple, il parle de «cercles concentriques» avec un noyau central, les illuminations, encadrées par les prières (celle de demande et *PAG-Copte*), le tout étant encadré par le prologue et l'épilogue qui dressent le cadre de la leçon (ce que nous retrouvons également avec le découpage proposé ici).

[11] A. Van den Kerchove, *op. cit.*, 2007, p. 911.

[12] Sur ces deux textes et le processus de la régénération, voir en particulier G. Filoramo, «The Transformation of the Inner Self in Gnostic and Hermetic Texts», in J. Assmann and G.G. Stroumsa, *Transformations of the Inner Self in Ancient Religions*, Leiden, Brill, 1999, p. 137–149 et surtout p. 143–145.

notamment avec le jeu des interventions des protagonistes, invitant le destinataire à s'impliquer autant que le disciple. Dans l'*OgdEnn*, cela s'ajoute à ce que nous avons déjà dit sur le lexique des prières. Faut-il mettre tout cela simplement sur le compte du talent des auteurs à créer l'illusion de la réalité? Cette illusion est-elle une fin en soi? Ou, ne faut-il pas penser que, comme dans *CH* I et IV, les auteurs auraient en tête une pratique précise qui pourrait éventuellement être mise en œuvre?

2. *Les préliminaires*

Dans *CH* IV, la préparation du disciple est l'œuvre du maître avec ses remarques, qui provoquent les questions du disciple, et son récit mythologique. Aucune donnée ne permet de rattacher cette leçon à une instruction antérieure. En revanche, dans *CH* XIII et *NH* VI, 6, cette préparation antérieure à la leçon est mentionnée ou du moins suggérée et elle se poursuit au cours de la présente leçon.

a. *La préparation antérieure à la leçon*

Dans les deux traités, le rappel d'une promesse révèle que le thème de la leçon a été auparavant l'objet d'un contrat entre le maître et son disciple. La promesse du maître a une contrepartie (*CH* XIII 1): ὅταν μέλλῃς κόσμου ἀπαλλοτριοῦσθαι, « dès que tu seras sur le point de te rendre étranger au monde ». Une condition équivalente serait présente en *NH* VI 52.12–13: la proposition ⲉϣϫⲉ ⲕⲣ̅ ⲡⲙⲉⲉⲩⲉ peut être interprétée non pas comme une incise[13] mais comme une citation d'Hermès[14] – malgré l'absence de la conjonction ϫⲉ[15] – ceci en analogie avec le texte grec. Hermès évoque cette condition à la suite de rappels (sur l'ordre de la tradition et sur la promesse qu'il a faite, *NH* VI 52.7–11) qui sont formels et mettent en place le cadre général.

---

[13] C'est la position adoptée par M. Krause und P. Labib (*op. cit.*, p. 170), K.W. Tröger (*op. cit.*, 1973, p. 498) et par A. Camplani (*Scritti, op. cit.*, 2000, p. 135). Elle n'est pas écartée par J.-P. Mahé dans son commentaire (*op. cit.*, 1978, p. 89).

[14] ⲙ̄ⲡⲟⲩⲁ ⲡⲟⲩⲁ ⲛ̄ⲛⲃⲁⲑⲙⲟⲥ ferait alors partie de cette citation et serait le complément du nom ⲡⲙⲉⲉⲩⲉ et non plus du verbe ϫⲱ, comme dans le cas de l'incise.

[15] C'est la position de J.-P. Mahé (*op. cit.*, 1978, p. 65 et 89), de la traduction anglaise (J. Brashler, P.A. Dirkse and D.M. Parrott, *op. cit.*, p. 348) et de R. Valantasis (*op. cit.*, p. 88). Cette possibilité est suggérée par K.W. Tröger dans une note à sa traduction allemande (*op. cit.*, 2003, p. 508 n. 39).

Dans *CH* XIII, la situation diffère. Tat rappelle une promesse antérieure et retrace chronologiquement en trois temps sa démarche antérieure: 1° ἐν τοῖς Γενικοῖς […] παλιγγενεσίας (I.1 a), 2° ἐμοῦ τε […]
παραδιδόναι μοι (I.1 b) et 3° ἕτοιμος […] ἢ κρυβήν (I.2). Dans un
premier temps, indéfini, il a pris conscience de l'obscurité de certaines
parties des *Leçons Générales* – par exemple celles sur l'activité divine
ou la divinité, θειότης. Peut-être en réponse à une demande de Tat,
Hermès justifie cette obscurité en affirmant que «personne ne peut
être sauvé avant la régénération»[16], μηδένα δύνασθαι σωθῆναι πρὸ τῆς
παλιγγενεσίας. La deuxième étape a lieu quand Tat demande la régénération. Cette étape est fixée dans le temps (de manière relative) et
dans l'espace: elle intervient quand Tat est devenu suppliant et quand
il est redescendu de la montagne. Hermès impose alors un délai supplémentaire dû à une nouvelle condition que Tat cite: «dès que tu
seras sur le point de te rendre étranger au monde». Hermès estime
donc que son disciple n'est toujours pas prêt au moment où celui-ci
expose sa première demande de la régénération. La troisième étape
advient avec ce traité, quand Tat affirme (*CH* XIII 1): ἕτοιμος ἐγενόμην
καὶ ἀπηνδρείωσα[17] τὸ ἐν ἐμοὶ φρόνημα ἀπὸ τῆς τοῦ κόσμου ἀπάτης,
«Je suis prêt et j'ai affermi l'esprit en moi contre la ruse du monde.».
Il estime avoir honoré sa part du contrat et il espère, ou plutôt est
persuadé qu'Hermès en fera de même, puisqu'il enchaîne immédiatement avec sa première demande, en déclarant son ignorance: ἀγνοῶ,
ὦ τρισμέγιστε, ἐξ οἵας μήτρας ἄνθρωπος ἐγεννήθη, σπορᾶς δὲ ποίας,
«J'ignore, Trismégiste, de quelle matrice l'Homme est né et de quelle
semence.»

Cette déclaration rejoint la parole de Tat sur l'obscurité des *Leçons
Générales* et appelle une réponse qui doit remédier à cette obscurité
et à l'ignorance qui en découle. Ce préambule permet à Tat d'attester
qu'il a bien suivi toutes les instructions du maître et «l'ordre de la tradition», et d'affirmer sa volonté de connaître. Il s'agit moins de rappels

---

[16] W.C. Grese considère que cette proposition serait la citation d'une loi sacrée
analogue à plusieurs paroles de Jésus notamment celle de Jn 3.3 (*op. cit.*, 1979, p. 68
et n. 51, p. 70 et p. 73 et n. 51).

[17] Les manuscrits donnent la leçon ἀπηνδρίωσα et A.D. Nock conjecture
ἀπηνδρείωσα. Ce mot serait un *hapax*. Il est apparenté au verbe, assez courant,
ἀνδρειόω. Ce ne serait pas le seul terme construit en ajoutant à un verbe ou nom
commun une préposition comme suffixe, ainsi le participe ἐπικατευξάμενον en *SH*
23.6 et le verbe ἐνσωματίζω en *SH* 23.30, 49, *SH* 24.4, *SH* 26.1 et 26.8.

formalisés, comme dans l'*OgdEnn*, que d'une déclaration solennelle devant témoins, le premier d'entre eux étant le maître.

Tat est parvenu à affermir son esprit probablement à l'aide d'une longue préparation, sur laquelle il ne donne aucun renseignement. Cette préparation concernerait l'esprit et le corps, combinant exercices physiques et intellectuels, remémoration, méditation des leçons antérieures et manière de vivre (qui met peu à peu à l'écart les passions du corps), de manière analogue à ce que les philosophes préconisent, tel Alcinoos, qui insiste sur la complémentarité entre différentes pratiques et sous-entend la longueur d'une telle préparation[18]. Faut-il penser également que, juste avant la leçon, le disciple a fait des purifications, ablutions et a suivi un jeûne, comme cela se passait avant certains rites dans nombre de cultes, en particulier dans celui d'Isis selon le témoignage d'Apulée[19]? Il est impossible de le dire.

Le but de cette préparation est de «se rendre étranger», ἀπαλλοτριοῦσθαι, au monde, verbe qui rappelle l'adjectif substantivé ἀλλότριος employé par Porphyre, quand il mentionne la condition pour que Dieu écoute la prière d'un homme[20] ou le thème de l'étranger et de l'autre, dans les textes chrétiens et gnostiques[21]. La déclaration de Tat assurant qu'il est prêt pourrait être analogue à la «renonciation», ἀποταξία ou ἀποταγή, que le candidat au baptême déclare, chez les chrétiens[22] et dans certains groupes gnostiques[23]. Comme la

---

[18] Alcinoos, *Enseignement des doctrines de Platon* XXVIII, H 182.3–8: ἐφικοίμεθα δ' ἂν τοῦ γενέσθαι ὅμοιοι θεῷ φύσει τε χρησάμενοι τῇ προσηκούσῃ, ἔθεσί τε καὶ ἀγωγῇ καὶ ἀσκήσει τῇ κατὰ νόμον, καὶ τὸ κυριώτατον λόγῳ καὶ διδασκαλίᾳ καὶ θεωρημάτων παραδόσει, ὥστε ἐξίστασθαι μὲν τὰ πολλὰ τῶν ἀνθρωπίνων πραγμάτων, ἀεὶ δὲ εἶναι πρὸς τοῖς νοητοῖς, «Nous parviendrons à devenir semblables à Dieu d'abord si nous possédons une nature qui convient, des mœurs, une éducation, une manière de vivre conforme à la loi, si surtout nous faisons usage de la raison, de l'étude et de la tradition des doctrines, de manière à nous tenir éloignés de la multitude des affaires humaines et d'être toujours tendus vers l'intelligible» (traduction: P. Louis).

[19] Apulée, *Métamorphoses* XI 23.

[20] Porphyre, *Lettre à Marcella* 33.

[21] Irénée de Lyon, *Adversus Haereses* IV 21.3. Chez les gnostiques, les pneumatiques se sentent étrangers au monde, auquel ils estiment ne plus être soumis. Par exemple, le *Deuxième Traité du Grand Seth*, où les pneumatiques, les «frères», sont opposés à ceux qui sont esclaves, ⲅ̅ⲙ̅ϩⲁⲗ, du monde, *NH* VII 63.27 ou 65.16. Voir C. Colpe und J. Holhzhausen, *op. cit.*, p. 160.

[22] Clément d'Alexandrie, *Stromate* VII, XII, 79.7; Jean Chrysostome, *Deuxième catéchèse baptismale* 18, 21 et 22.

[23] Par exemple, *L'Évangile des Égyptiens*, *NH* III 63.17 = *NH* IV 75.4–5; A. Böhlig, F. Wisse and P. Labib, *Nag Hammadi Codices III, 2 and IV, 2. The Gospel of the Egyptians (The Holy Book of the Great Invisible Spirit)*, Leiden, Brill, 1972, p. 192; J.-M. Sevrin, *op. cit.*, 1986, p. 253. Clément d'Alexandrie, *Extrait de Théodote* 77.2.

renonciation, la déclaration de Tat aurait un caractère rituel, de même que toute son intervention. Le fait qu'il pose sa première question sans attendre de réaction irait dans le même sens. Cependant, l'attestation du seul disciple suffit-elle à prouver qu'il est bien prêt, ou le maître n'aurait-il pas plutôt donné son accord auparavant ? Cette hypothèse n'est pas à rejeter, d'autant qu'elle permet de donner du sens à l'ensemble du déroulement de la leçon.

b. *Le maître et la fin de la préparation du disciple*
La leçon en *CH* XIII 1 commence avec la question de Tat sur l'Homme. Cependant, Tat continue à se plaindre des propos de son maître et à faire part de sa perplexité ou de son sentiment d'exclusion. Le maître « se justifie » en disant que le genre de l'Homme fait seulement l'objet d'un souvenir et que le mode de la régénération ne peut être enseigné. Parlant ensuite de sa propre expérience, il laisse entendre que l'on ne peut comprendre le mode qu'en étant soi-même régénéré. Il prévient ainsi son disciple (et derrière ces protagonistes, l'auteur prévient le destinataire) que ce qu'il dit en *CH* XIII 3–6 n'explique pas le mode de la régénération mais est plutôt l'ultime préparation qui achève, sous l'œil vigilant du maître, celle que le disciple a déjà menée lui-même.

Cette ultime préparation se déroulerait en deux temps, l'un où Tat détient le monopole de la parole et où il souhaite connaître la leçon sur la régénération, un second où le monopole passe à Hermès et où Tat veut connaître cette fois le mode de la régénération. Dans un premier temps, Tat semble surtout s'intéresser à la théorie de la régénération, avec des questions précises sur l'Homme (*CH* XIII 2) : sa matrice et la semence, l'ensemenceur et enfin l'essence de l'Homme. S'agit-il de l'Homme régénéré ou de l'Homme primordial ? Et que faire du silence, de la sagesse, du bien et de la volonté de Dieu ? Sont-ils des entités mythiques ? J. Peste récapitula les différentes positions des commentateurs et il estimait qu'il s'agissait de l'Homme primordial et des entités mythiques, considérant qu'il y avait là « une description directe du monde divin extérieur »[24]. Nous pourrions ajouter la position d'A.-J. Festugière qui évolua à propos de la sagesse et du silence, tout en estimant qu'il s'agissait toujours de l'Homme régénéré ; il pensa d'abord

---

[24] J. Peste, *op. cit.*, p. 120 : « a direct description of the outer divine world ». Voir K.-W. Tröger, *op. cit.*, 1971, p. 155–158, qui fait le rapprochement avec plusieurs textes gnostiques.

à des entités gnostiques[25], puis vit dans la matrice l'âme du régénéré[26]. Il est vrai qu'il est tentant, avec la mention de la sagesse et du silence, de penser aux éons du plérôme valentinien[27] ou à la Sagesse de Dieu dans la littérature juive, et de conclure qu'il s'agit d'entités divines et, par conséquent, de l'Homme primordial. Le contexte général du traité invite toutefois à pencher pour l'Homme régénéré, comme le laisserait supposer l'enchaînement entre la demande de bénéficier de la leçon sur la régénération et la première question sur l'Homme à la fin de *CH* XIII 1.

Cependant, ces deux interprétations sont-elles vraiment contradictoires ? Tat et Hermès régénérés sont composés de puissances et sont fils de Dieu. En *CH* I 12, l'auteur utilise tout un vocabulaire de l'engendrement pour parler de l'apparition de l'Homme primordial, qui reproduit l'image de son Père, l'Intellect Dieu, et qui n'a aucune part à la production des Gouverneurs, les astres planétaires, et à la Nature. En *CH* XIII 2, il pourrait s'agir aussi bien de l'Homme régénéré que de l'Homme primordial au moment de son engendrement par l'Intellect Dieu. Dans ce dernier cas, la sagesse, le silence, le bien et la volonté de Dieu seraient des manifestations divines. Dans le premier cas, si la volonté serait toujours une manifestation divine, les trois autres pourraient être des métaphores[28]. Le bien rappelle, d'une part l'une des Puissances qui intervient plus tard dans la régénération, d'autre part les propres transformations subies par le narrateur d'après *CH* I 30 : « En effet, le sommeil du corps était devenu sobriété de l'âme, [...] mon silence plein de bien et l'expression de la parole, des générations de bonnes choses. » La sagesse sous-entendrait que l'Homme régénéré est sage, et nous pouvons déjà signaler une réaction ultérieure de Tat qui se plaint d'être devenu fou et non sage (*CH* XIII 6) ; cette réaction montrerait que Tat aurait lui aussi compris que le but est d'acquérir la sagesse. Tout ceci éclairerait un peu la parole finale d'Hermès sur ces questions : τοῦτο τὸ γένος, ὦ τέκνον, οὐ διδάσκεται, ἀλλ᾽ ὅταν θέλῃ, ὑπὸ τοῦ θεοῦ ἀναμιμνήσκεται, « Ce genre[29], enfant, n'est pas

---

[25] *NF* II, p. 208 n. 13.

[26] A.-J. Festugière, *op. cit.*, vol. 3, 1990, p. 168 n. 3.

[27] Sur les différents éons : Irénée de Lyon, *Adversus Haereses* I 1.1.

[28] Voir notamment K.-W. Tröger, *op. cit.*, 1971, p. 17 et p. 156 : il met en rapport *CH* XIII 2 avec la hiérogamie des cultes à mystères, tout en soulignant qu'il s'agit ici d'une métaphore.

[29] L'auteur hermétiste ferait probablement un jeu de mot avec γένος : W.C. Grese, *op. cit.*, 1979, p. 7 et n. b.

objet d'instruction, mais il est objet de souvenir grâce à Dieu, dès que (celui-ci) le désire» (*CH* XIII 2). Ce «genre» pourrait désigner le savoir sur l'Homme, dont il faudrait seulement se ressouvenir[30], ou plutôt le genre de l'Homme[31], qui existe en tout homme, mais qui a été oublié depuis. Le disciple doit donc se remémorer ce genre originel, cette essence originelle, et la régénération, en permettant le retrait de ce qui vient du cercle du zodiaque et des planètes, en concrétiserait le souvenir.

Cependant, Tat n'est pas satisfait par les explications du maître. Ses deuxième et troisième questions sont ainsi suivies d'une justification (*CH* XIII 2): τίνος σπείραντος, ὦ πάτερ; τὸ γὰρ σύνολον ἀπορῶ, «Qui ensemence, père? Car je suis totalement dans l'embarras» et καὶ ποταπὸς ὁ γεννώμενος, ὦ πάτερ; ἄμοιρος γὰρ τῆς ἐν ἐμοὶ οὐσίας καὶ τῆς νοητῆς, «Et de quelle sorte est celui qui est engendré, père? Car il ne participe pas de l'essence et de l'intellection[32] (qui sont) en moi.» Ces questions sont le fait d'un disciple qui ignore ce qu'est la régénération et tente de la concevoir selon des catégories humaines[33]. L'échange fait prendre conscience à Tat que la régénération transforme l'essence de l'homme, qu'il est donc lui-même différent de l'Homme et de son maître, régénérés tous les deux. C'est comme si tout ce qu'il a dit en introduction ne suffisait pas et qu'il devait encore confirmer son désir

---

[30] *NF* II, p. 201; W.C. Grese, *op. cit.*, 1979, p. 7; C. Salaman, D. van Oyen and W.D. Wharton, *op. cit.*, p. 81. W.C. Grese (*op. cit.*, 1979, p. 82–83), tout en pensant qu'il pouvait s'agir de la régénération, souligne que cela est impossible, puisque, pour la connaître, il faut l'expérimenter. Il conclut en disant que l'auteur a repris une idée platonicienne sans faire l'effort de l'intégrer complètement dans le contexte. La traduction allemande considère qu'il s'agit de l'événement de la génération et même de la régénération (C. Colpe und J. Holzhausen (bearb. und hrsg.), *op. cit.*, p. 176).

[31] A.-J. Festugière, *op. cit.*, vol. 4, 1990, p. 201 n. 1; K.-W. Tröger, *op. cit.*, 1971, p. 112; B.P. Copenhaver, *op. cit.*, p. 49.

[32] Il est difficile de comprendre la leçon des manuscrits, καὶ τῆς νοητῆς, puisque l'intellect ne semble pas intervenir dans la régénération. A.-J. Festugière ne traduit pas cette expression (*NF* II, p. 201), de même que W.C. Grese (*op. cit.*, 1979, p. 7) et B.P. Copenhaver (*op. cit.*, p. 49). On peut toutefois noter qu'Hermès affirme «j'ai été engendré dans l'intellect», ἐγεννήθην ἐν νῷ, en *CH* XIII:3. De plus, selon d'autres traités, comme *CH* X, l'intellect paraît avoir une substance différente selon le lieu où il se trouve. Enfin, si cette expression a été ajoutée ultérieurement, quelles en seraient les raisons? Que l'oracle *Syr-A* 21 ne transmette pas cette justification de Tat n'aide pas à trancher en faveur de l'une ou l'autre hypothèse. La traduction anglaise dans C. Salaman, D. van Oyen and W.D. Wharton, *op. cit.*, p. 81, a conservé le texte original, de même que la traduction allemande: C. Colpe und J. Holzhausen (bearb. und hrsg.), *op. cit.*, p. 175.

[33] W.C. Grese, *op. cit.*, 1979, p. 78. Il fait également un parallèle, à la suite de plusieurs commentateurs précédents, avec Jn 3.4 et versets suivants.

de recevoir la régénération : il ajoute de nouveaux arguments, en relation avec sa filiation avec Hermès, demandant à être intégré dans le genre de son père maintenant qu'il a compris qu'il en est exclu.

En *CH* XIII 3, le maître débute la seconde étape de la préparation ultime en parlant de lui-même et en indiquant que le mode de la régénération ne s'apprend pas par une instruction discursive. À nouveau, Hermès et l'auteur invitent à ne pas considérer la suite comme un enseignement. Derrière le passage autobiographique, il faudrait voir une référence à *CH* I, ou à une variante, que l'auteur connaît certainement, puisqu'il mentionne Poimandrès en *CH* XIII 15. Quand il dit ὁρῶν τι ἐν ἐμοὶ ἄπλαστον θέαν γεγενημένην ἐξ ἐλέου θεοῦ, « voyant en moi un vision immatérielle engendrée par la miséricorde de Dieu », il se réfèrerait à la vision du narrateur en *CH* I 4 et ferait un jeu autour du terme intellect désignant l'intellect humain et l'Intellect divin qu'est Poimandrès, notamment avec I 7 où « je vois dans mon Intellect ». Quant à la déclaration ἐμαυτὸν ἐξελήλυθα εἰς ἀθάνατον σῶμα, καί εἰμι νῦν οὐχ ὁ πρίν, ἀλλ᾽ ἐγεννήθην ἐν νῷ, « je suis sorti de moi-même vers un corps immortel et je suis maintenant non pas ce que j'étais auparavant, mais j'ai été engendré dans l'Intellect », elle ferait référence, d'une part à *CH* I 1, où le narrateur raconte que sa réflexion s'est élevée et que Poimandrès, l'Intellect, lui est apparu, et, d'autre part à *CH* I 30, où il raconte les transformations qui lui sont advenues. L'auteur de *CH* XIII 3 interpréterait *CH* I comme étant, entre autres, un traité sur la régénération d'Hermès. Une telle interprétation se retrouverait en *CH* XIII 15[34] où Tat et Hermès évoquent probablement les hymnes que Poimandrès mentionne en *CH* I 26 et qui sont entendus par l'homme qui remonte vers Dieu à travers les sphères, après avoir quitté son corps. *CH* I 26 aurait alors pu être interprété comme la propre remontée d'Hermès, à moins qu'il n'ait existé une version de *CH* I où il est question de la remontée d'Hermès et non celle d'un homme indéterminé. Le récit interprétatif en *CH* XIII 3 précise finalement l'idée que l'essence est transformée, et Hermès détaille cela en énumérant ce que lui-même n'est pas, s'attribuant des caractéristiques divines, comme l'absence de couleur et de limitation

---

[34] Qu'il y ait une interprétation de *CH* I en *CH* XIII 15 et probablement aussi en *CH* XIII 3 pourrait confirmer que l'ensemble du traité (excepté la première partie de la prière d'Hermès) est de la même main.

dans l'espace[35]. Il termine en affirmant que Tat ne peut voir ce qu'il est réellement.

Cette description et l'affirmation finale d'Hermès déclenchent une série de transformations chez le disciple (*CH* XIII 4–6), que les interventions ultérieures du maître ne font qu'amplifier. Le disciple est alors en plein désarroi, ce qui est rendu par ses réactions décrivant son état et par la question sur l'agent de la régénération[36], dont nous avons vu que, si elle s'accorde avec ce qui suit, elle s'enchaîne moins avec ce qui précède. Cela pourrait relever d'une stratégie d'écriture visant à joindre deux idées différentes : celle d'une transformation du disciple qui ne sait plus où il en est et celle d'un déroulement précis et contrôlé de la leçon. Le disciple perd progressivement ses sens, et cette perte est une conséquence directe des paroles d'Hermès. À la déclaration du maître qu'on ne peut voir réellement, Tat affirme qu'il ne se voit pas lui-même (*CH* XIII 3–4) :

{E} νῦν ὁρᾷς με, ὦ τέκνον, ὀφθαλμοῖς, ὅ τι δὲ κατανοεῖς ἀτενίζων σώματι καὶ ὁράσει. οὐκ ὀφθαλμοῖς τούτοις θεωροῦμαι νῦν, ὦ τέκνον.
{T} εἰς μανίαν με οὐκ ὀλίγην καὶ οἴστρησιν φρενῶν ἐνέσεισας, ὦ πάτερ· ἐμαυτὸν γὰρ νῦν οὐχ ὁρῶ.

{H} Tu me vois maintenant, enfant, avec les yeux, (comme) quelque chose que tu comprends avec le corps et la vue ; mais je ne suis pas vu maintenant avec ces yeux, enfant.
{T} Tu m'as jeté dans une grande folie et l'égarement des sens ; car, maintenant, je ne me vois pas moi-même.

Le disciple n'emploierait-il pas de manière particulière la formule socratique souvent utilisée dans le monde antique «voir, c'est savoir»[37] ? N'y aurait-il pas également une interprétation de la maxime delphique «connais-toi toi-même» ? En déclarant ne plus se voir lui-même, il affirmerait ne plus se connaître. Un peu plus loin, en *CH* XIII 5, Tat semble toujours réagir à la même affirmation d'Hermès quand il dit être atteint d'aphasie[38] et avoir perdu ses esprits : νῦν

---

[35] Par contraste, la couleur, la figure et la grandeur sont des caractéristiques du sensible. *SH* 8.2 ; *Clarkianus* 11, *HO* I 1. Voir aussi Alcinoos, *Enseignement des doctrines de Platon* X, H 164.15–16 ; Proclus, *Théologie platonicienne* IV 12.

[36] Explication avancée par A.-J. Festugière (*NF* II, p. 211 n. 29) et acceptée par W.C. Grese (*op. cit.*, 1979, p. 97).

[37] Platon, *Théétète* 163 b – 165 e et en 164 b, Socrate dit : τὸ δέ γε «οὐχ ὁρᾷ» «οὐκ ἐπίσταταί» ἔστιν, εἴπερ καὶ τὸ «ὁρᾷ» «ἐπίσταται» «mais ne pas voir, c'est ne pas savoir, puisque voir est savoir» (traduction : A. Diès).

[38] W.C. Grese (*op. cit.*, 1979, p. 96 n. 102) renvoie pour cette aphasie à plusieurs passages du Nouveau Testament où les auditeurs font silence devant une question de

τὸ λοιπόν, ὦ πάτερ, εἰς ἀφασίαν με ἤγεγκας, « Maintenant, père, tu m'as vraiment amené à être atteint d'aphasie. » L'aphasie serait ici moins la perte totale de la parole qu'un trouble du langage où le disciple s'exprimerait de manière incohérente. Enfin, après qu'Hermès ait dit que n'est vrai que ce qui n'est qu'appréhendé par soi-même, c'est-à-dire sans les sens, le disciple déclare qu'il ne perçoit plus rien : μέμηνα ὄντως, ὦ πάτερ· δοκοῦντος γάρ μου ὑπὸ σοῦ σοφοῦ γεγονέναι ἐνεφράχθησαν αἱ αἰσθήσεις τούτου μου τοῦ νοήματος, « Vraiment, je suis fou, père. Alors que je pensais être devenu sage grâce à toi, les perceptions de ma pensée ont été bouchées » (*CH* XIII 6). Cette série de transformations est encadrée par le thème de la folie, avec les paroles de Tat εἰς μανίαν με οὐκ ὀλίγην, « tu m'as jeté dans une folie qui n'est pas petite » (*CH* XIII 4) et μέμηνα ὄντως, ὦ πάτερ, « vraiment, je suis fou, père » (*CH* XIII 6). Dans ce dernier cas, Tat oppose cet état à ce qu'il pensait être devenu, un sage. Il ne s'agit pas réellement d'extase[39], car Tat est encore assez lucide et cohérent pour poser des questions sur le vrai, la capacité et les bourreaux. W.C. Grese considère que l'état de Tat renvoie à la régénération, puisque celle-ci a lieu plus tard et donc que les déclarations de Tat sont fausses ; il parle même d'humour à propos de celle concernant le fait de ne plus se voir lui-même[40], ce qui paraît être une solution de facilité pour expliquer ce passage. De plus, nous ne pouvons juger si les déclarations sont vraies ou fausses, et cela n'entre pas dans notre propos. Nous pensons donc que ce n'est pas un renvoi à la régénération.

Ces passages semblent bien structurés, avec l'enchaînement des questions et réponses. Les propos du maître visent à provoquer une inquiétude ou une prise de décision chez le disciple et à modifier son état. La parole du maître est performative, et l'évolution progressive de l'état du disciple répond à cette performativité. Elle permet d'achever la préparation du disciple sur deux niveaux : l'un intellectuel – avec une prise de conscience sur l'altérité et sur la manière dont se déroule la régénération –, l'autre physique – avec la perspective de faire du

---

Jésus à laquelle ils ne peuvent répondre. Ce parallèle ne semble pas correspondre au contexte du traité hermétique.

[39] W. Scott, *op. cit.*, vol. 2, p. 383 ; K.-W. Tröger, *op. cit.*, 1971, p. 20–21. Comparer avec W.C. Grese, *op. cit.*, 1979, p. 95 n. 199.

[40] « This can hardly be true, because if it were, Tat would have already experienced regeneration. I take it to be an attempt by Tat at a little humor, drawing an absurd conclusion from what Hermes has just said » (W.C. Grese, *op. cit.*, 1979, p. 9 n. l et p. 95).

disciple un étranger à son propre corps et ses sens. Les déclarations du disciple attestent qu'il est vraiment prêt. Elles sont certainement formelles et ritualisées, en particulier celles qui concernent l'ignorance du disciple ; ces dernières ne signifient pas que le disciple ne sait rien – il est en fin de parcours – ni que ses déclarations sont fausses, mais elles ont pour but de le rendre apte à recevoir les Puissances divines[41]. Le même processus se retrouverait au début de *CH* I, où c'est seulement après que le narrateur ait fait planer sa réflexion dans les hauteurs et ait mis en sommeil ses sens que Poimandrès lui apparaît. Grâce à sa préparation antérieure et à celle opérée sous l'autorité d'Hermès, Tat est désormais prêt et capable d'être régénéré.

3. *Le mode de la régénération*

Une nouvelle situation communicative se met en place et isole, au sein du traité, toute la section qui concerne le mode de la régénération. Après avoir clamé son ignorance, Tat est singulièrement silencieux pendant un certain temps ; pour autant, il n'est pas passif car Hermès vient juste de l'exhorter à agir (XIII 7) :

ἐπίσπασαι εἰς ἑαυτόν, καὶ ἐλεύσεται· θέλησον, καὶ γίνεται· κατάργησον τοῦ σώματος τὰς αἰσθήσεις, καὶ ἔσται ἡ γένεσις τῆς θεότητος· κάθαραι σεαυτὸν ἀπὸ τῶν ἀλόγων τῆς ὕλης τιμωριῶν.

Attire-le vers toi-même, et cela viendra ; désire-le, et cela se produit ; arrête les sens de ton corps, et la génération de la divinité se produira ; purifie-toi des bourreaux irraisonnables de la matière.

Les exhortations sont au nombre de quatre, et les trois premières sont chacune suivies d'une promesse. Leur place dans l'économie générale du traité n'est pas évidente[42]. Excepté la volonté, que le disciple a régulièrement exprimée à travers son long prologue et ses questions, les exhortations se réfèreraient plutôt à ce qui suit, invitant le disciple à l'action au cours de la régénération. Celle-ci a lieu en deux étapes, la première concernant l'énumération des bourreaux, la seconde, la venue des Puissances.

---

[41] Ce serait un processus analogue à celui de la fabrication des statues animées divines.
[42] Sur ce passage : W.C. Grese, *op. cit.*, 1979, p. 106–109. Sur la première exhortation : A.-J. Festugière, *op. cit.*, vol. 3, 1990, p. 169–174.

a. *Les douze bourreaux*

Hermès rebondit sur la dernière déclaration d'ignorance de Tat pour dire que cette ignorance même est le premier bourreau (*CH* XIII 7):

{T} τιμωροὺς γὰρ ἐν ἐμαυτῷ ἔχω, ὦ πάτερ;
{E} οὐκ ὀλίγους, ὦ τέκνον, ἀλλὰ καὶ φοβεροὺς καὶ πολλούς.
{T} ἀγνοῶ, ὦ πάτερ.
{E} μία, αὕτη, ὦ τέκνον, τιμωρία ἡ ἄγνοια.

{T} car, j'ai des bourreaux en moi, père?
{H} Et pas un petit nombre, enfant, mais terribles et nombreux.
{T} Je l'ignore, père.
{H} Celle-ci est le premier bourreau, enfant: l'ignorance.

Cette identification ne surprend pas dans la littérature hermétique où l'ignorance est considérée comme le pire des vices[43] et comme leur racine, dans la mesure où l'ignorance de Dieu, et de soi-même, se traduit par une mauvaise conduite vis-à-vis de Dieu et des hommes[44]. Hermès enchaîne ensuite avec l'énumération des autres bourreaux, attribuant à chacun un numéro d'ordre, jusqu'à douze: ἄγνοια «ignorance», λύπη «tristesse», ἀκρασία «intempérance», ἐπιθυμία «désir», ἀδικία «injustice», πλεονιξία «cupidité», ἀπάτη «tromperie», φθόνος «envie», δόλος «ruse», ὀργή «colère», προπέτεια «témérité» et κακία «méchanceté». Il établit ainsi une liste de vices ou de passions, telle qu'il en existe beaucoup dans l'Antiquité[45] et dont l'auteur de *CH* I donne deux exemples (*CH* I 23 et 25). Selon *CH* XIII 12, ces vices sont les éléments constitutifs du corps lui permettant d'agir sur l'âme, une conception proche de plusieurs textes hermétiques qui définissent l'incorporation et les vices comme le châtiment de l'âme[46]. Ces vices sont d'origine zodiacale, alors qu'en *CH* I 25 ils proviennent des sept

---

[43] Hermès déclare en *CH* X 8: «le vice de l'âme, c'est l'ignorance», κακία δὲ ψυχῆς ἀγνωσία; et *CH* VII est consacré à l'ignorance de Dieu, le pire des maux, comme l'indique le titre: ὅτι μέγιστον κακὸν ἐν ἀνθρώποις ἡ περὶ τοῦ θεοῦ ἀγνωσία, «Que le plus grand maux chez les hommes, c'est l'ignorance au sujet de Dieu.»

[44] Dans les énumérations de vices, l'ignorance est citée en premier, le reste dépendant de sa présence.

[45] C.F.G. Heinrici et W.C. Grese mettent en parallèle cette liste avec celles du Nouveau Testament, le premier faisant aussi remarquer que ces listes insistent beaucoup plus sur les péchés liés aux mœurs (p. 37: «Unzuchtsünden»): C.F.G. Heinrici, *op. cit.*, p. 37–38 et W.C. Grese, *op. cit.*, 1979, p. 112 n. 294. Mais il existait également de telles listes dans la littérature grecque: Diogène Läerce, *Vies et doctrines des philosophes illustres* VII 93 et 95; Épictète, *Entretiens* II 16.45.

[46] *SH* 23.30–33; *CH* I 23; *CH* X 15 et 21. Ce serait une doctrine pythagoricienne: *NF* I, p. 133 n. 65.

planètes[47]; dans les deux cas, c'est une reprise des théories astrologiques selon lesquelles les figures du zodiaque et les planètes influent sur le caractère humain[48]. Le choix de douze vices pourrait être imputé à une conception du chemin céleste parcouru par l'âme à travers le zodiaque et non à travers les sept sphères planétaires (comme en *CH* I 25). Toutefois, la question de Tat – «Comment les bourreaux de l'Obscurité, étant au nombre de douze, sont-ils repoussés par dix Puissances?»[49] – invite également à mettre en rapport le nombre douze avec celui des Puissances: il est plus facile de justifier, sans amoindrir leur force, que dix Puissances chassent douze vices plutôt que sept.

Tat ne doit pas être trompé par le nombre douze: ce dernier représente uniquement les vices les plus importants. En effet, chacun se trouve à la tête d'une armée d'autres: ὑπὸ δὲ ταύτας πλείονες ἄλλαι, «mais sous elles, beaucoup d'autres», dit Hermès en *CH* XIII 7. Cette formule est analogue à celle qui conclut l'énumération de dieux dans certaines prières[50]: comme pour les dieux, il s'agit d'être exhaustif et de n'oublier aucun vice, en les englobant tous dans le terme ἄλλαι. Avec cette énumération, prétendument exhaustive, Tat connaît désormais les bourreaux qui sont en lui. Cependant, il est probable qu'il les connaissait déjà avant – ses déclarations d'ignorance seraient surtout formelles et ritualisées – et il est difficile d'imputer cette énumération à la seule volonté du maître de pallier à l'ignorance de son disciple. Sa signification se situerait ailleurs.

Les vices constituent le corps, qui est dissoluble, comme Hermès le rappelle en *CH* XIII 14[51]. En les nommant, Hermès les identifie et les individualise les uns des autres, opérant une sorte de dialyse. À l'arrière-plan, il pourrait y avoir des références à des procédés techniques, en particulier la distillation ou la calcination. Dans la *Chrysopée* 4 de l'*Anonyme de Zuretti*, la distillation est définie comme la séparation des quatre éléments qui se trouvent dans les pierres, tandis que la

---

[47] Ce n'est pas la seule différence entre les deux listes: les sept vices de *CH* I sont qualifiés par des adjectifs et des compléments du nom, tandis que les douze vices sont énumérés sans qualificatif. Seuls deux vices sont communs aux deux listes: la «fraude», δόλος, et l'«illusion», ἀπάτη.

[48] A.-J. Festugière, *op. cit.*, 1989, p. 89–186.

[49] *CH* XIII 11: πῶς αἱ τιμωρίαι τοῦ σκότους, οὖσαι ἀριθμῷ δώδεκα, ὑπὸ δέκα δυνάμεων ἀπωθοῦνται.

[50] Plutarque, *Aristide* 18.1.

[51] Cette idée est également présente dans *CH* VIII, en *CH* XI 14–15, XII 16. Idée commune dans l'Antiquité, elle remonte en particulier à Platon dans *Phédon* 88 b.

calcination est l'extrême division des métaux calcinables. Ici, l'activité de séparation est transposée du domaine technique à celui de la parole du maître; celle-ci, agissant à l'imitation de la Parole créatrice, est performative et rituelle. Nommer les vices de manière exhaustive reviendrait pour Hermès à les dominer et à les contrôler, selon un procédé analogue à celui que les ritualistes des *Papyrus grecs magiques* emploient et qui est en rapport avec la conception du nom refermant l'essence de la personne[52]. Ce contrôle a des conséquences importantes pour le disciple, en raison du lien entre les vices et le cercle du zodiaque. D'une part, il est libéré du zodiaque et de son influence; l'action d'Hermès serait proche de celle du ritualiste utilisant une formule pour libérer les liens d'un prisonnier et ouvrir les portes de la maison où il est retenu[53]. D'autre part, les noms des bourreaux pouvant fonctionner comme un mot de passe, l'énumération permettrait d'ouvrir un passage à travers le zodiaque, facilitant la communication entre le monde divin et l'âme du disciple. Séparés, dominés, les vices n'ont plus qu'à être chassés définitivement par les Puissances.

b. *Les Puissances*
Cette seconde phase est précédée d'un petit intermède (*CH* XIII 8):

> λοιπὸν σιώπησον, ὦ τέκνον, καὶ εὐφήμησον καὶ διὰ τοῦτο οὐ καταπαύσει τὸ ἔλεος εἰς ἡμᾶς ἀπὸ τοῦ θεοῦ· χαῖρε λοιπόν, ὦ τέκνον, ἀνακαθαιρόμενος ταῖς τοῦ θεοῦ δυνάμεσιν, εἰς συνάρθρωσιν τοῦ λόγου.

> Maintenant, tais-toi, enfant, et fais silence, et, en raison de cela, la miséricorde de Dieu ne cessera pas de venir vers nous; réjouis-toi maintenant, enfant, étant purifié par les Puissances de Dieu, pour l'ajointement de la Parole.

Si Hermès détient toujours le monopole de la parole, le ton devient solennel; il n'est plus descriptif, mais prescriptif. Hermès demande à son disciple de se taire. Cette demande est en général située après une question ou une intervention maladroite du disciple; or, ici, elle succède à l'énumération des bourreaux. Elle correspondrait plutôt aux exhortations à bien écouter ou à bien faire attention, que nous lisons parfois dans d'autres traités[54]. Elle attire l'attention du disciple, et du destinataire, sur ce qui va être dit et elle marque une rupture avec ce

---

[52] *PGM* I 161, II 126 et suivants, IV 885 et suivants. Voir ci-dessus p. 31.
[53] *PGM* XII 160–178.
[54] Par exemple, en *Ascl.* 23 ou *CH* I 18.

qui précède. Cependant, en employant également εὐφημέω, Hermès modifie l'atmosphère : il ne s'agit pas seulement du silence nécessaire au bon déroulement de l'enseignement, mais d'un silence religieux, qui prépare la venue des Puissances divines[55] ; et les paroles prononcées dans un tel silence acquerraient une solennité plus importante et un caractère sacré. Toutefois, ce silence a encore une autre signification, car il répondrait au silence mentionné en *CH* XIII 1–2[56] :

{T} ἀγνοῶ, ὦ τρισμέγιστε, ἐξ οἵας μήτρας ἄνθρωπος ἐγεννήθην, σπορᾶς δὲ ποίας.
{E} ὦ τέκνον, σοφία νοερὰ ἐν σιγῇ καὶ ἡ σπορὰ τὸ ἀληθινὸν ἀγαθόν.
{T} J'ignore, Trismégiste, de quelle mère l'Homme est engendré et de quelle semence.
{H} Enfant, une sagesse intellective dans le silence, et la semence est le bien véritable.

Le silence serait le « milieu » dans lequel se déroulerait la régénération[57] et qui permet au disciple une concentration en lui-même ; Tat se met ainsi dans les conditions adéquates pour bénéficier de la miséricorde divine, dont la venue est annoncée pour un futur qui ne demande qu'à être réalisé. L'intermède se termine avec la reprise de λοιπόν et un appel à la réjouissance, car la promesse se réalise enfin : les Puissances viennent – et n'oublions pas non plus que, dans la mentalité gréco-romaine, l'état de réjouissance joue un rôle important dans l'accès au divin. Contrairement à ce qui passe dans des prières ou des recettes rituelles[58], aucune invocation préliminaire ne demande cette venue ; la régénération est le fruit de la seule volonté de Dieu et elle serait non pas une réponse à une attitude du disciple (ce qui l'assimilerait à une question formulée différemment), mais une récompense. Dans la structure du texte, il n'y a aucun temps mort entre l'intermède, ce qui précède et ce qui suit. Cela ne signifie pas que, dans le monde des protagonistes et dans la pratique que l'auteur a en tête, il n'y a pas

---

[55] *NF* II, p. 203.
[56] Le rapport entre le silence de *CH* XIII 2 et celui de *CH* XIII 8 a déjà été esquissé par K.-W. Tröger (*op. cit.*, 1971, p. 157).
[57] À ce sujet, nous pouvons rappeler un propos de Maître Eckhart (env. 1260 – env. 1328), déjà cité par K.-W. Tröger (*op. cit.*, 1971, p. 157) : le silence « ist Raum und Ruhe für jene Geburt des Wortes ». Même si ce propos est plus tardif, l'idée ne serait pas éloignée de ce qui est exprimé ici et du rôle du silence dans les cérémonies religieuses antiques.
[58] La grande prière d'Hermès dans l'*OgdEnn* ; *PGM* I 98, III 43, IV 959, IV 1345.

une pause dans le déroulement de la régénération, au moins à la fin de l'intermède[59].

Comme pour les bourreaux, Hermès énumère les dix Puissances : γνῶσις θεοῦ « Connaissance de Dieu », γνῶσις χαρᾶς « Connaissance de la joie », ἐγκράτεια « Modération », καρτερία « Patience », δικαιοσύνη « Justice », κοινωνία « Partage », ἀληθεία « Vérité », ἀγαθόν « Bien », ζωή « Vie » et φῶς « Lumière »[60]. Hermès oppose ainsi à une liste de vices une liste de vertus[61], opposition qui concerne aussi bien le contenu que l'énonciation. La nature des vertus diffère de celle des vices, la première étant liée à Dieu lui-même, la seconde au zodiaque. Face aux vices/bourreaux en nombre indéfini, les vertus/Puissances sont en nombre fini. Hermès ne se contente pas d'indiquer le nom de chacune ; il ajoute des précisions importantes : le bourreau que chacune fait fuir, un qualificatif positif pour certaines d'entre elles et, pour plusieurs, l'attitude que le disciple doit adopter. Enfin, dans le monde des protagonistes, l'acte d'énonciation n'entretient plus le même rapport avec ce qui est signifié.

Si, pour les bourreaux, l'énumération est performative et opère une dialyse, il n'en va pas de même avec les Puissances. Il n'y a pas de relation de cause à effet entre l'énumération ou l'énonciation et la venue des Puissances, ce qui souligne leur autonomie par rapport à Hermès et à sa parole. En effet, Hermès mentionne au passé les deux premières et les trois dernières Puissances ; quand il parle, les Puissances sont donc déjà arrivées, et il ne fait que témoigner de leur venue. Son rôle redevient plus important pour quatre des Puissances intermédiaires, qu'il invoque[62] et qui peuvent répondre à son appel, parce que les

---

[59] Ceci a déjà été supposé par A.-J. Festugière (*op. cit.*, vol. 4, 1990, p. 203) et repris par G. Sfameni Gasparro, *op. cit.*, 1965, p. 59. Voir aussi A. Camplani, *op. cit.*, 1997, p. 71.

[60] A.-J. Festugière (*op. cit.*, vol. 3, 1990, p. 155–156) souligne que trois de ces Puissances seraient les équivalents de trois des quatre vertus classiques : ἐγκράτεια, καρτερία et ἀνδρεία.

[61] À partir des vices et des vertus, K.-W. Tröger (*op. cit.*, 1971, p. 91) a dressé toute une série d'oppositions qui s'étend au-delà des douze bourreaux et des dix Puissances. Une telle opposition entre vices et vertus est habituelle. Outre le témoignage de Diogène Laërce déjà cité ci-dessus, *Vies et doctrines des philosophes illustres* VII 93 et 95, voir Philon, *De Abrahamo* 221–222. G. Mussies, « Catalogues of Sins and Virtues Personnified (*NHC* II, 5) », in R. van den Broek et M.J. Vermaseren, *op. cit.*, p. 314–336.

[62] *CH* XIII 9 : δύναμιν καλῶ ἐπὶ χαρᾷ τὴν ἐγκράτειαν, « après la Joie, j'appelle la Puissance Modération » ou τετάρτην δὲ νῦν καλῶ καρτερίαν, τὴν κατὰ τῆς ἐπιθυμίας δύναμιν, « et maintenant, j'appelle la quatrième, la Patience, la Puissance qui s'oppose au désir ».

deux premières ont déjà chassé les deux vices les plus importants. Il ne s'agit pas (ou pas seulement) de générer une action par la parole. Le processus de la régénération, qui s'accomplit en dehors du domaine sensible, et les intervenants principaux – bourreaux et Puissances – sont imperceptibles aux yeux corporels, parmi lesquels nous devons compter ceux du disciple lui-même. En décrivant ce qui se déroule ou ce qui vient juste de se dérouler, la parole d'Hermès donne à « voir » au disciple, au destinataire et peut-être aux hermétistes qui assistent éventuellement à la scène. Elle manifeste ce qui est invisible, générant, non une action, mais une image mentale chez les auditeurs. Elle permet au disciple de prendre conscience de ce qui lui arrive. En même temps, au moyen de sa parole, Hermès est l'autorité qui atteste de la réalité de la régénération auprès du disciple lui-même et des autres spectateurs hermétistes éventuels.

Hermès n'est donc pas la cause et l'origine du processus de la régénération ; ce serait Dieu lui-même, comme Tat le reconnaît dans sa prière en *CH* XIII 21 : γενάρχης τῆς γενεσιουργίας, « auteur de la génération ». Néanmoins, il met en place les conditions nécessaires au bon déroulement, en préparant correctement son disciple : ses réponses aux questions de Tat et ses conseils posent le cadre général ; il lui « impose » le silence et neutralise les vices. Il en serait l'« opérateur », γενεσιουργός (*CH* XIII 4). Ce terme a été mis en rapport avec le substantif τελεσιουργός[63], mais nous pourrions également le rapprocher du « sacrificateur », ἱερουργῶν, mentionné par Zosime dans ses *Mémoires authentiques*[64], et du prêtre du livre XI des *Métamorphoses* d'Apulée. Ce dernier n'agit pas de sa propre initiative mais à la suite de visions au cours desquelles la déesse Isis lui donne les instructions à suivre[65].

Avec la phrase « tu connais, enfant, le mode de la régénération »[66], Hermès indique que le processus de la régénération vient de prendre fin. Il affirme implicitement que Tat est régénéré, comme il en témoigne plus loin : « Tu es né dieu et fils de l'Un. »[67] L'atmosphère change à nouveau et perd de sa solennité. Cependant, avant de poursuivre, il est

---

[63] W. Scott corrige γενεσιουργός en τελεσιουργός (*op. cit.*, vol. 1, p. 238–239 et vol. 2, p. 377–378). *NF* II, p. 211 n. 27. W.C. Grese, *op. cit.*, 1979, p. 10 n 1.

[64] Zosime, *Mémoire authentique* X 2 : καὶ ἔστι καὶ ὁ ἱερουργῶν καινουργῶν με ἀποβαλλόμενος τὴν τοῦ σώματος παχύτητα, « et le sacrificateur est lui-même en train de me refaire à neuf en repoussant l'épaisseur du corps » (traduction : M. Mertens).

[65] Voir *Métamorphoses* XI 11, 13 et 22.

[66] *CH* XIII 10 : ἔγνωκας, ὦ τέκνον, τῆς παλιγγενεσίας τὸν τρόπον.

[67] *CH* XIII 14 : θεὸς πέφυκας καὶ τοῦ ἑνὸς παῖς.

nécessaire de revenir sur l'ensemble du processus pour proposer une interprétation de la conception hermétique de la régénération.

c. *La régénération: une transformation radicale de l'hermétiste*

Le terme de παλιγγενεσία, «régénération» ou «nouvelle naissance», est employé plusieurs fois pour désigner le thème de la leçon ou l'expérience que Tat est amené à vivre. D'autres expressions se réfèrent au même événement: ἐγεννήθην ἐν νῷ, «j'ai été engendré dans l'intellect» (*CH* XIII 3); γένεσις ἐν θεῷ, «naissance en Dieu» (*CH* XIII 6), γένεσις τῆς θεότητος, «naissance de la divinité» (*CH* XIII 7); γένεσις νοερά, «naissance spirituelle» ou γένεσις κατὰ θεόν, «naissance selon Dieu» (*CH* XIII 10); οὐσιώδης γένεσις, «naissance essentielle» (*CH* XIII 14). Elles précisent la signification exacte de παλιγγενεσία et rendent toute la complexité de ce phénomène.

En effet, ce dernier terme est courant dans la littérature grecque, avec plusieurs significations. Chez les stoïciens, il désigne le retour périodique des mêmes éléments de l'univers, le renouvellement du monde[68], en relation avec la conflagration périodique dans le feu. Cette conception cosmique du terme se distingue d'une autre, individuelle et psychique: il s'agit alors de ce qui, actuellement, est plus connu sous le nom de «métempsychose»[69], ou de «métemsomatose»[70], dont les deux corrélats sont les théories de la réminiscence des vies antérieures et de la purification pour atteindre ce but: l'âme «naît à nouveau» dans un autre corps[71]. C'est le sens de παλιγγενεσία dans *SH* 23.41, et en *CH* III 3, le terme renverrait à l'idée de reproduction, génération après génération[72].

---

[68] Marc Aurèle, *Pensées* XI 1. Voir aussi Philon, *De aeternitate mundi* 85.

[69] Terme peu courant chez les Grecs: E. Rohde, *Psyché. Le culte de l'âme chez les Grecs et leur croyance à l'immortalité*, traduction: A. Reymond, Paris, Bibliothèque des Introuvables, 1999 (reproduction en fac-similé de l'édition de 1928), p. 374 n. 3.

[70] Némésius, *De natura hominis* 2. 591.

[71] C. Macris («Pythagore, un maître de sagesse charismatique de la fin de la période archaïque», in G. Filoramo [ed.], *Carisma profetico. Fattore di innovazione religiosa*, Brescia, Morcelliana, 2003, p. 265 et n. 109) rappelle toutefois qu'il faut être prudent quant à «l'absolue nouveauté de l'enseignement de Pythagore en la matière». E. Rohde, *op. cit.*, p. 363, 373–374; B. Sorel, *Orphée et l'orphisme*, Paris, PUF, 1995, p. 75–76. Voir Jamblique, *Theologoumena arithmeticae* 52 = *Testimonia* VIII.

[72] *CH* III 3: ἀνῆκε δὲ ἕκαστος θεὸς διὰ τῆς ἰδίας δυνάμεως τὸ προσταχθὲν αὐτῷ, καὶ ἐγένετο θηρία τετράποδα καὶ ἑρπετὰ καὶ ἔνυδρα καὶ πτηνὰ καὶ πᾶσα σπορὰ ἔνσπορος καὶ χόρτος καὶ ἄνθους παντὸς χλόη· τό σπέρμα τῆς παλιγγενεσίας ἐν ἑαυτοῖς ἐσπερμολόγουν τάς τε γενέσεις τῶν ἀνθρώπων εἰς ἔργων θείων γνῶσιν, «Et chaque dieu, au moyen de sa propre puissance, produisit ce qui lui convenait et il vint à l'existence des animaux quadrupèdes, des animaux rampants, des animaux aquatiques,

Cette théorie de la métempsychose est absente de *CH* XIII, et les occurrences de παλιγγενεσία seraient plus proches de ce que nous pouvons lire dans des textes relevant de milieux culturels et religieux différents : la lettre pastorale de Paul Tt 3.5, la recette d'immortalité *PGM* IV 475-829[73], le livre XI des *Métamorphoses* d'Apulée[74] et des textes gnostiques[75]. Ces documents véhiculent une idée générale : celle d'une nouvelle naissance individuelle, expérimentée du vivant même de la personne. Cette nouveauté est à comprendre en deux sens, temporel – il s'agirait d'une seconde naissance après la naissance physique, c'est-à-dire d'une *re*-naissance – et modal – cette nouvelle naissance se déroule sur un mode nouveau, non plus physique et concret, mais spirituel et abstrait. Elle permet d'accéder à un état intérieur autre, de manière temporaire (comme dans la recette d'immortalité) ou définitive. Comment se fait cette accession ? Que devient le corps au cours du processus de régénération ?

Qu'il s'agisse d'une *re*-naissance est clairement affirmée, puisqu'elle est envisagée de manière analogique à la naissance physique. Dans ses questions, Tat emploie au moins deux termes couramment utilisés pour parler de l'engendrement biologique : « matrice », μήτρα, et « semence », σπορά[76]. De plus, le déroulement est identique dans les deux cas, avec l'intervention d'un élément mâle, d'un autre femelle et de la semence qui fait le lien entre les deux. L'opérateur, γενεσίουργος, pourrait lui aussi évoquer une sage-femme. Cependant, dans le même temps, Hermès indique que cette *re*-naissance se situe sur un autre plan : la matrice, la semence et l'ensemenceur sont identifiés à des abstractions, comme la Sagesse ou la Volonté de Dieu ; l'opérateur de la régénération est fils de Dieu. Cette seconde génération se fait en

---

des oiseaux, toute semence germinale, herbe et la pousse de toute fleur, (ayant) en eux-mêmes la semence de la régénération ; les dieux ensemencent les générations des hommes pour la connaissance des œuvres divines ». Pour la ponctuation de la phrase : C.H. Dodd, *op. cit.*, 1954, p. 212 (p. 225-226 pour un commentaire bref de ce passage) et *NF* I, p. 46 n. 8.

[73] Avec παλιγγίγνομαι dans *PGM* IV 718-719.

[74] Ces trois textes ont déjà été cités avec *CH* XIII dans M. Dibélius, *Die Pastoralbriefe*, Tübingen, Mohr-Siebeck, 1966, p. 111-113. La recette d'immortalité est régulièrement rapprochée de *CH* XIII : A.-J. Festugière, *op. cit.*, vol. 3, 1990, p. 169-173 ; A. Camplani, « Procedimenti magico-alchmici e discorso filosofico ermetico », in G. Lanata, *Il tardoantico alle soglie del Duemila : diritto, religione, società. Atti del quinto Convegno nazionale dell'Associazione di studi tardoantichi*, Pisa, Edizioni Ets, 2000, p. 91.

[75] Avec ἀναγεννῶ, utilisé aussi dans les textes néo-testamentaires et chrétiens.

[76] Toutefois, ce serait σπέρμα qui serait plus utilisé dans le contexte de la génération physique.

Dieu ou en l'Intellect : γένεσις ἐν θεῷ (*CH* XIII 6) et ἐγεννήθην ἐν νῷ (*CH* XIII 3)[77]. Ces formules sont proches de celle utilisée par le ritualiste dans la recette d'immortalité : il demande à obtenir « la naissance immortelle », ἡ ἀθάνατος γένεσις, et ajoute plus loin : « pour que je puisse être né à nouveau dans l'esprit », ἵνα νοήματι μεταγεν<ν>ηθῶ, *PGM* IV 508–509. Ici, cette proposition finale indique où le changement[78] demandé par l'opérateur a lieu. La même idée serait présente dans les formules hermétiques : elles indiqueraient le « milieu » dans lequel la régénération se produit et qui s'ajouterait au silence évoqué plus haut. Nous retrouvons ainsi les deux sens de παλιγγενεσία relevés ci-dessus.

À côté de ces sens, il ne faut pas en oublier un troisième, celui du retour à un état antérieur. Il reste à définir ce que peut être cet « état antérieur ». Chez Apulée dans *Métamorphoses* XI 16, la foule, en parlant de ce qui est arrivé, déclare que Lucius est re-né, *renatus*[79] ; ce participe fait écho à *reformavit*, employé plus haut dans le texte[80], et est la restauration de la forme humaine de Lucius. Ceci n'empêche pas qu'il s'agisse également d'une renaissance spirituelle[81], le prêtre demandant à Lucius de se mettre au service de la déesse Isis[82], qui a le pouvoir de changer le destin et de donner une nouvelle vie[83]. Dans d'autres textes, le retour à un état antérieur concerne une situation remontant plus loin dans le passé. Dans la recette d'immortalité, le ritualiste demande : « transferts moi dans la naissance immortelle »[84], ce qu'il explicite ainsi : ἐχομένως τῇ ὑποκειμένῃ μου φύσει, « suivant cela, dans ma nature principielle ». L'adjectif ὑποκείμενος signifierait ici « le substrat matériel », et la proposition interpréterait la régénération

---

[77] Ceci permet de distinguer trois niveaux : le Père, c'est-à-dire l'Inengendré, la Volonté de Dieu et l'Engendré, niveaux analogues à ce que nous trouvons dans l'*OgdEnn*. Voir sur ce sujet, J.-P. Mahé, *op. cit.*, 1986, p. 138–144.

[78] Selon H.D. Betz, le verbe indique moins une nouvelle génération qu'une transformation : H.D. Betz, *The "Mithras Liturgy". Text, Translation and Commentary*, Tübingen, Mohr-Siebeck, 2003, p. 117.

[79] Voir aussi Apulée, *Métamorphoses* XI 21 et XI 24.

[80] J. Gwyn Griffiths, *Apuleius of Madauros. The Isis-Book (Metamorphoses, Book XI)*, Leiden, Brill, 1975, p. 258–259 ; voir également R. Reitzenstein, *op. cit.*, 1927³, p. 25–26 et 95.

[81] C'est la position de J. Gwyn Griffiths (*op. cit.*, 1975, p. 259) contre A.-J. Festugière.

[82] Apulée, *Métamorphoses* XI 15.

[83] W. Burkert, *op. cit.*, 2003, p. 97.

[84] *PGM* IV 501 : μεταπαραδῶναί με τῇ ἀθανάτῳ γενέσει ; sur cette proposition : H.D. Betz, *op. cit.*, 2003, p. 113.

dans le sens d'un retour à la nature primordiale constituée d'éléments divins[85]. La régénération hermétique propose une autre exégèse de ce retour vers un état antérieur. Il faut en effet peut-être avoir à l'esprit *CH* I que l'auteur de *CH* XIII semble connaître. Dans ce traité, Poimandrès indique comment l'Homme primordial est venu sur terre pour se mêler à la Nature et comment l'homme individuel peut retourner vers le monde céleste à sa mort ; celle-ci se produit après la séparation de l'âme d'avec le corps, selon la conception hellénistique, et le retour des éléments à leur origine, grâce à un voyage céleste à travers les sept sphères planétaires. Le retour dont il serait question avec la régénération, qui est également une « naissance essentielle », οὐσιώδης γένεσις (*CH* XIII 14), ne concerne pas la nature principielle, car ce serait retourner à la situation de l'Homme après qu'il soit descendu sur terre, mais se réfère au moment de la création de l'Homme par Dieu, quand l'Homme était « essentiel », οὐσιώδης, et constitué uniquement de Vie et de Lumière (*CH* I 17). Or, les deux dernières Puissances qui investissent le disciple sont la Vie et la Lumière. De plus, l'homme régénéré est « composé de toutes les Puissances »[86], ce qui n'est pas sans rappeler le destin, en *CH* I 26, de l'homme qui remonte dans le monde divin et qui, parvenu à l'Ogdoade, devient à son tour une Puissance. Dans ces conditions, la régénération de l'hermétiste apparaîtrait comme une préfiguration de cette séparation, et la divinisation aurait lieu du vivant même de l'hermétiste.

Cette renaissance, avec ses trois sens, se réalise au moment de la venue des Puissances dont l'action est purificatrice. Ce lien entre renaissance et purification se retrouve dans Tt 3.5, seul texte du Nouveau Testament où παλιγγενεσία renvoie à la renaissance individuelle[87] :

οὐκ ἐξ ἔργων τῶν ἐν δικαιοσύνῃ ἃ ἐποιήσαμεν ἡμεῖς ἀλλὰ κατὰ τὸ αὐτοῦ ἔλεος ἔσωσεν ἡμᾶς διὰ λουτροῦ παλιγγενεσίας καὶ ἀνακαινώσεως πνεύματος ἁγίου,

---

[85] H.D. Betz, *op. cit.*, 2003, p. 114. A.-J. Festugière, *op. cit.*, vol. 3, 1990, p. 170.

[86] *CH* XIII 2 : ἐκ πασῶν δυνάμεων συνεστώς.

[87] L'unique autre occurrence du terme dans le Nouveau Testament se trouve dans Mt 19.28, où elle revêt un sens cosmique et eschatologique. Tt est ainsi la seule attestation en relation avec la purification et le baptême. Nous la retrouvons chez plusieurs auteurs chrétiens, parmi lesquels nous pouvons citer Origène dans *Contre Celse* I 64 et dans *Philocalie* 18.10.

> Ce n'est pas à cause des œuvres de justice que nous avons faites, mais selon sa miséricorde qu'il nous a sauvés par le bain de la régénération et le renouvellement de l'Esprit Saint.

λουτρός est une métaphore usuelle pour le baptême, et les deux compléments de moyen – «par le bain de la régénération et le renouvellement de l'Esprit Saint» – diraient différemment la même chose, l'Esprit Saint étant peut-être l'agent du renouvellement et de la régénération[88]. Ce verset est généralement interprété comme une référence au baptême[89] avec peut-être, en arrière-plan, deux passages: Jn 3.5 et 1 P 1.3[90], le premier reliant le baptême à la naissance, le second reliant la régénération (avec ἀναγεννῶ) à la résurrection de Jésus.

En revanche, des groupes gnostiques interprètent le baptême chrétien dans une perspective polémique, en intégrant parfois des conceptions philosophiques. Selon Clément d'Alexandrie, le valentinien Théodote associe la régénération – avec ἀναγεννῶ – et le baptême; ce dernier étant intelligible et s'exerçant sur l'âme, il est à la fois mort, fin de l'ancienne vie et vie selon le Christ (*Extrait* 77.1–2); le baptisé est régénéré dans le nom du Père, du Fils et du Saint Esprit (*Extrait* 76.3–4); il n'est plus soumis à la fatalité: «les Apôtres, dit-il (Théodote?), ont été substitués aux douze signes du zodiaque: car, comme la génération est réglée par ceux-ci, ainsi la "régénération" est-elle dirigée par les Apôtres» (*Extrait* 25.2)[91], thème repris dans l'*Extrait* 78.1. Une idée équivalente serait présente dans le texte hermétique, où le remplacement des vices, issus du zodiaque, par les Puissances de Dieu libère le régénéré de la fatalité astrologique. Dans les deux textes, cela implique un certain renoncement au monde, que Théodote associe à la gnose (*Extrait* 78.2). Gnose et renoncement au monde constituent la substance même du baptême selon *Le Témoignage véritable*,

---

[88] R. Schnackenburg, *Baptism in the Thought of Saint Paul. A Study in Pauline Theology*, translated by G.R. Beasley-Murray, Oxford, Blackwell, 1964, p. 10 et W.D. Mounce, *Pastoral Epistles*, Nashville, T. Nelson Publishers, 2000, p. 440–442 et p. 448.

[89] Contrairement à la plupart des commentateurs, W.D. Mounce (*op. cit.*, 2000, p. 439–440 et p. 448) considère que ce passage ne fait pas référence au baptême, mais que le terme λουτρός serait une métaphore pour le pouvoir purificateur de la conversion.

[90] M. Dibélius, *op. cit.*, 1966, p. 111. À comparer avec R. Schnackenburg, *op. cit.*, 1964, p. 10–17. W.D. Mounce ne considère pas que ce verset fasse référence au baptême ni que l'auteur fasse allusion à ces deux autres passages néo-testamentaires.

[91] Clément d'Alexandrie *Extrait de Théodote* 25.2: οἱ ἀπόστολοι, φησί, μετετέθησαν τοῖς δεκαδύο ζῳδίοις· ὡς γὰρ ὑπ᾽ ἐκείνων ἡ γένεσις διοικεῖται, οὕτως ὑπὸ τῶν ἀποστόλων ἡ ἀναγέννησις <ἐφ>ορᾶται (traduction: F. Sagnard).

NH IX 69, dans une polémique contre le baptême d'eau[92]. Dans *L'Exégèse de l'âme*, le baptême est défini comme le retournement de l'âme vers l'intérieur d'elle-même, retournement qui permet sa purification et le retour à son état originaire[93].

À l'arrière-plan de ces textes, il est possible de déceler une tradition philosophique platonicienne remontant au discours de Socrate dans *Phédon* 67 a-d : la purification se fait quand l'âme se sépare du corps et qu'elle se ramasse en elle-même. Cette séparation met fin au mélange, la cause de la souillure[94]. Dans les *Oracles chaldaïques*, l'âme se purifie elle-même et assure son salut, en se souvenant des symboles ensemencés par l'intellect paternel dans le monde[95]. Cette idée ne serait pas éloignée de ce que nous trouvons dans le traité hermétique : avant d'être mentionnée avec la venue des Puissances, la connaissance est sous-jacente à l'énumération des bourreaux, celle-ci répondant à l'ignorance prétendue du disciple. Nous pourrions considérer que le rappel concernant les bourreaux (et il ne s'agirait effectivement que d'un rappel) serait une représentation rituelle de la remémoration de ce que le disciple saurait déjà. Cette prise de conscience serait alors concrétisée par la venue des Puissances, la première d'entre elles étant la Connaissance. Cependant, ce n'est pas la Connaissance seule qui purifie, mais l'ensemble des Puissances qui évoquent ainsi les vertus cathartiques des philosophes néoplatoniciens. Nous en trouvons l'amorce chez Platon avec la vertu purificatrice du *Phédon* 69 c[96]. Plotin interprète cela de manière morale et, dans le traité 19 (*Enn.* I 2) consacré aux vertus, il distingue plusieurs étapes de purification. Porphyre, dans la *Sentence* 32, les systématisa en quatre étapes, les vertus cathartiques se situant à la deuxième : « Elles sont propres à l'âme qui s'assimile à Dieu et elles libèrent celle-ci entièrement du rapport avec ce qui lui est inférieur. »[97] Comme ces vertus, les Puissances hermétiques libèrent l'hermétiste, qu'elles ont investi, de l'emprise du corps,

---

[92] *NH* IX 69.11–15 et 22–26. J.-P. et A. Mahé, *op. cit.*, p. 54 et p. 209.

[93] *NH* II 131.19 et 132.2. Commentaire dans J.-M. Sevrin, *L'Exégèse de l'âme (NH II, 6)*, Québec/Louvain/Paris, Les Presses de l'Université Laval/Peeters, 1983, p. 99. Voir également L. Koenen, « From Baptism to the Gnosis of Manichaeism », in B. Layton, *The Rediscovery of Gnosticism* II. *Sethian Gnosticism*, Leiden, Brill, 1981, p. 734–756 et surtout p. 749–754.

[94] Cela est sous-entendu dans *Phédon* 67 a. Plutarque, *Sur l'E de Delphes* 20, 393 A–C.

[95] *Oracles chaldaïques*, fragments 108 et 109. M. Zambon, *op. cit.*, p. 268.

[96] Sur les vertus purificatrices et le développement de la théorie : J. Pépin, *op. cit.*, 1964, p. 380–384. Voir aussi Macrobe, *Commentaire au songe de Scipion* I 8.8.

[97] M. Zambon, *op. cit.*, p. 305–306 (citation : p. 306) ; A. Schniewind, *op. cit.*, p. 192.

des vices et du zodiaque. Elles font du régénéré un dieu, fils de Dieu, à
l'instar des vertus cathartiques de Plotin[98], mais à la différence de celles
de Porphyre qui «interprète les précisions plotiniennes comme si elles
se référaient à deux groupes distincts de vertus»[99] et pour qui seul celui
qui pratique les vertus théorétiques, troisième espèce de vertus, peut
être considéré comme dieu.

L'hermétiste régénéré ferait alors partie de ces «hommes entièrement purifiés», très peu nombreux, dont parle Jamblique[100]. Comme
eux, il n'est plus enchaîné au corps matériel ni soumis au zodiaque ou
à toute influence astrale. Le corps matériel n'a pas pour autant disparu, la dissolution des éléments n'intervenant qu'au moment de la
remontée effective de l'âme. Cependant, séparé de sa source avec le
départ des vices, il ne serait plus qu'une coquille vide, sans pouvoirs
ni facultés. Il n'est plus qu'apparence et illusion. Sa seule utilité serait
de manifester l'hermétiste régénéré aux yeux des autres hommes, de
manière analogue au Christ dans certains textes gnostiques qui revêt
un corps pour se rendre visible. Quant au vrai corps du régénéré, il est
invisible, comme le fait remarquer Hermès à son disciple en *CH* XIII 3.
Constitué de puissances[101], il ne peut être l'objet d'une dissolution
mais formerait au contraire une unité. Les Puissances sont en effet au
nombre de dix, nombre qu'Hermès rapproche de l'hénade, ces deux
nombres se contenant mutuellement[102].

Désormais, le régénéré est divinisé, fils de Dieu, avec des caractéristiques divines : il n'a plus de forme, de couleur (*CH* XIII 6) ; il expé-
rimente un nouveau rapport à l'espace et au temps, ne subissant plus
aucune limitation spatio-temporelle[103] ; il est «le tout dans le tout»[104]

---

[98] Plotin, traité 19 (*Enn.* I 2), 1.17–21 et 6.12–13.

[99] M. Zambon, *op. cit.*, p. 306 n. 2.

[100] Jamblique, *Réponse d'Abamon* V 15 (219), à propos de deux types de sacrifices.
Voir la note d'É. des Places dans sa traduction de Jamblique, *op. cit.*, 1996, p. 170 n. 2.

[101] Nous retrouverions ici l'idée platonicienne de la parure des vertus que Socrate
oppose à celle des vices dans Platon, *Phédon* 114 e.

[102] *CH* XIII 12 : ἡ ἑνὰς οὖν κατὰ λόγον τὴν δεκάδα ἔχει, ἡ δὲ δεκὰς τὴν ἑνάδα,
«Donc, selon la raison, l'hénade possède la décade, et la décade, l'hénade.»

[103] *CH* XIII 11 : ἐν οὐρανῷ εἰμι, ἐν γῇ, ἐν ὕδατι, ἐν ἀέρι· ἐν ζῴοις εἰμί, ἐν φυτοῖς·
ἐν γαστρί, πρὸ γαστρός, μετὰ γαστέρα, πανταχοῦ, «Je suis dans le ciel, sur terre,
dans l'eau, dans l'air. Je suis dans les animaux, les plantes, dans le ventre, devant le
ventre, après le ventre, partout.» Comparer avec *CH* XI 20 où une telle expérience
est mise en relation avec le fait de devenir «éternité», αἰών ; il s'agit d'une éternité
totalisante c'est-à-dire «la totalité du temps ramenée au présent» : S. Delcomminette,
op. cit., p. 13–22 (citation : p. 17), à comparer avec A.-J. Festugière, *op. cit.*, vol. 4, 1990,
p. 141–175.

[104] *CH* XIII 2 : τὸ πᾶν ἐν παντί.

comme Dieu lui-même. Il est ainsi égal à Dieu, idée affirmée par l'auteur de *CH* XI[105], qui dit aussi que Dieu est en toutes choses. On pense alors au panthéisme stoïcien pour *CH* XI, mais il faudrait l'envisager «dans un sens non plus matérialiste et extensif, mais idéaliste et intensif»[106]. Cette réflexion pourrait être étendue à *CH* XIII, puisque l'homme régénéré n'a plus de lien avec le corps et la matière et qu'il voit tout grâce à «l'énergie noétique», ἐνεργείᾳ νοητικῇ; il serait en toute chose, en tant qu'âme, intellect et parole.

L'unité du nouveau corps immatériel serait à rapprocher de l'expression συνάρθρωσις τοῦ λόγου employée par Hermès en *CH* XIII 8. Celle-ci a été traduite de diverses manières: «ajointement des membres du Verbe»[107], «construction du Verbe»[108], «articulation du mot»[109], «être uni avec le Verbe»[110], Puissances «qui s'unissent au Logos» en l'homme[111]. Les interprétations sont tout aussi nombreuses[112], parmi lesquelles nous pouvons retenir celle de R. Reitzenstein qui fait référence à l'Égypte et à sa littérature funéraire[113]. συνάρθρωσις et le verbe correspondant sont fréquents dans le domaine médical pour signifier l'emboîtement des os et des articulations, en particulier chez Hippocrate et chez Galien[114]. Ils sont également utilisés dans le domaine grammatical pour dire qu'un terme est accompagné de l'article[115] ou que des mots sont articulés les uns aux autres; ainsi, peut-on articuler la langue[116], ce qui est une des caractéristiques distinguant l'homme des animaux qui n'émettent que des sons. Ce terme renvoie donc à l'idée que les éléments, grammaticaux ou humains, sont bien reliés les uns

---

[105] *CH* XI 20: ἐὰν οὖν μὴ σεαυτὸν ἐξισάσῃς τῷ θεῷ, τὸν θεὸν νοῆσαι οὐ δύνασαι, «Si donc tu ne te rends pas égal à Dieu, tu ne peux pas comprendre Dieu.»

[106] S. Delcomminette, *op. cit.*, p. 22.

[107] *NF* II, p. 204.

[108] A.-J. Festugière, *op. cit.*, vol. 4, 1990, p. 203, suivi par W.C. Grese (*op. cit.*, 1979, p. 15 et p. 119): «to build up the Logos».

[109] B.P. Copenhaver, *op. cit.*, p. 51: «articulation of the word».

[110] C. Salaman, D. van Oyen and W.D. Wharton, *op. cit.*, p. 83: «you are thus united with the Word».

[111] C. Colpe und J. Holzhausen (bearb. und hrsg.), *op. cit.*, p. 180: «damit sie [die Kräfte] sich zum Logos in dir vebinden».

[112] Résumé de ces interprétations chez B.P. Copenhaver, *op. cit.*, p. 188.

[113] R. Reitzenstein, *op. cit.*, 1904, p. 368–370.

[114] Hippocrate, *Le Mochlique, Vectiarius* 1; Galien, *De ossibus ad tirones* 2. 735 et suivants et *De anatomicis administrationibus* IX 2.

[115] Hermogène, Περὶ εὑρεσέως Δ, 4.79.

[116] Diogène Laërce, *Vies et doctrines des philosophes illustres* VII 55: à propos du son vocal émis par l'homme, son qui est articulé, ἔναρθρος; Sextus Empiricus, *Adversus mathematicos* VIII 275.

aux autres, avec un ordre qui fait sens. Au vu des références, implicites ou explicites, que *CH* XIII ferait à *CH* I, nous pourrions nous demander si l'auteur hermétiste ne se référerait pas ici au cri qui jaillit de la Nature humide en *CH* I 4 et qui est sans articulation, ἀσυνάρθρως. Ce cri ne répond à aucune norme grammaticale et n'a aucune signification dans le monde humain et encore moins dans le domaine divin; il symbolise bien le chaos de la Nature originelle. La Parole créatrice mentionnée immédiatement après s'oppose à ce cri[117], et cette opposition en ferait une Parole ordonnée, articulée, c'est-à-dire σύναρθρος, même si ce terme n'est pas employé en *CH* I 5. L'emploi du substantif dans *CH* XIII pourrait renvoyer à cette Parole créatrice qui ordonne et donne sens à tout ce qui est, dans les domaines matériel, rationnel et linguistique. De plus, cette Parole créatrice est appelée υἱὸς θεοῦ, «fils de Dieu» (*CH* I 6), alors que le régénéré est appelé, de manière équivalente, παῖς τοῦ θεοῦ, «enfant de Dieu» (*CH* XIII 2, 4 et 14).

Toutefois, il pourrait également y avoir à l'arrière-plan des spéculations sur le corps et les lettres de l'alphabet. En effet, de même que les quatre éléments, στοιχεῖα, sont considérés comme les constituants de base pour les corps physiques, de même les lettres, στοιχεῖα ou γράμματα, de l'alphabet, le sont pour des réalités physiques astrales, comme les planètes et les étoiles, et pour les réalités incorporelles comme les âmes[118]. De telles spéculations ont été reprises en particulier par les gnostiques pour décrire des réalités immatérielles et des entités divines. Selon le témoignage d'Irénée, Marc le Mage décrit le corps de l'éon Vérité comme étant composé de lettres[119]. L'auteur du traité gnostique *Marsanès*, NH X, applique ces spéculations à la «figure», ⲥⲭⲏⲙⲁ, de l'âme, cosmique ou individuelle, une figure générique et diverse[120]: chaque figure serait constituée d'une combinaison diffé-

---

[117] L'opposition entre la Parole créatrice et le cri inarticulé a été mentionnée par W. Scott, *op. cit.*, vol. 1, p. 23; R. Reitzenstein, *op. cit.*, 1904, p. 37 n. 3 et p. 38.

[118] J.D. Turner, «Introduction. C- Theurgical Tendencies», in W.-P. Funk, P.-H. Poirier et J.D. Turner, *Marsanès (NH X)*, Québec/Louvain/Paris, Les Presses de l'Université Laval/Peeters 2000, p. 55–56.

[119] Irénée de Lyon, *Adversus Haereses* I 14.3. Sur ce passage: N. Förster, *Markus Magus: Kult, Lehre und Gemeindeleben einer valentinianischen Gnostikergruppe. Sammlung der Quelle und Kommentar*, Tübingen, Mohr-Siebeck, 1999, p. 220–228; pour les spéculations sur les lettres chez Marc, voir index, *s.v.* «Buchstabenspekulationen».

[120] NH X 25*.21–26*.13 et P.-H. Poirier, «Commentaire», in W.-P. Funk, P.-H. Poirier et J.D. Turner, *op. cit.*, p. 417.

rente de lettres, par exemple ⲁⲉⲏⲓⲟⲅⲱ pour la première figure et ⲉⲏⲓⲟⲅ pour la deuxième[121]. Pour le moment, nous n'avons trouvé aucune trace claire de telles spéculations dans les traités hermétiques étudiés, mais l'utilisation de l'expression συνάρθρωσις τοῦ λόγου « articulation de la parole » pourrait évoquer la combinaison ordonnée de lettres, en opposition à la combinaison des éléments provenant du zodiaque. Cette expression renverrait, de toute façon, à l'idée d'une reformation totale du corps de l'hermétiste qui passe d'une masse indistincte de vices à un ensemble bien ordonné, articulé, rationnel, solide et indissoluble, composé de vertus, d'un corps matériel relevant de la nature à un corps immatériel relevant du Λόγος. Il s'agit véritablement d'une nouvelle génération, au sens étymologique de παλιγγενεσία.

d Le processus de régénération : un procédé technique ?
En arrière-plan de tout ce processus de la régénération, il est possible de déceler des procédés techniques. Nous avons évoqué la possibilité d'une référence à des pratiques de dialyse, comme la distillation ou la calcination. Zosime, dans sa dixième *Mémoire authentique*, fait le récit de plusieurs songes au cours desquels il reçut la révélation sur la composition des métaux, et où il est question de la séparation du corps des métaux d'avec l'esprit et de la transformation du corps en esprit. Dans le premier songe, un prêtre dit : « et le sacrificateur est lui-même en train de me refaire à neuf en repoussant l'épaisseur de corps et, consacré de force, je m'accomplis en tant qu'esprit »[122]. M. Mertens fait remarquer que, dans ce songe, comme dans les autres, il y a vraisemblablement « une pratique opératoire sous-jacente, même si elle est consciemment ou inconsciemment transfigurée par l'écrivain »[123]. Elle se fonde sur l'emploi d'un vocabulaire spécifique, la mention de métaux et d'instruments, comme la phiale. La phrase de Zosime ferait référence au processus de mort et de résurrection de la matière, avec un rapprochement possible avec les cultes à mystères[124]. Derrière la régénération hermétique, pouvons-nous y voir un arrière fond technique équivalent ? Hermès dit des bourreaux que, « vaincus, ils se sont

---

[121] *NH* X 26*.3–4. Sur ces spéculations dans le *Marsanès* : J.D. Turner, *op. cit.*, 2000, p. 54–67.

[122] Zosime, *Mémoire authentique* X 2.

[123] M. Mertens, « Notes complémentaires », in Zosime, *Mémoires authentiques*, Paris, Les Belles Lettres, 1995, p. 211.

[124] M. Mertens, *op. cit.*, p. 217.

envolés avec un grand bruit d'ailes», ἐξέπτησαν νικηθεῖσαι ῥοίξῳ (*CH* XIII 9). Les bourreaux sont ainsi présentés comme des êtres volatiles, et cela fait penser aux substances volatiles que sont les esprits des métaux. Cependant, le terme «esprit», πνεῦμα, ne leur est pas appliqué. Il faudrait chercher d'autres explications pour cette représentation des bourreaux, ce que nous n'avons pu faire pour le moment[125].

Plusieurs commentateurs ont reconnu qu'avec ce traité nous n'avons pas seulement affaire à un enseignement mais à une expérience[126]. Nous partageons ce point de vue. Même la partie qui paraît la plus didactique n'est pas un enseignement traditionnel. Elle équivaut plutôt à ce que nous avons déjà observé dans *CH* IV. L'implication du disciple est beaucoup plus importante que dans la majorité des traités, avec non seulement des interventions nombreuses mais aussi la description de son état intérieur qui évolue tout au long de la leçon. La parole d'Hermès a le plus souvent une action performative: elle provoque l'évolution de l'état de Tat; elle décrit la venue des Puissances et la façon dont les bourreaux s'en vont. Cette stratégie permet de visualiser ce qui se déroule, de l'attester et de lui donner existence pour le disciple. L'ensemble ressemble à une initiation, et G. Sfameni Gasparro y retrouva le schéma d'un rite initiatique avec le stade initial, la crise et la renaissance[127]. En effet, le traité débute avec la prise de parole par le disciple qui dresse, dans une certaine mesure, un état des lieux au moment de la leçon. Ensuite, au cours de son échange avec Hermès, cet état évolue. Alors que Tat a affirmé qu'il sait tout, excepté la question sur la divinité ou l'activité divine, il ne cesse de répéter ensuite qu'il est ignorant. De même, alors qu'il a prétendu être prêt, il ne sait plus ce qui est vrai et perd peu à peu ses sens. Cette opposition irait dans le sens du caractère rituel de tout l'échange entre Tat et Hermès et de toute l'introduction par Tat. La régénération constitue la troisième

---

[125] Pour cette recherche, il faudrait bien distinguer ce que l'on entend par le terme alchimie. Si le premier tome de la *Révélation d'Hermès Trismégiste* d'A.-J. Festugière reste indispensable, en particulier les pages 217–282, il faut compléter néanmoins ces informations avec J. Letrouit, «Chronologie des alchimistes grecs», in D. Kahn et S. Matton, *Alchimie. Art, histoire et mythes. Actes du 1ᵉʳ colloque international de la Société d'étude de l'histoire de l'alchimie*, Paris/Milano, Séha/Archè, 1995, p.11–93 et S. Matton, «Hermès Trismégiste dans la littérature alchimique médiévale», in P. Lucentini, I. Parri et V. Perrone Compagni, *op. cit.*, p. 621–649; A. Camplani, *Scritti, op. cit.*, 2000, p. 87–90.

[126] A.-J. Festugière, *op. cit.*, vol. 4, 1990, p. 210; G. Sfameni Gasparro, *op. cit.*, 1965, p. 55; A. Camplani, *op. cit.*, 1997, p. 70.

[127] G. Sfameni Gasparro, *op. cit.*, 1965, p. 55.

.

étape, sans oublier les deux prières du maître et du disciple. Dans ce rite, la parole a une importance primordiale : elle dit, fait et montre. Ce rôle fondamental nous amène à penser que la lecture seule de ce traité ne peut suffire à régénérer le destinataire : il ne s'agit pas d'un mystère à lire. L'accent sur le dialogue et sur l'interaction entre la parole du maître et celle du disciple montre la nécessité d'une mise en scène ritualisée qui fait de la parole une parole efficace et performative et qui permet à la régénération d'être effective.

NH VI, 6 est lui aussi le récit d'une expérience vécue[128] avec une forte implication du disciple et des questions qui semblent rituelles, notamment celles sur la manière de prier. S'il est essentiellement centré sur les prières et les visions, la génération spirituelle n'en est toutefois pas absente : le disciple apprend ainsi qu'il a des frères (*NH* VI 52.26–29) – dont les mères sont « spirituelles », « immortelles » (*NH* VI 53.15–21, ⲡ̄ⲛ̄ⲁ̄ⲧⲓⲕⲟⲛ et ⲁⲧⲙⲟⲩ) et des « énergies », ⲉⲛⲉⲣⲅⲉⲓⲁ, qui font croître les âmes. À la fin de sa prière, Hermès déclare que la Puissance de la Lumière vient sur lui et son disciple. Certes, comme nous le verrons, cette Lumière permet au disciple d'obtenir une vision, mais elle évoque la venue des Puissances de *CH* XIII et le fait que la Lumière soit l'un des composants, avec la Vie selon *CH* I, de l'Homme primordial. L'idée d'une régénération ne serait pas loin, même si son déroulement diffère de celui décrit dans *CH* XIII.

Cependant, en *CH* XIII 13, à Tat qui déclare voir le Tout et se voir lui-même, Hermès affirme que c'est cela même la régénération, identifiant celle-ci à la vision de son disciple. Nous aurions alors deux interprétations de la régénération : l'une où la venue des Puissances est distincte des visions et des prières, l'autre où il y a une simultanéité. Dans un cas, l'accent est mis sur la purification, avec un aspect éthique. Dans l'autre, la purification et l'aspect éthique sont occultés, au profit de la seule illumination. Dans les deux cas, le disciple reçoit une ou plusieurs Puissances et retrouve un état originel, qui le rapproche de Dieu et le rend apte à en avoir une connaissance sans médiation. Il est alors capable d'agir de la même manière que le divin, en particulier de chanter des hymnes et d'être l'instrument vocal de Dieu. Cela revient aussi à ne plus agir comme les autres hommes, une idée surtout mise en valeur dans *CH* XIII, avec la fuite des Bourreaux, c'est-à-dire la fin de la soumission aux passions et le début d'une vie vertueuse.

---

[128] J.-P. Mahé, « Le sens », *op. cit.*, 1974, p. 64–65.

Cela n'impliquerait-il pas une attitude rigoriste pour les régénérés?
Cette hypothèse ne peut être écartée. Cependant, que se passerait-il
s'il cédait à nouveau aux passions? Nous n'avons pas de réponse, et
les hermétistes n'ont peut-être pas envisagé cette possibilité ni même
considéré qu'elle soit envisageable.

II. Visions et illumination

La régénération dans *CH* XIII ne marque pas la fin véritable du traité
et de la formation du disciple. Avant cette conclusion définitive, il y
a des prières et surtout des visions. Dans l'*OgdEnn*, l'essentiel de la
formation du disciple consiste en des visions et des prières. Dans les
deux traités, ces visions sont noétiques, se réalisant grâce aux yeux
incorporels de l'intellect. Dans l'Antiquité, les visions sont considérées comme un mode privilégié pour communiquer avec le divin et
acquérir une connaissance sans médiation. Le contact ainsi établi, plus
direct que dans le cas des prières, abolit un court instant la distance
avec le monde divin, dans lequel le visionnaire est transporté momen-
tanément; c'est alors parfois l'occasion d'obtenir une révélation divine,
message qui peut être personnel – comme dans le cas d'Aélius Aristide –
ou non – par exemple chez des prophètes des écrits juifs. Les visions
font intégralement partie de la documentation sur le sentiment religieux. Les visions dans les traités hermétiques appartiennent à cette
documentation. Ayant déjà consacré une étude aux visions dans *CH*
I[129], nous allons surtout nous concentrer sur *CH* XIII et *NH* VI, 6, les
seuls qui donnent des récits, même courts, de visions que les protagonistes affirment avoir eues. Nous allons nous intéresser aux fonctions
de ces visions en tant qu'expérience personnelle et en tant que récit
mis par écrit et adressé à des destinataires différents.

1. *La mise en œuvre d'une vision*

Les visions, dont la réalité même est invérifiable, sont connues grâce
à des récits écrits par un tiers – qui se contente de dire qu'un tel a
eu une vision comme Porphyre pour Plotin – ou par le visionnaire

---

[129] A. Van den Kerchove, «Visions et légitimation: voie hermétique de la connaissance et du salut dans le traité *CH* I», in A. Destro et J.-D. Dubois (éds.), *Visions,
images et communautés religieuses*, Turnhout, Brepols, à paraître.

lui-même, qui peut alors être plus précis dans la description. Ce second cas concerne les visions hermétiques.

Dans les pages qui précèdent, nous avons plusieurs fois souligné les points communs entre les trois traités étudiés et nous pourrions faire de même pour les visions. Cependant, il y a aussi des différences importantes, qui auront des conséquences sur l'interprétation des visions. L'auteur de *CH* I est le seul qui donne véritablement un récit de vision avec, en réalité, deux visions imbriquées l'une dans l'autre : la première concerne la « Révélation primordiale » de Poimandrès et la seconde, la cosmogonie. Si, dans les deux autres traités, les auteurs hermétistes mentionnent également deux visions[130], celles-ci se succèdent dans le temps. De plus, cette mention se limite à quelques phrases, excepté pour la seconde vision dans l'*OgdEnn*. Une autre différence essentielle est la place occupée par ces visions au sein de l'instruction du visionnaire. Dans *CH* I, l'une se déploie tout au long de l'enseignement, véritable révélation divine, tandis que l'autre intervient seulement au début de l'instruction. Dans *CH* XIII et *OgdEnn*, les visions interviennent à la fin de l'instruction du disciple. Le rapport à l'enseignement est donc différent, ce qui a des incidences sur le contenu des visions.

Malgré ces différences, la mise en œuvre des visions présente de grandes similitudes. Toutes interviennent alors que le bénéficiaire est en état de veille, ce qui n'empêche pas que le narrateur de *CH* I compare son état à celui d'un dormeur, reprenant l'idée, non nouvelle, d'un lien entre les visions diurnes et les visions nocturnes[131]. En effet, dans les deux cas, des dispositions analogues sont nécessaires : la mise en sommeil des sens corporels, de manière naturelle pour les rêves et les songes – même si des techniques sont employées pour provoquer ces rêves[132] –, grâce à des techniques pour les visions diurnes – le plus

---

[130] Comparer avec les interprétations différentes de J.-P. Mahé, « Le sens », *op. cit.*, 1974, p. 60–61 et A. Camplani, *op. cit.*, 1997, p. 70–76, le second revenant sur l'interprétation du premier.

[131] Pour les écrits juifs : J.E. Miller, « Dreams and Prophetic Visions », *Biblica* 71.3 (1990), p. 401–404 et M.S. Odell, « Ezekiel Saw What He Said He Saw: Genres, Forms, and the Vision of Ezekiel 1 », in M.A. Sweeney and E. Ben Zvi, *The Changing Face of Form Criticism for the Twenty-First Century*, Grand Rapids, Eerdmans, 2003, p. 162–176. Il est intéressant de noter qu'en Égypte, le terme égyptien désignant le rêve, *rśw.t*, est un dérivé de *rś* signifiant « veiller » ou « s'éveiller » : S. Sauneron, « Les songes et leur interprétation dans l'Égypte ancienne », in *Les Songes et leur interprétation*, Paris, Seuil, 1959, p. 20.

[132] A. Bouché-Leclercq, *op. cit.*, p. 220–221.

souvent des purifications[133]. L'auteur de *CH* XIII met explicitement en relation les visions de Tat avec la purification : ces visions dépendent du bon accomplissement de la régénération, qui est une purification intégrale de l'hermétiste. L'auteur de l'*OgdEnn* n'indique rien à ce sujet ; cependant, la première vision fait suite à la venue de la Puissance Lumière et à une prière (*NH* VI 57–58) qui a une fonction anagogique. En *CH* I 1, il n'est pas non plus question de purification, mais le résultat est le même. Ces dispositions prises envers les sens, qui enténèbrent l'homme[134], sont la condition *sine qua non* des visions du monde divin et elles permettent à l'hermétiste de faire une partie du chemin vers la divinité en se rendant le plus possible semblable à celle-ci[135].

Le reste du chemin est accompli par l'entité divine qui décide de se révéler à l'homme : il s'agit de Poimandrès dans *CH* I, des Puissances dans *CH* XIII et de la Puissance lumineuse en *NH* VI 57.29–30. Il n'est fait mention d'aucune pratique spécifique, et les prières ne font que demander respectueusement la contemplation. La vision est ainsi le résultat de la rencontre entre l'homme et le divin dans un espace intermédiaire[136] situé à la frontière du visible et de l'invisible. Cette même idée d'une rencontre, où chacun des protagonistes accomplit une partie du chemin et qui débouche sur une vision, se retrouve dans *Zostrien*, *NH* VIII 3.23–4.25, où l'Ange de la Connaissance descend vers Zostrien, avant qu'ils ne montent ensemble vers les cieux. Ce serait une interprétation particulière de la relation entre le divin et l'homme.

Dans notre étude sur les visions dans *CH* I, nous avons mis en évidence l'importance du rôle de la lumière, laquelle est à la fois cosmogonique, intellective et le milieu de la vision. D'une part, elle est aussi bien la condition de la vue – avec la transposition de ce qui se passe dans le monde sensible à la réalité noétique – ; elle éclaire le chemin, de la même manière que le Bien selon Alcinoos dans l'*Enseignement des*

---

[133] Philon, *De Abrahamo* 119 : pour obtenir la vision de Dieu, l'âme doit être parfaitement purifiée. Thessalos doit suivre un jeûne de trois jours : *Lettre de Thessalos à un empereur* 136.19–20. Voir aussi Clément d'Alexandrie, *Stromate* V, XI 70.7–71.1 et A. Le Boulluec, « Commentaire », in Clément d'Alexandrie, *Stromate* V, Paris, Cerf, 1981, p. 242–243.

[134] Jamblique, *Protreptique* 13.

[135] Il s'agit de l'idée courante que le sujet et l'objet de la vision et de la contemplation doivent être semblables l'un à l'autre.

[136] Sur le milieu où se déroule toute vision : A. Vasiliu, *Du diaphane : image, milieu, lumière dans la pensée antique et médiévale*, Paris, Vrin, 1997, p. 19 et suivantes.

doctrines de Platon, quand il parle de la troisième manière de concevoir Dieu : « Après quoi on conçoit le bien lui-même et ce qui est au
premier chef aimable et désirable, pareil à une lumière brillante qui
éclaire le chemin que gravit ainsi l'âme. »[137] D'autre part, elle est anagogique ; elle attire le bénéficiaire vers le haut, de la même façon que
la lumière divine qui illumine les images animées de dieux, ce qui ne
fait que renforcer le lien entre la génération en Dieu et la fabrication
des images de dieux. Ce lien entre vision et lumière n'est pas absent
des deux autres traités. En *NH* VI 57, l'annonce par le maître de la
venue de la Puissance de la Lumière est immédiatement suivie d'une
vision par le disciple. En *CH* XIII 21, Tat affirme que son intellect a
été illuminé à plein[138], ce qui revient à dire qu'il est entièrement ouvert
et que l'activité cognitive et intellectuelle a atteint son efficacité maxi-
male. Par conséquent, ce ne serait qu'avec la régénération suivie de la
vision lumineuse, que l'hermétiste utiliserait correctement et complètement son intellect. Jusque là, son utilisation nécessitait des efforts
importants et le soutien constant du maître. Désormais, à priori, le
disciple ne devrait plus avoir besoin de son maître pour le guider et lui
indiquer quand et sur quoi réfléchir et appliquer sa faculté noétique ; il
possède la connaissance sans médiation, et ce serait une version de la
formule socratique que nous avons déjà vue, « voir, c'est savoir ».

Comme pour le narrateur de *CH* I, la vision noétique de l'hermétiste
se réalise non seulement grâce à la Lumière et au moyen de l'intellect
mais aussi dans l'intellect. Dans *CH* XIII[139], Tat déclare qu'il se voit
dans l'intellect, qui est aussi bien son intellect que l'Intellect divin.
Cet intellect fonctionne comme un miroir, et l'image qu'il reflète est
véridique, comme celle, sans déficience, qu'Hermès demande d'obtenir dans sa prière en *NH* VI 57 : « Seigneur, puisses-tu nous donner
la vérité dans l'image, accorde-nous, par l'Esprit, de voir la forme de

---

[137] Alcinoos, *Enseignement des doctrines de Platon* X, H 165.30–33 : εἶτα ἐπὶ τὸ πολὺ
πέλαγος τοῦ καλοῦ, μεθ' ὃ αὐτὸ τὸ ἀγαθὸν νοεῖ καὶ τὸ πρῶτον ἐραστὸν καὶ ἐφετὸν
ὥσπερ φῶς φανὲν καὶ οἷον ἐκλάμψαν τῇ οὕτως ἀνιούσῃ ψυχῇ (traduction : P. Louis).

[138] *CH* XIII 11 et 13. Cette illumination complète celle qui a déjà été obtenue avec
la venue des Puissances. Voir A.-J. Festugière, *op. cit.*, vol. 4, 1990, p. 242. À comparer
avec A. Camplani, *op. cit.*, 1997, p. 73 dont l'interprétation réduit le rôle de l'hymne
d'Hermès. Nous sommes d'accord pour dire qu'il n'y a qu'une régénération, mais
nous pensons qu'elle peut être accompagnée de plusieurs visions et que le maître joue
un rôle important jusqu'au bout.

[139] *CH* XIII 13 : τὸ πᾶν ὁρῶ καὶ ἐμαυτὸν ἐν τῷ νοΐ, « je vois le Tout et moi-même
dans l'intellect ».

l'image, celle qui n'a aucune déficience.»[140] Il s'agit d'une image qui s'oppose aux images terrestres et qui n'est pas illusoire; elle est en effet produite dans l'intellect et par l'intellect, lequel contient en lui toutes les notions. Une telle vision est intériorisée, mais sans exclure la parole.

2. *Parole et visions*

Quel est le lien entre la parole et les visions? Et de quelle parole s'agit-il? Celle du maître, du disciple ou encore d'une autre parole? Si on se rappelle que la parole et l'intellect sont interdépendants et que le premier guide le second jusqu'à un certain point[141], ce lien a de grandes chances d'être complexe et de ne pas se réduire à une simple succession, la parole puis les visions.

Les visions noétiques permettent une mise en contact et un mode de connaissance du divin qui se situent au-delà de la discursivité de la parole. Elles suppléent aux déficiences du langage humain, incapable de discourir sur ce qui est indicible et ineffable. Dans ces conditions, seules les visions permettent une meilleure connaissance de tels objets. Fondamentalement, les visions ont ainsi une fonction didactique, et c'est particulièrement le cas de la vision cosmogonique de *CH* I. Néanmoins, cette situation est loin d'entraîner une exclusion totale de la parole, comme nous l'avons étudié pour *CH* I où la parole est à la fois explicative et performative. On a la même chose dans les deux autres traités, avec un développement moindre. En *CH* XIII 13, après que Tat a déclaré voir le Tout et se voir lui-même, Hermès l'informe que cette expérience visuelle est la régénération elle-même. Cette indication aide le nouveau régénéré à relier ce qu'il est en train de vivre à sa précédente expérience, la régénération. De plus, comme la parole de Poimandrès en *CH* I, la parole d'Hermès en *CH* XIII est performative. Ainsi, la Lumière divine est rendue présente par la parole hymnique d'Hermès[142]; elle illumine, comme Hermès l'a demandé, et la réaction de Tat en *CH* XIII 21 reprend à son compte la dernière phrase citée

---

[140] *NH* VI 57.3–7: ⲡⲭⲟⲉⲓ ⲙⲁϯ [ⲛⲁ]ⲛ ⲛ̅ⲧⲁⲗⲏⲑⲉⲓⲁ ϩⲛ̅ ⲑⲓⲕⲱⲛ ⲉⲙ[ⲁ]ϯ ⲛ̅ⲁⲛ ϩⲓⲧⲙ̅ ⲡ̅ⲛ̅ⲁ̅ ⲉⲧⲣⲉⲛ⁶ⲛⲁⲩ [ⲉ]ϯⲙⲟⲣⲫⲏ ⲛ̅ⲑⲓⲕⲱⲛ ⁷ⲧⲁⲓ̈ ⲉⲧⲉ ⲙ̅ⲛ̅ⲧⲉⲥ ϣⲧⲁ ⲙ̅ⲙⲁⲩ̈. Voir J.-P. Mahé, *op. cit.*, 1978, p. 109 et A. Camplani, *Scritti, op. cit.*, 2000, p. 144 n. 48.

[141] *CH* IX 10.

[142] *CH* XIII 18: γνῶσις ἁγία, φωτισθεὶς ἀπὸ σοῦ, διὰ σοῦ τὸ νοητὸν φῶς ὑμνῶν χαίρω ἐν χαρᾷ νοῦ, «sainte Connaissance, illuminé par toi, louant grâce à toi la Lumière

ci-dessus. Cette illumination sous l'action de l'hymne serait facilitée par la fonction anagogique de l'hymne, notamment de la première partie[143] après laquelle le thème de la lumière apparaît. L'hymne élève-rait ainsi jusqu'à la Lumière l'orant et le disciple, au bénéfice duquel Hermès prie également.

L'auteur de l'*OgdEnn* reprend la thématique de la vision au cours de la prière d'Hermès, là aussi après une série probablement anagogique de voyelles. Dans la seconde partie de cette prière, en *NH* VI 57.2–7, Hermès mentionne la contemplation et l'explicite en parlant de la vérité dans l'image, contemplée de manière noétique, et du manque de déficience de cette image. La déclaration du disciple (*NH* VI 57.31–32), qu'il voit des profondeurs, répond à cette parole d'Hermès. Hermès affirmit cette vision[144] et l'aide à se déployer grâce aux quelques remar-ques qu'il adresse à son disciple. Ainsi, le témoignage du disciple sur sa propre vision, « je vois celui qui me meut par un sommeil saint »[145], répondrait-il à la phrase précédente d'Hermès, « je vois un autre intel-lect qui m[eut] l'âme »[146]. La même chose se produit pour la seconde vision du disciple. En *NH* VI 58.17–20, Hermès déclare:

ⲑⲟⲅ̄ⲇⲟ¹⁸ⲁⲥ ⲅⲁⲣ ⲧⲏⲣⲥ̄ ⲱ ⲡⲁϣⲏⲣⲉ ⲙ̄ⲛ ¹⁹ⲛ̄ⲯⲩⲭⲏ ⲉⲧⲛ̄ⲅ̄ⲏ̄ⲧⲥ̄ ⲙ̄ⲛ ⲛ̄ⲁⲓ̈²⁰ⲅⲉⲗⲟⲥ ⲥⲉⲣ̄ⲅ̄ⲩⲙⲛⲉⲓ ⲅ̄ⲛ ⲟⲩⲕⲁ²¹ⲣⲱϥ· ⲁⲛⲟⲕ ⲇⲉ ⲡⲛⲟⲩⲥ ϯⲣ̄²²ⲛⲟⲉⲓ·

En effet, toute l'Ogdoade, mon fils, avec les âmes qui sont en elle et les anges chantent des hymnes en silence; mais moi, l'Intellect, je (les) per-çois de manière noétique.

Hermès y affirme que son activité noétique lui permet d'entendre les hymnes célestes qui sont imperceptibles à l'oreille humaine. À ce moment de la leçon, le disciple semble être incapable de percevoir ces hymnes. Ce n'est que plus tard qu'il déclare, en *NH* VI 59.28–32, avoir

---

intellective, je me réjouis dans la grâce de l'intellect »; XIII 19: τὸ πᾶν τὸ ἐν ἡμῖν, σῷζε ζωή, φώτιζε φῶς, « le tout qui est en nous, sauve-le Vie, éclaire-le Lumière ».

[143] Ci-dessus p. 262.

[144] La parole de Dieu a un rôle analogue selon Philon, dans *De Abrahamo* 71: ὅπως οὖν βεβαιώσηται τὴν φανεῖσαν ὄψιν ἐν τῇ διανοίᾳ παγιώτερον, αὖθίς φησιν ὁ ἱερὸς λόγος αὐτῷ, « pour assurer plus fixement dans sa pensée (= celle d'Abraham qui ouvrit les yeux de son âme après avoir "chaldaïsé" un moment) la vision apparue, la parole sainte, ensuite, lui est adressée » (traduction: J. Gorez).

[145] *NH* VI 58.6–7: ϯⲛⲁⲩ ⲉⲡⲉⲧⲕⲓⲙ ⲉⲣⲟⲓ̈ ⲉ̄ⲃⲟⲗ ⲅ̄ⲛ ⲟⲩⲃ̄ϣⲉ ⲉⲥⲟⲩⲁⲁⲃ. Sur ce sommeil, « extase » selon J.-P. Mahé, *op. cit.*, 1978, p. 112–113 et A. Camplani, *op. cit.*, 2000, p. 146 n. 57.

[146] *NH* VI 58.5–6: ϯⲛⲁⲩ ⲉⲕⲉⲛⲟⲩⲥ ⲡⲉⲧⲕ̄[ⲓⲙ] ⲉ̄ⲧ̄ⲯⲩⲭⲏ. Sur l'attribution de cette phrase et de la précédente: p. 328 n. 9.

une seconde vision, qui porte sur l'Ogdoade, les êtres divins et leurs hymnes. Il atteste ainsi pouvoir, grâce à son activité noétique, voir et entendre ce qui est imperceptible aux sens corporels. L'ensemble de ces passages hermétiques témoigne d'une relation forte entre les visions du disciple et les déclarations antérieures du maître, les secondes permettant aux premières de se réaliser. Vu l'importance de cette parole du maître, avant et après les visions, si celles-ci sont personnelles, elles ne sont donc pas pour autant solitaires, du moins pour le disciple. La parole de Poimandrès et d'Hermès fonctionnerait comme un intermédiaire entre le monde divin et le disciple, les mettant en contact, au même titre que la parole d'Hermès au moment de la régénération. Elle équivaudrait aux actes mis en œuvre pour provoquer des visions, et le détenteur de cette parole jouerait le rôle de l'officiant accomplissant les gestes nécessaires.

La parole intervient également au cours des visions, car celles-ci sont à la fois visuelles et auditives. Le meilleur exemple est *CH* I, avec en particulier la première vision qui donne lieu à la « Révélation primordiale ». La bivalence de ces expériences apparaît clairement quand l'objet de la vision est l'Ogdoade dont la principale occupation est de chanter des hymnes. C'est le cas en *CH* XIII 15 et, dans l'*OgdEnn*, de la seconde vision du disciple. Ce dernier s'exclame (*NH* VI 59.26–32) :

ⲁⲩⲱ ²⁷ⲁⲛⲟⲕ ϯⲛⲁⲩ ⲉⲧⲉⲉⲓⲑⲉⲱⲣⲓⲁ ²⁸ⲛⲟⲩⲱⲧ ⲛ̄ϩⲣⲁⲓ̈ ⲛ̄ϩⲏⲧⲕ̄ ⲁⲩⲱ ²⁹ϯⲛⲁⲩ ⲉⲑⲟⲅ̄ⲇⲟⲁⲥ ⲙⲛ̄ ⲛ̄ⲯⲩ³⁰ⲭⲏ ⲉⲧⲛ̄ϩⲏⲧⲥ̄ ⲙⲛ̄ ⲛ̄ⲁⲅⲅⲉⲗⲟⲥ ³¹ⲉⲩⲣ̄ϩⲩⲙⲛⲉⲓ ⲉⲑⲉⲛⲛⲁⲥ ⲙⲛ̄ ³²ⲛⲉⲥⲇⲩⲛⲁⲙⲓⲥ

> Et moi, je vois cette vision unique en toi et je vois l'Ogdoade et les âmes qui sont en elle et les anges qui chantent des hymnes à l'Ennéade avec ses puissances.

La déclaration du disciple de voir chanter des hymnes serait une manière d'indiquer qu'il a atteint l'Ogdoade, ce qui lui permet de voir ce que font les êtres divins qui sont en elle.

Dans certains cas, le lien entre parole et vision est encore plus fort, quand l'objet de la vision semble être la parole elle-même. Dans *CH* I, au cours de la vision cosmologique, le narrateur voit la Parole créatrice. Celle-ci, lumineuse, φωτεινός en *CH* I 6, se donne à voir : elle est aussi bien une *viva vox* qu'une *visa vox*[147]. À la fin de son hymne dans *CH*

---

[147] De la même manière que la voix de Yavhé ou que l'Évangile : J.-M. Vincent, « "Ils virent la voix." Réflexions théologiques sur la vision dans l'Ancien Testament », *Études théologiques et religieuses* 78.1 (2003), p. 13–15.

XIII 20, Hermès déclare : εἶδον θελήματι τῷ σῷ τὴν εὐλογίαν ταύτην
λεγομένην, « J'ai vu dans ta Volonté la louange, celle qui vient d'être
prononcée. » Cette proposition posa problème, et des commentateurs
ont considéré que le groupe nominal accusatif, τὴν εὐλογίαν ταύτην
λεγομένην, était le complément non pas de εἶδον[148] mais de τέθεικα
et devrait être attribué à Tat[149]. Les arguments avancés sont de deux
ordres : que le groupe nominal soit le complément de εἶδον n'aurait
pas beaucoup de sens[150], et εἶδον peut se construire de manière absolue[151]. Si le second argument est valable, le premier l'est moins. Voir
la louange, ou voir la parole, pourrait faire penser à un phénomène
qui serait attesté ailleurs, en particulier dans la Septante, comme en
Exode 20.18 : καὶ πᾶς ὁ λαὸς ἑώρα τὴν φωνὴν καὶ τὰς λαμπάδας καὶ
τὴν φωνὴν τῆς σάλπιγγος καὶ τὸ ὄρος τὸ καπνίζον, « Et tout le peuple
voyait la voix et les lampes et le son de la trompette et la montagne
fumante. » Il s'agit de ce que des exégètes ont appelé la synesthésie[152],
reprenant un terme médical, lui-même composé à partir du grec, utilisé depuis la fin du XIXe siècle et appliqué également dans le domaine
artistique ; la synesthésie désigne, médicalement, un désordre neuronal
provoquant un mode de perception particulier, puisque des sensations
correspondant à un sens entraînent spontanément des sensations liées
à un autre sens. La synesthésie la plus répandue est l'audition colorée,
où l'audition de notes ou de mots provoque la vision de couleurs différentes[153]. Concernant l'Antiquité, il ne s'agit pas de parler d'un trouble sensoriel, mais simplement de nommer un phénomène où deux

---

[148] Que ce soit le complément de εἶδον, est la position de R. Reitzenstein (*op. cit.*,
1904, p. 347), d'A.D. Nock dans son édition (*NF* II, p. 208), de P. Sellew (« A Secret
Hymn about Rebirth: *Corpus Hermeticum* XIII 17–20 », in M. Kiley, *Prayer from
Alexander to Constantine. A critical Anthology*, London, Routledge, 1997, p. 165–169.),
d'A. Proto (*op. cit.*, p. 114) et de l'édition anglaise (C. Salaman, D. van Oyen and W.D.
Wharton, *op. cit.*, p. 87).
[149] A.-J. Festugière, *op. cit.*, vol. 4, 1990, p. 208 ; W.C. Grese, *op. cit.*, 1979, p. 30 et
n. 3 ; B.P. Copenhaver, *op. cit.*, p. 53 et p. 195 ; C. Colpe und J. Holzhausen (bearb.
und hrsg.), *op. cit.*, p. 187 ; Peste J., *op. cit.*, p. 129.
[150] A.-J. Festugière, *op. cit.*, vol. 4, 1990, p. 208 : « εἶδον τὴν εὐλογίαν (…) λεγομένην,
à supposer que ce soit grec, offre la conclusion la plus plate : "j'ai vu cette eulogie
achevée" ». W.C. Grese, *op. cit.*, 1979, p. 30 n. 3 : « but what does it mean to say that
Hermes or Tat "saw" the "spoken praise" ? ».
[151] A.-J. Festugière, *op. cit.*, vol. 4, 1990, p. 208. W.C. Grese reprend cet argument.
[152] Pour les écrits juifs : entre autres J.-M. Vincent, *op. cit.*, p. 1–23.
[153] S. Bohler, « Mozart sucré, Chopin salé », *Cerveau & Psycho* 10 (juin–août 2005),
[en ligne, 4 septembre 2005], disponible sur internet <pourlascience.com/index> ; *Le
syndrome de Rimbaud*, [en ligne, 4 septembre 2005], disponible sur internet <freenix
.fr/netizen/special/psyche/synes.html>.

activités sensorielles sont associées de manière inhabituelle, en particulier l'écoute et la vision, et qui dépendrait de la croyance au pouvoir de la parole. L'expérience d'Hermès lors de la vision de la cosmogonie et lors de l'hymne de la régénération pourrait renvoyer à ce phénomène de synesthésie, avec une parole qui se donne à voir. Cette connivence entre la parole et la vision serait instituée originellement, selon l'auteur de *CH* I qui affirme en *CH* I 6 : « Ce qui en toi regarde et écoute, c'est la Parole créatrice du Seigneur. »

Par conséquent, les visions noétiques et la parole entretiennent des relations complexes, avec un processus analogue à celui décrit en *CH* IX 10, où la parole guide l'intellect jusqu'à un certain point : la parole du maître aide les visions à se réaliser, à prendre forme avant que, seules, les visions n'élèvent le visionnaire dans le monde divin, vers Dieu, comme une préfiguration de l'assimilation à Dieu.

3. (Se) voir, (se) connaître et le salut

Le but de tout hermétiste est de retourner vers son origine, le monde divin, c'est-à-dire qu'il aspire à une divinisation ou, plutôt, à une absorption en Dieu. Pour obtenir cela, il n'aurait cependant pas besoin d'attendre la mort, comme cela était le cas dans la plupart des cultes[154]. En effet, il semble que la possession de l'intellect lui donne la possibilité de parvenir, grâce à la régénération et aux visions, à cette assimilation / absorption durant son vivant, car « c'est par la force de son νοῦς que l'homme peut s'assimiler au créateur, et ce dans cette vie même »[155]. Hermès est le modèle des hermétistes et serait parvenu jusqu'à l'Ogdoade alors qu'il n'était pas mort. Hermès ressemblerait à Enoch, Élie et Moïse qui, selon Philon et la tradition juive, seraient entrés dans le royaume céleste sans avoir expérimenté la mort[156], la différence étant que ces derniers y sont restés, au contraire d'Hermès. Le disciple est lui aussi amené à vivre une telle expérience de son vivant, comme Hermès l'atteste quand il proclame dans sa grande prière, en *NH* VI 56.27, que lui et son disciple ont déjà atteint l'Hebdomade.

---

[154] G. Fowden, *op. cit.*, 2000, p. 170.

[155] S. Delcomminette, *op. cit.*, p. 34. Voir aussi G. Filoramo, *op. cit.*, 1999, p. 145.

[156] P. Borgen, « Heavenly Ascent in Philo: An Examination of Selected Passages », in H.J. Charlesworth and C.A. Evans, *The Pseudepigrapha and Early Biblical Intepretation*, Sheffield, Sheffield Academic Press, 1993, p. 267.

Grâce aux visions noétiques, l'hermétiste a une connaissance sans médiation, et non plus morcelée dans le temps et l'espace : au moyen de l'intellect entièrement illuminé, l'hermétiste embrasse tout en une fois et connaît la vérité. Dans *CH* XIII, il mettrait ainsi en acte ce qu'il avait reçu comme une Puissance. Cette connaissance s'applique à toute la réalité : le disciple anonyme déclare voir les profondeurs indicibles[157] puis l'Intellect, une source de vie, l'Ogdoade et tous les êtres en elle et enfin Dieu[158]. Tat, quant à lui, détaille moins ce qu'il voit : il s'agit du Tout, qui concerne aussi bien toutes choses que Dieu lui-même. Il ajoute qu'il se voit lui-même, et le disciple du traité copte fait une déclaration équivalente : « je vois le Tout et moi-même dans l'intellect » en *CH* XIII 13 et « je me vois moi-même » en *NH* VI 58.8[159], déclaration reprise dans la seconde prière du disciple en *NH* VI 60.32–61.1. Selon la formule déjà mentionnée « voir c'est savoir », la déclaration du disciple serait une des interprétations de la maxime delphique « connais-toi toi-même », comme le dit d'ailleurs Cicéron dans ses *Tusculanes* : « Oui, il n'est peut-être rien de si grand que de voir l'âme avec l'âme même, et c'est bien là le sens du précepte d'Apollon qui nous invite à nous connaître nous-mêmes ; car, ce qu'il nous recommande, ce n'est pas, j'imagine de connaître nos membres, notre stature ou notre forme ; nous, ce n'est pas nos corps, et ce que je te dis là ne s'adresse pas à ton corps. Lors donc qu'il dit : "connais-toi", ce qu'il dit, c'est : "connais ton âme" ; pour le corps, ce n'est qu'une sorte de vase, un récipient qui renferme l'âme. »[160] Comme pour Cicéron, l'objet de la vision du régénéré n'est plus son corps mais l'âme[161] ou, plutôt, l'homme essentiel, et cette vision permet à l'hermétiste de se connaître véritablement et complètement. Cette vision de soi, qui se fait dans l'intellect en *CH* XIII 13, répond à la précédente déclaration

---

[157] *NH* VI 57.31–32 : ³¹ϯⲚⲀⲨ ⲄⲀⲢ ϯⲚⲀⲨ ⲈⲢⲈⲚⲂⲀ³²ⲐⲞⲤ ⲈⲘⲀⲨϣ̄ ϢⲀϪⲈ ⲈⲢⲞⲞⲨ, « je vois, en effet, je vois des profondeurs sur lesquelles il est impossible de parler ». Voir p. 328 n. 9.

[158] *NH* VI 58.6–14 et 59.27–60.1.

[159] ϯⲚⲀⲨ ⲈⲢⲞⲈⲒ. Voir p. 328 n. 9.

[160] Cicéron, *Tusculanes* I, XXII 52 : *est illud quidem vel maximum animo ipso animum videre, et nimirum hanc habet vim praeceptum Apollinis, quo monet ut se quisque noscat. Non enim, credo, id praecipit, ut membra nostra aut staturam figuramve noscamus neque nos corpora sumus, nec ego tibi haec dicens corpori tuo dico. Cum igitur, "nosce te", dicit, hoc dicit: "nosce animum tuum". Nam corpus quidem quasi vas est aut aliquod animi receptaculum* (traduction : J. Humbert).

[161] Pour *NH* VI 58.8, nous ne pensons donc pas qu'il s'agit d'une « vision naïve corporelle » qui s'opposerait à la vision intérieure du maître (J.-P. Mahé, *op. cit.*, 1978, p. 113).

de Tat en *CH* XIII 4 quand il s'inquiète de ne plus se voir. Ceci montre une évolution, due à la régénération, et le fait que Tat passe de l'état d'ignorance à celui de connaissance.

La vision de soi répondrait également à celle de l'Homme primordial de *CH* I qui se voit lui-même dans la Nature comme Lumière et Vie. Selon le récit anthropologique qu'écrit l'auteur, après que l'Homme se soit penché à travers les sphères célestes et qu'il ait montré sa forme à la Nature, celle-ci «sourit d'amour, puisqu'elle avait vu l'apparence de la très belle forme de l'Homme dans l'eau et l'ombre sur terre ; et lui, voyant la forme semblable à lui qui est en lui-même (et) dans l'eau, il l'aima et voulut y habiter»[162]. Le processus s'inverse complètement en *CH* XIII : le reflet n'apparaît plus dans la nature humide mais dans l'intellect[163] ; la vision ne concerne plus un objet extérieur, mais le sujet de la vision est en même temps l'objet de cette vision : il n'y a plus extériorisation, ni en quelque sorte sortie de soi, mais retour sur soi ; la vision entraîne l'ascension du visionnaire et non sa descente. La vision de l'Homme a permis le peuplement de la terre par les êtres humains, la vision noétique permet aux plus dignes d'entre eux un retour aux origines, en refaisant le chemin inverse de celui accompli par l'Homme. L'activité est la même, connaissance de soi, mais les conséquences sont radicalement opposées, en raison d'une réalisation différente : le reflet ne se fait plus dans le même type de miroir, la matière d'un côté, l'intellect de l'autre. Cette vision de soi, avec les visions du tout et de Dieu, procurent, à la suite de la régénération dans *CH* XIII, la connaissance salvatrice et réalisent le salut, comme

---

[162] *CH* I 14 : ἐμειδίασεν ἔρωτι, ὡς ἅτε τῆς καλλίστης μορφῆς τοῦ ἀνθρώπου τὸ εἶδος ἐν τῷ ὕδατι ἰδοῦσα καὶ τὸ σκίασμα ἐπὶ τῆς γῆς. ὁ δὲ ἰδὼν τὴν ὁμοίαν αὐτῷ μορφὴν ἐν ἑαυτῷ οὖσαν ἐν τῷ ὕδατι, ἐφίλησε καὶ ἠβουλήθη αὐτοῦ οἰκεῖν. Pour ἐν ἑαυτῷ οὖσαν ἐν τῷ ὕδατι, à la suite de la traduction anglaise (C. Salaman, D. van Oyen and W.D. Wharton, *op. cit.*, p. 23), nous avons adopté la leçon des manuscrits et non pas la correction de R. Reitzenstein, ἐν αὐτῇ οὖσαν ἐν τῷ ὕδατι. Cependant, à la différence de la traduction anglaise, nous ne faisons pas de ἐν ἑαυτῷ le complément du participe ἰδών mais du participe οὖσαν, car il y a une idée d'extériorisation – l'Homme regarde en dehors de lui – et peut-être aussi celle d'une confrontation entre deux formes – la véritable forme, en l'Homme, et la forme reflet, dans l'eau ; ce qui impliquerait alors l'idée d'un choix entre l'une des deux formes, choix dont le résultat serait la volonté de l'Homme d'habiter dans la forme reflet.

[163] Ceci est explicite dans l'extrait *CH* XIII 13. Il ne serait pas impossible que l'auteur du traité copte ait eu la même idée en tête ; en *NH* VI 59.27–28, au début de sa seconde vision, le disciple déclare qu'il contemple la vision en Hermès, lequel vient d'affirmer qu'il est l'Intellect. De plus, le monde divin, que le disciple a atteint, est un monde noétique.

les épopties dans les cultes à mystères et les visions dont bénéficient les figures gnostiques Zostrien, Allogène ou Marsanès[164] : toutes ces visions sont salvatrices ; celles des trois traités hermétiques étudiés s'inscrivent dans ce même cadre, et cela explique le caractère définitif de la purification opérée par les Puissances dans *CH* XIII : l'hermétiste ne peut être sauvé qu'une seule fois.

4. *Préfiguration du monde divin*

Transporté dans le monde divin, le bénéficiaire est divinisé. Cependant, tout en demeurant divinisé et en étant sauvé, l'hermétiste n'est pas amené à rester définitivement dans le monde divin. Il ne s'agit que d'une préfiguration qui fait du bénéficiaire un être vivant désormais à la frontière entre deux mondes, le sensible et le divin. L'extrait du *Zostrien, NH* VIII 130.4–9 aiderait à mieux comprendre :

ⲁⲩⲱ ⲁ⁵ⲛⲟⲕ ⲁⲓ̈ⲉ̄ⲓ ⲉ̣ϩⲣⲁ̈ⲓ ⲉⲡⲕⲟⲥⲙⲟⲥ ⲛ̄⁶ⲛⲉⲥⲑ̣ⲏⲧⲟⲛ ⲁⲩⲱ ⲁⲓ̈· ⲙ̄ⲡⲁⲧⲟⲩ⁷ⲱⲧ̄ ⲡ̄ⲱⲱⲧ̄ ⲉϥⲟ ⲛ̄ⲛⲁ̣ⲧ̄ⲥⲃⲱ ⁸ⲁⲉⲓ|ϭⲟⲙ ⲛⲁϥ ⲁⲉⲓⲙⲟⲟϣⲉ ⲉⲉⲓⲧⲁ⁹ϭⲉⲟⲉⲓϣ ⲛⲁⲩ ⲧⲏⲣⲟ[ⲩ ⲛ̄] ⲧ̄ⲙ̄ⲛ̄ⲧⲙⲉ·

> Et moi, je descendis vers le monde sensible et je pris ma statue[165] qui était ignorante ; je lui donnais puissance, je voyageais pour prêcher la vérité à tous.

Zostrien réintègre son corps avant de pouvoir entamer sa mission. Loin d'être soumis à ce corps, il le domine désormais et le rend apte à l'aider dans sa tâche, à être le véhicule de son âme. De la même manière, pour entamer son ministère et évoluer dans le monde terrestre, l'hermétiste a toujours besoin du corps terrestre, mais son rapport à ce dernier est bouleversé par la régénération et les visions. Ce corps ne serait plus qu'une enveloppe qui n'a plus aucune attache avec la partie divine et essentielle de l'hermétiste ni aucun pouvoir sur elle ; il lui permet d'être visible aux yeux corporels des hommes, alors que son vrai corps est invisible à ces mêmes yeux[166]. L'hermétiste lui-même ne considère plus ce corps comme faisant partie de lui-même, mais

---

[164] J.D. Turner, « Introduction », in W.-P. Funk, P.-H. Poirier et J.D. Turner, *op. cit.*, p. 50 et également du même, « Introduction. VIII. The Structure of the Visionary Ascent », in C. Barry, W.-P. Funk et *alii, op. cit.*, p. 113–131.

[165] Il s'agit de son corps, « modelage », ⲡⲗⲁⲥⲙⲁ, qu'il a laissé sur terre, sous la garde des gloires, avant d'entamer son ascension : *NH* VIII 4.23–25.

[166] Pour cette différence entre le vrai corps et le corps visible des yeux, lire le passage *CH* XIII 5–6.

comme n'étant qu'une illusion. Il ne se perçoit plus comme enfermé, mais a une conscience plus vaste des choses et de la réalité, ce qui le rend apte, au moment de la « mort », de s'assimiler sans difficulté, définitivement et exclusivement à Dieu. Mais, avant de vivre cette expérience ultime, de même qu'il a été guidé, lui-même doit être un guide pour les hommes dignes. En effet, grâce aux visions, il est parvenu à une connaissance sans médiation de Dieu, le plus haut degré de la connaissance. Bénéficier de telles visions marque ainsi la fin du processus de formation du disciple sous la houlette du maître, au moins pour une partie des hermétistes. Désormais, ayant bénéficié d'une nouvelle naissance, investi par les Puissances divines, agissant comme elles et devenant leur instrument, l'hermétiste est apte à agir seul. Ce qui faisait l'objet d'efforts incessants devient naturel. Il commence véritablement une nouvelle vie, probablement ascétique, au moins selon *CH* XIII, puisque l'hermétiste n'a plus de passion en lui du fait de l'action purificatrice des Puissances. Il est capable de devenir à son tour un maître hermétiste.

III. Conclusion

Selon *CH* IV, l'acquisition de l'intellect permet d'acquérir une parole différente de celle de la vie quotidienne. La régénération et les visions, qui se situent à la fin de la progression, permettent d'obtenir une connaissance sans médiation de Dieu. L'acquisition des trois dons dans *PAGCopte* se réaliserait alors dans le sens croissant ; J.-P. Mahé considère, quant à lui, que l'ordre est décroissant[167]. Ce que nous avons dit sur l'acquisition de l'intellect complexifie en fait tout cela. En effet, il faut tenir compte de différents degrés pour certains dons – ainsi pour la connaissance, dont il y aurait plusieurs types – et d'une différence entre acquisition et possibilité d'utiliser parfaitement le don acquis. Pour acquérir l'intellect, il faut déjà avoir une parole, celle donnée à tous les hommes par Dieu, et quelques connaissances, théoriques en particulier. Avec l'acquisition de l'intellect, la parole de l'hermétiste se transforme pour se différencier de celle du commun des mortels privé de l'intellect ; désormais, sous la houlette de son maître, l'hermétiste peut progresser dans les connaissances et il apprend peu à peu à

---

[167] J.-P. Mahé, *op. cit.*, 1991, p. 351 en particulier.

utiliser son intellect. Ce ne serait qu'à la fin de ce parcours qu'il saurait tirer parfaitement partie de son intellect, sans l'aide du maître ;
l'acquisition est alors définitive, et l'hermétiste est en mesure d'obtenir
la connaissance sans médiation de Dieu. Ainsi, au vu de tout ceci,
devrions-nous parler plutôt d'une acquisition circulaire ou en spirale,
avec une progression dans l'utilisation des dons acquis.

CONCLUSION GÉNÉRALE

Le point de départ de cette recherche a été l'idée que les traités hermétiques relèvent de la vraie «pseudépigraphie» religieuse : les auteurs hermétistes sont tous convaincus d'écrire sous l'inspiration d'une figure mythique et croient en l'existence d'une voie salvatrice, la «voie d'Hermès», que tout hermétiste doit parcourir pour obtenir le salut et «entrer en Dieu» quelle que soit la branche de la tradition hermétique à laquelle il appartient.

Ce parcours semble se confondre avec la pratique didactique. En effet, l'étude de cette pratique a montré qu'elle était bien plus importante que cela ne paraissait de prime abord. Les dialogues ou les lettres sont bien plus qu'un cadre littéraire : il s'agit d'un procédé littéraire qui permet d'impliquer le destinataire des traités dans ce qui est dit – le maître s'adressant autant à lui qu'au(x) disciple(s) – et de s'identifier, selon les besoins, au maître ou, surtout, au disciple. Le maître, enseignant un savoir théorique – sur lequel nous nous sommes assez peu étendue –, un savoir-être et un savoir-vivre, est un véritable guide spirituel. Cette fonction est prolongée par le texte lui-même des traités. Cependant, ces derniers ne deviennent pas des «mystères à lire» ; ils complètent, mais ne remplacent pas la relation directe d'un maître avec son disciple ni l'enseignement oral.

Hermès apparaît comme le modèle des maîtres, d'autant plus si nous acceptons l'identification du narrateur de *CH* I à Hermès proposée au moins par une branche de la tradition hermétique, celle dont relève l'auteur de *CH* XIII. Il est alors celui qui a été choisi pour bénéficier de la «Révélation primordiale», afin d'enseigner à son tour pour le salut et la formation d'autres maîtres. Une chaîne hermétique se constitue ainsi, chacun imitant son prédécesseur, jusqu'à Hermès et au narrateur de *CH* I qui imite lui-même Poimandrès, dans une succession de "révélations ultérieures". Le changement de statut, du disciple au maître, se ferait lors d'un rituel d'investiture, et nous avons proposé d'interpréter *CH* I comme donnant la trame de ce rituel pour au moins une branche de la tradition hermétique. L'accent mis sur l'oral, avec la fonction des dialogues, et sur la nécessité de ne pas divulguer au grand nombre (seuls les dignes doivent être sauvés) n'empêche pas la mise par écrit. Celle-ci est légitimée, et la manière dont cela est fait par certains auteurs, avec le recours à des données égyptiennes, lui confère un caractère sacré, ainsi qu'à la langue grecque utilisée, celle d'Hermès qui se différencie du grec quotidien. Cette mise par écrit conduit à des exercices spirituels, véritables actes rituels. L'ensemble, avec le but, la manière dont l'instruction se clôt pour le disciple, le vocabulaire utilisé, la place du silence, tend à montrer que la pratique didactique est une pratique rituelle.

Cette pratique, qui se déroule sur la longue durée, suit une progression avec plusieurs étapes, dont rendent compte, en partie, plusieurs écrits hermétiques. Elle est le cadre d'autres rites qui sont tous objet de discours. C'est en particulier le cas des sacrifices matériels et de la fabrication des statues animées. Loin de les condamner, les auteurs en parlant paraissent plutôt s'être lancés dans une entreprise de sauvegarde, participant ainsi aux débats contemporains sur ces pratiques, avec parfois une note polémique, comme dans l'*Asclépius* à propos des images des dieux. Ils cherchent à les légitimer et visent à convaincre le destinataire de leur utilité, de leur efficacité et de leur caractère pieux. Une ambigüité subsiste néanmoins pour les sacrifices sanglants, sur lesquels les auteurs parlant des sacrifices font silence. Bien que ces pratiques soient légitimées, il ne semble pas pour autant que les hermétistes doivent les mettre en œuvre.

Il en va différemment d'autres pratiques dont parlent certains auteurs : les prières et les pratiques liées à l'acquisition de dons (l'acquisition de l'intellect, la régénération et les visions). Les premières, répétitives, suivent une progression, avec à leur sommet les prières appelées λογικὴ θυσία (« sacrifice de la parole raisonnable ») ; la variété du champ lexical en rapport avec les prières serait l'écho de cette progression, tout en témoignant d'une réflexion sur les prières, du caractère non statique de cette pratique et d'une volonté de se démarquer de certains groupes contemporains. Les secondes, ponctuelles, provoquent une transformation plus radicale de l'hermétiste avec l'acquisition des trois dons que sont l'intellect, la parole et la connaissance, une acquisition qui se ferait de manière circulaire ou en spirale, tout au long de la formation didactique, avec une progression dans l'utilisation de l'intellect ou dans les degrés de la connaissance. L'acquisition des dons est pleinement achevée à la fin de l'instruction, fin qui, au moins dans une branche de la tradition hermétique, est peut-être marquée par un rituel d'investiture dont *CH* I pourrait rendre compte.

La « voie d'Hermès » est donc une suite de pratiques rituelles concrètes, les unes régulières, les autres ponctuelles, les unes temporaires, les autres évoluant en fonction de la formation du disciple. Certaines sont un simple geste, comme le baiser. D'autres allient paroles et gestes, comme le rite d'absorption ou certaines prières. Presque toutes s'appuient sur une parole performative, celle du maître. Tout au long de la voie, il n'agit pas en son nom propre, mais est l'intermédiaire de Dieu et de la volonté divine, dont il se fait l'interprète, et, plus particulièrement lors de certaines leçons, il agit comme le ferait un officiant dans une cérémonie religieuse. Au cours de la recherche, nous avons essayé de montrer que ces pratiques ne se situent pas qu'au niveau de la fiction littéraire et que les indices s'additionnent en faveur d'une réalité rituelle sous-jacente : le destinataire est invité à s'identifier à l'un des protagonistes, en premier lieu au disciple ; plusieurs traités témoignent d'un arrière-plan rituel : *CH* I, IV, XIII et *OgdEnn*.

Tout ce que nous venons de dire pose la question d'éventuelles communautés hermétiques. Comme le souligne S. Giversen[1], les auteurs hermétistes mentionnent des pratiques qui appartiennent à la vie communautaire. Les prières collectives comme la *Prière d'action de grâces*, les repas en commun, l'utilisation du terme « frère » en *CH* I 32 ou en *NH* VI 52–54, suggèrent l'existence de tels groupes. De plus, l'efficacité des pratiques mises en œuvre par les hermétistes ne se conçoit que dans le cadre d'un groupe qui partage les mêmes idées concernant Hermès et sa voie vers le salut. Il en va de même pour les pratiques rituelles où le disciple acquiert l'intellect, où il est régénéré et où il est institué maître : elles prennent tout leur sens uniquement dans le cas où un groupe reconnaît à chaque fois le nouveau statut du disciple. Cependant, existe-t-il une vie communautaire au sens strict, comme le laisserait entendre *CH* I 29 ? Quelle en serait l'organisation ? Il est difficile pour le moment d'en dire beaucoup plus, mais il nous semble que les pages précédentes conduisent à envisager l'existence au moins de ce que nous pourrions appeler « cercles » d'hermétistes, composés de maîtres et de plusieurs ensembles de disciples, qui se différencient les uns des autres par leur destinée (devenir maître ou non) et leur avancée dans la « voie d'Hermès ». Quelle est la place des femmes dans de tels « cercles » ? Seule une recherche ultérieure permettrait d'approfondir toutes ces questions.

---

[1] S. Giversen, « Hermetic Communities ? », in J.P. Sorensen, *Rethinking Religion. Studies in the Hellenistic Process*, Copenhagen, Museum Tusculanum Press, 1989, pp. 49–54.

Pour mener à bien cette recherche, nous nous sommes régulièrement tournée du côté de l'Égypte, attitude justifiée par le fait que plusieurs auteurs hermétistes se réfèrent à l'Égypte. Ces références ne sont pas qu'un *topos* littéraire ou un simple vernis, mais elles témoignent d'un choix mûri de leur part. En ayant recours à l'Égypte, il ne s'agit pas de donner à certaines pratiques une légitimité superficielle, mais d'opérer un transfert au bénéfice des pratiques de la «voie d'Hermès». Il en irait ainsi avec la mise par écrit et les mesures de protection, qui transfèrent aux traités hermétiques et à la parole hermétique le caractère sacré, divin et rituel des hiéroglyphes. Plusieurs auteurs hermétistes et probablement aussi le traducteur copte de *NH* VI, 6 paraissent être de bons connaisseurs des réalités traditionnelles égyptiennes. Ils mettent à profit ces données égyptiennes, en les combinant avec d'autres, afin d'élaborer une «voie d'Hermès» dans laquelle les pratiques tradition-nelles sont ancrées, tout en tenant compte des débats de l'époque, et qui conserve la mémoire de certaines pratiques. Des schémas de pen-sée semblent analogues, comme la place des pratiques rituelles dans le maintien de l'ordre ou la relation entre Dieu et l'homme au moment de l'offrande. Il resterait à revenir davantage sur ces analogies.

Nous avons plusieurs fois mentionné les philosophes néoplatoni-ciens, en particulier Porphyre et Jamblique. Ce dernier est particuliè-rement intéressé par la théurgie, thème que nous avons peu abordé et seulement à propos de l'animation des images des dieux. La mention de cette dernière pratique ne permet pas de conclure que les textes her-métiques relèvent de la théurgie. Pour cela, une étude plus approfondie des rapports entre les traités hermétiques, d'une part, et la théurgie et Jamblique, d'autre part, serait nécessaire, ce qui permettrait d'éclairer la place de la «voie d'Hermès» dans le paysage contemporain et dans la postérité de certaines pratiques, égyptiennes en particulier. Le main-tien de ces pratiques éviterait que «les dieux se séparent des hommes»[2] et que n'advienne la «vieillesse du monde»[3].

---

[2] *Ascl.* 25 : *fit deorum ab hominibus dolenda secessio.*
[3] *Ascl.* 26 : *senectus mundi.*

BIBLIOGRAPHIE

Abd el-Fattah, A., « Fouilles du Service des Antiquités sur le site de Gabbari (1996–1997) », in J.-Y. Empereur et M.-D. Nenna, *Nécropolis 1*, Le Caire, IFAO, 2001, p. 25–41.

Actes de Thomas, texte traduit, présenté et annoté par P.-H. Poirier et Y. Tissot, in F. Bovon et P. Geoltrain (dir.), *Écrits apocryphes chrétiens*, t. I, Paris, Gallimard, 1997, p. 1321–1470.

Aegyptische Urkunden aus den koeniglichen Museen zu Berlin, Griechische Urkunden, Band II, Berlin, Weidmann, 1898.

Aélius Aristide, *Discours sacrés: rêve, religion, médecine au IIe siècle après J.-C.*, introduction et traduction par A.-J. Festugière, notes par H.-D. Saffrey, Paris, Macula, 1986.

Aélius Théon, *Progymnasmata*, texte établi et traduit par M. Patillon, Paris, Les Belles Lettres, 1997.

Alcinoos, *Enseignement des doctrines de Platon*, texte établi et commenté par J. Whittaker, traduit par P. Louis, Paris, Les Belles Lettres, 1990.

Alexandre, M., « Le travail de la sentence chez Marc-Aurèle: philosophie et rhétorique », *La Licorne* 3 (1979), p. 125–158.

Allen, J.-P., *Genesis in Egypt. The Philosophy of Ancient Egyptian Creation Accounts*, New Haven, Yale University Press, 1988.

Alliot, M., *Le Culte d'Horus à Edfou au temps des Ptolémées*, BdE 20.1, Le Caire, IFAO, 1949.

——, *Le Culte d'Horus à Edfou au temps des Ptolémées*, BdE 20.2, Le Caire, IFAO, 1954.

Anthologie grecque. Première partie, Anthologie palatine, t. VIII: *Livre IX. Épigrammes 359–827*, texte établi et traduit par P. Waltz et G. Soury, Paris, Les Belles Lettres, 1974.

Apotelesmata Apollonii Tyanensis, édition et traduction latine de F. Nau, *Patrologia syriaca*, II, Paris, Firmin Didot, 1907, p. 1372–1392.

Apulée, *Les Métamorphoses*, t. III: *Livres VII–XI*, texte établi par D.S. Robertson et traduit par P. Valette, Paris, Les Belles Lettres, 1985 (7e tirage revu et corrigé de l'édition de 1945).

Aragione, G., « Justin, "philosophe" chrétien, et les *"Mémoires des Apôtres* qui sont appelés *Évangiles"* », *Apocrypha* 15 (2004), p. 41–56.

Aristophane, *Comédies*, t. IV: *Les Thesmophories – Les Grenouilles*, texte établi par V. Coulon, traduit par H. Van Daele, Paris, Les Belles Lettres, 1991.

Aristote, *De l'âme*, texte établi par A. Jannone, traduction et notes de E. Barbotin, Paris, Les Belles Lettres, 1966.

——, *Éthique à Eudème*, introduction, traduction, notes et indices par V. Décarie, Paris, Vrin, 1991.

——, *Rhétorique*, t. III: *Livre III*, texte établi et traduit par M. Dufour et A. Wartelle, annoté par A. Wartelle, Paris, Les Belles Lettres, 2003 (4e tirage de l'édition de 1973).

——, *De la génération et de la corruption*, texte établi et traduit par C. Mugler, Paris, les Belles Lettres, 1966.

Aristotelis qui ferebantur librorum fragmenta, collegit V. Rose, Stuttgart, Teubner, 1967 (réimpression de l'édition de 1886).

Aristoxène, *Fragmenta*, in *Die Schule des Aristoteles, Texte und Kommentar*, vol. 2: *Aristoxenos*, F. Wehrli (hrsg.), Basel, B. Schwabe und Co, 1945, p. 10–41.

Assmann, J., « Appendice : La théorie de la "parole divine" (*mdw nṯr*) chez Jamblique et dans les sources égyptiennes », in *Images et rites de la mort dans l'Égypte ancienne. L'apport des liturgies funéraires. 4 séminaires à l'École Pratique des Hautes Études, Section des sciences religieuses, 17–31 mai 1999*, Paris, Cybèle, 2000, p. 107–127.

——, *Mort et au-delà dans l'Égypte ancienne*, traduction : N. Baum, Paris, Éditions du Rocher, 2003.

Athénagore, *Supplique au sujet des chrétiens*, introduction, texte et traduction par B. Pouderon, Paris, Cerf, 1992.

Athénée, *Les Deipnosophistes : Livres I et II*, texte établi et traduit par A.M. Desrousseaux, Paris, Les Belles Lettres, 1956.

Attridge, H.W., « Greek and Latin Apocalypses », in J.J. Collins (ed.), *Apocalypse: the Morphology of a Genre, Semeia* 14 (1979), p. 159–186.

Attridge, H.W., and MacRae, G.W., « The Gospel of Truth », in H.W. Attridge (ed.), *Nag Hammadi Codex I (The Jung Codex)*, vol. 2: *Notes*, Leiden, Brill, 1985, p. 39–135.

Aubenque, P., *Le Problème de l'être chez Aristote*, Paris, PUF, 1997[3].

Aubriot-Sévin, D., « Sur la valeur religieuse de quelques prières dans la tragédie grecque », *Journal des Savants* (1994), p. 3–18.

——, *Prière et conceptions religieuses en Grèce ancienne jusqu'à la fin du Ve siècle av. J.-C.*, Lyon, Maison de l'Orient méditerranéen, 1992.

Aufrère, S.H., « Caractères principaux et origine divine des minéraux », *Revue d'Égyptologie* 34 (1982–1983), p. 3–21.

——, *L'Univers minéral dans la pensée égyptienne*, vol. 2, Le Caire, IFAO, 1991.

——, « L'être glorifié et divinisé dans les rites de passage vers l'au-delà », *Égypte, Afrique et Orient* 5 (juin 1997), p. 2–9.

——, « Le "Champ divin" de Bastet à Bubastis, l'albâtre, les parfums et les curiosités de la mer Rouge », in R. Gyselen (éd.), *Parfums d'Orient*, Bures-sur-Yvette, Groupe pour l'Étude de la civilisation du Moyen-Orient, 1998, p. 65–82.

——, « Parfums et onguent liturgiques du laboratoire d'Edfou : composition, codes végétaux et minéraux », in R. Gyselen (éd.), *Parfums d'Orient*, Bures-sur-Yvette, Groupe pour l'Étude de la civilisation du Moyen-Orient, 1998, p. 29–63.

——, « Notes et remarques au sujet du chat. En marge de l'ouvrage de J. Malek, The Cat in Ancient Egypt », *Discussions in Egyptology* 44 (1999), p. 5–18.

——, « À propos des résultats obtenus sur les échantillons conservés au Museum d'histoire naturelle de Lyon », in S.H. Aufrère, *Encyclopédie religieuse de l'univers végétal. Croyances phytoreligieuses de l'Égypte ancienne* I, Montpellier, Université Paul Valéry, 1999, p. 533–547.

Augustin, *La Cité de Dieu*, t. I : *Livres I–X*, traduction de G. Combès, Paris, Études augustiniennes, 1993.

Austin, J.L., *Quand dire, c'est faire*, introduction, traduction et commentaire de G. Lane, Paris, Seuil, 1970.

Ax, W., *Laut, Stimme und Sprache. Studien zu drei Grundbegriffen der antiken Sprachtheorie*, Göttingen, Vandenhoeck & Ruprecht, 1986.

——, « ψόφος, φωνή und διάλεκτος als Grundbegriffe aristotelischer Sprachreflexion », *Glotta* 56 (1978), p. 245–271, repris dans *Lexis und logos. Studien zur antiken Grammatik und Rhetorik*, Stuttgart, Franz Steiner Verlag, 2000, p. 19–39.

Bagnall, R.S., *Egypt in Late Antiquity*, Princeton, Princeton University Press, 1993.

Bagnall, R.S., Browne, G.M. and *alii*, *Proceedings of the Sixteenth International Congress of Papyrology. New York, 24–31 July 1980*, Chico (Calif.), Scholars Press, 1981.

Ball, J., *Egypt in the Classical Geographers*, Le Caire, Government Press, 1942.

Ballériaux, O., « φιλοσόφων τὰ θεουργικὰ ἐξετάζειν. Syrianus et la télestique », *Kernos* 2 (1989), p. 13–25.

——, « Mantique et télestique dans le *Phèdre* de Platon », *Kernos* 3 (1990), p. 35–43.

Barre, E., *Choix et rôle de la pierre dans la construction des temples égyptiens*, Paris, 1993.

Barrett, C.K., *A Critical and Exegetical Commentary on the Act of the Apostles*, vol. 1, Edinburgh, T&T Clark, 1994.

Barry, C., *La Sagesse de Jésus-Christ (BG, 3; NH III, 4)*, Québec/Louvain/Paris, Les Presses de l'Université Laval/Peeters, 1993.

Barry, C., Funk, W.-P., et *alii*, *Zostrien (NH VIII 1)*, Québec/Louvain/Paris, Les Presses de l'Université Laval/Peeters, 2000.

Beasley-Murray, G.R., «Taufe. βαπτίζω», in *Theologisches Begriffslexikon zum Neuen Testamentum* 2², begründet durch E. Beyreuther, H. Bietenhard und L. Coenen, Wuppertal, R. Brockhaus, 2000, p. 1205–1213.

Beatrice, P.F., *Anonymi Monophysitae Theosophia. An Attempt at Reconstruction*, Leiden, Brill, 2001.

Benest, D. et Froeschlé, C. (dir.), *Astéroïdes, météores et poussières d'étoiles*, Paris, Eska, 1999.

Bergman, J., *Ich bin Isis. Studien zum memphitischen Hintergrund der griechischen Isisaretalogien*, Uppsala, Berlingska Boktryckeriet, 1968.

——, «Isis», in W. Helck und E. Otto, *Lexikon der Ägyptologie*, Band III, Wiesbaden, Otto Harrassowitz, 1980, col. 186–203.

Bergquist, B., *The Archaic Greek Temenos. A Study of Structure and Function*, C.W.K. Gleerup, 1967.

Bernand, A., *La Prose sur pierre dans l'Égypte hellénistique et romaine*, tome I. *Textes et traductions*, Paris, Éditions du CNRS, 1992.

——, *La Prose sur pierre dans l'Égypte hellénistique et romaine*, tome II: *Commentaires*, Paris, Éditions du CNRS, 1992.

——, *Leçon de civilisation*, Paris, Fayard, 1994.

Bernand, É., *Inscriptions métriques de l'Égypte gréco-romaine: recherches sur la poésis épigrammatique des Grecs en Égypte*, Paris, Les Belles Lettres, 1969.

——, *Inscriptions grecques d'Égypte et de Nubie: répertoire bibliographique des OGIS*, Paris, Les Belles Lettres, 1982.

——, *Inscriptions grecques d'Hermoupolis Magna et de sa nécropole*, Le Caire, IFAO, 1999.

Bertolini, M., «Sul lessico filosofico dell'Asclepius», *Annali della Scuola normale superiore di Pisa. Lettere 3 serie* 15.4 (1985), p. 1151–1210.

Betz, H.D., «Schöpfung und Erlösung im hermetischen Fragment *Kore Kosmou*», *Zeitschrift für Theologie und Kirche* 63 (1966), p. 160–187 (repris dans *Hellenismus und Urchristentum. Gesammelte Aufsätze* I, Tübingen, Mohr-Siebeck, 1990, p. 22–51).

——, «The Formation of Authoritative Tradition in the Greek Magical Papyri», in B.F. Meyer and E.P. Sanders (ed.), *Jewish and Christian Self-Definition*, vol. 3: *Self-Definition in the Graeco-Roman World*, London, SCM Press, 1982, p. 161–170 et 236–38 (repris dans *Hellenismus und Urchristentum. Gesammelte Aufsätze* I, Tübingen, Mohr-Siebeck, 1990, p. 173–183).

——, «Magic and Mystery in the Greek Magical Papyri», in C.A. Faraone and D. Obbink, *Magika Hiera: Ancient Greek Magic and Religion*, Oxford, Oxford University Press, 1991, p. 244–259 (repris dans *Hellenismus und Urchristentum. Gesammelte Aufsätze* I, Tübingen, Mohr-Siebeck, 1990, p. 209–229).

——. (ed.), *The Greek Magical Papyri in Translation*, 3 vol., Chicago, University of Chicago Press, 1992².

——, *The "Mithras Liturgy". Text, Translation and Commentary*, Tübingen, Mohr-Siebeck, 2003.

Bickel, S., *La Cosmogonie égyptienne avant le Nouvel Empire*, Göttingen, Vandenhoeck & Ruprecht, 1994.

Bidez, J., «Proclus. *Peri tes hieratikes teknes*», in *Mélanges Franz Cumont*, Bruxelles, Université libre de Bruxelles, 1936, p. 85–100.

——, *Vie de Porphyre, le philosophe néo-platonicien. Avec les fragments des traités* περί ἀγαλμάτων *et De Regressu Animae*, Hildesheim, G. Olms, 1964.

Bidez, J. et Cumont, F., *Les Mages hellénisés: Zoroastre, Ostanès et Hystaspe d'après la tradition grecque*, 2 vol., Paris, Les Belles Lettres, 1973 (réimpression de l'édition de 1938).

Bingen, J., «L'Égypte gréco-romaine et la problématique des interactions culturelles», in R.S. Bagnall, G.M. Browne et *alii*, *Proceedings of the Sixteenth International Congress of Papyrology. New York, 24–31 July 1980*, Chico (Calif.), Scholars Press, p. 3–18.

Blackman, A.M., «Sacramental ideas and Usages in Ancient Egypt. I. Lustrations and the Heliopolitan Sun-God», *Proceedings of the Society of Biblical Archaeology* 40 (1918), p. 57–66.

Blanchard, Y.-M., *Aux sources du canon, le témoignage d'Irénée*, Paris, Cerf, 1993.

Blanchetière, F., «Le montanisme originel (1)», *Revue des sciences religieuses* 52 (1978), p. 118–134.

——, «Le montanisme originel (2)», *Revue des sciences religieuses* 53 (1979), p. 1–32.

Bodson, L., Ἱερὰ ζῷα. *Contribution à l'étude de la place de l'animal dans la religion grecque ancienne*, Bruxelles, Palais des Académies, 1978.

Bohler, S., «Mozart sucré, Chopin salé», *Cerveau & Psycho* 10 (juin-août 2005), [en ligne, 4 septembre 2005], disponible sur internet <pourlascience.com/index>

Böhlig, A., Wisse, F., and Labib, P., *Nag Hammadi Codices III, 2 and IV, 2. The Gospel of the Egyptians (The Holy Book of the Great Invisible Spirit)*, Leiden, Brill, 1972.

Bollók, J., «Du problème de la datation des hymnes d'Isidore», *Studia Aegyptiaca* I (1974), p. 27–37.

Bonhême, M.-A., «Pouvoir, prédestination et divination dans l'Égypte pharaonique», in E. Geny et E. Smadja (éd.), *Pouvoir, divination, prédestination dans le monde antique. Actes des tables rondes internationales de Besançon. Février 1997 / mai 1998*, Besançon, Presses universitaires franc-comtoises, 1999, p. 139–158.

Borgeaud, P., «Le couple sacré / profane. Genèse et fortune d'un concept "opératoire" en histoire des religions», *Revue de l'histoire des religions* 211.4 (1994), p. 387–418.

Borgen, P., «Heavenly Ascent in Philo: An Examination of Selected Passages», in H.J. Charlesworth and C.A. Evans, *The Pseudepigrapha and Early Biblical Intepretation*, Sheffield, Sheffield Academic Press, 1993, p. 246–268.

Böttrich, C., «'Ihr seid der Tempel Gottes'. Tempelmetaphorik und Gemeinde bei Paulus», in B. Ego, A. Lange und P. Pillhofer, *Gemeinde ohne Tempel / Community without Temple. Zur Substituierung und Transformation des Jerusalemer Tempels und seines Kults im Alten Testament, antiken Judentum und frühen Christentum*, Tübingen, Mohr-Siebeck, 1999, p. 411–425.

Bouché-Leclercq, A., *Histoire de la divination dans l'Antiquité. Divination hellénique et divination italique*, Paris, Jérôme Millon, 2003 (reprend le texte de l'édition de 1879–1882, avec une préface de S. Georgoudi).

Bourdieu, P., «Les rites comme actes d'institution», *Actes de la recherche en sciences sociales* 43 (1982), p. 58–63.

Bousset, W., «Rezension von *Die Lehre des Hermes Trismegistos* von J. Kroll», *Göttingische Gelehrte Anzeigen* 76 (1914), p. 697–755.

Boyancé, P., «Théurgie et télestique néoplatoniciennes», *Revue de l'histoire des religions* 147.2 (1955), p. 189–209.

——, «Sur les mystères d'Éleusis», *Revue des études grecques* 75 (1962), p. 460–482.

Boylan, P., *Thot, the Hermes of Egypt. A Study of some Aspects of Theological Thought in Ancient Egypt*, London/Edinburgh/…, Oxford University Press, 1922.

Brashear, W.M., *A Mithraic Catechism from Egypt <P.Berol. 21196>*, Wien, Verlag Adolf Holzhausens, 1992.

Brashler, J., and Dirkse, P.A., «The Prayer of Thanksgiving», in D.M. Parrott (ed.), *Nag Hammadi Codices V, 2–5 and VI with Papyrus Berolinensis 8502, 1 and 4*, Leiden, Brill, 1979, p. 375–387.

Brashler, J., Dirkse, P.A., and Parrott, D.M., « The Discourse of the Eighth and Ninth », in D.M. Parrott (ed.), *Nag Hammadi Codices V, 2-5 and VI with Papyrus Berolinensis 8502, 1 and 4*, Leiden, Brill, 1979, p. 341–374.

Braun, F.M., « Essénisme et hermétisme », *Revue thomiste* 54 (1954), p. 523–558.

——, « Hermétisme et johannisme », *Revue thomiste* 55 (1955), p. 26–42 et p. 259–299.

Bräuninger, F., *Untersuchungen zu den Schriften des Hermes Trismegistos*, Berlin, Schulze, 1926.

Breasted, J.H., « The Philosophy of a Memphite Priest », *Zeitschrift für ägyptische Sprache und Altertumskunde* 39 (1901), p. 39–54 + 2 Tafeln.

Bremmer, J.N., « Religious Secrets and Secrecy in Classical Greece », in H.G. Kippenberg and G.G. Stroumsa (eds), *Secrecy and Concealment. Studies in the History of Mediterranean and Near Eastern Religions*, Leiden, Brill, 1995, p. 61–78.

——, « Modi di comunicazione con il divino: la preghiera, la divinazione e il sacrificio nella civiltà greca », in S. Settis (ed.), *I Greci. Storia, cultura, arte, società*, vol. 1 : *Noi e i Greci*, Torino, G. Einaudi, 1996, p. 239–283.

Bresciani, E., *Il mito dell'Occhio del Sole. I dialoghi filosofici tra la Gatta Etiopica e il Piccolo Cinocefalo*, Brescia, Paideia, 1992.

Bricault, L., *Myrionymi: les épiclèses grecques et latines d'Isis, de Sarapis et d'Anubis*, Stuttgart/Leipzig, Teubner, 1996.

——, *Isis, Dame des flots*, Liège, Université de Liège – Faculté de philosophie et lettres, 2006.

Brisson, L. et Segonds, A.P., « Notes », in L. Brisson, M.-O. Goulet-Cazé et *alii*, *Porphyre. La Vie de Plotin*, t. 2, *Études d'introduction, texte grec et traduction française, commentaire, notes complémentaires, bibliographie*, Paris, Vrin, 1992, p. 187–299.

Brisson, L., Goulet-Cazé, M.-O. et *alii*, *Porphyre. La Vie de Plotin*, t. 1, *Travaux préliminaires et index grec complet*, Paris, Vrin, 1982.

——. et *alii*, *Porphyre. La Vie de Plotin*, t. 2, *Études d'introduction, texte grec et traduction française, commentaire, notes complémentaires, bibliographie*, Paris, Vrin, 1992.

Brisson, L., Pradeau, J.-F., « Connaissance », in *Le Vocabulaire de Platon*, Paris, Ellipses, 1998, p. 16–18.

Brisson L., « Introduction », in Diogène Laërce, *Vie et doctrines des philosophes illustres*, traduction sous la direction de M.-O. Goulet-Cazé, Paris, Le Livre de Poche, 1999, p. 371–387.

Brock, S., « A Syriac Collection of Prophecies of the Pagan Philosophers », *Orientalia Lovaniensia Periodica* 14 (1983), p. 203–246.

——, « Some Syriac Excerpts from Greek Collections of Pagan Prophecies », *Vigiliae Christianae* 38 (1984), p. 77–90.

Broze, M. et van Liefferinge, C., « L'*Hermès commun* du prophète Abamon. Philosophie grecque et théologie égyptienne dans le prologue du *De mysteriis* de Jamblique », in F. Labrique (éd.), *Religions méditerranéennes et orientales de l'Antiquité. Actes du colloque des 23-24 avril 1999 à Besançon*, Le Caire, IFAO, 2002, p. 35–44.

Broze, M., « La réinterprétation du modèle hiéroglyphique chez les philosophes de langue grecque », in L. Morra and C. Bazzanella (ed.), *Philosophers and Hieroglyphs*, Torino, Rosenberg & Sellier, 2003, p. 37–51.

——, « Le rire et les larmes du démiurge. La cosmogonie de Neith à Esna et ses parallèles en grec », *Égypte, Afrique et Orient* 29 (2003), p. 5–10.

Brunner, H., « Herz », in W. Helck und E. Otto, *Lexikon der Ägyptologie*, Band II, Wiesbaden, Otto Harrassowitz, 1977, col. 1158–1168.

Brunner, E., « Die grüne Sonne », in M. Görg und E. Pusch, *Festschrift E. Edel*, Bamberg, M. Görg, 1979, p. 54–59.

Brunner, H., « Das Herz als Sitz des Lebensgeheimnisses », in W. Röllig (hrsg.), *Das hörende Herz. Kleine Schriften zur Religions- und Geistesgeschichte Ägyptens*, Göttingen, Vandenhoeck & Ruprecht, 1988, p. 6–7.

——, «Das hörende Herz», in W. Röllig (hrsg.), *Das hörende Herz. Kleine Schriften zur Religions- und Geistesgeschichte Ägyptens*, Göttingen, Vandenhoeck & Ruprecht, 1988, p. 3–5.

Brunner-Traut, E., «Farben», in W. Helck und E. Otto, *Lexikon der Ägyptologie*, Band II, Wiesbaden, Otto Harrassowitz, 1977, col. 117–128.

Büchli, J., *Poimandres: ein paganisiertes Evangelium: sprachliche und begriffliche Untersuchungen zum I. Traktat des Corpus Hermeticum*, Tübingen, Mohr-Siebeck, 1987.

Büchsel, F., «παραδίδωμι et παράδοσις», in G. Kittel (ed.), *Theological Dictionary of the New Testament* II, translation: G.W. Bromiley, Grand Rapids, Eerdmans, 1964, p. 169–173.

Buisson, A., et Abry, J.-H., (éd.), *Les Tablettes astrologiques de Grand (Vosges) et l'astrologie en Gaule romaine, Actes de la table ronde du 18 mars 1992, Université de Lyon III*, Lyon, Université de Lyon III, 1993.

Bultmann, R., «ἔλεος», in G. Kittel (ed.), *Theological Dictionary of the New Testament* II, translation: G.W. Bromiley, Grand Rapids, Eerdmans, 1964, p. 477–487.

——, «πίστις», in G. Kittel (ed.), *Theological Dictionary of the New Testament* VI, translation: G.W. Bromiley, Grand Rapids, Eerdmans, 1968, p. 174–182.

Burkert, W., *Homo Necans: the Anthropology of Ancient Greek Sacrificial Ritual and Myth*, translation: P. Bing, Berkeley, University of California Press, 1983 (édition allemande de 1972).

——, *Les Cultes à mystères dans l'Antiquité*, traduction: B. Deforge et L. Bardollet, Paris, Les Belles Lettres, 2003 (édition anglaise de 1987).

Burnet, R., *La Pratique épistolaire au 1ᵉʳ et 2ᵉ siècle: de Paul de Tarse à Polycarpe de Smyrne*, Paris, EPHE "Sciences des religions", Th. Doct.: Sci. Rel., Paris, 2001.

Burnett, C., «The Legend of The three Hermes and Abū Ma'shar's Kitāb Al-Ulūf in the Latin Middle Ages», *Journal of the Warburg and Courtauld Institutes* 39 (1976), p. 231–234.

Burnyeat, M.F., «Postscript on Silent Reading», *The Classical Quarterly* n. s. 47 (1997), p. 74–76.

Burton, A., *Diodorus Siculus Book I. A Commentary*, Leiden, Brill, 1972.

Busine, A., *Paroles d'Apollon. Pratiques et traditions oraculaires dans l'Antiquité tardive (IIᵉ–IVᵉ siècles)*, Leiden, Brill, 2005.

Cabrol, A., *Les Voies processionnelles de Thèbes*, Leuven, Peeters, 2001.

Calame, C., *Masques d'autorité: fiction et pragmatique dans la poétique grecque antique*, Paris, Les Belles Lettres, 2005.

Callimaque, *Fragmenta grammatica*, in R. Pfeiffer, *Callimachus*, vol. 1, Oxford, Clarendon Press, 1949, p. 330–338.

Camplani, A., «Alcune note sul Testo del VI codice di Nag Hammadi: la predizione di Hermes ad Asclepius», *Augustinianum* 26.3 (1986), p. 349–368.

——, «Riferimenti biblici nella letteratura ermetica», *Annali di storia dell'esegesi* 10.2 (1993), p. 375–425.

——, «Note di filologia ermetica», *Augustinianum* 37 (1997), p. 51–76.

——, «Procedimenti magico-alchimici e discorso filosofico ermetico», in G. Lanata, *Il tardoantico alle soglie del Duemila: diritto, religione, società. Atti del quinto Convegno nazionale dell'Associazione di studi tardoantichi*, Pisa, Edizioni Ets, 2000, p. 73–98.

——, *Scritti ermetici in copto*, Brescia, Paideia, 2000.

——, «Forme di rapporto maestro / discepolo nei testi magici e alchemici della tarda antichità», in G. Filoramo (ed.), *Maestro e discepolo. Temi e problemi della direzione spirituale tra VI secolo a.C e VII secolo d.C.*, Brescia, Morcelliana, 2002, p. 107–126.

Camplani, A., e Zambon, M., «Il sacrificio come problema in alcune correnti filosofiche di età imperiale», *Annali di storia dell'esegesi* 19.1. *I Cristiani e il sacrificio pagano e biblico* (2002), p. 59–99.

Cancik, H. and Cancik-Lindemaier, H., « The Truth of Images. Cicero and Varro on Image Worship », in J. Assmann and A.I. Baumgarten, *Representation in Religion. Studies in Honor of Moshe Barasch*, Leiden, Brill, 2001, p. 43–61.

Carcopino, J., « Sur les traces de l'hermétisme africain », in *Aspects mystiques de la Rome païenne*, Paris, L'Artisan du livre, 1941, p. 208–286.

Cardullo, L., *Il linguaggio del simbolo in Proclo : analisi filosofico-semantica dei termini symbolon-eikôn-synthêma nel Commentario alla Repubblica*, Catania, Università di Catania, 1985.

Carlier, J., « Science divine et raison humaine », in J.-P. Vernant, L. Vandermeersch, J. Gernet et *alii*, *Divination et rationalité*, Paris, Seuil, 1974, p. 252–256.

Cauville, S., « Les inscriptions géographiques relatives au nome tentyrite », *Bulletin de l'Institut Français d'Archéologie Orientale* 92 (1992), p. 67–99.

——, *Dendara I–IV. Traduction*, Leuven, Peeters, 1998–2001.

——, *Dendara. Le fonds hiéroglyphique au temps de Cléopâtre*, Paris, Cybèle, 2001.

——, *Dendara. Les fêtes d'Hathor*, Leuven, Peeters, 2002.

——, *Dendara V–VI. Traduction. Les cryptes du temple d'Hathor*, vol. I, Leuven, Peeters, 2004.

——, *Dendara V–VI. Index Phraséologique. Les cryptes du temple d'Hathor*, vol. II, Leuven, Peeters, 2004.

Cenival, Fr. de, *Le Mythe de l'œil du soleil. Translittération et traduction avec commentaire philologique*, Sommerhausen, G. Zauzich Verlag, 1988.

Cerny, J., « Egyptian Oracles », in R.A. Parker, *A Saite Oracle Papyrus from Thebes in the Brooklyn Museum [Papyrus Brooklyn 17.218.3]*, Providence, Brown University Press, 1962, p. 35–48.

——, *Coptic Etymological Dictionary*, Cambridge, Cambridge University Press, 1976.

Chadwick, H., *The Sentences of Sextus. A Contribution to the History of Early Christian Ethics*, Cambridge, Cambridge University Press, 1959.

Chailley, J., *La Musique grecque antique*, Paris, Les Belles Lettres, 1979.

Chantraine, P., *Dictionnaire étymologique de la langue grecque*, Paris, Klincksieck, 1968.

Chapot, F. et Laurot, B., *Corpus de prières grecques et romaines*, Turnhout, Brepols, 2001.

Chariton, *Le Roman de Chaireas et Callirhoé*, texte établi et traduit par G. Molinié, Paris, Les Belles Lettres, 1989 (2ᵉ tirage révisé de l'édition de 1979).

Charron, A., *Les Animaux et le sacré dans l'Égypte tardive. Fonctions et signification*, Paris, EPHE. Section "Sciences des religions", Th. Doct. : Sci. Rel., Paris, 1996.

Chassinat, E., *Le Temple d'Edfou*, t. 8, Le Caire, IFAO, 1933.

——, *Le Mystère d'Osiris au mois de Khoiak*, 2 fasc., Le Caire, IFAO, 1966–1968.

Chauveau, M., « Bilinguisme et traductions », in D. Valbelle et J. Leclant (dir), *Le Décret de Memphis. Colloque de la Fondation Singer-Polignac à l'occasion de la célébration du bicentenaire de la découverte de la Pierre de Rosette*, Paris, De Boccard, 1999, p. 25–39.

Chérémon d'Alexandrie, *Fragments*, in P. W. van der Horst, *Chaeremon. Egyptian Priest and Stoic Philosopher. The Fragments*, Leiden, Brill, 1984.

Christophe, L.A., « Le vocabulaire d'architecture monumentale d'après le *Papyrus Harris I* », in *Mélanges Maspéro 1. Orient ancien*, fasc. 4, Le Caire, IFAO, 1961, p. 17–29.

Cicéron, *Correspondance*, t. VIII : *Lettres DLXXXVII–DCCVI (mars 45 – août 45 avant J.-C.)*, texte établi, traduit et annoté par J. Beaujeu, Paris, Les Belles Lettres, 1983.

——, *De la divination*, traduction : J. Kany-Turpin, Paris, Flammarion, 2004.

——, *De natura deorum*, traduction : M. van den Bruwaene, Bruxelles, Revue d'études latines, 1970–1986.

——, *Tusculanes*, t. I : *Livres I–II*, texte établi par G. Fohlen et traduit par J. Humbert, Paris, Les Belles Lettres, 1930.

Clarysse, W., «Ptolémées et temples», in D. Valbelle et J. Leclant (dir), *Le Décret de Memphis. Colloque de la Fondation Singer-Polignac à l'occasion de la célébration du bicentenaire de la découverte de la Pierre de Rosette*, Paris, De Boccard, 1999, p. 41–62.

Claude, P., *Les Trois Stèles de Seth. Hymne gnostique à la triade (NH VII, 5)*, Québec/ Louvain/Paris, Les Presses de l'Université Laval/Peeters, 1983.

Clément d'Alexandrie, *Le Pédagogue, II*, texte grec repris de l'édition de O. Staehlin avec corrections, traduction de C. Mondésert, notes de H.-I. Marrou, Paris, Cerf, 1965.

——, *Extraits de Théodote*, texte grec, introduction, traduction et notes de F. Sagnard, Paris, Cerf, 1970.

——, *Le Protreptique*, introduction, traduction et notes de C. Mondésert, Paris, Cerf, 1976³.

——, *Les Stromates*, vol. I: *Stromate I*, introduction de C. Mondésert, traduction et notes de M. Caster, Paris, Cerf, 1951.

——, *Les Stromates*, vol. V-1: *Stromate V*, introduction, texte critique et index par A. Le Boulluec, Paris, Cerf, 1981.

——, *Les Stromates*, vol. V-2: *Stromate V*, commentaire, bibliographie et index par A. Le Boulluec, Paris, Cerf, 2009.

——, *Les Stromates*, vol. VI: *Stromate VI*, introduction, texte critique, traduction et notes par P. Descourtieux, Paris, Cerf, 1999.

——, *Les Stromates*, vol. VII: *Stromate VII*, introduction, texte critique et notes par A. Le Boulluec, Paris, Cerf, 1997.

Colpe, C., und Holzhausen, J. (bearb. und hrsg.), *Das Corpus Hermeticum Deutsch. Übersetzung, Darstellung und Kommentierung in drei Teilen*, Stuttgart-Bad Canstatt, Frommann-Holzboog, 1997.

Copenhaver, B.P., *Hermetica. The Greek Corpus Hermeticum and the Latin Asclepius in a New English Translation with Notes and Introduction*, Cambridge, Cambridge University Press, 1992.

Corpus Hermeticum I–IV, texte établi par A.D. Nock et traduit par A.-J. Festugière, CUF, Paris, Les Belles Lettres, 1991–1992 (cinquième tirage de l'édition de 1945–54).

Costa, G., «Hermes dio delle iniziazioni», *Civiltà classica e cristiana* 3 (1982), p. 277–295.

Cottrell, E., *Le Kitab Nazhat al wa Rawdat al-Afrah de Shams al-Din al Shahrazuri (fin du 13ᵉ siècle)*, Paris, EPHE. Section "Sciences des religions", Th. Doct.: Sci. Rel., Paris, 2004.

Couloubaritsis, L., *Aux origines de la philosophie européenne: de la pensée archaïque au néoplatonisme*, Bruxelles, De Boeck-Wesmael, 1994².

——, «La religion chrétienne a-t-elle influencé la philosophie grecque?», *Kernos* 8 (1995), p. 97–106.

Cribiore, R., *Writing, Teachers, and Students in Graeco-Roman Egypt*, Atlanta, Scholars Press, 1996.

——, *Gymnastics of the Mind: Greek Education in Hellenistic and Roman Egypt*, Princeton, Princeton University Press, 2001.

Crippa, S., «Entre vocalité et écriture: les voix de la Sibylle et les rites vocaux des magiciens», in C. Batsch, U. Egelhaaf-Gaiser und R. Stepper (hrsg.), *Zwischen Krise und Alltag. Antike Religionen im Mittelmeerraum*, Stuttgart, Franz Steiner Verlag, 1999, p. 95–110.

Crouzel, H., *Origène et la 'connaissance mystique'*, Paris, Desclée de Brouwer, 1961.

Crum, W.E., *A Coptic Dictionary*, Oxford, Clarendon Press, 1939.

Cumont, F., *Textes et Monuments relatifs aux mystères de Mithra*, Bruxelles, Lamertin, 1899.

Cyrille d'Alexandrie, *Contre Julien*, vol. I: *Livres I et II*, introduction, texte critique, traduction et notes par P. Evieux et P. Burguière, Paris, Cerf, 1985.

Czesz, B., «La "tradizione" profetica nella controversia montanista», in *Sogni, visioni e profezie nell'antico Cristianismo. XVII incontro di stuodisi dell'Antichità Cristiana, Augustinianum* 29 (1989), p. 55–70.

Damascius, *Des premiers principes: apories et résolutions*, introduction, notes et traduction par M.-C. Galpérine, Lagrasse, Verdier, 1987.

Dannenfeldt, K.H., «Hermetica philosophica», in P.O. Kristeller, *Catalogus translationum et commentariorum: Medieval and Renaissance Latin Translations and Commentaries, Annotated Lists and Guides*, Washington D.C., Catholic University of America Press, 1960, p. 137–151.

Daressy, G., «Fragments d'un livre de l'ouverture de la bouche», *Annales du Service des Antiquités de l'Égypte* 22 (1922), p. 193–198.

Daumas, F., *Les Moyens d'expression du grec et de l'égyptien comparés dans les décrets de Canope et de Memphis*, Le Caire, IFAO, 1952.

——, «La valeur de l'or dans la pensée égyptienne», *Revue de l'histoire des religions* 149 (1956), p. 1–17.

——, «Le sanatorium de Dendara», *Bulletin de l'Institut Français d'Archéologie Orientale* 56 (1957), p. 35–57.

——, *Les Mammisis de Dendara*, Le Caire, IFAO, 1959.

——, «Sur un scarabée portant une inscription curieuse», in *Hommages à la mémoire de Serge Sauneron 1927–1976*, t. 1, Le Caire, IFAO, 1979, p. 155–166.

——, «Quelques textes de l'atelier des orfèvres dans le temple de Dendara», in J. Vercoutter (dir.), *Livre du centenaire 1880–1980*, Le Caire, IFAO, 1980, p. 109–118.

——, «Le fonds égyptien de l'hermétisme», in J. Ries (dir.), *Gnosticisme et monde hellénistique: actes du colloque de Louvain-la-Neuve 11–14.3.1980*, Louvain-la-Neuve, Institut orientaliste, 1982, p. 3–25.

David, A.R., *Religious Ritual at Abydos (c. 1300 BC)*, Warminster, Aris & Phillips, 1973.

Davies, W.D., and Allison, D.C., *A Critical and Exegetical Commentary on The Gospel According to Saint Matthew*, Edinburgh, T&T Clark, 1997.

Davies, N. de Garis (ed.: L. Bull and L.F. Hall), *The Temple of Hibis in el Khargeh Oasis. Part III: the Decoration*, New York, The Metropolitan Museum of Art, 1953.

——, *The Tomb of Rekh-mi-Re at Thebes*, New York, Arno Press, 1973 (réimpression de l'édition de 1943).

De Lacy, P.H. (ed. and transl.), *Galen. On the Doctrines of Hippocrates and Plato*, Berlin, Akademie-Verlag, 1978.

de Ruyt, F., «L'agenouillement dans l'iconographie antique de la prière, à propos d'un ex-voto romain, découvert à Alba Fucens en 1970», *Bulletin de la Classe des Lettres et des Sciences morales et politiques*, 5ᵉ série, 57 (1971), p. 205–216.

DeConick, A., *Original Gospel of Thomas in Translation. With a Commentary*, T&T Clark, 2005.

Delatte, A., «Le baiser, l'agenouillement et le prosternement de l'adoration (προσκύνησις) chez les Grecs», *Bulletin de la Classe des Lettres et des Sciences morales et politiques* 5ᵉ série, 37 (1951), p. 423–450.

Delatte, L., Govaerts, S. et Denooz, J., *Index du Corpus Hermeticum*, Roma, Edizioni dell'Ateneo, 1977.

Delcomminette, S., «Vocabulaire stoïcien et pensée égyptienne dans le onzième traité du Corpus hermétique», *Revue de philosophie ancienne* 20.2 (2002), p. 11–36.

Delling, G., «παραλαμβάνω», in G. Kittel (ed.), *Theological Dictionary of the New Testament* IV, translation: G.W. Bromiley, Grand Rapids, Eerdmans, 1967, p. 11–14.

Delteil, G., «Rites, lieux de mémoire», *Études théologiques et religieuses* 70.2 (1995), p. 229–239.

Démarée, R.J., *The ꜣḫ ỉḳr n Rꜥ-stelae: on Ancestor worship in Ancient Egypt*, Leiden, Nederlands Instituut voor het Nabije Oosten, 1983.

Denis, A.-M. et collaborateurs, *Introduction à la littérature religieuse judéo-hellénistique: Pseudépigraphes de l'Ancien Testament*, Turnhout, Brepols, 2000.

Deonna, W., « L'ex-voto de Cypsélos à Delphes: le symbolisme du palmier et des grenouilles », *Revue de l'histoire des religions* 139 (1951), p. 162–207.

——, « L'ex-voto de Cypsélos à Delphes: le symbolisme du palmier et des grenouilles *(suite)* », *Revue de l'histoire des religions* 140 (1951) p. 5–58.

——, « La femme et la grenouille », *Gazette des Beaux-Arts* 40 (1952), p. 229–240.

Derchain, P., « Sur l'authenticité de l'inspiration égyptienne dans le "Corpus Hermeticum" », *Revue de l'histoire des religions* 161.1 (1962), p. 175–198.

——, *Le Papyrus Salt 825 (B.M. 10051), rituel pour la conservation de la vie en Égypte*, Bruxelles, Palais des Académies, 1965.

——, « Le tombeau d'Osymandyas et la maison de la vie à Thèbes », *Nachrichten der Akademie der Wissenschaften in Göttingen. I. Philo-Historische Klasse* 8 (1965), p. 165–171.

——, « Noch einmal Hermes Trismegistos », *Göttinger Miszellen* 15 (1975), p. 7–10.

——, « La recette du kyphi », *Revue d'Égyptologie* 28 (1976), p. 61–65.

——, « Miettes. § 10- À propos d'une grenouille », *Revue d'Égyptologie* 30 (1978), p. 65–66.

——, « Anthropologie. Égypte pharaonique », in Y. Bonnefoy (dir.), *Dictionnaire des mythologies et des religions des sociétés traditionnelles et du monde antique. A-J*, Paris, Flammarion, 1981, p. 46–49.

——, « Rituels égyptiens », in Y. Bonnefoy (dir.), *Dictionnaire des mythologies et des religions des sociétés traditionnelles et du monde antique. K-Z*, Paris, Flammarion, 1981, p. 328–333.

——, « À propos de performativité. Pensers anciens et articles récents », *Göttinger Miszellen* 110 (1989), p. 13–18.

——, « L'Atelier des Orfèvres à Dendara et les origines de l'Alchimie », *Chronique d'Égypte* 65, fasc. 130 (1990), p. 219–242.

——, « Les hiéroglyphes à l'époque ptolémaïque », in C. Baurain, C. Bonnet et V. Krings, *Phoinikeia Grammata: lire et écrire en Méditerranée. Actes du colloque de Liège, 15-18 novembre 1989*, Namur, Société des Études Classiques, 1991, p. 243–256.

——, « Sur des pensers antiques… », *Chronique d'Égypte* 68, fasc. 135 (1993), p. 65–69.

——, « Des usages de l'écriture. Réflexions d'un savant égyptien », *Chronique d'Égypte* 72, fasc. 143 (1997), p. 10–15.

Derchain-Urtel, M.-T., *Priester im Tempel. Die Rezeption der Theologie der Tempel von Edfu und Dendera in den Privatdokumenten aus ptolemäischer Zeit*, Wiesbaden, Otto Harrassowitz, 1989.

——, *Thot à travers ses épithètes dans les scènes d'offrandes des temples d'époque gréco-romaine*, Bruxelles, Fondation Égyptologique Reine Élisabeth, 1981.

Derrida, J., « La pharmacie de Platon », in *La Dissémination*, Paris, Seuil, 1972, p. 77–213.

des Places, É., *Syngeneia. La parenté de l'homme avec Dieu d'Homère à la patristique*, Paris, Klincksieck, 1964.

——, « Platon et la langue des Mystères », *Études platoniciennes*, Leiden, Brill, 1981, p. 83–97.

Desreumaux, A., « Les titres des œuvres apocryphes chrétiennes et leurs corpus: le cas de la "Doctrine d'Addaï" syriaque », in M. Tardieu (éd.), *La Formation des canons scripturaires*, Paris, Cerf, 1993, p. 203–217.

Détienne, M., « L'écriture et ses nouveaux objets intellectuels en Grèce », in M. Détienne (dir.), *Les Savoirs de l'écriture en Grèce ancienne*, Lille, Presses Universitaires de Lille, 1988, p. 7–26.

Deutsch, N., *Guardians of the Gate. Angelic Vice Regency in Late Antiquity*, Leiden, Brill, 1999.

Dibélius, M., *Die Pastoralbriefe*, Tübingen, Mohr-Siebeck, 1966.

Dillon, J., « Image, Symbol and Analogy : Three Basic Concepts of Neoplatonis Exegesis », in R.B. Harris, *The Significance of Platonism*, Norfolk, International Society for Neoplatonic Studies, 1976, p. 247–262.

——, « The Magical Power of Names in Origen and Later Platonism », in R. Hanson and H. Crouzel (ed.), *Origeniana tertia. The Third International Colloquium for Origen Studies (University of Manchester, September 7th–11th, 1981)*, Roma, Edizioni dell'Ateneo, 1985, p. 203–216.

——, « The Platonizing of Mithra », in *idem*, *The Golden Chain. Studies in the Development of Platonism and Christianity*, Aldershot, Variorum, 1990, p. 79–85.

Diodore de Sicile, *Bibliothèque historique*, t. I : *Livre I*, texte établi par P. Bertrac, traduction par Y. Vernière, Paris, Les Belles Lettres, 1993.

——, *Bibliothèque historique*, t. III : *Livre III*, texte établi et traduit par B. Bommelaer, Paris, Les Belles Lettres, 1989.

——, *The Library of History*, vol. 1 : *Book I and II*, translation by C.H. Oldfather, London, W. Heinemann, 1968.

Diogène Laërce, *Vie et doctrines des philosophes illustres*, traduction sous la direction de M.-O. Goulet-Cazé, Paris, Le Livre de Poche, 1999.

Dittenberger, W., *Orientis Graeci Inscriptiones Selectae*, vol. 1, Hildesheim, Georg Olms, 1986 (réimpression de l'édition de 1903).

——, *Orientis Graeci Inscriptiones Selectae*, vol. 2, Hildesheim, Georg Olms, 1986 (réimpression de l'édition de 1905).

Dodd, C.H., *The Interpretation of the Fourth Gospel*, Cambridge, Cambridge University Press, 1953.

——, *The Bible and the Greeks*, London, Hodder and Stoughton, 1954².

Dorandi, T., *Le Stylet et la tablette. Dans le secret des auteurs antiques*, Paris, Les Belles Lettres, 2000.

Doresse, J., « Hermès et la gnose. À propos de l'Asclépius copte », *Novum Testamentum* 1 (1956), p. 54–69.

——, *Les Livres secrets des gnostiques d'Égypte. 1. Introduction aux écrits gnostiques coptes découverts à Khénoboskion*, Paris, Plon, 1958.

Doresse, M., « Le dieu voilé dans sa châsse et la fête du début de la décade », *Revue d'Égyptologie* 23 (1971), p. 113–136, *Revue d'Égyptologie* 25 (1973), p. 92–135 et *Revue d'Égyptologie* 31 (1979), p. 36–65.

Dorival, G., « Païens en prière », in G. Dorival et D. Pralon, *Prières méditerranéennes. Hier et aujourd'hui*, Aix-en-Provence, Publications de l'Université de Provence, 2000, p. 87–101.

Dornseiff, F., *Das Alphabet in Mystik und Magie*, Leipzig, Teubner, 1922.

Dorotheus, *Fragmenta e Hephaestionis*, in *Dorothei Sidonii Carmen astrologicum*, ed. D. Pingree, Leipzig, Teubner, 1976, p. 427–434.

Dörrie, H., « Erotapokriseis », *Reallexikon für Antike und Christentum* 6, Stuttgart, Anton Hiersemann, 1966, col. 342–347.

Draguet, R., *Index copte et grec-copte de la concordance du Nouveau Testament Sahidique*, Louvain, Secrétariat du CorpusSCO, 1960.

Drioton, E., « Hermopolis et l'écriture énigmatique du tombeau Petekem », in S. Gabra, *Rapport sur les fouilles d'Hermoupolis Ouest (Touna El-Gebel)*, Le Caire, IFAO, 1941, p. 31–32.

——, « Le temple égyptien », *Revue du Caire* (1942), p. 3–14.

Dubois, J.-D., « Le contexte judaïque du "Nom" dans l'*Évangile de Vérité* », *Revue de théologie et de philosophie* 24 (1974), p. 198–216.

——, « Les titres du Codex I (Jung) de Nag Hammadi », in M. Tardieu (éd.), *La Formation des canons scripturaires*, Paris, Cerf, 1993, p. 219–235.

——, « L'essénisme, un courant de pensée qui est resté sans suite », in A. Houziaux (dir.), *Jésus de Qumrân à l'Évangile de Thomas. Les judaïsmes et la genèse du christianisme*, Paris, Bayard, 1999, p. 111–115.

Dulaey, M., «Le symbole de la baguette dans l'art paléochrétien», *Revue des études augustiniennes* 19 (1973), p. 3–38.

Dunand, F., *Le Culte d'Isis dans le bassin oriental de la Méditerranée. 1. Le Culte d'Isis et les Ptolémées*, Leiden, Brill, 1973.

——, «Cultes égyptiens hors d'Égypte. Nouvelles voies d'approche et d'interprétation», in E. Van't Dack, P. Van Dessel and W. Van Gucht, *Egypt and the Hellenistic World: Proceedings of the international Colloquium, Leuven 24–26 May 1982*, Louvain, Publications Universitaires de Louvain, 1983, p. 75–98.

——, *Isis. Mère des Dieux*, Paris, Éditions Errance, 2000.

Dupont, F., *Homère et Dallas. Introduction à une critique anthropologique*, Paris, Hachette, 1991.

Eco, U., *Lector in fabula. Le rôle du lecteur ou la Coopération interprétative dans les textes narratifs*, traduction: M. Bouzaher, Paris, Grasset, 1985 (édition italienne de 1979).

Eichholz, D.E., *Theophrastus. De lapidibus*, Oxford, Clarendon Press, 1965.

Eichler, E., «Zur Datierung und Interpretation der Lehre des Ptahhotep», *Zeitschrift für ägyptische Sprache und Altertumskunde* 128 (2001), p. 97–107.

Eitrem, S., «Zusatz. Der διάβολος und die magischen Elemente im NT», *Symbolae Osloenses* 2 (1924), p. 59–61.

Élenchos, traduction: A. Siouville, Paris, Rieder, 1928.

Emmel, S., «Religious Tradition, Textual Transmission and the Nag Hammadi Codices», in A. McGuire and J.D. Turner (ed.), *The Nag Hammadi Library after Fifty Years: Proceedings of the 1995 Society of Biblical Literature Commemoration*, Leiden, Brill, 1997, p. 34–43.

Épictète, *Entretiens*, traduction: J. Souilhé, Paris, Les Belles Lettres, 1943–65.

Epicteti Dissertationes ab Arriani digestae, ed. H. Schenkl, J. Schweighauser, Leipzig, Teubner, 1965 (réimpression de l'édition de 1916).

Épiphane de Salamine, *Panarion*, translation: F. Williams, Leiden, Brill, 2009.

Erichsen, W., und Schott, S., *Fragmente memphitischer Theologie in demotischer Schrift (Pap. demot. Berlin 13 603)*, Mainz/Wiesbaden, Akademie der Wissenschaften und der Literatur, 1954.

Erman, A., Grapow, H., *Wörterbuch der ägyptischen Sprache*, 5 Vol., Leipzig, J.C. Hinrichs, 1928–1931.

Errera, M., «Détermination spectroradiométrique du matériau de deux objets pharaoniques "turquoises"», in C. Karlshausen et T. De Putter (éd.), *Pierres égyptiennes. Chefs-d'œuvre pour l'éternité*, Mons, Faculté Polytechnique de Mons, 2000, p. 107–109.

Eschyle, *Tragédies*, t. II: *Agamemnon – Les Choéphores – Les Euménides*, texte établi et traduit par P. Mazon, Paris, Les Belles Lettres, 2009 (15ᵉ tirage de l'édition de 1920).

Ésope, *Fables*, texte établi et traduit par E. Chambry, Paris, Les Belles Lettres, 1985.

Eunape de Sardes, *Vitae sophistarum*, recensuit G. Giangrande, Romae, Typis Publicae Officinae Polygraphicae, 1956.

——, *Vite di filosofi e sofisti*, introduzione, traduzione, note e apparati di M. Civiletti, Milano, Bompiani, 2007.

Euripide, *Tragédies*, t. III: *Héraclès – Les Suppliantes – Ion*, texte établi et traduit par H. Grégoire et L. Parmentier, Paris, Les Belles Lettres, 2002 (8ᵉ tirage de l'édition de 1923).

——, *Tragédies*, t. VII-1: *Iphigénie à Aulis*, texte établi et traduit par F. Jouan, Paris, Les Belles Lettres, 2002 (4ᵉ tirage revu et corrigé de l'édition de 1983).

Eusèbe de Césarée, *Commentaire aux Psaumes*, in *Patrologiae cursus completus omnium SS. Patrum, doctorum, scriptorumque ecclesiasticorum sive latinorum, sive graecorum, Series graeca, accurante J.-P. Migne*, vol. 23, Turnhout, Brepols, 1984 (fac-similé de l'édition de Paris, 1857).

——, *La Préparation évangélique, Livres I*, introduction, traduction et annotation par O. Zink, texte grec révisé par É. des Places, Paris, Cerf, 1974.

——, *La Préparation évangélique, Livres IV–V,1–17*, introduction, traduction et annotation par O. Zink, texte grec révisé par É. des Places, Paris, Cerf, 1979.

——, *La Préparation évangélique, Livres VIII–IX–X*, introduction, traduction et notes des livres VIII et X par G. Schroeder, du livre IX par É. des Places, texte grec révisé par É. des Places, Paris, Cerf, 1991.

Évhémère, *Evhemeri Messenii Reliquiae*, ed. M. Winiarczyk, Stuttgart/Leipzig, Teubner, 1991.

Fabricius, I.A., *Bibliotheca graeca, sive notitia scriptorum veterum graecorum*, Hambourg, 1790, vol. 1.

Faivre, A., *Présence d'Hermès Trismégiste*, Paris, Albin Michel, 1988.

Fattal, M., *Pour un nouveau langage de la raison: convergences entre l'Orient et l'Occident*, Paris, Beauchesne, 1988.

Feder, F., «Der Einfluss des Griechischen auf das Ägyptische in ptolemäisch-römischer Zeit», in T. Schneider (hrsg.), *Das Ägyptische und die Sprachen Vorderasiens, Nordafrikas und der Ägäis. Akten des Basler Kolloquiums zum ägyptisch-nichtsemitischen Sprachkontakt. Basel 9.-11. Juli 2003*, Münster, Ugarit-Verlag, 2004, p. 509 521.

Festugière, A.-J., «Foi ou formule dans le culte d'Isis?», *Revue biblique* 41 (1932), p. 257–261.

——, «Une source hermétique de Porphyre: l'Égyptien du *De abstinentia*», *Revue des études grecques* 49 (1936), p. 586 595.

——, «Hermetica», *Harvard Theological Review* 31.1 (1938), p. 1–20 (repris dans A.-J. Festugière, *Hermétisme et mystique païenne*, Paris, Aubier-Montaigne, 1967, p. 100–120).

——, «Les dieux ousiarques de l'"Asclépius"», *Recherches de science religieuse* 28 (1938), p. 175–192 (repris dans A.-J. Festugière, *Hermétisme et mystique païenne*, Paris, Aubier-Montaigne, 1967, p. 121–130).

——, «Le style de la Koré Kosmou», *Vivre et Penser. Recherches d'exégèse et d'histoire* 2 (1942), p. 15–57.

——, «À propos des arétalogies d'Isis», *Harvard Theological Review* 42.4 (1949), p. 209–234.

——, «L'arétalogie isiaque de la "Koré Kosmou"», in *Mélanges d'archéologie et d'histoire offerts à Charles Picard*, Paris, PUF, 1949, p. 376–381 (repris dans *Études de religion grecque et hellénistique*, Paris, Vrin, 1972, p. 164–169).

——, «L'expérience religieuse du médecin Thessalos», *Revue biblique* 48 (1949), p. 45–77 (repris dans A.-J. Festugière, *Hermétisme et mystique païenne*, Paris, Aubier-Montaigne, 1967, p. 141–180).

——, *Hermétisme et mystique païenne*, Paris, Aubier-Montaigne, 1967.

——, *L'Idéal religieux des Grecs et l'Évangile*, Paris, J. Gabalda, 1981.

——, *La Révélation d'Hermès Trismégiste*. Vol. 1: *L'Astrologie et les sciences occultes*, Paris, les Belles Lettres, 1989 (réimpression de la seconde édition de 1950].

——, *La Révélation d'Hermès Trismégiste*. Vol. 2: *Le Dieu cosmique*, Paris, les Belles Lettres, 1990 (réimpression de la seconde édition de 1950).

——, *La Révélation d'Hermès Trismégiste*. Vol. 3: *Les Doctrines de l'âme*. Vol. 4: *Le Dieu inconnu*, Paris, les Belles Lettres, 1990 (réimpression de la seconde édition de 1950).

Filoramo, G., «The Transformation of the Inner Self in Gnostic and Hermetic Texts», in J. Assmann and G.G. Stroumsa, *Transformations of the Inner Self in Ancient Religions*, Leiden, Brill, 1999, p. 137–149.

Fischer, K.M., «Abstrakt The Facsimile Edition of the Nag Hammadi Codices, 1972», *Theologische Literaturzeitung* 98.2 (1973), p. 106–108.

Fischer-Elfert, H.W., *Die Vision von der Statue im Stein. Studien zum altägyptischen Mundöffnungsritual*, Heidelberg, Winter, 1998.

Förster, N., *Markus Magus: Kult, Lehre und Gemeindeleben einer valentinianischen Gnostikergruppe. Sammlung der Quelle und Kommentar*, Tübingen, Mohr-Siebeck, 1999.

——, «Zaubertexte in ägyptischen Tempelbibliotheken und die hermetische Schrift "Über die Achtheit und Neunheit"», in M. Immerzeel and J. van der Vliet (eds), *Coptic Studies on the Threshold of a new Millennium. II- Proceedings of the Seventh International Congress of Coptic Studies. Leiden 2000*, Leuven/Paris, 2004, p. 723–737.

Förster, W., «εὐσεβής», in G. Kittel (ed.), *Theological Dictionary of the New Testament* VII, translation: G.W. Bromiley, Grand Rapids, Eerdmans, 1971, p. 175–185.

Fowden, G., *Hermès l'Egyptien. Une approche historique de l'esprit du paganisme tardif*, traduction: J.-M. Mandosio, Paris, Les Belles Lettres, 2000 (édition anglaise de 1986).

Frankfurter, D., «The Magic of Writing and the Writing of Magic: the Power of the Word in Egyptian and Greek Traditions», *Helios* 21 (1994), p. 189–221.

——, *Religion in Roman Egypt. Assimilation and Resistance*, Princeton, Princeton University Press, 1998.

Frend, W.H.C., «Montanism: a Movement of Prophecy and Regional Identity in the Early Church», *Bulletin of the John Rylands University Library of Manchester* 70.3 (1988), p. 25–34.

Freyburger, G., «*Gratias agere*. Histoire et constitution de l'action de grâces chrétienne», *Études Grégoriennes* 17 (1978), p. 193–200.

Funk, W.-P., Poirier, P.-H., et Turner, J.D., *Marsanès (NH X)*, Québec/Louvain/Paris, Les Presses de l'Université Laval/Peeters, 2000.

Galien, *De libris propriis liber*, in *Claudii Galeni Pergameni scripta minora*, ed. G. Helmreich, J. Marquardt, I. Muller, vol. 2, Amsterdam, Hakkert, 1967 (réimpression de l'édition de 1891), p. 91–124.

Gamble, H., «The Redaction of the Pauline Letters and the Formation of the Pauline Corpus», *Journal of Biblical Literature* 94 (1975), p. 403–418.

——, «The New Testament Canon: Recent Research and the Status Quaestionis», in L.M. McDonald and J.A. Sanders, *The Canon Debate*, Peabody (Mass.), Hendrickson Publishers, 2002, p. 268–294.

Gamer-Wallert, I., *Vermerk: Fundort unbekannt. Ägyptologische Entdeckungen bei Privatsammlern in und um Stuttgart*, Tübingen, Attempto Verlag, 1997.

Gardiner, A.H., «Imhotep and the Scribe's Libation», *Zeitschrift für ägyptische Sprache und Altertumskunde* 40 (1902–1903), p. 146.

——, «Some Personifications. II. Hu, "Authoritative Utterance". Sia, "Understanding"», *Proceedings of the Society of Biblical Archaeology* 38 (1916), p. 43–54 et p. 83–95.

——, «The House of Life», *Journal of Egyptian Archaeology* 24 (1938), p. 157–179.

——, «The Baptism of Pharaoh», *Journal of Egyptian Archaeology* 36 (1950), p. 3–12.

——, «Addendum to 'The Baptism of Pharaoh', *Journal of Egyptian Archaeology* 36, 3–12», *Journal of Egyptian Archaeology* 37 (1951), p. 111.

Gavrilov, A.K., «Techniques of Reading in Classical Antiquity», *The Classical Quarterly* n. s. 47 (1997), p. 56–73.

Gentile, S., & Gilly, C., *Marsilio Ficino e il ritorno di Ermete Trismegisto. Marsilio Ficino and the Return of Hermes Trismegistus*, Firenze, Centro Di, 1999.

Geoponica sive Cassiani Bassi Scholastici De re rustica eclogue, recensuit H. Beckh, Bibliotheca Scriptorum Graecorum et Romanorum Teubneriana, Leipzig, Teubner, 1895.

Georges, C., «Les lampes», in J.-Y. Empereur et M.-D. Nenna, *Nécropolis 1*, Le Caire, IFAO, 2001, p. 423–504.

Georges le Syncelle, *Georgius Syncellus. Ecloga chronographica*, ed. A.A. Mosshammer, Leipzig, Teubner, 1984.

Germond, P. et Livet, J., *Bestiaire égyptien*, Paris, Citadelle & Mazenod, 2001.

Gilly, C., & van Heertum, C. (eds.), *Magia, alchimia, scienza dal '400 al '700. L'influsso di Ermete Trismegisto*, vol. II, Firenze, Centro Di, 2002.

Ginouvès, R. et *alii*, *Dictionnaire méthodique de l'architecture grecque et romaine. Tome III: espaces architecturaux, bâtiments et ensembles*, École française d'Athènes / de Rome, 1998.

Girgis, V., «A new Strategos of the Hermopolite Nome», *Mitteilungen des Deutschen Archäologischen Instituts* 20 (1965), p. 121.

Giversen, S., «Hermetic Communities?», in J.P. Sorensen, *Rethinking Religion. Studies in the Hellenistic Process*, Copenhagen, Museum Tusculanum Press, 1989, p. 49–54.

Gonzalez Blanco, A., «Hermetism. A Bibliographical Approach», *Aufstieg und Niedergang der römischen Welt* II 17,4, 1984, p. 2240–2281.

Goulet, R., «Évhémère de Messine», in R. Goulet (dir.), *Dictionnaire des philosophes antiques. III: d'Eccélos à Juvénal*, Paris, CNRS, 2000, p. 403–411.

Goulet Cazé, M.-O., «L'arrière-plan scolaire de la Vie de Plotin», in L. Brisson, M.-O. Goulet-Cazé et *alii*, *Porphyre. La Vie de Plotin*, t. 1, *Travaux préliminaires et index grec complet*, Paris, Vrin, 1982, p. 317–320.

Gourinat, J.-B., *Premières leçons sur le «Manuel» d'Épictète comprenant le texte intégral du «Manuel» dans une traduction nouvelle*, Paris, PUF, 1998.

Grabar, A., «Plotin et les origines de l'esthétique médiévale», *Cahiers archéologiques* 1 (1945), p. 15–34 (repris dans A. Grabar, *Les Origines de l'esthétique médiévale*, Paris, Macula, 1992, p. 29–87).

Graf, F., «Prayer in Magical and Religious Ritual», in C.A. Faraone and D. Obbink, *Magika Hiera: Ancient Greek Magic and Religion*, Oxford, Oxford University Press, 1991, p. 188–213.

——, «The Magician's Initiation», *Helios* 21 (1994), p. 161–177.

——, *La Magie dans l'Antiquité gréco-romaine*, Paris, Hachette, 1994.

——, «Inkubation», in H. Cancik und H. Schneider (hrsg.), *Der Neue Pauly. Enzyklopädie der Antike*, Band 5, Stuttgart/Weimar, J.B. Metzler, 1998, col. 1006–1007.

Graindor, P., *Terres cuites de l'Égypte gréco-romaine*, Antwerpen, de Sikkel, 1939.

Grandet, P., *Le Papyrus Harris (BM 9999) I*, vol. 1–3, Le Caire, IFAO, 1994 et 1999.

Grandjean, Y., *Une nouvelle arétalogie d'Isis à Maronée*, Leiden, Brill, 1975.

Grech, P., «La pratica del battesimo ai tempi di Gesù», in P.-R. Tragan, *Alle origini del battesimo cristiano: radici del battesimo e suo significato nelle comunità apostoliche. Atti dell'VIII Convegno di teologia sacramentaria, Roma, 9–11 marzo 1989*, Roma, Pontificio Ateneo S. Anselmo, 1991, p. 59–73.

Green, H.B., «Matthew 28:19, Eusebius, and the *lex orandi*», in R. Williams (ed.), *The Making of Orthodoxy: Essays in honour of Henry Chadwick*, Cambridge, Cambridge University Press, 1989, p. 124–141.

Grégoire de Nazianze, *Lettres*, t. II, Texte établi et traduit par P. Gallay, Paris, Les Belles Lettres, 2003.

——, *Discours 27–31*, introduction, texte critique, traduction et notes par P. Gallay, avec la collaboration de M. Jourjon, Paris, Cerf, 2006.

Grenfell, B.P., and Hunt, A.S., *The Amherst Papyri, Being an Account of the Greek Papyri in the Collection of the Right Hon. Lord Amherst of Hackney, F.S.A. at Didlington Hall, Norfolk, Part II: Classical Fragments and Documents of the Ptolemaic, Roman and Byzantine Periods*, London, Oxford University Press Warehouse, 1901.

——, *The Oxyrhynchus Papyri, Part III: n° 401–653*, London, Egypt Exploration Society, 1903.

——, *The Oxyrhynchus Papyri*, Part XI: *n° 1351-1404*, London, Egypt Exploration Society, 1915.

Grese, W.C., *Corpus Hermeticum XIII and Early Christian Literature*, Leiden, Brill, 1979.

——, «The Hermetica and New Testament Research», *Biblical Research* 28 (1983), p. 37–54.

Griffith, F.L., «The Glosses in the Magical papyrus of London and Leiden», *Zeitschrift für ägyptische Sprache und Altertumskunde* 46 (1909), p. 117–131.

Griffiths, J. Gwyn, *Apuleius of Madauros. The Isis-Book (Metamorphoses, Book XI)*, Leiden, Brill, 1975.

——, «Isis as *Maat, Dikaiosuné* and *Iustitia*», in C. Berger, G. Clerc et N. Grimal, *Hommages à Jean Leclant*, vol. 3: *Études isiaques*, Le Caire, IFAO, 1994, p. 255–269.

Grimal, N., *Histoire de l'Égypte ancienne*, Paris, Fayard, 1988.

Grodzynski, D., «Par la bouche de l'empereur. Rome IVᵉ siècle», in J.-P. Vernant, L. Vandermeersch, J. Gernet et *alii*, *Divination et rationalité*, Paris, Seuil, 1974, p. 267–294.

Grottanelli, C., «Appunti sulla fine dei sacrifici», *Egitto e Vicino Oriente* 12 (1989), p. 175–192.

Gruber, M.I., *Aspects of non-verbal Commmunication in the Ancient Near-East*, Roma, Biblical Institute Press, 1980.

Gugliemi, W., «Milchopfer», in W. Helck und E. Otto, *Lexikon der Ägyptologie*, Band IV, Wiesbaden, Otto Harrassowitz, 1982, col. 127–128.

Guillaumont, F., *Le "De divinatione" de Cicéron et les théories antiques de la divination*, Lille, Atelier national de reproduction des thèses, Th. Doct., Études latines, Paris IV, 2000.

Guittard, C., *Recherches sur le "carmen" et la prière dans la littérature et la religion romaine*, Lille, Atelier national de reproduction des thèses, Th. État, Études latines, Paris IV, 1996.

Gunn, B., «Interpreters of Dreams in Ancient Egypt», *Journal of Egyptian Archaeology* 4 (1917), p. 252.

Gustafon, M., «The Isis Hymn of Diodorus of Sicily (1.27.3)», in M. Kiley, *Prayer from Alexander to Constantine. A critical Anthology*, London, Routledge, 1997, p. 155–158.

Gutbub, A., *Textes fondamentaux de la théologie de Kom Ombo*, Le Caire, IFAO, 1973.

Hadot, I. et P., *Apprendre à philosopher dans l'Antiquité. L'enseignement du "Manuel d'Épictète" et son commentaire néoplatonicien*, Paris, Librairie Générale Française, 2004.

Hadot, I., *Le Problème du néoplatonisme alexandrin. Hiéroclès et Simplicius*, Paris, Études augustiniennes, 1978.

Hadot, P., «La physique comme exercice spirituel ou pessimisme et optimisme chez Marc Aurèle», *Revue de théologie et de philosophie* 22 (1972), p. 225–239 (repris dans Hadot, P., *Exercices spirituels et philosophie antique*, Paris, Albin Michel, 2002⁴, p. 145–164).

——, *La Citadelle intérieure: introduction aux "Pensées" de Marc Aurèle*, Paris, Fayard, 1992.

——, *Qu'est-ce que la philosophie antique?*, Paris, Gallimard, 1995.

——, *La Philosophie comme manière de vivre. Entretiens avec J. Carlier et A.I. Davidson*, Paris, Albin Michel, 2001.

——, *Exercices spirituels et philosophie antique*, Paris, Albin Michel, 2002⁴.

——, «Le plan du traité 33 et l'hypothèse du "Grand Traité"» lors du séminaire-colloque «Thèmes et problèmes du traité 33 de Plotin contre les gnostiques», organisé par M. Tardieu avec la collaboration de P. Hadot, au collège de France, les 7 et 8 juin 2005.

Haenchen, E., « Aufbau und Theologie des Poimandres », *Zeitschrift für Theologie und Kirche* 53 (1956), p. 149-191 (repris dans *idem, Gott und Mensch. Gesammelte Aufsätze*, Band I, Tübingen, Mohr-Siebeck, 1965, p. 335-377.

Haikal, F.M.H., *Two Hieratic Funerary Papyri of Nesmin*, 2 Parts, Bruxelles, Fondation Égyptologique Reine Élisabeth, 1970-1972.

Hanegraaff, W.J., (ed.), in collaboration with A. Faivre, R. van den Broek, J.-P. Brach, *Dictionary of Gnosis & Western Esotericism*, vol. 1, Leiden, Brill, 2005.

Hani, J., *La Religion égyptienne dans la pensée de Plutarque*, Paris, Les Belles Lettres, 1976.

——, « Le temple égyptien », *Les Études philosophiques*, 1987, p. 139-152.

Harder, R., « Ein neue Schrift Plotins », *Hermès* 71 (1936), p. 1-10.

——, *Karpokrates von Chalkis und die memphitische Isispropaganda*, Berlin, 1944.

Harl, K.W., « Sacrifice and Pagan Belief in Fifth- and Sixth-Century Byzantium », *Past and Present* 128 (1990), p. 7-27.

Harnack, A. (hrsg.), *Porphyrius. Gegen die Christen*, Berlin, Akademie der Wissenschaften, 1916.

Harris, J.R., *Lexicographical Studies in Ancient Egyptian Minerals*, Berlin, Akademie-Verlag, 1961.

Hartman, L., « The Human Desire to Converse with the Divine. Dio of Prusa and Philo of Alexandria on Images of God », in P. Schalk, *"Being Religious and Living through the Eyes". Studies in religious Iconography and Iconology. A Celebratory Publication in Honour of Professor J. Bergman*, Uppsala, Almqvist & Wiksell, 1998, p. 163-171.

Hauck, F., « καθαρός », in G. Kittel (ed.), *Theological Dictionary of the New Testament* III, translation: G.W. Bromiley, Grand Rapids, Eerdmans, 1965, p. 413-417.

——, « ὅσιος », in G. Kittel (ed.), *Theological Dictionary of the New Testament* V, translation: G.W. Bromiley, Grand Rapids, Eerdmans, 1967, p. 489-492.

Havelock, E.A., *The Muse Learns to Write. Reflections on Orality and Literacy from Antiquity to the Present*, New Haven/London, Yale University Press, 1986.

Hay, D.M., « Pistis as "Ground for Faith" in Hellenized Judaism and Paul », *Journal of Biblical Literature* 108.3 (1989), p. 461-476.

Hécatée d'Abdère, *Fragments*, in F. Jacoby, *Die Fragmente der griechischen Historiker (FGrHist)*, Teil 3A: *Geschichte von Städten und Völkern (Horographie und Ethnographie)*, Leiden, Brill 1969 (réimpression de l'édition de 1955), n° 264.

Heilporn, P., « L'empereur et les dieux. Panthéon grec, romain et égyptien dans une prière inédite à Hadrien », conférence donnée au Palais Universitaire de Strasbourg, 29 octobre 2004.

Heinrici, C.F.G., *Die Hermes-Mystik und das Neue Testament*, Leipzig, J.C. Hinrichs, 1918.

Helck, W., « Priester, Priesterorganisation, Priestertitel », in W. Helck und E. Otto, *Lexikon der Ägyptologie*, Band IV, Wiesbaden, Otto Harrassowitz, 1982, col. 1084-1097.

Hense, O., and Wachsmuth, C., *Ioannis Stobaei anthologium*, 5 vols., Berlin, Weidmann, 1958 (réimpression de l'édition de 1884-1912).

Héraclite, in *Die Fragmente der Vorsokratiker*, éd. H. Diels, Berlin, Weidmann, 1912³, p. 139-189.

——, *Fragments: citations et témoignages*, trad., introd., notes et bibliog. par J.-F. Pradeau, GF 1097, Paris, Flammarion, 2004².

Herbin, F.-R., « Un hymne à la lune croissante », *Bulletin de l'Institut Français d'Archéologie Orientale* 82 (1982), p. 237-282 + pl. XLVII.

——, « Une liturgie des rites décadaires de Djemê. Papyrus Vienne 3865 », *Revue d'Égyptologie* 35 (1984), p. 105-126.

——, « Les premières pages du papyrus Salt 825 », *Bulletin de l'Institut Français d'Archéologie Orientale* 88 (1988), p. 95-112 + pl. VII.

——, *Le Livre de parcourir l'éternité*, Leuven, Peeters, 1994.

Hermias d'Alexandrie, *Hermiae Alexandrini in Platonis Phaedrum scholia ad fidem codicis parisini 1810 denuo collati*, edidit et apparatu critico ornavit Paul Couvreur; novae huius libri impressioni indicem verborum epilogumque addidit Clemens Zintzen, Hildesheim, Olms, 1971 (réimpression de l'édition de 1901).

Hermogène, Περὶ εὑρεσέως Δ, in H. Rabe, *Hermogenis opera*, Stuttgart, Teubner, 1969 (réimpression de l'édition de 1913), p. 93–212.

Hérodote, *Histoires*, t. I: *Livre I:Clio*, texte établi et traduit par P.-E. Legrand, Paris, Les Belles Lettres, 1932.

——, *Histoires*, t. II: *Livre II: Euterpe*, texte établi et traduit par P.-E. Legrand, Paris, Les Belles Lettres, 2002 (7ᵉ tirage de l'édition de 1936).

——, *Histoires*, t. IV: *Livre IV: Melpomène*, texte établi et traduit par P.-E. Legrand, Paris, Les Belles Lettres, 2003 (5ᵉ tirage de l'édition de 1945).

——, *Histoires*, t. VIII: *Livre VIII: Uranie*, texte établi et traduit par P.-E. Legrand, Paris, Les Belles Lettres, 2003 (4ᵉ tirage de l'édition de 1953).

Heurtel, C., «Le baiser copte», in A. Boud'hors, J. Gascou et D. Vaillancourt, *Journées d'études coptes IX. Onzième journée d'études (Strasbourg, 12–14 juin 2003)*, Paris, De Boccard, 2006, p. 187–210.

Heyob, S.K., *The Cult of Isis among Women in the Graeco-Roman World*, Leiden, Brill, 1975.

Hippocrate, *Le Mochlique, Vectarius*, dans É. Littré, *Œuvres complètes d'Hippocrate*, vol. 4, Amsterdam, Hakkert, 1962 (réimpression de l'édition de 1844), p. 340–394.

Hippolyte de Rome, *De antichristo*, in *Patrologiae cursus completus omnium SS. Patrum, doctorum, scriptorumque ecclesiasticorum sive latinorum, sive graecorum, Series graeca, accurante J.-P. Migne*, vol. 10, Turnhout, Brepols, 2004 (fac-similé de l'édition de Paris, 1857).

Hodjash, S., and Berlev, O., *The Egyptian Reliefs and Stelae in the Pushkin Museum of Fine Arts, Moscow*, Leningrad, Aurora Art Publishers, 1982.

Hoffmann, P., «Épilogue sur les prologues, ou comment entrer en matière», in J.-D. Dubois et B. Roussel, *Entrer en matière: les prologues*, Paris, Cerf, 1998, p. 485–506.

——, «Séminaire: théologie et mystique de la Grèce hellénistique et de la fin de l'antiquité», École Pratique des Hautes Études, Section des sciences religieuses, 2002–2003.

——, «La foi chez les néo-platoniciens païens», in *La Croyance religieuse*, Paris, Fonds Inseec pour la recherche, 2004, p. 9–25.

Hoffmeier, J.K., *Sacred in the Vocabulary of Ancient Egypt. The Term dsr, with special Reference to Dynasties I–XX*, Göttingen, Vandenhoeck & Ruprecht, 1985.

Hölbl, G., *A History of the Ptolemaic Empire*, traduction: T. Saavedra, London, Routledge, 2001 (édition allemande de 1994).

Holzhausen, J., *Der „Mythos vom Menschen" im hellenistischen Ägypten. Eine Studie zum „Poimandres" (CH I), zu Valentin und dem gnostischen Mythos*, Bodenheim, Athenäum.Hain.Hanstein, 1994.

——, «Asklepios (NHC VI,8)», in H.-M. Schenke, H.-G. Bethge und U.U. Kaiser (hrsg.), *Nag Hammadi Deutsch*, Berlin, De Gruyter, 2003, p. 527–541.

Hombert, P., «Description sommaire d'une collection d'antiquités gréco-romaines», *Chronique d'Égypte* 21, fasc. 42 (1946), p. 245–266.

Hornik, H., «The Philosophical *Hermetica*; their History and Meaning», *Atti della Accademia delle Scienze di Torino* 109 (1975), p. 343–392.

Hornung, E. (hrsg.), *Das Buch der Anbetung des Re im Westen (Sonnenlitanei). Nach den Versionen des Neuen Reiches*, Genève, Éditions de Belles-Lettres, 1975–76.

——, *Der ägyptische Mythos von der Himmelskuh. Eine Ätiologie des Unvollkommenen*, Göttingen, Vandenhoeck & Ruprecht, 1982.

Horsfall Scotti, M., «The Asclepius: Thoughts on a re-opened Debate», *Vigiliae Christianae* 54 (2000), p. 396–416.

Houziaux, A., (dir.), *Jésus de Qumrân à l'Évangile de Thomas. Les judaïsmes et la genèse du christianisme*, Paris, Bayard, 1999.

Hünemörder, C., « Frosch », in H. Cancik und H. Schneider (hrsg.), *Der Neue Pauly. Enzyklopädie der Antike*, Band 4, Stuttgart/Weimar, J.B. Metzler, 1998, col. 680–682.

Hunink, V., « Apuleius and the Asclépius », *Vigiliae Christianae* 50 (1996), p. 288–308.

Hunt, A.S., *The Oxyrhynchus Papyri*, Part XVII: *n° 2065-2156*, London, Egypt Exploration Society, 1927.

Hymne à Hermès, in Homère, *Hymnes*, Texte établi et traduit par J. Humbert, Paris, Les Belles Lettres, 2003 (8ᵉ tirage de l'édition de 1951).

Inowlocki, S., « 'Neither Adding nor Omitting Anything': Josephus' Promise not to Modify the Scriptures in Greek and Latin Context », *Journal of Jewish Studies* 56.1 (2005), p. 48–65.

Irénée de Lyon, *Contre les hérésies. Dénonciation et réfutation de la gnose au nom menteur*, traduction: A. Rousseau, Paris, Cerf, 2001.

Iversen, E., *Egyptian and Hermetic Doctrine*, Copenhagen, Museum Tusculanum Press, 1984.

Jackson, H., « Κόρη Κόσμου: Isis, Pupil of the Eye of the World », *Chronique d'Égypte* 66, fasc. 121 (1986), p. 116-135.

Jacob, C., « Questions sur les questions: archéologie d'une pratique intellectuelle et d'une forme discursive », in A. Volgers and C. Zamagni (eds.), *Erotapokriseis. Early Christian Question-and-Answer Literature in Context*, Leuven, Peeters, 2004, p. 25–54.

Jacoby, A., und Spiegelberg, W., « Der Frosch als Symbol der Auferstehung bei den Aegyptern », *Sphinx* 7 (1903), p. 215–228.

Jacoby, F., *Die Fragmente der griechischen Historiker (FGrHist)*, Leiden, Brill, 1954–1954.

Jamblique *Protreptique*, texte établi et traduit par É. des Places, Paris, Les Belles Lettres, 2003 (2ᵉ tirage de l'édition de 1989).

——, *Les Mystères d'Égypte, des Chaldéens et des Assyriens*, texte établi et traduit par É. des Places, Paris, Les Belles Lettres, 1996 (3ᵉ tirage de l'édition de 1966).

——, *Les Mystères d'Égypte. Réponse d'Abamon à la Lettre de Porphyre à Anébon*, traduction et commentaire de M. Broze et C. Van Liefferinge, Bruxelles, Ousia, 2009.

——, *Vie de Pythagore*, traduction par L. Brisson et A.P. Segonds, Paris, Les Belles Lettres, 1996.

Jansen, H.L., « Die Frage nach Tendenz und Verfasserschaft im Poimandres », in G. Windengren (ed.), *Proceedings of the International Colloquium on Gnosticism, Stockholm, August 20-25. 1973*, Stockholm/Leiden, Almqvist & Wiksell/Brill, 1977, p. 157–163.

Jasnow, R., and Zauzich, K.-T., « A Book of Thoth? », in C.J. Eyre (ed.), *Proceedings of the seventh International Congress of Egyptologists. Cambridge, 3-9 September 1995*, Leuven, Peeters, 1998, p. 608–618.

——, *The Ancient Egyptian Book of Thot: A Demotic Discourse on Knowledge and Pendant to the Classical Hermetica*. Volume 1: *Text*. Volume 2: *Plates*, Wiesbaden, Otto Harrassowitz, 2005.

Jean Chrysostome, *Huit catéchèses baptismales*, introduction, texte critique, traduction et notes par A. Wenger, Paris, Cerf, 2005 (réimpression de la 1ᵉ édition de 1957 revue et corrigée).

Jean Damascène, *La Passion de saint Artémis*, in *Patrologiae cursus completus omnium SS. Patrum, doctorum, scriptorumque ecclesiasticorum sive latinorum, sive graecorum, Series graeca*, accurante J.-P. Migne, vol. 96, Turnhout, Brepols, 1992 (facsimilé de l'édition de Paris, 1864).

Jean Lydus, *Ioanni Lydi. Liber de Mensibus*, ed. R. Wünsch, Stuttgart, Teubner, 1967.
Jeanmaire, H., «Le substantif *hosia* et sa signification comme terme technique dans le vocabulaire religieux», *Revue des études grecques* 58 (1945), p. 66–89.
Jonas, H., *The Gnostic Religion: the Message of the Alien God and the Beginnings of Christianity*, Boston, Beacon Press, 1958.
Julien (l'empereur), *Œuvres complètes*, t. I, 2ᵉ partie: *Lettres et fragments*, texte établi et traduit par J. Bidez, Paris, Les Belles Lettres, 2003 (4ᵉ tirage de l'édition de 1924).
——, *Œuvres complètes*, t. II, 1ᵉ partie: *Discours de Julien Empereur (VI–IX)*, Texte établi et traduit par G. Rochefort, Paris, Les Belles Lettres, 2003 (2ᵉ tirage de l'édition de 1963).
Junker, H., *Die Stundenwachen in den Osirismysterien nach den Inschriften von Dendera, Edfu und Philae*, Wien, A. Hölder, 1910.
——, *Der Auszug der Hathor-Tefnut aus Nubien*, Berlin, Königl. Akademie der Wissenschaften, 1911.
——, *Die Götterlehre von Memphis (Schabaka-Inschrift)*, Berlin, Akademie der Wissenschaften, 1940.
Junker, H., und Winter, E., *Das Geburtshaus des Tempels der Isis in Philä*, Wien, H. Böhlaus Nachf., 1965.
Justin le Martyr, *Apologies*, introduction, texte critique, traduction et commentaire par A. Wartelle, Paris, Études augustiniennes, 1987.
Kákosy, L., «Imhotep and Amenhotep son of Hapu as patrons of the Dead», *Selected Papers (1956–73)*, *Studia Aegyptiaca* 7 (1981), p. 175–183.
——, «Le statue maghiche guaritrici. Some Problems of the Magical Healing statues», in A. Roccati e A. Siliotti, *La Magia in Egitto ai tempi dei Faraoni. Atti convegno internazionale di Studi. Milano 29–31 ottobre 1985*, Milano, Arte e natura libri, 1987, p. 171–186.
——, «Hermetic Obelisks», *Studia Aegyptiaca* 12 (1989), p. 235–239.
——, «Hermes and Egypt», in A.B. Lloyd, *Studies in Pharaonic Religion and Society in Honour of J. Gwyn Griffiths*, London, The Egypt Exploration Society, 1992, p. 258–261.
——, *Egyptian Healing Statues in Three Museums in Italy (Turin, Florence, Naples)*, Torino, Ministero per i Beni e le Attività Culturali, 1999.
Karlshausen, C., «Le chat dans la mythologie: les démons-chats», in L. Delvaux et E. Warmenbol (ed.), *Les Divins Chats d'Égypte: un air subtil, un dangereux parfum*, Leuven, Peeters, 1991, p. 101–105.
Keizer, L.S., *The Eighth Reveals the Ninth: A new Hermetic Initiation Discourse translated and interpreted*, Seaside (California), Academy of Arts and Humanities, 1974.
Kelber, W., *Tradition orale et écriture*, traduction: J. Prignaud, Paris, Cerf, 1991 (édition anglaise de 1983).
Kingsley, P., «Poimandres: the Etymology of the Name and the Origins of the Hermetica», *Journal of Warburg and Courtauld Institutes* 56 (1993), p. 1–24.
——, «An Introduction to the Hermetica: Approaching Ancient Esoteric Tradition», in R. van den Broek and C. van Heertum (ed.), *From Poimandres to Jacob Böhme: Gnosis, Hermetism and the Christian Tradition*, Amsterdam, In de Pelikaan, 2000, p. 18–40.
——, «Poimandres: The Etymology of the Name and the Origins of the Hermetica», in R. van den Broek and C. van Heertum (ed.), *From Poimandres to Jacob Böhme: Gnosis, Hermetism and the Christian Tradition*, Amsterdam, In de Pelikaan, 2000, p. 41–76.
Kippenberg, H.G., and Stroumsa, G.G. (eds), *Secrecy and Concealment. Studies in the History of Mediterranean and Near Eastern Religions*, Leiden, Brill, 1995.
Klein, F.N., *Die Lichtterminologie bei Philon von Alexandrien und in den hermetischen Schriften*, Leiden, Brill, 1962.

Knox, B.M.W., «Silent Reading in Antiquity», *Greek, Roman and Byzantine Studies* 9.4 (1968), p. 421–435.

Koemoth, P.P., «L'hydrie isiaque et le rituel égyptien à l'époque romaine», *Cahiers de recherches de l'Institut de papyrologie et d'égyptologie de Lille* 20 (1999), p. 109–122.

Koenen, L., «From Baptism to the Gnosis of Manichaeism», in B. Layton, *The Rediscovery of Gnosticism* II. *Sethian Gnosticism*, Leiden, Brill, 1981, p. 734–756.

Konce, K., «ἄγαλμα and εἰκών», *American Journal of Philology* 109 (1988), p. 108–110.

Krause, M., «Ägyptisches Gedankengut in der Apokalypse des *Asclepius*», *Zeitschrift der Deutschen Morgenländischen Gesellschaft, Supplementa I* (1969), p. 48–57.

Krause, M., und Labib, P., *Gnostische und hermetische Schriften aus Codex II und Codex VI*, Glückstadt, J.J. Augustin, 1971.

Kreidler, M.J., «Montanism and Monasticism: Charism and Authority in the Early Church», *Studia Patristica* 18.2 (1989), p. 229–234.

Kroll, J., *Die Lehren des Hermes Trismegistos. Beiträge zur Geschichte der Philosophie des Mittelalters*, Münster, Aschendorff, 1914.

Kruchten, J.-M., *Les Annales des prêtres de Karnak (XXI–XXIII^{emes} dynasties) et autres textes contemporains relatifs à l'initiation des prêtres d'Amon*, Leuven, Departement Oriëntalistiek, 1989.

Kuhn, C.G., *Claudii Galeni opera omnia*, vol. 2, Hidesheim, Olms, 1964 (réimpression de l'édition de 1821).

Kurth, D., «Thot», in W. Helck und E. Otto, *Lexikon der Ägyptologie, Band VI*, Wiesbaden, Otto Harrassowitz, 1986, col. 497–523.

——, «"Alpha kai O-Mega". Über eine Formel in den ägyptischen Tempelinschriften griechisch-römischer Zeit», in W. Clarysse and H. Willems (eds.), *Egyptian Religion. The Last Thousand Years. Studies Dedicated to the Memory of J. Quaegebeur*, vol. 2, Leuven, Peeters, 1998, p. 875–882.

——, «Ägypter ohne Tempel», in B. Ego, A. Lange und P. Pillhofer, *Gemeinde ohne Tempel / Community without Temple. Zur Substituierung und Transformation des Jerusalemer Tempels und seines Kults im Alten Testament, antiken Judentum und frühen Christentum*, Tübingen, Mohr-Siebeck, 1999, p. 133–141.

L'Anonyme de Zuretti ou L'art sacré et divin de la chrysopée, texte établi et traduit par A. Colinet, Paris, Les Belles Lettres, 2000.

La Bible. Nouveau Testament, introduction par J. Grosjean, textes traduits, présentés et annotés par J. Grosjean et M. Léturmy, avec la collaboration de P. Gros, Paris, Gallimard, 1971.

La Doctrine des douze apôtres (Didachè), introduction, texte critique, traduction et notes par W. Rordorf et A. Tuilier, Paris, Cerf, 1998.

Labriolle, P. de, *La Crise montaniste*, Paris, E. Leroux, 1913.

——, *Les Sources de l'histoire du montanisme. Textes grecs, latins et syriaques publiés avec une introduction critique, une traduction française, des notes et des "indices"*, Paris, E. Leroux, 1913.

Labrique, F., «Le *sḏm.n.f* "rituel" à Edfou: le sens est roi», *Göttinger Miszellen* 106 (1988), p. 53–63.

Lactance, *Épitomé des Institutions divines*, introduction, texte critique, traduction par M. Perrin, Paris, Cerf, 1987.

——, *Les Institutions divines*, introduction, texte critique, traduction par P. Monat, Paris, Cerf, 1987.

Lajtar, A., «*Proskynema* Inscriptions of a Corporation of Iron-Workers from Hermonthis in the Temple of Hatshepsout in Deir el-Bahari: New Evidence for Pagan Cults in Egypt in the 4th cent. A. D.», *The Journal of Juristic Papyrology* 21 (1991), p. 53–70.

Lalouette, C., *Textes sacrés et textes profanes de l'ancienne Égypte. II. Mythes, contes et poésies*, Paris, Gallimard, 1987.

Lanzone, R.V., *Dizinario di mitologia egizia*, Torino, Litografia Fratelli Doyen, 1881.

Lattke, M., *Hymnus. Materialen zu einer Geschichte der antike Hymnologie*, Göttingen, Vandenhoeck & Ruprecht, 1991.

——, *Oden Salomos: Texte, Übersetzung, Kommentar*, vol. 1–3, Göttingen/Freiburg (Schweiz), Vandenhoeck & Ruprecht/Universitätsverlag, 1999–2005.

Lauer, J.-P., et Leclant, J., *Mission archéologique de Saqqarah. I- Le temple haut du complexe funéraire du roi Téti*, Le Caire, IFAO, 1972.

Layton, B., *Nag Hammadi Codex II, 2-7, together with XIII, 2* Brit. Lib. Or. 4926(1) and P. Oxy. 1, 654, 655*, vol. 1: *Gospel According to Thomas, Gospel According to Philip, Hypostasis of the Archons, Indexes*, vol. 2: *On the Origin of the World, Expository Treatise on the Soul, Book of Thomas the Contender*, Leiden, Brill, 1989.

Le Boulluec, A., « Le problème de l'extension du canon des Écritures aux premiers siècles », *Recherches de science religieuse* 92.1 (2004), p. 45–87.

Le syndrome de Rimbaud, [en ligne, 4 septembre 2005], disponible sur internet <freenix.fr/netizen/special/psyche/synes.html>.

Leclant, J., « La grenouille d'éternité des pays du Nil au monde méditérranéen », in de Boer M.B. et Edridge T.A., *Hommages à Maarten J. Vermaseren*, vol. 2, Leiden, Brill, 1978, p. 561–572.

Leclère, F., « A Cemetery of Osiris figurines at Karnak », *Egyptian Archaeology* 9 (1996), p. 9–12.

Lefka, A., « Pourquoi des dieux égyptiens chez Platon? », *Kernos* 7 (1994), p. 161–162.

Legasse, S., « Εὐλογεῖν et εὐχαριστεῖν », in *Mens Concordet Voci: pour Mgr Aimé-Georges Martimont à l'occasion de ses quarante années d'enseignement et des vingt ans de la Constitution « Sacrosanctum Concilium »*, Paris, Desclée, 1983, p. 431–435.

——, *Naissance du baptême*, Paris, Cerf, 1993.

Legras, B., *Néotês. Recherches sur les jeunes Grecs dans l'Égypte ptolémaïque et romaine*, Genève, Droz, 1999.

Leitz, C., et *alii*, *Lexikon der ägyptischen Götter und Götterbezeichnungen*, Band IV. *Nbt – ḥ*, Leuven, Peeters, 2002.

Les Lapidaires grecs. Lapidaire orphique. Kerygmes. Lapidaires d'Orphée. Socrate et Denys. Lapidaire nautique. Damigéron Evax, Texte établi et traduit par J. Schamp et R. Halleux, Paris, les Belles Lettres, 2003 (2ᵉ tirage de l'édition de 1985).

Les Odes de Salomon, présentation et traduction par É. Azar, Paris, Cerf, 1996.

Les Présocratiques, édition établie par J.-P. Dumont, avec la collaboration de D. Delattre et de J.-L. Poirier, Paris, Gallimard, 1988.

Letrouit, J., « Chronologie des alchimistes grecs », in D. Kahn et S. Matton, *Alchimie. Art, histoire et mythes. Actes du 1ᵉʳ colloque international de la Société d'étude de l'histoire de l'alchimie*, Paris/Milano, Séha/Archè, 1995, p. 11–93.

Lettre d'Aristée à Philocrate, Introduction, texte critique, traduction et note par A. Pelletier, Paris, Cerf, 1962.

Lévy, I., « Statues divines et animaux sacrés dans l'apologétique gréco-égyptienne », *Annuaire de l'Institut de philologie et d'histoire orientales et slaves* 3 (1935), p. 295–301.

Lewy, H., *Chaldean Oracles and Theurgy. Mysticism, Magic and Platonism in the Late Roman Empire*, Paris, Études augustiniennes, 1978 (édition de 1956 revue et augmentée par M. Tardieu).

Lichtheim, M., *Ancient Egyptian Literature*, I, Berkeley, University of California Press, 1973.

——, *Ancient Egyptian Literature*, III, Berkeley, University of California Press, 1980.

Liddell, H.G., Scott, R., *A Greek-English Lexicon*, Oxford, Clarendon Press, 1951.

Lindsay, J., *Les Origines de l'achimie dans l'Égypte gréco-romaine*, traduction: C. Rollinat, Paris, Le Rocher, 1986 (édition anglaise de 1970).

Lingas, A., « Instruments, Musical », in G. Speake (ed.), *Encyclopedia of Greece and the Hellenic Tradition*, vol. I, London/Chicago, Fitzroy Dearborn Publishers, 2000, p. 814–816.

Löhr, G., *Verherrlichung Gottes durch Philosophie*, Tübingen, Mohr-Siebeck, 1997.

Loprieno, A., « Le signe étymologique: le jeu de mots entre logique et esthétique », in *idem, La Pensée et l'écriture. Pour une analyse sémiotique de la culture égyptienne*, Paris, Cybèle, 2001 (édition revue par C. Zivie-Coche), p. 129–158.

Lorton, D., « The Theology of Cult Statues in Ancient Egypt », in M.B. Dick (ed.), *Born in Heaven, Made on Earth. The Making of the Cult Image in the Ancient Near East*, Winona Lake (Indiana), Eisenbrauns, 1999, p. 123–210.

Löw, A., *Hermes Trismegistos als Zeuge der Wahrheit*, Berlin/Wien, Philo, 2002.

Lucas, A., and Harris, J.R., *Ancient Egyptian Materials and Industries*, London, E. Arnold, 1962⁴.

Lucchesi, E., « À propos du mot copte "Sphransh" », *Journal of Egyptian Archaeology* 61 (1975), p. 254–256.

——, « Essai de traduction d'un mot copte nouveau », *Le Muséon* 88 (1975), p. 371–373.

Lucentini, P., Parri, I., and Perrone Compagni, V., (ed.), *Hermetism from Late Antiquity to Humanism. La tradizione ermetica dal mondo tardo-antico all'umanesimo. Atti del Convegno internazionale di studi, Napoli 20–24 novembre 2001*, Turnhout, Brepols, 2002.

Lyman, M.E., « Hermetic Religion and the Religion of the Fourth Gospel », *Journal of Biblical Literature* 49 (1935), p. 265–276.

Macdermot, V., *Pistis Sophia*, Leiden, Brill, 1978.

Macris, C., « Pythagore, un maître de sagesse charismatique de la fin de la période archaïque », in G. Filoramo (ed.), *Carisma profetico. Fattore di innovazione religiosa*, Brescia, Morcelliana, 2003, p. 243–289.

Macrobe, *Commentaire au songe de Scipion. Livre I*, éd. et trad.: M. Armisen-Marchetti, Paris, Les Belles Lettres, 2001.

Maehler, H., « L'évolution matérielle de l'hypomnèma jusqu'à la basse époque », in M.-O. Goulet-Cazé (dir.), *Le Commentaire entre tradition et innovation. Actes du colloque international de l'Institut des traditions textuelles (Paris et Villejuif, 22–25 septembre 1999)*, Paris, Vrin, 2000, p. 29–36.

Mahé, J.-P., « Le sens et la composition du traité hermétique, "l'Ogdoade et l'Ennéade" conservé dans le codex VI de Nag Hammadi », *Revue des sciences religieuses* 48 (1974), p. 54–65.

——, « La prière d'actions de grâces du codex VI de Nag-Hammadi et le *Discours parfait* », *Zeitschrift für Papyrologie und Epigraphik* 13 (1974), p. 40–60.

——, « Remarques d'un latiniste sur l'Asclépius copte de Nag Hammadi », *Revue des sciences religieuses* 48 (1974), p. 136–155.

——, « Le sens des symboles sexuels dans quelques textes hermétiques et gnostiques », in J.É. Ménard (éd.), *Les Textes de Nag Hammadi, Colloque du Centre d'histoire des religions. Strasbourg, 23–25 octobre 1974*, Leiden, Brill, 1975, p. 123–145.

——, *Hermès en Haute-Égypte*, 2 tomes, Québec/Louvain/Paris, Les Presses de l'Université Laval/Peeters, 1978–1982.

——, « Appendice: Le *Discours parfait* d'après l'Asclépius latin: utilisation des sources et cohérence rédactionnelle », in B. Barc (ed.), *Colloque international sur les textes de Nag Hammadi*, Québec/Louvain/Paris, Les Presses de l'Université Laval/Peeters, 1981, p. 405–434.

——, « Fragments hermétiques », in E. Lucchesi et H.D. Saffrey, *Mémorial A.-J. Festugière. Antiquité païenne et chrétienne*, Genève, P. Cramer, 1984, p. 51–64.

——, «Paliggenesia et structure du monde supérieur dans les Hermetica et la traité d'Eugnoste de Nag Hammadi», in *Deuxième journée d'études coptes. Strasbourg 25 mai 1984*, Louvain/Paris, Peeters/Boccard, 1986, p. 137–149.

——, «La voie d'immortalité à la lumière des Hermetica de Nag Hammadi et de découvertes plus récentes», *Vigiliae Christianae* 45 (1991), p. 347–375.

——, «Preliminary Remarks on the Demotic Book of Thoth and the Greek Hermetica», *Vigiliae Christianae* 50.4 (1996), p. 353–363.

——, «Gnostic and Hermetic Ethics», in R. van den Broek and W.J. Hanegraaff, *Gnosis and Hermetism from Antiquity to Modern Times*, New York, State University of New York Press, 1998, p. 21–36.

——, «Théorie et pratique dans l'*Asclépius*», in P. Lucentini, I. Parri and V. Perrone Compagni (ed.), *Hermetism from Late Antiquity to Humanism. La tradizione ermetica dal mondo tardo-antico all'umanesimo. Atti del Convegno internazionale di studi, Napoli 20–24 novembre 2001*, Turnhout, Brepols, 2002, p. 5–23.

——, «Accolade ou baiser? Sur un rite hermétique de régénération: ἀσπάζεσθαι en NH VI,57,26 et 65,4», in L. Painchaud et P.-H. Poirier, *Coptica – Gnostica – Manichaica. Mélanges offerts à Wolf-Peter Funk*, Québec/Louvain/Paris, Les Presses de l'Université Laval/Peeters, 2006, p. 557–566.

Mahé, J.-P., et Mahé, A., *Le Témoignage véritable (NH IX, 3). Gnose et martyr*, Québec/Louvain/Paris, Les Presses de l'Université Laval/Peeters, 1996.

Mahé, J.-P., et Poirier, P.-H., *Écrits gnostiques. La bibliothèque de Nag Hammadi*, Paris, Gallimard, 2007.

Majercik, R., *The Chaldean Oracles. Text, Translation and Commentary*, Leiden, Brill, 1989.

Malaise, M., *Les Scarabées de cœur dans l'Égypte ancienne*, Bruxelles, Fondation Égyptologique Reine Élisabeth, 1978.

——, «Ciste et hydrie, symboles isiaques de la puissance et de la présence d'Osiris», in J. Ries (éd.), *Le Symbolisme dans le culte des grandes religions. Actes du colloque de Louvain-la-Neuve 1983*, Louvain-la-Neuve, Centre d'histoire des religions, 1985, p. 125–155.

Malalas, Jean, *The Chronicle of John Malala*, a translation by E. Jeffreys, M. Jeffreys and R. Scott, Melbourne, Australian Association for Byzantine Studies, 1986.

Malek, J., *The Cat in Ancient Egypt*, London, The British Museum Press, 1993.

Mantovani, G., «Il valore del sangue in alcuni testi gnostici di Nag Hammadi», in F. Vattioni (ed.), *Sangue e antropologica Biblica. Atti della settimana [del] Centro Studi Sanguis Christi, Roma 10–15 marzo 1980*, Roma, Pia unione Preziosissimo Sangue, 1981, p. 143–149.

Marc Aurèle, *Écrits pour lui-même*, texte établi et traduit par P. Hadot, avec la collaboration de C. Luna, Paris, Les Belles Lettres, 2002 (2e tirage de l'édition de 1988).

——, *Pensieri*, introduzione, traduzione, note e apparati di C. Cassanmagnago, Milano, Bompiani, 2008.

Marcus, R., «The Name Poimandres», *Journal of Near Eastern Studies* 8.1 (1949), p. 40–43.

Marinus, *Proclus ou sur le bonheur*, texte établi, traduit et annoté par H.D. Saffrey et A.-P. Segonds avec la collaboration de C. Luna, Paris, Les Belles Lettres, 2002 (2e tirage de l'édition de 2001).

Markschies, C., *Valentinus Gnosticus? Untersuchungen zur valentianischen Gnosis mit einem Kommentar zu den Fragmenten Valentins*, Tübingen, Mohr-Siebeck, 1992.

Marrou, H.-I., *Histoire de l'éducation dans l'Antiquité. Tome I: le monde grec*, Paris, Seuil, 1981⁶.

Martin, L.H., «Secrecy in hellenistic Religious Communities», in H.G. Kippenberg and G.G. Stroumsa (eds), *Secrecy and Concealment. Studies in the History of Mediterranean and Near Eastern Religions*, Leiden, Brill, 1995, p. 101–121.

Matton, S., « Hermès Trismégiste dans la littérature alchimique médiévale », in P. Lucentini, I. Parri and V. Perrone Compagni (ed.), *Hermetism from Late Antiquity to Humanism. La tradizione ermetica dal mondo tardo-antico all'umanesimo. Atti del Convegno internazionale di studi, Napoli 20–24 novembre 2001* Turnhout, Brepols, 2002, p. 621–650.

Maxime de Tyr, *Dissertationes*, ed. M.B. Trapp, Stuttgart, Teubner, 1994.

——, *The Philosophical Orations*, translation with an introduction and notes by M.B. Trapp, Oxford, Clarendon Press, 1997.

McAllister Scott, T., *Egyptian Elements in Hermetic Literature*, Cambridge, Harvard University, Th. D.: Theology, Cambridge, 1987, UMI, Ann Arbor, 1991.

Méautis, G., *Hermoupolis-la-Grande. Une métropole égyptienne sous l'empire romain*, Lausanne, Imprimerie la Concorde, 1918.

Méhat, A., « Sur deux définitions de la prière », in G. Dorival et A. Le Boulluec, *Origeniana Sexta. Origène et la Bible / Origen and the Bible. Actes du Colloquium Origenianum Sextum. Chantilly 1993*, Leuven, University Press, 1995, p. 115–120.

Ménard, J.É., *L'Évangile de Vérité*, Leiden, Brill, 1972.

——, *Traité sur la Résurrection (NH I, 4)*, Québec/Louvain/Paris, Les Presses de l'Université Laval/Peeters, 1983.

Ménard, L., *Hermès Trismégiste. Traduction complète, précédée d'une étude sur l'origine des livres hermétiques*, Paris, Didier, 1866.

Meslin, M., « Le maître spirituel », in M. Meslin (dir.), *Maître et disciples dans les traditions religieuses. Actes du colloque organisé par le centre d'histoire comparée des religions de l'Université Paris-Sorbonne, 15–16 avril 1988*, Paris, Cerf, 1990, p. 11–19.

Milde, H., *The Vignettes in the Book of the Dead of Neferrenpet*, Leiden, Nederlands Instituut voor het Nabije Oosten, 1991.

Miller, J.E., « Dreams and Prophetic Visions », *Biblica* 71.3 (1990), p. 401–404.

Minto, A., « Frustulum Papyraceum con resti di figurazione dipinta: Hermes Psychopompos (?) », *Aegyptus* 32 (1952), p. 324–330.

Minucius Félix, *Octavius*, texte établi et traduit par J. Beaujeu, Paris, Les Belles Lettres, 1974.

Möller, G., *Die beiden Totenpapyrus Rhind des Museums zu Edinburg*, Leipzig, J.C. Hinrichs, 1913.

Montanari, F., « Hypomnèma », in H. Cancik und H. Schneider (hrsg.), *Der Neue Pauly. Enzyklopädie der Antike*, Band 5, Stuttgart/Weimar, J.B. Metzler, 1998, col. 813–815.

Montet, P., *Géographie de l'Égypte ancienne. Première partie. To-mehou: la Basse-Égypte*, Paris, Klincksieck, 1957.

Morand, A.-F., *Études sur les Hymnes orphiques*, Leiden, Brill, 2001.

Morani, M., « Sull'espressione linguistica dell'idea di 'santuario' nelle civiltà classiche », in M. Sordi, *Santuari e politica nel mondo antico*, Milano, Vita e pensiero, 1983, p. 3–32.

Moreschini, C., « Brève histoire de l'hermétisme latin », in *Dall'Asclepius al Crater Hermetis. Studi sull'ermetismo latino tardo-antico e rinascimentale*, Pisa, Giardini, 1985, p. 15–49.

——, « Per una storia dell'ermetismo latino », in C. Guiffrida e M. Mazza, *Le Trasformazioni della cultura nella tarda antichità*, vol. 1, Roma, Jouvence, 1985, p. 529–543.

Moret, A., *Le Rituel du culte divin journalier en Égypte d'après les papyrus de Berlin et les textes du temple de Séti 1er, à Abydos*, Paris, E. Leroux, 1902.

Mortley, R., *From Word to Silence*, vol. 1. *The Rise and Fall of Logos*, Bonn, P. Hanstein, 1986.

Motte, A., *Prairies et Jardins de la Grèce Antique. De la religion à la philosophie*, Bruxelles, Palais des Académies, 1973.

——, «Le symbolisme des repas sacrés en Grèce», in J. Ries (éd.), *Le symbolisme dans le culte des grandes religions. Actes du colloque de Louvain-la-Neuve 1983*, Homo religiosus 11, Louvain-la-Neuve, Centre d'histoire des religions, 1985, p. 157–171.

——, «Pureté – purification (Grèce)», in P. Poupard, *Dictionnaire des religions*, Paris, PUF, 1993³, p. 1637–1638.

——, «Aspects du prophétisme grec», *Prophéties et oracles en Égypte et en Grèce*, Paris, Cerf, 1994, p. 41–78 et p. 106–110.

Motte, L., «L'hiéroglyphe, d'Esna à l'Évangile de Vérité», in *Deuxième journée d'études coptes. Strasbourg 25 mai 1984*, Louvain/Paris, Peeters, 1986, p. 111–116.

——, «La vache multicolore et les trois pierres de la régénération», in *Études coptes III. Troisième journée d'études*, Louvain/Paris, Peeters, 1989, p. 135–136.

——, «L'astrologie égyptienne dans quelques traités de Nag Hammadi», in *Études Coptes IV. Quatrième journée d'études, Strasbourg 26–27 mai 1988*, Louvain/Paris, Peeters, 1995, p. 85–102.

Moulinier, L., *Le Pur et l'impur d'Homère à Aristote*, Paris, Klincksieck, 1952.

Mounce, W.D., *Pastoral Epistles*, Nashville, T. Nelson Publishers, 2000.

Müller, C., «Frosch», in W. Helck und E. Otto, *Lexikon der Ägyptologie*, Band II, Wiesbaden, Otto Harrassowitz, 1977, col. 334–336.

Müller, D., *Ägypten und die griechischen Isis-Aretalogien*, Berlin, Akademie-Verlag, 1961.

Mussies, G., «Catalogues of Sins and Virtues Personnified (*NHC* II, 5)», in R. van den Broek and M.J. Vermaseren, *Studies in Gnosticism and Hellenistic Religions presented to Gilles Quispel on the Occasion of his 65th Birthday*, Leiden, Brill, 1981, p. 314–336.

Nelson, H.H., and Murnane, W.J., *The Great Hypostyle Hall at Karnak*, vol. 1.1. *The Wall Reliefs*, Chicago, The Oriental Institute of the University of Chicago, 1981.

Nemesii Emeseni de natura hominis, ed. M. Morani, Leipzig, Teubner, 1987.

Neymeyr, U., *Die Christlichen Lehrer im zweiten Jahrhundert. Ihre Lehrtätigkeit, ihr Selbstverständnis und ihre Geschichte*, Leiden, Brill, 1989.

Nikiprowetzky, V., «La spiritualisation des sacrifices et le culte sacrificiel au temple de Jérusalem chez Philon d'Alexandrie», *Études philoniennes*, Paris, Cerf, 1996, p. 79–96.

Nock, A.D., «Karpokrates von Chalkis und die memphitische Isispropaganda by R. Harder», *Gnomon* 21 (1949), p. 221–228.

Nora, P., *Les Lieux de mémoire*, 3 volumes, Paris, Gallimard, 1984, 1986 et 1992.

Norden, E., *Agnostos Theos: Untersuchungen zur Formengeschichte religiöser Rede*, Berlin, Teubner, 1913.

Nordh, K., *Aspects of ancient Egyptian Curses and Blessings. Conceptual Background and Transmission*, Uppsala, Acta Universitatis Upsaliensis, 1996.

Norelli, E., «La notion de "mémoire" nous aide-t-elle à mieux comprendre la formation du canon du Nouveau Testament?», in P.S. Alexander et J.-D. Kaestli (éds), *The Canon of Scripture in Jewish and Christian Tradition*, Lausanne, Éditions du Zèbre, 2007, p. 169–206.

Novum Testamentum Graece, post E. et N. Nestle, edition vicesima septima revisa, communiter ediderunt B. et K. Aland, J. Karavidopoulos, C.M. Martini, B.M. Metzger, Stuttgart, Deutsche Bibelgesellschaft, 1993.

Numénius, *Fragments*, texte établi et traduit par É. des Places, Paris, Les Belles Lettres, 1973.

Odell, M.S., «Ezekiel Saw What He Said He Saw: Genres, Forms, and the Vision of Ezekiel 1», in M.A. Sweeney and E. Ben Zvi, *The Changing Face of Form Criticism for the Twenty-First Century*, Grand Rapids, Eerdmans, 2003, p. 162–176.

Oellacher, H., «Papyrus- und Pergamentfragmente aus Wiener und Münchner Bestanden», *Miscellanea Giovanni Galbiati*, vol. II, Milan, 1951, p. 179–188.

Oepke, A., «βάπτω, βαπτίζω», in G. Kittel (ed.), *Theological Dictionary of the New Testament* I, translation: G.W. Bromiley, Grand Rapids, Eerdmans, 1964, p. 527–545.

Oracles Chaldaïques, texte établi et traduit par É. des Places, Paris, Les Belles Lettres, 1971.

Oréal, E., « "Noir parfait", un jeu de mots de l'égyptien au grec», *Revue des études grecques* 111.2 (1998), p. 551–565.

Origène, *Adnotationes in Genesim*, in *Patrologiae cursus completus omnium SS. Patrum, doctorum, scriptorumque ecclesiasticorum sive latinorum, sive graecorum, Series graeca, accurante J.-P. Migne*, vol. 17, Turnhout, Brepols, 2004 (fac-similé de l'édition de Paris, 1857).

——, *Contre Celse*, t. I: *Livres I et II*, introduction, texte critique, traduction et notes par M. Borret, Paris, Cerf, 1967.

——, *Contre Celse*, t. II: *Livres III et IV*, introduction, texte critique, traduction et notes par M. Borret, Paris, Cerf, 1968.

——, *Contre Celse*, t. III: *Livres V et VI*, introduction, texte critique, traduction et notes par M. Borret, Paris, Cerf, 1969.

——, *Contre Celse*, t. IV: *Livres VII et VIII*, introduction, texte critique, traduction et notes par M. Borret, Paris, Cerf, 1969.

——, *Philocalie 1-20 sur les écritures*, introduction, texte, traduction et notes par M. Harl, Paris, Cerf, 1983.

Osterreicher, W., «Types of Orality in Text», in E. Bakker and A. Kahane, *Written Voices, Spoken Signs. Tradition, Performance, and the Epic Text*, Cambridge (Mass.), Harvard University Press, 1997, p. 190–214.

Otto, E., *Das ägyptische Mundöffnungsritual*, vol. I, Wiesbaden, Otto Harrassowitz, 1960.

——, «Djeme», in W. Helck und E. Otto, *Lexikon der Ägyptologie*. Band I, Wiesbaden, Otto Harrassowitz, 1975, col. 1108–1109.

Pagels, E., «The Demiurge and his Archons – A Gnostic View of the Bishop and Presbyters?», *Harvard Theological Review* 69 (1976), p. 301–324.

Painchaud, L., *Le Deuxième Traité du Grand Seth (NH VII,2)*, Québec/Louvain/Paris, Les Presses de l'Université Laval/Peeters, 1982.

——, *L'Écrit sans titre: traité sur l'origine du monde (NH II,5 et XIII,2 et Brit. Lib. Or. 4926[1])*, Québec/Louvain/Paris, Les Presses de l'Université Laval/Peeters, 1995.

Painchaud, L., Thomassen, E., *Le Traité Tripartite, NH I, 5*, Québec/Louvain/Paris, Les Presses de l'Université Laval/Peeters, 1989.

Papiri della Università degli studi di Milano (P. Mil. Vogliano). Volume terzo, Milano, Istituto ed. Cisalpino, 1965.

Paramelle, J., et Mahé, J.-P., «Nouveaux parallèles grecs aux Définitions hermétiques arméniennes», *Revue des études arméniennes* 22 (1990–1991), p. 115–134.

——, «Extraits hermétiques inédits d'un manuscrit d'Oxford», *Revue des études grecques* 104 (1991), p. 108–139.

Parlebas, J., «L'origine égyptienne de l'appellation Hermès Trismégiste», *Göttinger Miszellen* 13 (1974), p. 161–163.

——, «Die Herkunft der Achtheit von Hermopolis», in Voigt W., *Deutscher Orientalistentag*, Wiesbaden, Franz Steiner Verlag, 1977, p. 36–38.

Pasquier, A., *Eugnoste (NH III, 3 et V, 1): lettre sur le Dieu transcendant*, Québec/Louvain/Paris, Les Presses de l'Université Laval/Peeters, 2000.

Patsch, H., «Eulogeō», in H. Balz et G. Schneider, *Exegetical Dictionary of the New Testament*, vol. 2, Edinburgh, T&T Clark, 1991, p. 79–80.

Pearson, B.A., «Jewish Elements in Corpus Hermeticum I (Poimandres)», in R. van den Broek and M.J. Vermaseren, *Studies in Gnosticism and Hellenistic Religions: presented to Gilles Quispel on the occasion of his 65th Birthday*, Leiden, Brill, 1981, p. 336–348.

——, *Nag Hammadi Codex VII*, Leiden, Brill, 1995.

Pearson, B.W.R., «Baptism and Initiation in the Cult of Isis and Sarapis», in S.E. Porter and A.R. Cross, *Baptism, the New Testament and the Church. Historical and Contemporary Studies in Honour of R.E.O. White*, Sheffield, Sheffield Academic Press, 1999, p. 42–62.

Pépin, J., *Théologie cosmique et Théologie chrétienne (Ambroise, Exam. I, 1–4)*, Paris, PUF, 1964.

——, *Idées grecques sur l'homme et sur Dieu*, Paris, Les Belles Lettres, 1971.

——, «Grégoire de Nazianze, lecteur de la littérature hermétique», *Vigiliae Christianae* 36 (1982), p. 251–260.

Peremans, W., «Le bilinguisme dans les relations gréco-égyptiennes sous les Lagides», in E. Van't Dack, P. Van Dessel and W. Van Gucht, *Egypt and the Hellenistic World: Proceedings of the international Colloquium, Leuven 24–26 May 1982*, Louvain, Publications Universitaires de Louvain, 1983, p. 254–280.

Perkins, P., *The Gnostic Dialogue. The early Church and the Crisis of Gnosticism*, New York/Ramsey/Toronto, Paulist Press, 1980.

Pérouse de Montclos, J.M., *Architecture. Vocabulaire*, Paris, Imprimerie nationale, 1993.

Perse, *Satires*, texte établi et traduit par A. Cartault, Paris, Les Belles Lettres, 1966.

Peste, J., *The Poimandres Group in Corpus Hermeticum. Myth, Mysticism and Gnosis in Late Antiquity*, Göteborg, University of Göteborg, 2002.

Peters, M.K.H., *A Critical Edition of the Coptic (Bohairic) Pentateuch*. Vol. 1, *Genesis*, Atlanta, Scholars Press, 1985.

Petit, A., «Le silence pythagoricien», in C. Lévy et L. Pernot, *Dire l'évidence: philosophie et rhétorique antiques*, Paris, L'Harmattan, 1997, p. 287–296.

Petitmengin, P., et Flusin, B., «Le livre antique et la dictée. Nouvelles recherches», in E. Lucchesi et H.D. Saffrey (éd.), *Mémorial A.-J. Festugière. Antiquité païenne et chrétienne*, Genève, P. Cramer, 1984, p. 247–262.

Petrie, W.M.F., *Amulets illustrated by the Egyptian Collection in University College, London*, London, Constable & Company LTD, 1914.

Philon d'Alexandrie, *De Abrahamo*, introduction, traduction et notes par J. Gorez, Paris, Cerf, 1966.

——, *De aeternitate mundi*, traduction par J. Pouilloux, Paris, Cerf, 1969.

——, *De migratione Abrahami*, introduction, traduction et notes par J. Cazeaux, Paris, Cerf, 1965.

——, *De Somniis*, introduction, traduction et notes par P. Savinel, Paris, Cerf, 1962.

——, *De specialibus legibus I–II*, introduction, traduction et notes par S. Daniel, Paris, Cerf, 1975.

——, *De vita contemplativa*, introduction et notes par F. Daumas, traduction de P. Miquel, Paris, Cerf, 1963.

——, *Legum Allegoriae*, introduction, traduction et notes par C. Mondésert, Paris, Cerf, 1962.

——, *Quis rerum divinarum heres sit*, introduction, traduction et notes par M. Harl, Paris, Cerf, 1966.

——, *Vita de Mosis*, introduction, traduction et notes par R. Arnaldez, C. Mondésert, J. Pouilloux et P. Savinel, Paris, Cerf, 1967.

Philonenko, M., «Le *Poimandrès* et la liturgie juive», in F. Dunand et P. Lévêque, *Les Syncrétismes dans les religions de l'Antiquité, Colloque de Besançon (22–23 octobre 1973)*, Leiden, Brill, 1975, p. 204–211.

——, «Une allusion de l'*Asclépius* au livre d'Hénoch», in J. Neusner (ed.), *Christianity, Judaism and other Greco-roman Cults. Studies for Morton Smith at sixty, Part 2: Early Christianity*, Leiden, Brill, 1975, p. 161–163.

——, «Une utilisation du *Shema* dans le *Poimandrès*», *Revue d'histoire et de philosophie religieuses* 59 (1979), p. 369–372.

——, « La *Koré Kosmou* et les "Paraboles" d'Hénoch », in S. Said, *Hellénismos. Quelques jalons pour une histoire de l'identité grecque. Actes du colloque de Strasbourg 25-27 octobre 1989*, Leiden, Brill, 1991, p. 119-124.

——, « L'échanson et le cratère », Conférence à l'École Pratique des Hautes Études. Section des sciences religieuses, Paris, 11 décembre 2003.

Photius, *Photii Patriarchae Lexiconi*, vol. II : *E-M*, ed. C. Theodoridis, Berlin, De Gruyter, 1998.

Pietschmann, R., *Hermes Trismegistos nach ägyptischen, griechischen und orientalischen Überlieferungen*, Leipzig, W. Engelmann, 1875.

Planchon, F., *Les Gnostiques et les sacrements*, Strasbourg, Université de Strasbourg 2, Th. Doct. : Sci. Relig., Strasbourg, 1988.

Platon, *Œuvres complètes*, t. I : *Introduction – Alcibiade – Apologie de Socrate – Euthyphron – Criton*, texte établi et traduit par M. Croiset, Paris, Les Belles Lettres, 2002 (14e tirage de l'édition de 1920).

——, *Œuvres complètes*, t. III, 2e partie : *Gorgias – Ménon*, texte établi et traduit par A. Croiset, avec la collaboration de L. Bodin, Paris, Les Belles Lettres, 2003 (18e tirage de l'édition de 1923).

——, *Œuvres complètes*, t. IV, 1e partie : *Phédon*, texte établi et traduit par P. Vicaire, Paris, Les Belles Lettres, 2002 (3e tirage de l'édition de 1969)

——, *Œuvres complètes*, t. IV, 3e partie : *Phèdre*, texte établi par C. Moreschini et traduit par P. Vicaire, Paris, Les Belles Lettres, 2002 (4e tirage de l'édition de 1985).

——, *Œuvres complètes*, t. V, 1e partie : *Ion – Ménexène – Euthydème*, texte établi et traduit par L. Méridier, Paris, Les Belles Lettres, 2003 (9e tirage de l'édition de 1931).

——, *Œuvres complètes*, t. V, 2e partie : *Cratyle*, texte établi et traduit par L. Méridier, Paris, Les Belles Lettres, 2003 (7e tirage de l'édition de 1931).

——, *Œuvres complètes*, t. VII, 1e partie : *La République, livres IV–VII*, texte établi et traduit par E. Chambry et A. Diès, Paris, Les Belles Lettres, 2002 (11e tirage de l'édition de 1933).

——, *Œuvres complètes*, t. VIII, 2e partie : *Théétète*, texte établi et traduit par A. Diès, Paris, Les Belles Lettres, 1923.

——, *Œuvres complètes*, t. IX, 2e partie : *Philèbe*, texte établi et traduit par A. Diès, Paris, Les Belles Lettres, 2002 (7e tirage de l'édition de 1941).

——, *Œuvres complètes*, t. X : *Timée. Critias*, texte établi et traduit par A. Rivaud, Paris, Les Belles Lettres, 1925.

——, *Œuvres complètes*, t. XII, 1e partie : *Lois*, texte établi et traduit par A. Diès, Paris, Les Belles Lettres, 2003 (4e tirage de l'édition de 1976).

——, *Œuvres complètes*, t. XIII, 1e partie : *Lettres*, texte établi et traduit par J. Souilhé, Paris, Les Belles Lettres, 2003 (6e tirage de l'édition de 1926).

——, *Œuvres complètes*, t. XIII, 2e partie : *Dialogues suspects (Second Alcibiade – Hipparque – Minos – Les Rivaux – Théagès – Clitophon)*, texte établi et traduit par J. Souilhé, Paris, Les Belles Lettres, 2003 (4e tirage de l'édition de 1930).

Pline l'Ancien, *Histoire naturelle. Livre 37*, texte établi, traduit et commenté par E. de Saint-Denis, Paris, Les Belles Lettres, 1972.

Plotin, *Ennéades I–VI*, texte établi et traduit par É. Bréhier, Paris, Les Belles Lettres, 1960-1963.

Plutarque, *Œuvres morales*, t. I, 1e partie : *Introduction générale. Traités 1-2. De l'éducation des enfants – Comment lire les poètes*, texte établi et traduit par A. Philippon et J. Sirinelli, Paris, Les Belles Lettres, 2003 (2e tirage de l'édition de 1987).

——, *Œuvres morales*, t. II : *Traités 10-14. Consolation à Apollonios – Préceptes de santé – Préceptes de mariage – Le Banquet des sept Sages – De la superstition*, texte établi et traduit par J. Defradas, J. Hani et R. Klaerr, Paris, Les Belles Lettres, 2003 (2e tirage de l'édition de 1985).

——, Œuvres morales, t. V, 2ᵉ partie: *Traité 23, Isis et Osiris*, texte établi et traduit par C. Froidefond, Paris, Les Belles Lettres, 2003 (2ᵉ tirage revu et corrigé de l'édition de 1988).

——, Œuvres morales, t. VI: *Dialogues pythiques*, texte établi et traduit par R. Flacelière, Paris, Les Belles Lettres, 1974.

——, Œuvres morales, t. VII, 2ᵉ partie: *Traités 37–41, De l'amour des richesses – de la fausse honte – de l'envie et de la haine – Comment se louer soi-même sans exciter l'envie – Sur les délais de la justice divine*, texte établi et traduit par R. Klaerr et Y. Vernière, Paris, Les Belles Lettres, 2003 (2ᵉ tirage de l'édition de 1974).

——, Œuvres morales, t. X: *Traités 47 et 48. Dialogue sur l'amour – Histoires d'amour*, texte établi et traduit par R. Flacelière et M. Cuvigny, Paris, Les Belles Lettres, 2003 (2ᵉ tirage de l'édition de 1980).

——, Vies, t. I: *Thésée-Romulus. Lycurgue-Numa*, texte établi et traduit par R. Flacelière, E. Chambry et M. Juneaux, Paris, Les Belles Lettres, 2003 (4ᵉ tirage de l'édition de 1957).

——, Vies, t. V: *Aristide-Caton l'Ancien. Philopoemen-Flamininus*, texte établi et traduit par R. Flacelière et E. Chambry, Paris, Les Belles Lettres, 2003 (2ᵉ tirage de l'édition de 1969).

Poirier, P.-H., *Les Sentences de Sextus (NH XII, 1)*, Québec/Louvain/Paris, Les Presses de l'Université Laval/Peeters, 1983.

——, «Titres et sous-titres, *incipit* et *desinit* dans les *codices* de Nag Hammadi et de Berlin. Description et éléments d'analyse», in J.-C. Fredouille, M.-O. Goulet-Cazé et *alii*, *Titres et articulations du texte dans les œuvres antiques. Actes du colloque internationale de Chantilly 13–15 décembre 1994*, Paris, Institut d'Études augustiniennes, 1997, p. 339–383.

——, «Commentaire», in W.-P. Funk, P.-H. Poirier et J.D. Turner, *Marsanès (NH X)*, Québec/Louvain/Paris, Les Presses de l'Université Laval/Peeters, 2000, p. 363–468.

Polybe, *Histoire*, t. I: *Introduction générale. Livre I*, Texte établi et traduit par P. Pédech, Paris, Les Belles Lettres, 2003 (3ᵉ tirage de l'édition de 1969).

——, *Histoire*, t. V: *Livre V*, Texte établi et traduit par P. Pédech, Paris, Les Belles Lettres, 2003 (2ᵉ tirage de l'édition de 1977).

Ponger, C.S., *Katalog der griechischen und römischen Skulptur, der steinernen Gegenstände und der Stuckplastik im Allard Pierson Museum zu Amsterdam*, Amsterdam, Noord-Hollandsche Uitgevers Maatschappij, 1942.

Ponsing, J.-P., «L'origine égyptienne de la formule: Un-et-seul», *Revue d'histoire et de philosophie religieuses* 60.1 (1980), p. 29–34.

Porphyre, *De l'abstinence I–III*, Texte établi et traduit par J. Bouffartigue et M. Patillon, Paris, Les Belles Lettres, 1977.

——, *De l'abstinence IV*, texte établi et traduit par M. Patillon et A.P. Segonds, avec le concours de L. Brisson, Paris, Les Belles Lettres, 1995.

——, *L'Antre des Nymphes dans l'Odyssée*, traduction: Y. Le Lay, Lagrasse, Verdier, 1989.

——, *Vie de Pythagore. Lettre à Marcella*, Texte établi et traduit par É. des Places, Paris, Les Belles Lettres, 1982.

——, *Sentences*, t. I–II, Paris, Vrin, 2005.

——, *Porphyrii de philosophia ex oraculis haurienda*, ed. G. Wolff, Hildesheim, Olms, 1962 (réimpression de l'édition de 1856).

Posener, G., «Cœur», in S. Sauneron et J. Yoyotte, *Dictionnaire de la civilisation égyptienne*, Paris, Hazan, 1959, p. 60–61.

Poupard, P., *Dictionnaire des religions*, Paris, PUF, 1993³.

Poznanski, L., «À propos de la collation du nom dans le monde antique», *Revue de l'histoire des religions* 194 (1978), p. 113–127.

Préaux, C., «De la Grèce Classique à l'Égypte Hellénistique. Traduire ou ne pas traduire», *Chronique d'Égypte* 42, fasc. 84 (1967), p. 369–383.

Preisendanz, K., *Papyri Graecae Magicae, die griechischen Zauberpapyri*, Leipzig, Teubner, 1928.

Preisigke, F., *Sammelbuch Griechischer Urkunden aus Ägypten*, Band I, Berlin, De Gruyter, 1974 (réimpression de l'édition de 1915).

——, *Sammelbuch Griechischer Urkunden aus Ägypten*, Band III, Berlin, De Gruyter, 1974 (réimpression de l'édition de 1926).

Price, S.R.F., *Rituals and Power, The Roman Imperial Cult in Asia Minor*, Cambridge, Cambridge University Press, 1984.

Proclus' Commentary on Plato's Parmenides, translated by G.R. Morrow and J.M. Dillon; with introduction and notes by J.M. Dillon, Princeton (New Jersey), Princeton University Press, 1987.

Proclus, *Commentaire sur la République*, 3 volumes, traduction: A.-J. Festugière, Paris, Vrin, 1970.

——, *Commentaire sur le Parménide de Platon*, t. II: *Livre II*, texte établi, traduit et annoté par C. Luna et A.-P. Segonds, Paris, Les Belles Lettres, 2010.

——, *Commentaire sur le Timée*, 5 volumes, traduction: A.-J. Festugière, Paris, Vrin, 1966–68.

——, *Lezioni sul «Cratilo» de Platone*, introd. trad. e comment. di F. Romano, Catania, Università di Catania, 1989.

——, *Procli Diadochi in Platonis «Cratylum» commentaria*, ed. G. Pasquali, Stuttgart, Teubner, 1994 (réimpression de l'édition de 1908).

——, *Théologie platonicienne*, t. IV: *Livre IV*, texte établi et traduit par L.G. Westerink et H.-D. Saffrey, CUF, Paris, Les Belles Lettres, 2003 (2ᵉ tirage).

——, *Sur l'art hiératique*, in A. Brémond, «Notes et documents sur la religion néoplatonicienne. 1- Texte récemment édité de Proclus "Sur l'Art hiératique des Grecs"», *Recherches de science religieuse* 23 (1933), p. 102–112.

Proto, A., *Ermete Trismegisto: Gli inni. Le preghiere di un santo pagano*, Milano, Mimesis, 2000.

Puech, E., «Les Esséniens et le temple de Jérusalem», in J.-C. Petit, A. Charron et A. Myre (éds.), *«Où demeures-tu?» (Jn 1,38). La maison depuis le monde biblique. En hommage au professeur Guy Couturier à l'occasion de ses soixante-cinq ans*, Montréal, Fides, 1994, p. 263–287.

Pulleyn, S., *Prayer in Greek Religion*, Oxford, Clarendon Press, 1997.

Pulver, M., «Die Lichterfahrung im Johannes-Evangelium, im Corpus Hermeticum, in der Gnosis und in der Ostkirche», *Eranos Jarhbuch* X (1943), p. 253–296.

Quack, J.F., «Ein übersehener Beleg für den Imhotep-Kult in Theben», *Revue d'Égyptologie* 49 (1998), p. 255–256.

——, «"Ich bin Isis, die Herrin der beiden Länder". Versuch zum demotischen Hintergrund der Memphitischen Isisaretalogie», in S. Meyer (ed.), *Egypt: Temple of the Whole World. Ägypten-Tempel der gesammten Welt. Studies in Honour of Jan Assmann*, Leiden, Brill, 2003, p. 319–365.

——, «Griechische und andere Dämonen in den spätdemotischen magischen Texten», in T. Schneider (hrsg.), *Das Ägyptische und die Sprachen Vorderasiens, Nordafrikas und die Ägäis. Akten des Basler Kolloquiums zum ägyptisch-nichtsemitischen Sprachkontakt. Basel 9–11 Juli 2003*, Münster, Ugarit-Verlag, 2004, p. 427–507.

Quaegebeur, J., «Teëphibis, dieu oraculaire?», *Enchoria* 5 (1975), p. 19–24.

——, «Les "saints" égyptiens préchrétiens», *Orientalia Lovaniensia Periodica* 8 (1977), p. 129–143.

——, «Thot-Hermès, le dieu le plus grand?», in *Hommages à François Daumas*, vol. 2, Montpellier, Publication de la recherche, 1986, p. 525–544.

——, «La justice à la porte des temples et le toponyme Premit», dans C. Cannuyer et J.-M. Kruchten, *Individu, société et spiritualité dans l'Égypte pharaonique et copte. Mélanges égyptologiques offerts au professeur A. Théodoridès*, Bruxelles, Association montoise d'Égyptologie, 1993, p. 201–220.

——, «Diodore I, 20 et les mystères d'Osiris», in T. DuQuesne (ed.), *Hermes Aegyptiacus. Egyptological Studies for B.H. Stricker*, Oxford, DE Publications, 1995, p. 157–181.

Quintilien, *Institution oratoire*, t. I : *Livre I*, Texte établi et traduit par J. Cousin, Paris, Les Belles Lettres, 1975.

Quirk, S., and Andrews, C., *The Rosetta Stone. Facsimile Drawing with an Introduction and Translation*, London, The Trustees of the British Museum, 1988.

Quispel, G., «Hermes Trismegistus and Tertullian», *Vigiliae Christianae* 43 (1989), p. 188–190.

Rabau, S., *Fictions de présence. La narration orale dans le texte romanesque du roman antique au XXᵉ siècle*, Paris, Honoré Champion éditeur, 2000.

Rabbow P., *Seelenführung. Methodik der Exerzitien in der Antike*, München, Kösel Verlag, 1954.

Reboul, A., et Moeschler, J., *La Pragmatique aujourd'hui. Une nouvelle science de la communication*, Paris, Seuil, 1998.

Reitzenstein, R., *Poimandres. Studien zur griechisch-ägyptischen und frühchristlichen Literatur*, Leipzig, Teubner, 1904.

——, *Die hellenistischen Mysterienreligionen nach ihren Grundgedanken und Wirkungen*, Leipzig, Teubner, 1927³.

——, *Die Vorgeschichte der christlichen Taufe*, Leipzig, Teubner, 1929.

Renaut, L., «la description d'une croix cosmique par Jean de Gaza, poète palestinien du VIᵉ siècle», in R. Favreau et M.-H. Debies, *Iconographica. Mélanges offerts à Piotr Skubiszewski*, Poitiers, Université de Poitiers, 1999, p. 211–220.

Reymond, E.A.E., «Worship of the Ancestor Gods at Edfu», *Chronique d'Égypte* 38, fasc. 75 (1963), p. 49–70.

Riad, O.F., «Les sources d'Asclépius 21–29», in M. Immerzeel and J. van der Vliet (eds), *Coptic Studies on the Threshold of a new Millennium. II- Proceedings of the Seventh International Congress of Coptic Studies. Leiden 2000*, Leuven/Paris, Peeters, 2004, p. 793–809.

Richard, A.-M., *L'Enseignement oral de Platon: une nouvelle interprétation du platonisme*, Paris, Cerf, 1986.

Richard, M., «ἀπὸ φωνῆς», *Byzantion* 20 (1950), p. 191–222.

Ritman, J.R., «Bessarione e l'influenza di Ermete Trismegisto / Bessarion and the influence of Hermes Trismegistus», in C. Gilly & C. van Heertum (eds.), *Magia, alchimia, scienza dal '400 al '700. L'influsso di Ermete Trismegisto*, vol. I, Firenze, Centro Di, 2002, p. 11–16/17–22.

Ritner, R.K., «Implicit Models of Cross-Cultural Interaction: a Question of noses, soap and prejudices», in J.H. Johnson (ed.), *Life in a Multi-cultural Society. Egypt from Cambyses to Constantine and Beyond*, Chicago, The Oriental Institute of the University of Chicago, 1992, p. 283–290.

——, *The Mechanics of Ancient Egyptian Magical Practice*, Chicago, The Oriental Institute of the University of Chicago, 1993.

Robert, L., «Inscription d'Athènes», *Revue des études anciennes* 62 (1960), p. 316–324.

Robert, P., *Dictionnaire alphabétique et analogique de la langue française*, Paris, Safor, 1957.

Roberts, C.H., and Turner, E.G., *Catalogue of the Greek and Latin Papyri in the John Rylands Library Manchester*, vol. IV: *Documents of the Ptolemaic, Roman and Byzantine Periods (Nos 552–717)*, Manchester, University Press, 1952.

Robins, F.W., «Graeco-roman Lamps from Egypt», *Journal of Egyptian Archaeology* 25 (1939), p. 48–51 et 184–187.

Robinson, J.M. (ed.), *The Facsimile Edition of the Nag Hammadi Codices*. Vol. 2: *Codex VI*, Leiden, Brill, 1972.

Rochette, B., «Traducteurs et traductions dans l'Égypte gréco-romaine», *Chronique d'Égypte* 69, fasc. 138 (1994), p. 313–322.

——, «La traduction de textes religieux dans l'Égypte gréco-romaine», *Kernos* 8 (1995), p. 151–166.

Roeder, G., «Zwei hieroglyphische Inschriften aus Hermopolis (Ober-Ägypten)», *Annales du Service des Antiquités de l'Égypte* 52 (1954), p. 315–443 + 13 pl.

Rohde, E., *Psyché. Le culte de l'âme chez les Grecs et leur croyance à l'immortalité*, traduction: A. Reymond, Paris, Bibliothèque des Introuvables, 1999 (reproduction en fac-similé de l'édition de 1928).

Ronchi, G., *Lexicon theonymon rerumque sacrarum et divinarum ad Aegyptum pertinentium quae in papyris ostracis titulis graecis latinisque in Aegypto repertis laudantur*, Milano, Istituto Editoriale Cisalpino, 1977.

Roob, A., *Le Musée hermétique. Alchimie et mystique*, Cologne, Taschen, 1997.

Roquet, G., «Variation libre, tendance, durée. De quelques traits de langue dans les Nag Hammadi Codices», in *Écritures et traditions dans la littérature copte. Journée d'études coptes. Strasbourg 28 mai 1982*, Louvain, Peeters, 1983, p. 28–36.

——, «Séminaire à l'École Pratique des Hautes Études. Section des Sciences historiques et philologiques», Paris, 8 décembre 2004.

——, «Séminaire à l'École Pratique des Hautes Études. Section des Sciences historiques et philologiques», Paris, 13 avril 2005.

Roth, A.M., «Opening of the Mouth», in D.B. Redford (ed.) *The Oxford Encyclopedia of Ancient Egypt* II, Oxford, Oxford University Press, 2001, p. 605–609.

Rouleau, D., Roy, L., *L'Épître apocryphe de Jacques (NH I, 2), suivi de l'Acte de Pierre (BG 4)*, Québec/Louvain/Paris, Les Presses de l'Université Laval/Peeters, 1987.

Rudhardt, J., *Notions fondamentales de la pensée religieuse et actes constitutifs du culte dans la Grèce classique*, Paris, Picard, 1992².

Rudolph, K., «Der gnostische Dialog als literarisches Genus», in P. Nagel, *Probleme der koptischen Literatur*, Halle/Saale, Martin Luther Universität Halle/Wittenberg, 1968, p. 85–107 (repris dans *Gnosis und spätantike Religionsgeschichte. Gesammelte Aufsätze*, Leiden, Brill, 1996, p. 103–122).

——, «Nag Hammadi und die neuere Gnosisforschung», in P. Nagel, *Von Nag Hammadi bis Zypern. Eine Aufsatzsammlung*, Berlin, Akademie-Verlag, 1971, p. 1–15.

Ruelle, C.É., *Damascii successoris dubitationes et solutiones*, vol. 1–2, Paris, Klincksieck, 1889 et 1899.

Runia, D.T., *Philo of Alexandria and the Timaeus of Plato*, Leiden, Brill, 1986.

Rüpke, J., «*Commentarii*», in H. Cancik und H. Schneider (hrsg.), *Der Neue Pauly. Enzyklopädie der Antike*, Band 3, Stuttgart/Weimar, J.B. Metzler, 1997, col. 99–100.

Rydström, K.T., «*ḥry sštз* "in charge of Secrets". The 3000-Year Evolution of a title», *Discussions in Egyptology 29* (1994), p. 53–94.

Sadek, A.I., «Les rites baptismaux dans l'Égypte ancienne: Préfiguration du Baptême chrétien?», *Le Monde Copte* 13 (1988), p. 4–11.

Saffrey, H.D., «Allusions antichrétiennes chez Proclus, le diadoque platonicien», *Revue des sciences philosophiques et théologiques* 59 (1975), p. 553–563.

——, «Pourquoi Porphyre a-t-il édité Plotin? Réponse provisoire», in H.D. Saffrey, *Recherches sur le néoplatonisme après Plotin*, II, Paris, Vrin, 2000, p. 3–26.

——, «Porphyre dans la *Patrologie* de Migne. Sur la divination», in H.D. Saffrey, *Recherches sur le néoplatonisme après Plotin*, II, Paris, Vrin, 2000, p. 27–36.

——, «Réflexions sur la pseudonymie Abammôn-Jamblique», in H.D. Saffrey, *Recherches sur le néoplatonisme après Plotin*, II, Paris, Vrin, 2000, p. 39–48.

——, «Les livres IV à VII du *De Mysteriis* de Jamblique relus avec la lettre de Porphyre à Anébon», in H.D. Saffrey, *Le néoplatonisme après Plotin*, II, Paris, Vrin, 2000, p. 49–64.

——, «Analyse de la *Réponse* de Jamblique *à Porphyre* connue sous le titre: *De Mysteriis*», in H.D. Saffrey, *Recherches sur le néoplatonisme après Plotin*, II, Paris, Vrin, 2000, p. 86–92.

Salluste, *Des dieux et du monde*, traduction: A.-J. Festugière, in A.-J. Festugière, *Trois dévôts païens. I-Firmicus Maternus. Prières et conseils de vie*, Paris, Éditions du Vieux Colombier.

Satzinger, H., «Acqua guaritrice: le statue e stele magiche ed il loro uso magico-medico nell'Egitto faraonico», in A. Roccati e A. Siliotti, *La Magia in Egitto ai tempi dei Faraoni. Atti convegno internazionale di Studi. Milano 29–31 ottobre 1985*, Milano, Arte e natura libri, 1987, p. 189–204.

Saudelli, L., *Eraclito ad Alessandria. Studi e ricerche intorno alla testimonianza di Filone*, Turnhout, Brepols, à paraître.

Sauneron, S., «Les songes et leur interprétation dans l'Égypte ancienne», in *Les Songes et leur interprétation*, Paris, Seuil, 1959, p. 17–61.

——, *Les Fêtes religieuses d'Esna aux derniers siècles du paganisme*, Le Caire, IFAO, 1962.

——, «Villes et légendes d'Égypte», *Bulletin de l'Institut Français d'Archéologie Orientale* 64 (1966), p. 185–91.

——, *Le Temple d'Esna (n°194-398)*, Esna III, Le Caire, IFAO, 1968.

——, *Les Prêtres de l'ancienne Égypte*, Paris, Seuil, 1998 (réimpression de l'édition de 1988).

Sbordone, F., *Hori Apollinis Hieroglyphica*, Naples, L. Loffredo, 1940.

Schenke, H.-M., «Faksimile Ausgabe der Nag Hammadi Schriften. Nag Hammadi Codex VI», *Orientalistische Literaturzeitung* 69 (1974), col. 229–243.

Schiaparelli, E., *Il libro dei funerali degli Antichi egiziani*, vol. I et II, Roma/Torini/Firenze, E. Loescher, 1882–1890.

Schnackenburg, R., *Baptism in the Thought of Saint Paul. A Study in Pauline Theology*, translation: G.R. Beasley-Murray, Oxford, Blackwell, 1964.

Schniewind, A., *L'Éthique du sage chez Plotin. Le paradigme du spoudaios*, Paris, Vrin, 2003.

Schniewind, J., und Friedrich, G., «ἐπαγγέλω», in G. Kittel (ed.), *Theological Dictionary of the New Testament* II, translation: G.W. Bromiley, Grand Rapids, Eerdmans, 1964, p. 576–586.

Schott, E., «Das Goldhaus in der ägyptischen Frühzeit», *Göttinger Miszellen* 2 (1972), p. 37–41.

Schott, S., «Thot als Verfasser heiliger Schriften», *Zeitschrift für ägyptische Sprache und Altertumskunde* 99 (1972), p. 20–25.

Schouler, B., *La Tradition hellénique chez Libanios*, Paris, les Belles Lettres, 1984.

Schulz, R., «Warum Isis? Gedanken zum universellen Charakter einer ägyptischen Göttin im Römischen Reich», in M. Görg und G. Hölbl, *Ägypten und der östliche Mittelmeerraum im 1. Jahrtausend v. Chr.*, Wiesbaden, Otto Harrassowitz, 2000, p. 251–279 + 3 Tafeln.

Schwartz, J., «Notes sur la "petite apocalypse" de l'*Asclépius*», *Revue d'histoire et de philosophie religieuses* 62 (1982), p. 165–169.

Scialpi, F., «Mitra nel mondo naturale: Un dio grande e amico», in U. Bianchi, *Mysteria Mithrae*, EPRO 80, Leiden, Brill, 1979, p. 811–844.

Scott, W., *Hermetica: the Ancient Greek and Latin Writings Which Contain Religious or Philosophic Teachings Ascribed to Hermes Trismegistus*, 4 vol., London, Dawsons, 1924–36.

Segal, R.A., *The Poimandres as Myth Scholarly Theory and Gnostic Meaning*, Berlin, De Gruyter, 1986.

Sellew, P., «A Secret Hymn about Rebirth: Corpus Hermeticum XIII 17–20», in M. Kiley, *Prayer from Alexander to Constantine. A critical Anthology*, London, Routledge, 1997, p. 165–169.

Sénèque, *Lettres à Lucilius*, t. 4, *Livres XIV–XVIII*, texte établi par F. Préhac, et traduit par H. Noblot, Paris, les Belles Lettres, 1995 (8ᵉ tirage revu et corrigé de l'édition de 1945).

Septuaginta, ed. A. Rahlfs, Stuttgart, Deutsche Bibelgesellschaft, 1979.

Servais, J., «Pureté – purification (Grèce)», in P. Poupard, *Dictionnaire des religions*, Paris, PUF, 1993³, p. 1636–1637.

Servajean, F., *Les Formules des transformations du Livre des Morts à la lumière d'une théorie de la performativité*, Le Caire, IFAO, 2003.

Sethe, K., *Imhotep, der Asklepios der Aegypter: ein vergötterter Mensch aus der Zeit des Königs Doser*, Leipzig, J.C. Hinrichs, 1902.

Sevrin, J.-M., *L'Exégèse de l'âme (NH II,6)*, Québec/Louvain/Paris, Les Presses de l'Université Laval/Peeters, 1983.

——, *Le Dossier baptismal séthien*, Québec/Louvain/Paris, Les Presses de l'Université Laval/Peeters, 1986.

Sextus Empiricus, *Contre les professeurs*, introduction, glossaire et index par P. Pellegrin, traduction par C. Dalimier, D. Delattre, J. Delattre et B. Pérez, sous la direction de P. Pellegrin, Paris, Seuil, 2002.

Sfameni Gasparro, G., «La gnosi ermetica come iniziazione e mistero», *Studi e Materiali di storia delle religioni* 36 (1965), p. 43–62.

——, «L'ermetismo nelle testimonianze dei padri», *Rivista di Storia e letteratura religiosa* 7 (1971), p. 215–251.

——, «Ispirazione delle Scritture e Divinazione Pagana Aspetti della Polemica fra Origene e Celso», in G Dorival et A. Le Boulluec, *Origeniana Sexta. Origène et la Bible / Origen and the Bible. Actes du Colloquium Origenianum Sextum. Chantilly 1993*, Leuven, University Press, 1995, p. 287–302.

Sheppard, A.R.D., *Studies on the 5th and 6th essays of Proclus' Commentary on the Republic*, Hypomnemata 61, Göttingen, Vandenhoeck & Ruprecht, 1980.

Shibata, J., *Cosmologie et gnose hermétique. Recherche sur la place de la cosmologie dans les traités hermétiques*, Strasbourg, Faculté de Théologie protestante, Th. Doct.: Théol., Strasbourg, 1978.

Shimy, M.A.-H., *Parfums et parfumerie dans l'ancienne Égypte (de l'Ancien Empire à la fin du Nouvel Empire)*, Villeneuve d'Ascq, Presses Universitaires du Septentrion, Th. Doct.: Égyptologie, Université Lumière Lyon 2, 1997.

Shupak, N., «Some Idioms connected with the Concept of "Heart" in Egypt and the Bible», in S. Israelit-Groll (ed.), *Pharaonic Egypt. The Bible and Christianity*, Jerusalem, The Magnes Press/The Hebrew University, 1985, p. 202–212.

——, *Where can Wisdom be found? The Sage's Language in the Bible and in Ancient Literature*, Göttingen, Vandenhoeck & Ruprecht, 1993.

Sider, D., *The Epigrams of Philodemos. Introduction, Text and Commentary*, Oxford, Oxford University Press, 1997.

Skeat, T.C., and Turner, E.G., «An Oracle of Hermes Trismegiste at Saqqâra», in *Mélanges J. Černy, Journal of Egyptian Archaeology* 54 (1968), p. 199–208.

Skidmore, C., *Practical Ethics for Roman Gentlemen. The Work of Valerius Maximus*, Exeter, University of Exeter Press, 1996.

Sladek, M., «Mercurius triplex, Mercurius termaximus et les "trois Hermès"», in A. Faivre, *Présence d'Hermès Trismégiste*, Paris, Albin Michel, 1988, p. 88–99.

Södergard, J.P., *The Hermetic Piety of the Mind. A Semiotic and Cognitive Study of the Discourse of Hermes Trismegistos*, Stockholm, Almqvist & Wiksell, 2003.

Sorel, B., *Orphée et l'orphisme*, Paris, PUF, 1995.

Sorensen, J.P., «Ancient Egyptian Religious Thought and the XVIth Hermetic Tractate», in G. Englund, *The Religion of the Ancient Egyptians: Cognitive Structures and Popular Expressions*, Uppsala, University of Uppsala, 1989, p. 41–57.

Soury, G., *Aperçus de philosophie religieuse chez Maxime de Tyr, platonicien éclectique. La prière, la divination, le problème du mal*, Collection d'études anciennes, Paris, Les Belles Lettres, 1942.

Spencer, P., *The Egyptian Temple. A Lexicographical Study*, London, Kegan Paul International, 1984.

Spengel, L., *Rhetores Graeci*, vol. 3, Leipzig, Teubner, 1966 (réimpression de l'édition de 1856).

Speyer, W., «Religiöse Pseudepigraphie und literarische Fälschung im Altertum», *Jahrbuch für Antike und Christentum* 8-9 (1965-66), p. 88-125.

——, *Bücherfunde in der Glaubenswerbung der Antike*, Göttingen, Vandenhoeck & Ruprecht, 1970.

——, «Fälschung, pseudepigraphische freie Erfindung und "echte religiöse Pseudepigraphie"», in *Pseudepigrapha I. Pseudopythagorica, lettres de Platon, littérature pseudépigraphique juive*, Vandoeuvres/Genève, Fondation Hardt, 1972, p. 331-366.

Spiegelberg, W., «Die griechischen Formen für der Namen des Gottes Thot», *Recueil de travaux relatifs à la philologie et à l'archéologie égyptiennes et assyriennes*, Paris, E. Bouillon, 1901, p. 199-200.

——, *Der demotische Text der Priesterdekrete von Kanopus und Memphis (Rosettana)*, Hildesheim, G. Olms, 1990 (réimpression de l'édition de 1922).

Stahlschmidt, K., «Eine unbekannte Schrift Philons von Alexandrien (oder eines ihm nahestehenden Verfassers)», *Aegyptus* 22 (1942), p. 161-176.

Starr, R.J., «Lectores and Roman Reading», *The Classical Journal* 86.4 (1991), p. 337-343.

Strabon, *Le Voyage en Égypte. Un regard romain*, traduction: P. Charvet, commentaires de J. Yoyotte et S. Gompertz, Paris, Nil éditions, 1997.

Strathmann, H., «μάρτυς», in G. Kittel (ed.), *Theological Dictionary of the New Testament* IV, translation: G.W. Bromiley, Grand Rapids, Eerdmans, 1967, p. 474-508.

Stricker, B.H., «The *Corpus Hermeticum*», *Mnemosyne* 2 (1949), p. 79-80.

Strobel, A., *Das heilige Land der Montanisten. Eine religionsgeographische Untersuchung*, Berlin, De Gruyter, 1980.

Stroumsa, G.G., «Gnostic Elements in Hermetic Traditions», in G.G. Stroumsa, *Another Seed: Studies in Gnostic Mythology*, Leiden, Brill, 1984, p. 137-143.

——, *La Fin du sacrifice. Les mutations religieuses de l'Antiquité tardive*, Paris, Odile Jacob, 2005.

Suétone, *Peri blasphemion, Peri paidion: extraits byzantins*, édité par J. Taillardat, Paris, Les Belles Lettres, 1967.

Svenbro, J., *Phrasikleia. Anthropologie de la lecture en Grèce ancienne*, Paris, Éditions la Découverte, 1988.

Synésios de Cyrène, *Correspondance*, t. III: *Lettres LXIV–CLVI*, Texte établi par A. Garzya, traduit et commenté par D. Roques, Paris, Les Belles Lettres, 2003 (2ᵉ tirage de l'édition de 2000).

——, *Opuscules I*, Texte établi par J. Lamoureux, traduit et commenté par N. Aujoulat, Paris, Les Belles Lettres, 2004.

Tabbernee, W., «Remnants of the New Prophecy: Literary and Epigraphical Sources of the Montanist Movement», *Studia Patristica* 21 (1989), p. 193-201.

Tardieu, M., *Codex de Berlin: écrits gnostiques*, Paris, Cerf, 1984.

——, «Les Gnostiques dans la Vie de Plotin», in L. Brisson, M.-O. Goulet-Cazé et *alii*, *Porphyre. La Vie de Plotin*, t. 2, *Études d'introduction, texte grec et traduction française, commentaire, notes complémentaires, bibliographie*, Paris, Vrin, 1992, p. 503-563.

Te Velde, H., «The Cat as Sacred Animal of the Goddess Mut», in M.H. van Voss, D.J. Hoens, G. Mussies and *alii*, *Studies in Egyptian Religion Dedicated to Professor Jan Zandee*, Leiden, Brill, 1982, p. 127-137.

Tertullien, *De anima*, ed. J.H. Waszink, Amsterdam, J.M. Meulenhoff, 1947.

——, *Le Baptême*, texte, introduction et notes par F. Refoulé, traduction en collaboration avec M. Drouzy, Paris, Cerf, 2008 (fac-similé de l'édition de 1976).

The Books of Jeu and the Untitled Text in the Bruce Codex, edited by C. Schmidt, translation and notes by V. MacDermot, Leiden, Brill, 1978.

The Way of Hermes. The Corpus Hermeticum, translation by C. Salaman, D. van Oyen and W.D. Wharton, *The Definitions of Hermes Trismegistus to Asclepius*, translation by J.-P. Mahé, London, Duckbacks, 2001.

Theosophorum Graecorum Fragmenta, ed. H. Erbse, Stuttgart-Leipzig, Teubner, 1995.

Thissen, H.J., « Ägyptologisches Beiträge zu den griechischen magischen Papyri », in U. Verhoeven and E. Graefe (eds.), *Religion und Philosophie im Alten Ägypten. Festgabe für Philippe Derchain*, Leuven, Peeters, 1991, p. 293–302.

——, « КМНΦ - ein verkannter Gott », *Zeitschrift für Papyrologie und Epigraphik* 112 (1996), p. 153–160.

——, « "Der Grosse Pan ist gestorben". Anmerkungen zu Plutarch, "De def. or. c. 17" », in F. Labrique (éd.), *Religions méditerranéennes et orientales de l'Antiquité. Actes du colloque des 23–24 avril 1999 à Besançon*, Le Caire, IFAO, 2002, p. 177–183.

Thomas, J., *Le Mouvement baptiste en Palestine et Syrie (150 avant J.-C.–300 après J.-C.)*, Gembloux, J. Duculot, 1935.

Thucydide, *La Guerre du Péloponnèse*, t. V : *Livre VIII*, Texte établi et traduit par R. Weil avec la collaboration de J. de Romilly, Paris, Les Belles Lettres, 2003 (2ᵉ tirage de l'édition de 1972).

Tiedemann, D., *Hermetis Trismegisti Poemander, aus dem Griechischen übersetzt und mit Anmerkungen*, Berlin, 1781.

Tissot, E., et Goyon, J.-C., « Les tables zodiacales », *Les Dossiers de l'Archéologie* 162 (Juillet-août 1991), p. 62–64.

Tombeur, P., « Le vocabulaire des titres : problèmes de méthode », in J.-C. Fredouille, M.-O. Goulet-Cazé et *alii*, *Titres et articulations du texte dans les œuvres antiques. Actes du colloque international de Chantilly 13–15 décembre 1994*, Paris, Institut d'Études augustiniennes, 1997, p. 559–579.

Traunecker, C., « Le "Château de l'Or" de Thoutmosis III et les magasins nords du temple d'Amon », *Cahiers de recherches de l'Institut de papyrologie et d'égyptologie de Lille* 11 (1989), p. 89–111.

——, *Coptos. Hommes et dieux sur le parvis de Geb*, Leuven, Peeters, 1992.

Tröger, K.-W., *Mysterienglaube und Gnosis in Corpus Hermeticum XIII*, Berlin, Akademie-Verlag, 1971.

——, « Die sechste und siebte Schrift aus Nag-Hammadi Codex VI », *Theologische Literaturzeitung* 98.7 (1973), col. 495–503.

——, « Über die Achtheit und Neunheit (NHC VI,6) », in H.-M. Schenke, H.-G. Bethge und U.U. Kaiser (hrsg.), *Nag Hammadi Deutsch*, Berlin, De Gruyter, 2003, p. 499–518.

——, « Ein hermetisches Dankgebet (NHC VI,7) », in H.-M. Schenke, H.-G. Bethge und U.U. Kaiser (hrsg.), *Nag Hammadi Deutsch*, Berlin, De Gruyter, 2003, p. 519–525.

Turcan, R., « Le sacrifice mithriaque », in J. Rudhardt et O. Reverdin (éds.), *Le Sacrifice dans l'Antiquité*, Vandoeuvres/Genève, Fondation Hardt, 1981, p. 341–372.

Turner, J.D., « Introduction. C- Theurgical Tendencies », in W.-P. Funk, P.-H. Poirier et J.D. Turner, *Marsanès (NH X)*, Québec/Louvain/Paris, Les Presses de l'Université Laval/Peeters, 2000, p. 55–56.

——, « The Baptismal Ritual as the Occasion for Salvific Vision », in C. Barry, W.-P. Funk et *alii*, *Zostrien (NH VIII 1)*, Québec/Louvain/Paris, Les Presses de l'Université Laval/Peeters, 2000, p. 67–72.

Turner, M.L., *The Gospel according to Philip: the Sources and Coherences of an early Christian Collection*, Leiden, Brill, 1996.

Valantasis, R., *Spiritual Guides of the Third Century: A Semiotic Study of the Guide-Disciple Relationship in Christianity, Neoplatonism, Hermetism, and Gnosticism*, Minneapolis, Fortress Press, 1991.

Valbelle, D., «Les décrets égyptiens et leur affichage dans les temples», in D. Valbelle et J. Leclant (dir), *Le Décret de Memphis. Colloque de la Fondation Singer-Polignac à l'occasion de la célébration du bicentenaire de la découverte de la Pierre de Rosette*, Fondation Singer-Polignac, Paris, De Boccard, 1999, p. 67–90.

van den Broek, R., «Gnosticism and Hermetism in Antiquity: two Roads to Salvation», in *Studies in Gnosticism and Alexandrian Christianity*, Leiden, Brill, 1996, p. 3–21.

——, «Religious Practices in the Hermetic "Lodge": New Light from Nag Hammadi», in R. van den Broek and C. van Heertum (ed.), *From Poimandres to Jacob Böhme: Gnosis, Hermetism and the Christian Tradition*, Amsterdam, In de Pelikaan, 2000, p. 77–95.

——, «Hermes Trismegistus I: Antiquity», in W.J. Hanegraaff (ed.), in collaboration with A. Faivre, R. van den Broek, J.-P. Brach, *Dictionary of Gnosis & Western Esotericism*, vol. 1, Leiden, Brill, 2005, p. 474–478.

——, «Hermetic Literature I: Antiquity», dans W.J. Hanegraaff (ed.), in collaboration with A. Faivre, R. van den Broek, J.-P. Brach, *Dictionary of Gnosis & Western Esotericism*, vol. 1, Leiden, Brill, 2005, p. 487–499.

Van den Kerchove, A., «Redécouverte de fragments hermétiques oubliés: le P. Berol. 17 027», *Archiv für Papyrusforschung* 52 (2006), p. 162–180.

——, «Les prières hermétiques coptes. Étude lexicale», in N. Bosson et A. Boud'hors (éds.), *Actes du Huitième Congrès international des Études coptes, Paris 28 juin– 3 juillet 2004*, Leuven, Peeters, 2007, vol. 2, p. 909–920.

——, «La voie d'Hermès, la question des sacrifices et les "cultes orientaux"», in C. Bonnet, S. Ribichini, D. Steuernhagel (ed.), *Religioni in contatto nel Mediterraneo antico. Modalità di diffusione e processi di interferenza. Atti del 3° incontro su «Le religioni orientali nel mondo greco e romano» (Loveno di Menaggio, Como, 26-28 maggio 2006)*, Roma, Istituti Editoriali e Poligrafici Internazionali, 2007, p. 191–204.

——, «L'image de Dieu, l'aimant et le fer. La représentation du divin dans le traité hermétique *CH IV*», *Mythos. Rivista di Storia delle Religioni. nuova serie* 2 (2008), p. 77–86.

——, «Le mode de révélation dans les *Oracles chaldaïques* et dans les traités hermétiques», in H. Seng und M. Tardieu, *Die Chaldaeischen Orakel: Kontext – Interpretation – Rezeption*, Heidelberg, Winter, 2011, p. 145–162.

——, «Les hermétistes et les conceptions traditionnelles des sacrifices», in N. Belayche et J.-D. Dubois (éd.), *L'Oiseau et le poisson. Cohabitations religieuses dans les mondes grec et romain*, Paris, Presses de l'Université Paris Sorbonne, 2011, p. 61–80.

——, «Visions et légitimation: voie hermétique de la connaissance et du salut dans le traité *CH I*», in A. Destro et J.-D. Dubois (éds.), *Visions, images et communautés religieuses*, Turnhout, Brepols, à paraître.

van der Horst, P.W., «Maximus of Tyre on prayer. An Annotated Translation of Εἰ δεῖ εὔχεσθαι (*Dissertatio 5*)», in H. Cancik (hrsg.), *Geschichte – Tradition – Reflexion. Festschrift für M. Hengel zum 70. Geburstag*, Band II: *Griechische und Römische Religion*, Tübingen, Mohr-Siebeck, 1996, p. 323–338.

——, «Philo and the Rabbis on Genesis; Similar Questions, Different Answers», in A. Volgers and C. Zamagni (eds.), *Erotapokriseis. Early Christian Question-and-Answer Literature in Context*, Leuven, Peeters, 2004, p. 55–70.

van Liefferinge, C., «La théurgie, outil de restructuration dans le De Mysteriis de Jamblique», in *Actes du IVᵉ Colloque international du C.I.E.R.G.A. «Influences, emprunts et syncrétismes religieux en Grèce ancienne» tenu à Bruxelles du 2 au 4 septembre 1993*, *Kernos* 7 (1994), p. 207–217.

——, *La Théurgie. Des Oracles Chaldaïques à Proclus*, Liège, Centre international d'Étude de la Religion Grecque Antique, 1999.

van Moorsel, G., « Die Symbolsprache in der hermetischen Gnosis », *Symbolon* I (1960), p. 128–137.

van Moorsel, P., « Il miracolo della roccia nella letteratura e nell'arte paleocristiana », *Rivista di archeologia cristiana* 40 (1964), p. 231–250.

van Rinsveld, B., « La version copte de l'*Asclépius* et la ville de l'âge d'or : à propos de Nag Hammadi VI, 75, 22–76,1 », in P.W. Pestman (éd.), *Textes et études de papyrologie grecque, démotique et copte (P.L. Bat. 23)*, Leiden, Brill, 1985, p. 233–242.

Vanderlip, V.F., *The Four Greek Hymns of Isidorus and the Cult of Isis*, Toronto, A.M. Hakkert Ltd., 1972.

Vasiliu, A., *Du diaphane : image, milieu, lumière dans la pensée antique et médiévale*, Paris, Vrin, 1997.

Vegetti, M., « Dans l'ombre de Thoth. Dynamiques de l'écriture chez Platon », in M. Détienne (dir.), *Les Savoirs de l'écriture en Grèce ancienne*, Lille, Presses Universitaires de Lille, 1988, p. 387–419.

Vermaseren, M.J., *Corpus Inscriptionum et Monumentorum Religionis Mithriacae*, II, The Hague, M. Nijhoff, 1960.

Vernant, J.-P., « Parole de signes muets », in J.-P. Vernant, L. Vandermeersch, J. Gernet et *alii*, *Divination et rationalité*, Paris, Seuil, 1974, p. 9–25.

——, « Mythes sacrificiels », in J.-P. Vernant et P. Vidal-Naquet, *La Grèce ancienne. 1- Du mythe à la raison*, Paris, Seuil, 1990, p. 139–146.

Vernus, P., « Name », in W. Helck und E. Otto, *Lexikon der Ägyptologie*, Band IV, Wiesbaden, Otto Harrassowitz, 1982, col. 320–326.

——, « "Ritual" *sḏm.n.f* and some Values of the "Accompli" in the Bible and in the Koran », in S. Israelit-Groll (ed.), *Pharaonic Egypt. The Bible and Christianity*, Jerusalem, The Magnes Press/The Hebrew University, 1985, p. 307–316.

——, « Supports d'écriture et fonction sacralisante dans l'Égypte ancienne », in *Le Texte et son inscription*, Paris, Éditions du CNRS, 1989, p. 24–25.

——, « Les espaces de l'écrit dans l'Égypte pharaonique », *Bulletin de la Société Française d'Égyptologie* 119 (1990), p. 35–56.

——, « Langue littéraire et diglossie », in A. Loprieno, *Ancient Egyptian Literature. History and Forms*, Leiden, Brill, 1996, p. 555–567.

——, « La grotte de la vallée des reines dans la piété personnelle des ouvriers de la tombe (BM 278) », in R.J. Démarée and A. Egberts (eds.), *Deir el-Medina in the third Millennium AD: a Tribute to J.J. Janssen*, Leiden, Nederlands Instituut voor het Nabije Oosten, 2000, p. 331–336.

——, *Sagesses de l'Égypte ancienne*, Paris, Imprimerie nationale, 2001.

Vidal, J., « Rite », in P. Poupard, *Dictionnaire des religions*, Paris, PUF, 1993³, p. 1726–1730.

Vincent, J.-M., « "Ils virent la voix." Réflexions théologiques sur la vision dans l'Ancien Testament », *Études théologiques et religieuses* 78.1 (2003), p. 1–23.

Virgile, *Géorgiques*, Texte établi et traduit par E. de Saint-Denis, Paris, Les Belles Lettres, 1982.

Vitelli, G., *Papiri greco-egizii. Papiri Fiorentini*, vol. 1: *Documenti pubblici e privati dell'età romana e bizantina*, Milan, Ulrico Hoepli, 1906.

Volgers, A., and Zamagni, C. (eds.), *Erotapokriseis. Early Christian Question-and-Answer Literature in Context*, Leuven, Peeters, 2004.

Volokhine, Y., « Le dieu Thoth au Qasr el-Agoûz. *ḏd-ḥr-p3-hb, ḏhwty-stm* », *Bulletin de l'Institut Français d'Archéologie Orientale* 102 (2002), p. 405–423.

Volten, A., *Demotische Traumdeutung (Pap. Carlsberg XIII and XIV verso* Kopenhagen, E. Munksgaard, 1942.

von Ivanka, E., « κεφάλαια. Eine byzantinische Literaturform und ihre antiken Wurzeln », *Byzantinische Zeitschrift* 47 (1954), p. 285–291.

Voyé, L., «Le rite en questions», in R. Devish, C. Perrot et *alii*, *Le Rite, sources et ressources*, Bruxelles, Facultés universitaires Saint-Louis, 1995, p. 105–136.

Vycichl, W., *Dictionnaire étymologique de la langue copte*, Leuven, Peeters, 1983.

Wagner, G., «Inscriptions grecques du temple de Karnak. A- Le décret ptolémaïque du dromos de Karnak», *Bulletin de l'Institut Français d'Archéologie Orientale* 70 (1971), p. 1–21.

Waldstein, M., and Wisse, F., *The Apocryphon of John: Synopsis of Nag Hammadi Codices II,1; III,1; and IV,1 with BG8592,2*, Leiden, Brill, 1995.

Wallet-Lebrun, C., «À propos d'*wbȝ*. Note lexicographique», *Göttinger Miszellen* 85 (1985), p. 67–88.

Waltz, P., «Sur quatre épigrammes descriptives de l'époque byzantine (*Anthologie palatine*, IX 816–819)», *Revue des études grecques* 58 (1945), p. 105–117.

Ward, W.A., *The Four Egyptian Homographic Roots bȝ. Etymological and Egypto-Semitic Studies*, Rome, Biblical Institute Press, 1978.

Warmenbol, E., et Doyen, F., «Le chat et la maîtresse: les visages multiples d'Hathor», in L. Delvaux et E. Warmenbol, *Les Divins Chats d'Égypte: un air subtil, un dangereux parfum*, Leuven, Peeters, 1991, p. 55–67.

Warren, D.A., *Music and Musiciens in Ancient Greece*, Ithaca/London, Cornell University Press, 1994.

Weber, M., «Lebenshaus», in W. Helck und E. Otto, *Lexikon der Ägyptologie*, Band III, Wiesbaden, Otto Harrassowitz, 1980, col. 954–958.

Wessely, C., *Corpus Papyrorum Hermopolitanorum*, Teil I, Leipzig, E. Avenarius, 1905.

Wessetzky, V., *Die ägyptischen Kulte zur Römerzeit in Ungarn*, Leiden, Brill, 1961.

——, «Die ägyptische Tempelbibliothek. Der Schlüssel der Lösung liegt doch in der Bibliothek des Osymandyas?», *Zeitschrift für ägyptische Sprache und Altertumskunde* 100 (1973), p. 54–59.

West, M.L., *Ancient Greek Music*, Oxford, Oxford Clarendon Press, 1992.

Westendorff, W., *Koptisches Handwörterbuch*, Heidelberg, Winter, 1965–1977.

——, «Urgott», in W. Helck und E. Otto, *Lexikon der Ägyptologie*, Band VI, Wiesbaden, Otto Harrassowitz, 1986, col. 870–872.

Whitehouse, D.J.M., *The Hymns of the Corpus Hermeticum: Forms with a diverse Functional History*, Th. Doct., Theology, Harvard University, UMI, Ann Arbor, 1985.

Wigtil, D.N., *The Translation of Religious Texts in the Greco-Roman World*, Thèse 1980, Minnesota, University of Minnesota, 1980, UMI, Ann Arbor, 1980.

Wilcken, U., «Papyrus-Urkunden», *Aegyptus* 3 (1906), p. 502–569.

Wild, R.A., *Water in the Cultic Worship of Isis and Sarapis*, Leiden, Brill, 1981.

Wildung, D., «Anhenkult», in W. Helck und E. Otto, *Lexikon der Ägyptologie*, Band I, Wiesbaden, Otto Harrassowitz, 1975, col. 111–112.

——, *Egyptian saints. Deification in Pharaonic Egypt*, New York, New York University Press, 1977.

Williams, F.E., *Mental Perception. A Commentary on NHC, VI, 4, The Concept of Our Great Power*, Leiden, Brill, 2001.

Williams, M.A., *The immovable Race. A gnostic Designation and the Theme of Stability in late Antiquity*, Leiden, Brill, 1985, p. 192–193.

——, «Interpreting the Nag Hammadi Library as «Collection(s) in the History of Gnosticism(s)"», in L. Painchaud et A. Pasquier, *Les Textes de Nag Hammadi et le problème de leur classification. Actes du colloque tenu à Québec du 15 eu 19 septembre 1993*, Québec/Louvain/Paris, Les Presses de l'Université Laval/Peeters, 1995, p. 3–50.

Wilmet, M., *Concordance du Nouveau Testament sahidique. II. Les mots autochtones*, 3 vol., Louvain, Secrétariat du CorpusSCO, 1957–1959.

Wilson, P., *A Ptolemaic Lexikon. A Lexicographical Study of the Texts in the Temple of Edfu*, Leuven, Peeters, 1997.

Windisch, H., «Urchristentum und Hermesmystik», *Theologische Tijdschrift* 52 (N.F. 10) (1918), p. 186–240.

Winter, E., *Untersuchungen zu den ägyptischen Tempelreliefs der griechisch-römischen Zeit*, Österreichsiche Akademie der Wissenschaften 98. Band, Wien, H. Böhlaus Nachf., 1968.

Witherington, B., *The Acts of the Apostles. A Socio-Rhetorical Commentary*, Grand Rapids, Eerdmans, 1998.

Wlosok, A., *Laktanz und die philosophische Gnosis*, Heidelberg, Winter, 1960.

Wrede, H., «Ägyptische Lichtbräuche bei Geburten. Zur Deutung der Froschlampen», *Jahrbuch für Antike und Christentum* 11/12 (1968/1969), p. 82–93.

Wreszinski, W., *Atlas zur altägyptischen Kulturgeschichte. Erster Teil*, Genève/Paris, Slatkine Reprints, 1988 (réimpression de l'édition de 1923).

Yerkes, R.K., *Sacrifice in Greek and Roman Religions and Early Judaism*, London, A & C. Black, 1953.

Ysebaert, J., *Greek Baptismal Terminology. Its Origins and early Development*, Graecitas christianorum primaeva 1, Nijmegen, Dekker & van de Vegt, 1962.

Zaba, Z., *Les Maximes de Ptahhotep*, Prague, Académie Tchécoslovaque des Sciences, 1956.

Zabkar, L.V., «A Hymn to Osiris Pantocrator at Philae. A Study of the main Functions of the *sḏm.n.f* form in Egyptian religious Hymns», *Zeitschrift für ägyptische Sprache und Altertumskunde* 108 (1981), p. 141–171.

——, *A Study of the Ba Concept in Ancient Egyptian Texts*, Chicago, The Oriental Institute of the University of Chicago, 1968.

——, *Hymns to Isis in Her Temple at Philae*, Hanover, University Press of New England, 1988.

Zago, M., «L'emploi des noms divins dans la *Kosmopoiia* (*PGM* XIII)», in C. Bonnet, S. Ribichini, D. Steuernhagel (ed.), *Religioni in contatto nel Mediterraneo antico. Modalità di diffusione e processi di interferenza. Atti del 3° incontro su «Le religioni orientali nel mondo greco e romano»* (Loveno di Menaggio, Como, 26–28 maggio 2006), Roma, Istituti Editoriali e Poligrafici Internazionali, 2007, p. 205–217.

——, «Incantations magiques et thérapeutiques» lors du séminaire-colloque «Thèmes et problèmes du traité 33 de Plotin contre les gnostiques», organisé par M. Tardieu avec la collaboration de P. Hadot, au Collège de France, les 7 et 8 juin 2005: à paraître.

Zamagni, C., «Une introduction méthodologique à la littérature patristique des questions et réponses: le cas d'Eusèbe de Césarée», in A. Volgers and C. Zamagni (eds.), *Erotapokriseis. Early Christian Question-and-Answer Literature in Context*, Leuven, Peeters, 2004, p. 7–24.

Zambon, M., *Porphyre et le Moyen-Platonisme*, Paris, Vrin, 2002.

Zaminer, F., «Musikinstrumente. V- Griechenland», in H. Cancik und H. Schneider (hrsg.), *Der Neue Pauly. Enzyklopädie der Antike*, Band 8, Stuttgart/Weimar, J.B. Metzler, 2000, col. 543–544.

Zeegers-Vander Vorst, N., «Une gnomologie d'auteurs grecs en traduction syriaque», in *Symposium Syriacum 1976*, Roma, Pontificium Institutum Orientalium Studiorum, 1978, p. 163–177.

Zeller, D., «La prière dans le *Second Alcibiade*», *Kernos* 15 (2002), p. 53–60.

Zibélius, K., «Hu», in W. Helck und E. Otto, *Lexikon der Ägyptologie*, Band III, Wiesbaden, Otto Harrassowitz, 1980, col. 64.

Ziegler, C., «Notice sur la statue Tyszkiwicz E 10 777», in G. Andrieu, M.-H. Rutschowscaya et C. Ziegler, *L'Égypte ancienne au Louvre*, Paris, Hachette, 1997, p. 203–204.

Zielinski, T., «Hermes und die Hermetik. 2. Der Ursprung der Hermetik», *Archiv für Religionswissenschaft* 9 (1960), p. 25–60.

Zosime de Panopolis, *Compte final*, traduction par A.-J. Festugière, in *La Révélation d'Hermès Trismégiste*. Vol. 1: *L'Astrologie et les sciences occultes*, Paris, les Belles Lettres, 1989. (réimpression de la seconde édition de 1950), p. 363–368.

——, *Mémoires authentiques*, texte établi et traduit par M. Mertens, in *Les Alchimistes grecs*, t. IV 1, Paris, Les Belles Lettres, 1995.

Zuntz, G., «Notes on the Corpus Hermeticum», *Harvard Theological Review* 49 (1956), p. 73–78.

INDEX DES TEXTES MENTIONNÉS

Les numéros de page en gras indiquent une citation.

Écrits hermétiques

Écrits des codices de NagHammadi

Autres écrits antiques

INDEX GÉNÉRAL

Les occurrences du Hermès des écrits hermétiques intervenant presque à toutes les pages, nous ne les avons pas indexées, excepté Hermès mémorialiste.